朴在允 大法官 退任紀念

判例實務研究〔Ⅷ〕

比較法實務研究會 編

傅 英 社

朴在允 大法官 近影

刊 行 辭

우리 연구회는 대법원에서 심리중인 실제 사건에 적용될 법리에 관하여 비교법적으로 연구함으로써 바람직한 판례 형성에 기여한다는 취지에 따라 설립된 後, 1996년 3월 29일 제1회 세미나를 개최한 이래 꾸준히 연구활동을 지속하여 지금까지 55회의 세미나를 개최하기에 이르렀습니다.

그 동안 우리 연구회는 정례 세미나에서 발표된 연구논문과 관련 판례 및 이에 대한 평석을 모아 「판례실무연구」 제7권까지 발간하였고, 이번에 2004년 7월부터 2005년 12월까지의 연구성과를 모아 「판례실무연구」 제8권을 발간하게 되었습니다.

이번 간행이 더욱 뜻 깊은 것은 우리 연구회의 제2대 회장으로서 2000년 7월부터 2005년 7월까지 우리 연구회를 이끌어 오신 박재윤 대법관님의 퇴임에 즈음하여 이 책을 대법관님의 퇴임기념 논문집으로 헌정하기로 하였기 때문입니다.

대법관님께서는 1974년 서울민사지방법원 판사로 임관한 이래 27년간 판사로 재직하신 후 2000년 7월 대법관에 취임하여 6년 동안 그 직무를 헌신적으로 수행해 오셨습니다. 대법관님께서는 항상 고매하신 인품과 엄정한 자세를 잃지 않으셨고, 담당하시는 모든 사건에서 인간에 대한 깊은 이해와 날카로운 통찰력을 바탕으로 합리적이고 설득력 있는 법리를 전개하시어 법적 안정성과 구체적 타당성을 모두 구현하는 타당한 결론을 이끌어내는 데 탁월한 지혜를 발휘하셨습니다.

더욱이 대법관의 직무 수행으로 분주하신 중에도 우리 연구회를 위하여 노고를 아끼지 않으시어 우리 연구회가 법률실무가와 학자들 사이의 활발한 교류와 토론의 장이 되고 거기에서 만들어진 연구성과가 여러 판례의 형성에 크게 기여할 수 있는 토대를 갖추어 놓으셨습니다. 이에 우리 회원들로서는 대법관님께 퇴임논문집을 헌정하는 것이 당연하고도 기쁜 일이라 하겠습니다.

대법관님께서 퇴임하신 후에도 변함 없는 애정으로 우리 연구회에 끊임 없는 관심과 성원을 보내 주시기를 부탁드립니다.

마지막으로 바쁘신 중에도 우리 연구회에서 귀중한 연구결과를 논문으로 다듬어 발표해 주시고 참석하여 토론을 하면서 시간을 함께하여 주신 회원 여러분께 깊은 감사를 드립니다.

앞으로도 우리 연구회가 법률문화의 발전에 크게 기여하기를 바랍니다.

2006년 6월

비교법실무연구회 회장 大法官 梁 承 泰

朴在允 大法官 年譜

1948년 3월 20일　전북 부안 출생

[學歷 및 經歷]

1965. 2.　전주고등학교 졸업
1968. 3.　제9회 사법시험 합격
1969. 2.　서울대학교 법과대학 졸업
1971. 2.　서울대학교 사법대학원 수료(제13기)
1971. 6.　군법무관
1974. 2.　서울민사지방법원 판사
1977. 1.　서울지방법원 동부지원 판사
1978. 9.　대전지방법원 강경지원 판사
1980. 9.　서울형사지방법원 판사
1981. 4.　법원행정처 송무심의관 겸임
1982. 3.　서울고등법원 판사
1984. 9.　대법원 재판연구관
1985. 9.　전주지방법원 부장판사
1987. 9.　사법연수원 교수
1990. 3.　서울형사지방법원 부장판사
1992. 2.　인천지방법원 수석부장판사
1992. 8.　광주고등법원 부장판사
1993. 10.　대법원 수석재판연구관
1997. 2.　서울고등법원 부장판사
1999. 3.　서울지방법원 민사수석부장판사
2000. 7. 11.　대법관 취임
2006. 7. 10.　대법관 퇴임

[著 書]

註釋 刑法(제 4 판) 編輯代表

[論 文]

被用者 本人이 損害의 一部를 辨濟한 경우 使用者의 損害賠償의 範圍
裁判의 한 길(金容俊 憲法裁判所長 華甲紀念論文集)

信用狀과 書類와의 合致與否 法과 正義(徑史 李會昌先生 華甲紀念論文集)

宗中의 僭稱代表者에 대한 擬制自白判決이 確定된 경우 再審事由
民事判例研究 17卷

不動産 競賣節次에서의 引渡命令과 管理命令
法學論集(翠峰 金容喆先生 古稀紀念)

株式에 대한 強制執行과 그 競合 民事判例研究 12卷

強制執行請求金額의 擴張과 第 3 取得者에 대한 效力
대법원판례해설 4號(1985년)

同業體에 대한 現物出資가 讓渡所得稅의 課稅對象인지 與否
대법원판례해설 4號(1985년)

特別措置法에 의한 所有權保存登記의 推定力 民事判例研究 11卷

課稅處分의 無效事由인 瑕疵의 明白性 대법원판례해설 3號(1984년 하반기)

包括根抵當 約款의 解釋 대법원판례해설 3號(1984년 하반기)

理事의 第三者에 대한 責任 會社法上의 諸問題(下)(裁判資料 38輯)

信用狀과 書類와의 合致與否 民事判例研究 8卷

強制執行請求金額의 擴張과 第 3 取得者에 대한 效力 法曹 34卷 7號

強制執行請求金額의 擴張과 第 3 取得者에 대한 效力 民事判例研究 7卷

組合에 대한 現物出資가 讓渡所得稅의 課稅對象인지 여부 法曹 34卷 10號

競賣開始後 執行債權을 代位辨濟한 第 3 取得者와 第 3 者異議의 訴의 可否
民事判例研究 6卷

事實婚關係 存否確認請求 家庭法院事件의 諸問題(裁判資料 18輯)

中間省略의 約定에 의한 登記請求와 賣買契約의 合意 解除 民事判例研究 4卷

少額事件處理의 現況과 그 改善方案 少額審判 民事法廷의 運用(裁判資料 1輯)

형사상 친족의 범위와 그 한계 檢察 31號

刑事法上 親族의 範圍와 그 限界 서울대 Fides 15卷 2號

自由權과 生活權의 法的 性質 서울대 Fides 15卷 2號

일러두기

1. 收錄對象

비교법실무연구회 제45회 세미나(2004. 7. 13)부터 제53회 세미나(2005. 11. 15)까지 사이에 다루었던 주제 중에서 판결이 선고되거나 결정이 고지된 사건에 관련된 자료를 수록하였다.

구체적으로는 연구대상 사건의 개요와 세미나에서 발표된 논문, 선고된 대법원판결 및 그에 대한 해설이나 평석을 수록하였다.

2. 編輯順序

원칙적으로 세미나 순서, 같은 세미나 내에서는 연구대상 사건의 개요, 발표논문, 대법원판결 또는 결정, 판례해설 또는 평석의 순서로 편집하였다.

3. 大法院判決의 出典 使用例

ㅇ 공1988, 623: 법원공보 1988년 4월 15일 제822호 623면

ㅇ 공1993하, 1697: 법원공보 1993년 7월 15일 제948호 1697면

☞ 법원공보가 상, 하로 분리된 1993년부터는 상, 하를 구분하여 표시한다.

ㅇ 공1996상, 461: 판례공보 1996년 2월 1일 461면

☞ 1996년도부터 법원공보가 판례공보로 변경되었음.

ㅇ 집43-2, 230: 대법원판례집 제43권 2집 민사편 230면

차　　례

제 1 편　프랜차이즈 去來에 있어 去來上 地位濫用行爲

연구대상 사건의 개요 ······ 朴 海 植　3
加盟事業去來와 去來上 地位濫用 ······ 崔 永 洪　13
프랜차이즈 去來上의 地位濫用 ······ 김 두 진　46
대법원 2006. 3. 10. 선고 2002두332 판결 ······ 79
[평석] 加盟店契約에 있어서 購入強制行爲의 違法性 判斷 ······ 朴 海 植　89

제 2 편　外國船舶에 대한 執行節次에서 船舶抵當權者의 地位

연구대상 사건의 개요 ······ 文 英 和　109
美國에 있어서 外國船舶抵當權者의 地位 ······ 李 圭 鎬　114
外國船舶의 競賣에 대한 獨逸法의 硏究 ······ 吳 姃 厚　143
대법원 2004. 10. 28. 선고 2002다25693 판결 ······ 156
[평석] 外國船舶의 抵當權者가 外國船舶에 대한 執行節次에서
配當을 받기 위한 要件 ······ 文 英 和　160

제 3 편　被告의 同時履行抗辯에 대한 原告의 再抗辯으로서의 相計抗辯의 旣判力 인정 여부

연구대상 사건의 개요 ······ 金 尙 煥　175
被告의 同時履行抗辯에 대한 原告의 相計의 再抗辯
— 日本法을 소재로 — ······ 金 祥 洙　179
대법원 2005. 7. 22. 선고 2004다17207 판결 ······ 202

[평석] 相計 主張의 대상이 된 受動債權이 同時履行抗辯으로
행사된 債權일 경우, 그러한 相計 主張에 대한 法院의
判斷에 旣判力이 발생하는지 여부 ······························ 金 尙 煥 207

제 4 편 인터넷揭示板에서의 表現의 自由의 限界

연구대상 사건의 개요 ·· 金 尙 煥 221
私企業 勤勞者의 表現의 自由
— 美國의 理論과 判例를 중심으로 — ························ 李 仁 皓 227
社內 電算網을 통한 意見開陳과 表現의 自由의 限界 ·············· 張 永 洙 257

제 5 편 垈地의 抵當權者가 妨害排除請求權의 행사로서 垈地上의 建築行爲의 中止를 구할 수 있는지 여부

연구대상 사건의 개요 ·· 李 仁 揆 283
抵當權에 기한 妨害排除請求權의 認定範圍
— 獨逸 民法과의 比較를 중심으로 — ························ 金 載 亨 286
抵當權에 기한 妨害排除請求
— 日本의 學說과 判例를 參照하여 — ························ 裵 成 鎬 309
대법원 2006. 1. 27. 선고 2003다58454 판결 ······························· 334
[평석] 抵當權에 기한 妨害排除請求로서 抵當目的土地上의
建物建築行爲를 中止시킬 수 있는지 여부 ······················ 閔 裕 淑 337

제 6 편 滅種危機의 動植物 기타 自然環境의 保存을 위하여 留止請求權의 행사로서 工事中止假處分을 허용할 것인지 여부

연구대상 사건의 개요 ·· 李 祥 敏 351
獨逸法上 環境侵害를 이유로 한 工事中止請求 ····················· 安 京 姬 356

契約主義의 시각에서 본 法院
— 環境團體의 民事訴訟上 原告適格을 글감으로 하여 — … 趙 弘 植 383
대법원 2006. 6. 2.자 2004마1148, 1149(병합) 결정 ………………………… 446

제 7 편 種類株主總會決議의 欠缺과 株主總會決議不發效確認請求

연구대상 사건의 개요 ……………………………………………………… 文 英 和 457
獨逸法上 株主總會決議의 瑕疵를 다투는 訴訟
— 不發效를 중심으로 — ………………………………………… 鄭 大 翼 464
會社法上 株主總會決議不發效確認의 訴 ………………………… 宋 沃 烈 495
대법원 2006. 1. 27. 선고 2004다44575, 44582(반소) 판결 ……………… 515
[평석] 定款變更을 위하여 필요한 種類株主總會決議가
이루어지지 않은 瑕疵를 다투는 방법으로서
株主總會決議不發效確認請求를 인정할 것인지 여부 ……… 文 英 和 520

제 8 편 性轉換者의 戶籍訂正을 許容할 것인지 與否 및 그 基準

연구대상 사건의 개요 ……………………………………………………… 閔 裕 淑 533
性轉換症에 관한 醫學的 개관 …………………………………………… 李 武 相 537
Die Änderung der Geschlechtszugehörigkeit in Europa,
insbesondere in Deutschland ………………………… Rainer Frank 569
[번역] 유럽, 특히 독일에서 性別의 變更 ……………………… 金 載 亨 583
대법원 2006. 6. 22. 선고 2004스42 전원합의체 판결 ……………………… 594

제 1 편

프랜차이즈 去來에 있어 去來上 地位濫用行爲

- 연구대상 사건의 개요／朴海植
- 加盟事業去來와 去來上 地位濫用／崔永洪
- 프랜차이즈 去來上의 地位濫用／김두진
- 대법원 2006. 3. 10. 선고 2002두332 판결
- ［평석］ 加盟店契約에 있어서 購入強制行爲의 違法性 判斷／朴海植

연구대상 사건의 개요

朴 海 植*

[개 설][1)]

이 사건의 경우 원고(가맹본부)가 가지고 있는 '롯데리아 LOTTERIA' 및 기타 등록상표·상호를 가맹점사업자가 사용하는 것을 기초로 한 가맹계약으로서, 가맹금의 지급방식이 가맹점사업자가 가맹본부와의 계약에 의하여 사용을 승낙받은 영업표지의 사용과 영업활동에 관한 지원·교육 등의 대가로 매출총액이나 순수익에 대한 백분비로써 로얄티의 형태로 정해지는 방식이 아니라, 가맹점사업자가 사업을 영위하기 위하여 가맹본부로부터 공급받는 재화나 용역에 부과하는 가격에 포함하여 지급하는 방식이라는 데 특징이 있음.

[사실관계]

1. 원고의 행위

(1) 제 1 행위＝불이익제공행위＝할인판매강제행위

원고[2)]는 1998. 9. 1.-15. 기간 동안 고속도로휴게소, 서울랜드 등과 같은 일부 특수점포를 제외하고 전국의 全점포가 참가하는 '불고기버거 1억 5 천만개 판매돌파 불고기버거 할인판매'행사를 실시하면서 '불고기버거'는 2,000원에서

* 인천지방법원 부천지원 부장판사.

1) 참고로 가맹사업(Franchise), 가맹사업자(Franchisor)＝가맹본부, 가맹계약자(Franchisee)＝가맹점사업자＝加盟商, 가맹희망자(Prospective Franchisee), 가맹료(Franchise Fee) 등의 단어가 발표자들의 논문에 자주 등장하는 단어들임.

2) 원고는 Fastfood사업을 영위하는 주식회사 롯데리아로서 공정거래법 제 2 조 소정의 사업자임과 동시에 가맹사업거래의공정화에관한법률상의 가맹본부임. 원고는 1979. 10. 제 1 호 加盟店을 개설한 이래 1998. 12. 당시 전국에 411개의 점포(직영점 74개, 가맹점 337개), 2000. 1. 당시 전국에 450개의 가맹점을 보유하고 있는 국내 최대의 가맹본부(＝가맹사업자)로서 시장점유율 1 위임.

1,600원, '불고기버거 세트'는 3,200원에서 2,500원으로 할인판매하고 그 할인비용을 가맹점사업자가 전액 부담하도록 함.

원고는 위 행사와 관련하여 가맹점사업자의 행사참여 가능 여부, 상품의 할인액 범위 및 할인비용의 부담주체 등을 가맹점사업자와 사전에 협의하거나 동의 받은 바 없이 일방적으로 결정하여 실시함(=제 1 행위).

(2) 제 2 행위=상품구입강제행위

가맹점계약서 제 6 조에 의하면, 가맹점사업자는 원고가 공급 또는 지정하는 상품을 취급하도록 하고, 그 이외의 상품은 구입판매하거나 취급할 수 없도록 되어 있음. 이러한 가맹점계약에 따라 다음 〈표〉와 같이 원고는 가맹점사업자에게 가맹사업에 소요되는 상품을 공급하여 왔음(=제 2 행위).

구 분		개 수	품 목
원고가 공급하는 품목1)	원고가 사양을 정해 주문생산하는 품목	103개	번스, 레몬파이, 새우패티, 비프패티, 냉동포테이토, 빙수용 찰떡, 화이어윙, 아이스커피, 치킨패티 등
	일반공산품2)	21개	탄산시럽(사이다 · 콜라), 후르츠칵테일, 밀감, 천연체리, 연유, 오렌지, 빙수용찰떡, 모카시럽, 케참팩, 피클, 그라뉴당, 마스터드, 슈가팩, 카넬콘, 주방용세제, 폴리팩, 청소용페이퍼타올, 후라잉오일, 다스타류, k-5, 액상제리
자유구매품목		3개	레타스(양배추), 양파, 토마토

주: 1) 원고가 타제조업자로부터 구입하여 가맹점사업자에 직접 공급하거나 원고가 지정한 다른 제조업자가 가맹점사업자에 공급하고 비용정산은 원고를 통해 이루어지는 품목.
2) 일반적으로 구입이 가능하고 그 품질이 동일한 품목.

(3) 제 3 행위=설비구입강제행위

가맹점계약서 제15조와 제 7 조에 의하면, 가맹점의 주방기기 및 비품은 원고가 정하는 동종의 규격 및 모델로 설치하도록 하고, 신규로 가맹점을 개점하는 경우 가맹점사업자는 원고와 주방기기 및 부대설비의 선수금으로 5천만원을 현금으로 납부하며, 잔금은 점포개점시 정산하도록 되어 있음. 이러한 가맹점계약에 따라 원고는 다음 〈표〉와 같이 가맹점사업자에 대해 냉동고, 냉장고 등 총

25개의 점포설비 등을 본사가 지정하는 공급업체로부터만 공급받도록 하고 있고, 이 경우 비용정산은 원고를 통해서만 하도록 하고 있음(=제3행위).

구　분	품　목	사양에 따를 경우 통일적 이미지 확보에 지장이 없다고 피고가 판단한 품목
원고공급품목 (25개 품목)[1]	냉동고, 냉장고, 콜드테이블, 번스워머, 덤프스테이션, 워크테이블, 그리들, 번스토스타, 후리이어, 타이머, 후드워머, 쉐이크머신, 소프트머신, 제빙기, 그리들패티캐비넷, 후라이패티캐비넷, 마이크로오븐기, 1인의자, 테이블, 빠의자, 금전등록기, 전산장비(PC), 크로마필림, 인테리어공사, 간판류(25개)	냉동고, 냉장고, 콜드테이블, 워크테이블, 쉐이크머신, 소프트머신, 제빙기, 그리들패티캐비넷, 후라이패티캐비넷, 마이크로오븐기, 1인의자, 테이블, 빠의자, 금전등록기, 전산장비(PC), 인테리어공사(16개)
자유구매품목 (6개 품목)	에어콘, 온풍기, 냉난방기, 식기살균건조기, 사무실집기, 방송장비	

주: 1) 가맹점이 원고가 지정하는 업체로부터만 구입가능한 품목임.

* 냉동고, 냉장고는 가맹점의 규모, 형태에 따라 사용되는 규격(높이, 폭)이나 문개폐방식 등이 상이하므로 가맹점 개점시기에 맞추어 규격 등에 맞는 제품을 공급하기 위해서는 일정업체로부터 주문제작하는 방식으로 공급할 필요성이 있다.

* 콜드테이블, 워크테이블은 가맹점의 규모나 형태 등에 따라 규격이나 모델이 상이하고, 쉐이크머신, 소프트머신, 제빙기, 그리들패티캐비넷, 후라이어패티캐비넷, 마이크로오븐기는 외국업체의 제품으로 한국업체가 독점판매권을 가지고 독점수입판매한 제품이며, 1인의자, 테이블, 빠의자는 원고가 자체 개발한 디자인 및 자재에 따라 주문제작한 것이며, 금전등록기, 전산장비(PC)는 원고가 일본 후지스사에게 제작의뢰한 소프트웨어를 장착한 제품으로 일본후지스사로부터 수입한 것이고, 인테리어공사는 전국의 7개업체를 선정하여 수행하는 것이다.

(4) 제4행위=기타의 거래거절행위=부당한 계약해지

원고는 가맹점사업자로서 계속적인 거래관계에 있던 ○○용두점 대표 이△

△가 1998. 9.-11. 동안 연속 6회에 걸쳐 원·부재료 대금을 연체하였고, 인근 가맹점사업자로 하여금 개인적인 불만사항을 담은 건의서에 집단적으로 서명하도록 유도하여 원고의 명예를 훼손하였으며, 1999. 2. 22. 원고가 주관하는 컨벤션 행사의 중식시간 중에 개인적 사유로 소동을 일으켜 전체 일정계획에 차질을 발생하게 하는 등 원고의 명예를 훼손하였으며, 위 컨벤션에 ○○용두점의 점장이 불참하였으며, 타사제품의 오렌지쥬스를 비치 · 사용하였을 뿐 아니라, 방송사와의 인터뷰에서 콜라가격 등과 관련하여 허위사실을 유포하여 원고의 명예를 실추하였다는 이유로 1999. 6. 21. 이△△에게 가맹점계약의 해지를 통보하고 1999. 7. 1.부터 가맹점계약관계를 종료시킴(=제 4 행위).

2. 처분 및 처분근거

제 1 행위는 법 제23조 제 1 항 제 4 호, 법시행령 제36조 제 1 항 〈별표 1〉 일반불공정거래행위의 유형 및 기준 제 6 호 라목에, 제 2 행위는 법 제23조 제 1 항 제 4 호, 법시행령 제36조 제 1 항 〈별표 1〉 위 기준 제 6 호 가목 및 공정거래위원회 고시 제1998-19호 '가맹사업(프랜차이즈)의 불공정거래행위의 기준 지정고시(=가맹고시)' 제 8 조에, 제 3 행위는 법 제23조 제 1 항 제 4 호, 법시행령 제36조 제 1 항 〈별표 1〉 위 기준 제 6 호 가목 및 가맹고시 제 6 조에, 제 4 행위는 법 제23조 제 1 항 제 1 호, 법시행령 제36조 제 1 항 〈별표 1〉 기준 제 1 호 나목 및 가맹고시 제 9 조에, 각 해당된다고 판단하여, 2000. 1. 8. 시정명령(=+ 이 사건 처분).

[원심의 판단]

가맹사업의 '거래특성'에 비추어 볼 때, 제 1 행위는 거래상 지위의 남용행위에, 제 2 행위는 상품구입강제에, 제 3 행위는 설비구입강제에, 제 4 행위는 부당한 거래거절에 각 해당하지 않는다고 보고, 이 사건 처분은 위법하다고 판단함.

[쟁 점]

가맹사업의 목적 달성에 필요한 범위 내의 통제와 거래상 지위남용행위, 거래거절의 한계.

1. 할인판매강제의 요건과 비용부담

원고가 할인판매행사를 일방적으로 실시하고, 그 비용 일부를 가맹점사업자에 부담시킨 행위가 가맹본부가 가맹점사업자에 대하여 가지는 영업통제권의 범위에 포함되는 것인지 여부.

2. 원료공급강제의 요건과 범위

원고가 가맹점사업자에게 일반공산품인 원·부재료를 원고로부터만 공급받도록 하는 것이 가맹사업의 목적 달성에 필요한 범위 내의 통제인지 아니면 거래상의 지위를 이용하여 부당하게 거래상대방으로 하여금 구입할 의사가 없는 상품을 구입하도록 강요하는 행위인지 여부.

3. 점포설비강제의 요건과 범위

점포의 주방설비나 전산장비, 인테리어설비 등을 원고를 통하여 일괄적으로 공급받도록 한 것이 구입강제행위인지 여부.

4. 가맹계약해지의 요건과 거래거절 여부

연속 6회에 걸쳐 원·부재료 대금을 연체하였고, 인근 가맹점사업자로 하여금 개인적인 불만사항을 담은 건의서에 집단적으로 서명하도록 유도하며, 원고가 주관하는 컨벤션행사의 중식시간중에 개인적 사유로 소동을 일으켜 전체 일정계획에 차질을 발생하게 한 점, 위 컨벤션에 ○○용두점의 점장이 불참하고, 타사제품의 오렌지쥬스를 비치·사용한 점, 방송사와의 인터뷰에서 콜라가격 등과 관련하여 허위사실을 유포한 점이 가맹계약해지사유가 되는지 여부.

[관계법령]

◇ 독점규제 및 공정거래에 관한 법률

제23조(불공정거래행위의 금지) ① 사업자는 다음 각호의 1에 해당하는 행위로서 공정한 거래를 저해할 우려가 있는 행위(이하 '불공정거래행위'라 한다)를 하거나, 계열회사 또는 다른 사업자로 하여금 이를 행하도록 하여서는 아니된다.

1. 부당하게 거래를 거절하는 행위

4. 자기의 거래상의 지위를 부당하게 이용하여 상대방과 거래하는 행위

② 불공정거래행위의 유형 또는 기준은 대통령령으로 정한다.

제24조(시정조치) 공정거래위원회는 제23조(불공정거래행위의 금지) 제 1 항의 규정에 위반하는 행위가 있을 때에는 당해 사업자에 대하여 당해 불공정거래행위의 중지, 계약조항의 삭제, 정정광고, 법위반사실의 공표 기타 시정을 위한 필요한 조치를 명할 수 있다.

◇ 독점규제 및 공정거래에 관한 법률 시행령

제36조(불공정거래행위의 지정) ① 법 제23조(불공정거래행위의 금지) 제 2 항의 규정에 의한 불공정거래행위의 유형 또는 기준은 〈별표 1〉과 같다.

② 공정거래위원회는 필요하다고 인정하는 경우에는 제 1 항의 규정에 의한 불공정거래행위의 유형 또는 기준을 특정분야 또는 특정행위에 적용하기 위하여 세부기준을 정하여 고시할 수 있다. 이 경우 공정거래위원회는 미리 관계행정기관의 장의 의견을 들어야 한다.

〈별표〉 일반불공정거래행위의 유형 및 기준(제36조 제 1 항 관련)

1. 거래거절

법 제23조(불공정거래행위의 금지) 제 1 항 제 1 호 전단에서 '부당하게 거래를 거절하는 행위'라 함은 다음 각목의 1에 해당하는 행위를 말한다.

나. 기타의 거래거절

부당하게 특정사업자에 대하여 거래의 개시를 거절하거나 계속적인 거래관계에 있는 특정사업자에 대하여 거래를 중단하거나 거래하는 상품 또는 용역의 수량이나 내용을 현저히 제한하는 행위

6. 거래상 지위의 남용

법 제23조(불공정거래행위의 금지) 제 1 항 제 4 호에서 '자기의 거래상의 지위를 부당하게 이용하여 상대방과 거래하는 행위'라 함은 다음 각목의 1에 해당하는 행위를 말한다.

가. 구입강제

거래상대방이 구입할 의사가 없는 상품 또는 용역을 구입하도록 강제하는 행위

라. 불이익제공

가목 내지 다목에 해당하는 행위 외의 방법으로 거래상대방에게 불이익이 되도록 거래조건을 설정 또는 변경하거나 그 이행과정에서 불이익을 주는 행위

◇ 가맹사업(프랜차이즈)의 불공정거래행위의 기준 지정고시

제 1 조(목적) 이 고시는 독점규제 및 공정거래에 관한 법률(이하 '법'이라 한다) 제23조(불공정거래행위의 금지) 제 1 항의 규정에서 금지하고 있는 불공정거래행위를 가맹사업에 적용·운용함에 있어, 가맹사업의 거래특성을 고려하여 불공정거래 여부를 판단할 수 있는 기준을 제시함으로써, 동 분야의 거래관행의 합리화를 도모하고 사전에 불공정거래를 예방하는데 그 목적이 있다.

제 2 조(용어의 정의) 이 고시에서 사용하는 용어의 정의는 다음과 같다.

1. '가맹사업(Franchise)'이라 함은 가맹사업자가 다수의 가맹계약자에게 자기의 상표·상호·서비스표·휘장 등(이하 '영업표지'라 한다)을 사용하여 자기와 동일한 이미지로 상품판매, 용역제공 등 일정한 영업활동을 하도록 하고 그에 따른 각종 영업의 지원 및 통제를 하며, 가맹계약자는 가맹사업자로부터 부여받은 권리 및 영업상 지원의 대가로 일정한 경제적 이익을 지급하는 계속적인 거래관계를 말한다.
2. '가맹사업자(Franchisor)'라 함은 제 1 호의 가맹사업 관련 권리를 부여하는 자를 말한다.
4. '가맹계약자(Franchisee)'라 함은 제 1 호의 가맹사업 관련 권리를 부여받은 자를 말한다.
5. '가맹희망자(Prospective Franchisee)'라 함은 장래 가맹사업을 할 목적으로 가맹사업자의 가맹계약자 모집에 응하여 구체적인 내용에 대한 상담 등을 하는 자를 말한다.
6. '가맹료(Franchise Fee)'라 함은 명칭이나 지급형태에 불구하고 가맹계약자가 가맹사업자에게 지급하는 가맹사업과 관련하여 부여받은 권리와 영업의 지도 등에 대한 대가를 말한다.

제 6 조(가맹점포의 설비·구입강제) 가맹사업자가 가맹사업의 이미지 통일을 위하여 가맹희망자 또는 가맹계약자로 하여금 점포의 실내외장식 등의 설비를 설치하게 함에 있어서, 자기가 제시한 사양서나 품질기준에 따를 경우 점포의 통일적 이미지 확보에 지장이 없음에도 점포설비의 구입 및 설치를 자기 또는 자기가 지정한 자로부터 하도록 강요하는 행위는 법 제23조(불공정거래행위의 금지) 제 1 항 제 3 호 후단에서 규정하는 '부당하게 거래를 강제하는 행위' 또는 법 제23조(불공정거래행위의 금지) 제 1 항 제 4 호에서 규정하는 '자기의 거래상의 지위를 부당하게 이용하여 상대방과 거래하는 행위'에 해당된다.

제 8 조(상품 등의 구입처 제한) 가맹사업자가 가맹사업의 목적 달성을 위한 필요 범위를 벗어나서 가맹계약자의 판매상품(원재료 포함) 또는 용역을 자기 또

는 자기가 지정한 자로부터 공급받도록 하거나 그 구입처 변경을 제한하는 행위는 법 제23조(불공정거래행위의 금지) 제1항 제4호에서 규정하는 '자기의 거래상의 지위를 부당하게 이용하여 상대방과 거래하는 행위' 또는 법 제23조(불공정거래행위의 금지) 제1항 제5호에서 규정하는 '거래의 상대방의 사업활동을 부당하게 구속하는 조건으로 거래하거나 그 사업활동을 방해하는 행위'에 해당된다.

제9조(영업지원 등의 거절) 가맹사업자가 가맹계약자의 귀책사유로 가맹사업거래관계를 지속하기 어려운 중대한 사정이 발생하는 등의 정당한 이유가 없음에도, 거래기간중에 판매상품(원재료 포함) 또는 용역의 공급 및 영업의 지원 등을 중단 또는 거절하거나 거래하는 상품 및 용역 등의 수량이나 내용을 현저히 제한하는 행위는 법 제23조(불공정거래행위의 금지) 제1항 제1호의 전단에서 규정하는 '부당하게 거래를 거절하는 행위'에 해당된다.

◇ 가맹사업거래의 공정화에 관한 법률(2002.5.13. 법률 제6704호, 2002.11.1. 시행)

제2조(정의) 이 법에서 사용하는 용어의 정의는 다음과 같다.

1. '가맹사업'이라 함은 가맹본부가 가맹점사업자로 하여금 자기의 상표·서비스표·상호·간판 그 밖의 영업표지(이하 '영업표지'라 한다)를 사용하여 일정한 품질기준에 따라 상품(원재료 및 부재료를 포함한다. 이하 같다) 또는 용역을 판매하도록 함과 아울러 이에 따른 경영 및 영업활동 등에 대한 지원·교육과 통제를 하며, 가맹점사업자는 영업표지의 사용과 경영 및 영업활동 등에 대한 지원·교육의 대가로 가맹본부에 가맹금을 지급하는 계속적인 거래관계를 말한다.
2. '가맹본부'라 함은 가맹사업과 관련하여 가맹점사업자에게 가맹점운영권을 부여하는 사업자를 말한다.
3. '가맹점사업자'라 함은 가맹사업과 관련하여 가맹본부로부터 가맹점운영권을 부여받은 사업자를 말한다.
4. '가맹희망자'라 함은 장래 가맹점을 운영할 목적으로 특정 가맹본부로 하여금 가맹점사업자의 부담, 영업활동의 조건 등 제10호의 정보공개서의 내용을 제공하도록 서면으로 신청하는 자를 말한다.
5. '가맹점운영권'이라 함은 가맹본부가 가맹계약에 의하여 가맹점사업자에게 가맹사업을 영위하도록 부여하는 권리를 말한다.
6. '가맹금'이라 함은 명칭이나 지급형태 여하에 불구하고 다음 각목의 1에 해당하는 금전으로서 대통령령이 정하는 것을 말한다.
   가. 가맹점사업자가 가맹점운영권을 부여받을 당시에 영업표지의 사용허가와 영업활동에 관한 지원·교육 등의 대가로 가맹본부에게 지급하는 금전
   나. 가맹점사업자가 상품의 판매대금 등에 관한 채무액 또는 손해배상액의 지급을 담보하기 위하여 가맹본부에게 지급하는 금전

다. 가맹점사업자가 가맹본부와의 계약에 의하여 승낙받은 영업표지의 사용과 영업활동에 관한 지원·교육 등의 대가로 가맹본부에게 정기적으로 지급하는 금전

7. '가맹지역본부'라 함은 가맹본부와의 계약에 의하여 일정한 지역 안에서 가맹점사업자의 모집, 상품 또는 용역의 품질유지, 가맹점사업자에 대한 경영 및 영업활동의 지원·교육·통제 등 가맹본부의 업무의 전부 또는 일부를 대행하는 사업자를 말한다.

8. '가맹중개인'이라 함은 가맹본부 또는 가맹지역본부로부터 가맹점사업자를 모집하거나 가맹계약을 준비 또는 체결하는 업무를 위탁받은 자를 말한다.

9. '가맹계약서'라 함은 가맹사업의 구체적 내용과 조건 등에 있어 가맹본부 또는 가맹점사업자(이하 '가맹사업당사자'라 한다)의 권리와 의무에 관한 사항을 기재한 문서를 말한다.

10. '정보공개서'라 함은 가맹본부의 사업현황, 임원의 경력, 가맹점사업자의 부담, 영업활동의 조건, 가맹점사업자에 대한 지원·교육·훈련·지도·통제, 가맹계약의 해제·해지·갱신 그 밖에 해당 가맹사업에 관하여 대통령령이 정하는 사항을 수록하여 책자로 편철한 문서를 말한다.

제 5 조(가맹본부의 준수사항) 가맹본부는 다음 각호의 사항을 준수한다.

1. 가맹사업의 성공을 위한 사업구상
2. 상품이나 용역의 품질관리와 판매기법의 개발을 위한 계속적인 노력
3. 가맹점사업자에 대하여 합리적 가격과 비용에 의한 점포설비의 설치, 상품 또는 용역 등의 공급
4. 가맹점사업자와 그 직원에 대한 교육·훈련
5. 가맹점사업자의 경영·영업활동에 대한 지속적인 조언과 지원
6. 가맹계약기간중 가맹점사업자의 영업지역 안에서 자기의 직영점을 설치하거나 가맹점사업자와 유사한 업종의 가맹점을 설치하는 행위의 금지
7. 가맹점사업자와의 대화와 협상을 통한 분쟁해결 노력

제 6 조(가맹점사업자의 준수사항) 가맹점사업자는 다음 각호의 사항을 준수한다.

1. 가맹사업의 통일성 및 가맹본부의 명성을 유지하기 위한 노력
2. 가맹본부의 공급계획과 소비자의 수요충족에 필요한 적정한 재고유지 및 상품진열
3. 가맹본부가 상품 또는 용역에 대하여 제시하는 적절한 품질기준의 준수
4. 제 3 호의 규정에 의한 품질기준의 상품 또는 용역을 구입하지 못하는 경우 가맹본부가 제공하는 상품 또는 용역의 사용
5. 가맹본부가 사업장의 설비와 외관, 운송수단에 대하여 제시하는 적절한 기준의 준수
6. 취급하는 상품·용역이나 영업활동을 변경하는 경우 가맹본부와의 사전협의

7. 상품 및 용역의 구입과 판매에 관한 회계장부 등 가맹본부의 통일적 사업경영 및 판매전략의 수립에 필요한 자료의 유지와 제공
8. 가맹점사업자의 업무현황 및 제7호의 규정에 의한 자료의 확인과 기록을 위한 가맹본부의 임직원 그 밖의 대리인의 사업장 출입허용
9. 가맹본부의 동의를 얻지 아니한 경우 사업장의 위치변경 또는 가맹점운영권의 양도금지
10. 가맹계약기간중 가맹본부와 동일한 업종을 영위하는 행위의 금지
11. 가맹본부의 영업기술이나 영업비밀의 누설금지
12. 영업표지에 대한 제3자의 침해사실을 인지하는 경우 가맹본부에 대한 영업표지침해사실의 통보와 금지조치에 필요한 적절한 협력

제12조(불공정거래행위의 금지) ① 가맹본부는 다음 각호의 1에 해당하는 행위로서 가맹사업의 공정한 거래를 저해할 우려가 있는 행위를 하거나 다른 사업자로 하여금 이를 행하도록 하여서는 아니된다.
1. 가맹점사업자에 대하여 상품이나 용역의 공급 또는 영업의 지원 등을 부당하게 중단 또는 거절하거나 그 내용을 현저히 제한하는 행위
2. 가맹점사업자가 취급하는 상품 또는 용역의 가격, 거래상대방, 거래지역이나 가맹점사업자의 사업활동을 부당하게 구속하거나 제한하는 행위
3. 거래상의 지위를 이용하여 부당하게 가맹점사업자에게 불이익을 주는 행위
4. 제1호 내지 제3호 외의 행위로서 부당하게 경쟁가맹본부의 가맹점사업자를 자기와 거래하도록 유인하는 행위 등 가맹사업의 공정한 거래를 저해할 우려가 있는 행위

② 제1항 각호의 규정에 의한 행위의 유형 또는 기준은 대통령령으로 정한다.

제13조(가맹계약 종료사실의 통지 등) ① 가맹본부가 가맹계약을 갱신 또는 연장하지 아니하는 경우에는 계약이 만료되는 날부터 90일 전에 가맹점사업자에게 그 사실을 서면으로 통지하여야 한다.

② 가맹본부가 제1항의 규정에 의한 통지를 하지 아니하는 경우에는 계약만료 전의 가맹계약과 동일한 조건으로 다시 가맹계약을 체결한 것으로 본다. 다만 가맹점사업자가 계약이 만료되는 날부터 60일 전에 이의를 제기하거나 가맹본부나 가맹점사업자에게 천재지변 등 대통령령이 정하는 부득이한 사유가 있는 경우에는 그러하지 아니하다.

제14조(가맹계약해지의 제한) ① 가맹본부는 가맹계약서에서 정한 가맹계약해지의 사유가 발생하여 가맹계약을 해지하고자 하는 경우에는 해당 가맹점사업자에게 계약을 해지하는 날부터 2월 이상의 유예기간을 두고 3회 이상 계약해지의 사유를 기재한 문서로서 그 시정을 요구하여야 한다. 다만 가맹사업의 거래를 지속하기 어려운 경우로서 대통령령이 정하는 경우에는 그러하지 아니하다.

② 제1항의 규정에 의한 절차를 거치지 아니한 가맹계약의 해지는 그 효력이 없다.

加盟事業去來와 去來上 地位濫用

崔 永 洪*

I. 총 설

1. 가맹사업거래 — 새로운 유형의 상행위

가맹사업(franchising)은 20세기 들어 유통업계에 새롭게 등장한 상거래 유형이다. 가맹사업관계는 가맹본부(franchisor)와 가맹상(franchisee) 사이에 체결되는 가맹계약(franchise agreement)을 통하여 형성된다.[1] 가맹계약은 당사자일방(가맹본부)이 상대방(가맹상)에 대하여 자기의 상호·상표·서비스표·간판 등의 영업표지를 이용하여 영업을 할 권리를 부여함과 동시에 자기의 지도·교육·조언·통제에 따라 영업을 할 의무를 부과하고, 상대방은 이러한 권리부여와 사업지원에 대하여 대가를 지급하기로 약정함으로써 성립하는 계약이다. 가맹계약은 영리를 목적으로 하는 상인(가맹본부)과 개업준비행위를 하는 자(가맹희망자) 사이에서 거래관계의 설정을 목적으로 체결한다는 점에서 강학상 계속적 상사계약에 해당한다.

가맹본부와 가맹상은 각자 자기의 영업활동에 따른 법적·경제적 이익의 완전한 귀속주체가 된다. 따라서 양 당사자는 법률적으로나 경제적으로 상호 독립된 별개의 사업주체이다. 그러나 가맹상은 가맹본부의 지도·교육·조언·통제에 따라 영업활동을 하여야 하기 때문에 영업운영방식에 대하여 가맹본부로부터 완전히 독립되었다고 할 수 없는 특징이 있다. 즉 가맹상의 가맹본부에 대한 지위는 '독립되었으나 통제받는 지위'에 있다고 하는 것이 보다 정확할 것이다. 이처럼 '독립되었으나 통제받는 지위'를 형성하는 가맹계약방식은 상호 완전한 독립적 관계를 전제로 하는 통상적인 기업간의 거래관계와는 구별된다. 바로 이 점에서 가맹계약은 새로운 유형의 계약형태인 것이다.

* 서강대학교 법학과 교수.

1) 본 논문에서는 franchisee를 가맹상으로 지칭하고 있다. 상법학적 측면에서 붙여 본 용어이다. 참고로 2002년에 제정된 가맹사업거래의공정화에관한법률에서는 franchisee를 가맹점사업자로 규정하고 있다.

가맹사업은 경제적으로 많은 순기능을 갖고 있다. 가맹상의 입장에서 보면 “지원 및 통제를 받는다”는 점에서 자기의 미흡한 사업능력과 경험을 사업전문가인 가맹본부로부터 보충할 수 있고, ‘독립되었다’는 점에서 자기의 이익을 증대시키기 위해 가맹점 운영에 최선을 다하게 된다. 또한 가맹본부는 가맹상을 ‘통제한다’는 점에서 자기 브랜드의 이미지나 명성(goodwill)을 보호할 수 있고, 가맹상이 ‘독립되었다’는 점에서 자기 자본이 아닌 가맹상의 자본으로 판매망(가맹점)을 무한대로까지 확대할 수 있기 때문이다.

가맹계약의 양 당사자는 이처럼 분업적 이행계획과 당사자 전체의 일치된 행동을 위한 지시 및 통제제도를 내용으로 하는 계약을 통하여 수직적·협동적으로 조직되어 단일체로서 시장에 등장하면서도 내부적으로는 독립되어 있다. 이러한 가맹계약의 경제적 장점에 따라 가맹사업은 전세계적으로 확대일로에 있고, 우리 나라에서도 1980년대 도입 이후 2002. 6. 30. 현재 가맹본부가 약 1,600개, 가맹점이 약 12만개이며, 2001년도 총매출액은 약 42조원으로 GDP의 7.6%를 차지하고 있다.[2)]

2. 가맹사업과 공정거래법

공정거래법은 거래상 우월적 지위에 있는 사업자가 그 지위를 남용하여 상대방의 사업에 제약을 가하는 관행을 일정한 요건하에 규제하여 왔다. 이는 우월적 지위의 남용이 상대방 사업자의 사업결정권을 제약하고 아울러 관련시장의 경쟁을 제한할 우려가 크기 때문이다. 즉 원래 대등하여야 할 거래관계가, 당사자간의 경제적 우열상태로 인하여, 일방이 타방을 억압하게 되는 구조를 개선하려는 것이다. 그런데 가맹사업관계는 앞서 본 바와 같이 태생적으로 당사자간에 ‘통제와 순응’이라는 거래당사자간 지위의 우열관계를 전제로 형성되고 있다. 따라서 통상적인 거래관계를 전제로 하는 종래의 공정거래법 적용기준을 이러한 가맹사업관계에도 그대로 적용한다면 대부분의 가맹사업은 규제의 대상이 되기 십상이고, 이는 결국 가맹사업의 발전에 걸림돌로 작용하게 될 것이다. 따라서 경제적 약자를 보호하고 공정한 거래관행을 확립하려는 공정거래법의 기본목적을 유지하되 가맹사업의 특징을 본질적으로 훼손하지 않는 방향으로 공정거래법을 적용할 필요가 있다.

2) 산업자원부, 한국프랜차이즈총람(한국프랜차이즈협회, 2002. 12), 14-18면 참조.

한편 우리 대법원은 그 동안 거래상 지위남용금지의 취지 및 지위남용으로서의 부당성 여부에 관한 판단기준에 관하여 "독점규제및공정거래에관한법률 제23조(불공정거래행위의 금지) 제1항 제4호와 제2항 및 같은 법 시행령 제36조(불공정거래행위의 지정) 제1항·제2항의 위임에 의한 고시 등에서 불공정거래행위의 한 유형으로 사업자의 거래상 지위의 남용행위를 규정하고 있는 것은 현실의 거래관계에서 지위의 격차가 있는 거래주체간에도 상호대등한 지위에서 법이 보장하고자 하는 공정한 거래를 할 수 있게 하기 위하여 사업자가 그 지위를 남용하여 상대방에게 거래상 불이익을 주는 행위를 금지시키고자 하는 데 그 취지가 있는 것이며, 위 각 규정이 정하는 불공정거래행위로서 법의 규제대상이 되기 위하여는, 당해 행위가 외형적으로 위 각 규정이 정하는 요건을 갖추는 것 외에 그것이 같은 법의 목적에 비추어 부당한 것이어야 하며, 이 때 그 부당성의 유무를 판단함에 있어서는 당해 행위의 의도와 목적, 효과와 영향 등과 같은 구체적 태양과 상품의 특성, 거래의 상황, 해당 사업자의 시장에서의 우월적 지위의 정도 및 상대방이 받게 되는 불이익의 내용과 정도 등에 비추어 볼 때 정상적인 거래관행을 벗어난 것으로서 공정한 거래를 저해할 우려가 있는지 여부를 판단하여 결정하여야 한다"(대법원 1998. 9. 8. 선고 96누9003 판결; 대법원 2000. 6. 9. 선고 97누19427 판결 등)고 판시하여 왔다. 비록 위 판례가 가맹사업거래를 심리의 대상으로 한 것은 아니지만, 그 취지상 각종 거래의 특성을 반영하여야 한다는 점에 비추어 볼 때, 가맹사업거래에 대해서도 그대로 유지될 수 있다고 본다. 문제는 구체적인 가맹사업관계에서 어떻게 그 '부당성 유무'를 판단할 것인가 하는 점이다. 이러한 논의를 위해서는 아무래도 가맹사업과 관련한 판례가 다수 축적된 미국의 실무 및 그로부터 영향을 받은 EC의 실무를 개괄적으로나마 살펴보는 것이 도움이 될 것이다.[3]

---

3) 이 논문은 서울고등법원 2001누1484호 및 2000누2183호 각 시정명령취소청구 사건이 대법원에 상고된 상태에서 원심판결의 정당성 여부를 검토한 것이다. 실제 위 각 사건에 대하여는 대법원 2005. 6. 9. 선고 2003두7484 판결 및 대법원 2006. 3. 10. 선고 2002두332 판결로 대법원판결이 선고되었다.—필자 주.

Ⅱ. 가맹사업에 관한 미국의 실무

1. 관련법령과 법원의 판단기준

가맹계약과 관련되는 미국 연방차원의 독점금지법으로는, 일반법이라고 할 수 있는 Sherman법과 실질적으로 경쟁을 약화시키거나 독점을 형성하기 위하여 주식을 취득하는 행위를 금지하는 Clayton법 제 7 조, Robinson-Patman법에 의하여 수정된 가격차별금지에 관한 Clayton법 제 2 조 그리고 불공정한 경쟁방법이나 기망행위 등의 금지에 관한 연방거래위원회법(Federal Trade Commission Act) 제 5 조 등이 있다. 그리고 이상의 연방법 외에도 각 주별로 가맹사업과 관련된 법령이 다수 존재한다.[4)]

그러나 거래행위나 경쟁에 대한 제한이 모두 이들 독점규제법에 의해 규제되는 것은 아니다. 오직 '불합리한' 제한만이 금지될 뿐이다. 이를 판단하는 기준으로는 당연위법의 원칙(per se rule)과 합리성원칙(rule of reason)이 있다. 전자는 일부 관행에 대하여 더 이상 자세한 법적·경제적 분석을 할 필요도 없이 그 자체로서 곧바로 당연위법(per se violations)으로 간주한다.[5)] 반면에 후자는 가맹본부의 규모나[6)] 사업의 목적[7)] 및 관련시장에[8)] 따라 그 위법 여부가 좌우된다. 경쟁자들끼리 행동을 통일하여 통제하는 수평적 제한(horizontal restraints)은 언제나 당연위법으로 간주되고 있다.[9)] 그러나 가맹사업이나 유통분야에 있어서 가맹본부나 상표권자에 의한 수직적 제한(vertical restraints)에 대하여는 당연위법원칙이 적용되어야 할지, 합리성원칙이 적용되어야 할지에 대하여 견해가 크게 대립되고 있다.[10)] 독점금지소송에서 가맹본부는 대체로 가맹계약의 특성상

---

4) Glidy Glickman, "Franchising," Vol. Ⅲ, Ⅳ(Matthew Bender, 2004).

5) Chesterfield Oppenheim, Glen Weston, Thomas McCarthy, Federal Antitrust Laws (West. Pub. Co., 1981), pp. 545-547. 주로 재판매가격유지행위가 이에 해당한다.

6) FTC v. Brown Shoe Co., 384 U.S. 316, 86 S. Ct. 1501, 16 L. Ed. 2d 587(1966); Adolf Coors Co., FTC Doc. No. 8845, 3 Tra. Reg. Reptr. ¶20,403(1973).

7) Susser v. Carvel Corp., 206 F. Supp. 636(S.D.N.Y., 1962), aff'd, 332 F. 2d 505(2d Cir. 1964)(상품의 통일성을 기하기 위하여 가맹상에 대한 공급원을 제한하였다); Engbrecht v. Dairy-Queen Co., 203 F. Supp. 714(D. Kan. 1962)(상품의 통일성을 기하기 위하여 기계를 가맹본부로부터 구입하도록 요구하였다).

8) Package Shop, Inc. v. Anhaeuser-Busch, Inc., 1987-2 Trade Cas.(CCH) ¶67,777, 673 F. Supp. 664(E.D.N.Y., 1987); Jefferson Parish Hospital District No. 2 v. Hyde, 466 U.S. 2, 104 S. Ct. 1551, 80 L. Ed. 2d 2(1984).

9) Glickmann, op. cit., §4.02, pp. 4-3-4-4.

10) 당연위법원칙을 지지하는 입장에서는 일괄적인 위법판정을 통하여 법집행의 공정성과 통일

가맹상에 대한 제한이 불가피하다고 주장하지만, 사실은 자기의 이윤을 극대화하기 위해 가맹계약의 거래특성을 내세우는 경우도 없지 않다.

원심판결과 관련 있는 독점금지법 분야로는 상품공급원에 대한 제한(restraint of sources of product), 판매상품에 대한 제한(restraint of product sold), 재판매가격의 유지(maintenance of resale price), 가맹계약의 종료(termination of franchise agreement) 등이 있는바, 이하에서는 이들 분야에 관하여 순차적으로 살펴보기로 한다.

2. 상품 등의 공급원에 대한 제한

대개의 가맹사업에 있어서 가맹본부는 가맹상에게 상표 등의 사용권과 더불어 영업장비와 재고품, 서비스 등을 제공하고, 가맹상은 가맹본부로부터 공급받은 상품이나 부품, 원료 등을 재판매하거나 가공, 조립하여 판매하는 것이 보통이다. 이러한 관계에서는 가맹상에게 상품을 공급하는 자, 즉 상품의 공급원이 사실상 제한될 가능성이 매우 크다. 그리고 가맹상에 대한 상품공급원의 제한은 결과적으로 자유로운 시장기능을 저해하여 독점금지법을 위배할 가능성이 있다. 이러한 관점에서 종래 문제가 되고 있는 대표적 관행으로는 연계판매(끼워팔기)가 있다.

연계판매란 판매자가 어느 한 상품을 판매하면서 그 상품과 통상 기능적으로 연관되는 다른 상품(연계되는 상품)도 아울러 구매할 것을 요구하거나, 적어도 다른 공급자로부터는 그 상품을 구매하지 않을 것을 요구하는 거래관행을 말한다.[11] 연계판매의 경우에는 두 가지 측면에서 경쟁이 제한된다. 첫째, 구매자가 '연계되는 상품'을 다른 공급자로부터 구매할 수 없게 되고, 둘째, '연계되는 상품'의 다른 공급자가 연계판매약정의 효력이 미치는 시장범위만큼 경쟁을 할 수 없게 된다. 그렇기 때문에 연계판매는 판매자가 '연계되는 상품'의 자유경쟁에 영향을 미칠 정도로 '연계하는 상품'에 대하여 경제적으로 충분한 영향력을 가지고 있는 경우에는 불합리한 제한으로 생각되고 있다. 이 경우 그러한 영향력의 존재 여부는 '연계하는 상품'의 필요성이나 독특성 등에 따라 좌우된다. 요

성을 기하고 경쟁을 광범위하게 촉진함으로써 무엇보다도 소비자를 보호한다는 주장인 반면, 합리성원칙을 지지하는 입장에서는 오늘날의 전세계적인 시장상황에 대처할 수 있도록 하기 위해서는 기업에 판매 및 유통의 채널과 구조를 탄력적으로 선택할 권한이 실제로 부여되어야 한다고 주장한다. 합리성원칙의 옹호론자들은 어느 한 시장에서 반경쟁적인 제한이라 할지라도 다른 시장에서는 친경쟁적일 수 있다는 점을 인정한다.

11) Oppenheim, Weston, McCarthy, op. cit., p. 660; 54 Am. Jur. 2d. §59.

컨대 그러한 필요성이나 독특성이 없는 한, 연계판매는 상거래에 필연적으로 경제적 영향을 미치기 때문에 위법한 관행이다.[12] 원심판결들과 관련 있는 논의사항으로는 품질관리의 필요성과 자기 또는 지정된 공급자로부터의 구매요구를 들 수 있다.

(1) 품질관리의 필요성 인정 여부

가맹본부가 품질관리라는 측면을 내세워 가맹상에 대하여 자기 또는 지정된 공급자로부터만 상품을 구매하도록 요구하는 경우에, 어느 정도로 사업적 정당성이 인정될 수 있을까? Mercedes-Benz of North America(MBNA)는 딜러들에게 상품의 품질관리와 상표의 명성을 유지하기 위하여 벤츠자동차의 배급상이나 그 모회사로부터만 부품을 구입하도록 강력히 요구하였다. 그리고 이러한 요구는 법무부에 의해 제동이 걸렸고, 일반 사인에 의해서도 독점금지소송이 제기되었다. 북부 캘리포니아 연방지방법원은 법무부가 제기한 독점금지소송에서는 회사의 약식판결신청을 기각하였다.[13] 제 4 순회법원은 피고회사에 불리한 배심원평결을 번복할 만큼 사업적 정당성에 관한 증거가 강력하지 않다고 판시하였다.[14] 이에 반하여 또 다른 사건에서 제 9 순회법원은 회사에게 유리하게 내려진 배심원평결을 인용하였다.[15]

---

12) Glickman, op. cit., Vol. I. §4.03[4]. Stokes Equipment Co., Inc. v. Otis Elevator Co., 340 F. Supp. 937(E.D. Pa. 1972); Lee National Corp. v. Atlantic Richfield Co., 308 F. Supp. 1041(E.D. Pa. 1970); Brandeis Machinery & Supply Corp. v. Barber-Greene Co., 1973-2 Trade Cas. ¶74,672(W.D. Ky. 1973). 이 판결은 503 F. 2d 503 판결에서 다른 사유로 인용되었다(6th Cir. 1974).

13) U.S. v. Mercedes-Benz of North America, Inc., 1981-2 Trade Cas. ¶64,188(N.D. Calif. 1981). 이 판결은 Jefferson Parish 사건판결 이전에 내려진 것이다.

14) Metrix Warehouse, Inc. v. Daimler-Benz Aktiengesellschaft, 1987-2 Trade Cas. ¶67,697 (4th Cir. 1987). 이 판결은 Jefferson Parish 사건판결 후에 내려진 것이다. 이 사건에서 법원은 "예컨대 해당 부품의 제조에 필요한 일정한 사양을 제시하고 그에 따르도록 요구하는 것과 같이, 보다 덜 제한적인 방법으로도 제품의 명성을 보호할 수 있다는 증거가 있다면, 배심원은 그 증거에 기하여 사업적 정당성이 있다는 회사측의 주장을 배척할 수 있다"고 판시하였다.

15) Mozart Co. v. Mercedes-Benz of North America, Inc., 1987-2 Trade Cas. ¶67,789(9th Cir. 1987) cert. denied, U.S. Sup. Ct. 법원은 다음과 같이 판시하였다: 증거에 의하면, 배심원들은 현재의 연계판매보다 덜 제한적인 다른 대안을 발견할 수 없었다. 왜냐하면 엄격한 부품검사시스템을 보유하고 있는 피고회사로서는, 자기의 검사절차를 거쳐 가맹상에게 납품할 수 있도록 하기 위하여 다른 부품공급자에게 자기의 특별사양을 제시해 줄 법적 의무는 없기 때문이다. 그러한 대안은 또한 모든 가맹상들이 딜러들로 하여금 탐욕에 빠져 열등한 부품을 구입하지 않도록 확실히 하는지에 대하여 감시할 의무를 가맹본부에게 부과하는 것이 될 것이다: Tserpelis v. Mister Softee, Inc., Bus. Franchise Guide(CCH) ¶11,777, 106 F. Supp. 2d 423(E.D.N.Y. 1999). 가맹본부가 정한 엄격한 기준을 준수하는지를 검사할 수 있도록 하기 위하여 가맹상들로 하여금 아이스크림 트럭을 가맹본부의 차고에 밤새 주차하도록 하는 것은 합리적인 사업적 요구이다.

이러한 문제는 전기제품과 자동차 산업분야에서 반복적으로 제기되고 있다. 법원은 수리 또는 교체되는 부품은 완성차에 대하여, 각자 상대방이 없이는 쓸모 없는 경우에도, 별개의 것이라고 보는 경향이 있다.[16] 결국 품질관리의 필요성에 관한 인정 여부는 구체적 사안에 따라 결론이 달라질 수 있다는 점을 확인하고 있는 셈이다.

(2) 지정된 공급자로부터의 구매요구

가맹본부가 장비나 공급품, 재고 등을, 자기 자신으로부터 구매할 것을 요구하는 것과는 별도로, 자기가 지정하는 공급자로부터만 구매할 것을 요구하는 경우에, 해당 가맹계약 또는 상표와 지정된 공급자가 공급하는 상품 사이에 위법한 연계판매가 성립되는가? 법원은 가맹본부가 공급자에 대하여 재정적 이해관계를 가지지 않고, 또한 품질관리측면에서 그러한 관행이 필요하다는 점을 가맹본부가 입증할 경우에는, 일반적으로 가맹본부의 공급자 지정권을 인정하고 있다. 구체적 판례를 보면 다음과 같다. 해당 상품이 특허제품이고 가맹본부가 승인된 공급자 또는 특허 자체에 대하여 재정적 이해관계를 가지지 않더라도 지정된 공급자로부터 몰래 환급금(rebate)과 소개료(commission)를 받는 경우에는 위법한 연계판매를 인정하였다.[17] '연계하는' 회사가 연계로 선호되는 상품공급회사의 판매에 대하여 아무런 이해관계도 가지고 있지 않은 경우에는 위법한 연계판매를 인정하지 아니하였다.[18] 또한 가맹본부가 가맹상에 대하여 오직 한 가지 브랜드 상품만을 구입하도록 요구하는 경우에도 가맹본부가 그러한 구입조치와 관련하여 아무런 이해관계가 없고, 또한 그러한 조치가 경쟁에 미치는 영향이 극히 미미한 경우에는 위법한 연계판매를 인정하지 않았다.[19] 가맹본부가 "비밀

16) Parts & Elec. Motors, Inc. v. Sterling Elec., Inc., 826 F. 2d 112(7th Cir. 1987), citing Mozart Co. v. Mercedes-Benz of North America, Inc., 593 F. Supp. 1506(N.D. Cal. 1984) and Grappone v. Subaru of New England 534 F. Supp. 1282(D.N.H. 1982). 비록 위 판결에 인용된 판례들이 Jefferson 사건판결보다 앞선 것이기는 하지만, 동법원은 대체적인 견해는 바뀌지 않았다고 지적하였다. 별개의 상품인가 하는 논점은 위 두 Mercedes-Benz 사건에서 항소의 대상이 되지 않았다.

17) Ohio-Sealy Mattress Mfg. Co. v. Sealy, Inc., 585 F. 2d 821(7th Cir. 1978).

18) Keener v. Sizzler Family Steak Houses, 597 F. 2d 453(5th Cir. 1979). 연계하는 회사가 연계되는 상품의 공급회사에 대하여 전혀 이해관계를 가지지 않는 경우에는 위법한 연계판매는 존재하지 않는다. 따라서 특정한 건축업자에 의해 레스토랑을 건축하여야 한다는 요구는 상표사용권과의 사이에서 위법한 연계판매가 되지 아니한다. 이 판결은 Shaeffer v. Collins, 1980-81 Trade Cas. ¶63,666(E.D. Pa. 1980)에서 유지되었다.

19) Martino v. McDonald's System, Inc., 432 F. Supp. 499(N.D. Ill. 1985), aff'd, 598 F. 2d 1079, cert. denied, 444 U.S. 966. 가맹상으로 하여금 설탕이 함유된 한 가지 브랜드의 콜라만을 구매하도록 요구하는 것은 당연위법원칙에 의하든 합리성원칙에 의하든 위법한 연계판매가 되지 아니한다. 왜냐하면 가맹본부가 그러한 약정에 대하여 아무런 이해관계를 가지고 있지 않

제조공식(secret formula)을 보호할 필요가 있고, 지정된 공급자와 아무런 이해관계도 가지고 있지 않다"고 주장한 사건에서, 법원은 이들 주장을 모두 배척하면서, "실제 심리결과 ① 아이스크림 혼합방법이 비밀제조공식이 아니라는 점을 가맹본부가 인정하였고, ② 종이제품을 연계시킬 만한 사업적 근거도 없으며, ③ 피고측의 주장과 달리, 그는 지정된 공급자와 경제적 이해관계를 가지고 있다"는 이유로 위법한 연계판매를 인정하였다.[20)]

가맹본부는 제 3 자에 대한 관계에서, 가맹상들로 하여금 승인된 공급자로부터만 구매하도록 요구하는 계약조항을 시행할 권리가 있다.[21)] 해당 금전등록기가 가맹계약에서 요구되는 통일된 판매보고서를 가맹본부에게 제공하고, 또한 가맹본부가 해당 공급자를 경쟁입찰 방식에 의하여 선정하였을 경우에는 가맹본부는 가맹상에 대하여 특정한 공급자로부터 맞춤형 컴퓨터 현금등록기를 구입할 것을 요구할 수 있다.[22)]

한편 연방거래위원회는 품질관리를 위해 가맹본부가 공급자를 지정할 필요가 있다는 점을 인정하면서도 동시에 가맹상들의 폭넓은 구입선택권을 확보할 수 있도록 하는 명령을 발하였다.[23)] **그리고 이 명령은 그 후 실무상 가맹계약서에서 공급자를 지정하는 조항을 둘 때 모범적인 조항으로 사용되고 있다. 그 내용은 다음과 같다. 가맹본부가 승인된 공급자의 명단을 작성하고 새로운 공급희망자의 명단을 포함한 위 명단을 6개월마다 정기적으로 가맹상들에게 전파하도록 한다. 그리고 그러한 명단에 포함되고자 하는 제 3 의 판매자는 가맹본부가 정한 품질 및 조사기준을 준수할 수 있고 그 품질관리 프로그램에 따라 가맹본부가 합리적으로 검사를 할 수 있도록 한다는 점을 입증하도록 한다.**

이러한 판례 및 연방거래위원회의 태도를 종합하여 볼 때 <u>품질관리상 필요하고, 또 가맹본부가 공급자에 대하여 아무런 경제적 이익을 가지지 않는 경우</u>

고, 또 그러한 약정이 경쟁에 미치는 효과도 전무하거나 아주 미미하기 때문이다.

Woodard v. General Motors Corp., 298 F. 2d 121(5th Cir.), cert. denied, 369 U.S. 887, rehearing denied, 370 U.S. 965(1962); United States v. Jerrold Elecs. Corp., 187 F. Supp. 545(E.D. Pa. 1960), aff'd, 365 U.S. 567(1961); Midwestern Waffles, Inc. v. Waffle House, Inc., 734 F. 2d 705(11th Cir. 1984).

20) Esposito v. Mister Softee, Inc., 1980-1 Trade Cas. ¶63,089(E.N.Y. 1979). 이 사건에서 법원은 본건의 사실관계가 Susser v. Carvel 사건이나 Keener v. Sizzler Family Steak Houses 사건 및 기타 앞서 인용한 사건들과 다르다고 판시하였다.

21) Fast Food Fabricators v. McDonald's Corp., 1980-2 Trade Cas. ¶63,552(N.D. Cal. 1980), 이는 McDonald가 다른 공급자만을 선호한다는 이유로 공급업자로부터 제기된 독점금지소송 사건이었다. 또한 위에서 인용한 Martino v. McDonald's Sys., Inc. 사건판결 참조.

22) Subsolutions, Inc. v. Dotor's Associates, Inc.(CCH), BFG P. 12,276(Conn. 2001).

23) AAMCO Automatic Transmissions, Inc., 관련사건의 FTC File No. 6810141, CCH Trade Reg. Rptr. ¶20,094(1972).

에는, 가맹본부의 공급자 지정권이 인정될 수 있을 것이다.

그러나 연계판매가 아닌 경우에도 가맹본부가 가맹상에 대하여 특별한 공급자로부터만 상품을 구입하도록 하는 관행은 여전히 규제의 대상이 될 수 있다.24)

3. 가맹상이 판매하는 상품에 대한 제한

가맹시스템의 핵심은 가맹본부가 타인에게 상표의 사용권을 설정해 주고, 그 사용권이 설정된 상표와 구체적 상품 사이에 또는 영업방법이나 영업시스템 사이에 동일성이 있음을 인식시키는 데 있다. 따라서 상표법상의 요구나 시장전략 차원에서 볼 때, 가맹본부는 자기의 상표를 사용하는 판매상품의 유형이나 품질에 관하여 통제를 가할 필요가 있다. 그러나 이처럼 가맹본부가 통제를 가하고 시장의 경쟁에 영향을 미치게 되면 그 정도에 따라 이는 가맹상의 독자적 판매 및 구매전략에 압력수단으로 작용하게 되어 결국 독점규제법에 위반될 여지가 있다.

일반적으로 가맹사업에 있어서 상표가 상품의 동일성을 표시하고 있는 경우에, 가맹본부가 가맹상에게 지정상품만을 판매하도록 요구하는 것은 가맹본부의 상표권을 보호하기 위한 필요한 조치로 인정되고 있다.25) 그러나 일반점포에 대하여 상표사용을 허가하면서 다른 경쟁상품을 판매하지 못하게 하는 것은 독점규제법에 위반될 수 있다.26)

---

24) Atlantic Refining Co. v. FTC, 381 U.S. 357, 85 S. Ct. 1498, 14 L. Ed. 2d 443(1965); FTC v. Texaco, 393 U.S. 223, 89 S. Ct. 429, 21 L. Ed. 2d 394(1968); Tastee-Freez International, Inc., et al., FTC Consent Order to Cease and Desist, File No. 701 0079, 3 Trade Reg. Reptr. ¶ 20,247(1973).

25) Susser v. Carvel Corp., 332 F. 2d 505(2d Cir. 1964). 이 사건에서 법원은 소프트 아이스크림 판매사업의 가맹본부는 아이스크림과 어울리지 않는 햄버거나 핫도그와 같은 상품의 판매를 금지할 수 있다고 보고 그러한 제한은 상표권자의 상표에 대한 영업권(goodwill)을 보호하기 위하여 필요하다고 판시하였다. 그러나 Cavel 사건이나 임대형 주유소에 관한 사건에서처럼, 특정한 상품과 그 판매점이 한꺼번에 상표에 의하여 동일성이 인정되는 경우에 대하여 법원은 판매상품의 제한을 유효하다고 할 것인가의 여부에 관하여 견해가 대립되어 있다; Phillips v. Crown Petroleum Corp., 1975 Trade Cas. ¶ 60,335(D. Md. 1975). 이 사건에서는 임대인이 자신의 영업권 및 영업에 대한 적법한 이익을 보호하기 위하여 제한을 가한 것이 문제되었다. 법원은 "주유소 임대인이 임차인에게 그 점포에서는 최고의 부동액만 판매하여야 하고 자동판매기의 상품도 이와 대등한 품질을 유지하여야 한다고 요구하는 것은 전적으로 합리적이다. 그러나 다른 고품질의 상품을 취급할 수 있음에도 불구하고 오로지 임대인의 상표가 붙은 상품만을 판매하도록 요구하는 것은 위법한 연계판매가 된다"고 판시하였다; Davidson v. Crown Central Petroleum Corp., 1977-1 Trade Cas. ¶ 61,277(Md. 1976). 그러나 이 사건에서는 임대인은 오직 그의 탱크에 들어 있는 기름만을 판매하도록 요구할 권리가 있다고 판시하였다.

26) FTC v. Brown Shoe Co., 384 U.S. 316, 86 S. Ct. 1501, 16 L. Ed. 2d 587(1966). 이 사건에서는 가맹본부의 규모와 관련상품 및 시장에 대한 영향 등을 고려하여 배타적 거래계약을

또한 판매상품에 자기의 상표를 사용하도록 허가하고서 그 상품과 무관한 추가적 상품의 판매를 요구하는 것도 독점규제법에 위반될 수 있다. 이러한 판매강요의 문제는 정유회사가 타이어(T), 바테리(B) 및 악세사리(A)의 생산회사와 체결한, TBA를 자기의 주유소에 판매하도록 보장해 주는 대신 이에 대하여 수수료를 지급하도록 하는, 계약관행과 관련하여 제기되었다. TBA에 관한 契約이 연방대법원의 주목을 받게 된 사건은 Atlantic Refining Co. v. FTC[27]이다. 이 사건의 경우, 임대차계약이나 가맹계약상 가맹상들에게 어떤 특정상품의 비축이나 판매를 요구하는 조항은 없었다. 법원은 "Atlantic이 임대차계약과 자금대부 계약상의 해제 및 해지조항과 가스 및 석유의 공급에 대한 통제권 그리고 광고 등을 무기로 임차인들로 하여금 Goodyear의 상품을 비축하도록 압력을 가하였다"고 판시하였다. 동법원은 Atlantic으로 하여금 어떠한 TBA계약에도 참여하지 못하게 하고 Goodyear에게도 Atlantic이나 기타 다른 석유회사와 계약을 계속하지 못하게 하는 연방거래위원회의 명령을 지지하였다. 연방대법원은 나중에 이와 유사한 Texaco사의 TBA계약에 대하여, "나중에 구체화될 원초적인 強迫이 존재한다"고 판시하였다.[28] 그리고 이러한 판례의 취지에 따라 하급법원들도 점포임대차상의 우월적 지위를 이용하여 소매상들로 하여금 임대인인 정유회사의 TBA브랜드 상품만을 판매하도록 강요하는 행위를 금지하였다.[29]

비슷한 맥락에서 "가맹상은 가맹본부의 자동차와 부품의 판촉을 위해 최대한 노력하여야 한다"는 조항(best effort clauses)이 있고, 비록 그 가맹계약상 가

독점규제법 위반으로 보았다. 연방대법원은 "두 번째로 큰 신발 생산자와 수백개의 소매상 사이에 체결된, 가맹상으로 하여금 Brown상표의 신발만 취급하고 다른 신발은 취급하지 못하게 하는 내용의, 가맹계약은 '원초적'(incipient) 위반행위에 해당한다"고 判示하였다. 연방거래위원회법 제5조는 실제로 독점규제법 위반의 결과가 아직 발생하지 않은 경우에도 장차 그러한 결과를 초래할 것이 예상되는 '원초적' 위반행위를 원천적으로 봉쇄할 권한을 동위원회에 부여하고 있다; Aldolph Coors Co. v. FTC, 1974-1 Trade Cas. ¶75,090(10th Cir. 1974), cert. denied, U.S. Sup. Ct., Jan. 13, 1975. 배타적 거래방침에 따르지 않는 배급상에게 생맥주의 공급을 거절하는 영업방침은 위법하다; Joyce Beverages of N.Y. v. Royal Crown Cola Co., 1982-83 Trade Cas. ¶65,165(S.D.N.Y. 1983). 바틀링 회사(bottler)로부터 한 가지 상표만 취급하도록 최선을 다한다는 약속을 받고 상표사용권을 배타적으로 부여하는 것은 청량음료시장에서의 경쟁을 제한하지 아니한다.

27) Atlantic Refining Co. v. FTC, 381 U.S. 357(1965).

28) FTC v. Texaco, 393 U.S. 223, 89 S. Ct. 414, 21 L. Ed. 2d 402(1968).

29) Shell Oil Co. v. Marinello, 1972 Trade Cas. ¶74,178(N.J. Super. 1972), aff'd, 1973 Trade Cas. ¶74,604(N.J. Sup. 1973); Mobil Oil Corp. v. Rubenfeld, 72 Misc. 2d 392, 339 N.Y.S. 2d 603(N.Y. App. Term. 1974), reversed, 370 N.Y.S. 2d 943(N.Y. App. Div. 1975); Tire Sales Corp. v. Cities Service Oil Co., 410 F. Supp. 1222(N.D. Ill. 1976), remanded, 637 F. 2d 467(7th Cir.), cert. denied, Apr. 20, 1981. 이 사건에서 항소심은 "정유회사의 현장책임자가 임대차계약을 취소하겠다고 위협하였다면, 가사 실제로 취소가 이루어지지 않았더라도 강박을 한 것이다"고 판시하였다.

맹상이 다른 공정라인을 이용할 수 있다 하더라도 실제로 '최대한 노력 조항'이 가맹본부에 의해 강제됨으로써 다른 경쟁자의 시장진입이 봉쇄되는 경우에는, 그러한 관행은 독점규제법에 위반된다는 판례가 있다(이 사건의 핵심은 다른 경쟁자가 가맹상으로부터 봉쇄되는 것이 아니라 市場으로부터 봉쇄된다는 점이었다).[30] 그러나 가맹계약상의 '최대한 노력 조항'이 모두 다 독점규제법에 위반되는 것은 아니다.[31] 그 대표적인 사례로는 앞서 본 Jefferson Parish 사건판결의 취지에 따라 딜러들에게 완전한 공정라인(full-line)을 강제한 문제를 다룬 Paul E. Volpp Tractor Parts, Inc. v. Carterpillar, Inc. 사건을 들 수 있다.[32] 이 사건에서 법원은 "완전한 공정라인을 요구하더라도 ① 그러한 요구가 기껏해야 합리성원칙이 적용되는 비가격적인 수직적 제한에 불과하고, ② 소비자에게 여전히 광범위한 선택의 여지가 있기 때문에 합리성원칙에 위반되지 않으며, ③ 당연위법의 원칙에 의하더라도, 회사측의 공격적인 판매전략에도 불구하고, 공급을 봉쇄당한 공급자(원고)가 딜러들이 회사의 부품만을 구입하도록 강요되었다는 점을 입증하지 못하는 한, 당연위법은 아니다"고 판시하였다. 따라서 가맹계약상의 '최대한 노력 조항'은 가맹본부와 경쟁자가 아닌 가맹상에 대한 관계에서는 유효한 계약내용이 될 수도 있다.

4. 재판매가격의 책정

재판매가격의 책정(resale price fixing)이란 상품의 생산자 또는 판매자가 상품을 판매함에 있어서 그 상품을 구입하여 다시 판매하는 사업자에 대하여 거래단계별로 가격을 미리 정하여 그 가격대로 판매할 것을 강제하거나 그러한 지정된 가격에 의한 판매를 확보하기 위하여 규약 기타 구속조건을 붙여 거래하는 관행을 말한다.

30) Heatransfer Corp. v. Volkswagenwerk A.G., 1975 Trade Cas. ¶¶6,0306, 60,309(S.D. Tex. 1974), 533 F. 2d 964(5th Cir. 1977) cert. denied, U.S. Sup. Ct. Feb. 21, 1978.

31) Heatransfer Corp. v. Volkswagenwerk A.G., 533 F. 2d 964(5th Cir. 1977) cert. denied, U.S. Sup. Ct. Feb. 21, 1978.

32) Paul E. Volpp Tractor Parts, Inc. v. Carterpillar, Inc., 1995-2 Trade Cas. §71,243 (W. Tenn. 1995), 이 사건에서 Caterpillar측은 부품구매에 대한 규제가 품질관리상 필요하다는 주장은 하지 않았고 오히려 이윤을 극대화하기 위한 것이라는 점을 솔직히 인정하였다. 그런데 법원은 이를 적법하다고 인정한 것이다. 이 사건에서 회사측의 요구를 따르지 않았다는 이유로 계약을 해지당하거나 퇴출된 딜러는 전혀 없었다. 참고로 이 판결에 앞서 나온 U.S. v. Mercedes-Benz of North America, Inc., 517 F. Supp. 1369(N.D. Cal. 1981)에서 MBNA측은 "회사가 딜러로 하여금 모든 부품을 배급상이나 그 모회사로부터 구입하도록 요구하는 것은 Mercedes-Benz 차량의 품질관리와 명성을 위한 것으로서 사업적 정당성이 있다"고 주장하였으나, 법원은 "이를 인정할 증거가 충분하지 않다"며 배척하였다.

연방대법원은 Kahn v. State Oil Co. 사건 상고심판결에서 그 동안 최고가격에 대한 당연위법원칙을 적용하던 Albrecht 사건판결을 만장일치로 폐기하면서 원심판결을 파기하였다.[33] 그리하여 이제는 가맹본부나 기타 상품공급자가 최고가격을 책정하는 것은, 다른 수직적 제한과 마찬가지로, 합리성원칙에 의하여 판단되고 있다.[34] 요컨대 재판매가격제한에 관한 현재의 미국판례의 입장은 수평적 가격제한에 대하여는 여전히 당연위법원칙을 적용하지만, 수직적 가격제한에 대하여는 합리성원칙에 의하여 위법 여부를 판단하되 적법판정을 쉽게 하지 않는 상황이다.

재판매가격에 대한 제한은 캐나다에서도 미국과 마찬가지로 엄격하다.[35] 그리고 유럽공동체(EC)도 일부 수직적 제한에 관한 사항을 내용으로 하는 계약에 대하여 유럽공동체조약상의 독점금지조항을 면제하는 규칙을 2000년 6월 1일부터 채택하고 있는데,[36] 비록 위 규칙에서 재판매가격 책정을 직접적으로 면제하고 있지는 않지만, ① 재판매가격의 제시(다만 어느 일방당사자의 압력이나 유인책(incentives)으로 고정가격이나 최저재판매가격을 정하는 결과가 되지 않는 경우에 한함)와, ② 고가격의 설정은 원칙적으로 허용하고 있다.[37]

결국 가맹사업을 영위하는 가맹본부의 입장에서 이러한 독점규제법의 저촉을 피하고 가맹상들의 가격에 어떤 통일성을 안전하게 도모하기 위해서는 예시가격(suggest list prices)이나 권장가격을 제시할 수밖에 없다.[38] 그러나 이러한 예시가격에 대하여서도, 직·간접적으로 그 준수를 강제하는 경우에는, 독점규제법에 위반된다.[39]

---

33) Kahn v. State Oil Co., 522 U.S. 3(1997).

34) 그러나 위 Kahn 사건에서 연방대법원은 "모든 수직적 최고가격책정의 시도가 적법하게 되는 것은 아니다"는 점을 강조하면서 실제로 State Oil의 행위는 합리성원칙에 의하더라도 위법판단을 면하기 어렵다고 지적하고 있다.

35) 예시가격의 경우에도 예시자가 제시받는 자에 대하여 그를 준수할 의무가 없다는 점을 명백히 하였다는 점을 입증하지 못하는 한, 가격에 영향을 주려는 기도로 보고 있다. Glickman, op. cit., § 8A.06[3][b][iii].

36) Commission Regulation EC No. 2790/1999. 이에 관하여는 후술한다.

37) Id. Reg Art. 3(a).

38) 가맹본부가 소매가격을 예시하거나 권장하는 권리는 법원에 의하여 계속 인정되어 왔다. Susser v. Cavel, 332 F. 2d 505(2d Cir. 1964); Arnold Schwinn & Co., 237 F. Supp. 323 (N.D. Ill. 1965). 이 사건은 다른 사유로 파기되었다; 388 U.S. 365, 87 S. Ct. 1856, 18 L. Ed. 2d1949(1967); World Wide Volkswagen Corp. v. Autobahn Motors Co., 1980-81 Trade Cas. ¶ 63,601(S.N.Y., 1980); Krehel v. Baskin Robbins Ice Cream Co., 1979-2 Trade Cas. ¶ 62,806(C. Cal. 1979), aff'd, 1982-1 Trade Cas. ¶ 64,449(9th Cir.); Link v. Mercedes-Benz of North America, 1986-1 Trade Cas. ¶ 67,050(3rd Cir. 1986).

39) Adolph Coors Co.(FTC) Vol. 3 Trade Reg. Reptr. ¶ 20,403(1973), aff'd, Adolph Coors Co. v. FTC, 497 F. 2d 1178(10th Cir. 1974), cert. denied, U.S. 1105(1975). 이 사건에서 연방거래위원회는 "재판매가격목록의 배포나 정찰표시의 권장은 그 자체만으로는 위법하지 않

위와 같이 재판매가격 책정에 대한 규제가 지속되자, 생산자나 가맹본부는 다른 적법한 거래관행에 편승하여 재판매가격 책정과 동일한 효과를 얻으려고 기도하기도 한다. 그러나 법원은, 이러한 기도에 대하여도, 재판매가격 책정이나 가격차별을 목적으로, 통상 적법하게 허용되는 다른 거래관행을 이용하였다는 점이 인정되면, 이를 위법하다고 판시하고 있다.[40] 종래 문제가 되었던 관행들 중에서 다소나마 본 논문의 목적과 관련 있는 논점으로는 연합광고 프로그램, 부기시스템, 할인판매, 가맹상에 대한 일반적 강박 등을 들 수 있다.

(1) 연합광고 프로그램

가맹본부는 가맹계약을 통하여 가맹상에게 광고비의 전부 또는 일부를 부담할 것을 요구할 수 있다. 그리고 이에 기하여 각 가맹상들로부터 거둬들인 광고비를 광고기금형태로 모았다가, 전국적 또는 지역단위의 대규모 광고에 사용할 수 있다. 이러한 광고기금은 통상 가맹본부측이 사전에 마련한 일정한 운용준칙, 즉 연합광고 프로그램(cooperative advertising program)에 따라 집행되는 것이 보통이고, 광고의 실시 여부 및 그 시기·내용·방법, 광고매체의 선정, 광고비의 책정 등에 관하여 가맹본부측이 주도권을 가지고 결정하는 것이 보통이다. 물론 이 경우에도 해당 광고가 가맹시스템 전체의 브랜드가치와 이미지를 제고하기 위해 시행되었다는 점 및 기금이 적정하게 사용되었다는 점에 대한 최소한의 확인권이 가맹상들에게 부여되어야 할 것이다. 아무튼 광고비의 부담 및 집행에 관한 연합광고 프로그램은 가맹사업관계에서 일반적으로 허용되는 관행이다.

그러나 이러한 연합광고 프로그램도 가격제한과 관련되면 독점규제법상 문제가 될 수 있다. 예컨대 Nissan의 연합광고계획에 대하여 법원은, "가맹본부가 딜러구성원들에게 '예시된 가격보다 할인이 가능하다'는 취지로 따로 광고하는 자가 있는지를 살피도록 요구하면서, 그러한 관찰의무를 위반하는 자에게는 계약상 정해진 광고비 보상액을 지급하지 않겠다는 내용의 연합광고 프로그램은 가격책정의 한 방법으로 해석될 수 있다"[41]고 판시하였다.

지만, 본건에서와 같이 그 준수를 요구하는 경우에는 경쟁을 제한하는 무서운 방법으로 이용될 수 있다"고 결정하였다; Burton Supply Co. v. Wheel Horse Products, Inc., 1974-2 Trade Cas. ¶75,224(N.D. Ohio. 1974).

40) 재판매가격의 유지와 그 방법에 관하여 판례의 내용을 자세히 파악하려면, Greene v. General General Foods Corp., 1975-2 Trade Cas. ¶60,444(5th Cir. 1975); Krehel v. Baskin-Robbins Ice Cream Co., 1979-2 Trade Cas. ¶62,806(C. Cal. 1979). 가격정보를 교환하기로 하는 계약은 Sherman법에 대한 당연위법이 아니다. 가격에 관하여 7년간 서로 의견을 교환하였다는 것만으로 가격책정의 공모를 인정할 증거로 충분하다고 할 수 없다.

41) Mt. Vernon Sundat, Inc. v. Nissan Motor Corp. in U.S.A., 1976-1 Trade Cas. ¶60,842 (E.D. Va. 1975).

반면에 다른 결론을 내린 판례도 있다. 같은 Nissan 회사의 연합광고와 관련된 사안에서, 연방항소법원은 "수직적 제한과 수평적 제한 사이에는 실제 구별하기 어려울 정도로 미세한 차이밖에 없다"고 하면서, "연합광고계획은 당연위법도 가격책정의 기도도 아니다"고 판시하였다.[42] 동법원은 "위 광고계획이 Nissan측에서 수직적으로 부과한 것이고 광고기금지원거절에 관한 준칙이 딜러들의 의견을 묻지 않고 수립된 것이기는 하지만, 딜러들은 Nissan이 정한 연합광고 외에는 광고를 전혀 할 수 없었던 것이 아니라, 각자 자기 비용으로 가격 및 할인판매에 관한 광고를 할 수 있었고, 또 실제로 그렇게 광고를 실시하였다"는 점 및 "생산자가 소매상들의 가격광고로 자신이 정한 예시가격이 변경되지 않도록 한다 하여 이를 불합리한 당연위법이라고 볼 아무런 사유도 없으며 실제로 The Monroney Act는[43] 소매시장에서 판매되는 차량에 대하여 생산자로 하여금 예시가격이 표시된 스티커를 부착할 것을 요구하고 있기도 하다"는 점 등을 그 근거로 제시하였다.[44]

그러나 한편 위 재판부는 "만일 생산자가 소매상들이 반드시 준수해야 할 가격을 책정하였고 소매상들이 그렇게 책정된 가격을 광고하는 데 기여할 수밖에 없었다면, 위 사건도 당연위법의 판정을 받을 수 있었다"고 경고하였다. 즉 "이 사건은 당연위법판정을 받은 United States v. Serta Assocs., Inc.[45] 사건과는 사안이 다르기 때문에 적법하다는 것이 것이지, 가격에 관한 연합광고를 모두 적법한 것으로 인정하는 것은 결코 아니다"는 입장을 분명히 하였다.

이상의 논의를 종합할 때, 가격과 관련되는 연합광고 프로그램은 가맹상의 가격결정권에 대한 사소한 구속력만으로도 위법판정을 받을 여지가 있다.

42) P.D.Q. Inc. of Miami v. Nissan Motor Corp. in U.S.A., 577 F. 2d 910(5th Cir. 1978), cert. denied, 439 U.S. 1072(1979).

43) 15 U.S.C. § 1231 et seq.

44) 참고로 연방거래위원회는 1980. 6. 30. 위 연방항소법원 판결에 이의를 제기하며 "위 판결은 가격제한적인 연합광고계획을 당연위법으로 보는 정책에 도전하는 것이므로, 앞으로도 연방거래위원회는 위 제 5 순회법원의 판결을 따르지 않고 가격제한적인 연합광고계획을 연방거래위원회법 제 5 조의 당연위법으로 취급하겠다"고 밝혔다가, 1987. 5. 21.에 "연합광고계획에 대한 가격제한은 그것만으로는 당연위법이 아니다"고 하면서 이를 철회한 바 있다.

45) 296 F. Supp. 1121(N.D. Ill. 1968), aff'd 393 U.S. 534, 89 S. Ct. 870, 21 L. Ed. 2d 753, rehearing denied 394 U.S. 967(1969). 이 사건에서 Serta의 광고계획은 수평적 제한으로 판정되었는데, 그 계획에 의하면 Serta측은 매트와 판촉물을 제공함으로써 그리고 Serta가 지급할 광고보조비의 비율을 조정함으로써 소매상들이 광고에서 알릴 판매가격에 영향을 주었다. 그러나 딜러는 그가 실시하는 모든 광고에 가맹본부가 제시하는 소매가격을 표시하고 있지 않으면 그 광고계획에 참여할 수 없었다. 또한 Serta측은 딜러들의 모든 광고에 대하여 감시하고 있었기 때문에 예시가격 이하로 판매하기를 원하는 딜러들은 ① Serta의 예시된 가격을 광고하든지, ② 가격을 빼고 광고를 하든지 아니면, ③ 아예 광고를 하지 말든지 하는 셋 중의 하나를 선택할 수밖에 없었다.

(2) 부기시스템(bookkeeping system)

가맹본부는 가맹점의 합리적 운영에 도움을 주기 위하여 부기나 기장 등 회계관련 시스템을 가맹상에게 제공할 수 있고, 또 가맹시스템의 통일을 기하기 위하여 그러한 기장시스템의 사용을 요구할 수도 있다. 예컨대 가맹본부는 '재고품 계산방법'으로서, "가맹상이 예시가격과 다른 가격을 정할 때에는 가맹본부가 정한 양식에 따라 그 내용을 기재하여야 하고, 그렇지 않을 경우에는 예시가격대로 재고처리한 것으로 본다"는 조항을 사용할 수 있고 이는 "수직적 가격제한이 아니다"는 판례가 있다.[46] 이 판례에서 법원은 "가격변경양식을 기재하는 것이 강압적 부담도 아니고 가맹상으로부터 다른 가격을 결정할 권한을 박탈하는 것도 아니기 때문이다"는 것을 이유로 들었다. 그러나 이러한 시스템의 제공 및 그 이용이 가맹상의 판매가격을 감시하는 수단으로 이용될 경우에는 위법한 판정을 받을 수도 있다. 실제로 가맹본부가 제공한 청구서작성 및 기록유지에 관한 방안이 위법한 가격유지계획을 준수하도록 하기 위한 수단으로 인정된 사례도 있다.[47]

(3) 할인판매자에 대한 계약해지

판례는 한동안 '예시가격'을 준수하지 않으면 계약을 해지하겠다고 위협하는 것을 Sherman법에 당연위반되는 것으로 보았다.[48] 그리고 가격인하나 할인판매에 관하여 가맹상이 불만을 제기하여 계약이 해지된다면 그러한 계약해지도 수직적 가격책정의 공모로 볼 수 있었다. 그러나 법원은 Monsanto Co. v. Spray-Rite Service Corp.[49] 사건에서 태도를 바꾸어, "딜러의 불만이 있었고 이어서 계약이 해지되었다는 사실만으로는 당연위법이라고 할 수 없다"는 입장으로 선회하였다. 그러면서 생산자와 도매상 사이에 공모가 있다는 점을 입증하기 위해

46) Bender v. Southland Corp., 1983-2 Trade Cas. ¶65,479(E.D. Mich. 1983), rev'd and remanded, 749 F. 2d 1205(6th Cir. 1984).

47) In Greene v. General Foods Corp., 517 F. 2d 625(5th Cir. 1975).

48) Westphalen v. Mobil Oil Corp., 1973 Trade Cas. ¶74,423(N.D. Calif. 1972). 재판매가격유지계획이 있다는 주장이 있고, 정유회사가 정한 '목표가격'(target price)을 준수하지 않을 경우에는 주유소임대계약을 종료시키겠다고 위협한 사실 및 정유회사측이 주유기에 그 가격을 표시하도록 했다는 사실이 입증되는 경우에는 셔먼법 제1조 및 제2조를 위반하였다고 할 수 있다; Arnott v. American Oil Co., 609 F. 2d 873(8th Cir. 1979), cert. denied, 446 U.S. 918(1980), AMOCO가 책정한 휘발유소매가격에 따라 소매판매가격을 정하도록 딜러들은 위협 기타 강박적 전략에 의해 강요되었다고 할 수 있다. AMOCO가 해마다 이루어지는 임대차계약의 갱신을 거절하겠다고 위협하는 것은 딜러들로 하여금 책정가격을 준수하지 않을 수 없게 한다. 이 경우 예시된 가격은 요구된 가격이 될 수 있다.

49) 465 U.S. 752, 104 S. Ct. 1464, 79 L. Ed. 2d 775(1984).

서는 "생산자와 그 밖의 자들이 불법한 목적을 달성하기 위한 공동의 계획을 의식적으로 약속하였다는 사실을 합리적으로 인정할 정도로 입증되어야 한다"고 판시하였다. 위 사건 이후 미연방법원은 셔먼법에 당연위반이 되기 위해서는 "불만이 제기된 해당 계약이 특정한 수준으로 가격을 유지하려는 합의를 포함하고 있어야 한다"는 점을 분명히 하였다.[50] 그러나 가맹본부측이 가격책정 이외의 다른 사유를 내세워 계약을 해지하더라도 당사자간에 실제로 주고받은 서류 내용을 통하여 가격책정을 추론할 수 있는 경우에는 가격책정과 관련하여 그 계약의 위법 여부를 판정할 수 있다.[51]

(4) 가맹상에 대한 기타의 압력

그 밖에도 예컨대 ① 재판매가격을 준수하지 않는 가맹상에게 가맹본부가 면담한 소비자를 제대로 연결(referrals)해 주지 않거나, 공급을 감축하는 행위, ② (재판매가격을 준수하지 않는 가맹상을 폄하하면서) 기존 소비자들에게 "해당 가맹상은 서비스를 제대로 제공하지 못한다"고 알리는 행위, ③ 경쟁에 대처하도록 하기 위해 재판매가격을 준수하는 가맹상에게 인정해 주던 표준할인제도를 유보하는 행위 등도 위법한 가격책정의 일부로 판정될 수 있다.[52]

그러나 가맹본부는 외상거래나 선금거래와 같이 가맹상의 가격 자체가 아닌 거래관행에 대하여는 가맹본부의 명성이나 사업이미지의 유지에 필요한 경우에 이를 규제할 수 있다 할 것이다.[53]

5. 가맹계약의 종료

가맹계약에 있어서 가맹본부가 상대방 선택의 자유를 갖는 것과 마찬가지로, 사업상의 이유에 기하여 계약을 종료하는 것도 다른 불법한 목적이 없는 한,[54]

50) Business Elecs. Corp. v. Sharp Elecs. Corp., 485 U.S. 717, 108 S. Ct. 1515, 99 L. Ed. 2d 808(1988), aff'g 780 F. 2d 1212(5th Cir. 1986).

51) Ezzo's Invs., Inc. v. Royal Beauty Supply, Inc., 94 F. 3d ¶1032(6th Cir. 1996).

52) Sterling Interiors Groups, Inc. v. Haworth, Inc., 1996-2 Trade Cas. ¶71,337(S.D.N.Y. 1996).

53) Weight Watchers of Rocky Mountain v. Weight Watchers Int'l, 1976-2 Trade Cas. ¶61,157(E.D.N.Y. 1976). 피고가 모든 가맹상들에게 대금을 미리받지 못하도록 금지하는 것은 신용 있는 가맹시스템의 명성을 위한 것으로서 적법하다.

54) Ace Beer Distrib., Inc. v. Kohn, Inc., 318 F. 2d 283(6th Cir. 1963). 본건의 경우 기존 가맹상에 대한 가맹계약을 해지하고 그 지역에서 다른 가맹희망자와 가맹계약을 체결하는 것은 Sherman Act나 Clayton Act에 위반되는 거래거절의 공모에 해당하지 않는다. United States v. Colgate & Co., 250 U.S. 300. 39 S. Ct. 465, 63 L. Ed. 992(1919); United States v. Arnold Schwinn & Co., 237 F. Supp. 323(N.D. Ill. 1965). 다른 사유로 파기되었다; 388

독점규제법에 위반되지 않는다.[55] 법원은 가맹본부가 유통체계를 변경하기 위하여 계약조건에 따라 가맹계약을 종료하거나 계약갱신을 거절할 권리를 점차 확대하여 왔다.[56] 그러면서도 법원은 가맹본부와 가맹상 사이의 교섭력의 차이를 인식하여, 가맹계약의 체결을 거절하는 것보다는 기존 가맹계약을 종료시키는 것에 대하여 독점금지법 기타 여러 법률적 관점에서 보다 심도 있게 검토하고 있다.[57] 가맹상은 가맹계약을 체결하기 위해 거의 전재산을 투자하는 경우가 많은데, 가맹본부에 의해 자의적으로 그 계약이 해제된다면, 경제적으로 돌이킬 수 없는 타격을 입게 된다는 점을 고려한 것이다. 이러한 인식에 기초하여 법원은 "당사자간의 교섭력이 현저하게 불균형하여 계약문구대로 이행을 강제하면 일방당사자에게 불리하고 공공의 이익에도 반하는 경우에는 계약조항의 일부를 달리 해석할 수 있다"고 판시하고 있다.[58] 계약해지를 규제하는 법률로는 1956년

U.S. 365,87 S. Ct. 1856, 18 L. Ed. 2d 1249(1967); United Shoppers Exclusive v. Broadway-Hale Stores, Inc., 1966 Trade Cas. ¶71,727(N.D. Cal.); Diehl & Sons, Inc. v. International Harvester Co., 1976-2 Trade Cas. ¶61,180(E.D.N.Y. 1976).

55) United States v. General Motors Corp., 384 U.S. 127, 86 S. Ct. 1321, 16 L. Ed. 2d 415 (1966); Atlantic Refining Co. v. FTC, 381 U.S. 357, 85 S. Ct. 1498, 14 L. Ed. 2d 443 (1965). 가맹본부가 후원하는 공급자의 타이어, 배터리, 악세사리의 비축을 주유소 임차인에게 강제하기 위하여 계약해지사유를 원용하였다; Cf. Shell Oil Co. v. Marinello, 1972 Trade Cas. ¶74,178(N.J. Super. 1972), aff'd 1973 Trade Cas. ¶74,604(N.J. Sup. 1973); Mobil Oil Corp. v. Rubenfeld, 1973 Trade Cas. ¶74,306(N.Y. Civ. Ct. 1972), aff'd, 1974-1 Trade Cas. ¶75,066, 72 Misc. 2d 392(N.Y. App. Term. 1974), rev'd, 1975-2 Trade Cas. ¶60,389(N.Y. App. Div. 1975). 자기 상표가 붙은 TBA를 판매하는 마케팅시스템에 해지사유를 원용하였다; Davis v. Marathon Oil Co., 1975-2 Trade Cas. ¶60,632(N. Ohio, 1975). 주유소 임차인에게 임대인의 TBA를 구입하도록 요구하였다거나 해당 계약의 해지가 그러한 구입을 하지 않았기 때문이라는 실질적 증거가 없다.

56) Knutson v. Daily Review, Inc., 1974-2 Trade Cas. ¶75,273(N.D. Cal. 1974), 1976-2 Trade Cas. ¶61,196(9th Cir. 1976). 생산자가 배급상들이나 시장의 유력자와 더불어 불공정한 전략을 세웠다는 증거가 없는 한, 발행인은 계약에 정한 바에 따라 자신의 독립한 配給商 모두에 대한 계약을 종료하면서 고용계약으로 전환할 것을 제의할 수 있다; Bushie v. Stenocord Corporation, 460 F. 2d 116(9th Cir. 1972); Carllamarca v. Miami Herald Publishing Co., 1975-2 Trade Cas. ¶60,490(S. Fla. 1975). McGeorge Car Co., Inc. v. Leyland Motor Sales, Inc. 1974-2 Trade Cas. ¶75,257(4th Cir. 1974). 가맹절차의 변경을 위한 가맹본부의 사업적 판단에 비추어 볼 때 중고차를 취급하지 않았다는 이유로 가맹계약의 갱신을 거절하는 것은 적법하다; Sargent Welch Scientific Co. v. Ventron Corp., 1976-2 Trade Cas. ¶61,146(N. Ill. 1976). Cutters Exchange v. Durkoppwerke Gmbh, 1986-1 Trade Cas. ¶67,039(M. Tenn. 1986). 반경쟁적 효과가 없는 한, 수직적 통합은 Sherman Act에 위반되지 않는다; Taggart v. Retledge, 1987-2 Trade Cas. ¶67,833(Mont. 1987). 새로운 가맹본부에게 일정지역의 모든 주유소를 패키지형태로 판매하려는 정유회사의 결정은 유통시스템의 재정비를 위한 것이므로 Sherman Act에 위반되지 않는다.

57) Weingartner v. Union Oil Co., 1966 Trade Cas. ¶71,757(N.D. Cal. 1965); Simson v. Union Oil Co., 377 U.S. 13, 84 S. Ct. 1051, 12 L. Ed. 2d 98(1964); Cf. Chazin v. Gulf Oil Corp., 1970 Trade Cas. ¶73,001(3d Cir., 1969). 1년제 임대차는 독점규제법에 위배되지 않는다.

58) Shell Oil Co. v. Marinello, 1972 Trade Cas. ¶74,178(N.J. Super. 1972). 주유소임대차 및 판매상 계약에 명문의 규정은 없지만 임차인이 계약상의 의무를 충실하게 이행하는 한, 임대인인 정유회사는 그 계약을 당연히 갱신한다는 묵시적 특약이 있는 것으로 보아야 한다.

Automobile Dealer's Franchise Act(ADFA)와[59] Petroleum Marketing Practices Act(PMPA)[60] 등의 연방법과 다수의 주법이 있다.[61]

Ⅲ. 가맹사업에 관한 EC의 실무

1. 서 언

유럽경제공동체(EEC)는 반경쟁적 관행을 규제하는 일단의 법체계를 형성하여 왔다. 그 기본이 되는 법조항은 유럽경제공동체 설립을 위한 조약 제85조(Article 85 of the Treaty Establishing the European Economic Community)이다. 동 조항에 의하면 가격책정, 생산제한, 시장이나 기술개발 또는 투자에 대한 통제, 시장분할이나 공급원의 분할, 차별적 보조금 지급과 연계판매 등과 같은 것을 포함하는 반경쟁적 계약이 금지되고 있다.[62] 그러나 이러한 규제적 계약도, 한편으로 소비자의 이익을 보호하고 기업에게도 불필요한 제약을 받게 하지 않거나 기업이 경쟁을 제거하지 못하게 하면서 다른 한편으로 상품의 생산이나 유통을 개선하거나 기술적 · 경제적 발전을 촉진시키는 경우에는 예외적으로 허용된다. 유럽공동체 집행위원회와 사법법원(Court of Justice)은 '합리성원칙'에 따라 제85조를 라이센스계약에 적용한다. 그리고 동 조약 제86조는 기업이 시장에서 '우월적 지위'(dominant position)를 가지고 이를 남용하는 것을 금지하고 있다. 사법법원은 "동조약 제86조의 우월적 지위란 해당 기업이 경쟁자나 고객, 소비자로부터 상당한 정도로 독립하여 행동할 수 있게 함으로써 그 기업으로 하여금 관련시장에서 효과적 경쟁을 저해할 경제적 힘을 갖게 하는 지위를 말한다"고 정의한다.[63]

---

59) 15 U.S.C. Sec. 1221(adopted in 1956).

60) Petroleum Marketing Practices Act, P.L. 95-297, 15 U.S.C. §§ 2801-2841(1978). 이 법과 관련된 참고판례 Ballstaedt v. Amoco Oil Co., 1981-1 Trade Cas. ¶ 64,050(Ia. 1981), 동법을 시행일 전에 체결된 계약에 적용하는 것이 계약체결권을 침해하거나 연방수정헌법 제5조에 위반하여 재산권을 위법하게 박탈하는 것이 아니다. Brach v. Amoco Oil Co., 1982-2 Trade Cas. ¶ 64,750(7th Cir. 1982). 한 달 전에 임대차기간이 만료하였지만 시행일 이후인 1978. 6. 30.까지 잔류허가가 난 경우에는 그 임차인도 동법의 보호를 받을 수 있다.

61) Glickman, Franchising, Vol. Ⅲ-Ⅴ 참조.

62) §§ 1, 2 of Article 85 of the Treaty.

63) United Brands Co. v. Commission of European Communities, 1978 CCH Comm. Mkt. Rptr. ¶ 9429(Ct. Just. EEC 1978).

2. Franchise Block Exemption

EU집행위원회는 1988. 11. 30. 집행위원회규칙 제4807/88호 Block Retail Franchise Exemption을 제정하여 1989. 2. 1.부터 1999. 12. 31.까지 발효되도록 한 바 있다. 동 규칙에 따라 가맹계약에 의하여 가맹상에게 다음과 같은 제한이 부과되어도 조약 제85조의 적용이 면제되었다.

(1) 지역제한에 관한 조항

이로써 가맹본부나 다른 가맹상과 지역 내에서 경쟁하지 않도록 지역을 보호할 수 있고, 또 정해진 지역 내에서만 영업을 할 의무를 부과할 수 있게 되었다. 그러나 부품이나 악세사리가 판매되어야 하는 경우에는 그와 관련하여 경쟁상품의 판매나 사용이 제한되어서는 아니 되었다.

(2) 가맹본부의 동일성과 지적재산권의 보호에 관한 조항

다음과 같은 제한은 가맹본부의 산업재산권 또는 지적재산권을 보호하거나 해당 가맹사업의 공통적인 동일성과 명성을 유지하기 위해 필요한 범위에서 허용되었다.

* 가맹상이 상품이나 서비스를 소비자에게 제공하는 과정에서 최소한의 품질기준을 충족하는 것을 판매하도록 요구하는 것.

* 가맹상으로 하여금 모든 재고와 공급품을 가맹본부나 지정된 공급자로부터만 구매하도록 요구하는 것. 그러나 이는 해당 상품의 성질상, 달리 객관적 품질명세(specification)를 적용하는 것이 현실적으로 실행불가능한 경우에 한한다.

* 계약기간중 및 계약기간종료 후 다른 가맹상이나 가맹본부와 경쟁하지 않기로 하는 특약; 그러나 계약기간종료 후의 경업금지특약은 1년을 초과하지 않아야 하고, 또한 가맹상이 종전에 영업하던 지역 내에서의 금지만으로 한정된다.

* 가맹상이 다른 경쟁기업의 경제적 행위에 영향을 줄 정도로 다른 기업의 자본에 재정적 이해관계를 갖지 못하도록 하는 것.

* 가맹상으로 하여금 최종 소비자나 다른 가맹상들 그리고 가맹본부에 의해 공급받거나 가맹본부로부터 승인된 다른 유통채널 내에 있는 재판매자에 대해서만 판매하도록 요구하는 것.

* 가맹상에게 최소한도의 상품종류 구비, 최소한의 매상고 달성, 사전계획에 의한 주문, 최소한도의 재고량 유지, 고객에 대한 서비스나 품질보장에 관한

서비스를 요구하는 최대한 노력 조항(best efforts provision).

* 가맹상에게 수입의 일정 백분율에 해당하는 광고기금을 지급할 것과 가맹본부가 승인하는 광고활동만을 할 것을 요구하는 것.

* 가맹본부의 노하우를 계약기간중은 물론이고 그 후에도 공개하지 못하게 금지하는 비밀유지의무 조항(confidentiality provision).

* 가맹상이 해당 가맹점을 운영하는 과정에서 취득하게 된 노하우를 가맹본부에게 알리고, 가맹본부와 다른 가맹상에게 비배타적으로 그 사용권을 허가하도록 요구하는 것.

* 사용이 허락된 권리의 침해를 알게 된 경우에 이를 가맹본부에게 알릴 것과 그 자신이 직접 침해금지소송을 제기하거나 가맹본부의 소송을 지원하도록 요구하는 것.

* 사용이 허가된 권리를 계약기간중 또는 그 후에 가맹점운영에 필요한 목적 이외의 목적으로 사용하지 못하도록 금지하는 것.

* 가맹상 또는 그 직원들에게 교육훈련에 참여하도록 요구하는 것.

* 가맹상에게 가맹본부의 영업방법(이는 필요에 따라 변경 또는 수정될 수 있음)을 채택할 것과 사용이 허락된 산업재산권 또는 지적소유권을 사용할 것을 요구하는 것.

* 가맹본부가 정하는 영업시설 및 운송수단에 대한 장식과 장비구축에 관한 기준을 준수하도록 요구하는 것.

* 가맹본부가 가맹상의 영업시설과 재고 및 계좌를 조사할 수 있도록 허용할 것을 요구하는 것.

* 가맹본부의 동의 없이 영업장의 위치를 변경하지 못하도록 금지하는 것.

* 가맹본부의 동의 없는 영업영도를 금지하는 것.

가맹본부가 이러한 면제혜택을 받기 위해서는 반드시

① 가맹상들 상호간에 상품을 구입하도록 허용하거나, 다른 배급상의 네트워크로부터 구입하도록 허용하여야 하고, ② 가맹상들에게 그들 상품의 품질보장을 유지하도록 요구하려면, 다른 가맹상이나 배급상이 일반 시장에서 판매하는 상품에 대하여도 보장을 받도록 하여야 하며, ③ 가맹상이 독립한 지위에 있음을 표시하도록 하여야 한다(이 요건은 가맹네트워크에 공통되는 동일성을 방해하지 않고도 달성될 수 있음).

그러나 이러한 적용면제는 다음의 자에게는 적용되지 아니하였다.

① 상호간에 가맹계약을 체결하는 동일 또는 유사상품의 생산자, ② 지적재

산권의 보호나 품질관리에 필요하지 않은 경우에도, 자기의 상품과 대등한 품질의 다른 상품을 구매하지 못하게 하는 가맹본부, ③ 지적재산권의 보호나 품질관리에 필요하지 않은데도, 가맹상이 원하는 공급자를 승인해 주지 않는 가맹본부, ④ 일반에 알려진 노하우나 계약을 위반하지 않고도 쉽게 접근할 수 있는 노하우를 계약이 종료된 가맹상에게 사용하지 못하게 제한하는 가맹본부, ⑤ 단순한 제시가격이 아닌 재판매가격을 설정하는 가맹본부, ⑥ 가맹본부의 산업재산권 또는 지적재산권의 유효성에 대하여 이의를 제기할 수 없도록 하는 가맹본부, ⑦ 소비자의 주소지를 이유로 가맹상에게 공동시장 내에서 상품의 공급을 제한하는 가맹본부.

3. Vertical Agreement Regulation Replacing Block Grant

EC는 프랜차이즈에 대한 위 적용면제 규칙의 발효기간의 만기가 다가오자 이를 대체하여 2000. 6. 1.부터 2010. 5. 31.까지 효력이 유지되는 수직적 계약에 관한 규칙을 새로 공포하였다.64)

이 새 규칙은 공급자나 배타적 배급상들이 관련시장에서 30% 이상의 점유율을 가지고 있지 않는 범위에서, 중대하게 반경쟁적인 제한을 포함하고 있지 않은 수직적 계약은 일반적으로 생산과 분배를 향상시키고, 따라서 소비자를 이롭게 하는 것으로 추정한다. 그러한 범위를 넘는 경우에는 각 계약은 규제의 이점이 경쟁에 대한 불이익을 압도하는지의 여부에 따라 판단되어야 한다. 이 경우 시장점유율은 전년도 동안 공급자에 의해 판매된 서비스의 판매가격에 의해 계산된다. 그리고 시장점유율이 35%를 넘지 않는 경우에는 2년간 연속하여 적용이 면제되며, 35%를 넘는 경우에는 1년만 적용이 면제된다.

동 규칙은 서로 다른 차원에 있는 둘 이상의 생산 또는 유통 기업간에 상품이나 서비스의 구매나 판매 또는 재판매의 조건에 관한, 수직적 약정이나 일치된 관행(vertical agreements or concerted practices)들이 Article 81(1)(종전의 Article 85 of the Treaty)에 적용되는 것을 면제시킨다. 그러한 면제는 예컨대 협동조합이나 프랜차이즈 조직과 같은 '협회'와 그 구성원들이나 공급자들 사이의 수직적 약정에 적용된다(다만 모든 구성원이 소매상이어야 하고 협회의 개별 구성원의 연간 매출액(전년도 수입 중 세금 기타 의무부담을 공제한 금액)이 5천만 EURO를 넘지 않는 경우에 한한다). 그러나 그들 구성원들간 또는 협회의 결정에

64) Commission Regulation EC No. 2790/1999), promulgated 1999. 12. 12.

의한 수평적 약정은 동 조약 Article 81(3)에 위배될 수 있다.

또한 특별히 상품이나 서비스의 판매나 재판매에 사용되는 지적재산권에 대한 라이센스(사용허가)나 양도도, 그러한 계약이 금지되는 제한을 포함하고 있지 않는 한, 적용이 면제된다. 동 규칙에 따른 지침에서는 통상적인 가맹계약에서 부여되는 라이센스는 적용이 면제된다는 점을 명시하고 있다.

그러나 다음의 경우에는 면제되지 않는다.

(1) 경쟁자간의 약정. 다만 ① 경쟁하는 기업들이 비상호적인(non-reciprocal) 수직적 약정을 체결하는 경우나, ② 구매자가 연간 1억 EURO 이하의 매출액을 올리는 경우 또는 ③ 구매자가 계약상품과 경쟁되는 상품을 생산하지 않는 배급상인 경우에는 예외로 한다.

(2) 직·간접적으로, 재판매가격을 결정할 구매자의 능력을 제한하는 수직적 약정(그러나 공급자는 어느 일방당사자도 최고가격이나 예시가격이 최저가격을 바꾸도록 압력을 가하거나 인센티브를 주지 않는다면, 최고가격을 부과하거나 판매가격을 권장할 수는 있다).

(3) 재판매에 대한 제한. 다만 다음과 제한은 예외로 한다. ① 공급자에게 유보된 지역이나 공급자에 의해 다른 구매자에게 할당된 배타적 지역으로의 적극적인 판매활동에 대한 제한, ② 해당 유통시스템의 구성원이 권한 없는 배급상에게 판매하는 것에 대한 제한 및 공급자가 생산하는 것과 똑같은 형태의 상품을 생산하려는 목적을 가진 소비자에 대한 부품판매의 제한.

(4) 해당 유통체계의 구성원이 적극적 또는 소극적으로 이용자(users)에게 재판매하는 것에 대한 제한.

(5) 해당 유통체계 내에 있는 배급상들 상호간의 공급에 대한 제한.

(6) 독립한 수리업자나 서비스공급자에 대한 부품판매에 대한 제한.

(7) 5년 이상 또는 무한정의 경업금지약정. 다만 구매자가 공급자의 점포시설에서 재판매하고, 또한 경업금지의무가 점포시설에 대한 점유기간을 초과하지 않는 경우는 제외한다. 지침에서는 "Article 81은 가맹본부가 우월적 지위에 있지 않는 한, 가맹계약에 규정된 계약존속기간 동안의 특약에는 적용되지 않는다"고 명시하고 있다.

(8) 계약종료 후 구매자에게 상품이나 서비스의 생산·구매 또는 분배를 하지 못하게 부과하는 직·간접적인 모든 의무. 다만 이 경우 그 의무가 계약대상인 상품 또는 서비스와 경쟁적인 상품 또는 서비스에 관한 것이거나 공급자가 구매자에게 이전한 노하우를 보호하는 데 필수적이고 그 존속기간이 계약종료

후 1년간인 경우에는 그러하지 아니하다. 이 경우에도 일반에 공개되지 아니한 노하우에 대한 공개는 무제한적으로 금지할 수 있다.

(9) 해당 유통시스템의 구성원에 대하여 경쟁관계에 있는 공급자의 특정한 브랜드 상품을 판매하도록 하거나 판매하지 못하도록 부과하는 직·간접적인 모든 의무.

집행위원회는 해당 계약이 Article 81(3)과 양립될 수 없는 효과를 가지는 사실이 드러나면, 부여했던 면제를 철회할 수 있다. 이는 특히 경쟁관계에 있는 공급자나 구매자들이 병행적 네트워크에 의해 비슷한 제한을 가하고 이러한 제한이 중첩적으로 쌓임으로써, 시장에의 접근이나 경쟁이 중대하게 제한을 받는 경우에 그러하다.

참고로, 품질관리에 필요한 상호 라이선스계약에 대한 제한에 대하여 EU법원(Common Market Court of Justice)은 "품질관리를 위한 제한의 필요성을 인정한다. 그러나 품질관리의 필요성을 넘어 반경쟁적인 효과를 가지는 제한은 Article 86의 우월적 지위의 남용에 해당한다"[65]고 판시하였으며, 이러한 판례는 지금도 유지되고 있다.

또한 EC집행위원회는 1996. 1. 31. Article 85에 대한 단일의 집단면제를 허용하는 광범위한 규칙을 발령하여 특허와 노하우 사용자에 대한 제한을 허용하였으며[66] 그 허용대상은 라이선스계약에서 통상 규정하고 있는 대부분의 조항들(예컨대 지역제한, 지역침범 제한, 상표부착의무, 양도나 재사용허가의 제한 등. 참고로 개선된 특허나 노하우에 대한 강제적 라이선스는 허용가능한 제한(permissible restrictions)으로 보고 있음)이 포함되어 있다. 그러나 이러한 적용면제는 해당계약이 다음과 같은 경우에는 적용되지 아니한다.

(1) 사용자의 가격을 통제하거나,

(2) 경쟁하는 상품의 개발, 사용 그리고 유통에 있어서 공동시장 내의 경쟁을 제한하거나,

(3) 다른 지역에서 마켓활동을 하는 사용자나 재판매자에 대하여 해당 지역 내에서만 판매하도록 부당한 제한을 가하거나,

---

65) United Brands Co. v. Commission of the European Communities, 1978 Comm. Mktr. §8429(Ct. Jus. EEC 1978). 이 사건에서 법원은 회사가 시장에서 우월적 지위에 있음을 인정하고서, "그 회사가 배급상에 대하여 브랜드에 해당하지 않는 푸른 바나나를 판매하지 못하도록 금지한 것은 품질관리의 목적을 벗어난다"고 판시하였다.

66) Commission Regulation(EC) No. 240/96 on Application of Article 85(3) of the Treaty to Certain Categories of Technology Transfer Agreement, eff. January 31, 1966 to March 31, 2006.

(4) 경쟁관계에 있는 특허권자와 사용자간의 계약으로서, 당사자 일방 내지 쌍방 모두의 소비자를 제한하거나,

(5) 특별히 허용된 제한을 초과하는 허용가능한 제한을 포함하고 있는 경우.

Ⅳ. 원심판결에 대한 검토

1. 서 언

검토대상이 된 두 사건은 모두 패스트 푸드 가맹사업에 관한 것으로서 유형별로는 소위 사업형 프랜차이즈(business format franchise)에 해당한다. 따라서 가맹사업 중에서도 가맹본부의 통제권이 보다 강한 유형에 해당한다. 또한 두 사건 모두 가맹본부가 가맹상으로부터 일정금액(정액제) 또는 매출액 대비 일정비율로 산정되는 가맹비(정율제)를 받지 아니하고, 자기 또는 제 3 자가 공급하는 상품이나 원·부재료에 이윤을 붙여 공급하는 방법으로 가맹비를 수취한다.[67] 그러나 두 사건은 구체적 사실관계에 있어서는 상당한 차이가 있어 보인다.[68] 이하에서는 두 사건을 분리하여 검토하기로 한다. 참고로 이미 살펴본 바와 같이 우리 대법원은 거래의 불공정성 여부를 판단함에 있어서 거래의 특성 등을 고려하여야 한다는 입장을 취해 왔다. 또한 미국 및 EU에서는 가맹사업거래의 불공정성 여부에 관한 법령과 판례가 한층 세분화되어 발전하고 있다. 따라서 이러한 논의를 바탕으로 원심판결을 검토하고자 한다.

2. 2001누1484호 시정명령처분 취소청구 사건

(1) 양배추 샐러드의 일방적인 공급행위

1) 원고가 가맹점에 대하여 양배추 샐러드를 치킨과 함께 제공하도록 하는

67) 이러한 가맹비징수방법은 우리 가맹사업시장의 특이한 현상이다. 미국의 경우에는 정액제나 매출액(또는 순이익) 대비 정율제를 시행하는 가맹본부가 전체의 80%를 넘는 반면, 우리의 경우에는 오히려 그 반대이기 때문이다. 이는 마치 정기적 가맹비(로얄티)를 받지 않는 것처럼 보이지만 실은 물류비에 포함하여 징수하기 때문에 실제로는 조삼모사와 같은 것이다.

또한 우리식 징수방법은 원부재료나 비품, 기기 등의 공급시에 적정한 도매가(bona fide wholesale price)를 넘는 과도한 이윤을 붙일 수 있기 때문에, 이들의 과도한 공급 내지 빈번한 교체를 초래하게 된다. 보다 건전하고 투명한 가맹사업관계의 형성을 위해서는 가맹상도 자신이 부담하는 가맹비의 실제 금액을 알 수 있는 방법이 바람직하다.

68) 원심의 기록이 아닌 판결문만을 대상으로 하였기 때문에 정확한 사실관계의 확정에는 아무래도 한계가 있기는 하다.

것은 다른 치킨점과의 맛의 차별화를 위해 필요하다. 또한 주된 음식이 동일하더라도 그에 곁들이는 보조음식(반찬과 양념에 해당하는 것)의 원료, 모양, 색깔, 신선도 이들의 물리적·화학적 배합이나 구성이 일체로서 작용하여 소비자에게 전혀 다른 이미지를 형성할 수 있는데, 본건에 있어서 백깍두기보다 양배추 샐러드를 곁들여 제공하는 것이 제품의 품격상 고급스런 느낌을 준다. 따라서 모든 매장에서 소비자에게 일괄적으로 양배추 샐러드를 제공하는 것은 원고 제품의 통일적 이미지와 명성의 유지에 필요하다.

2) 양배추의 종류가 워낙 다양하여 그 품종과 크기, 색깔, 신선도 등에 관하여 통일적인 명세(specification)를 작성하기 어렵고, 명세를 가맹점에 제공한다 하더라도 양배추 샐러드는 12가지의 원료에 대하여 정선, 세척, 탈수, 혼합 등의 과정을 거치는 복잡한 가공과정이 필요한데, 통상적인 가맹점에서는 그것을 공정 및 위생기준에 맞게 처리할 능력도 처리할 공간도 없다(실제로 대부분의 가맹점은 아주 소형매장이라서 이를 가공처리할 별도의 공간조차 없다). 또한 명세를 제3자에게 제공하여 그로 하여금 공급하게 하는 것도 가맹상에게 경제적 도움이 된다는 증거가 없다.

3) 원고가 제공하는 양념의 구성은 독창적인 맛을 내는 노하우에 속하며, 이러한 노하우를 반드시 가맹상에게 제공해야 하는 것은 아니다.

4) 양배추 샐러드와 백깍두기를 선택적으로 제공하는 것을 방치하며 느슨하게 시행하던 영업정책에서 뒤늦게 위와 같은 목적으로 양배추 샐러드만을 제공하도록 하는 정책으로 선회하더라도 이는 가맹사업의 전국적 통일성을 유지하기 위해 필요한 영업정책의 변경으로서 가맹상들이 따라야 하는 합리적 통제의 범위에 속한다.

(2) 광고전단지 비용의 일방적 전가행위

1) 가맹본부가 광고의 계획과 집행을 주도적으로 담당하는 것은 가맹사업에 있어서 일반적으로 허용되는 관행이다.

2) 가맹본부는 계약을 통하여 언론매체 등에의 광고비나 전단지의 제작비용 등을 가맹상으로부터 거두는 것이 가맹사업에 있어서 일반적으로 허용되는 관행이며, 본건의 경우에도 계약상 명문의 규정이 있다(가맹계약서 제20조 제1호·제2호).

3) 광고 등 판촉활동에 소요되는 비용의 분담에 관하여 본부가 정하는 기준의 적정성 여부(가맹계약서 제20조 제2호)를 살펴보더라도 특별히 그 부당성을

발견하기 어렵다. 왜냐하면 이러한 비용분담의 기준의 적정성은 결국 양 당사자의 분담금액을 기준으로 하여야 할 것이고 그 경우 전체적인 판촉활동(언론매체를 통한 광고, 소비자에 대한 판촉물의 제공, 광고전단지의 작성 등)에 소요된 총비용을 기준으로 비교해야 할 것이지, 특정부분(본건의 경우 전단지 제작비)만을 분리하여 분담의 합리성 여부를 판단하여서는 아니될 것인바, 본건의 경우 가맹본부는 신문이나 텔레비전 광고를 통하여 광고를 하면서 2,554,000,000원을 혼자서 지출한 반면, 전체 가맹상들이 전단지 비용으로 지출한 총 비용은 54,824,000원 {(728×44,000원)+(259×88,000원)}에 불과하여(가맹본부 부담분의 약 1/50), 도저히 비교대상조차 되지 않기 때문이다.

(3) 가맹점과 별도의 협의 없이 소비자에게 치킨을 구입하는 소비자에게 양배추 샐러드를 무료로 제공한다는 사실을 홍보하고 이 문구가 인쇄된 배달용 치킨 박스(box) 및 비닐봉투를 일방적으로 가맹점에 공급한 행위

1) 가맹본부는 제품의 통일성이나 품질관리, 명성의 유지 등을 위하여 가맹점운영과 관련하여 가맹상이 준수하여야 할 세부적 사항을 가맹계약의 위임규정에 의해 운영교범(operating manual)으로 정할 수 있다.

2) 본건의 경우 가맹계약에서 위 운영교범에 해당하는 '가맹점운영규칙'을 가맹점이 준수할 것을 규정하고 있고(가맹계약서 제21조), '가맹점운영규칙'은 모든 가맹점들은 치킨 1마리를 공급할 경우 100g의 양배추 샐러드를 의무적으로 제공하도록 규정하고 있다. 또한 광고시행에 앞서 각 가맹상에게 '양배추 샐러드 사용 매뉴얼 준수통보건'이라는 공문을 통지하였다. 따라서 가맹상은 어차피 이 운영규칙에 따라 치킨 1마리를 팔 경우 100g의 양배추 샐러드를 곁들여 제공했어야 한다.

3) 가맹본부가 (준수가 강제되는 가격이 아닌) 예시 내지 권장가격을 가맹상에게 통보하는 것은 가맹사업상 일반적으로 허용되는 관행이다.

4) 본건 가맹본부의 홍보행위는 내부적으로 결정되어 통일적으로 시행되는 운영규칙의 내용을 일반에게 알리는 데 목적이 있는 것이어서, 가맹상의 활동을 부당하게 제한하려 한다거나 가맹상이 판매하는 치킨의 재판매가격을 고정시키려는 데 있다고 볼 수 없다.

5) 치킨 1마리당 100g의 양배추를 제공하기로 하는 내용의 텔레비전 자막광고의 시행과 광고전단지의 제작 그리고 위 문안이 인쇄된 치킨박스와 비닐봉

투를 공급한다는 내용을 '양배추 샐러드 사용 매뉴얼 준수 재촉구'라는 공문을 통하여 사전에 가맹상들에게 통지하였고, 이는 전체적으로 볼 때 광고 및 홍보의 범위에 속하는 사항에 관한 것이며, 가맹상은 이러한 광고 및 홍보에 협력할 의무를 부담한다(가맹계약서 제20조 참조)는 점 등에 비추어 가맹사업의 통일성 유지에 필요한 합리적 범위 내의 통제에 해당한다.

(**4**) 가맹점에 대한 물류중단 및 계약해지행위

1) 앞서 (**1**)(**2**)(**3**)의 사실관계에 대한 평가에서 본 바와 같이, 가맹본부의 그와 같은 행위들은 가맹사업의 통일성 유지 및 명성의 보호 등을 위해 필요한 범위 내의 합리적 통제라 할 것이므로, 가맹상으로서는 이를 준수할 의무가 있다.

2) 또한 물류의 중단이나 계약의 해지 등의 조치는 일반적으로 가맹상에게 중대한 이해관계가 있는 극단적 조치이므로 가맹본부는 그러한 조치의 시행에 앞서 해당 가맹상에게 문제된 사실관계를 적시하여 그 시정의 기회를 충분히 부여하여야 하는 등의 사전조치를 취하여야 할 필요가 있기는 하나, 본건의 경우 물류중단 및 계약해지에 이르게 된 원인과 경과 등에 비추어 볼 때, 가맹본부는 그러한 사전조치를 충분히 거쳤다고 볼 수 있다.

3. 2000누2183호 시정명령 등 취소청구 사건

(**1**) 제 1 행위(전국적으로 할인판매행사를 실시하면서 '불고기버거'를 기존 2,000원에서 1,600원으로, '불고기버거 세트'는 3,200원에서 2,500원으로 할인판매하도록 하고 그 할인비용을 가맹계약자가 전액 부담하도록 한 행위)

1) 일반적으로 가맹본부는 가맹사업의 통일성과 상표의 명성을 유지하기 위하여 가맹상들에게 광고 및 판촉활동에 참여할 것을 계약으로 규정하고, 그 세부사항을 '운영규칙'으로 정할 수 있다. 가맹상은 이러한 광고 및 판촉활동이 부당하거나 불합리한 특단의 사유가 없는 한 이러한 계약조항 및 운영규칙을 준수할 의무가 있다. 또한 가맹본부는 그러한 활동에 소요되는 광고비 및 판촉비를 가맹상들에게 부과할 수 있는 조항을 가맹계약에 규정할 수 있다.

본건의 경우 광고 및 판촉활동 참여에 관하여는 계약상 명문조항이 있으나, 그 비용의 부과나 분담의 기준 등에 관하여는 명문조항이 있는지 불분명하며, 만일 그러한 규정이 없다면 가맹상들의 사전동의를 얻거나 적어도 합리적인 분담이 되도록 계획을 수립·시행하여야 하고 사후 검증절차를 마련하여야 한다.

2) 가맹본부는 재판매가격과 관련하여, 법상 정해진 특별한 사유가 없는 한 최저가격을 설정할 수는 없고(독점규제 및 공정거래에 관한 법률 제29조), 최고가격에 대하여는 합리적 사유가 있으면 이를 설정할 수 있다. 한편 가맹본부는 (이러한 최저가격과 최고가격으로의 구분이 아닌) 예시가격이나 권장가격에 대하여는, 그 준수가 강제되지 않는 한 이를 정하여 가맹상들에게 통지할 수 있다.

가맹본부가 전국적인 할인판매를 하면서 그 가격을 광고 등을 통하여 공표하는 경우에는 가맹시스템의 구성원(각 가맹상)은 그러한 가격에 대하여 사실상 강제성을 느낄 수밖에 없어, 순수한 예시가격이나 권장가격이라고 보기 어렵다. 따라서 공표문안 중에 적어도 "일부 가맹점은 할인가격이 적용되지 않는다"는 등의 특별한 표명이 필요하며, 원칙적으로 각 구성원의 자발적 할인판매행사에의 참여를 위한 사전동의절차가 필요하다.

3) 가맹사업은 상호의존적·동반자적 신뢰관계를 그 기본으로 하기 때문에 할인판매를 통한 비용분담이 가맹상에게 일방적으로 전가되는 것은 부당하다. 특히 가맹비(로얄티)를 정액제나 정율제가 아니라 물류비에 부가하여 수취하는 방식에 있어서는, 할인판매에 따른 가맹상의 이윤손실을 보전하기 위하여 가맹본부도, 적어도 할인판매비율의 절반 이상은 할인하여 물류비를 책정하여야 한다. 본건의 경우, 불고기버거는 20%, 불고기버거 세트는 21.875%를 할인판매하도록 하면서, 가맹본부가 가맹상에 대한 공급가격을 조금이라도 할인해 주었다는 증거는 없다.[69] 즉 가맹본부는 할인품목이 소비자에게 많이 팔리면 팔릴수록 판매신장률(불고기버거 31.6%, 불고기버거 세트 43.1%)만큼 자신의 수익이 증가하는 반면에, 가맹상들은 그러한 이익을 대부분 얻지 못하는 구조 속에 빠지게 된다.[70]

(2) 제 2 행위(원고가 사양을 정해 주문생산하는 품목 및 일반공산품목을 원고로부터만 공급받도록 한 행위)

1) 가맹본부는 일반적으로 제품의 통일성과 고유한 맛 그리고 품질관리 등을 위하여 '필요한 범위' 내에서 원부재료의 공급원을 자기 또는 자기가 지정하는 제 3 자로 제한할 수 있다. 그러나 가맹점영업권과 연계되는 상품의 구체적

69) 원심판결은 불고기버거 세트의 할인율이 16.7%라고 하였으나, 3,200원짜리를 2,500원에 판매하도록 하였다는 점에서 그 할인율은 21.875%의 오기가 아닌가 한다.

70) 특히 불고기버거 세트 원가율이 72.9%인데 할인율이 위 각주의 표기대로 21.875%라면, 판매로 인한 이익률은 5.225%(100%－21.875%－72.9%)에 불과하여, 판매증가를 위한 추가 고용비 기타 기기 등의 감가상각비 등을 고려하면, 사실상 할인판매행사로부터 혜택을 받았는지조차 불분명하다.

종류와 내용에 따라[71] '필요성'의 인정 여부가 달라진다. 원칙적으로 누구나 일반시장에서 구입할 수 있는 상품(부품, 원재료 포함)으로서 품질이나 사양에 차이가 없는 (본건의) 일반 공산품과 같은 경우에는 그 필요성이 인정되기 어렵다. 또한 사양을 정하여 지정된 제 3 자가 생산하는 상품의 경우에도 가맹본부가 그 제 3 자의 판매와 관련하여 이해관계를 가지는 경우에는 연계판매의 정당성을 인정하지 않는 것이 외국의 실무 예이다. 본건에서 원고는 속칭 '무 로얄티 프랜차이즈' 방식을 취하기 때문에 자기 자신을 통한 공급이 그 사업의 유지상 불가피하다고 주장하지만, 그러한 사유만으로는 공급원을 가맹본부로 한정할 합리적 사유로 보기 어렵고, 더구나 자기 자신을 통하여서만 공급되어야 품질관리나 서비스의 통일성을 기한다는 것도 논리적 정당성이 없다.[72] 요컨대 이는 가맹본부의 이익을 극대화하는데 이용될 가능성이 매우 큰 반면, 가맹상들에게는 공급원 선택권을 제한하는 것으로 작용할 여지가 많다.

(3) 제 3 행위(가맹점의 설비, 비품, 집기, 인테리어 공사 등을 가맹본부가 지정하는 공급업체로부터만 공급받도록 하며, 그 비용정산을 자신을 통해서만 하도록 하는 행위)

1) 앞서 **(2)**항의 1)에서 본 바와 같이, 가맹본부는 일반적으로 제품의 통일성과 고유한 맛 그리고 품질관리의 유지 기타 점포의 외관의 통일적 이미지 등을 위하여 '필요한 범위' 내에서 집기, 비품, 제조기기 기타 인테리어 등에 대한 일정한 기준을 제시하고 가맹상으로 하여금 그 준수를 요구할 수 있다. 그러나 특허권이나 의장권 등이 인정되는 특정한 집기, 비품, 기계 등과 같이 가맹사업의 일체성을 구성하는데 필수적인 품목이 아닌 한, 준수할 기준 내지 명세만을 제공하여야지 그 공급원 자체를 자기 또는 제 3 자로 한정하는 것은 합당한 통제의 범위를 벗어나는 것이다.[73]

71) 예컨대 원료나 부품의 대체가능성이나 제품의 고품격 유지를 위한 기능적 결합성 및 그 결합의 필수성의 정도 등.

72) 로얄티를 받지 않는 '무 로얄티 프랜차이즈' 방식은 앞서도 본 바와 같이, 가맹상을 모집하는 단계에서 조삼모사식으로 착시현상을 일으켜 가맹계약의 체결을 촉진하는 방법으로 이용될 뿐, 실제 가맹상들에게는 별로 도움이 되지 않는다. 오히려 이러한 방식은 가맹계약이 체결된 후 가맹본부가 직접 또는 제 3 자를 통하여 제공 또는 공급하는 각종 원부자재나 집기, 비품 등의 가격이 얼마나 합리적으로(bona fide wholesale price에 가맹본부의 적정한 이윤을 합한 금액으로) 산정되는지를 알 수 없게 함으로써 가맹상들의 불신을 초래하고 결국 잦은 분규와 조기 이탈의 원인으로 작용한다. 이는 특히 생산원가 및 도소매가격이 명확히 드러나는 일반 공산품의 경우에는 더욱 그러하다.

73) 이에 관하여는 품질관리 등을 위해 가맹본부가 공급자를 지정할 필요를 인정하면서도 가맹상에게 폭넓은 구입선택권을 확보할 수 있게 하는 미국 연방거래위원회의 명령을 참조할 필요가 있다.

2) 요컨대 집기, 비품, 제조기기 기타 인테리어 등에 대하여 가맹본부가 지정한 사양을 준수할 의무를 가맹상에게 부과하는 차원을 넘어,[74] 아예 가맹본부가 지정하는 자로부터만 공급을 받도록 하고, 더더욱 그 대금의 결제를 가맹본부를 통해서만 하도록 하는 것은 가맹사업의 특성을 고려한다 하더라도 지나친 통제에 해당한다.[75]

(4) 제 4 행위(1998. 9.-1998. 11. 동안 연속 6회의 원·부재료 대금을 연체하고, 불만 있는 여타 가맹상들의 집단서명을 유도하며, 가맹본부가 1999. 2. 22. 주관하는 컨벤션행사의 중식시간중 개인적 사유로 소동을 일으켜 가맹본부의 명예를 훼손하였고, 점장을 위 행사에 참석시키지 않았으며, 타사제품의 오렌지 주스를 비치 · 사용하였을 뿐만 아니라, 방송사와의 인터뷰에서 콜라가격 등과 관련하여 허위사실을 유포하여 가맹본부의 명예를 실추시켰다는 이유로 1999. 7. 1.부로 가맹계약을 해지시킨 행위)

1) 가맹계약도 상사계약의 일종으로서 유상 · 쌍무의 계속적 계약이므로 상대방이 그 계약을 지속시키기 곤란할 정도의 중대한 사유가 있는 경우에는 그 계약을 해지할 수 있다.

2) 그러나 가맹계약의 해지는 상당한 자본을 투자한 가맹상의 영업을 원천적으로 금지하는 것이기 때문에 일반적인 계약의 경우보다 해지의 사유와 절차를 엄격히 규정하는 것이 일반적인 추세이다. 즉 계약체결시에 인정되는 상대방 선택의 자유와는 달리, 그 해지에 대하여는 여러 가지 제약을 가함으로써 가맹상을 보호하려는 추세에 있다. 그러한 해지의 제약에는 대체로 해지사유의 제한과 해지절차의 제한으로 나타난다.

3) **구체적인 해지사유 및 그 절차의 적정성 검토**

㈎ **대금연체**

가맹상의 대금연체에 대하여는 원칙적으로 가맹본부는 가맹계약을 해지할 수 있어야 한다. 다만 그 위반의 정도가 미약하거나, 해지통지의 전단계로서 연체를 시정할 기회를 부여하지 않았거나, 그 연체가 어느 정도 묵인되는 상황에

74) 즉 그러한 사양에 부합되는 것이라면 그 사양에 부합되는 품목의 공급자를 선정할 권한이 1차적으로 가맹상에게 부여되어야 하는데, 이러한 가맹상의 자율 선정권을 아예 무시하는 것을 말함.

75) 특히 '무 로얄티 프랜차이즈' 방식이 채택되는 상황에서 가맹본부를 통하여서만 집기, 기계 기타 인테리어 등의 구입, 설치의 비용을 정산하도록 할 경우, 가맹본부들은 아직 교체기가 도래하지 않았거나 외관상 재정비 시기가 도래하지 않았음에도 불구하고 공급이윤을 얻기 위하여 그들을 조기 교체하거나 인테리어 공사를 다시 하도록 강요하고, 또한 별다른 기능이 추가되지도 않는 고가장비를 새로 구입하도록 강요하기도 한다.

서 특별히 문제삼지 않고 상당기간이 흐른 후, 새삼스럽게 과거의 연체했던 사실을 이유로 해지하는 등의 관행은 점차 금지되는 추세에 있다. 본건의 경우에도 미연방 PMPA법이나 각 주의 가맹사업 관련법상 해지권의 남용에 해당될 여지가 많다.

㈏ **가맹상들의 집단서명 유도**

선진국의 저명한 가맹본부들은 가맹상들과의 커뮤니케이션을 매우 중요시하는 경향이 있다. 그리하여 시스템 내부에 고충처리부서나 분쟁의 자율조정을 위한 기구까지 활성화하고 있다. 이는 기본적으로는 가맹사업이 양 당사자간의 신뢰에 기반을 두는 계속적 사업관계여서 그 신뢰에 금이 가는 것을 사전에 예방하려는 데서도 유래한다. 그러나 최근에는 그러한 목적 외에도 영업현장에서 가맹상들이 발견하거나 축적하는 새로운 아이디어나 노하우를 시스템의 개선에 활용하는 것이 치열한 상표간 경쟁(inter-brand competition)에서 가맹본부가 살아남는 데 도움이 된다는 것을 깨닫게 되었기 때문이기도 하다. 본건에서 집단서명의 유도와 같은 사태가 발생한 것은 가맹본부가 평소에 불만이 있는 가맹상들의 의견개진 통로를 제도적으로 마련하지 않았거나, 그러한 통로가 마련되었다 하더라도 열린 자세로 진지한 대화에 임하지 않았다는 반증이 될 여지가 있다. 그리고 실제로 문제의 가맹상이 건의한 사항들은 가맹사업의 법리상 충분히 집단으로 건의할 수 있는 내용이기도 하다.[76] 그러나 통상적인 경우에 있어서 집단서명을 유도하는 등의 행위는 가맹본부와 가맹상들 사이에 극단적인 대립구조를 초래하는 것이어서 기본 신뢰를 해하기 쉽다. 즉 이 점은 구체적인 사실관계에 따라 결론이 달라질 수 있는 부분이다.

㈐ **컨벤션센터에서 가맹점협의회장 직선제 요구, 점장의 불참**

가맹상들은 원칙적으로 헌법상 결사의 자유가 있고, 실제 미국의 경우 California주를 비롯한 상당수 주에서 채택하고 있는 통일법상으로도 가맹본부는 가맹상의 단체구성 및 그 가입권을 방해하는 것을 금지하고 있다.[77] 따라서 가맹점주협의회 회장의 직선을 요구하는 것은 가맹상으로서 당연히 요구할 수 있는 내용이다. 다만 이러한 요구를 하는 과정에서 가맹본부의 명예를 훼손하는 언동

76) 문제의 가맹상이 불만을 품었다는 '가맹본부가 300m 이내의 백화점에 신규가맹점을 개설한 문제'도 해당 가맹상으로서는 충분히 불만을 품을 수 있는 내용이다. 구체적인 관련 가맹계약서 조항을 확인할 수는 없으나, 아무튼 종래의 지역분할에 대한 엄격한 규제에서 합리적 규제로 완화되는 추세에 있고 이는 나아가 기존 가맹상들의 영업지역을 가능한 한 보호하는 추세로까지 변경되고 있는 입법추세에 비추어, 해당 가맹상의 불만은 적법한 이유가 있다고 볼 수 있다(현행 '가맹사업거래의 공정화에 관한 법률' 제5조 제6항 참조).

77) Uniform Franchise and Business Opportunities Act. Sec 202(Right of Free Association).

이 내포되어 있을 수는 있다. 구체적 사실관계에 따라 결론이 달라질 여지가 있다.

또한 가맹상 자신이 직접 위 회의에 참석한 이상, 가맹점포의 점장을 참석시키지 않았다는 사유가 가맹사업거래의 중요부분에 대한 의무위반이라고 보기는 어려울 것이다.[78] 즉 통상적으로는 이러한 사유가 발생할 경우에는 위반사실이 반복되지 않도록 먼저 적절하게 주의를 주거나 시정을 촉구하는 등의 선행절차를 필요로 한다. 그러한 사전절차 없이 곧바로 계약해지의 사유로 삼는 것은 정당성을 인정받기 어렵다.

㈑ 타사 제품의 오렌지주스 판매

가맹본부는 원칙적으로 영업이미지나 제품의 맛 기타 품질관리를 위하여 필요한 범위에서 합리적으로 가맹상이 판매하는 상품을 제한할 수 있다.

본건의 경우 문제의 가맹상이 판매하였다는 오렌지주스가 가맹본부가 지정하는 오렌지주스와 맛과 품질 및 그것과 주요 판매상품인 햄버거 등과의 상관관계에 있어서 어떠한 차이가 있는지를 알 수 없어 가맹본부의 적발이 적법한지를 논하기 어렵다. 그러나 적어도 일단 적발하였다면, 그 시정을 위한 주의를 촉구하고 거듭된 시정요구에도 이를 시정하지 않는 등의 중대한 사유가 없었다면, 타사 제품의 오렌지주스를 일부 판매하였다는 사유만으로 곧바로 해지사유로 삼는 것은 해지권의 남용이 될 여지가 있다.

㈒ 방송인터뷰를 통한 콜라시럽의 구매가의 공표

문제된 가맹상의 인터뷰내용이 사실과 다르다면 당연히 계약해지사유가 될 것이다. 또한 언론의 파급력과 그 보도로 인한 선입관 등에 비추어 볼 때, 부분적인 오류가 혼재된 인터뷰의 경우에도 해지사유가 될 수 있을 것이다. 본건의 경우에 실제 인터뷰내용대로 가맹상이 시중에서 동등 품질의 콜라시럽을 싸게 구입할 수 있었을 수도 있다. 즉 인터뷰내용이 전부 사실일 수도 있다. 그럼에도 불구하고 가맹상이 가맹본부의 문제점을 언론에서 언급하는 것 자체가 가맹본부의 명성에 커다란 타격이 된다는 점을 고려할 때, 가맹상의 인터뷰행위는 적절하다고 보기 어렵다. 요컨대, 비난을 위한 가맹상의 언론 인터뷰행위는 구체적 허위사실을 적시하지 않았다 하더라도 당사자 사이의 신뢰를 중대하게 훼손시키는 행위라고 할 것이다.

4) 해지사유에 대한 종합

이상 살펴본 해지사유는 언론인터뷰를 제외하고는, 가맹본부의 독자적 해지사유로 보기에 다소 미흡하다고 생각된다. 이는 물론 구체적 사실관계를 파악하

78) 실제, 그 회의가 교육훈련에 꼭 필요한 회의였는지도 확인되지 않는다.

지 못한 상태에서의 생각이다. 그러나 신뢰관계의 유지를 거래의 기본으로 하는 가맹사업의 특성상 개별적으로는 해지사유에 다소 미달한다 하더라도 그러한 사유들이 중첩되어 당사자 사이의 신뢰가 결정적으로 훼손되었다면 개별 사유를 들어 억지로 가맹계약관계를 지속시키는 것은 적절하지 않을 것이다. 더구나 본건의 경우에 가맹상은 상대방을 공격하기 위하여 방송매체까지 활용하였다. 이러한 점들을 종합할 때, 가맹본부의 해지조치는 정당하다고 평가할 수 있을 것이다.

프랜차이즈 去來上의 地位濫用

김　두　진*

Ⅰ. 서언 — 거래상 지위남용을 규제하는 법조

거래상 지위남용이란 자기의 거래상의 지위를 부당하게 이용하여 상대방과 거래하는 행위로서 불공정거래행위의 일종이다(「독점규제 및 공정거래에 관한 법률」[1] 제23조 제1항 제4호). 그리고 시행령은 다시 그것을 구체화해서 구입강제·이익제공강요·판매목표강제·불이익제공·경영간섭 등의 다섯 가지 행위유형을 규정한다(별표 제6항). 거래상 지위남용의 규제는 사업자간의 수직적·계속적 거래에 있어서 힘의 차이에서 비롯된 억압적·배타적 행위를 처리하기 위한 접근방법의 하나이다.

그러나 우리 나라에서 프랜차이즈거래에서의 불공정거래행위에 대해서는 2002년 5월 13일 「가맹사업거래의 공정화에 관한 법률」(이하 '가맹사업공정화법'이라 한다)이 제정되어 같은 해 11월부터 시행되기 전까지는 공정거래법 제23조 또는 제29조 등이 적용될 수 있었지만, 이 법 시행 이후에는 이 법 제38조에 의하여 가맹사업거래에 관하여 가맹사업공정화법의 적용을 받는 사항에 대하여는 공정거래법 제23조 제1항 제1호(부당하게 거래를 거절하는 행위에 한한다)·제3호(부당하게 경쟁자의 고객을 자기와 거래하도록 유인하는 행위에 한한다)·제4호·제5호(거래의 상대방의 사업활동을 부당하게 구속하는 조건으로 거래하는 행위에 한한다) 및 제29조 제1항(재판매가격유지행위의 제한)의 규정을 적용하지 아니한다.[2]

* 한국법제연구원 부연구위원.

1) 이하 '공정거래법'이라 지칭한다.

2) 2006년 3월 14일 입법예고된 가맹사업공정화법 개정안에는 제38조(독점규제 및 공정거래에 관한 법률과의 관계) 및 제12조(불공정거래행위의 금지)가 삭제되어 있다. 이대로 개정되는 경우에는 프랜차이즈거래에서의 우월적 지위남용을 포함한 불공정거래행위에 대해서도 공정거래법이 적용될 수 있게 된다. 이 개정안의 제38조를 삭제하는 방안은 프랜차이즈거래에서의 불공정거래행위에 대해서도 다른 분야에서의 그것과 마찬가지로 공정거래법을 적용하여 일관성을 제고하려는 것이며, 그 취지에는 공감한다. 그러나 제38조는 삭제하더라도 제12조는 삭제할 것이 아니라, 예컨대 후술하는 영역잠식 같이 프랜차이즈관계에 특유한 불공정거래행위의 유형을 추가하여 공정거래법 조항과 중첩하여 적용하는 것이 당초 프랜차이즈거래에 공정거래법을 적용하기 위한 지침형태에서 출발하였다가 입법화된 가맹사업공정화법의 연혁과 법의 발전방향에 비추어 타당하지 않은가 한다.

우리 공정거래법상 '거래상 지위남용' 규제는 일본의 독점금지법[3]과 함께 구체적 행위유형을 명시하여 금지하고 있는 점에서 경쟁법 또는 독점금지법상 특유한 법제라 할 수 있다. 미국에서는 특별히 거래상 지위의 남용을 규제하기 위한 별도의 법규는 없으나 셔먼법 제 1 조의 거래의 불합리한 제한(unreasonable restraint of trade)이나 제 2 조의 독점(monopoly) 또는 독점화기도(attempted monopolization) 등의 금지조항이 시장지배력이 있는 사업자의 행위를 규제하는 데에 적용되는 경우에는 거래의 상대방사업자나 경쟁사업자에 비하여 상대적으로 우월한 거래상 지위를 가진 사업자의 경제적 힘의 행사에 대하여 규제하게 되는 결과를 갖는 것이므로 간접적으로 이들 조항에 의하여 우리의 거래상 지위의 남용에 해당하는 관행들이 규제되고 있다고 할 수 있다. 또한 수요독점력의 남용사건에서 연방거래위원회법 제 5 조를 적용하여 거래상 지위가 우월한 사업자가 납품업자에 대하여 행한 강요행위를 위법하다고 규율한 심결과 판례가 있다.

이와 마찬가지의 논리구조에서 간접적으로 거래상 지위의 남용규제와 유사한 결과를 가져오는 적용법조로서 EU의 로마조약상의 공모의 금지(제81조)와 지배적 지위의 남용금지조항(제82조) 등을 들 수 있다. 전자는 크게 보아 미국의 셔먼법 제 1 조에 대응하는 조항으로서 공동의 행위에 초점을 맞추고 있으며, 후자는 지배적 기업의 단독의 행위에 초점을 맞추고 있다. EU조약 제81조는 셔먼법 제 1 조가 포괄적 문언으로 규정되어 있는 것과 달리, 금지되는 특정한 범주의 협정을 구체적으로 정하고 있다. 또한 미국과 달리 EU에서는 제81조 (3)에 의거하여, 유럽위원회가 개별적 협정이나 일정한 범주의 협정 모두를, 경쟁에 위협이 되지 않는다거나 기타의 열거하는 목적에 기여한다는 이유로 조약 제81조 (a)의 적용범위로부터 면제할 권한을 보유한다. 또한 로마조약 제81조의 금지는 종래 셔먼법 제 1 조보다 더 넓은 범위에 미치는 것으로 해석되어 왔으며, 특히 수직적 제한의 영역에서 그러하였다. 그러나 최근에는 후술하는 바와 같이 미국법과 EU법에서 모두 수직적 거래제한에 대하여 관대한 입장을 취하고 있으며 이러한 변화의 이유는 수직적 제한의 경제적 효과가 대체로 반경쟁적인 것이기보다는 효율성의 면에서 친경쟁적인 것으로 평가될 수 있다는 경제이론의 대두에 기인한 것이다.

3) 일본 「사적독점금지 및 공정거래확보에 관한 법률」 제19조는 "사업자는 불공정한 거래방법을 사용하여서는 아니된다"고 규정하고 있는데, 정의조항인 같은 법 제 2 조는 제 9 항 제 5 호에서 '불공정한 거래방법'의 하나로 '자기의 거래상의 지위를 부당하게 이용하여 상대방과 거래하는 것'을 규정하고 있다. 이를 「불공정한 거래방법」(일본공정거래위원회고시 제15호) 제14호에서 구체화하고 있다.

본고에서는 Ⅱ에서 우선 프랜차이즈관계가 경쟁법적으로 문제되는 이유를 개괄적으로 고찰하기로 한다. Ⅲ에서는 프랜차이즈관계에서의 독점금지법 위반행위 분석의 기본틀을 살펴보고, Ⅳ에서는 프랜차이즈관계에서 발생할 수 있는 독점금지위반행위의 유형별로 미국법에서의 해결원리를 중심으로 살펴본다. 본고의 목적은 미국 독점금지법의 규제대상 가운데 우리 공정거래법상의 거래상 지위의 남용과 상응한다고 생각되는 관행이 특히 프랜차이즈관계에서 행해지는 경우에 그 관행에 대한 규제의 법리를 살펴보고 시사점을 발견하는 데 있다.

Ⅱ. 프랜차이즈의 경쟁법적 함의

1. 프랜차이즈의 기능

프랜차이즈계약[4]은 사업자간의 관계에서 체결된다. 프랜차이즈는 가맹사업자가 가맹계약자를 지도·통제하는 관계, 즉 계약당사자간에 힘의 우열관계를 그 기본 속성으로 하고 있기 때문에 경쟁법적으로 불공정한 사례가 발생할 가능성이 매우 크다.[5] 그러나 기본적으로 프랜차이즈는 다음과 같은 순기능을 가지기 때문에 상거래에서 널리 이용된다. 이 같은 순기능과 역기능은 동시에 나타날 수도 있다.

(1) 프랜차이즈의 순기능

상품과 서비스의 유통의 한 방식으로서의 프랜차이즈는 개별적 거래(예컨대 제조업자의 딜러에 대한 상품의 1회의 판매), 수직적 통합(예컨대 제조업자가 직매점을 보유하는 형식) 등과 구별된다.

4) 프랜차이즈계약(franchise agreement)은 가맹사업자와 가맹계약자간에 체결되는데, 그 주된 내용으로 가맹계약자가 가맹사업자의 상표, 서비스표, 상호, 간판 그 밖의 영업표지를 사용하여 일정한 종류의 상품이나 서비스를 배포 또는 공급하기로 하는 것과 전자가 후자에게 그 부여받은 권리와 영업의 지도 등에 대한 대가, 즉 가맹료(franchise fee)를 지급하기로 하는 것 등을 포함하는 계속적 상사계약을 의미한다. 프랜차이즈는 자동차 판매점, 주유소, 레스토랑, 패스트푸드점, 호텔 등의 상품과 서비스의 유통의 한 방식으로서 오늘날 주요한 역할을 하고 있다. 프랜차이즈는 타인의 상표, 서비스표, 상호, 간판 그 밖의 영업표지를 사용하여, 그 타인의 지도와 통제하에 특정한 사업을 배타적으로 영위할 수 있는 권리를 의미한다. 이 경우 프랜차이즈를 부여하는 자를 franchisor(프랜차이즈설정자, 가맹사업자 또는 가맹본부)라고 하고, 프랜차이즈를 부여받는 자를 franchisee(프랜차이즈이용자, 가맹계약자, 가맹상 또는 가맹점사업자)라고 한다.

5) 최영홍, "프랜차이즈계약의 불공정성," 공정거래법강의 Ⅱ(법문사, 2000), 401면.

프랜차이즈에서는 가맹사업자가 가맹계약자의 사업방식, 인테리어 · 종업원의 유니폼 등 매장의 스타일, 상품의 통일성 등에 대한 지배권(control)을 가진다. 가맹사업자는 이 지배권을, 프랜차이즈 영업권의 확장과 프랜차이즈 시스템을 증대시키면서, 표준적 품질기준을 보장하기 위하여 행사할 수 있다.

프랜차이즈는 가맹사업자와 가맹점사업자 양자는 물론 소비자에게 혜택을 주는 효율성증대효과가 있다.

가맹사업자의 관점에서는 두 가지 잠재적 효율성이 있다. 첫째, 수직적 통합사업체보다 더 빠르고 저비용으로 딜러매장의 네트워크를 형성하는 자본을 증가시킬 수 있고, 둘째, 투자자에 의해 소유와 운영되는 매장으로부터 경영에너지와 헌신적 운영을 이끌어낼 수 있다.[6] 후자를 통하여 가맹사업자에 대한 주된 이득인 소유자가 경영하는 매장연쇄점으로부터의 활발한 사업운영과 가맹료수입이 보장된다.[7] 프랜차이징 시스템이 잘 운영되면, 가맹사업자는 가맹점사업자와의 상호간의 이익을 위해서 매장의 수익을 증가시키기 위해 가맹점사업자와 조화적으로 일한다. 가맹점사업자는 통상 프랜차이즈 상호로 판매되는 상품과 용역의 수익의 일정비율을 가맹료로 지급한다. 가맹료는 가맹사업자와 가맹점사업자의 재정적 이익을 정렬시키는 데 도움을 준다. 즉 가맹점사업자의 손에 보다 많은 이익이 생기면, 보다 많은 가맹료가 가맹사업자에게 지급된다.

가맹점사업자의 관점에서도 실질적인 잠재적 효율성 이득이 있다. 즉 확립된 프랜차이즈 시스템에 투자할 때에는, 가맹점사업자는 가맹사업자의 상표권, 표준과 수반된 영업권 등을 통하여 사업상 위험을 낮출 수 있고, 또한 가맹사업자로부터 훈련, 조언, 지원 등을 받을 수 있다.[8]

(2) 프랜차이즈의 역기능

가맹사업자는 프랜차이즈 시스템에 많은 투자를 하긴 하지만, 개별 프랜차이즈매장에 자본을 투자하는 것은 가맹점사업자만인 경우가 대부분이다. 즉 직영매장을 제외하고는 개별 매장에 대해서 가맹사업자는 지분을 가지고 있지 않은 경우가 대부분이다. 그러나 그 매장의 지배 중 많은 부분은 가맹사업자에게 있다. 이러한 배분은 프랜차이징의 관점에서는 불가피하지만, 소유권자가 지배

6) Dale F. Rubin, The Theory of the Firm and the Structure of the Franchise Contract, J. L. & Econ. Vol. 21, pp. 226-230(1978).

7) Benjamin Klein and Lester F. Saft, The Law and Economics of Franchise Tying Contracts, J. L. & Econ. Vol. 28, p. 350 n. 20(1985).

8) Dale F. Rubin, op. cit., p. 230.

한다는 자유기업주의의 규범에는 배치될 수 있다.[9] 이처럼 주된 이해당사자의 지배하에 마케팅에 관한 결정권을 유지시키는 것이 바람직한 가장 강력한 이유 중 하나는 이러한 접근방법이 경쟁을 왜곡하는 부패나 관련된 시장왜곡을 최소화하기 때문이다.

프랜차이즈에 있어서는 대리인비용(agency cost)이 발생할 수 있다. 즉 가맹사업자는 가맹점사업자를 가맹점사업자와 소비자 및 가맹점사업자에 대한 효율적인 외부의 상품 및 서비스 공급자 등에게 손해를 입힐 수 있는 경쟁왜곡적 선택을 하도록 이기적으로 구속함으로써, 좋지 않은 대리인으로서 행위할 수도 있다. 가맹사업자가 받는 가맹료는 본인의 판매액의 일정한 부분을 보상으로 일정한 용역을 제공하는 대리인에게 지급되는 수수료와 보다 유사하다. 자신의 추가적인 자본을 투자하지 않고 수익을 올리는 대리인처럼 가맹사업자는 효율성을 훼손하고 자신의 호주머니로 부를 이전시키면서, 본인인 가맹점사업자들의 이익에 반하는 방식으로 행동할 수 있는 것이다. 프랜차이즈에 있어서 주된 이해관계자가 아닌 가맹사업자에게 맡겨진 재고정리, 가격결정 및 마케팅결정 등의 권한은 경쟁왜곡 행위에 대한 유인을 증가시킨다. 그러나 가맹사업자가 시장지배력을 갖고 있지 않다면 가맹점사업자에게 경쟁왜곡행위를 하도록 지시할 수는 없다.

가맹사업자 이익의 일부는 가맹점사업자, 상위의 공급자, 하위의 고객 등의 손해를 초래하도록 남용될 수 있는 시장지배력의 생성이나 이용을 통하여 얻어진다. 가맹사업자의 시장지배력남용은 때때로 가맹사업자의 기회주의로 지칭된다.

가맹점사업자의 측면에서의 역기능으로는 무임승차행위(free-riding)의 가능성이 있다. 가맹점사업자가 각 매장의 소유권을 갖는 것은 가맹사업자로 하여금 상품의 헌신적인 판촉활동에 종사하게 하도록 함과 동시에, 가맹점사업자에게 비용을 절감하기 위해서 자기 매장을 프랜차이즈 전체의 기준을 지키지 않고 가맹사업자의 평판으로부터 혜택을 보려고 할 가능성이 있는 것이다. 가맹점사업자의 이러한 무임승차행위는 당해 가맹점사업자의 매장에 고정고객이 적을 때 심한 것으로 생각되고 있다.[10] 따라서 이를 막기 위해서 가맹사업자가 시스템에 대하여 행사하는 지배(control)는 프랜차이징의 효율성을 위한 핵심적 요소의 하

9) 일찍이 Easterbrook와 Fischel은 "자기들의 신뢰에 대하여 금전적 대가를 지급하는 입장에 있는 사람들은 과실을 회피해야 할 이유가 있으므로 정당하다"는 점을 지적하며 자유기업주의를 지지한 바 있다. Frank H. Easterbrook and Daniel R. Fischel, The Economic Structure of Corporate Law(Harvard University Press, 1991), p. 31.

10) Benjamin Klein and Lester F. Saft, op. cit., pp. 349-351.

나이다. 표준적 품질수준이 유지되지 않으면, 하나의 매장에서 부정적 경험을 한 소비자는 전체 프랜차이즈체인을 피하게 될 것이기 때문이다. 그런데 프랜차이즈 시스템의 비용으로 가맹점사업자가 무임승차하는 데에는 한계가 있다. 예컨대 저질의 상품이나 용역을 제공하는 패스트푸드매장은 프랜차이즈 시스템에 영향을 주는 것 외에 그 자체도 영업손실을 보아야 하게 된다. 또한 가맹사업자의 지배의 행사에는 실질적인 부정적 요소들이 있다. 심지어 좋은 동기로 가맹사업자가 부과한 요구조건들도 가맹점사업자의 평판에 이로울 가맹점사업자의 창조적 주도권을 위축시킬 수 있기 때문이다.

2. 프랜차이즈에서의 거래상 지위남용의 성질

(1) 수직적 거래제한성

거래제한을 수평적인(horizontal) 것과 수직적인(vertical) 것으로 나누어 규율하는 것이 미국 독점금지법의 태도이다. 전자는 동일한 거래단계상에 있는 기업들간에서 이루어지는 것으로서 경쟁자들간의 기업결합(horizontal merger)·합작투자(joint venture)·전략적 협력(strategic collaboration)·가격고정(price fixing)·시장분할(market division)·공동의 거래거절(boycott) 등을 예로 들 수 있다. 후자는 다른 거래단계상에 있는 기업들간에서 이루어지는 것으로서 전후방기업들간의 기업결합·배타적 배급관계(exclusive distributorship)·배타적 딜러관계(exclusive dealership)·재판매가격유지행위(resale price maintenance)·거래지역제한(territorial restriction)·고객제한(customer restriction) 등을 예로 들 수 있다.

프랜차이즈관계 내부에서 나타날 수 있는 거래제한은 가맹사업자와 가맹점사업자간의 수직적인 거래제한, 가맹점사업자들간의 수평적인 거래제한 그리고 가맹사업자와 가맹점사업자들간의 수평적 거래제한이다. 그 가운데 거래상 지위의 남용이 문제되는 유형은 가맹사업자와 가맹점사업자간의 수직적인 거래제한이다.

(2) 브랜드 내 또는 브랜드간 경쟁의 제한성

수직적 제한은 전통적으로 '브랜드 내(intrabrand) 경쟁'을 제한하는 것과 '브랜드간(interbrand) 경쟁'을 제한하는 것으로 세분된다.

브랜드 내 수직적 제한은 도매수준에서의 배타적 배급관계(exclusive distributorship)나 소매수준에서의 딜러의 영업지역제한(territorial restriction) 등과 같이 동일한 브랜드의 상품이나 서비스의 판매에 있어 경쟁을 제한하는 관행이다. 예컨대 현대자동차 딜러들간이나 SK정유 주유소들간 또는 롯데리아 프랜차이즈 가맹사업자들간에 판매지역제한이 부과되어 판매자들이 특정한 장소나 특정한 지리적 지역 내에서만 판매할 권한을 가지는 것과 같다.

반면에 브랜드간 수직적 제한은 현대차와 대우차, SK정유와 LG정유 또는 롯데리아와 맥도날드와 같이 경쟁하는 브랜드간의 경쟁을 제한한다. 통상 단일 브랜드상품의 판매자들은 공급자들과의 배타적 딜러관계(exclusive dealing)에 의하여 경쟁브랜드를 취급하지 않을 의무를 부담하며, 그 결과 경쟁자배제의 우려를 발생시킨다. 또한 공급업자가 어떤 딜러나 최종소비자에게 원하는 항목('끼운 상품'(tying product))의 구매조건으로 제 2 의, 원하지 않는 상품이나 용역('끼워진 상품'(tied product))을 구매하도록 요구하는 끼워팔기(tying) 관행이 채택된다면, 끼워진 상품시장에서의 브랜드간경쟁에 영향을 미칠 수 있다. 그 결과 끼워진 상품의 경쟁공급업자에 대한 배타적 효과(exclusionary effect)와 소비자에게 당해 상품에 대하여 더 높은 가격을 지급하게 하거나 선택권을 상실케 하는 담합적 효과(collusive effect)를 가져올 수 있다.

우리 법을 기준으로 볼 때, 프랜차이즈 가맹사업자의 가맹점사업자에 대한 수직적인 거래제한이 공정거래법상 거래상지위의 남용의 행위유형인 이익제공강요 · 판매목표강제 · 불이익제공 · 경영간섭 등에 해당하면 브랜드내 제한이고, 구입강제에 해당하면 브랜드간 제한이라 생각된다.[11]

(3) 수직적 제한에 대한 미국과 EU경쟁법의 태도변화

수직적 거래제한에 대한 경쟁법에 의한 규제의 이론적 근거는 그것이 경쟁을 제한한다는 점이다. 수직적 거래제한은 경쟁자의 비용을 상승시키기 위하여 사용될 수 있다는 주장[12]이나, 재판가유지행위의 주된 효과는 상품가격을 올렸고 그 결과 부를 소비자로부터 소매상에게 이전시킨다는 주장,[13] 수직적 제한이 특정한 상품의 가치를 높게 평가하고 그 사용법을 아는 한계 내 고객의 부를 그

11) 한편 우리 공정거래법 시행령 별표 1 상 끼워팔기 · 기타의 거래강제 · 배타조건부거래 · 거래지역제한 · 거래상대방제한 등은 거래상지위의 남용과 구별하여 별도로 규정되고 있다.

12) P. Rey & J. Tirole, The Logic of Vertical Restraints, 76 Am. Econ. Rev. 921(1985); W. S. Comanor & H. E. Frech Ⅲ, The Competitive Effects of Vertical Agreements, 75 Am. Econ. Rev. 539(June 1985).

13) S. Ornstein & D. M. Hanssens, Resale Price Maintenance: Output Increasing or Restricting? the Case of Distilled Spirits in the United States, 36 J. Indus. Econ. 1 (1987).

상품에 대하여 교육이 필요한 한계고객에게 이전하는 비효율성을 지적하는 주장,[14)]공급업자간 공모를 촉진하거나 딜러들간의 공모를 촉진하거나 지배적 딜러를 그 거래분야에서 순치시키는 것(accommodation) 등을 지적하는 주장 등이 있다. 또한 수직적 제한이 경쟁에 미치는 해악은 지배적 제조업자가 배타적 거래계약 등을 통하여 경쟁제조업자가 적정한 딜러를 찾지 못하게 함으로써 시장에서 차단하는 결과를 가져오도록 하기 위하여 사용될 수도 있다는 점에서도 찾을 수 있다. 또한 수직적 제한, 특히 수직적 지역제한이나 수직적 상품할당제한 등은 제조업자에 의하여 가격차별의 수단으로 사용될 수도 있다. 또한 수직적 거래제한은 소매단계보다도 제조단계의 담합을 촉진할 수 있다는 주장도 있다. 수직적 통합은 카르텔이 그 참가자들을 보다 자세히 감시할 수 있게 해 준다. 도매상이나 배급업자에 대하여 판매할 때에는 통상 다량이고 은밀하게 이뤄지고 개별적으로 교섭된다. 카르텔 참가사업자들은 가격을 은폐하고, 특별서비스를 제공하고 상호거래(reciprocal dealing)[15)]에 참여하거나 비밀 리베이트를 수락하는 등으로써 일탈할 유인을 가진다. 그러한 일탈행위의 수가 증가할수록 적발가능성은 증가하므로, 각 판매가 큰 규모라는 것이 중요하다. 그와 달리 소매가격은 일반적으로 공개되고 특정한 지역에서 상대적으로 정형화되어 있고, 개별거래는 소규모이다. 효과적인 가격고지는 오직 공적 광고를 통해서만 행해질 수 있는데, 이것을 경쟁사업자들이 볼 수 있다. 소매상에 대한 재판가유지행위나 거래지역제한에 의해서 제조업자의 카르텔은 소매단계에서의 가격과 판매횟수를 파악할 수 있다.

반면에 수직적 브랜드 내 경쟁의 제한은 동일 브랜드의 판매자들간의 경쟁은 소멸시키지만 동시에 다른 브랜드의 경쟁자들과의 경쟁은 심화시키는 경향이 있다. 이 점에 착안하여 미국 Sylvania 판례 이래로 독점금지법이론상 브랜드간 경쟁이 건전한 한, 브랜드 내 경쟁에 대한 제한은 원칙적으로 심각한 독점금지 우려를 야기하지 않는다고 평가된다. 다만 전술한 것처럼 예외적으로 제한이 지배적 기업에 의해서 산출을 제한하고 가격을 올리는 데에 사용되거나, 경쟁하는 딜러들이나 제조업자들의 집단에 의해서 가격에 관한 협력을 조장하기 위하여 사용되어 담합적 효과를 가져올 수 있다고 파악된다.[16)] 수직적 제한에 대한 이

14) 판매자는 판매장소에서의 한계고객을 시장으로 이끌기 위하여 준비된 서비스를 제공함으로써 산출을 증가시킬 수 있으나, 그 서비스의 비용을 한계 내 고객을 포함하는 모든 고객들에게 부과하는 방식으로 상품가격으로 부과한다. Herbert Hovenkamp, Federal Antitrust Policy: The Law of Competition and Its Practice, 2nd ed.(Thomson West, 1999), p. 456.

15) 이는 판매자가 구매자로부터 다른 상품을 구매하는 조건으로 상품을 판매하거나 대여하는 것이다.

16) Andrew I. Gavil, William E. Kovacic & Jonathan B. Baker, Antitrust Law in Perspective: Cases, Concepts and Problems in Competition Policy(Thomson West, 2002), p. 340.

처럼 관대한 입장은 현재 EU에서도 마찬가지이다. 미국 Sylvania판례에서 쟁점이 된 수직적 지역제한(vertical territorial restraints)에 대해서 EU경쟁법에서는 오랫동안 엄격하게 취급하여 왔다. 예컨대 국가별로 상품의 배급을 분할하는 것은 유럽에서는 과거에 금지되었다.[17] 그러나 그 이유는 그것이 경제적 결과 때문이 아니라, 유럽의 경쟁기관이 수직적 지역제한을 로마조약의 보다 넓은 공동체통합의 목적을 침해하여, 그 회원국들의 지리적 국경에 기초하여 유럽시장을 분할하는데 쓰일 수 있다는 유럽에 특유한 정치적인 이유를 고려한 것이었다.

그러나 보다 최근에는 유럽이 통합을 점차 실현함에 따라서 유럽위원회가 효율성에 더 큰 관심을 기울이고 유럽의 수직적 제한에 관한 법이 어느 정도 미국법과 수렴하는 경향을 보이고 있다. 1999년 12월에 유럽위원회는 조약 제81조(3)을 수직적 협정과 공동관행의 범주에 적용하는 것에 관한 새 위원회규칙 제2790/1999호[18]를 공포하였다. 이 '포괄면제'(Block Exemption)는 2000년 6월 1일 시행되었고 시행일 이전에 일련의 수직적 제한지침(Guideline)이 채택되었다. 이 포괄면제규칙과 부속지침은 브랜드 내 수직적 제한과 브랜드간 수직적 제한 모두에 적용된다. 이 규범들은 EU경쟁법 원칙을 현대화하기 위한 보다 광범한 시도의 중요한 일환이고, 경제적 효율에 더 큰 비중을 둔 것이다.

그 내용은 유럽위원회가 수직적 제한에 관한 시각을 미국의 Sylvania판례 이래의 미국의 주류시각과 가깝게 가지도록 정하는 것이다. 그러나 EC규칙은 미국 판례법에서 개발되어 온 법리에 비하면 수직적 제한에 대하여 더 엄격한 상태로 남아 있다. 포괄면제규칙은 수직적 비가격제한은 시장지배력이 존재하지 않는 한 하나의 배급망 내의 기업들간의 "더 나은 협력을 촉진함으로써 … 경제적 효율성을 증진할 수 있다"고 강조하여 설명하고 있다. 그래서 동규칙은 '안전지대'(safe harbor)를 설치하고 있는데, 미국법보다 낮은 관문인 30% 미만의 시장점유율을 가진 공급업자에 의하여 채택된 제한에 대해서만 적용된다. 그러나 30% 이상의 시장점유율을 가진 공급업자에 의해 채택된 수직적 제한이 위법하다고 추정되는 것은 아니며, 자동적으로 안전지대에 들어갈 자격을 갖지 않는 대신에 경쟁상의 효과에 대한 분석을 하여 결정하도록 요구되고 있다. 유럽위원회는 또한 "당해 시장의 50% 이상을 점하는 … 수직적 협정의 병렬적 네트

17) 이와 달리 미국에서는 전통적으로 주별로 배급을 제한하는 것이 독점금지상 허용되어 왔다.

18) Commission Regulation(EEC) No. 2790/99 of 22 December 1999. 이 규칙의 제정은 수직적 제한이 당연히 반경쟁적이지는 않다는 현대경제학적 사고를 반영한 것이라 한다. Green Paper on Vertical Restraints in EC Competition Policy, COM (96)721 final, [1997] 4 CMLR 519.

워크"에 대해서 면제가 적용되지 않음을 선언할 권한을 보유한다. 그리고 유럽위원회의 면제규칙은 판매자측의 교섭에 의하지 않은 고객의 적극적인 주문에 의한 '수동적'(passive) 판매를 '적극적'(active) 판매로부터 구별하여, 비록 제조업자가 예컨대 배타적 거래지역제한계약에 의해서 자기의 딜러들로 하여금 허가지역 외의 고객들과 거래하지 않도록 제한할 수는 있지만, 특히 전자상거래같은 방식에서 지역 외의 고객들로부터 '수동적' 주문도 받지 못하도록 제한할 수는 없다고 규정한다. 그러나 '선별적'(selective) 배급시스템을 사용하는 제조업자들은 자기들의 '승인된 배급업자들'(authorized distributors)에 대하여 소극적 판매이든 적극적 판매이든 제한하는 것이 금지된다.

이 면제는 수직적 최저재판매가격유지행위에 대해서는 '극히 반경쟁적인'(severely anti-competitive)이라는 수식어를 달면서 적용되지 않음을 명시하고 있다. 후술하는 바와 같이 미국법에서는 수직적 최저재판매가격유지행위에 대해서 당연위법원칙을 적용하는 Dr. Miles판례가 유효한 선례로서 살아 있기는 하지만, 유럽위원회규칙과 같은 이러한 단정적인 표현을 사용하지는 않는 편이어서 태도에 약간의 차이가 느껴진다. 그리고 유럽위원회규칙상의 면제는 또한 최고재판가유지행위에 대하여는 합리성의 원칙을 적용한 미국의 Khan판례와 같은 입장을 취하고 있다.

Ⅲ. 프랜차이즈관계의 독점금지법 위반행위분석의 기본틀

1. 프랜차이즈 가맹사업자의 시장지배력

전술한 것처럼 가맹사업자가 시장지배력을 갖고 있지 않다면 가맹점사업자에게 경쟁왜곡행위를 하도록 지시할 수는 없으므로, 가맹사업자는 시장지배력을 가져야 가맹점사업자, 상위의 공급자, 하위의 고객 등에게 불이익을 강요하여 반경쟁적 이익을 얻을 수 있다. 즉 프랜차이즈관계상의 불공정거래관행이 발생할 수 있는 필요조건의 하나는 가맹사업자의 시장지배력의 존재이다.

프랜차이즈관계에서의 가맹사업자는 상품이나 용역의 경쟁판매자들간에서의 지배적 지위 때문에 절대적 시장지배력을 보유할 수 있다. 제조업자인 독점자는 그 제조상품이 유통과정에서 자신이 가장 효율적으로 배급할 수 있는 상품인 경우에는 유통을 지배하고 유통업자에 의한 독점이익의 할당을 최소화하는 방식으로서 프랜차이징을 선택할 수 있기 때문이다. 그러나 미국의 경우 대부분의 프랜차이즈관련 시장지배력남용 사건에서는 가맹사업자가 그러한 브랜드간의 시장지배력을 갖는 것이 원인이 된 경우는 흔하지 않다. 왜냐하면 제조업자인 독점자는 자기에게 독점수익을 더 많이 올려줄 수 있도록 유통마진을 낮추기 위해 유통시스템상의 경쟁을 더 선호하지 프랜차이즈 시스템을 설립할 이유는 거의 없기 때문이다. 대신에 가맹사업자가 상대적 시장지배력을 보유한 경우에 가맹점사업자의 착취가 발생할 가능성이 높다.[19] 여기에서 가맹사업자가 상대적 시장지배력을 보유한다고 할 때의 시장지배력은 가맹사업자의 거래품목에 제한된 브랜드 내 시장지배력을 의미한다. Eastman Kodak Co. v. Image Technical Services, Inc. 사건에서 미국 연방대법원은 명시적으로 이러한 종류의 힘을 근거로 한 유효한 독점금지청구가 가능하다는 것을 인정하였다.[20]

가맹사업자의 상대적 시장지배력은 가맹점사업자에게 추가적 용역을 보상 없이 제공하도록 강요할 능력이나 가맹점사업자가 원하지 않는 상품이나 용역을 구매하도록 강요할 능력 또는 부과된 최고재판매가격하에서 보다 낮은 마진을 승인하도록 강요할 능력으로 설명될 수 있다. 프랜차이즈 가맹사업자의 상대적 시장지배력을 발생시키는 원인으로는 다음 3가지의 프랜차이징의 속성들이 지적된다.[21]

(i) 공급망을 유지하는 데 적정하게 투자된 가맹점사업자의 매몰비용[22]
(ii) 성적이 저조하거나 계약기간이 종료된 가맹점사업자에게 추가적인 비용을 부과할 수 있는 가맹사업자의 능력[23]
(iii) 실적이 저조한 가맹점사업자에게 수익성 높은 사업기회를 박탈할 능력[24]

일단 가맹점사업자가 프랜차이즈에 투자하면, 가맹점사업자는 높은 매몰비용과 가맹점사업자의 경영비용과 이익에 대한 가맹사업자의 지배에 의해서, 프랜차이즈 관계에 고착될 수 있다. 이러한 종속 내지 고착 때문에, 대부분의 가맹

19) Warren S. Grimes, Market Definition in Franchise Antitrust Claims: Relational Market Power and the Franchisor's Conflict of Interest, 67 Antitrust L. J. 243(1999).
20) 504 U.S. 451, 463-464, 112 S. Ct. 2072, 119 L. Ed. 2d 265(1992).
21) Lawrence A. Sullivan and Warren S. Grimes, The Law of Antitrust: An Integrated Handbook(West Group, 2000), p. 460.
22) 예컨대 가맹사업자에게 지급된 반환받을 수 없는 가맹료나 인테리어비용 또는 프랜차이즈 매장시설비 등.
23) 예컨대 가맹사업자가 지시한 검사에서 발생한 비용, 가맹점사업자의 거래조건을 통제하는 가맹사업자의 권한.
24) 예컨대 가맹점사업자에게 공급되는 용역이나 가맹점사업자에 의해 발견된 가치있는 재고에 대한 가맹사업자의 지배.

점사업자들은 가맹사업자에 의해 부과된 높은 가격이나 재판매 마진의 상실에 직면해서도 자기들의 투자를 포기하기를 꺼리게 되는 것이다.

예컨대 Milsen Co. v. Southland Corp. 사건[25]에서 제 7 순회법원은 가맹점사업자는 저조한 가맹점사업자에게 추가비용을 부과할 수 있다는 가맹사업자의 위협에 의해서 프랜차이즈계약에 '고착될'(locked-in) 수 있다고 판시하였다. 원고인 가맹점사업자들은 편의점을 경영하면서 가맹사업자에 의해 부과된 소모품의 끼워팔기와 최고재판매가격을 지키도록 강요되었는데, 법원은 "가맹사업자는 상점소유자들이 가맹비의 지급을 늦출 수 있도록 허용하고, 오직 어떤 상점주가 다른 브랜드의 유제품을 구매하거나 가맹사업자가 정한 최고 재판매가격보다 가격을 올리는 경우에만 가맹비를 징수하였다. 가맹사업자의 이러한 관행은 효과적으로 원고 가맹점사업자를 그들의 프랜차이즈가 그들이 가맹사업자의 판매프로그램에 협조하는 한도에서만 안전한 상황으로 고착시켰다. 만일 이를 위반하면 가맹료 미지급 때문에 프랜차이즈가 종료될 것이라는 위협을 받았다"고 판시하였다.[26]

2. 발생가능한 독점금지법 위반행위의 유형

가맹사업자의 시장지배력의 남용의 유형에는 영역잠식, 가맹점사업자로부터 징수한 광고비의 오용, 가맹점사업자로 하여금 확장 · 혁신 또는 원하지 않는 상품인수 또는 재고의 유동화의 위험을 인수하도록 강요하는 것, 가맹점사업자의 재판매가격 마진을 경쟁수준 이하로 낮추도록 강요하는 것 등을 생각할 수 있다.

이러한 상대적 시장지배력남용은 끼워팔기, 강요된 배타적 거래, 재판매최고가격제한 및 독점화 등을 포함한 판매자측의 힘과 관련한 독점규제법위반이 될 수 있다.

그러나 가맹사업자의 상대적 시장지배력남용론에 대해서는 반대견해도 있다.[27] 그 입장에서는 예컨대, 가맹사업자는 새로운 가맹점사업자가 프랜차이즈

25) 454 F. 2d 363(7th Cir. 1971).
26) Id., p. 368.
27) Benjamin Klein and Lester F. Saft, op. cit., pp. 357-358(Stevens 대법관의 Jefferson Parish Hospital District No. 2 v. Hyde, 466 U.S. 2, 27, 104 S. Ct. 1551, 80 L. Ed. 2d 2 (1984)에서의 다음과 같은 판시를 인용한다. "시장의 불완전성에 근거한 판매자의 힘은 추상적 의미에서의 시장지배력을 발생시킬 수 있다. 그러나 독점금지 위반을 인정할 정도의 그것은 아니다"); Benjamin Klein, Market Power in Franchise Cases in the Wake of Kodak: Applying Post-Contract Hold-up Analysis to Vertical Relationships, 67 Antitrust L. J. 283(1999).

계약을 체결하는 시점에 행사되는 계약자유에 의해서 억제되고, 일단 그 계약이 체결되면, 기존의 가맹점사업자의 영업권과 신규가맹점사업자의 모집능력을 보유하기 위하여 그 평판을 유지하고자 하는 가맹사업자의 필요로 인해서 억제되기 때문에, 가맹사업자에 의해 보유된 영향력의 남용가능성은 희박하다고 주장한다.[28] 또한 만일 독점금지나 다른 법적 규제 때문에 프랜차이징의 유지비용이 너무 높아지면, 가맹사업자는 보다 효율적인 조직형태인 프랜차이즈를 포기하고 수직적 통합이나 또 다른 덜 효율적인 조직형태를 선택할 것이고 그 결과 사회적 후생의 손실을 가져오게 될 것이라고 비판하는 주장도 있다.[29]

그러나 가맹사업자의 가맹점사업자와의 거래에 있어서 시장지배력을 사용하고자 하는 본래적인 유인이 존재하며, 가맹사업자의 계약자유와 가맹사업자의 평판을 유지하려는 필요는 가맹사업자의 남용의 잠재성을 완화하거나 제한할 것이지만, 가맹사업자는 그 가맹료, 매장을 운영할 라이센스의 획득과 유지를 위해 지급해야 하는 비용의 인하에 의해서 이러한 평판훼손에 대처할 수 있고, 가맹사업자는 또한 미래의 프랜차이즈의 판매를 보다 정보에 어두운 투자자를 목표로 함으로써 평판훼손의 충격을 피하려 할 수도 있다.[30] 이러한 이유들 때문에 이들 완화하는 조건들은 매장소유자이자 가맹점사업자가 중대한 사업상 결정에 대한 지배권을 상실한 것으로부터 생기는 왜곡된 유인을 완전히 보상하지는 못한다.[31]

3. 관련시장의 획정

프랜차이즈 독점금지 사건을 판단하기 위한 분석도 다른 분야에서와 마찬가지로 우선 시장획정에서 시작된다. 이에 대한 접근방법으로 미국의 판례법상 3가지 이론이 제시된 바 있다. 제 1 설은 가맹점사업자에게 투입상품을 공급할 수 있는 경쟁자로 이루어진 브랜드간 시장을 관련시장으로 본다. 제 2 설은 가맹

28) Benjamin Klein and Lester Saft, op. cit., p. 356(가맹사업자는 추가적인 프랜차이즈 장소의 판매를 할 때 자기들의 평판을 걱정해야 하기 때문에 단지 가맹점사업자의 기왕의 투자를 박탈하기 위하여 가맹점사업자와의 계약을 해지하지는 않는다고 하였다).

29) James A. Brickley, Frederick H. Dark and Michael S. Weisbach, The Economic Effects of Franchise Termination Laws, 34 J. L. & Econ. 130(1991).

30) Lawrence A. Sullivan and Warren S. Grimes, op. cit., pp. 465-470; Gillian K. Hadfield, Problematic Relations: Franchising and the Law of Incomplete Contracts, 42 Stan. L. Rev. 927, 961-963(1990).

31) 그 밖에도 가맹사업자는 또한 평판의 손상을 무시하는 단기적 전망만을 할 수도 있고, 극단적인 경우에는 가맹사업자가 프랜차이즈 판매만을 노리고 투자된 돈을 모아 사라지는 수도 있다. 또한 가맹사업자는 평판 손상을 경영미숙으로 비롯된 결과로 단순하게 오해할 수도 있다.

점사업자가 최초로 프랜차이즈계약을 체결할 때의 가맹점사업자가 이용가능한 모든 프랜차이즈기회로 구성되는 시장을 그것으로 본다. 제 3 설은 가맹사업자의 상대적 시장지배력을 측정하는 브랜드 내 시장을 관련시장으로 본다. 다수의 프랜차이즈 독점금지청구에 있어서는, 이들 중 관련시장을 가맹사업자의 본상품에 대한 단일 브랜드의 부품시장이나, 가맹사업자의 상표권의 보호범위 내의 상품이나 용역으로 구성되는 시장으로 보는 제 3 설을 취한다. 관련시장의 범위는 제 3 설에 의할 때 가장 좁고 제 1 설을 취할 때 가장 넓다. 근래 일부 하급법원은 제 1 설이나[32] 제 2 설[33]을 추종하여 결과적으로 독점금지청구를 기각하는 결과를 가져오기도 하였다. Queen City Pizza, Inc. v. Domino's Pizza 사건에서는 미국 제 2 위의 피자회사인 Domino피자 프랜차이즈의 가맹점사업자들이 가맹사업자가 셔먼법 제 2 조에 위반하여 피자공급 및 점포에서 사용되는 재료에 있어서 시장의 독점화 내지 독점화기도를 하였으며, 셔먼법 제 1 조에 위반하여 배타적 거래 및 위법한 끼워팔기를 하였다고 하여 제소하였다. 원고는 피고의 점포의 운영에 사용되는 재료, 공급품, 원료 및 배급시스템 등이 독점금지 목적상의 관련시장을 구성한다고 주장하였다. 그러나 항소법원은 관련시장은 합리적으로 상호대체가능한 상품 모두를 포함하여야 하고 피고에 의하여 자사의 가맹점사업자를 위하여 승인한 상품에 국한되는 것이 아니라는 이유로 원고가 제안한 관련시장 개념을 거부하였다. 그러나 이 사건에서 법원이 관련시장으로 본 소모품시장은 가맹점사업자의 원료끼워팔기로 주장된 계약내용 때문에 엄밀히는 Domino Pizza 프랜차이즈의 가맹점사업자들에게는 접근이 불가능하였다. 이 가맹점사업자들의 실제 현실은 투입상품의 선택을 통제할 유일한 힘을 지닌, 도미노피자사가 가맹점사업자의 이들 상품의 선택을 지시하면서 가격에 대한 통제력을

32) 제 3 순회법원은 프랜차이즈계약이 가맹점사업자에게 가맹사업자의 투입물구매에 관한 지배력에 대하여 프랜차이즈계약 조항에서 고지하고 있으므로, Kodak 이론은 적용되지 않는다고 결론을 내렸다. Queen City Pizza, Inc. v. Domino's Pizza, Inc., 124 F. 3d 430, 440(3d. Cir. 1997), cert. denied, 523 U.S. 1059, 118 S. Ct. 1385, 140 L. Ed. 2d 645(1998). 또한 관련시장을 가맹사업자의 거래품목으로 제한한다면 이론적으로 모든 소모품 끼워팔기를 독점금지법 위반으로 보게 만들지 않겠는가 하는 우려를 표시했다. Id., p. 438. 그러나 관련시장을 제 1 설에 의하여 획정하여 시장지배력의 존재가 쉽게 입증된다고 해도, 가맹점사업자는 그 외에도 개별적인 독점금지법 위반의 추가적 요소를 입증할 책임을 부담하기 때문에 바로 피고의 위법으로 확정되는 것은 아니다.

33) 프랜차이즈 회계법인의 위법한 끼워팔기청구를 포함한 사건에서, 제 7 순회법원은 관련시장은 모든 회계직(accounting positions)이라고 보았다. 그러나 이 판결은 연방대법원에서 파기환송되었다. Will v. Comprehensive Accounting Corp., 776 F. 2d 665(7th Cir. 1985), cert. denied, 475 U.S. 1129, 106 S. Ct. 1659, 90 L. Ed. 2d 201(1986). 제 2 설을 취하는 입장으로 Phillip Areeda, Antitrust Law: An Analysis of Antitrust Principles And Their Application, Vol. 9(Little Brown and Company, 1991), p. 1709.

가졌다는 것이었다. 자신들이 접근할 수 없는 상품을 관련시장에 포함시킨다는 것은 불합리하다고 하지 않을 수 없다. 또한 제 2 설은 만일 프랜차이즈계약을 체결하기 전의 투자자의 선택을 검토하여야 하는 사건이라면 의미가 있지만, 많은 프랜차이즈 독점금지청구에 있어서, 프랜차이즈 투자시장은 개별 직종보다도 넓을 수 있다.[34] 그러한 시장정의하에서는, 피고의 행위가 아주 반경쟁적인 것이더라도, 이론상 가맹점사업자에 의한 모든 독점금지청구는 패소하고 말 것이기 때문에 프랜차이즈 가맹사업자의 시장지배력을 평가하기 위한 일반적 기준으로는 받아들일 수 없다. 또한 제 2 설은 계약 이전의 시장정의라고 볼 수 있는데, 만일 가맹사업자의 가맹점사업자에 대한 시장지배력이 계약 이전적인 것이면 일리가 있다. 그러나 만일 가맹사업자가 가맹점사업자에 대한 시장지배력을 갖고 있다면, 이 힘은 불가피하게 본래 계약 이후의 것이다. 왜냐하면 그 때가 가맹사업자의 강제행위가 이루어지는 때이기 때문이다.[35]

따라서 제 3 설이 타당하며, 이 입장이 연방대법원의 판례와 일치하고,[36] 행위의 반경쟁적 효과에 초점을 맞추는 셔먼법과 클레이튼법의 문언에도 가장 부합하는 것이다.

Ⅳ. 프랜차이즈관련 독점금지위반행위 유형별 고찰

이하에서는 프랜차이즈관계에서 전술한 가맹사업자의 상대적 시장지배력보유에 기인하여 발생가능한 불공정거래행위의 각종 유형에 관하여 규율하는 미국의 법리를 중심으로 살펴본다.

---

34) Wilson v. Mobil Oil Corp., 984 F. Supp. 450, 458-459(E.D.La. 1997). 이 사건에서 연방지법판사는 윤활유매장의 가맹점사업자는, 전문지식을 요하지 않는 비견할 만한 가치의 다른 프랜차이즈 투자기회를 선택할 수 있었다고 한 피고측 주장을 받아들여서 "피고의 시장지배력은 계약이전의 단계에서 측정되어야 한다"는 결론을 내렸다. at p. 460.

35) L. A. Sullivan and W. S. Grimes, op. cit., p. 479.

36) FTC v. Texaco, Inc., 393 U.S. 223, 89 S. Ct. 429, 21 L. Ed. 2d 394(1968)(연방거래위원회법 제 5 조의 적용); Perma Life Mufflers, Inc. v. International Parts Corp., 392 U.S. 134, 88 S. Ct. 1981, 20 L. Ed. 2d 982(1968)(셔먼법 제 1 조의 적용); Atlantic Ref. Co. v. FTC, 381 U.S. 357, 85 S. Ct. 1498, 14 L. Ed. 2d 443(1965)(연방거래위원회법 제 5 조의 적용); Siegel v. Chicken Delight, Inc. 사건 448 F. 2d at 51(9th Cir. 1971), cert. denied, 405 U.S. 955, 92 S. Ct. 1172, 31 L. Ed. 2d 232(1972). 보다 근래의 것으로 Eastman Kodak Co. v. Image Technical Services, Inc., 504 U.S. 451, 112 S. Ct. 2072, 119 L. Ed. 2d 265 (1992). 이 사건에서는 Kodak 브랜드의 사진복사기부품시장을 관련시장으로 보았다. 반송 후의 판결은 Image Technical Services, Inc. v. Eastman Kodak Co., 125 F. 3d 1195(9th Cir., 1997), cert. denied, 523 U.S. 1094, 118 S. Ct. 1560, 140 L. Ed. 2d 792(1998).

1. 프랜차이즈관계의 끼워팔기

끼워팔기원칙은 프랜차이즈판매에도 완전히 적용될 수 있다.[37] 프랜차이징에 있어서 자주 생기는 끼워팔기의 두 가지 유형은 소모품 끼워팔기와 재고처분 끼워팔기이다. 전자는 가맹점사업자에게 정해진 모든 소모품을 가맹사업자가 정한 공급자로부터 구매하도록 요구하는 것이다. 후자는 가맹점사업자로 하여금 구매하기를 원하는 상품을 얻기 위한 조건으로서 가맹사업자로부터 원하지 않는 재고를 구매하도록 요구하는 것이다. 양자 모두 끼운 상품은 가맹점사업자에 의해서 구매된 프랜차이즈 그 자체이다. 프랜차이징에 있어서, 끼워팔기의 반경쟁적 효과는 일반적인 끼워팔기의 그것과 유사하다. 그러나 가맹사업자의 강제력은 통상 가맹점사업자의 매몰비용과 가맹사업자가 가맹점사업자에게 이익과 부담의 유입을 지배하는 것으로부터 생기는 상대적 시장지배력이다.

공정거래법상 거래상지위의 남용의 일유형인 구입강제는 실질적으로는 거래강제인 끼워팔기와 동일한 본질을 갖는 것이다. 미국법에서는 이와 유사한 사건들이 끼워팔기로서 규제되고 있다. 최근의 것으로 앞에서 시장획정과 관련하여 소개한 Queen City Pizza, Inc. v. Domino's Pizza, Inc. 사건[38]이 있다.

FTC v. Texaco, Inc.[39] 사건에서 연방대법원은 Texaco가 모든 자사 딜러들의 타이어, 축전지, 액세서리 등의 우선적 공급자로 Goodrich를 정함으로써 연방거래위원회법 제5조(불공정한 거래방법의 사용)를 위반하였다는 FTC의 주장을 인정하였다. 연방대법원은 Goodrich에 의해서 Texaco에게 딜러들의 구매에 대하여 지급된 10퍼센트의 리베이트는 Texaco가 딜러들의 구매에 효과적으로 영향을 미칠 수 없었다면 무의미함을 언급하면서, 이러한 협정은 '본질적으로 강제적인' 것이라고 결론을 내렸다.[40]

소모품 끼워팔기에 대한 가맹사업자의 항변사유는 두 가지가 가능하다. 첫째는 끼워팔기는 가맹사업자가 자기의 상표권을 가맹점사업자가 사용한 정도에

37) Queen City Pizza, Inc. v. Domino's Pizza, Inc., 124 F. 3d 430(3d Cir. 1997); United Farmers Agents Ass'n, Inc. v. Farmers Ins. Exchange, 89 F. 3d 233(5th Cir. 1996); Krehl v. Baskin-Robbins Ice Cream Company, 664 F. 2d 1348(9th Cir. 1982); Kentucky Fried Chicken Corp. v. Diversified Packaging Corp., 549 F. 2d 368(5th Cir. 1977); Carpa, Inc. v. Ward Foods, Inc., 536 F. 2d 39(5th Cir. 1976); Warriner Hermetics, Inc. v. Copeland Refrigerator Corp., 463 F. 2d 1002(5th Cir. 1972); cert. denied, 409 U.S. 1086, 93 S. Ct. 688, 34 L. Ed. 2d 673(1972); Siegel v. Chicken Delight, Inc., 448 F. 2d 43(9th Cir. 1971).

38) 124 F. 3d 430(3d Cir. 1997).

39) 393 U.S. 223, 89 S. Ct. 429, 21 L. Ed. 2d 394(1968).

40) Id., p. 229.

따라 서로 다른 가맹료를 징수할 수 있게 하는 효율적인 계량기법이라는 것이다.[41] 두 번째 정당화사유는 끼워팔기는 품질통제기능이 있다는 것이다. 공급원을 통제함으로써, 가맹사업자는 가맹점사업자에 의해서 판매된 상품이 동질의 것이고 품질기준에 부합한다는 것을 보증할 수 있으며, 이러한 방식으로 가맹사업자는 프랜차이즈 시스템의 영업권을 유지할 수 있다.[42]

Siegel v. Chicken Delight, Inc. 사건에서 제9순회법원은 가맹사업자가 가맹점사업자에게 나눠줄 수 있는 용기와 상표를 부착한 포장 등의 소모품을 가맹사업자로부터만 구매하도록 요구한 것은 위법한 끼워팔기라고 보았다.[43] 이 사건에서 가맹사업자는 품질유지 필요성과 상표권을 항변사유로 제시하였지만, 항소법원은 프랜차이즈명에 상표권이 인정되고 있다는 점을 감안하더라도 상표법을 근거로 하여 독점금지의 보호를 뒤집을 수 없다고 판시하였다. 가맹사업자에게는 또한 품질유지를 위하여 보다 덜 경쟁제한적인 통제방법이 없다는 것을 입증하도록 요구되었다.[44] Kentucky Fried Chicken Corp. v. Diversified Packaging Corp. 사건[45]에서는 전국적으로 유명한 레스토랑 프랜차이즈의 가맹사업자가 연방지법에 레스토랑 소모품 공급업자를 피고로 하여 불공정경쟁 및 상표권 침해이론에 의거하여 자기의 가맹점사업자들에게 원고와 원고가 승인한 공급업자가 공급하는 소모품보다 낮은 품질의 모방품을 판매하는 행위를 금지하도록 하는 소를 제기하였다. 이에 피고 공급업자는 독점금지위반을 주장하며 3배손해배상을 구하는 반소를 제기하였다. 지방법원은 심리 후 원고승소의 판결을 내렸고 항소인에 대한 유지명령절차에 들어갔다. 그러자 피고는 원고의 관행은 독점금지법위반이라고 주장하며 항소하였다. 항소법원은 공급원승인요건(approved-source requirement)이 위법하지 않으며 피항소인은 항소인에 대한 유지명령을 청구할 권리를 증명하였다고 보면서, 지방법원의 판결을 전부 승인하였다. 이 사건에서는 가맹사업자가 가맹점사업자가 구입하여야 할 소모품(끼워진 상품)에 대하여 10여개의 공급자를 승인하였고, 그 중 하나만이 자사의 연고회사였음을

41) Benjamin Klein, op. cit., pp. 308-315; Ward S. Bowman, Tying Arrangements and the Leverage Problem, Yale L. J., Vol. 67, 1957, pp. 23-24; Herbert Hovenkamp, Federal Antitrust Policy: The Law of Competition and its Practice(West Group, 1994), pp. 423-426.

42) Benjamin Klein and Lester F. Saft,-op. cit., pp. 351-354.

43) 448 F. 2d 43, 50-51(9th Cir. 1971), cert. denied, 405 U.S. 955, 92 S. Ct. 1172, 31 L. Ed. 2d 232(1972).

44) Id., p. 51. 그러나 항소법원은 손해배상액의 산정을 위하여 사실심에서 결정되어야 할 사실상의 쟁점들이 존재한다고 보아서, 지방법원의 배상결정은 번복하였다.

45) 549 F. 2d 368(5th Cir. 1977).

입증함으로써 끼워팔기청구를 방어하는 데 성공하였다. 가맹사업자의 품질유지 필요성의 항변이 받아들여진 것으로는 예컨대 Krehl v. Baskin-Robbins Ice Cream Co. 사건[46]이 있다. 원료조달요건이 아이스크림 프랜차이즈에서의 아이스크림처럼 프랜차이즈의 중심적 상품을 대상으로 한 것이라면, 그것은 끼워팔기가 아니라 친경쟁적인 묶음팔기로 간주되는 것이다.

재고처분 끼워팔기는 시장지배력을 보유한 가맹사업자가 가맹점사업자에게 손실을 전가하기 위하여 초과재고나 원하지 않는 재고분의 구매를 요구하는 경우이다. 그 예는 고객수요가 많은 인기 자동차모델을 받기 위하여 원하지 않는 모델을 구매하도록 강요되었다고 주장하는 자동차딜러들이 포함된 사건들을 들 수 있다.[47] 이러한 사건은 제조업자들이 딜러들에게 모든 거래품목을 취급하도록 요구하는 점에서, '전품목강요'(full-line forcing)로 취급되기도 한다. 결정적인 쟁점은 원하지 않는 재고가 통상적인 묶음상품, 즉 전체 상품목록인지 아니면 독립적인 끼워진 상품인지 여부에 있다. 재고처분 끼워팔기가 발생시키는 배분적 피해는, 가맹점사업자는 마케팅 결정에 영향력을 거의 행사하지 못하면서도 실패의 직접적인 비용을 부담하게 될 수 있고, 가맹사업자는 평판상실이라는 간접적인 대가를 지불할 것이나, 그 손실은 크지 않다는 점이다. 이 같은 사건에서 만일 가맹사업자가 예컨대, 잘 팔리지 않는 모델은 딜러에게 할인공급할 수 있고, 그 손실은 상품의 생산과 마케팅을 결정하는 행위자인 제조업자에 의해서 부담되기 때문에, 경쟁적인 피해는 발생하지 않았을 것이다.

EU법상 프랜차이즈관계에 있어서의 원료조달요구(sourcing requirement)에 관해서는 종래 1988년 프랜차이징규제경쟁규칙[48]이 적용되어 왔다. 동규칙은 가맹사업자의 산업재산권이나 지식재산권 또는 프랜차이즈 네트워크의 공통성과 평판을 보호하는 일정한 프랜차이즈계약에 대하여 로마조약 제81조의 금지로부터 포괄적 면제를 부여하기 위하여 제정된 것이다. 면제된 프랜차이즈계약 중에는 가맹점사업자에게 가맹사업자의 객관적 품질특정에 부합하는 상품의 판매나 사용을 요구하는 것을 포함하였다. 가맹사업자는 오직 "프랜차이즈의 주요문제인 상품의 속성 때문에 객관적인 품질의 특성을 준수하기가 불가능한 경우에"만 가맹점사업자에게 가맹사업자나 지정된 공급자가 제조한 상품을 구매하도록 요

46) 664 F. 2d 1348, 1352-1354(9th Cir. 1982)(아이스크림 제조업자가 아이스크림의 구매와 프랜차이즈를 운영하기 위한 라이센스를 끼워팔기했다는 가맹점사업자의 주장을 기각했다).

47) Fox Motors, Inc. v. Mazda Distribs.(Gulf), Inc., 806 F. 2d 953(10th Cir. 1986); Southern Pines Chrysler-Plymouth, Inc. v. Chrysler Corp., 826 F. 2d 1360(4th Cir. 1987). 이들 두 사건에서 피고인 가맹사업자는 독점금지법상의 책임은 피하는 데 성공하였다.

48) Commission Regulation(EEC) No. 4087/88 of 30 November 1988.

구할 수 있다(동규칙 제3조(1)(a), (1)(b)). 나아가서 가맹점사업자는 지정된 상품을 다른 가맹점사업자나 기타의 승인된 딜러 네트워크로부터 획득하는 것이 허용되어야 한다(동규칙 제4조(a)). 만일 객관적인 품질특성을 정하는 것이 불가능하고 가맹사업자가 하나 또는 그 이상의 사업자가 가맹점사업자에게 공급하도록 지정하였다면, 가맹사업자는 가맹점사업자에 의해서 지명된 추가적인 공급자를 정당한 이유 없이 지정하는 것을 거부하지 못한다(동규칙 제5조(c)).

이 프랜차이즈규칙은 수직적 협정에 관한 광범위한 일괄면제규칙 제2790/1999호의 발효[49]에 의하여 그 효력이 2000. 6. 1.부터 원칙적으로 상실되었다. 그러나 동 프랜차이즈규칙의 소모품 끼워팔기에 대한 접근방법은 가맹사업자의 품질유지의 필요성과 투입상품 및 용역의 구매에 있어서 경쟁에 의한 제어를 보장하는 데 대한 가맹점사업자 및 소비자의 이익을 적정하게 형량한 것으로 볼 수 있다.

2. 프랜차이즈에 있어서의 강요된 배타적 거래

프랜차이즈계약은 가맹점사업자로 하여금 다른 경쟁사업자의 상품을 취급하지 못하게 하고 가맹사업자에 의해 생산되거나 그 상표가 부착된 상품이나 용역만을 마케팅하도록 요구한다. 가맹사업자가 가맹점사업자에게 점포의 실내 외장식 등의 설비를 설치하게 하면서 점포의 구입 및 설치를 자기 또는 자기가 지정한 자로부터 하도록 요구하기도 한다. 프랜차이징에 있어서는, 이러한 강요된 배타적 거래(forced exclusive dealing)의 경쟁법적 분석은 소모품 끼워팔기에 대한 것과 동일하다. 실로, 그러한 청구를 제기한 원고는, 피고의 행위를 끼워팔기나 배타적 거래 중에 어느 쪽으로 규정하여도 무방하다. 예컨대 Standard Oil Co. v. United States 사건[50]에서 딜러로 하여금 Standard Oil Co.가 제조한 유류만을 구매하라는 요구는 위법한 배타적 거래청구의 기초일 수도 있었고, 위법한 원료조달 끼워팔기 청구의 기초일 수도 있었다. 배타적 거래는 미국 판례법상 합리성의 원칙이 적용된다.[51] 따라서 배타적 거래는 "거래의 상품시장의 실질적

49) Commission Regulation(EEC) No. 2790/99 of 22 December 1999.

50) 337 U.S. 293, 69 S. Ct. 1051, 93 L. Ed. 1371(1949).

51) Tampa Elec. Co. v. Nashville Coal Co., 365 U.S. 320, 81 S. Ct. 623, 5 L. Ed. 2d 580 (1961); Omega Environmental, Inc. v. Gilbarco, Inc., 127 F. 3d 1157, 1162-1165(9th Cir. 1997); Ryko Mfg. Co. v. Eden Servs., 823 F. 2d 1215, 1234(8th Cir. 1987), cert. denied, 484 U.S. 1026, 108 S. Ct. 751, 98 L. Ed. 2d 763(1988); Roland Mach. Co. v. Dresser Indus., Inc., 749 F. 2d 380, 393(7th Cir. 1984); Barry Wright Corp. v. ITT Grinnell Corp., 724 F. 2d 227, 237-238(1st Cir. 1983).

부분에서 경쟁을 차단할 것"이라는 것을 증명하기 위한 신중한 시장분석을 요한다.[52] 그러나 끼워팔기에 대해서도 오늘날 완화된 당연위법원칙이 적용되고 있으므로, 어느 쟁점으로 독점금지청구를 이론구성하든 간에 상이한 결론이 도출될 가능성은 크지 않다. 우리의 경우에는 이러한 인테리어시설 등의 일방적 공급행위나 가맹사업의 주요 목적인 상품이나 용역 외의 일반상품 구입처제한행위는 자기의 거래상 지위를 부당하게 이용하여 거래상대방과 거래하는 행위(독점규제법 제23조 제1항 제4호)에 해당된다.[53]

3. 프랜차이즈에 있어서의 거래지역제한

연방대법원은 United States v. Arnold, Schwinn & Co., 388 U.S. 365 (1967)에서 수직적 브랜드 내 비가격제한을 당연위법 범주에 추가하였다. Schwinn 판례에서는 거래지역제한(territorial restraints)이 쟁점이 되었다. 이 판례는 1940년부터 1972년까지의 기간에 독점금지위반에 대한 당연위법원칙이 부상하는 판례의 조류와 맥을 같이 한다.

이후 1977년 Continental T. V., Inc. v. GTE Sylvania Incorporated 사건[54]에서 연방대법원은 수직적 브랜드 내 비가격제한에 대하여 합리성의 원칙으로 입장을 변경하였다. Sylvania는 자사의 딜러와 계약을 통하여 딜러가 자사의 텔레비전을 판매하는 점포의 장소를 제한하였다. 이러한 장소제한(location restraints)은 거래지역제한의 하나의 변종이다. Sylvania 사건이 심리된 당시까지 이론적으로 모든 수직적 브랜드 내 가격제한과 수직적 비가격제한은 당연위법원칙의 적용대상이었다.[55] 또한 수평적 거래지역제한(horizontal territorial allocations)은 1972년의 Topco 사건[56]에서 당연위법한 것으로 판시된 바 있었다. 따라서 연방대법원은 당연위법원칙을 포기하기 위해서 Sylvania 사건에서 거래지역제한 가운데 수직적 제한을 수평적 제한으로부터 그리고 수직적 브랜드 내 비가격제한을 가격제한으로부터 각각 구별하였다. Sylvania 사건에서 수직적 비가격브랜드 내 제한에 대한 정당화사유로 법원이 인정한 것은 다음과 같다.

52) Tampa Electric, 365 U.S. at 327.
53) 예컨대, (주)나누리식품의 거래상지위남용행위에 대한 건, 2000. 4. 14. 공정거래위원회 심결(약) 제2000-118호.
54) 433 U.S. 36, 97 S. Ct. 2549, 53 L. Ed. 2d 568(1977).
55) 전자는 1911년의 Dr. Miles판례와 1968년의 Albrecht v. Herald Co., 390 U.S. 145(1968) 판례에 의해서 후자는 1967년의 Schwinn 판례에 의하여 판례법이 정해졌다.
56) United States v. Topco Associates, Inc., 405 U.S. 596, 92 S. Ct. 1126, 31 L. Ed. 2d 515 (1972).

(i) 무임승차(free ride)와 같은 시장의 불완전성을 타파하기 위한 경우
(ii) 소매상으로 하여금 기존상품의 판촉을 유도하기 위한 경우
(iii) 경쟁소매상으로 하여금 신상품의 취급을 유도하기 위한 경우
(iv) 제조업자가 안전을 담보함으로써 노출된 제조물책임으로부터 보호되도록 하기 위한 경우
(v) 품질을 통제함으로써 제조업자의 평판을 보호하기 위한 경우 등이었다.

이상의 정당화사유 중 수직적 제한이 무임승차 문제에 대한 해결책이 될 수 있는 이유에 관해서 사례를 들어 살펴본다.57)

[자동차판매 프랜차이즈 사례]

C자동차회사가 자동차판매를 위해서 노력하는 성실하고 수고하는 딜러 A와 태만한 딜러 B를 W란 도시에 두고 있다. 딜러 A는 넓고 고급스런 전시룸을 운영하며, 판매점원을 여럿 고용하여 전시에 힘쓰고, 잠재적 고객에게 차량의 시운전 기회를 제공하며, C회사가 생산하는 모든 종류의 차를 전시·판매한다. 이와 더불어 차량구매 전후에 고객서비스를 해 주는 수준높은 서비스부서도 운영하고 있다. 이에 비하여 태만한 딜러 B는 시외에 위치한 원룸사무실을 임대하여 사용하고 시운전 기회를 제공하지 않고, 서비스부서도 운영하고 있지 않으며, 잠재적 고객에게 전화로 판매상담을 할 뿐이다. 대신 딜러 A는 위와 같은 양질의 서비스를 제공하는 비용이 포함되어 차량의 가격이 딜러 B에 비하여 더 높게 책정되어 있다. 따라서 신차의 구매희망자는 딜러 A의 사무실에 가서 차를 살펴보고 시운전해 보고, 좋은 정보를 수집한 다음에 딜러 B에게 가서 원하는 차를 구매하는 것이 유리할 것이며 실제로도 그렇게 할 가능성이 많다. 딜러 A에게서 구매자가 얻은 정보는 구매결정에 필수적이다. 예컨대 누구든지 시운전해 보지 않고는 차를 사지 않는 것이 보통인데, 딜러 A에게 가서 그것을 한 후 정보를 제공하지 않은 딜러 B에게서 더 낮은 가격으로 차를 구매함으로써 A가 제공한 정보제공에 대한 값을 치르지 않았다. 이 경우 구매자와 딜러 B는 딜러 A가 제공한 판매장소 정보의 관점에서는 모두 무임승차자이다. 이런 상황이 계속된다면 딜러 A는 오래지 않아 사업을 그만 두어야 할 것이다. 더욱이 만일 딜러 A가 퇴출된다면 자동차회사의 차량판매는 상당히 감소할 것이다. 어떤 고객이든지 이러한 시운전 기타 중요정보를 어디선가는 획득하여야 특정한 브랜드의 차량을 구매할 것이기 때문이다. 그래서 자동차회사는 다른 회사와 효과적으로 경쟁하기 위해서는 잠재적 고객에게 시운전 및 기타 중요정보를 제공할 다른 방도를 마련해야 한다.

57) 이하의 예는 United States v. General Motors Corp., 384 U.S. 127, 86 S. Ct. 1321(1966)에서의 사례를 유추하여 구성한 것이다. H. Hovenkamp, op. cit., p. 450.

그러나 만일 자동차회사가 자사의 모든 딜러들에게 차종별로 재판매가격유지행위를 하면 고객입장에서는 이제 가격을 깎아주는 딜러로부터 구매할 유인이 없어진다. 그러면 고객은 차량구매시 필요한 정보를 가장 잘 알려주고 고객서비스를 가장 잘 제공하는 딜러에게로 가서 구매하게 된다. 이제 딜러들은 가격이 아니라 제공할 수 있는 서비스의 질과 양을 가지고 경쟁하게 된다. 딜러들간의 경쟁은 서비스의 수준을 그들의 한계비용이 유지된 차량가격과 일치하는 점까지 상승시키게 된다. 딜러들은 경쟁적 수준의 수익률만을 올릴 것이고 자동차제조업자는 자동차 마케팅에 가장 좋은 수준의 서비스를 고객에게 제공할 수 있게 된다.[58]

수직적 지역제한에서도 이와 유사한 효과가 발생한다. C자동차회사는 재판매가격유지행위를 하는 대신에, 딜러 B와의 계약을 해지하고 딜러 A에게 W시에서의 신차의 전속적 판매권을 부여할 수 있다. C회사는 자사의 고객들이 원하는 판매장소에서의 정보와 서비스를 얻을 수 있을 것을 확신하게 된다. 딜러 A가 C회사와 체결하는 딜러계약의 내용에는 자신이 어느 정도의 서비스를 제공할 수 있는지에 관한 규정이 포함되게 된다. 이렇게 되면 딜러로서는 가격할인 딜러가 자신의 고객을 유인하여 갈 것을 걱정할 필요가 없다. 나아가서 딜러 A는 독점자가 아니며 여전히 W시의 다른 소매상들과 경쟁하며, 그들의 서비스를 무임승차할 수도 없다. 그 결과 C사는 W시에서 더 많은 자동차를 판매하게 된다.

Sylvania 사건이 남긴 가장 중요한 미해결과제는 무엇이 수직적 브랜드 내 비가격제한을 비합리적인 것으로 만드는가 하는 점이다. Sylvania판결은 수직적 제한이 합리적인 사유에 관하여는 설명하지만, 합리적이지 않은 수직적 제한을 분별하기 위한 지침을 거의 제공하고 있지 않기 때문이다.

Sylvania 판례 이후 수직적 브랜드 내 비가격제한협정을 공격한 소 가운데 오직 두세 건만이 성공하였고, 그에 관하여 정부가 제소한 경우는 한 건도 없었다. 원고가 승소한 건인 Graphic Products v. ITEK Corp. 사건[59]은 피고가 70% 이상의 시장점유율을 가진 경우였다.[60] 70% 이상의 시장점유율을 보유한 이 사건 피고는 브랜드간경쟁에 거의 직면하지 않았던 점이 판단이유로 참고되

58) Richard Posner, The Rule of Reason and the Economic Approach: Reflections on the Sylvania Decision, 45 U. Chi. L. Rev. 1(1977).

59) 717 F. 2d 1560(11th Cir. 1983).

60) 다른 원고승소 사건인 Eiberger v. Sony Corp., 622 F. 2d 1068(2d Cir. 1980)에서 피고는 그처럼 높은 시장점유율을 보유하고 있지 않았으나, 수직적 브랜드 내 비가격제한을 보다 노골적으로 실행하였고, 그 행위에 대하여 Sylvania판례에서 정당화사유로서 언급된 친경쟁적인 목적에 해당하는 그 협정이 브랜드 내 경쟁에 대하여 갖고 있던 제한적 효과를 경감시키는 친경쟁적인 브랜드간 효과가 전혀 존재하지 않았던 사건이었다.

었다. 연방대법원의 Sylvania에서의 판단이유에 기초하여, Graphic Products 사건의 항소법원은 브랜드 내 경쟁이 가격에 대한 인하압력이 나오는 가장 중요한 원천이라고 보았다. 그러므로 Sylvania 판례에서의 미해결문제인 "언제 수직적 브랜드 내 비가격제한이 비합리적인가"에 관한 하나의 답은 "언제 브랜드 내 경쟁이 가격에 대한 인하압력의 충분한 원천이 되는가, 즉 언제 그 제한을 부과하는 기업이 브랜드간 시장지배력을 보유하는가"일 수 있다. 그러나 그와 같은 일반적인 명제는 복잡한 문제에 대해서는 거의 지침을 제공해 주지 못한다.[61)]

Sylvania 판례 이래로 수직적 브랜드 내 비가격제한은 다단계배급, 특히 프랜차이즈에 있어서는 기업들이 보편적으로 채택하게 되었다. 수직적 브랜드 내 비가격제한은 거의 언제나 브랜드간 시장에 있어서 친경쟁적이라는 것이 인정되고 있는 것이다. 그러므로 미국 판례법상 그것들은 이제 실질적으로 거의 당연적법하게 되었다고 할 수 있다.[62)] 거래지역제한과 같은 수직적 브랜드 내 비가격제한은 제조업자로 하여금 자신들의 배급시스템을 구축함에 있어서 무한한 유연성을 허용하였고, 수직적 통합보다 비용대비 효율적인 대안을 제공한다고 인정되었다.

그러나 연방대법원이 Sylvania에서 판결이유 중에 중시하였던 수직적 장소제한을 정당화한 무임승차론은 판매장소에서의 서비스가 중요하지 않은 여러 상품에 대해서는 적용할 수 없다. 그러므로 수직적 브랜드 내 비가격제한이, 브랜드간 경쟁을 심화한다는 면에서 고객들에게 혜택을 줄 가능성이 없는 상황에서조차 허용됨으로써, 너무 과용되지 않는가 의심하는 이도 있다. 이 입장에서는 브랜드 내 경쟁은 브랜드간 경쟁에 의하여 제공되는 것에 추가하여 가격에 대한 중요한 하방의 압력을 제공할 수 있으며, 혜택이 많지 않을 것으로 예상되는 상황에서도 그것의 제거를 허용하는 것은 잘못하는 것이라고 지적한다.[63)] 무임승차는 '브랜드가 특정된' 상품시장의 경우에 가장 큰 문제인데, 이 경우에는 고객들이 브랜드를 구분하고 자신들이 구매하는 브랜드에 대해 신경을 쓰기 때문이다. 그러므로 상품의 성질은 법원이 어떤 제한이 무임승차문제를 처리하기 위하여 마련되었는지 여부를 판단함에 도움을 준다. 자동차 같은 내구재나 프랜차이즈 대상상품을 포함해서 그러하다. 감자, 목재, 시멘트, 종이클립 등 브랜드에 별로 신경쓰지 않는 소모품의 경우는 그러하지 않다. 따라서 소모품에 관한 수

61) Andrew I. Gavil, William E. Kovacic & Jonathan B. Baker, Antitrust Law in Perspective: Cases, Concepts and Problems in Competition Policy(Thomson West, 2002), p. 361.

62) Douglas H. Ginsburg, Vertical Restraints: De Facto Legality Under the Rule of Reason, 60 Antitrust L. J. 67(1991).

63) Robert L. Steiner, Sylvania Economics-A Critique, 60 Antitrust L. J. 41(1991).

직적 제한에 대해서는 경쟁당국이나 법원은 혐의를 인정하고 더 주의깊게 살펴보아야 한다. 그리고 일반적으로 고객의 교육이 특히 중요한 기술적으로 복잡한 상품이나 신상품의 경우 무임승차는 더 문제가 된다.[64] 그러나 때로는 상대적으로 단순한 일용재들도 무임승차의 대상이 될 수 있다. 예컨대 어떤 사람은 도심지의 백화점에 가방이나 서적, 벽지 등을 보러 가서 좋아 보이는 모델이나 디자인을 식별한 후 할인을 해 주는 통신판매상에게 전화로 주문할 수도 있다.[65] 마찬가지로, 서점이나 음반판매점의 제품청약을 조사한 후에 인터넷이나 통신판매하는 할인점을 이용할 수도 있다. 그러한 경우 무임승차를 발생시키는 것은 상품의 기술적 복잡성이 아니라 고객이 상품의 외양, 느낌 또는 음향 등에 관한 정보를 획득할 필요성이다.[66]

또한 수직적 제한에 대한 무임승차의 근거는 딜러들이 고객서비스 제공에 대하여 보상을 받는 경우에는 기반을 상실한다. 보상은 무임승차하는 딜러의 부정적 효과를 중화시킬 수 있고, 무임승차하는 딜러들은 서비스를 제공하지 않기 때문에 보상을 받지 못한다. 예컨대 전술한 자동차판매프랜차이즈사례에서 딜러 B는 딜러 A가 제공하는 서비스에 편승하지만 자신도 일정한 서비스를 제공함으로써 경쟁하거나 C자동차회사가 강제로 유지한 재판매가격을 지킬 수도 있다. 예컨대 C회사가 유지된 가격으로 14,000달러를 정하고 딜러에게 서비스개발을 위하여 500달러를 사용하도록 강제하기 위하여 13,500달러의 도매가격을 사용한다고 하자. 다시 딜러 A가 시운전 등을 제공하고 딜러 B가 시운전이 아니라 무료 500달러 상당의 TV, 서비스보증의 확대 또는 스테레오의 무료설치 등의 수단으로 경쟁한다고 하면, 잠재적 고객은 딜러 A로부터 정보를 얻고 동일한 가격으로 더 많은 패키지를 약속하는 딜러 B에게 가서 구매할 것이다.[67] 이와 같이 딜러서비스를 포함한 사건에서, 재판매가격유지행위는 효과적으로 무임승차를 제거하지 못할 수 있다. 또한 무임승차에 대항하기 위하여 사용된 수직적 제한이 반드시 효율적이지는 않다.

Sylvania의 종국적 결과로 공급업자와 딜러들간의 분쟁은 연방법원이 아니

64) P. Ippolito, Resale Price Maintenance: Empirical Evidence from Litigation, 34 J.L. & Econ. 263, 283(1991).

65) Alvord-Polk v. F. Schumacher & Co., 37 F.3d 996(3d Cir. 1994), cert. denied, 514 U.S. 1063, 115 S.Ct. 1691(1995)(완전한 서비스를 하는 화장지 딜러들간에 자기들이 제공하는 샘플집과 부착장치를 무임승차하는 통신판매 딜러와의 거래를 단절하도록 제조업자를 강요하기 위하여 공모하였음을 인정하였다).

66) H. Hovenkamp, op. cit., p. 453.

67) R. Pitofsky, In Defense of Discounters: the No-Frills Case for a Per Se Rule Against Vertical Price Fixing, 71 Geo. L. J. 1487, 1493(1983).

라 주법원에서 심판하게 되었다. 딜러에 대한 제한의 경쟁상 효과가 쟁점인 분쟁들은 실상 공급업자와 소매상들간 또는 가맹사업자와 가맹점사업자간의 이해의 갈등 때문에 발생한다. 그러한 근원적인 긴장은 Sylvania 판결이 나왔지만 당연히 완전히 해결될 수 없었고, 이제 연방독점금지법에 호소해서 승소하기 어렵게 된 잠재적 원고들은 공급업자나 가맹사업자들에 대한 불만을 해결하기 위한 노력의 방향을 프랜차이즈법, 계약법, 州불공정경쟁법(state unfair competition law), 상사불법행위법(commercial tort law) 등과 같은 주법상의 구제책으로 돌리게 되었다.[68]

4. 프랜차이즈 대상상품의 최고재판매가격제한행위

미국에서는 최저재판매가격유지행위(minimum resale price maintenance)에 대해서는 당연위법의 원칙이 적용되나,[69] 최고재판매가격유지행위(maximum RPM)에 대해서는 State Oil Co. v. Khan판결[70]에 의해서 합리의 원칙이 적용된다. 연방대법원은 최저재판가유지행위가 위법한 이유에 대하여 그것이 제조업자에게 소매상들보다 유리한 입장에 서게 하고 소매상 자신들에게 유리한 가격을 책정할 자유를 부정할 수 있게 한다는 점[71] 또는 그것이 실제로는 소매상들간의 가격담합의 대외적 표시로서, 제조업자를 협정에 참여시킴으로써 카르텔의 감시가 촉진된다는 점[72] 등을 들었다. 그러나 첫째 논거에 대해서는 소매상의 마진은 제조업자가 자사의 상품이 유통되도록 하기 위하여 지급하여야 하는 가격이고, 제조업자는 자사의 상품이 가장 효율적인 방법, 즉 수익을 극대화하는 방법으로 배급되도록 할 수 있어야 할 것인데, 재판매가격유지행위에 의하여 소매상의 마진을 보장함으로써 수익극대화를 위한 판촉이 이루어지는 점에서 소매상에게 불

68) Jean Wegman Burns, Vertical Restraints, Efficiency and the Real World, 62 Fordham L. Rev. 597(1993).

69) Dr. Miles Medical Co. v. John D. Park & Sons Co., 220 U.S. 373, 400, 31 S. Ct. 376, 381(1911)(제조업자와 딜러간의 딜러가 제조업자가 제조한 상품을 특정한 가격으로 재판매하도록 요하는 협정은 셔먼법의 정책에 상반되기 때문에 소구할 수 없다고 판시함); Monsanto Co. v. Spray-Rite Svce. Corp., 465 U.S. 752, 104 S. Ct. 1464, rehearing denied, 466 U.S. 994, 104 S. Ct. 2378(1984)(Dr. Miles판례의 기본원칙을 유지함). 이에 대해서는 최저재판매가격유지행위가 가져올 수 있는 독점적 가격책정, 딜러들의 카르텔, 제조업자들의 카르텔, 경쟁저해 등을 규제근거로 드는 것이 보통이다.

70) 522 U.S. 3, 118 S. Ct. 275, 139 L. Ed. 2d 199(1997).

71) Simpson v. Union Oil Co., 377 U.S. 13, 20-21, 84 S. Ct. 1051, 1056-1057, rehearing denied, 377 U.S. 949, 84 S. Ct. 1349(1964); United States v. A. Schrader's Son, Inc., 252 U.S. 85, 99, 40 S. Ct. 251, 253(1920).

72) Dr. Miles Medical Co. v. John D. Park & Sons Co., 220 U.S. 373, 407-408, 31 S. Ct. 376, 384-385(1911).

리하다고 단정할 수는 없다는 비판이 있다.[73] 법원의 두 번째 논거는 재판가유지행위가 실제로 가격담합하는 소매상들을 조장하기 위하여 실행된다는 것이다. 소매상들이 제조업자를 카르텔에 참가시키고자 하기를 원하는 이유는 제조업자는 모든 소매상들과 거래하므로 소매상들의 가격책정활동을 감시하기에 소매상들보다 더 나은 위치에 있다는 점 때문이다. 그런데 딜러들간의 명시적 협정이 없이 셔먼법 제 1 조를 적용할 수 없는 비형식적이거나 묵시적인 의사소통을 통하여 일정한 종류의 수평적 가격고정이 이뤄질 수도 있는데, 이러한 종류의 담합은 재판매가격유지행위와 같은 장치에 의하여 크게 촉진될 수 있다. 특히 집중된 소매시장은 과점적 협력을 조장하는데 그것은 공개적 광고가 효과적인 의사소통 창구이기 때문이다.

이처럼 가격담합을 위한 수단으로서 재판매가격유지행위가 되려면 재판매가격유지행위를 하는 제조업자가 소매상의 영역에서 독점자이거나 그 제한이 시장내의 상당히 높은 점유율을 가진 제조업자들에 의하여 공동으로 사용되는 경우이어야 한다.[74] 이들 경우에는 그 제한에 종속된 소매상들이 집단적으로 가격담합에 가담하기에 충분한 시장지배력을 보유한다는 추론이 가능하다.

따라서 가맹사업자가 가맹점사업자에게 재판가제한을 부과하는 유인도 반경쟁적일 수도 있고, 친경쟁적일 수도 있으며, 양자 모두의 성격을 겸유할 수도 있다. 프랜차이즈 가맹사업자는 재판매자인 가맹점사업자의 마진을 가능한 낮게 유지하면 자신에게 오는 소비자의 돈을 최대한 늘릴 수 있다. 가맹점사업자의 마진이 작아지면, 가맹사업자의 이익은 가맹료가 감소함으로써 감소할 수 있지만, 가맹점사업자에 의해서 지급되는 가맹료가 통상의 경우 그러한 것처럼 수익이 아니라 판매량을 기준으로 하는 한 가맹사업자에게 영향을 미치지 않는다. 그러나 만일 어떤 판매자가 재판매 마진을 경쟁수준 이하로까지 제한하고자 한다면, 가맹점사업자들은 그러한 마진 축소의 상황에서도 탈퇴하지 못하는 경우

73) H. Hovenkamp, op. cit., p. 442.

74) Lester G. Telser, Why Should Manufacturers Want Fair Trade, 3 J. L. & Econ. 86 (1960). 시카고학파인 Telser는 RPM이 이미 독점력을 보유한 제조업자에 의해서만 효과적으로 부과될 수 있을 것이라고 주장하였다. 그렇지 않다면 제조업자는 딜러의 재판매가격에 영향을 미칠 위치에 있을 수 없을 것이라고 하였다. 독점력을 보유하지 않은 제조업자에 의하여 시도된 독점가격의 시현으로서의 최저재판매가격유지행위는 즉각적으로 판매의 상실과 소매상의 불만을 가져올 것이고 소매상들은 고객들을 따라서 공급선을 전환할 것이라고 보았다. 그 밖에 Telser는 이미 독점력을 보유한 제조업자는 최저재판매가격유지행위에 의해서 이미 가지고 있는 산출조절 및 가격인상능력에 아무 것도 덧붙여 주지 못할 것이라고 하였다. 즉 그러한 제조업자라면 산출을 감소하고 딜러에 대한 가격을 인상시킴으로써 자신의 수익을 극대화할 수 있었고, 그럼으로써 딜러들을 더 높은 재판매가격을 부과하도록 강요할 수 있을 것이었다. 요컨대 그러한 제조업자라면 자신의 출하가격을 인상함으로써 간단히 재판매가격의 최저선을 정할 수 있을 것이었다.

가 흔하다. 실질적인 매몰비용인 투자금회수의 곤란성과 가맹사업자의 요구불응시 예상되는 불이익 때문에, 가맹점사업자들은 강압적인 가격인하요구에도 불구하고 가맹사업자와의 사업을 계속해야 하는 경우가 흔하기 때문이다. 따라서 미국법상 이것은 반경쟁적 재판매최고가격유지행위가 될 수 있다.[75] 이 경우에 가맹점사업자는 그 불합리한 경쟁제한성을 입증하여야 할 책임을 부담하게 된다.

다음으로, 가맹사업자는 전체 프랜차이즈 시스템을 위하여 판촉행사를 진행할 적법한 이익도 보유한다. 그러한 판촉행위는 그 가맹사업자가 최고재판가를 제한하고 그 가격을 판촉행위의 일부로서 광고할 수 있는 경우에 보다 더 효율적일 수 있다. 이 때 가맹점사업자들은 착취당할 가능성이 있다. 모든 가맹점사업자들에게 단일 가격을 정하게 되면 필연적으로 비용부담이 가장 높은 가맹점사업자에게 가장 힘들어질 것인데, 가맹점사업자들이 높은 비용을 부담하는 이유는 비효율적 운영에 기인할 수도 있지만, 세율이 높거나, 규정이 엄격하거나, 인건비가 비싸거나, 부동산가격이 높은 지역에 위치하고 있기 때문일 수도 있다. 단일 가격에 판매하기 위해서는 높은 비용을 부담하는 가맹점사업자는 다른 가맹점사업자에 비해서 낮은 마진이나 손실을 감수하여야 한다. 비록 그 판촉활동이 임의로 참가하는 매장에 제한된다 하더라도, 가맹점사업자들은 가맹사업자와의 관계에서 위험을 피하기 위하여 참가를 강요받는 것으로 느낄 것이다.

지역매장에 자본이 투자된 것은 가맹점사업자이고, 지역의 비용과 마케팅 조건에 가장 밝은 것은 가맹점사업자이기 때문에, 가맹점사업자들이 재판매가격책정에 대한 권한을 보유하는 것이 이상적이다. 전매장에서 단일가격을 부과하는 단기간의 또는 일시적인 판촉은 배분적 피해가 거의 없거나 가맹점사업자의 계약 이전의 기대와 일치할 수 있을 것이다. 반면에, 그러한 판촉이 계속적이거나 지속적인 것이라면, 왜곡가능성과 경쟁상의 피해는 확대된다.[76] 또한 만일 가맹점사업자가 독자적으로 수립하여 시행하는 판촉계획에 대하여 가맹사업자가 부당하게 구속한다면 그것 역시 반경쟁적 효과를 가져온다.[77]

75) Blanton v. Mobil Oil Corp., 721 F. 2d 1207(9th Cir. 1983), cert. denied, 471 U.S. 1007, 105 S. Ct. 1874, 85 L. Ed. 2d 166(1985); Milsen Co. v. Southland Corp., 454 F. 2d 363 (7th Cir. 1971)(가맹사업자가 부과한 수직적 최고가격제한의 위법성을 인정하였다).

76) Lawrence A. Sullivan and Warren S. Grimes, op. cit., p. 501.

77) 예컨대, 공정거래위원회 2000. 5. 9. 심결(약) 제2000-130호(비알코리아(주)의 구속조건부 거래행위. 가맹점사업자는 가맹점 소재지역 내에서만 국지적으로 광고 및 판촉행사를 시행할 수 있고, 이 경우에 가맹점사업자는 사전에 그 시행에 관한 전반적인 계획을 피심인에게 서면으로 통지하고 피심인이 승인한 범위 내에서만 시행하도록 규정되어 있는 배스킨라빈스가맹계약서 제26조 제3호 및 제4호와 던킨도너츠가맹계약서 제26조 제3호 및 제4호에 대하여 수정 또는 삭제명령이 내려졌다); (주)롯데리아의 거래상지위남용행위 및 거래거절행위에 대한 건, 2000. 1. 8. 공정거래위원회 심결 제2000-1호(할인판매행사를 실시함에 있어 자기의 가

판촉을 실행하기 위한 논의에 가맹점사업자가 참여했다면, 법원은 재판매가격유지행위를 이유로 한 독점금지청구를 기각할 수 있다. 그러나 가맹점사업자의 참여는 부당공동행위에 해당할 수도 있다. 따라서 가맹사업자가 프랜차이즈 시스템 차원의 판촉활동을 실행할 때 독점금지법위반을 피하는 가장 확실한 방법은 판촉의 일부로서의 가격설정을 피하는 것이다. 또한 가맹사업자는 가격인하나 가맹사업자가 자금을 공급한 쿠폰을 제공하게 함으로써 최고재판매가격유지행위로 저촉될 위험을 피할 수 있다.

가맹사업자의 상품이나 용역은 그 프랜차이즈 매장을 통해서만 배급되는 경우가 많기 때문에, 일부 가맹점사업자들은, 판매를 줄이고 가맹사업자의 평판에 손상을 가하는 높은 가격을 요구하는, 가격부풀리기(price gouging)를 할 수 있는데, 가맹사업자에 의해 부과된 최고재판가유지행위는 그러한 과도가격을 방지하기 위하여 사용될 수 있다. 그러나 이러한 가격부풀리기가 가능한 이유는 가맹사업자의 브랜드와 브랜드내 경쟁을 할 인근의 가맹점사업자가 존재하지 않기 때문에, 당해 지역의 가맹점사업자가 시장지배력을 보유하기 때문이다. 이 문제에 대해서는 우선 가맹사업자의 가맹점사업자에 대한 재판매가격제한을 통한 시장지배력의 행사를 허용함으로써 그 같은 가맹점사업자의 가격부풀리기를 방지하도록 하는 방법을 해결책으로 생각할 수 있는데, 가맹사업자의 시장지배력이 여러 가맹점사업자의 시장지배력 행사보다 낫거나 덜 해롭다고 볼 아무런 근거도 없으며 반경쟁적 수단이라는 문제점을 안고 있다. 그러므로 이러한 방법은 다음과 같은 보다 덜 경쟁제한적인 몇 가지 방법을 사용할 수 있는 경우에는 사용할 수 없고, 예컨대 딜러가 자연독점자인 경우와 같이 그러한 방법의 사용이 불가능한 경우에 한하여 사용될 수 있다.

첫째, 가맹사업자가 가맹점사업자의 가격을 낮추기 위해서 필요한 브랜드내 경쟁을 제공할 수 있는 추가적인 프랜차이즈 매장의 개업에 대한 허가를 제 3 자에게 주는 것이다.

둘째, 가맹사업자가 자사의 상품이나 용역을 프랜차이즈 네트워크 외부에서 판매할 수 있는 지위에 있다면, 이 방법으로 브랜드간 경쟁을 제공할 수도 있다.

셋째, 가맹사업자는 간단하게 가격부풀리기를 하는 가맹점사업자에 대하여 계약위반을 이유로 하여 프랜차이즈계약을 해지할 수도 있다.[78]

맹점사업자의 의사와 관계 없이 일방적으로 할인율 등의 판매조건을 결정시행하고 할인에 따른 비용을 가맹점사업자가 전액 부담하도록 하는 행위에 대해 시정명령이 내려졌다).

78) 다만 이러한 세 가지 대안 중 첫째와 둘째는 가맹점사업자에게 영역잠식에 해당하거나 독점계약의 위반으로서 또 다른 불공정거래행위가 문제될 수 있고, 셋째는 가맹사업자의 당해 행위

5. 가맹점사업자에 대한 차별취급

가맹사업자는 선별적으로 강요된 문자 그대로의 준수를 사용하여 가맹점사업자의 비용을 상승시킬 수 있고 가맹점사업자의 매몰비용 상실의 위험 때문에 주효한 계약해지의 위협을 사용할 수 있다.

선별적으로 강요된 가맹계약 준수의 사례는 Blanton v. Mobil Oil Corp. 사건[79]을 들 수 있다. 이 사건에서 주유소 딜러들은 Mobil이 자기들에게 엔진오일, 타이어, 축전지, 액세서리 등을 구매하도록 강요하고, 휘발유 소매가격을 인하하도록 강요했다고 주장했다. 전자의 행위는 끼워팔기에, 후자의 행위는 재판매최고가격제한에 해당할 여지가 있었다. 제 9 순회법원은 재판매가격제한에 대한 청구에 대해서는 모호한 입장을 취하였으나, 끼워팔기 청구에 대해서 심리하면서, 딜러가 Mobile 타이어의 대량구매를 거절하고 난 후 "Mobile의 대표자가 주유소를 검사하고 쓰레기를 쓰레기 용기에 담는 것, 욕실의 손잡이에 승인받지 않은 안전장치를 설치한 것 등의 리스위반을 거론했다"는 딜러의 증언을 인용하며, 가맹사업자의 자의적이고 차별적인 강요의 증거에 초점을 맞추었다.[80] 다른 딜러들은 타이어나 기타의 Mobil 상품의 구매를 거절하는 경우 리스계약의 기회를 상실할 것이라고 하는 위협을 받았다고 증언하였다.[81]

6. 과도한 매장수 확장 및 직영화

가맹사업자와 일정한 영업지역의 가맹점사업자는 그 영업지역 내에 프랜차이즈 매장을 증가시키려는 확장결정에 관하여 다툴 수 있다. 자신의 영업지역 내의 추가적 프랜차이즈 매장의 개설은 가맹사업자에게 판매증가를 가져오므로 가맹사업자는 새 매장이 실질적으로 기존 매장의 수익성을 침식하는 경우에도 확장하기를 원하게 된다. 반면에 가맹점사업자는 점진적으로 자신의 수익을 감소시킬 수 있는 확장에 대해서는 그것이 가장 친경쟁적인 확장이라고 하여도 이기적 이유에서 반대하게 된다.

이처럼 가맹사업자가 매장수를 증가시키기로 하는 결정은 해당 지역의 가맹

가 과도가격을 다루려는 진정한 의도에서 나온 것인지 아니면 가맹점사업자의 마진을 경쟁수준 이하로 감축시키려는 의도에서 나온 것인지 문제될 수도 있다.

79) 721 F. 2d 1207(9th Cir. 1983), cert. denied, 471 U.S. 1007, 105 S. Ct. 1874, 85 L. Ed. 2d 166(1985).

80) Id., pp. 1210-1211.

81) Id., p. 1211.

점사업자의 수익을 감소시키는데, 이를 가맹점사업자의 입장에서 관찰하여서 영역잠식 또는 영역침해(encroachment)라 부른다. 영역잠식 사건에서 독점금지 피해의 적절한 기준은 신설매장의 인근 가맹점사업자의 판매가 한계적으로 영향을 받았는지 여부가 아니다. 보다 나은 기준은 그 인근매장이 가맹사업자의 수직적 통합 기업이었다면 새 매장을 개설했겠느냐 하는 점이다. 그러나 후자의 기준을 적용하기는 어렵기 때문에 영역잠식 분쟁을 해결하기 위해서는 법원은 당해 확장이 기존 가맹점사업자의 이익도 감안하면서 가맹사업자의 이익을 증대하려는 정연한 계획에 따른 것인가 여부를 고려할 수 있다. 비록 기존 가맹점사업자의 한계수입손실이 존재한다고 하여 바로 경쟁상 피해를 성립시키는 것은 아니지만 매몰비용이 없는 합리적 투자자라면 요구하였을 수준 이하로의 기존 매장의 수익성의 감소는 배분적 피해를 성립시킨다.

Photovest Corp. v. Fotomat Corp. 사건[82]에서, 원고인 가맹점사업자는 피고인 가맹사업자로부터 인디애나주의 Marion County에서 자동차에 탄 채 들어가는 필름현상 가판점 15개의 개설권을 구매했다. 원고는 자기가 매장을 운영하여 수익성 있는 매출규모를 확립하고 난 후, 피고가 자신에게 그 지분을 팔도록 압력을 가하려는 목적에서, 새 매장을 개설하여 원고의 기존 매장의 수익성을 떨어뜨렸다고 주장하고, 셔먼법 제 2 조에 의거해서 영역침해소송을 제기하였다. 미국 연방제 7 항소순회법원은 드럭스토아나 슈퍼마켓[83] 등의 다른 필름현상서비스의 공급자를 배제하고 자동차에 탄 채 들어가는 필름현상 가판점으로 구성된 관련시장에서 피고의 시장지배력을 인정하고, 독점화시도라는 원고청구를 인정한 연방지방법원의 판결을 받아들였다.[84]

우리 가맹사업공정화법은 가맹사업자의 준수사항의 하나로서 가맹계약기간 중 가맹점사업자의 영업지역 안에서 자기의 직영점을 설치하거나 가맹점사업자와 유사한 업종의 가맹점을 설치하는 행위의 금지를 규정하고 있다(제 5 조 제 6 호). 따라서 영역잠식은 현재는 가맹사업공정화법 제12조 제 1 항 제 4 호에 의거하여서만 불공정거래행위로 의율될 여지가 있다.[85] 또한 그러기 위해서는 가맹

82) 606 F. 2d 704(7th Cir. 1979), cert. denied, 445 U.S. 917, 100 S. Ct. 1278, 63 L. Ed. 2d 601(1980).

83) 미국 식품판매협회(Food Marketing Institute)의 자료에 의하면, 2002년 현재 미국에서는 약 32,981개의 슈퍼마켓이 존재한다. 그 평균용적은 44,000ft³(1,245.94m³)로서 평균 3만 5 천개의 항목의 상품을 취급한다. http://www.fmi.org/facts_figs/superfact.htm. 예컨대 뉴욕시 최대의 슈퍼마켓은 Duane Reade라는 상호의 드럭스토아이다.

84) 606 F. 2d at 711-721.

85) 현행 가맹사업공정화법 제 5 조에서 정하고 있는 제 1 호 내지 제 5 호 및 제 7 호의 사항들은 프랜차이즈거래의 본질상 가맹사업자가 당연히 준수하여야 하는 적극적 의무사항들이나 제 6

사업공정화법 시행령 별표 제4호가 영역잠식을 포함하도록 수정될 필요가 있을 것이다.[86]

Ⅴ. 결 론

프랜차이즈관계 내부에서 나타날 수 있는 거래제한 가운데 거래상지위의 남용이 문제되는 유형은 가맹사업자와 가맹점사업자간의 수직적인 거래제한이다. 또한 그 가운데에 프랜차이즈 가맹사업자가 가맹점사업자에 대하여 이익제공강요·판매목표강제·불이익제공·경영간섭 등을 하였다면, 이는 브랜드 내 경쟁의 제한이고, 구입강제에 해당하면 브랜드간경쟁의 제한이다. 브랜드 내 경쟁의 제한은 브랜드간경쟁이 건전한 한, 원칙적으로 심각한 독점금지 우려를 야기하지 않는다. 그러나 가맹사업자가 가맹점사업자가 판매하는 프랜차이즈의 대상상품시장에서 지배적 사업자인 예외적인 경우에는 브랜드 내 경쟁의 제한은 그 가맹사업자에 의해서 산출을 제한하고 가격을 올리는 데에 사용되거나, 가맹점사업자들의 집단에 의해서 가격에 관한 협력을 조장하기 위하여 사용되어 부당한 공동행위가 행해질 수 있다.

다른 한편 프랜차이즈 가맹사업자가 가맹점사업자에게 구입강제를 했다면, 이는 브랜드간경쟁의 제한이며, 실질적으로는 '끼운 상품'(tying product)인 프랜차이즈에 원하지 않는 상품이나 용역('끼워진 상품'(tied product))을 구매하도록 요구하는 끼워팔기에 해당한다고 생각하며, 전술한 미국의 판례는 그러한 접근방법을 취하고 있다. 이렇게 본다면 구입강제의 성립요건은 끼워팔기의 성립요건과 동일하게 판단해야 할 것이라 본다. 참고로 미국판례법상 셔먼법 제1조의 끼워팔기 사건에서 성립요건은 첫째, 판매자가 끼운 상품(tying product)시장에서의 지배력을 구매자에게 끼워진 상품(tied product)을 구매하도록 하기 위하여 행사하여야 하고, 그럼으로써 끼워진 상품시장에서의 경쟁을 제한하여야 한다.[87] 따라서 두 개의 독립적인 상품들(끼운 상품과 끼워진 상품)이 존재하는 것과 피

호는 소극적 의무사항으로서 성질이 다르다. 따라서 입법론적으로 제6호의 사항은 제12조로 옮겨서 불공정거래행위의 하나의 유형으로 규정하는 것이 체계상 적절하지 않은가 생각한다.

86) 현행 시행령 별표 제4호는 "법 제12조 제1항 제4호에 해당하는 행위의 유형 및 기준은 가맹본부가 다른 경쟁가맹본부의 가맹점사업자를 자기와 거래하도록 하여 자기의 가맹점사업자의 영업에 불이익을 주거나 다른 경쟁가맹본부의 가맹사업에 불이익을 주는 행위를 말한다"고 규정하고 있을 뿐이다.

87) Allen-Myland, Inc. v. International Business Machines Corp., 33 F.3d 194, 200(3d Cir. 1994).

고가 끼운 상품에 대하여 관련시장에서 충분한 시장지배력을 보유하는 것 등이 요구된다.[88]

(주)롯데리아사건에서, 공정거래위원회는 가맹사업자가 가맹점사업자에게 탄산시럽(사이다, 콜라), 후르츠칵테일 등의 누구나 제한 없이 구입가능한 일반 공산품에 대하여 자기 또는 자기가 지정한 자로부터 구입하도록 강제하는 행위에 대하여, 자기의 거래상의 지위를 부당하게 이용하여 상대방과 거래하는 위법한 행위에 해당한다고 보았으나, 이에 대하여 원심인 고등법원은 공정위의 이 부분 시정명령을 취소하는 판결을 내렸다.

한편 이 사건 이후에 제정된 가맹사업공정화법 제12조 제1항은 프랜차이즈관계에서의 불공정거래행위를 금지하고 동조 제2항에서 가맹사업의 공정한 거래를 저해할 우려가 있는 행위의 유형 또는 기준은 대통령령으로 정하도록 하고 있다. 이에 의거한 가맹사업공정화법 시행령 별표 2(불공정거래행위의 유형 또는 기준)는 가맹사업을 영위하는데 필요한 부동산·용역·설비·상품·원재료 또는 부재료의 구입판매 또는 임대차 등과 관련하여 부당하게 가맹점사업자에게 특정한 거래상대방(가맹본부를 포함한다)과 거래할 것을 강제하는 행위를 '구속조건부거래' 중 하나인 '거래상대방의 구속'으로서 금지하고 있다(제2호 나목). 또한 가맹점사업자에게 각종 시설·설비·상품·용역·원재료 또는 부재료 등을 가맹사업을 영위하는데 필요한 양을 초과하여 구입 또는 임차하도록 강제하는 행위를 '거래상지위의 남용'의 하나인 '구입강제'로서 금지하고 있다(제3호 가목). 전자는 전술한 소모품 끼워팔기, 후자는 재고처분 끼워팔기에 각각 해당하는 것이라 할 수 있다. 가맹사업공정화법에서는 양자에 대하여 "(그 행위)를 허용하지 아니하는 경우 가맹본부의 상표권을 보호하고 상품 또는 용역의 동일성을 유지하기 어렵다는 사실이 객관적으로 인정되는 경우로서 당해 사실에 관하여 가맹본부가 미리 정보공개서를 통하여 가맹점사업자에게 알리고 가맹점사업자와 계약을 체결하거나 가맹점사업자의 동의를 얻는 경우에는 그러하지 아니하다"고(가맹사업공정화법 시행령 별표 2 제2호 나목 단서 및 제3호 본문) 동일 기준에 의한 예외를 허용하고 있다.

여기에서 예외사유인 "(그 행위)를 허용하지 아니하는 경우 가맹본부의 상표권을 보호하고 상품 또는 용역의 동일성을 유지하기 어렵다는 사실이 객관적으로 인정되는 경우"라는 것은 모호한 점이 있긴 하지만, 첫째, 아이스크림 프

88) Id., 33 F. 3d at 200-201; Queen City Pizza, Inc. v. Domino's Pizza, Inc., 124 F. 3d 430, 442-443(3d Cir. 1997).

랜차이즈에서의 아이스크림, 브랜드가구의 명품가구, 패스트푸드점의 주된 메뉴처럼 프랜차이즈의 중심적 상품이거나 그와 밀접하게 관련된 상품으로서, 둘째, 그것의 제조가 상당한 정도의 기술을 요하거나 위생관리를 요하는 등 가맹계약자에게 임의로 조달하도록 방치하여서는 상품의 품질을 보증하기 어려운 경우를 가리킨다고 해석하여야 하지 않을까 생각한다.

대법원 2006. 3. 10. 선고 2002두332 판결

[시정명령등취소] [공2006. 4. 15.(248), 621]

[판시사항]

[1] 가맹본부가 모든 가맹점사업자에게 판매촉진활동의 일환으로 실시하는 할인판매행사에 참여하도록 한 행위가 구 독점규제 및 공정거래에 관한 법률시행령 제36조 제1항 [별표1] 제6호 (라)목의 불이익제공행위인지 여부에 관한 판단 기준

[2] 가맹본부가 가맹점사업자의 판매상품 또는 용역을 자기 또는 자기가 지정한 자로부터 공급받도록 하거나 그 공급상대방의 변경을 제한하는 행위가 구 독점규제 및 공정거래에 관한 법률시행령 제36조 제1항 [별표1] 제6호 (가)목의 구입강제행위인지 여부에 관한 판단에 있어서 가맹사업의 목적 달성을 위한 필요한 범위 내인지 여부에 관한 판단 기준

[3] 가맹본부가 가맹점에 설치할 점포의 설비의 구입 및 설치를 자기 또는 자기가 지정한 자로부터 하도록 하는 행위가 구 독점규제 및 공정거래에 관한 법률시행령 제36조 제1항 [별표1] 제6호 (가)목의 구입강제행위인지 여부에 관한 판단에 있어서 가맹사업의 목적 달성을 위한 필요한 범위 내인지 여부에 관한 판단 기준

[4] 가맹본부가 가맹점사업자에 대하여 상품이나 용역의 공급 또는 영업의 지원 등을 중단 또는 거절하는 행위가 구 독점규제 및 공정거래에 관한 법률시행령 제36조 제1항 [별표1] 제1호 (나)목의 기타의 거래거절행위인지 여부에 관한 판단 기준

[판결요지]

[1] 가맹본부가 모든 가맹점사업자에게 판매촉진활동의 일환으로 실시하는 할인판매행사에 참여하도록 한 행위가 거래상의 지위를 이용하여 부당하게 가맹사업자에게 불이익을 주는 행위로서 가맹사업의 공정한 거래를 저해할 우려가 있는 행위인지 여부는 가맹점계약의 내용, 할인판매행사의 목적과 내용, 할인판매행사비용의 구체적인 분담내역, 할인판매행사에의 참여 및 할인판매행사비용의 분담에 대한 가맹점사업자의 의사반영의 여부, 할인판매행사로 인하여 가

맹점사업자에게 생길 수 있는 손해발생의 개연성과 내용, 관련 업계의 거래관행과 거래형태 등 여러 사정을 종합하여 구체적으로 판단하여 결정하여야 한다.

[2] 가맹본부가 가맹점사업자의 판매상품 또는 용역을 자기 또는 자기가 지정한 자로부터 공급받도록 하거나 그 공급상대방의 변경을 제한하는 행위가 가맹사업의 목적 달성을 위한 필요한 범위 내인지 여부는 가맹사업의 목적과 가맹점계약의 내용, 가맹금의 지급방식, 가맹사업의 대상인 상품과 공급상대방이 제한된 상품과의 관계, 상품의 이미지와 품질을 관리하기 위한 기술관리 · 표준관리 · 유통관리 · 위생관리의 필요성 등에 비추어 가맹점사업자에게 품질기준만을 제시하고 임의로 구입하도록 하여서는 가맹사업의 통일적 이미지와 상품의 동일한 품질을 유지하는 데 지장이 있는지 여부를 판단하여 결정하여야 한다.

[3] 가맹본부가 가맹점에 설치할 점포의 실내 외 장식 등의 설비의 구입 및 설치를 자기 또는 자기가 지정한 자로부터 하도록 하는 행위가 가맹사업의 목적 달성을 위한 필요한 범위 내인지 여부는 가맹사업의 목적과 가맹점계약의 내용, 가맹금의 지급방식, 가맹사업의 대상인 상품 또는 용역과 설비와의 관계, 가맹사업의 통일적 이미지 확보와 상품의 동일한 품질유지를 위한 기술관리 · 표준관리 · 유통관리 · 위생관리의 필요성 등에 비추어 가맹점사업자에게 사양서나 품질기준만을 제시하고 임의로 구입 또는 설치하도록 방치하여서는 가맹사업의 통일적 이미지 확보와 상품의 동일한 품질을 보증하는 데 지장이 있는지 여부를 판단하여 결정하여야 한다.

[4] 가맹사업거래의 특성에 비추어 가맹본부가 가맹점사업자에 대하여 상품이나 용역의 공급 또는 영업의 지원 등을 중단 또는 거절하는 행위가 불공정거래행위로서의 거래거절에 해당하기 위해서는 가맹점사업자의 계약위반 등 가맹점사업자의 귀책사유로 인하여 가맹사업의 거래관계를 지속하기 어려운 중대한 사정이 없음에도 불구하고 가맹점사업자의 계속적인 거래기회를 박탈하여 그 사업활동을 곤란하게 하거나 가맹점사업자에 대한 부당한 통제 등의 목적 달성을 위하여 그 실효성을 확보하기 위한 수단 등으로 부당하게 행하여진 경우라야 한다.

[참조조문]

[1] 독점규제 및 공정거래에 관한 법률 제23조 제 1 항 제 4 호, 구 독점규제 및 공정거래에 관한 법률시행령(2002. 3. 30. 대통령령 제17564호로 개정되기 전의 것) 제36조 제 1 항 [별표 1] 제 6 호 (라)목

[2] 독점규제 및 공정거래에 관한 법률 제23조 제1항 제4호, 구 독점규제 및 공정거래에 관한 법률시행령(2002. 3. 30. 대통령령 제17564호로 개정되기 전의 것) 제36조 제1항 [별표1] 제6호 (가)목

[3] 독점규제 및 공정거래에 관한 법률 제23조 제1항 제4호, 구 독점규제 및 공정거래에 관한 법률시행령(2002. 3. 30. 대통령령 제17564호로 개정되기 전의 것) 제36조 제1항 [별표1] 제6호 (가)목

[4] 독점규제 및 공정거래에 관한 법률 제23조 제1항 제1호, 구 독점규제 및 공정거래에 관한 법률시행령(2002. 3. 30. 대통령령 제17564호로 개정되기 전의 것) 제36조 제1항 [별표1] 제1호 (나)목

[참조판례]

[4] 대법원 2005. 6. 9. 선고 2003두7484 판결(공2005하, 1147)

[전 문]

[원고, 피상고인] 주식회사 롯데리아(소송대리인 법무법인 화백 담당변호사 천경송 외 3인)

[피고, 상고인] 공정거래위원회

[원심판결] 서울고법 2001. 12. 4. 선고 2000누2183 판결

[주 문] 원심판결 중 법위반사실의 공표명령 부분을 파기하고, 그 부분 소를 각하한다. 원심판결 중 별지목록 기재 물건의 구입강제행위에 대한 시정명령 부분을 파기하고, 이 부분 사건을 서울고등법원에 환송한다. 피고의 나머지 상고를 모두 기각한다.

[이 유]

1. 법위반사실의 공표명령에 대하여

직권으로 보건대, 기록에 의하면, 피고는 이 사건이 당심에 계속중인 2002. 3. 8. 이 사건 처분 중 법위반사실의 공표명령 부분을 직권으로 취소한 사실을 알 수 있는바, 그렇다면 이 부분에 대하여는 취소를 구할 소의 이익이 없어졌다 할 것이다.

2. 시정명령에 대하여

가. 상고이유 제1점에 대하여

가맹본부가 모든 가맹점사업자에게 판매촉진활동의 일환으로 실시하는 할인판매행사에 참여하도록 한 행위가 거래상의 지위를 이용하여 부당하게 가맹사업

자에게 불이익을 주는 행위로서 가맹사업의 공정한 거래를 저해할 우려가 있는 행위인지 여부는 가맹점계약의 내용, 할인판매행사의 목적과 내용, 할인판매행사비용의 구체적인 분담내역, 할인판매행사에의 참여 및 할인판매행사비용의 분담에 대한 가맹점사업자의 의사반영의 여부, 할인판매행사로 인하여 가맹점사업자에게 생길 수 있는 손해발생의 개연성과 내용, 관련 업계의 거래관행과 거래형태 등 여러 사정을 종합하여 구체적으로 판단하여 결정하여야 할 것이다.

원심이 확정한 사실과 기록에 의하여 인정되는 다음과 같은 사정, 즉 가맹점계약에 편입된 원고 제정의 '가맹점운영규칙'은 판매촉진활동은 기본적으로 가맹본부인 원고가 총괄, 기획, 집행, 감독하고, 가맹점사업자는 전국적 판매촉진행사에 의무적으로 참가하기로 하되, 부득이한 사유가 있어 원고가 인정하는 경우 예외적으로 참가하지 않을 수 있도록 되어 있는 점, 원고의 가맹조직의 지속적인 성장과 수익성 확보를 위하여 판매촉진활동의 일환으로서 이 사건 할인판매행사를 시행할 필요성이 있었다고 보이는 점, 이 사건 할인판매행사는 전국의 모든 가맹점사업자가 참가하는 행사로서 가맹본부의 이익은 물론 전체 가맹조직의 유지·발전이라는 공동목표를 위한 것이고, 실제로 할인판매행사의 수익금 중 상당부분을 가맹조직의 이미지를 높이는 데에 사용한 점, 이 사건 할인판매행사의 경우 원가율에 따른 판매가격에 비추어 가맹점사업자의 마진율이 어느 정도 보장된 것으로 볼 수 있고, 할인판매행사로 개별 가맹점사업자의 매출 또는 순익감소 등의 손실이 발생하였음을 인정할 아무런 자료가 없는 반면 총 판매이익이 판매가격 인하율을 상회하여 전체적인 이익이 증대된 점, 할인판매비용을 가맹본부인 원고와 가맹점사업자들 사이에 비교적 합리적으로 분담한 것으로 보이는 점, 원고는 할인판매행사를 실시하기 10일 전에 개별 가맹점사업자에게 할인판매행사의 실시에 관한 사항과 행사내용을 통보하였으나 그에 대한 아무런 이의가 없었던 점 등을 종합하면, 원고가 이 사건 할인판매행사를 실시하기 전에 가맹점사업자들과 사이에 할인판매실시 여부를 협의하지 아니하고 할인판매비용의 일부를 가맹점사업자들에게 부담시켰다 하더라도 이는 가맹본부가 가맹점사업자에 대하여 가지는 영업통제권의 범위에 포함되는 것이라 봄이 상당하므로 원고가 거래상 지위를 부당하게 이용하여 거래상대방에게 불이익을 제공한 행위에 해당한다고 할 수 없다.

같은 취지의 원심의 판단은 정당한 것으로 수긍이 가고, 거기에 상고이유의 주장과 같은 거래상 지위의 남용행위로서의 불이익제공행위에 관한 법리를 오해한 위법이 있다고 할 수 없다.

나. 상고이유 제 2 점에 대하여

가맹본부가 가맹점사업자의 판매상품 또는 용역을 자기 또는 자기가 지정한 자로부터 공급받도록 하거나 그 공급상대방의 변경을 제한하는 행위가 가맹사업의 목적 달성을 위한 필요한 범위 내인지 여부는 가맹사업의 목적과 가맹점계약의 내용, 가맹금의 지급방식, 가맹사업의 대상인 상품과 공급상대방이 제한된 상품과의 관계, 상품의 이미지와 품질을 관리하기 위한 기술관리 · 표준관리 · 유통관리 · 위생관리의 필요성 등에 비추어 가맹점사업자에게 품질기준만을 제시하고 임의로 구입하도록 하여서는 가맹사업의 통일적 이미지와 상품의 동일한 품질을 유지하는 데 지장이 있는지 여부를 판단하여 결정하여야 할 것이다.

원심은 채택증거를 종합하여, 판시와 같은 사실을 인정한 다음, 원고가 가맹점사업자로부터 매출액의 일정비율에 상당하는 금원을 가맹금으로 받는 것이 아니라 가맹점사업자에게 공급하는 원·부재료의 가격과 원고가 구입하는 원·부재료의 가격의 차액에 해당하는 금원을 가맹금으로 하는 사업구조를 취하고 있으므로 모든 원·부재료를 가맹점사업자가 개별적으로 직접 구입하도록 한다면 원고의 가맹사업의 존립 자체가 불가능하게 되는 점, 원고가 가맹사업의 통일적 이미지와 중심상품인 햄버거 등 패스트푸드의 맛과 품질을 전국적으로 동일하게 유지하기 위하여는 탄산시럽(사이다, 콜라), 후르츠칵테일, 밀감, 천연체리, 가당연유, 오렌지쥬스, 빙수용찰떡, 모카시럽, 케찹(팩), 피클, 그라뉴당, 마스타드, 슈가(팩), 카넬콘, 후라잉오일, 액상제리 등 16개의 일반공산품에 대하여 지속적으로 유통과정, 유통기한 등을 관리 · 통제할 필요성이 있다고 보이는 점, 원고가 위 16개의 일반공산품을 가맹점사업자에게 공급함에 있어서 그 가격을 시중거래가격 이상으로 책정하여 부당한 이윤을 취득하였다는 점을 인정할 자료도 없는 점 등을 종합적으로 고려하면, 원고가 가맹점사업자에게 위 16개의 일반공산품을 원고로부터만 공급받도록 하는 것은 가맹사업의 목적 달성에 필요한 범위 내의 통제로서 거래상의 지위를 이용하여 부당하게 거래상대방으로 하여금 구입할 의사가 없는 상품을 구입하도록 강제하는 행위에 해당한다고 할 수 없다고 판단하였다.

관계법령의 규정과 앞서 본 법리를 기록에 비추어 살펴보면, 원심의 위와 같은 사실인정과 판단은 정당한 것으로 수긍이 가고, 거기에 채증법칙을 위반하여 사실을 오인하거나 거래상 지위의 남용행위로서의 구입강제행위에 관한 법리를 오해한 위법이 있다고 할 수 없다.

그런데 원심은 주방용세제, 폴리백, 청소용페이퍼타올, 더스터, 케이(KAY)-

5(이하 'K-5'로 표시한다) 등 5개의 일반공산품에 대하여도 위 16개 일반공산품과 같은 이유로 원고가 가맹점사업자에게 위 5개의 일반공산품을 원고로부터만 공급받도록 하는 것은 가맹사업의 목적 달성에 필요한 범위 내의 통제로서 거래상의 지위를 이용하여 부당하게 거래상대방으로 하여금 구입할 의사가 없는 상품을 구입하도록 강제하는 행위에 해당한다고 할 수 없다고 판단하였다.

원심이 확정한 사실과 기록에 의하여 알 수 있는 다음과 같은 사정, 즉 위 5개의 일반공산품의 용도는 원고의 가맹사업의 중심상품인 패스트푸드의 맛과 품질의 균질성과 관련이 없는 점, 위 5개의 일반공산품이 원고가 가맹점사업자들에게 공급하는 일반공산품에서 차지하는 비중, 위 5개의 일반공산품에 대해서는 원고가 품질기준을 제시하고 가맹점사업자가 자유롭게 구매한다고 하더라도 그 용도나 기능에 지장이 있다고 보이지 아니하는 점 등에 비추어 보면, 원심이 들고 있는 사정을 감안하더라도 원고가 가맹점사업자에게 위 5개의 일반공산품을 원고로부터만 공급받도록 하는 것은 가맹사업의 목적 달성에 필요한 범위 내의 통제라고 하기 어려우므로 거래상의 지위를 이용하여 부당하게 거래상대방으로 하여금 구입할 의사가 없는 상품을 구입하도록 강제하는 행위에 해당한다고 할 것이다.

그럼에도 불구하고, 원심이 이와 다른 견해에 서서 원고가 가맹점사업자에게 위 5개의 일반공산품을 원고로부터만 공급받도록 하는 것이 구입강제행위에 해당하지 아니한다고 판단한 것에는 거래상 지위의 남용행위로서의 구입강제행위의 부당성에 관한 법리를 오해한 위법이 있다고 할 것이다.

다. 상고이유 제3점에 대하여

가맹본부가 가맹점에 설치할 점포의 실내외장식 등의 설비의 구입 및 설치를 자기 또는 자기가 지정한 자로부터 하도록 하는 행위가 가맹사업의 목적 달성을 위한 필요한 범위 내인지 여부는 가맹사업의 목적과 가맹점계약의 내용, 가맹금의 지급방식, 가맹사업의 대상인 상품 또는 용역과 설비와의 관계, 가맹사업의 통일적 이미지 확보와 상품의 동일한 품질유지를 위한 기술관리·표준관리·유통관리·위생관리의 필요성 등에 비추어 가맹점사업자에게 사양서나 품질기준만을 제시하고 임의로 구입 또는 설치하도록 방치하여서는 가맹사업의 통일적 이미지 확보와 상품의 동일한 품질을 보증하는 데 지장이 있는지 여부를 판단하여 결정하여야 할 것이다.

원심은 채택증거를 종합하여, 판시와 같은 사실을 인정한 다음, 냉동고, 냉장고, 콜드테이블, 워크테이블, 쉐이크머신, 소프트머신, 제빙기, 그리들패티캐비넷, 후라이어패티캐비넷, 마이크로오븐기 등의 주방기기는 원고의 가맹사업의 통일적 이미지와 동일한 품질의 유지와 관련이 있고, 인테리어공사는 점포 레이아웃(Lay-Out)의 통일적 이미지의 유지와 관련이 있는 점, 주방기기는 가맹점의 개점시기에 맞추어 적기에 공급될 필요성이 있는 것으로서 원고를 통하여 일괄적으로 구입하도록 한 것에 합리성이 있는 점, 인테리어공사는 원고가 당시 전국에 7개 업체를 시공업체로 선정함으로서 가맹점사업자에게 선택의 자유가 어느 정도 보장되어 있는 점, 앞서 본 바와 같은 원고의 가맹사업의 수익구조에 있어서의 특성, 원고가 주방기기와 인테리어공사의 구입 및 설치를 통하여 부당한 이윤을 취하고 그로 인하여 개별 가맹점사업자들이 구체적인 손해를 입었음을 인정할 자료가 없는 점 등에 비추어 보면, 원고가 가맹점사업자에게 주방기기를 원고로부터만 구입하도록 한 것과 인테리어공사를 원고가 지정한 사업자에게만 의뢰하도록 한 것은 가맹사업의 목적 달성에 필요한 범위 내의 통제로서 거래상의 지위를 이용하여 부당하게 점포설비의 구입 및 설치를 자기 또는 자기가 지정한 자로부터 하도록 강제하는 행위에 해당한다고 할 수 없다고 판단하였다.

관계법령의 규정과 앞서 본 법리를 기록에 비추어 살펴보면, 원심의 위와 같은 사실인정과 판단은 정당한 것으로 수긍할 수 있고, 거기에 상고이유의 주장과 같은 거래상 지위남용행위로서의 구입강제행위에 관한 법리를 오해한 위법이 있다고 할 수 없다.

그런데 원심은 1인의자, 테이블, 빠의자, 금전등록기, 전산장비(PC)에 대하여도 주방기기 및 인테리어공사에서와 같은 이유로 원고가 가맹점사업자에게 위 5개의 설비를 원고로부터만 공급받도록 하는 것은 가맹사업의 목적 달성에 필요한 범위 내의 통제로서 거래상의 지위를 이용하여 부당하게 점포설비의 구입 및 설치를 자기 또는 자기가 지정한 자로부터 하도록 강제하는 행위에 해당한다고 할 수 없다고 판단하였다.

원심이 확정한 사실과 기록에 의하여 알 수 있는 다음과 같은 사정, 즉 위 5개의 설비와 용도는 원고의 가맹사업의 통일적 이미지나 주력상품 내지 중심상품인 패스트푸드의 맛과 품질의 동일성과 관련이 없는 점, 위 5개의 설비가 원고가 가맹점사업자들에게 공급하는 설비에서 차지하는 비중, 위 5개의 설비에 대해서는 원고가 품질기준을 제시하고 가맹점사업자로 하여금 자유롭게 구매하게 하더라도 위 5개의 설비의 용도나 기능에 지장이 있다고 보이지 아니하는 점 등 사정에 비추어 살펴보면, 원심이 들고 있는 사정을 감안하더라도 원고가 가맹점사업자에게 위 5개의 설비를 원고로부터만 구입 또는 설치하도록 하는 것은 가맹사업의 목적 달성에 필요한 범위 내의 통제라고 하기 어렵고, 따라서 거래상의 지위를 이용하여 부당하게 점포설비의 구입 및 설치를 자기 또는 자기가 지정한 자로부터 하도록 강제하는 행위에 해당한다고 할 것이다.

그럼에도 불구하고, 원심이 이와 다른 견해에 서서 원고가 가맹점사업자에게 위 5개의 설비를 원고 또는 원고가 지정한 사업자로부터만 구입 또는 설치하도록 하는 것이 구입강제행위에 해당하지 아니한다고 판단한 것에는 거래상 지위의 남용행위로서의 구입강제행위의 부당성에 관한 법리를 오해한 위법이 있다고 할 것이다.

라. 상고이유 제 4 점에 대하여

가맹사업거래의 특성에 비추어 가맹본부가 가맹점사업자에 대하여 상품이나 용역의 공급 또는 영업의 지원 등을 중단 또는 거절하는 행위가 불공정거래행위로서의 거래거절에 해당하기 위해서는 가맹점사업자의 계약위반 등 가맹점사업자의 귀책사유로 인하여 가맹사업의 거래관계를 지속하기 어려운 중대한 사정이 없음에도 불구하고 가맹점사업자의 계속적인 거래기회를 박탈하여 그 사업활동을 곤란하게 하거나 가맹점사업자에 대한 부당한 통제 등의 목적 달성을 위하여 그 실효성을 확보하기 위한 수단 등으로 부당하게 행하여진 경우라야 할 것이다.

원심이 확정한 사실과 기록에 의하면, 원심판시와 같은 원고의 가맹점사업자인 소외인이 자신의 대전 용두점에서 다른 회사제조의 오렌지쥬스를 비치 · 판매한 행위는 가맹점계약 제 9 조 제 1 항 제 3 호, 제 6 조 제 1 항에 위반되고, 소외인의 텔레비전방송국에서의 허위인터뷰는 가맹점계약 제 9 조 제 1 항 제 2 호에 위반되지만, 한편 ① 소외인의 건의서의 내용 중 일반공산품과 점포설비 중 일부를 원고를 통하여서만 구입하도록 강제하는 것에 대하여는 위법성이 인정되는 등으로 가맹점사업자가 가맹본부에 건의할 만한 것들이고, 그 밖의 내용들 역시 가맹점사업자가 가맹본부에 건의할 만한 것들이며, 가사 건의서의 내용이 가맹점사업자의 건의사항으로는 적절하지 않는 사항을 일부 포함하고 있더라도 그것이 가맹점계약 제 9 조 제 1 항 제 2 호 소정의 본부의 영업방침 및 운영규칙에 비협조적인 행위 또는 롯데리아의 명예를 훼손하는 행위에 해당한다고 보기 어렵다고 할 것이고, ② 소외인이 1998년 9월부터 11월까지 6회에 걸쳐 원·부재료 대금 30,218,671원을 연체하였으나, 소외인은 가맹점계약에 따라 연체금에 대한 과태료를 붙여 최종적으로 1999. 1. 7.에 이미 납부하고 계속 원·부재료를 공급받아 왔고, 가맹점계약 제 9 조 제 1 항 제 1 호에 의하면 가맹점사업자가 대금을 3회 연속 연체하는 경우 즉시 가맹점계약을 해지할 수 있도록 하고 있음에 비추어, 소외인이 대금과 과태료까지 붙여 완납한 5개월이 지나서 행사된 원고의 가맹점계약의 해지는 권리남용행위에 해당한다고 볼 것이므로 이 사건 가맹점계약의 해지사유로 삼기 어렵다고 할 것이며, ③ 제12회 전국 롯데리아 컨벤션행사장에서의 발언의 내용이 회의내용과 직접 관계가 없는 가맹점협의회 회장의 직선을 요구한 것이기는 하지만 식사시간 중의 발언이고, 위 행사가 원고의 순수 내부행사라고는 보기 어렵다 하더라도 내부행사에 준하는 행사인 점 등에 비추어 보면, 가맹점계약 제9조 제1항 제2호 소정의 본부의 영업방침 및 운영규칙에 비협조적인 행위 또는 롯데리아의 명예를 훼손하는 행위에 해당한다고 보기 어렵다고 할 것이다.

한편, 앞서 본 바와 같은 지정된 상품이 아닌 상품의 비치·판매와 허위인 터뷰는 가맹점계약의 본질적인 부분을 해하는 것으로서 계속적 거래관계를 지속하기 어려운 중대한 사유에 해당한다고 할 것이고, 나아가 소외인의 위와 같은 행위로 인하여 가맹본부인 원고와 가맹점사업자인 소외인 사이의 신뢰관계는 이미 붕괴되었다 할 것이며, 위와 같은 사정을 들어서 한 원고의 가맹점계약의 해지권의 행사가 단지 소외인의 사업활동을 곤란하게 할 의도로 남용된 것이라거나 법이 금지하고 있는 목적 달성을 위하여 그 실효성을 확보하기 위한 수단으로 부당하게 행하여 진 것으로 볼 만한 자료가 없으므로 이 사건 가맹점계약의 해지행위는 불공정거래행위로서의 거래거절에 해당한다고 할 수 없다.

그럼에도 불구하고, 원심이 ① 건의서 제출, ② 대금 연체, ③ 행사장 발언까지도 그 판시와 같은 이유로 가맹점계약상의 계약해지사유에 해당한다고 본 것은 잘못이라고 할 것이나, 이를 제외하더라도 원고의 이 사건 가맹점계약의 해지가 불공정거래행위로서의 거래거절행위에 해당하지 아니한다고 판단한 결론은 정당한 것으로 수긍이 가고, 거기에 상고이유의 주장과 같은 채증법칙위배로 인한 사실오인이나 거래거절에 관한 법리오해의 위법이 있다고 할 수 없다.

3. 결　　론

그러므로 원심판결 중 법위반사실의 공표명령 부분을 파기하되, 이 법원이 재판하기에 충분하므로 직접 판결하기로 하여 이 부분에 대한 소를 각하하며, 별지목록 기재 물건의 구입강제행위에 대한 시정명령 부분을 파기하고, 이 부분 사건을 서울고등법원에 환송하며, 피고의 나머지 상고를 모두 기각하기로 하여 관여 대법관의 일치된 의견으로 주문과 같이 판결한다.

대법관 이강국(재판장) 손지열 김용담(주심) 박시환

[별 지]

목 록

주방용세제, 폴리백, 청소용페이퍼타올, 더스터, 케이(KAY)-5, 1인의자, 테이블, 빠의자, 금전등록기, 전산장비(PC). 끝.

[평　　석]

加盟店契約에 있어서 購入強制行爲의 違法性 判斷

朴　　海　　植*

[판　　시]

1. 대상판결은, 가맹본부가 가맹점사업자의 판매상품 또는 용역을 자기 또는 자기가 지정한 자로부터 공급받도록 하거나 그 공급상대방의 변경을 제한하는 행위가 가맹사업의 목적 달성을 위한 필요한 범위 내인지 여부는 가맹사업의 목적과 가맹점계약의 내용, 가맹금의 지급방식, 가맹사업의 대상인 상품과 공급상대방이 제한된 상품과의 관계, 상품의 이미지와 품질을 관리하기 위한 기술관리·표준관리·유통관리·위생관리의 필요성 등에 비추어 가맹점사업자에게 품질기준만을 제시하고 임의로 구입하도록 하여서는 가맹사업의 통일적 이미지와 상품의 동일한 품질을 유지하는 데 지장이 있는지 여부를 판단하여 결정하여야 할 것이라고 전제하고, 원고가 가맹점사업자로 하여금 일반공산품 중 탄산시럽(사이다, 콜라), 후르츠칵테일, 밀감, 천연체리, 가당연유, 오렌지쥬스, 빙수용찰떡, 모카시럽, 케찹(팩), 피클, 그라뉴당, 마스타드, 슈가(팩), 카넬콘, 후라잉오일, 액상제리 등 16개의 일반공산품에 대하여는 원고로부터만 공급받도록 하는 것이 가맹사업의 목적 달성에 필요한 범위 내의 통제로서 거래상의 지위를 이용하여 부당하게 거래상대방으로 하여금 구입할 의사가 없는 상품을 구입하도록 강제하는 행위에 해당한다고 할 수 없다고 판단한 원심을 수긍하였으나, 주방용세제, 폴리백, 청소용페이퍼타올, 더스터, 케이(KAY)-5(이하 'K-5'로 표시한다) 등 5개의 일반공산품에 대하여는 원고로부터만 공급받도록 하는 것이 가맹사업의 목적 달성에 필요한 범위 내의 통제로서 거래상의 지위를 이용하여 부당하게 거래상대방으로 하여금 구입할 의사가 없는 상품을 구입하도록 강제하는 행위에

---

* 인천지방법원 부천지원 부장판사.

해당한다고 판단하여 이 부분도 구입강제행위에 해당한다고 할 수 없다고 한 원심을 파기함.

2. 또한 대상판결은, 가맹본부가 가맹점에 설치할 점포의 실내외장식 등의 설비의 구입 및 설치를 자기 또는 자기가 지정한 자로부터 하도록 하는 행위가 가맹사업의 목적 달성을 위한 필요한 범위 내인지 여부는 가맹사업의 목적과 가맹점계약의 내용, 가맹금의 지급방식, 가맹사업의 대상인 상품 또는 용역과 설비와의 관계, 가맹사업의 통일적 이미지 확보와 상품의 동일한 품질유지를 위한 기술관리・표준관리・유통관리・위생관리의 필요성 등에 비추어 가맹점사업자에게 사양서나 품질기준만을 제시하고 임의로 구입 또는 설치하도록 방치하여서는 가맹사업의 통일적 이미지 확보와 상품의 동일한 품질을 보증하는 데 지장이 있는지 여부를 판단하여 결정하여야 한다고 전제하고, 원고가 가맹점사업자로 하여금 점포설비 중 냉동고, 냉장고, 콜드테이블, 워크테이블, 쉐이크머신, 소프트머신, 제빙기, 그리들패티캐비넷, 후라이어패티캐비넷, 마이크로오븐기 등의 주방기기를 원고로부터만 구입하도록 한 것과 인테리어공사를 원고가 지정한 사업자에게만 의뢰하도록 한 것이 가맹사업의 목적 달성에 필요한 범위 내의 통제로서 거래상의 지위를 이용하여 부당하게 점포설비의 구입 및 설치를 자기 또는 자기가 지정한 자로부터 하도록 강제하는 행위에 해당한다고 할 수 없다고 판단한 원심을 수긍하였으나, 1인의자, 테이블, 빠의자, 금전등록기, 전산장비(PC)에 대하여도 원고로부터만 공급받도록 하는 것이 가맹사업의 목적 달성에 필요한 범위 내의 통제로서 거래상의 지위를 이용하여 부당하게 점포설비의 구입 및 설치를 자기 또는 자기가 지정한 자로부터 하도록 강제하는 행위에 해당한다고 판단하여 이 부분도 구입강제행위에 해당한다고 할 수 없다고 한 원심을 파기함.

[관련법규]

독점규제및공정거래에관한법률[1] 제23조 제1항 제4호, 제2항, 독점규제및공정거래에관한법률시행령 제36조 제1항 [별표] 제6호 가목, 가맹사업(프랜차이즈)의불공정거래행위의기준지정고시(공정거래위원회 고시 제1998-19호) 제6조, 제8조

1) 가맹사업거래의공정화에관한법률(이하 '가맹사업법'이라 함)이 2002. 5. 13. 법률 제6704호로 제정되어 2002. 11. 1. 시행되기 전의 것.

[사안의 개요]

1. 원고의 행위[2)]

원고는 패스트푸드(Fastfood)사업을 영위하는 독점규제및공정거래에관한법률(이하 '공정거래법' 또는 '법'이라 약칭함) 제 2 조 소정의 사업자임.

(1) 일반공산품구입강제행위

원고는 다음 〈표〉의 일반공산품 21개에 대하여 원고가 지정한 제조업자가 가맹점에 공급하고 비용정산은 원고를 통해 이루어지게 하여 가맹점에게 구입을 강제(피고는, 원고가 사양을 정해 주문생산하는 품목 117개에 대해서는 구입강제의 대상으로 삼지 아니하였음).

구 분		개 수	품 목
원고가 공급하는 품목	원고가 사양을 정해 주문 생산하는 품목	117개	번스, 레몬파이, 새우패티, 비프패티, 냉동포테이토, 화이어윙, 아이스커피, 치킨패티 등
	일반공산품	21개	탄산시럽(사이다, 콜라), 후르츠칵테일, 밀감, 천연체리, 가당연유, 오렌지쥬스, 빙수용찰떡, 모카시럽, 케찹(팩), 피클, 그라뉴당, 마스타드, 슈가(팩), 카넬콘, 주방용세제, 폴리백, 청소용페이퍼타올, 후라잉오일, 더스터, K-5, 액상제리
자유구매품목		3개	레타스(양배추), 양파, 토마토

2) 원고가 피고(공정거래위원회)로부터 시정명령을 받은 행위는 가맹본부인 원고가 가맹점에게 ① 할인판매강제행위, ② 원·부재료의 구입강제행위, ③ 점포설비의 구입강제행위, ④ 부당한 가맹점계약해지행위를 하였다는 것이지만, 여기에서는 ②, ③만 논의의 대상으로 함. 그리고 원고의 행위는 가맹사업법이 시행되기 전의 것임. 한편 편의상 가맹본부와 가맹사업자, 가맹점과 가맹계약자 및 가맹점사업자, 가맹금과 가맹료, 가맹점계약과 가맹계약은 각각 같은 의미로 보기로 함.

(2) 점포설비구입강제행위

원고는 다음 〈표〉의 점포설비 등 25개에 대하여 원고가 지정하는 공급업체가 가맹점에 공급하고, 비용정산은 원고를 통해 이루어지게 하여 가맹점에게 구입을 강제.

구 분	품 목	사양에 따를 경우 통일적 이미지 확보에 지장이 없다고 피고가 판단한 품목
원고공급품목 (25개 품목)	냉동고, 냉장고, 콜드테이블, 번스워머, 덤프스테이션, 워크테이블, 그리들, 번스토스타, 후리이어, 타이머, 후드워머, 쉐이크머신, 소프트머신, 제빙기, 그리들패티캐비넷, 후라이패티캐비넷, 마이크로오븐기, 1인의자, 테이블, 빠의자, 금전등록기, 전산장비(PC), 크로마필림, 인테리어공사, 간판류(25개)	냉동고, 냉장고, 콜드테이블, 워크테이블, 쉐이크머신, 소프트머신, 제빙기, 그리들패티캐비넷, 후라이패티캐비넷, 마이크로오븐기, 1인의자, 테이블, 빠의자, 금전등록기, 전산장비(PC), 인테리어공사(16개)
자유구매품목 (6개 품목)	에어콘, 온풍기, 냉난방기, 식기살균건조기, 사무실집기, 방송장비	

2. 처 분

피고는 일반공산품구입강제행위에 대하여 법 제23조 제1항 제4호, 제2항, 법시행령 제36조 제1항 [별표 1] 제6호 가목의 구입강제, 가맹사업(프랜차이즈)의불공정거래행위의기준지정고시(공정거래위원회 고시 제1998-19호. 이하 '가맹고시'라 함) 제8조의 상품 등의 구입처 제한에 해당한다는 이유로, 점포설비구입강제행위에 대하여 법 제23조 제1항 제4호, 제2항, 법시행령 제36조 제1항 [별표 1] 제6호 가목의 구입강제, 가맹고시 제6조의 가맹점포의 설비구입강제에 해당한다는 이유로, 원고에게 시정명령(이하 '이 사건 처분'이라 함).

[원심의 판단]

1. 일반공산품구입강제행위

원고가 가맹점과의 계약에 따라 가맹점으로부터 매출액 비율의 가맹금은 별도로 받지 아니하고, 대신 원고로부터 원·부재료를 공급받도록 하는 사업구조를 취함으로써 공급가액에 추가한 일정의 이윤이 가맹점이 지급할 가맹금에 갈음하는 것이라 할 것인데, 이는 원고의 가맹사업의 수익구조의 핵심적인 사항으로서, 일반공산품에 해당하는 원·부재료를 가맹점이 개별적으로 직접 구입하도록 한다면 원고의 사업존립 자체가 불가능한 점, 원고가 원·부재료의 공급을 독점하여 시중거래가 이상으로 가맹점들에게 공급함으로써 부당한 이윤을 취하고 그로 인하여 가맹점들이 손해를 입었다는 점을 인정할 아무런 자료도 없는 점, 원고가 유통과정, 유통기한 등이 정상적인 안전한 원·부재료의 공급을 책임지고, 또한 그 사용량을 지속적으로 관리·통제함으로써, 제품의 맛과 품질을 전국적으로 균일하게 유지하여야 하는 패스트푸드사업의 통일성을 유지할 수 있다고 보이는 점 등을 종합하면, 원고가 가맹점에게 일반공산품인 원·부재료를 원고로부터만 공급받도록 하는 것은 사업의 구체적인 운영실상에 비추어 그 합리성이 인정되어 가맹사업의 목적 달성에 필요한 범위 내의 통제라고 할 것이며, 거래상의 지위를 이용하여 부당하게 거래상대방으로 하여금 구입할 의사가 없는 상품을 구입하도록 강요하는 행위로는 볼 수가 없다. — 원고청구인용

2. 점포설비구입강제행위

점포설비는 패스트푸드 사업의 통일적 이미지, 사업수행 또는 제품의 품질과 관련이 있는 점, 적시공급의 필요성이 있는 점, 원고의 수익구조, 원고가 점포설비의 공급과정을 통하여 부당한 이윤을 취하고 그로 인하여 가맹점들에게 손해를 입혔음을 인정할 증거가 없는 점에 비추어, 가맹점에게 원고가 지정한 사업자로부터 설비를 공급받도록 한 행위는 가맹사업의 목적 달성을 위해 필요한 범위 내의 행위이다. — 원고청구인용

[해 설]

Ⅰ. 문제의 제기

가맹사업은 가맹본부가 가맹점사업자로 하여금 자기의 상표·서비스표·상호·간판 그 밖의 영업표지를 사용하여 일정한 품질기준에 따라 상품(원재료 및 부재료를 포함한다) 또는 용역을 판매하도록 함과 아울러 이에 따른 경영 및 영업활동 등에 대한 지원·교육과 통제를 하고, 가맹점사업자는 영업표지 등의 사용과 경영 및 영업활동 등에 대한 지원·교육의 대가로 가맹본부에 가맹금을 지급하는 계속적인 거래관계를 말하므로(대법원 2005. 6. 9. 선고 2003두7484 판결), 독립된 사업자 사이의 거래관계와는 법적인 관점이나 경제적인 관점에 있어서 다른 측면이 있음.

특히 가맹금 내지 가맹료(가맹고시 제2조 제6호는 "가맹료라 함은 명칭이나 지급형태에 불구하고 가맹계약자가 가맹사업자에게 지급하는 가맹사업과 관련하여 부여받은 권리와 영업의 지도 등에 대한 대가를 말한다"고 규정함)의 지급방식과 관련하여 원고의 가맹금수취방식의 특수성에 비추어 어느 정도의 공산품이나 점포설비의 공급행위를 구입강제행위로 볼 것인가 하는 점이 문제됨.

그리고 가맹금수취방식과 관련하여 원고가 취하고 있는 방식을 경쟁제한성이 다소 약한 형태의 방식으로 전환하도록 유도할 수는 없는가 하는 점 또한 문제됨.

Ⅱ. 특수로얄티방식의 위법성 판단

1. 가맹사업의 본질적 특징

법적 관점에서 볼 때, 가맹사업의 본질적 특징은 ① 영업표지의 사용관계, ② 영업지원 및 통제관계, ③ 대가수수관계, ④ 계속적 거래관계로 요약할 수 있고, 이러한 특징을 외부적 측면과 내부적 측면으로 구분하면, 외부적 측면은 통일적 이미지 확보와 제품의 동일한 품질유지이고, 내부적 측면은 영업지원 및 통제와 대가관계임.

경제적 관점에서 볼 때, 가맹사업은 가맹본부와 가맹점 사이의 상호의존적 사업방식으로서 신뢰관계를 바탕으로 가맹점의 개별적인 이익보호와 가맹점을 포함한 전체적인 가맹조직의 유지발전이라는 공동의 이해관계를 가짐.

2. 패스트푸드가맹사업의 특수성

패스트푸드가맹사업은 일반적 가맹사업의 경우보다 통일적 이미지 확보와 제품의 동일한 품질유지라는 측면에 청결, 친절, 신속이라는 서비스적 측면이 부가되어 제품의 제조·판매 및 관리운영체계의 규격화·시스템화·매뉴얼화·표준화라는 특징을 가지고 있음.

3. 특수로얄티방식의 위법성 판단

패스트푸드가맹사업의 가맹금 중 편의상 일반로얄티방식이라는 것을 상정하여 이에 대비되는 원고의 가맹금수취방식을 특수로열티방식이라고 칭하기로 함.

(1) 일반로얄티방식의 위법성 판단

1) 의 의

총매출액이나 순이익의 일정비율을 가맹금으로 지급하는 방법. 외국계 패스트푸드가맹점계약은 대부분 이러한 유형이라고 함.

2) 재판매가격제한행위

권장가격을 지정할 수 있으나 판매가격이나 재판매가격을 제한하면 위법하고, 가맹본부와 가맹점의 참여에 의하여 판매가격을 책정하는 경우 공동행위에 해당될 가능성이 있다고 보게 됨.[3)]

3) 상품공급원제한

가맹본부가 점포설비를 가맹본부로부터 일괄 구입하도록 하거나 공급자를 특정한 경우 전형적인 끼워팔기(연계판매)에 해당한다고 볼 여지가 있고, 가맹본

---

3) 미국의 경우 최저재판매가격유지행위에 대해서는 당연위법의 원칙이 적용되나 최고재판매가격유지행위에 대해서는 합리의 원칙{State Oil Co. v. Khan 판결{522 U.S. 3, 118 S. Ct. 275, 139 L. Ed. 2d 199(1997)}이 적용된다고 한다. 그러나 우리 나라 패스트푸드가맹사업의 경우 적어도 동일한 상품=동일한 가격이라는 것을 당연히 받아들이고 있는 것이 거래계의 실정이라는 점에서 사실상 최저재판매가격유지행위나 최고재판매가격유지행위는 문제되지 아니하는 것으로 보이고, 이 사건의 경우도 이 점은 문제로 삼지도 아니하였음.

부가 가맹사업에 필요한 원·부재료를 가맹본부로부터 일괄 구입하도록 하거나 공급자를 특정한 경우 소모품 연계판매(원료조달 지배)로서 일응 위법하지만, 공급원을 통제함으로써 가맹본부가 가맹점에 의하여 판매된 상품이 동질적인 것이고 품질기준에 부합한다는 것을 보증할 수 있으며, 이러한 방식으로 가맹본부가 가맹사업의 영업권을 유지할 수 있다는 사정이 있는 경우에는 예외적으로 보고 있음. 그리고 가맹본부의 공급자지정권은 가맹점의 폭넓은 구입선택권을 확보할 수 있도록 지정되어야 한다고 보고 있음.

미국 판례도, 초기에는 연계판매의 위법성을 비교적 넓게 인정하였으나 최근에는 연계되는 상품들의 집합이 가맹사업의 운영방법과 불가분의 일체관계를 구성하는 경우에는 오로지 하나의 상품만이 존재할 뿐 연계판매는 존재하지도 아니한다고 보거나 품질관리상 지속적인 관리가 필요하다고 보아 연계판매의 위법성을 좁게 해석하고 있는 것으로 보임. 그리하여 연계판매의 위법성은 연계판매를 정당화할 만한 사유가 있는지 여부나 품질관리상 필요성이 있는지 여부 및 가맹사업의 운영방법과 불가분의 일체관계를 형성하는지 여부와 같은 기준을 적용하여 판단하고 있는 것으로 보임.[4)]

(2) 특수로얄티방식(원고의 가맹금수취방식)의 위법성 판단

1) 의 의

원고는 가맹점의 대량구매에 따른 가격교섭력을 바탕으로 가맹점에 필요한 원·부재료와 점포설비를 가맹점이 직접 구입·설치하는 가격보다 低價로 구입하여 가맹점에게 공급함으로써 그 차액상당의 이익을 얻는 수익구조를 채택하여 왔음. 엄밀히 보면, 공급가액과 구입가액의 차액은 원고가 가맹점에 대하여 영업표지에 대한 사용대가, 영업활동에 대한 지원·교육의 대가, 공급하는 물품에 대한 유통대가 등을 포함하는 복합적인 의미를 가진다고 보아야 함.

원고가 특수로얄티방식을 취한 데에는 우리 나라의 특수상황(① 원고가 가맹사업을 시작할 1979. 당시 가맹점에게 일반공산품을 구매할 수 있도록 하였을 경우 제품의 균질성을 유지하기 어렵다고 판단한 측면, ② 가맹점이 매출액을 속이는 경우를 방지하기 위한 측면, ③ 로얄티라는 개념의 생소함 등)과 원고가 배후에 식품 등의 제조·판매를 위주로 하는 롯데그룹을 두고 있어 원고 자신이 계열회사로부터

4) 특히 Principle v. MacDonald's Corp. 사건의 경우 점포설비의 경우에 가맹본부가 이미지 확보에 필요한 점포설비를 가맹본부 또는 가맹본부가 지정하는 자로부터 구입할 것을 강제하는 것이 경우에 따라서는 포괄적으로 프랜차이즈계약의 본질적 내용의 일부에 포함된다고 볼 수도 있기 때문에 소위 끼워팔기에 해당되지 않는다고 볼 여지도 있음.

대량으로 공산품을 구입하였을 경우 충분히 가격경쟁력을 가질 수 있었기 때문이 아닌가 생각됨.[5)]

2) 재판매가격제한행위, 일반공산품구입강제행위, 점포설비구입강제행위

특수로얄티방식의 경우에는 원·부재료(일반공산품 포함)나 점포설비에 대한 공급가격이 동일하게 되므로 처음부터 제품의 재판매가격이 동일하게 제한되게 되고, 브랜드 내의 가격경쟁이 없어지게 되는 등의 경쟁제한효과가 크다는 문제점이 있음.

특수로얄티방식은 경쟁제한효과가 크다는 점에서 일반로얄티방식으로 유도를 하여야 한다는 견해[6)]와 그렇게 되면 일정한 경제적 동기에 따라 형성되어 나름대로 경쟁력을 갖고 있는 사업형태를 시장에서 배제하는 것이 되어 과도한 규제가 될 수 있다는 견해[7)]가 있음.

생각건대, 가맹금은 가맹사업의 본질적인 내용을 이루는 것인 한편, 가맹사업의 내용과 가맹본부와 가맹사업자의 관계에 따라 가맹본부가 가맹사업자로부터 가맹금을 수취하는 방식이 매우 다양하여 일률적으로 가맹금수취방식의 위법성의 징표를 도출하기는 매우 어렵다고 할 것임. 특히 우리 나라의 특수한 사회적 · 경제적 동기에 의하여 형성되어 나름대로의 경쟁력을 확보하고 있는 특수로얄티방식이라는 가맹금수취방식을 경쟁제한성이 다소 크다는 이유만으로 무조건 배척할 수만은 없을 것이고, 다만 특수로얄티방식이 가맹사업의 본질적인 특성이라고 할 수 있는 가맹사업의 통일적 이미지와 중심상품의 맛과 품질의 동일성 유지와는 관계 없는 것에 대해서만 일정한 제한을 가할 필요성은 있다고 할 것임.

그리고 구체적으로 가맹본부가 가맹점사업자의 판매상품 또는 용역을 자기 또는 자기가 지정한 자로부터 공급받도록 하거나 그 공급상대방의 변경을 제한하는 행위가 가맹사업의 목적 달성을 위한 필요한 범위 내인지 여부는 가맹사업의 목적과 가맹점계약의 내용, 가맹금의 지급방식, 가맹사업의 대상인 상품과 공급상대방이 제한된 상품과의 관계, 상품의 이미지와 품질을 관리하기 위한 기술관리 · 표준관리 · 유통관리 · 위생관리의 필요성 등에 비추어 가맹점사업자에게

5) 수익구조를 보면, 우리 나라 롯데리아(원고)의 경우 원료상품매출 1,443억원, 주방기기매출 32억원, 가맹금매출 10억원(2004. 11. 기준)임에 대하여, 일본 롯데리아의 경우 원료상품매출, 주방기기매출, 가맹금 외에 별도로 로얄티(판매금액의 3-5%)제도를 두고 있다고 함. 다만 점포구성을 보면, 원고의 경우 직영점 14%, 가맹점 86%임에 비하여, 일본 롯데리아의 경우 직영점 83%, 가맹점 17%라고 함.

6) 이 견해를 취하는 대표적인 학자로는 서강대학교 사회과학부 법학과 최영홍 교수를 들 수 있음.

7) 이 견해를 취하는 대표적인 학자로는 한국법제연구원 부연구위원인 김두진 박사를 들 수 있음.

품질기준만을 제시하고 임의로 구입하도록 하여서는 가맹사업의 통일적 이미지와 상품의 동일한 품질을 유지하는 데 지장이 있는지 여부를 판단하여 개별적으로 판단하여야 할 것임.

3) 대상판결

대상판결이 가맹사업의 본질적인 특성인 통일적 이미지와 중심상품의 맛과 품질의 동일성유지와는 관계 없는 것에 대해서만 위법하다고 보고 있는 것은 우리 나라의 특수한 사회적·경제적 동기에 의하여 형성되어 나름대로의 경쟁력을 확보하고 있는 특수로얄티방식이라는 가맹금수취방식을 수긍하는 것을 전제로 하고 있는 것으로서 정당하다고 할 것임.

Ⅲ. 물품구입강제행위의 위법성 판단

1. 물품구입강제행위 일반론

(1) 의 의

구입강제는 거래상대방이 구입할 의사가 없는 상품 또는 용역을 구입하도록 강제하는 행위를 말하는데, 원료조달지배 또는 소모품 연계판매라고도 함.

구입강제에 있어서 ① '거래상대방이 구입할 의사가 없는 상품 또는 용역'이라 함은 행위자가 공급하는 상품이나 용역뿐만 아니라 행위자가 지정하는 사업자가 공급하는 상품이나 용역도 포함되고, ② '구입하도록 강제하는 행위'라 함은 상대방이 구입하지 않을 수 없는 객관적인 상황을 만들어내는 것을 포함함.[8] 거래상대방에 대하여 구입을 거절하면 거래거절 등의 제재를 가할 뜻을 밝힘으로써 상품 또는 용역의 구입을 강요하는 것이 전형적인 예임.

(2) 위법성의 판단기준

1) 가맹사업의 목적 달성에 필요한 범위의 의미

공정거래법령에는 특별한 규정이 없고, 공정거래법의 위임에 의한 가맹고시에 이에 관한 규정이 있는데, 가맹고시 제 1 조는 불공정거래행위를 가맹사업에 적용·운용함에 있어 가맹사업의 거래특성을 고려하여야 한다고 규정하면서, 원·부재료의 구입강제, 취급상품 및 영업활동제한 등과 관련하여 '가맹사업의 목적

8) 대법원 2002. 1. 25. 선고 2000두9359 판결.

달성을 위한 필요한 범위'(제 8 조)를 판단기준으로 제시하고 있음.

가맹고시 제 8 조가 상품 등의 구입처제한의 위법성 판단의 요건으로 삼고 있는 '가맹사업의 목적 달성에 필요한 범위'에 관하여, ① 가맹사업의 중심상품이거나 그와 밀접하게 관계된 상품으로, ② 그 제조에 상당한 정도의 기술을 요하거나 위생관리를 요하는 등 가맹점에게 임의로 조달하도록 방치하여서는 상품의 품질을 보증하기 어려운 경우를 의미한다는 협의설[9]과 협의설보다 더 넓은 범위에서 연계판매나 공급원의 제한가능성을 인정하여야 한다는 광의설이 있음.[10]

협의설은 일반로얄티가맹점계약에 있어서의 위법성의 판단기준으로는 적절할 수 있으나 구입강제 자체를 가맹사업의 수익구조로 하고 있는 특수로얄티가맹점계약에 있어서는 가맹사업의 목적 달성에 필요한 범위를 협의설보다 더 넓게 보아야 할 것으로 생각됨.

따라서 '가맹사업의 목적 달성에 필요한 범위'라 함은 가맹사업의 대상인 상품이거나 그와 관계된 상품으로, 그의 제조에 어느 정도의 노하우(Know-how)나 기술을 요하거나 표준관리 · 유통관리 · 위생관리를 요하는 등 가맹점에게 임의로 조달하도록 방치하여서는 상품의 품질을 보증하기 어려운 경우, 연계되는 상품의 집합이 가맹사업의 운영방법과 불가분의 일체를 구성하는 경우 등을 의미한다고 할 것임.

그리고 공급원제한의 정당성 및 필요성에 대한 입증책임은 가맹본부에게 있다고 보아야 함.

2) 적정한 가격

가맹본부가 가맹점에게 공급하는 물품 등이 적정한 가격을 초과하는지 여부는 특수로얄티가맹점계약의 특수성에 비추어 도매가격을 초과한다고 하여 바로 여기에 해당한다고 할 수 없고, 공급가격, 도매가격, 가맹본부의 수익비율 등을 종합하여 개별적으로 판단하여야 할 것임.

원·부재료의 공급가격의 적정성 역시 입증책임은 가맹본부에게 있다고 보아야 함.

9) 김두진, "프랜차이즈 가맹사업자의 원료조달요구의 규제," 공정경쟁 78호, 42면.
10) 윤성운, "프랜차이즈와 경쟁제한," 자유경쟁과 공정거래, 권오승 편, 공정거래법강의 Ⅲ, 504-511면.

2. 이 사건의 경우

(1) 일반공산품이 가맹본부의 사업을 영위하기 위한 데 필요한 것인지 여부

앞에서 본 위법성 판단기준에 의할 경우, 탄산시럽, 후르츠칵테일, 밀감, 천연체리, 가당연유, 오렌지쥬스, 빙수용찰떡, 모커시럽, 케찹(팩), 피클, 슈가(팩), 그라뉴당, 마스터드, 카넬콘, 후라잉오일, 액상제리 등 16개 일반공산품은 가맹사업의 대상인 상품이거나 그와 관계된 상품으로 정량정시율관리 · 표준관리 · 매출관리 · 유통관리 · 위생관리를 요하는 등 가맹점에게 임의로 조달하도록 방치하여서는 상품의 품질을 보증하기 어려운 경우에 해당한다고 할 것이므로 '가맹사업의 목적 달성에 필요한 범위' 내에 속한다고 할 것임.

그러나 주방용세제, K-5는 원고 주장에 의하면 알칼리농도 등 세척력을 표준관리한다고 하지만 앞에서 본 기준에 비추어 가맹사업의 목적 달성에 필요한 범위 내에 속하는지 의문이 있고, 폴리백, 청소용페이퍼타올, 더스터 등 3개 품목은 원고가 단순히 구매하여 가맹점에 공급하는 것으로서 앞에서 본 기준에 비추어 가맹사업의 목적 달성에 필요한 범위 내에 속한다고 하기 어렵다고 할 것임.

21가지 물품 중 탄산시럽 등 16가지는 구입강제행위에 해당된다고 볼 수 없으나, 주방용세제, 폴리백, 청소용페이퍼타올, 더스터, K-5 등 5가지는 구입강제행위에 해당한다고 볼 여지가 있으므로 원심으로서는 위와 같은 5가지 물품이 정량정시율관리 · 표준관리 · 매출관리 · 유통관리 · 위생관리 등과 관련하여 가맹점에서 제조 · 판매되는 제품의 맛과 질을 통일적으로 유지 · 관리하기 위하여 가맹본부가 공급할 필요성이 있는지 여부에 대하여 더 심리하였어야 함에도 이에 이르지 아니하고 그 공급의 필요성이 있음을 전제로 구입강제행위에 해당하지 아니한다고 판단하였으니 원심판결에는 심리미진이나 구입강제에 관한 법리를 오해한 위법이 있다고 할 것임.

(2) 가격의 적정성 여부

원고는 대량구매에 따른 가격교섭력을 바탕으로 하여 원·부재료를 개별구입가격보다 저가로 구입하여 가맹점에게 공급하여 왔음. 즉 원고가 제조업체로부터 직접 원·부재료를 구입하여 유통과정(제조업체→총판→도매업체→소매업체→소비자)에서의 중간마진을 없애고, 총판이 도매상에게 공급하는 가격수준으로 가맹점에게 공급함으로써 도매가격보다도 낮은 가격으로 원·부재료를 공급함.

(3) 소 결 론

결국 21가지 물품 중 주방용세제, 폴리백, 청소용페이퍼타올, 더스터, K-5의 구입강제행위는 법 제23조 제1항 제4호, 법시행령 제36조 제1항 [별표1] 위 기준 제6호 가목 및 가맹고시 제8조에 위반될 여지가 있고, 나머지 16개에 대하여는 위 각 규정에 위반되지 않을 것으로 보임.

3. 대상판결

대상판결이 가맹본부가 가맹점사업자의 판매상품 또는 용역을 자기 또는 자기가 지정한 자로부터 공급받도록 하거나 그 공급상대방의 변경을 제한하는 행위가 가맹사업의 목적 달성을 위하여 필요한 범위 내인지 여부를 판단하기 위하여 가맹점사업자에게 품질기준만을 제시하고 임의로 구입하도록 하여서는 가맹사업의 통일적 이미지와 상품의 동일한 품질을 유지하는 데 지장이 있는지를 그 판단기준으로 제시하고 있는 것은 정당하다고 할 것임.

Ⅳ. 설비구입강제행위의 위법성 판단

1. 위법성의 판단기준

(1) 가맹사업의 목적 달성에 필요한 범위

공정거래법령에는 특별한 규정이 없고, 공정거래법의 위임에 의한 가맹고시에 이에 관한 규정이 있는데, 가맹고시 제1조는 불공정거래행위를 가맹사업에 적용·운용함에 있어 가맹사업의 거래특성을 고려하여야 한다고 규정하면서 점포설비의 구입강제와 관련하여 '가맹사업의 이미지통일'(제6조)을 판단기준으로 제시하고 있음.

즉 가맹고시 제6조는 자기가 제시한 사양서나 품질기준에 따를 경우 점포의 통일적 이미지 확보에 지장이 없음에도 점포설비의 구입 및 설치를 자기 또는 자기가 지정한 자로부터 하도록 강요하는 행위는 '자기의 거래상의 지위를 부당하게 이용하여 상대방과 거래하는 행위'에 해당된다고 규정하고 있음.

특수로얄티가맹점계약에 있어서 상품강제구입은 가맹금으로서의 성질상 부득이하다는 측면이 강한 반면, 설비구입강제는 가맹사업의 통일적 이미지확보라는 측면이 강한 점에서 가맹고시 제 6 조의 판단기준은 일응 타당성이 있음. 그러나 설비구입강제도 ① 가맹금으로서의 성질이 반드시 부정되어야 할 것은 아니고(원고도 가맹금으로서의 성질을 가지고 있다고 주장하고 있음), ② 주방용품은 상품의 균질성 확보를 위한 성능구비라는 측면이 있으며, ③ 패스트푸드가맹사업의 경우 가맹사업의 통일적 이미지 확보와 제품의 동일한 품질유지라는 특성에 청결, 친절, 신속이라는 서비스적 측면이 부가되어 가맹조직 및 가맹점의 전체의 이미지와 그것이 만들어내는 종합적인 인상의 유지라는 또 다른 특징을 가지므로 상품의 제조·판매와 관련하여 설비의 규격화·시스템화·매뉴얼화·표준화에 따라 그를 관리하기 위한 기술관리·표준관리·유통관리·위생관리·A/S 확립이라는 측면도 있다는 점을 무시할 수 없음.

결론적으로 설비구입강제행위로서의 위법성 판단은 점포의 통일적 이미지 확보나 가맹사업의 대상인 상품 및 그와 관계된 상품의 균질성의 유지가 가능한지 여부, 설비의 규격화·시스템화·매뉴얼화·표준화에 따라 그를 관리하기 위한 기술관리·표준관리·유통관리·위생관리·A/S확립의 필요성 여부, 가맹본부의 가맹금의 수수방법 등을 종합하여, 가맹점에게 사양서나 품질기준만을 제시하고 임의로 조달하도록 방치하여서는 앞에서 본 바와 같은 가맹사업의 목적을 달성하기 어려운 경우에 해당하는지 여부에 따라 판단하여야 할 것임.

공급원제한의 정당성 및 필요성에 대한 입증책임은 가맹본부에게 있다고 보아야 함.

(2) 적정한 가격

가맹본부가 가맹점에게 공급하는 점포설비 등이 적정한 가격을 초과하는지 여부는 특수로얄티가맹점계약의 특수성에 비추어 도매가격을 초과한다고 하여 바로 여기에 해당한다고 할 수 없고, 공급가격, 도매가격, 가맹본부의 수익비율 등을 종합하여 개별적으로 판단하여야 함.

점포설비의 공급가격의 적정성에 대한 입증책임은 가맹본부에게 있다고 보아야 함.

2. 이 사건의 경우

(**1**) 점포설비가 가맹본부의 사업을 영위하기 위한 데 필요한 것인지 여부

1) 주방기기부분

주방설비는 시중에 유통되지 않는 것도 있는 점, 원고가 가맹점의 구매력을 기초로 구매단가를 낮출 수 있는 점, 개별 가맹점이 임의로 물품을 구입하는 경우 품질검사 등이 필요하게 되고 이에 따른 원고의 업무증가로 인한 일반관리비가 증가하여 가맹점의 부담이 증가될 수 있으며, 품질검사과정에서 가맹점과 불필요한 마찰로 가맹사업의 운영에 지장이 초래될 수 있는 점, 원고는 가맹점으로 하여금 원고를 통해서 설비를 구입하게 함으로써 일정한 마진을 남기는 것으로 가맹금의 하나로 파악하고 있는 점 등을 종합하면, 원고가 냉동고 등 24개 품목(인테리어 제외)에 대하여 가맹점에게 사양서나 품질기준만을 제시하고 임의로 조달하도록 방치하여서는 가맹사업의 통일적인 이미지확보와 제품의 동일한 품질유지 등 가맹사업의 목적을 달성하기 어려운 경우에 해당한다고 할 것임.

쉐이크머신, 소프트머신, 제빙기, 그리들패티케비넷, 후라이어패티케비넷, 마이크로오븐기는 국내업체나 다른 외국업체도 제작할 수 있는 제품이라거나 냉동고, 냉장고, 워크테이블, 콜드테이블은 지정업체 이외에서도 주문제작이 가능하다고 하여도 달리 볼 것은 아님.

2) 점포설비부분

1인의자, 테이블, 빠의자는 원고가 자체 개발한 디자인 및 자재에 따라 일정업체에 주문제작한다거나 금전등록기는 롯데정보통신에서 공급받고, 전산장비(PC)는 일본 후지스사에서 제작의뢰한 소프트웨어를 장착한 제품으로 일본 후지스사로부터 수입한 것이라고 하더라도 원고가 지정하는 사양에 따를 경우 통일적인 이미지확보에 지장이 없고, 달리 원고의 패스트푸드제품의 품질의 유지를 위하여도 필요하다고 할 수 없음.

3) 인테리어공사부분

인테리어공사는 점포 레이아웃(Lay-Out)의 통일적인 이미지 확보, 개점일정에 대한 능동적 대처,[11] 업체지정으로 인하여 가격이 저렴한 점 등의 장점이 있고, 원고는 전국의 7개업체를 선정하고 있어 가맹점에게 선택의 자유가 보장되어 있으므로(현재는 10개업체 선정) 구입강제에 해당하지 아니한다고 할 것임(원

11) 가맹점개설절차: 가맹점개설신청→지역담당자 현장조사→시장조사 및 분석→출점 타당성 검토→최종협의결정→가맹점계약체결→점포인테리어공사, 주방기기설치, MGR, MATE교육실시→점포개점.

고가 인테리어공사비에서도 이익을 남기는지는 분명하지 않음).

(2) 가격의 적정성 여부 — 구입강제행위에 해당하는 물품제외

원고가 가맹점에게 공급하는 물품의 가격이 대형할인점에서 판매되는 가격보다 낮을 뿐 아니라 원고는 주방기기의 공급에 대하여도 가맹금의 수취대상으로 파악하고 있음.

원고는 대량구매에 따른 가격교섭력을 바탕으로 하여 주방기기를 개별구입가격보다 저가로 구입하여 가맹점에게 공급하여 왔음을 알 수 있고, 주방기기의 공급을 독점하여 적정한 가격 이상으로 가맹점에게 공급한 것이라고 볼 수 없음(원심이 가격의 부적정성에 관하여 피고에게 입증책임이 있다는 취지로 한 판시는 입증책임을 전도한 것으로서 잘못임).

(3) 소 결 론

주방기기나 인테리어공사에 대하여는 가맹사업의 통일적인 이미지확보와 제품의 동일한 품질유지 등 가맹사업의 목적을 달성하기 어려운 경우에 해당한다고 할 것이므로 구입강제에 해당하지 않는다 할 것임.

그러나 1인의자, 테이블, 빠의자, 금전등록기, 전산장비(PC)는 원고가 지정하는 사양에 따를 경우 통일적인 이미지확보에 지장이 없고, 달리 원고의 패스트푸드제품의 품질의 유지를 위하여도 필요하다고 할 수 없으므로, 구입강제에 해당한다고 할 것임.

3. 대상판결

대상판결이 가맹본부가 가맹점에 설치할 점포의 실내외장식 등의 설비의 구입 및 설치를 자기 또는 자기가 지정한 자로부터 하도록 하는 행위가 가맹사업의 목적 달성을 위한 필요한 범위 내인지 여부를 판단하기 위하여 가맹점사업자에게 사양서나 품질기준만을 제시하고 임의로 구입 또는 설치하도록 방치하여서는 가맹사업의 통일적 이미지 확보와 상품의 동일한 품질을 보증하는 데 지장이 있는지를 그 판단기준으로 제시한 것은 정당하다고 판단됨.

[대상판결의 의의]

대상판결은 특수한 경제적 동기에 의하여 형성되어 나름대로의 경쟁력을 확보하고 있는 특수로얄티방식이라는 가맹금수취방식을 수긍하면서도 그것이 가지는 지나친 경쟁제한성을 제한하기 위하여 가맹사업의 본질적 특성인 가맹사업의 통일적 이미지와 중심상품의 맛과 품질의 동일성 유지를 위법성 판단의 기준으로 제시한 최초의 판결이라는 데 의미가 있음.

제 2 편

外國船舶에 대한 執行節次에서 船舶抵當權者의 地位

- 연구대상 사건의 개요／文英和
- 美國에 있어서 外國船舶抵當權者의 地位／李圭鎬
- 外國船舶의 競賣에 대한 獨逸法의 研究／吳姃厚
- 대법원 2004. 10. 28. 선고 2002다25693 판결
- [평석] 外國船舶의 抵當權者가 外國船舶에 대한 執行節次에서 配當을 받기 위한 要件／文英和

연구대상 사건의 개요

文　英　和*

[사실관계]

1. 이 사건 선박에 대한 경매절차(창원지방법원 통영지원 99타경19614호)

콤소몰스카야 스메나호(Komsomolskaya Smena, 이하 '이 사건 선박'이라 한다)는 러시아국 회사인 보스톡트랜스플로트(Vostoktransflot, 이하 '보스톡'이라 한다) 소유의 러시아국 국적선으로 냉동운반선이다.

이 사건 선박의 선원들로서 러시아국 법률에 의하여 선박우선특권이 있는 채권자들인 브레브노브 제브제니 외 21명은 이 사건 선박이 통영항에 입항하자, 창원지방법원 통영지원 99타경19614호로 이 사건 선박에 대하여 선박임의경매신청을 하였고, 집행법원은 1999. 9. 1. 경매절차개시결정을 하였다.

이 사건 선박은 2000. 3. 31. 러시아국 소재 사할린리싱컴퍼니에게 낙찰되었다.

2. 원고의 배당요구

원고는 1999. 6. 4. 보스톡과 이 사건 선박에 관하여 채권최고액 미화 60만 달러로 하는 근저당권설정계약을 체결하고, 같은 달 10. 러시아국 소재 선박저당등기소에 이를 등기하였다고 주장하면서, 2000. 6. 9. 집행법원에 이 사건 선박에 관한 근저당권자로서 미화 408,301.62달러의 채권이 있다면서 권리신고 및 배당요구신청을 하였다.

3. 배당관계

집행법원은 2000. 6. 14. 매각대금에서 집행비용을 공제한 716,205,925원을 배당함에 있어 1순위로 신청채권자인 위 브레브노브 제브제니 외 21명에게

* 수원지방법원 부장판사.

195,064,422원을, 코로브첸코 안드레이 외 1명에게 11,524,887원을, 2순위로 (주)매일마린에게 8,090,407원을, 유니푸로스해운(주)에게 15,070,595원을, 3순위로 배당요구권자인 피고들[1)]에게 청구취지 기재와 같이 배당을 하는 것으로 배당표를 작성하여 배당을 실시하였다.

[관련규정]

◇ 구 민사소송법

第729條(船舶에 대한 競賣) 船舶을 目的으로 하는 擔保權의 實行을 위한 競賣節次에는 第678條 내지 第688條와 第724條 내지 第728條의 規定을 準用한다.

第678條(船舶에 대한 強制執行) 登記할 수 있는 船舶에 대한 強制執行은 不動産의 強制競賣에 관한 規定에 의하여야 한다. 다만 事物의 性質에 의한 差異나 특별한 規定이 있는 경우에는 그러하지 아니하다.

第681條(競賣申請의 添附書類) ① 強制競賣申請에는 다음 書類를 添附하여야 한다.

1. 債務者가 所有者인 境遇에는 그 所有者로 船舶을 占有함을, 船長인 境遇에는 船長으로 船舶을 指揮함을 疎明할 수 있는 證書
2. 船舶에 關한 各 登記事項을 包含한 登記簿의 抄本

② 債權者는 公簿의 主管公務所가 遠隅地에 있는 때에는 第1項 第2號의 抄本의 送付請求를 法院에 申請할 수 있다.

第688條(外國船舶의 押留) 外國船舶에 對한 強制執行에는 登記簿에 記入할 節次에 關한 規定을 適用하지 아니한다.

第607條(競賣節次의 利害關係人) 다음에 기재한 者는 競賣節次의 利害關係人으로 한다.

1. 押留債權者와 執行力 있는 正本에 依하여 配當을 要求한 債權者
2. 債務者 및 所有者
3. 登記簿에 記入된 不動産 위의 權利者
4. 不動産 위의 權利者로서 그 權利를 증명한 者

第605條(配當要求) ① 民法·商法 기타 法律에 의하여 優先辨濟請求權이 있는 債權者, 執行力 있는 正本을 가진 債權者 및 競賣申請의 登記 후에 假押留를 한 債權者는 競落期日까지 配當要求를 할 수 있다.

② 配當要求는 그 원인을 명시하고 法院所在地에 住居나 事務所가 없는 者는 假住所를 선정하여 法院에 申告하여야 한다.

---

1) 피고들은 이 사건 선박의 소유자인 보스톡트랜스플로트(Vostoktransflot)가 소유하는 선박들에 선용품을 공급한 자들이다.

[원심의 판단][2)]

선박에 관한 담보권의 실행을 목적으로 하는 경매절차에 관하여 민사소송법 제729조에 의하여 준용되는 같은 법 제681조 제1항 제2호는 선박에 관한 경매신청에는 각 등기사항을 포함한 등기부의 초본을 첨부하도록 규정하고 있고, 같은 법 제605조 제1항은 민법·상법 기타 법률에 의하여 우선변제청구권이 있는 채권자, 집행력 있는 정본을 가진 채권자 및 경매신청의 등기 후에 가압류를 한 채권자는 낙찰기일까지 배당요구를 할 수 있다고 정하고 있는바, 여기서 말하는 우선변제청구권자는 법이 우선변제청구권은 인정하고 있으나 따로 등기가 되어 있지 않아 배당요구를 하지 않으면 집행법원이 그 채권의 존부나 수액을 알 수 없는 채권을 가진 자를 가리키는 것으로 보아야 하고, 우선변제청구권이 있는 채권자 중 경매신청기입등기 전에 등기되어 있는 저당채권자는 집행법원이 경매신청시 위 규정에 따라 제출하는 선박등기부 초본에 의하여 그 권리의 존부와 액수를 알 수 있으므로 따로 배당요구를 하지 않더라도 당연히 배당을 받을 수 있는 것이다.

이 사건에 관하여 보건대, 이 사건 선박과 같은 외국선박의 경우 애초부터 대한민국에 등기부가 있을 수 없고, 외국선박에 대한 집행에는 등기부에 기입할 절차에 관한 규정도 적용하지 아니하고 있어(같은 법 제688조 참조) 경매신청시 선박에 관한 등기부초본을 제출하도록 규정하고 있는 같은 법 제681조 제1항 제2호는 적용되지 아니한다고 볼 것이므로, 외국선박에 관하여 근저당권이 존재한다고 하더라도 집행법원으로서는 근저당채권자의 배당요구가 없는 한 그 채권의 존부 및 액수를 전혀 알 수 없고, 배당요구의 종기를 위와 같이 제한한 취지는 환가대금에서 추심하려고 하는 채권액을 미리 확정하여 과잉경매를 막고 배당절차에서 채권액의 증가로 인하여 생기는 절차지연과 혼란을 피하고자 하는 이유 때문이며, 따라서 외국선박의 근저당채권자는 같은 법 제605조 제1항에 따라 낙찰기일까지 배당요구를 하여야만 배당을 받을 수 있다고 할 것이다.

원고는 이 사건 선박에 관한 근저당권자라면서 낙찰기일이 지난 후에 배당요구를 하였으므로 집행법원이 원고에 대하여 배당을 하지 아니하고 3순위 배당요구권자인 피고들에게 배당을 실시한 것은 적법하다 할 것이다.

이에 대하여 원고는 이 사건 선박에 관한 경매신청시 이 사건 선박에 관한

2) 원심은 제1심 판결을 인용하였다.

등기부초본이 제출되지 않았기 때문에 원고는 경매절차의 진행에 관한 어떠한 통지도 받지 못하여 낙찰기일까지 배당요구를 하지 못하였는바, 배당요구를 지체한 데에 원고의 과실이 없으므로 원고에게 그 책임을 부담시킬 수 없다는 주장을 하나, 낙찰기일을 도과한 배당요구는 배당요구권자의 과실 유무에 관계 없이 적법한 배당요구로서의 효력을 인정할 수 없으므로 원고의 위 주장은 이유 없다.[3)]

[상고이유의 요지]

1. 외국선박에 대한 경매절차에 관한 법리오해

구 민사소송법 제688조에서 규정하고 있는 '등기부에 기입하는 절차에 관한 규정'이란 경매개시결정 기입등기(구 민사소송법 제611조), 등기부등본의 송부(제612조), 경매대금완납 후 경락인에 대한 소유권이전등기촉탁과 경매개시결정기입등기말소(제651조, 제661조) 등 집행법원이 선박등기부에 강제집행 관련 등기사항의 기입촉탁 등의 절차를 의미하는 것이다.

구 민사소송법 제681조 제 1 항 제 2 호는 채무자인 선박소유자가 실제 소유권자임을 입증시키고 등기된 권리자가 있는지를 확인하기 위한 것으로서 외국선박에 대한 경매절차에서도 여전히 적용된다.

2. 외국선박의 근저당권자의 법적 지위에 관한 법리오해

러시아국법에 따라 저당등기를 한 원고는 구 민사소송법 제607조 제 3 호의 저당권자로서 배당요구 없이 당연히 순위에 따라 배당을 받을 수 있다.

위와 같이 해석하지 않을 경우 외국선박의 경락인과 저당권자 사이에 외국선박에 대한 또 다른 분쟁을 낳을 수 있다.

3. 구 민사소송법 제605조 제 1 항에 대한 법리오해

구 민사소송법 제605조 제 1 항은 법률상 우선변제청구권이 인정되는 채권자

3) 원심은 원고가 적법한 근저당권자인지 여부에 대한 판단을 하지 않았다.

및 제607조 제 4 호의 부동산 위의 권리자로서 그 권리를 증명하여야 하는 자에게만 적용되고, 제607조 제 3 호의 등기부에 기입된 부동산 위의 권리자에게는 적용되지 않는다.

[이 사건의 쟁점]

외국선박에 대한 집행절차에서 저당권자의 지위와 외국선박에 대한 집행절차에서 민사집행법상 선박등기부의 등기를 전제로 한 규정이 적용되지 않는다고 할 것인지 여부.

美國에 있어서 外國船舶抵當權者의 地位

李 圭 鎬*

Ⅰ. 서 론

외국선박저당권자가 내국선박저당권자와 대등한 지위를 가지는지 여부 아니면 외국선박저당권의 존재를 파악할 방법이 없으므로 배당에 있어서 낙찰기일까지 배당요구를 해야만 배당을 받을 수 있는지 여부와 관련하여 창원지방법원 통영지원 2001. 9. 20. 선고 2000가합870 판결 및 이의 항소심판결은 외국선박의 근저당채권자의 경우에 외국선박에 대한 집행에는 등기부에 기입할 절차에 관한 규정도 적용하지 아니하고 있어 집행법원으로서는 외국선박의 근저당채권자의 배당요구가 없는 한 그 채권의 존부 및 액수를 알 수 없기 때문에 구 민사소송법 제605조 제1항에 따라 낙찰기일까지 배당요구를 하여야만 배당받을 수 있다고 판시하였다. 여기에서 문제되는 것은 외국선박저당권자의 지위다.

본고는 미국법제에서는 외국선박저당권자의 배당순위를 어떻게 정하는지 여부를 중심적인 주제로 하여 살펴본다. 이를 위해서는 우선 선박집행 일반론을 고찰할 필요가 있는데, 이 단계에서는 대물소송에서의 가압류(arrest)와 대인소송에서의 가압류(attachment) 양자를 모두 허용하는 미국법제에 대해 상세히 설명한다. 이를 이해하지 않고서 미국에서의 선박집행을 개괄적으로 이해하기 어렵기 때문이다. 그런 다음 선박집행에서의 배당순위 및 외국선박저당권자의 지위와 관련하여 국제사법적인 측면과 절차법적인 측면을 소개하도록 하겠다.

Ⅱ. 외국선박집행의 일반론

1. 의 의

미국은 18세기 말에 대영제국에서 독립하였기 때문에 해사채권(maritime

* 광운대학교 법과대학 국제법무학과 조교수.

claims)의 집행절차로서 대물적 가압류(arrest in rem. 이하 'C조 가압류'로 표시) 뿐만 아니라 대인소송에서의 가압류(admiralty attachment. 이하 'B조 가압류')를 유지하였다.[1] 오늘날 두 절차에 대한 구체적인 규칙은 미국 연방민사소송규칙의 해사사건에 관한 보충적 규칙(Supplemental Rules for Certain Admiralty and Maritime Claims of the Federal Rules of Civil Procedure. 이하 '해사보칙'으로 표시) 제B조(attachment)[2] 및 제C조(arrest)[3]에 규정되어 있다. 즉 해사보칙 제C조는 대물적 가압류(arrest in rem. 이하 'C조 가압류'로 표시)를 규정하고 있는 반면에 같은 규칙 제B조는 대인소송에서의 가압류(admiralty attachment. 이하 'B조 가압류')를 규정하고 있다.

따라서 미국에서 해사사건의 채권자는 다음의 소송절차 중 선택할 수 있다. 즉 해사사건에서 채권자는 (i) 대인소송(an action in personam), (ii) 해사채권보충규정 제B조에 따라 가압류와 아울러 대인적 소송의 제기, (iii) 해사채권보충규정 제C조에 따른 가압류(arrest)와 아울러 대물적 소송의 제기 중 선택할 수 있다는 의미다. 미국 해상법관련 절차의 또 다른 특징은 B조 가압류 및 C조 가압류 양자가 미국연방헌법 제5차개정조항과 제14차개정조항의 '적법절차'를 토대로 한 일정한 헌법적인 안전장치의 적용을 받는다는 점이다. 아래에서는 선박채권보전절차를 설명한 뒤에 집행절차를 고찰하겠다.

2. 보전절차

(1) 판례법국가에서의 대물적 가압류

판례법국가에서 해상법은 대개 영국의 해사법에 그 기원을 두고 있다. 이러한 국가에서 대물적 소송(in rem action)은 채권자가 보전처분 및 판결 후 집행을 위하여 의존하는 기본적인 절차다.[4] 대물적 소송에 있어 선박 또는 기타 대상(res) — 예컨대 화물 또는 운송료 — 의 가압류는 소송계속중 그 재산을 법원의 보관하에 두는 기능을 수행한다. 또한 대물적 가압류(in rem arrest)는 통상적으로 선박소유자인 피고의 법정출석을 유도할 뿐만 아니라 법원의 재판관할권

1) William Tetley, Arrest, Attachment, and Related Maritime Law Procedures, 73 Tul. L. Rev. 1895, 1928(1999)(이하 'Tetley, A.A.R.' 표시).

2) Fed. R. Civ. P. Supp. Rule B(이하 'Supp. Rule B'로 표시). 또한 가압류는 해사보칙 제B조의 요건이 충족되지 아니하더라도 미국의 '일반해상법'(general maritime law)에 따라 가능하다(See Schiffahartsgesellschaft Leonhardt & Co. v. Bottacchi S. A. de Navegacion, 773 F. 2d 1528, 1531-1533, 1986 AMC 1, 4-9(11th Cir. 1985)).

3) Fed. R. Civ. P. Supp. Rule C(이하 'Supp. Rule C'로 표시).

4) Tetley, A.A.R., supra note 1, at 1898.

을 성립시키는 역할도 수행한다. 법원이 대물적 가압류 이후에 그 청구를 인용한다면 그 판결을 권원으로 경매에 따라 그 가압류물건을 집행하거나 그 물건을 대체하여 제공된 담보에 대하여 집행할 수 있다.[5)]

(2) 대륙법계국가에서의 가압류

대륙법계국가에서 대물적(in rem) 소송은 존재하지 아니한다. 그러한 국가에서 대인적 소송(in personam action)은 대물적 가압류(arrest)를 실시하기 위하여 유체물에 대한 가압류(saisie conservatoire; conservatory attachment)와 결부된다.[6)] 가압류는 소송계속중에 법원의 권한 아래에서 채무자의 재산(선박을 포함)을 보전하여 관리하는 것을 허용한다.[7)] 그 후 원고승소판결이 내려지면 가압류된 재산 또는 그 대체 담보물에 대하여 집행할 수 있다.[8)]

(3) 미국에서의 선박가압류

1) 의　　의

판례법과 대륙법 양자의 전통 중 장점만을 취한 것으로 보이는 국가도 있는데 미국이 바로 그 예에 해당한다. 미국 해상법은 채권자에게 대물소송에서 선박을 가압류할 권리(arrest in rem)와 대인소송에서 선박을 가압류할 권리(maritime attachment) 양자를 허용한다.[9)] 그 가운데 미국 해상법의 독특한 특징은 특수한 대물적 구제책을 이용할 수 있다는 데 있다. 이 소송은 해사보칙 제C조에 규정되어 있다.[10)] 그 절차에 따르면 심리 또는 판결 없이 법원의 일방적인 명령에 의한 선박의 가압류를 허용한다.[11)] 대물적 절차는 가해주체로서의 선박 또는 기타 '해사재산'(maritime property)에 대한 소송이다.[12)] 본질적으로 선박이 그 소송에 있어서 피고로 된다.[13)] 즉 선박이 해상법상 독립된 법인(juridical per-

---

5) Id.
6) Id. at 1940.
7) Id. at 1898.
8) Id.
9) Id. at 1928.
10) Supp. R. C. 미국 연방법전 제28편 제2072조는 해사보칙을 규정하고 있다. 이러한 규칙은 미국연방법원에서 해사사건에 적용된다. 해사소송은 연방법원에 제기하여야 한다. 따라서 연방민사소송규칙은 이러한 해사보칙에 부합하지 아니하는 경우를 제외하고는 그 소송에 적용된다(Fed. R. Civ. P. Supp. R. A(이하 'Supp. R. A'로 표시)).
11) Thomas J. Schoenbaum, Admiralty and Maritime Law 896(2d. ed., 1994).
12) Grant Gilmore & Charles L. Black, Jr., The Law of Admiralty 589(Foundation Press, Inc., 2d ed., 1975).
13) Schoenbaum, supra note 11, at 431.

son)인 것이다.[14] 이러한 개념은 특정인이 가해물건을 압류하는 것을 허용하는 것인데 이것은 독특하고 미국 해사법의 핵심에 있다. 선박을 상대로 제소한다는 개념은 다수의 국가에 있어 법적 허구로 간주되나 미국 해사법상 구제책에 있어 중요하다.[15]

하지만 대물적 소송은 그에 내재된 실체적 쟁점인 '선박특권'을 이해하지 아니하고는 이해될 수 없다. 미국 해상법에서 선박특권은 대물소송에서 필요조건이다.[16] 특정사고의 발생시, 계약 또는 고용인의 지위로부터 발생하는 의무의 불이행시에 미국 해상법은 가해물건, 통상적으로는 선박에 재산권으로서 인식될 수 있는 권리를 손실을 입은 자에게 부여한다.[17] 가해선박에 대한 이러한 권리가 선박특권이고 이것은 발생한 손실액을 토대로 한다.[18] 예컨대 선박에 대한 부품의 공급업자가 대금을 받지 못한 경우에 그는 당해 선박에 대해 소를 제기할 권리를 가진다. 선원의 체불임금에 대해서도 그 선박을 상대로 제소할 수 있다. 더욱이 그 선박 자체는 선하증권이 미지급된 경우에 운송하는 화물에 대한 특권을 가질 수 있다.[19] 이러한 특징을 고려하면서 C조 가압류와 B조 가압류 양자를 차례로 살펴본다.

2) 해사보칙 제C조에 따른 대물적 가압류

해사보칙 제C조에 따라 미국 내에서의 대물적 소송은 제소시점에 또는 소송계속중에 재산이 관련 연방지방법원의 지역적 재판관할권에 귀속한다면[20] 해사특권을 집행하기 위하여 선박 또는 기타 해사관련 재산의 C조 가압류를 허용한다.[21]

14) Francis X. Nolan Ⅲ, Recent Issues in Financing Vessels, C133 ALI-ABA 345, 347 (1995).

15) Nicholas J. Healy & David J. Sharpe, Cases and Materials on Admiralty 129-30(3d ed., 1999).

16) Gilmore & Black, supra note 12, at 622.

17) Id. at 587.

18) Schoenbaum, supra note 11, at 430-431.

19) Id.

20) Republic Nat'l Bank v. United States, 506 U.S. 80, 84, 88-89, 1993 AMC 2010, 2013, 2015-2016(1992).

21) See Navieros Inter-Americanos v. M/V Vasilia Express, 120 F. 3d 304, 313, 1997 AMC 2845, 2856(1st Cir. 1997); Sembawang Shipyard, Ltd. v. Charger, Inc. & M/V Charger, 955 F. 2d 983, 987, 1993 AMC 1341, 1345(5th Cir. 1992); Rainbow Line, Inc. v. M/V Tequila, 480 F. 2d 1024, 1028, 1973 AMC 1431, 1436(2d Cir. 1973); Garcia v. M/V Kubbar, 4 F. Supp. 2d 99, 103, 1998 AMC 893, 896(N.D.N.Y. 1998). 해사보칙 제C조 제1항은 미국의 제정법이 대물적 해사소송을 규정하는 경우에는 언제나 대물적 소송을 허용한다. 하지만 해사보칙 제C조에 따른 가압류는 외국법상 대물적 권리를 집행하기 위하여서는 이용불가능하다(See Trinidad Foundry & Fabricating Ltd. v. M/V K.A.S. Camilla, 962 F. 2d 613, 616-617, 1992 AMC 2636, 2641(11th Cir. 1992); Heidmar, Inc. v. Anomina Ravennate di Armanento S.P.A., 993 F. Supp. 990, 994-995, 1998 AMC 47, 52(S. D. Tex. 1997), vacated on other grounds, 132 F. 3d 264, 1998 AMC 982(5th Cir. 1998)).

C조 가압류는 특권을 완성하고 재판관할권을 취득하게 하며 판결전 채권을 보전하는 기능을 수행한다.[22] 해사보칙 제C조에 따라 가압류는 선서진술서와 함께 선서에 의해 인증된 소장을 제출함으로써 신청한다. 급박한 사정으로 심리할 수 없는 경우가 아닌 한, 가압류영장을 발부하기 전에 사법심사가 요구된다.[23] 피고에 대한 출석요구서와 함께 가압류영장은 법원의 명령에 따라 법원서기가 발부하고 집행관은 선박에 가압류통지서를 붙이고 선장 또는 그 선박의 책임자에게 소장 및 영장의 사본을 송달함으로써 선박을 가압류한다.[24] 가압류된 재산에 대한 권리를 주장하는 자는 가압류 후 즉시 심문을 받을 기회를 가질 수 있다. 이 규정은 해사보칙 제E조 제4항 제f호에 따라 강행규정이다. 선박은 특권채권을 만족시키기 위하여 매각될 수 있으나 매각대금으로는 그 청구를 만족시키기에 불충분한 경우에는 선박소유자는 그 잔액에 대해 책임을 지지 아니한다. 왜냐하면 대물적 소송은 가압류된 선박 또는 기타 물건에 대하여 배타적으로 적용되기 때문이다.[25] 또한 미국연방지방법원은 해난구조자의 권리를 보호하기 위하여 공해의 해저에 있는 난파선의 잔해를 포함한 난파선에 대하여 대물적 의제재판관할권(constructive in rem)의 존재를 인정하였다. 이 이론은 해난구조자가 난파선의 인공물을 인양한 장소를 관할하는 연방지방법원이 재판관할권을 가진다고 한다.[26]

법원의 대물적 재판관할권은 선박의 현실적인 가압류에 의하여 완성된다.[27] 그렇게 함으로써 피고인 선박은 법원의 관리하에 놓이게 된다. 그리고 그 가압류는 해사집행관이 실시한다. 하지만 현실적 가압류는 통상 모든 이해관계인에게 매우 불편하다. 왜냐하면 그것은 부두에 있는 선박을 유치하여 선박운행을 계속할 수 없게 함으로써 법적 비용과 선박관리비용을 야기하기 때문이다.[28] 선

22) Alyeska Pipeline Serv. Co. v. The Vessel Bay Ridge, 703 F. 2d 381, 384, 1983 AMC 2719, 2721(9th Cir. 1983).

23) Supp. Rule C (3).

24) Supp. Rule C (2), (3).

25) Bay Casino, LLC v. M/V Royal Empress, No. 98 CV 2333(SJ), 1998 WL 566772, 2, 1998 AMC 2226, 2233(E.D.N.Y. Aug. 21, 1998).

26) See Treasure Salvors, Inc. v. The Unidentified Wrecked & Abandoned Sailing Vessel, 640 F. 2d 560, 566, 1981 AMC 1857, 1864(5th Cir. 1981); R.M.S. Titanic, Inc. v. The Wrecked & Abandoned Vessel Believed to be the R.M.S. Titanic, 9 F. Supp. 2d 624, 632-634, 1998 AMC 2421, 2432-2435(E.D. Va. 1998); Marex Int'l, Inc. v. The Unidentified, Wrecked & Abandoned Vessel, 952 F. Supp. 825, 828, 1998 AMC 484, 487-488(S. D. Ga. 1997); Moyer v. The Wrecked & Abandoned Vessel Known as The Andrea Doria, 836 F. Supp. 1099, 1104, 1994 AMC 1021, 1025-1026(D.N.J. 1993).

27) Supp. Rule C.

28) Cont'l Grain Co. v. Fed. Barge Lines, Inc., 268 F. 2d 240, 243, 1959 AMC 2158, 2160-2161(5th Cir. 1959), aff'd sub nom. Cont'l Grain Co. v. Barge FBL-585, 364 U.S. 19, 24, 1961 AMC 1, 7(1960).

박소유자와 운송업자는 가능하다면 언제나 선박을 대리하여 법원의 재판관할권에 동의함으로써 가압류를 회피하려고 노력한다. 만약 그들의 노력이 성공한다면 집행관이 이 선박을 가압류할 필요가 없게 된다.[29] 그러한 사례에서 원고는 자신이 소장을 제출한 법원의 서기에게 송달의 정지를 요구하고[30] 선박소유자는 해사보칙 제C조 제6항에 따라 소유권존재확인의 청구를 제출한다.[31] 소유권존재확인의 청구(the claim of owner)는 선박에 대한 채권자의 권리를 기재하고 선박의 배상과 선박을 방어할 권리를 요구한다.[32]

대다수 사례에서 특히 외국인소유의 선박과 관련된 사례에서 원고는 선박소유자가 선박을 위하여 재판관할권에 복종하는 한편, 청구에 대한 담보의 제공을 요구한다.[33] 담보제공의 비용을 회피하기 위하여 담보는 통상 지급보증계약서[34] 또는 선박소유자가 마련한 사문서로서의 지급보증서[35] 또는 선박소유자의 P&I 보험회사에 의한 보증서(letter of undertaking)[36]의 방식을 취한다. 또한 담보는 신용장(letter of credit), 보증서(surety bond) 또는 현금을 제3자의 예탁계좌(escrow account)에 예치하는 방식에 의하여 제공할 수 있다.[37] 어떠한 담보제공 형식을 취하든 간에 그것은 법원이 실시할 수 있는 재산으로서 선박을 대체하고,[38] 따라서 그 법원의 대물적 재판관할권은 그로 인하여 완성된다.[39]

---

29) Steven F. Friedell & Nicholas J. Healy, An Introduction to In Rem Jurisdiction and Procedure in the United States, 20 J. Mar. L. & Com. 55, 64(1989).

30) 해사보칙 제E조는 "대물적 소송에서 소송서류의 발부 및 송달 또는 선박가압류 및 압류의 발부 및 송달은 원고가 요청한다면 중지된다"(Fed. R. Civ. P. Supp. Rule E(3)(b)).

31) Fed. R. Civ. P. Supp. Rule C(6).

32) Fed. R. Civ. P. Supp. Rule C(6); Cactus Pipe & Supply Co. v. M/V Montmartre, 756 F. 2d 1103, 1107 n. 5, 1110, 1985 AMC 2150, 2153 n. 5, 2157-2158(5th Cir. 1985); The Cartona, 297 F. 827, 827-828, 1924 AMC 771, 772(2d Cir. 1924).

33) See, e.g., The Cartona, 297 F. at 827-828, 1924 AMC at 772.

34) See, e.g., Panaconti Shipping Co., S. A. v. M/V Ypapanti, 865 F. 2d 705, 707-708, 1989 AMC 1417, 1419-1421(5th Cir. 1989); In re Atl. Gulf & W. Indies S. S. Lines, 20 F. 2d 975, 975, 1927 AMC 1084, 1085(S.D.N.Y. 1927).

35) See, e.g., Cont'l Grain Co., 268 F. 2d at 243 & n. 3, 1959 AMC at 2160-2161 & n. 3, aff'd sub nom. Cont'l Grain Co., 364 U.S. at 19, 1961 AMC at 1.

36) Friedell & Healy, supra note 29, at 64-65; P&I clubs에 대한 자세한 설명은 see Raymond P. Hayden & Sanford E. Balick, Marine Insurance: Varieties, Combinations, and Coverages, 66 Tul. L. Rev. 311, 325-329(1991); Norman J. Ronneberg, Jr., An Introduction to the Protection & Indemnity Clubs and the Marine Insurance They Provide, 3 U.S.F. Mar. L.J. 1, 1-36(1991). P&I club 보증서에 의하여 완성된 대물재판관할권에 대한 예로는 L & L Marine Transp., Inc. v. M/V Hokuetsu Hope, 895 F. Supp. 297, 299-300, 1998 AMC 2638, 2639-2641(S.D. Ala. 1995).

37) Friedell & Healy, supra note 29, at 64-65. 해사보칙 제E조에 따르면 여러 종류의 담보제공을 허용하고 있다(Fed. R. Civ. P. Supp. Rule E(5)).

38) Cactus Pipe, 756 F. 2d at 1115, 1985 AMC at 2166-2167(citing Cont'l Grain, 364 U. S. at 38, 1961 AMC at 15-16(Whittaker & Douglas, JJ., dissenting)).

39) United States v. Republic Marine, Inc., 829 F. 2d 1399, 1401-1405, 1988 AMC 2507,

그러한 가압류회피수단은 선박의 법인화(personification) 법리를 침해하는 것으로 언급되었다.[40] 왜냐하면 선박소유자에 의한 재판관할권에의 복종은 피고인 선박 자체에 대한 물리적인 지배권행사에 대한 대체물로서 승인되기 때문인 것으로 추정된다.[41] 하지만 이러한 특징들이 실제적으로 그 법리를 침해하는지 여부는 의문의 여지가 있다. 회사의 경우 자연인이 그 회사를 대표하듯이 자연인이 그 선박을 대표할 수 있어야 하기 때문이다.[42] 법원의 대물적 재판관할권이 실제적 가압류로 완성된 경우에조차도 그 법리는 여전히 적용된다. 선박소유자임을 주장하는 자는 실제적인 가압류가 있는 경우에조차도 선박을 대변할 수 있다.[43] 선박소유자(또는 종종 보험회사가 선임한 변호사)가 선박의 대리인이 되도록 허용하는 것은 선박의 법인화법리를 침해하지 아니한다. 왜냐하면 법인화법리는 법원의 재판관할권이 그 법리와 일치되는 방식으로 완성된 경우에조차 발생하기 때문이다.[44]

더욱이 비거주민인 피고(자연인)는 변호사와 같은 제 3 자에게 피고를 대리하여 출석하도록 요구함으로써 본인이 직접 출석하지 않고도 대인적 재판관할권에 복종할 수 있다.[45] 그렇더라도 피고는 원고청구인용판결에 대하여 인적으로 변제할 책임을 여전히 진다는 사실은 바뀌지 아니한다. 마찬가지로 선박소유자가 선박을 대리하여 재판관할권에 복종한다는 사실에 의하여 선박(또는 기타 대체물)이 그 선박에 대한 판결에 만족할 책임을 진다는 사실은 변경되지 아니한다. 그 선박은 소송기록상 당사자로 남아 있다.[46]

소유권자임을 주장하면서 보증서를 제출하거나 기타 담보를 제공함으로써

2510-2516(7th Cir. 1987); Catus Pipe, 756 F. 2d at 1107, 1110, 1985 AMC at 2154, 2159; L&L Marine, 895 F.Supp. at 299-300, 1998 AMC at 2639-2641; Tamini v. M/V Jewon, 699 F. Supp. 105, 106, 1988 AMC 2093, 2094(S.D. Tex. 1988).

40) George K. Walker, The Personification of the Vessel in United States Civil In Rem Actions and the International Law Context, 15 Tul. Mar. L.J. 177, 195(1991).

41) Martin Davies, In Defense of Unpopular Virtues: Personification and Ratification, 73 Tul. L. Rev. 337, 358(2000).

42) Id.

43) Fed. R. Civ. P. Supp. Rule E(8)(이하 'Supp. Rule E(8)'로 표시).

44) Davies, supra note 41, at 358.

45) 연방민사소송규칙 제12조 제h항 제1호에 따르면 피고는 대인적 재판관할권흠결의 항변을 포기할 수 있다. See Ins. Corp. of Ir. v. Compagnie des Bauxites de Guinee, 456 U.S. 694, 703(1982); Jackson v. Hayakawa, 582 F. 2d 1344, 1347(9th Cir. 1982); Amen v. City of Dearborn, 532 F. 2d 554, 558 n. 7(6th Cir. 1976), rev'd in part on other grounds, 718 F. 2d 789(6th Cir. 1983).

46) 예컨대 선박은 사실심리생략판결신청에서 신청인으로 기재되어야 한다(Cactus Pipe, 756 F. 2d at 1109, 1985 AMC at 2157155). 또한 선박은 상소절차에서 상소인으로 기재되어야 한다(All Pac. Trading, Inc. v. M/V Hanjin Yosu, 7 F. 3d 1427, 1430-1431, 1994 AMC 365, 368(9th Cir. 1993)).

선박소유자는 명백히 선박을 대리하여 법원의 재판관할권을 인정하고 가압류의 취소를 구한다. Cactus Pipe & Supply Co. 대 M/V Montmartre 사건에서 제5순회구 연방항소법원에 따르면 대물적 재판관할권은 선박소유자가 단순히 선박의 소유권자임을 주장하는 신청을 제기함으로써 완성된다고 판시하였다. 그 논거로서 그러한 신청이 선박소유권자측에서 재판관할권에의 동의를 나타내는 충분히 지침이 되기 때문이라는 것을 들고 있다.[47] 이 판결은 그 밖의 공표된 사례에서 선례가 되었더라도[48] 이러한 측면은 법인화법리에 모순된다.

대물적 책임의 부담금액을 선박가치로 국한하는 것은 법인화 법리에 핵심적인 내용이고 대물적 가압류절차를 정당화한다. 선박이 최초의 C조 가압류영장에 따라 가압류되지 아니하는 한, 그 밖의 절차를 통하여 해사채권자는 선박 또는 대체물을 확보하였어야 한다.[49] 최초의 가압류영장의 송달은 선박소유자가 선박의 소유권을 주장하는 신청을 제기한 경우에 정지된다. 해사보칙에는 그러한 상황을 규율하는 규정이 없다. 따라서 미변제된 판결은 연방민사소송규칙 제69조 제a항에 따라 선박 자체에 대하여 발부된 집행영장(writ of execution)의 방식에 의하여 집행되어야 한다.[50] 선박이 판결을 선고한 연방지방법원의 지구(district)에 더 이상 소재하지 않다면 그 판결은 선박이 발견된 지구에서 등록하여야 할 것이고 그 지구에서 집행하여야 할 것이다.[51] 집행절차는 연방법원이 소재하는 주에서 이용 가능한 절차 또는 그 근원이 되는 분쟁을 규율하는 주법에 의하여 규율될 것이다.[52]

그런데 선박소유자의 소유권존재확인청구만으로 법원의 대물적 재판관할권

47) 756 F. 2d at 1110-1111, 1985 AMC at 2159-2160.

48) Trade Arbed, Inc. v. M/V Swallow, 688 F. Supp. 1095, 1105, 1989 AMC 2218, 2220-2221(E.D.La. 1988); Truehart v. Blandon, 685 F. Supp. 956, 958-959(E.D.La. 1988).

49) Gilmore & Black, supra note 12, at 796-801. 담보의 제공으로 선박특권은 제거되고 그 담보가 선박을 대체한다(Alyeska Pipeline Serv. Co., 703 F. 2d at 384, 1983 AMC at 2721-2722). 선박을 가압류하지 아니하고 어떠한 담보도 그 선박 대신에 제공하지 아니하였다면 원고의 선박특권은 여전히 그 선박에 붙어 있어서 가압류가 허용되는 것으로 보인다.

50) 연방민사소송규칙 제69조 제a항은 다음과 같이 규정하고 있다.
"금전지급판결을 집행하는 서류는 법원이 달리 명하지 아니하는 한, 집행영장이다. 집행절차 [생략]는 구제책을 구한 시점 당시에 연방지방법원이 소재하는 주의 실무 및 절차에 따른다. 미국 연방법이 적용되는 한도 내에서는 그 법이 적용된다."

51) 연방법원의 판결은 항소 또는 항소제기간의 만료에 의하여 일단 최종적으로 되면 집행하기 위하여 다른 지구(district)에 등록할 수 있다(28 U.S.C. § 1963). 일단 등록되면 그 판결은 등록된 지구 소재 연방지방법원의 판결과 동일한 효력을 가지고 그 연방지방법원의 판결처럼 집행할 수 있다(Id.).

52) Am Home Assurance Co. v. L&L Marine Serv., Inc., 153 F. 3d 616, 617-620, 1998 AMC 2789, 2791-2793(8th Cir. 1998)(연방저축법은 뉴욕주법을 계약을 규율하는 법으로 지정하였기 때문에 뉴욕주법이 미주리주 동지구 소재 연방지방법원의 연방민사소송규칙 제69조 제a항상 집행영장을 규율한다고 판시한 사례).

을 완성하는 실무는 외국선적의 선박 또는 외국인이 소유하는 선박과 관련된 사건에서 사용되지 아니할 듯싶다. 그러한 사례에서 원고는 통상 실제적 가압류를 취소하기로 동의하기 전에 매년 자동갱신의 형태를 취하는 '만족적인 담보의 제공'을 요구한다.[53)]

미국법에 따르면 선박우선저당권자와 선박우선특권소지자 양자는 대물적 민사소송에 의하여 집행할 수 있는 특권을 가진다.[54)]

대물적 집행은 미국 선박뿐만 아니라 외국선박에 대해서도 가능하다. 하지만 대다수 국가와는 달리 미국에서는 公用船舶(public vessel)에 대해 특권을 주장할 수 없다.[55)] 미국 정부가 소유하거나 임대하거나 운행하는 선박의 B조 가압류 또는 C조 가압류는 공용선박법(Public Vessels Act) 및 해사소송법(Suits in Admiralty Act)에 의하여 금지된다.[56)] 외국정부 또는 그 기관 또는 기구가 소유하고 운행하는 선박도 또한 외국정부면책법(Foreign Sovereign Immunities Act)[57)]에 따라 비영리적 정부행위와 관련해서만[58)] 판결 전 C조 가압류 또는 B조 가압류로부터 면책된다. 그럼에도 C조 가압류는 선박우선저당권을 실행하기 위하여 국유의 외국선박에 대해서조차 허용된다.[59)]

3) 해사보칙 제B조에 따른 가압류

해사보칙 제B조 제 1 항은 해사사건에서 관할 내에 있는 피고에 대하여 채권을 가지는 채권자가 피고의 물품이나 유체동산을 가압류하거나 피고의 소재를 지구(district) 내에서 발견할 수 없는 경우에는 그 지구 내에서 제 3 채무자(garnishee)가 피고에게 이행하여야 하는 채무 또는 인적 재산(effects)을 가압류하도록 허용한다. 따라서 가압류에 의해 법원이 피고에 대하여 대인적 재판관할권을 가지지 아니하더라도 지구 내에 소재하는 피고의 재산에 대한 재판관할권을 주장할 수 있다.[60)] 미국의 B조 가압류는 대륙법의 보전적인 가압류(conservatory

53) Friedell & Healy, supra note 29, at 64-65.

54) 46 U.S.C. § 31325 (a), (b) (1)(우선저당특권); id. §§ 31301 (5), 31326 (b) (1)(선박우선특권); id. § 31342 (a) (1) and (2)(필수선용품에 대한 선박특권); see also Supp. Rule C (1) (a)(선박특권을 집행하도록 대물적 소송을 허용한 경우).

55) 46 U.S.C. §§ 30101 (3), 31342 (b).

56) Id. app. § 788.

57) 28 U.S.C. §§ 1330, 1332 (a), 1391 (f) 1441 (d), 1602-1611(1997).

58) Id. §§ 1604, 1605 (a) (2), 1605 (b); Coastal Cargo Co. v. M/V Gustay Sule, 942 F. Supp. 1082, 1084-1087, 1997 AMC 193, 196-201(E.D.La. 1996).

59) 28 U.S.C. § 1610 (a).

60) See Transamerica Leasing Inc. v. Frota Oceanica E. Amazonica, S. A., No. 97-0556-CB-5, 1997 WL 834554, 2, 1998 AMC 254, 256(S.D. Ala. June 26, 1997); Western Bulk Carriers(Aust. 1.), Pty. Ltd. v. P. S. Int'l, Ltd., 762 F. Supp. 1302, 1305, 1991 AMC 2828, 2831(S.D. Ohio. 1991).

attachment)와 유사하다.[61] 가압류는 피고의 출석을 확보하고 본안소송에서 승소한 경우에는 채권만족을 확실하게 한다.[62] B조 가압류는 C조 가압류와는 달리 선박특권 또는 우선저당권의 존재에 달려 있지 아니하고 미국의 해사재판관할권에 속하는 피고에 대한 채권의 존재만을 요건으로 한다.[63] B조 가압류는 C조 가압류와는 달리 선박재산(즉 선박, 화물, 연료 등)에만 국한되는 것은 아니고 제3자의 수중에 있는 피고의 채권 또는 동산뿐만 아니라 연방지방법원의 지구내에 소재하는 피고의 물품이나 유체동산에 대하여 행해질 수 있다.[64] 따라서 그것은 은행계좌를 비롯하여 무체동산 및 유체동산을 가압류하기 위하여 사용된다.[65]

미국은 B조 가압류절차를 갖추고 있기 때문에 자매선에 대한 대물적 가압류(sister ship arrest in rem)는 불필요하다. 자매선이 지구(district) 내에 있고 그 지구에서 피고의 소재를 발견할 수 없다면 피고의 물품이나 유체동산과 동일한 방식대로 채권을 보전하기 위하여 그 자매선을 가압류할 수 있다.[66]

해사보칙 제B조에 따라 피고의 소재를 '지구(district) 내에서 발견'할 수 없을 때를 판단할 목적으로 재판관할권과 소송서류의 송달 양자를 고려한다.[67] 따라서 해사보칙 제B조에 따른 가압류는 (a) 피고가 대인적 재판관할권을 인정하기에 충분한 지구 내에 '최소한 접촉'을 하지 않은 때[68] 또는 (b) 피고가 지구 내에 소송서류의 송달을 받을 수 있는 입장에 있지 아니한 경우에 적절하다. 왜냐하면 그는 자신이 소송서류를 송달받을 수 있는 지구 내에 사무소나 대리인을 두고 있지 아니하기 때문이다.[69] 원고는 피고가 해사보칙 제B조에 따른 지구 내에 피고의 소재를 파악할 수 없다는 것을 증명할 책임을 진다. 그리고 원고는 피고의 소재파악을 위해 상당한 노력을 기울여여야 한다.[70]

해사보칙 제B조에 따른 재판관할권은 대인적인 성격을 띠기 때문에 피고가

61) William Tetley, Maritime Liens and Claims 938-939(2d ed. 1998)(이하 'Tetley, M.L.C.'로 표시).

62) See Swift & Co. Packers v. Compania Colombiana Del Caribe, S. A., 339 U.S. 684, 693, 1950 AMC 1089, 1096-1097(1950).

63) Tetley, M.L.C., supra note 61, at 939-940.

64) Id. at 940.

65) Id. at 939.

66) Id. at 1047.

67) Id. at 939-940.

68) See Helicopteros Nacionales de Colombia, S. A. v. Hall, 466 U.S. 408, 414 nn. 8-9 (1984); Ocean Chem. Transp., Inc. v. Cotton, 702 So. 2d 1272, 1998 AMC 38, 39(Fla. Dist. Ct. App. 1997).

69) 연방지방법원의 지구(district) 내에 피고가 실재하는지 여부를 결정하는 표준시기는 소장제출시점이다(See Heidmar, 132 F. 3d at 267-268, 1998 AMC at 985-987).

70) See West of England Ship Owners Mut. Ins. Ass'n v. McAllister Bros., 829 F. Supp. 122, 124, 1993 AMC 2559, 2561-2563(E.D. Pa. 1993).

소송계속중 법원에 출석하고 원고의 청구가 인용된다면 그 판결은 피고의 전 재산에 대하여 집행가능하고 대물적 소송처럼 압류된 재산에 대해서만 집행가능한 것은 아니다.[71] 하지만 피고가 불출석하는 경우에는 원고의 판결은 가압류된 재산의 가치에 대해서만 집행가능하다.[72] B조 가압류는 대물적 소송과 결합될 수 있다. 그러한 병합의 이점은 선박 또는 기타 가압류된 재산의 가액이 판결을 만족시키기에 부족하다면 손해액의 잔액을 채권에 대해 인적 책임을 지는 피고로부터 회복할 수 있다는 것이다.[73] 또한 B조 가압류 및 C조 가압류의 병합은 채권자가 대물적으로 주장할 유효한 선박특권을 가지는지 여부에 대하여 불명백한 경우에 유용하다.[74]

절차적인 측면에서 해사보칙 제B조에 따르면, 원고가 선서진술서(affidavit)와 함께 상세히 기재된 소장을 제출하여야 한다. 원고는 (1) 그가 피고에 대한 대인적 청구를 가진다는 것, (2) 피고의 소재를 그 소가 제기된 지구 내에서 발견할 수 없다는 것, (3) 피고에게 속하는 재산이 그 지구 내에 현존하거나 곧 실재할 것이라는 점 및 (4) 가압류에 대한 제정법상 또는 일반해상법상(general maritime law) 금지규정이 없다는 사실을 증명하여야 한다.[75] 1985년 이래 요건으로 된 가압류 전 심문 때문에 일방적인(ex parte) 가압류신청도 역시 제기하여야 한다. 법원의 명령으로 법원서기는 피고에 대한 출석요구서와 함께 가압류영장을 집행관에게 발급한다. 이 출석요구서와 가압류영장은 집행관이 피고에게 송달한다.[76] 가압류 후 즉시 심문도 또한 해사보칙 제E조 제4항 제f호에 따라 강행규정이다.

4) 선박의 해방

선박은 해사보칙 제E조 제5호에 따라 충분한 담보를 제공한 경우에 B조 가압류 또는 C조 가압류로부터 해방될 수 있다. 따라서 그 담보는 그 재산(res: 선박)을 대체하고[77] 통상적으로 동일한 청구에 대하여 재차 가압류할 수 없게

71) See Bay Casino, 1998 WL 566772, at 2, 1998 AMC at 2232-2233.

72) 이러한 연유로 해사보칙 제B조에 따른 재판관할권은 때때로 '준대물적 재판관할권'으로 지칭된다[See Navieros Inter-Americanos, 120 F.3d at 315, 1997 AMC at 2858; Limonium Maritime, S.A. v. Mizushima Marinera, S.A., 961 F. Supp. 600, 605, 1997 AMC 2938, 2944(S.D.N.Y. 1997)].

73) Supp. Rule C(1)(b); 해사보칙 제C조에 따른 가압류요건이 충족되지 아니하는 경우에 법원들은 마치 해사보칙 제B조에 따른 가압류와 함께 소가 원래 제기된 것처럼 소송수행하는 것을 때때로 허용할 것이다(See Heidmar, 132 F. 3d at 268, 1998 AMC at 987-988).

74) Tetley, A.A.R., supra note 1, at 1935.

75) See Transamerica, 1997 WL 834554, at 2, 1998 AMC at 256.

76) Supp. Rule B(1).

77) Tetley, M.L.C., supra note 61, at 1113.

된다.[78] 미국에서 담보는 '특별보증서'(special bond)(해사보칙 제E조 제5항 제a항)의 방식을 취할 수 있다. 그 특별보증서는 원고의 소에서 B조 가압류 또는 C조 가압류로부터 당해 대상물을 해방한다. 그 특별보증서는 당사자가 합의한 금액으로 하거나 그러한 합의가 없을 경우에는 법원이 정한 금액으로 한다. 그 금액은 이자와 비용과 함께 공정하게 기재한 원고의 채권을 포함하기에 충분한 것이면 되나 ① 그 재산의 가치와, ② 그 채권의 2배 중 적은 금액을 초과하지 못한다.[79] 또한 담보는 '일반보증서'(general bond)의 방식을 취할 수도 있다. 일반보증서는 지구 내에 제기될 수 있는 모든 소송과 관련하여 B조 가압류 또는 C조 가압류로부터 물건을 해방한다. 그 보증액은 계속중인 소송에서 주장된 소송목적의 값의 2배수에 해당하여야 한다. 그 밖에 담보는 통상적으로 P&I club의 보증서 또는 몇몇 사례에서 신용장 또는 조건부예탁증서(escrow deposit)에 의할 수 있다.[80]

더욱이 피고가 채권자의 소송에서 담보를 제공한 경우에 법원은 정당한 이유로 달리 명하지 아니하는 한, 동일한 거래를 원인으로 한 반소와 관련하여 담보를 제공하도록 명할 수 있다.[81] 또한 피고가 제공한 담보가 실제손해액을 훨씬 초과한 경우에 원고에게 역담보(countersecurity)의 제공을 요구하였다.[82]

원고가 본안소송에서 승소하면 책임재산을 경매로 매각할 수 있거나 법원은 대체담보물에 대하여 집행할 수 있다. 그 경매는 경매기일에 존재한 모든 청구를 소멸시키고 매수인은 선박을 원시 취득한다.[83] 그리고 그 매각대금은 미국법상 배당순위에 따라 배당된다.[84]

5) 위법한 B조 가압류 또는 C조 가압류의 효과

미국법원은 해사사건에서 위법한 B조 가압류 또는 C조 가압류에 대하여 손해배상을 허용하는데 주저하지 아니한다. 하지만 영국과 캐나다에서처럼 손해배상은 불성실함(bad faith)이나 해의(malice) 또는 중과실(gross negligence)에 의하여 B조 가압류 또는 C조 가압류를 신청한 것으로 인정되는 경우에만 허용된

78) Id.

79) See 20th Century Fox Film Corp. v. M/V Ship Agencies, Inc., 992 F. Supp. 1429, 1429(M.D. Fla. 1997); Lion de Mer, S. A. v. M/V Loretta D, NO. Civ. L-98-921, 1998 WL 307077, at 2, 1998 AMC 1410, 1412(D. Md. Apr. 3, 1998).

80) Supp. Rule E(5)(c).

81) Id. Rule E(7).

82) See Techem Chem. Co. v. M/T Choyo Maru, 416 F. Supp. 960, 967-970, 972, 1976 AMC 1954, 1964-1969, 1972(D. Md. 1976).

83) 46 U.S.C. § 31326(a)(1997).

84) Id. at § 31326(b).

다.[85] B조 가압류 또는 C조 가압류에 단지 오류가 있는 경우에 당사자는 때때로 그 비용을 상환받을 수 있다. 하지만 손해배상은 그렇지 않다.[86] 그리고 미국 법원들은 또한 과도한 담보의 제공을 요구하는 것을 이유로 당사자에게 손해배상을 인정할 수 있다.[87]

6) 미국 연방헌법상 선박소유자의 재산권보호

1791년 채택된 미국연방헌법의 제 5 차개정조항은 연방사건에서 적법절차를 거치지 않고 사람의 생명·자유 또는 재산을 박탈하는 것을 금지한다.[88] 같은 법 제14차개정조항은 주정부 사건과 관련하여 유사한 금지원칙을 적용한다.[89] 1960년대와 1970년대에 민사사건(해사사건을 제외함)—예컨대 채권가압류—(garnishment)에 대하여 선고된 일련의 미국연방대법원 판결의 결과로서 적법절차를 이유로 선박의 B조 가압류 및 C조 가압류 양자에 대하여 헌법적인 관점에서 다툴 여지가 생기게 되었다. 특히 이러한 선박에 대한 보전절차는 직접적으로 영향을 받는 선박소유자에게 사전통지 및 심문받을 기회를 제공하여야 하는지 여부의 문제와 관련하여 그렇다.[90] 그 쟁점에 대하여 상반되는 여러 판결이 선고되었고 학계는 선박가압류 문제를 심층적으로 연구하였다.[91] 1985년에 해사보칙 제B조 및 제C조는 미국연방헌법상 적법절차에 부합하는 절차적 안전장치를 마련하기 위하여 개정되었다. 그 개정규정은 B조 가압류 또는 C조 가압류 이전의 법원의 승인, 보다 상세한 소장기재사항(특히 가압류사건에서) 및 가압류 후 신속한 심문절차를 규정하였다. 가압류 후 심문절차에서 B조 가압류나 C조 가압류를 구한 당사자는 선박을 B조 가압류 또는 C조 가압류할 상당한 이유를 증명하여야 한다.[92] 또한 해사보칙 제C조 제 4 항은 재산이 송달의 실시 이후에 10일 이내에 해방되지 못하였다면 신문지면을 통하여 대물적 소송의 공지 및 C조 가압류할 것을 요건으로 한다.[93] 추가적인 안전장치는 1988년 상업증권및해사특권법(Commercial Instruments and Maritime Liens Act in 1988)의 제정에

85) See Tetley, M.L.C., supra note 61, at 1071-1076(citing Frontera Fruit Co. v. Dowling, 91 F. 2d 293, 297, 1937 AMC 1259, 1266(5th Cir. 1937)).

86) See Zak Marine Co. v. Exportkhleb, Nos. 92-0860, 92-0870, 1993 WL 323131, at 3, 1993 AMC 1794, 1796-1797(E.D. La. 1992).

87) See Wertman v. Mar del Sud, Ltd., 1995 AMC 1130, 1136(D. Alaska 1995).

88) See U.S. Const. amend. V.

89) See id. amend. XIV.

90) Shaffer v. Heitner, 433 U.S. 186(1977); Fuentes v. Shevin, 407 U.S. 67(1972); Sniadach v. Family Fin. Corp., 395 U.S. 337(1969).

91) See Tetley, M.L.C., supra note 61, at 954-956 nn. 83-84.

92) Supp. Rule E(4)(F).

93) Tetley, M.L.C., supra note 61, at 945-948, 956-958.

의하여 마련되었다. 이 법은 우선저당권 또는 선박우선특권을 집행하기 위하여 제기된 대물적 민사소송의 실제적 통지를 요건으로 한다. 즉 연방지방법원이 정한 방식대로 (i) 선장 또는 선박을 감독하는 자, (ii) 연방법전 제46편 제31343조 제a항 또는 제d항에 따라 아직 변제받지 못한 선박특권주장의 표시를 등기한 자 및 (iii) 등기된 선박저당권자에게 피담보채무를 이행하지 아니한 경우에 연방법전 제46편 제31321조에 따라 그 선박저당권자에게 통지하여야 한다.[94]

3. 집행절차

집행영장은 판결채권자에게 판결채무자의 재산에 대한 직접적인 집행수단을 부여하기 때문에 강력한 효력을 가진다.[95] 집행영장이 집행관에게 교부되면 그것은 집행의 대상인 판결채무자의 인적 재산에 대한 특권으로서 기능한다. 집행영장에 의하여 집행관은 판결채무자의 모든 재산을 압류할 수 있다. 집행관은 일반적으로 제한된 기간 내에 압류할 수 있다.[96] 예컨대 뉴욕주에서는 집행관은 집행영장이 집행관에게 교부된 시점으로부터 60일 이내에 집행영장의 만족 여부에 상관 없이 해당 서기 또는 징수지원부(support collection unit)에 집행영장을 반환하여야 한다.

집행관 또는 그 대리인은 압류를 실효성 있게 하기 위하여 재산을 물리적으로 압류할 필요는 없다. 집행관이 그 재산에 대한 지배력을 주장할 수 있으면 충분하다.[97]

집행권원인 판결이 손해배상금판결인 경우에 집행관은 통상적으로 압류재산을 판결채무자에게 인도하기보다는 매각한다. 대부분의 주법은 그 매각이 입찰에 의하여야 한다고 규정하고 있다. 그 목적이 재산에 대한 공정한 가격을 확보하는 것이기 때문에 몇몇 주에서는 집행관이 응찰자가 너무 적다고 판단한 경우에는 매각을 연기할 수 있다. 그 밖에 집행관은 통상적으로 매각하여 현금화하는 것을 원칙으로 한다. 집행관의 비용과 기타 입찰비용을 제외하고 매각대금은 판결의 만족을 위해 배당된다. 판결을 만족한 후에도 배당금이 남아 있다면 그것은 판결채무자에게 상환할 것이다.[98]

94) See Commercial Instruments & Maritime Liens Act, 46 U.S.C. § 31325 (d) (1) (A), (B), (C) (1997).
95) Rosenthal v. Graves, 168 Misc. 845, 6 N.Y.S. 2d 766(1938).
96) Jack H. Friedenthal, Civil Procedure 727(3d ed., 1999).
97) Alcor, Inc. v. Balanoff, 45 A.D. 2d 795, 357 N.Y.S. 2d 160(1974).
98) Friedenthal, supra note 96, at 727.

Ⅲ. 외국선박저당권자의 지위

1. 의 의

해사특권(maritime lien)은 해상법(lex maritima)에 특유한 담보권이다.[99] 이것은 선박을 운행할 수 있는 바다나 강 등에서 선박 자체 또는 선박의 운행을 위하여 제공된 서비스, 선박에 의하여 초래된 법익침해로부터 발생하는 채무 또는 채권에 대한 담보로서 법에 의하여 담보권자에게 부여된 선박에 대한 특별한 재산권이다.[100] 해사특권을 발생시키는 해사채권은 불법행위, 계약, 연방해사특권법(Maritime Lien Act)[101] 또는 선박저당법[102]으로부터 비롯된다. 미국에서는 외국선박저당권자의 지위를 이해하기 위해서는 우선적으로 연방해사특권법(Federal Maritime Lien Act)[103]과 선박저당법(Ship Mortgage Act)[104]을 살펴볼 필요가 있다. 선박저당법[105]에 따르면, 선박저당권의 실행에 따른 경매시에 우선저당특권(preferred mortgage lien)[106]은 저당권설정 이전에 발생한[107] 선박우선특권[108]

---

99) Paul M. Hebert, The Origin and Nature of Maritime Liens, 4 Tul. L. Rev. 381, 382-383(1930).

100) Gilmore & Black, supra note 12, at 35-37.

101) Pub. L. No. 100-710, § 102 (c), 102 Stat. 4735, 4741, 4748-4749(codified at 46 U.S.C. §§ 31307, 31341-31343(1988)).

102) Id. at 4739-4748(codified at 46 U.S.C. §§ 31301-31330(1988)).

103) 46 U.S.C. §§ 31341-31343(1994).

104) Id. at §§ 31301-31343(1996)(종전에는 46 U.S.C. §§ 911-984에 규정되어 있었다. 현재는 저당권과 우선특권이 함께 다루어진다).

105) 이 법은 1988년에 개정되었다.

106) Id. at §§ 31322, 31325. 저당권은 연방법전 제46편 제31322조 제a항의 요건을 충족하는 경우에 우선적인 지위를 취득한다. 연방법전 제46편 제31322조 제a항은 다음과 같이 규정하고 있다.
"저당권은 다음 각호의 사항을 모두 충족하여야 한다.
(1) 선박 전체를 설정하여야 한다.
(2) 이 편 제31321조를 실질적으로 준수하여 등록되어야 한다.
(3) (A) 증서에 기재된 선박을 그 내용으로 하여야 한다. 또는 (B) 이 편 제121장의 요건과 이 장에 규정된 규정을 실질적으로 준수한 선박으로서 선박증서신청이 된 선박에 적용되어야 한다."

107) Rainbow Line, Inc. v. M/V Tequila, 480 F. 2d 1024(2d Cir. 1973).

108) '선박우선특권'(preferred maritime lien)이란 다음 각호 중 하나에 해당하는 해사특권이다.
(A) 우선권이 있는 저당권이 이 편의 제31321조에 따라 등록되기 전에 발생한 경우,
(B) 해상불법행위로 말미암아 발생한 손해,
(C) 이 편의 제31341조에 열거된 자가 하역인부를 직접 고용한 경우에 그 하역인부의 임금,
(D) 선원의 임금,
(E) 공동해손(general average),
(F) 계약상 해난구조료를 비롯한 해난구조료(Id. § 31301 (5)).

및 경매의 비용·경비[109]를 제외하고는 선박에 대한 모든 채권에 대하여 우선권을 가진다.[110] 예컨대 선박수리업자의 권리는 선박에 필수선용품(necessaries)을 제공한 것에 대하여 통상적으로 연방법전 제46편 제31301조 제4항(46 U.S.C. § 31301(4))에 규정된 '선박우선특권'을 가진다.[111] 이 경우에 그는 그러한 특권이 저당권등기 이전에 성립한다면 선박우선저당권자에 대하여 우선권을 가진다.[112] 하지만 이 경우에 필수선용품의 특권이 선박저당권등기 이후에 발생한다면 선박저당권자는 필수선용품의 특권에 대하여 우선권을 가진다.[113] 이러한 접근방식은 선박저당권설정자와 선박수리업자에 의한 부정행위로 피해를 입을 선박투자업체의 위험을 최소화하는 장점을 지니고 있다.[114]

그리고 선박저당법에 따르면 선박저당권설정자는 선박저당권이 필수선용품의 특권 이후에 발생한 경우에 선박저당권자에게 공개의무를 진다.[115] 이 의무에 따라 선박저당권설정자는 자신이 알고 있는 기존의 모든 특권을 저당권의 실행 이전에 선박저당권자에게 공개하여야 한다.[116] 또한 선박저당권설정자는 선박저당권자의 동의 없이 장래에 특권을 야기하지 아니할 의무를 진다.[117] 따라서 선박저당권이 필수선용품의 특권 이후에 발생한다면 선박저당권자는 저당권설정자의 공개의무를 통하여 선박에 설정된 기존특권에 대하여 알 것이고 그에 따라서 융자조건을 조정할 수 있을 것이다.[118]

2. 선박우선저당권(Preferred Ship Mortgages)

전통적인 해상법에 따르면 선박은 독립된 법적 존재를 가지는 것으로 인식되었고 증서교부(documented) 전에는 선박우선저당권의 대상이 될 수 없는 것으로 간주되었다.[119]

---

109) 46 U.S.C. § 31326(b)(1).

110) Donglai Yang, A Comparative Analysis of Maritime Lien Priority under United States And Chinese Maritime Law, 23 Tul. Mar. L.J. 465, 469(1999).

111) Id. at § 31301(4)('필수선용품'은 수리, 공급, 예선 및 독 또는 선박철로의 사용을 포함한다).

112) Schoenbaum, supra note 11, at 447-451.

113) See, e.g., United States v. One 254 Foot Freighter, 570 F. Supp. 413(E.D. La. 1983), aff'd, 768 F. 2d 597, 1986 AMC 1915(5th Cir. 1985).

114) Yang, supra note 110, at 470.

115) Id. at § 31323.

116) Id. at § 31323(a). 이 규정에 따르면 선박저당권자의 요청이 있는 경우에 선박저당권설정자는 대상선박에 대하여 그가 알고 있는 채무의 내용을 서면으로 공개한다.

117) Id. at § 31323(b).

118) Id.

119) 46 U.S.C. § 31322.

선박은 연방법전 제46편 제121조의 요건을 충족하는 경우에만 증서교부의 대상이 된다. 이러한 요건 가운데에는 최소한의 크기 기준은 5순톤(net ton)이어야 한다는 요건과 선박은 대개 미국시민권자 또는 미국시민권자가 감독하는 단체가 소유할 것을 요건으로 하는 소유권 기준을 포함한다.[120] 연방교통부(Department of Transportation)에 신청할 때에 연방선박증서교부센터(National Vessel Documentation Center)에서 연방교통부장관은 연방법전 제46편 제12105조 내지 제12109조에 열거된 승인대상인 선박종류 중 하나 이상으로 승인되면 선박의 인증서(Certificate of Documentation)를 발급할 것이다. 이 선박종류는 각각 '등록', '연안', '수산' 또는 '레크리에이션'으로 분류된다. 또한 외국에서 건조된 선박은 등록선박 또는 레크리에이션선박으로 승인될 때에만 미국에서 선적증명서를 교부받을 수 있다.[121]

선박은 그 선박에 대하여 발급된 승인분류기준에 따른 목적 또는 거래를 제외하고는 그 밖의 목적이나 거래를 위하여 고용되거나 운행할 수 없다.[122] 선종별 승인기준을 준수하는 것 이외의 목적을 위하여 선박을 운행하면 연방교통부는 위반자에게 중대한 제재를 가할 수 있다.

미국 연방교통부장관이 일단 증서를 교부하면 선박은 미국선박으로서 선적을 획득한다.[123] 그리고 우선저당권의 대상이 될 수 있다.[124] 선박건조에 돈을 투자하는 채권자가 선박의 증서교부를 인지하고 있는 것은 중요하다. 따라서 우선저당권은 선박건조가 완성된 후에만 설정될 수 있다.[125] 즉 우선저당권은 선박이 미국의 해사관할권에 속하게 된 때에 설정될 수 있다.[126] 그러한 선박건조의 완성 이전에 선박건조에 투자한 채권자는 건조자재 및 선박에 투여된 기타 재산에 대한 권리를 보호하기 위하여 모범통일상법전(UCC) 제 9 조 및 기타 주법에 의존하여야 한다.[127]

또한 선박저당권자들은 우선저당권의 대상이 된 선박에 대해 연방선박증서교부센터로부터 '일반색인정보 또는 권원요약정보'(General Index or Abstract of Title)(양식 CG-1332)를 요청할 수 있다. 이러한 권원정보를 토대로 그 선박저당

120) Id. at § 12102.
121) Patrick A. Guilda, Lessons in Fitting Your Square Collateral into the UCC's Round Hole, SC78 ALI-ABA 151, 157(1998).
122) 46 U.S.C. § 12110.
123) Id. at § 12104.
124) Id. at § 31322.
125) Id. at § 31322 (a) (3) (B).
126) Guilda, supra note 121, at 158.
127) Id.

권자는 해당 선박에 대한 기존의 저당권 또는 등록된 해상특권이 존재하는지 여부를 판단할 수 있다.[128]

연방법에 따르면[129] 5순톤 미만의 선박은 미국선적을 취득할 수 없다. 하지만 그러한 소형 선박은 선적을 부여받지 못한 기타 선박과 마찬가지로 특정유형의 추진기관을 구비하고 있다면 그 선박이 주로 운행되는 주의 당국으로부터 그 선박에 발급하는 번호를 가지고 있어야 한다.[130] 또한 연방법전 제46편 제123조는 증서교부가 안 된 그러한 선박에 대한 인가 및 기타 규제적 요건을 규정하고 있다. 투자자는 권원증서 또는 재판관할권을 가지는 주법에 따라 그러한 선박에 대한 담보권을 가질 수 있다.

선박이 미국선적을 가지게 되면 기타 법적·행정적 요건이 적용된다. 이러한 요건 가운데에는 선박이 항상 미국시민권자의 명령 하에 놓여 있어야 한다는 '명령'요건이 있다.

그 밖에 외국정부가 소유하는 선박에 대한 선박우선저당권으로부터 발생하는 특권의 집행과 관련하여 1976년 외국국가면책법(Foreign Sovereign Immunities Act of 1976. 이하 'FSIA'로 표시)이 적용된다.[131] 이 법은 미국변호사협회 및 해상법학회(Maritime Law Association)[132] 양자가 승인한 개정법 권고안을 포함한 Mathias 법안[133]의 일부규정에 따라 1988년 11월 9일 개정되었다.[134] FSIA의 제1605조 제b항은 전적으로 외국정부의 선박 또는 화물에 대한 해사특권을 집행하기 위하여 제기된 해사사건에 적용된다. 그 해사특권은 외국정부의 상사행위를 토대로 한 것을 말한다.[135] 이 조문은 전통적인 해사사건에 있어 대물적 가압류소송을 당해 선박 또는 화물을 소유한 외국정부에 대한 대인적 소송으로 대체하였다.[136] 더욱이 이 대인적 소송은 선박 또는 화물을 점유하고 있는 자에 대한 소송의 통지[137] 및 외국정부에 대한 통지[138]를 함으로써 개시된다.

---

128) Id.
129) 46 U.S.C. § 12102.
130) Id. at § 12301.
131) 28 U.S.C. §§ 1330, 1602-1611(1976), amended by 28 U.S.C. §§ 1605(a)(6), (b)(1), (c)-(d), 1610(a)(6), (e).
132) Report of the Committee on Revision of the Foreign Sovereign Immunities Act, MLA Fall Meeting, Nov. 2, 1984, MLA Doc. No. 657, 8169, 8172(1984).
133) 1985. S. 1071, 99th Cong., 1st Sess.(1985).
134) Pub. L. No. 100-640, 102 Stat. 3333(1988).
135) 28 U.S.C. § 1605(b).
136) H.R.Rep. No. 1487, 94th Cong., 2d Sess. 17(1976), reprinted in 1976 U.S.C.C.A.N. 6604, 6620.
137) 28 U.S.C. § 1605(b)(1).
138) Id. at § 1605(b)(2).

3. 선박우선특권

미국 선박저당법에 따르면, 선박소유자 또는 그 자로부터 수권을 받은 자로부터 주문을 받아 선박에 필수선용품을 제공하는 자는 선박에 대하여 선박우선특권을 가진다.[139] '필수선용품'(necessaries)이란 용어는 '수리, 공급, 예선 및 독의 사용 또는 해사철도의 사용'을 포함한다.[140] 게다가 법원들은 신중한 선박소유자 또는 선장이 선박을 사용하는데 합리적으로 요구되는 물품을 그 용어의 개념에 포함시켜 정의하였다.[141] 필수선용품에 대한 해사특권은 선박에 대한 투자자 또는 대부업자가 예상하여야 하는 강력한 담보장치다.[142]

그 특권은 형평법상 소멸시효(laches)에 의하여 금지되지 아니하는 한 선의의 유상매수인(bona fide purchaser for value)에게 이전된다.[143] 미국의 공급업자가 그 특권을 가지고 있는 경우에 그 특권은 특권의 발생 이후에 등기된 미국의 우선선박저당권뿐만 아니라 모든 외국선박저당권에 우선한다.[144] 또한 그것은 조세특권을 비롯하여 주에 의하여 창설된 모든 특권에 우선하고 해사재판관할권 내에 발생한 소송원인에 있어 모든 '가압류특권'(attaching liens)에 우선한다.[145] 사실상 미국 공급업자의 필수선용품에 대한 선박우선특권은 여섯 가지 부류의 해사특권—(1) 법원이 관리하는(custodia legis) 동안의 법원의 비용, (2) 임금, 유지 및 보수에 대한 선원(선장도 포함)의 특권, (3) 선박에 의하여 직접 고용된 항만인부의 임금, (4) 해난구조 및 공동해손 특권, (5) 대인손해를 비롯한 불법행위 특권 및 (6) 미국선적의 선박에 대한 우선저당권특권—에만 순위에서 밀린다. 선박우선저당권과 마찬가지로 필수선용품에 대한 선박우선특권은 가압류와 선박의 경매를 통하여 실행할 수 있다.[146]

컨테이너대여업계는 컨테이너 대여가 필수선용품으로서 선박우선특권을 향유하여야 한다는 주장을 10년 넘게 내세우면서 법원의 승인을 얻기 위하여 노력하고 있다. 연방법원은 컨테이너대여는 해사계약이라는 점을 인정하였다. 그

---

139) 46 U.S.C.A. § 31342 (a) (1)(1994 Pamphlet).
140) Id. at § 31301 (4)(1994 Pamphlet).
141) Walker-Skageth Food Stores, Inc. v. The Bavois, 43 F. Supp. 109, 110(S.D.N.Y. 1942).
142) Nolan Ⅲ, supra note 14, at 385.
143) The Salvator, 35 F. Supp. 558(D. Mass. 1940).
144) 46 U.S.C.A. § 31301 (5) (A)(1994 Pamphlet).
145) George L. Varian, Rank and Priority of Maritime Liens, 47 Tul. L. Rev. 751, 753 (1973).
146) Nolan Ⅲ, supra note 14, at 386.

리고 그 계약의 위반이 해사재판관할권을 지지한다는 점을 승인하였다.[147] 또한 법원은 컨테이너가 선박저당법이 의미하는 필수선용품에 해당한다고 판시하였다.[148]

4. 배당순위

(1) 대다수의 국가

대다수의 국가는 (i) 특정한 법정권리, (ii) 압류(seizure), 법원의 관리(custodia legis) 및 경매 등의 비용, (iii) 선박우선특권(maritime lien), (iv) 저당권, (v) 필수선용품(necessaries)[149] 및 기타 채권의 순 대로 배당순위를 정한다.[150]

특별한 법정권리[151]란 1926년의 선박우선특권및저당권협약에관한서명의정서(Protocol of Signature to the Maritime Liens and Mortgages Convention 1926)[152] 제 1 조 제 1 항 및 제 2 항에 따라 거의 모든 국가의 입법부에 의하여 부여된 권리다. 이러한 권리는 정부 자체 또는 정부의 공공기관을 위한 것이다. 가장 보편적인 예로는 (i) 독, 항만 및 운하에 대한 수수료, (ii) 난파선의 폐기, (iii) 오염 또는 (iv) 마약범죄 등을 포함한다.[153] 특별한 법정권리에는 종종 선박의 정박 또는 점유를 할 권리 등이 포함되고 이 권리는 통상적으로 법원의 집행비용보다 배당순위에서 앞선다.

배당순위에서 두 번째 순위에 해당하는 것은 압류·경매·관리 등의 비용이다.[154] 여기에서 관리비용이란 압류 이후 매각 이전의 시점에 모든 채권자를 위하여 선박을 보관하는데 드는 비용을 뜻한다.[155]

선박우선특권[156]은 그 다음 배당순위에 해당한다. 이는 전통적으로 선원 및 선장의 임금, 해난구조료, 손해(즉 충돌, 그 밖의 해상불법행위 및 해상범죄행위로

147) See e.g., CTI Container Leasing Corp. v. Oceanic Operations Corp., 682 F. 2d 377(2d Cir. 1982).
148) See e.g., ICS, Inc. v. M/V PANATLANTIC, 1984 A.M.C. 489(S.D. Fla. 1983).
149) 선박의 운항을 위하여 필요한 물품 및 노무를 뜻한다.
150) William Tetley, Q. C., Maritime Liens, Mortgages and Conflict of Laws, 6 U.S.F. Mar. L.J. 1, 5(1993)(이하 'Tetley, M.M.C.'로 표시).
151) Tetley, M.L.C., supra note 61, at 42-76.
152) International Convention for the Unification of Certain Rules of Law Relating to Maritime Liens and Mortgages, Brussels, April 10, 1926. 미국은 1926년 해사특권및저당권에관한법의통일에관한협약의 당사국은 아니다. 하지만 St. Lawrence 수로에 대한 운행수수료 및 마약범죄에 대해서는 미국에도 특수한 법정권리가 존재한다.
153) Tetley, M.M.C., supra note 150, at 4.
154) Tetley, M.L.C., supra note 61, 77-99.
155) Tetley, M.M.C., supra note 150, at 4.
156) Tetley, M.L.C., supra note 61, at 100-178.

인한 손해), 선박저당채권(bottomry) 및 선장이 선박에 투여한 자신의 비용 등에 붙는다.[157]

선박우선특권은 계약시점 또는 불법행위발생시점(예컨대 선박충돌로 발생하는 불법행위우선특권의 경우)에 성립한다. 선박우선특권은 등기 또는 공지(notice)를 요하지 아니하고 선박이 양도 또는 매도된 경우에 소멸하지 아니한다. 하지만 이 권리는 경매에 의한 매각시에 소멸한다.[158] 배당과 관련하여 등기된 선박저당권은 통상적으로 선박우선특권의 다음 순위에 해당한다.[159]

선박수리, 공급, 연료 등과 같은 일반적인 해사청구는 등기된 선박저당권 다음 순위다. 이를 보통 필수선용품(necessaries)이라고 한다.[160] 이러한 것들은 그 권리자에게 선박을 유치할 권리를 준다. 하지만 이 권리는 유치시에 발생할 따름이다. 영미법계 국가에서는 이를 대물적 법정권리(statutory rights in rem)라고 부르고 선박우선특권의 지위를 가지지 못한다.[161]

(2) 미국에 있어 배당순위

미국은 대다수 국가와는 달리 선박우선특권과 저당권의 배당순위를 정하고 있다. 미국은 또한 대다수의 사례에서 선박우선특권을 다른 나라와는 달리 정의하고 있으며 국수주의적 입장에서 미국에서 설정된 저당권과 외국에서 설정된 저당권을 구별하고 있다.

미국법상 배당순위[162]는 다음과 같다.[163]

① 제 1 순위는 특별한 법정권리다.

② 제 2 순위는 압류・관리・경매 등에 소요되는 비용이다.

③ 제 3 순위는 선박우선특권(preferred maritime liens)이다. 이에는 (i) 선장 및 선원의 임금채권, (ii) 해난구조료, (iii) 해상불법행위(충돌)로 인한 손해, (iv) 항만노동자의 임금 등이 포함된다.

④ 제 4 순위는 계약에 따른 특권(필수선용품)(U.S. contract liens)으로서 선박저당권의 등기 이전에 이행기가 도래한 금액이다.

⑤ 제 5 순위는 등기된 미국선적의 선박저당권(선박우선저당권)이다.

157) Id. at § 179-188.
158) Tetley, M.M.C., supra note 150, at 5.
159) Tetley, M.L.C., supra note 61, at 205-232.
160) Id. at 233-278.
161) Tetley, M.M.C., supra note 150, at 5.
162) Mobil Sales & Supply Corp. v. PANAMAX VENUS, 804 F. 2d 541, 1987 AMC 305 (9th Cir. 1986).
163) Tetley, M.M.C., supra note 61, at 394-403.

⑥ 제 6 순위는 미국 내 저당권의 등기 이후에 이행기가 도래한 계약상 특권(필수선용품)이다.

⑦ 제 7 순위는 외국선박저당권이다.

⑧ 제 8 순위는 외국선박저당권 설정 이후에 발생한 계약상 화물손해특권(contract cargo damage liens) 및 용선계약자의 특권이다.

⑨ 제 9 순위는 외국의 계약상 특권(foreign contract liens)이다.

일단 경합하는 권리가 群(class)에 따라 순위가 정해지면 최우선순위의 권리가 우선적으로 배당받게 될 것이다. 매각대금의 잔여액이 후순위권리자에게 배당하기에 불충분한 경우에 그 잔여액은 그 群에 적용되는 규칙에 따라 그 群의 채권자 사이에 분배될 것이다. 그 규칙은 群마다 상이하다.[164]

전술한 바와 같이 배당순위와 관련하여 미국법의 특징은 네 가지로 요약할 수 있다.

첫째, 외국선박저당권은 미국선박저당권보다 선순위라는 점이다. 하지만 외국선박저당권이 당해 외국법에 따라 적법하게 설정되어 등기되었다면 미국선박저당권과 대등하게 취급된다.[165] 그리고 외국선박저당권은 주로 외국선적의 선박에 대한 미국인 저당권자를 염두에 둔 것이나 외국선적의 선박에 대한 외국인 저당권자도 포함하는 것으로 해석된다.[166]

둘째, 해외에서 공급된 필수선용품은 미국 내에서 공급된 필수선용품과 동일한 배당순위를 향유하지 못한다는 사실이다.[167]

셋째, 미국법에 따르면 용선계약자는 소유권자의 권한으로 공급품에 대하여 계약한 것으로 추정된다.[168] 선박특권(maritime lien)을 창설할 권리를 가지는 공급업자는 용선계약자가 권한을 가지고 있는지 여부를 문의할 필요가 없다.[169]

넷째, 미국법제는 (i) 해사보칙(Supplemental Rule) B조에 따른 가압류(attachment)(대륙법계국가의 saisie conservatoire를 뜻한다)와, (ii) 해사보칙 C조에 따른 대물적 영장(writ in rem) 또는 가압류(arrest) 양자를 갖추고 있다.[170] 대

164) Rayon Y. Celanese Peruana v. M/V PHGH, 471 F. Supp. 1363(S.D.Ala. 1979).

165) 46 U.S.C. § 31301 (6) (B).

166) Tropicana Shipping, S.A. v. Empresa Nacional 'Elcano' De La Marina Mercante(CA5 La) 366 F. 2d 729(1966).

167) 46 U.S.C.A. § 31326 (b) (2)(West 1993)(formerly 46 U.S.C. app. § 951).

168) 영국, 캐나다 및 대다수의 국가에서 용선계약자는 선박소유권자로부터 특별수권을 받지 아니하는 한 그러한 권한을 가지지 못한다. 그리고 영국과 캐나다에서는 공급품에 대한 선박특권이 존재하지 아니하기 때문에 이들 국가에서는 대물적 법정권리만을 인정하고 있다. 다시 말하면 이들 국가에서 그러한 권리는 선박의 매각으로 소멸하고 그 배당순위도 저당권보다 후순위다(Tetley, M.M.C., supra note 150, at 6).

169) 46 U.S.C.A. § 31341 (a) (4) (B)(West 1993)(formerly 46 U.S.C. app. § 973).

170) Tetley, M.L.C., supra note 61, at 433-435.

륙법계국가와 영미법계국가가 함께 채택한 1952년 선박가압류협약(Arrest of Ships Convention 1952)은 영어로 'arrest'라는 용어를 사용하면서 C조 가압류(arrest)와 B조 가압류(attachment)를 구별하지 아니한다.[171]

(3) 외국선박저당권자와 관련된 쟁점

1) 국제재판관할권 문제

이것은 외국법상 권리가 미국법상 권리, 특권, 저당권 및 채권과 동일하거나 상이할 경우에 법정지법원이 그 외국법에 의한 법정권리, 선박특권, 선박저당권 및 해사채권을 토대로 선박가압류를 허용할 재판관할권을 가지는지 여부의 문제다.

미국은 전통적으로 외국법상 특권, 저당권 및 채권을 심리할 재판관할권을 가지고 있고 그러한 외국법상 권리가 미국법상 권리와 상이하든지 여부에 상관 없이 양자를 차별하지 아니하는 입장을 취한다고 선언하였다.[172] 따라서 미국 법원들은 그 외국법상 권리가 미국법상 권리와 상이하더라도 B조 가압류 내지 C조 가압류를 허용하였다.[173]

이 점은 1869년 The MAGGIE HAMMOND 사건을 담당한 연방대법원에 의하여 판시된 것이다.[174] 이 사건에서 연방대법원은 해외에서 발생한 운송계약 위반을 이유로 외국인이 소유한 외국선박에 대하여 제기한 외국수하인(consignee)의 대물적 소와 관련하여 재판관할권을 가진다고 판시하였다. 연방대법원은 예양(comity)을 근거로 C조 가압류를 허용하였고 다음과 같이 판시하였다.

> "특권이 해상법에 의하여 부여된 경우에 미국 해사법원에 있어 그러한 사건의 문제는 재판관할권에 관한 것이 아니라 예양의 문제다. 용선계약의 위반을 이유로 해사특권을 집행할 재판관할권은 제 1 심재판관할권이든 상소심재판관할권이든 상관 없이 명백히 법원법(Judiciary Act)에 의하여 모든 연방법원에 주어진다."[175]

171) 프랑스법 교재는 'saisie' 및 'saisie conservatoire'란 용어가 'arrest'를 의미하는 것으로 표현하여 사용하고 있다. 이 협약의 공식명칭은 International Convention on Arrest of Ships이다. Arrest란 일반적으로 채권을 집행할 목적으로 채무자 소유 선박을 법원의 명령에 따라 가압류하는 것을 의미한다. 하지만 이는 각국마다 서로 다르며, 우리 나라에서는 가압류 · 압류 · 가처분 등으로 지칭되고 있다. 한편 이 협약 제 1 조 제 2 항에서는 arrest가 '해사채권을 확보하기 위하여 법원의 명령에 의하여 선박의 이동에 대한 억류 및 제한'을 의미한다고 규정하고 있다(최재선, "국제해사기구, 선박가압류(arrest)협약 채택—발효와 동시에 모든 국가선박에 적용—," 해양수산동향 제937호(1999년 7월 12일), 각주 1).

172) Tetley, M.M.C., supra note 150, at 8-9.

173) Id. at 9.

174) 76 U.S.(9 Wall.) 435(1869).

175) Id. at 451.

또한 그 사건에서 연방대법원은 다음과 같이 판시하였다.

> "소송개시서류는 선박이 발견된 지구(district)와 해사소송(libel)이 제기된 지구에서 적절히 송달되었기 때문에 연방지방법원의 재판관할권은 법적 정당성을 가진다. 우리 나라에서(중략) 해사법원은 외국인 사이의 소에 대한 완전한 재판관할권을 가진다는 원칙이 정착된 것으로 보인다.(중략) …."[176]

연방지방법원은 채권이 외국요소와 내국요소를 내포하는 경우에 선박을 B조 가압류 또는 C조 가압류하고 청구를 심리할 재판관할권을 인정하였다. 하지만 내국요소가 압도적인 경우에 미국법을 적용하였다.[177]

또한 미국 연방지방법원은 특권이 외국법상 무효라는 이유로 단지 청구를 기각하고 가압류를 기각하기 위한 경우에[178] 그 외국법상 특권을 원인으로 하여 그 선박을 가압류하고 청구를 심리할 재판관할권을 가진다.[179] 연방지방법원들은 외국법상 특권과 저당권이 적용되고 채권이 그 외국법에 따라 존재하는 경우에 가압류를 허용하고 원고의 청구를 심리할 재판관할권을 인정하였다.[180] 특히 해사보칙 제C조 제1항 제b호에 따라 외국법상 특권과 채권에 대하여 미국 내 재판관할권이 존재한다. 이 조문에 따르면 대물적 소송은 미국의 제정법이 대물적 해사소송 또는 이와 유사한 절차를 규정하고 있는 경우에는 언제나 제기될 수 있다고 규정하고 있다.[181]

---

176) Id. at 457.

177) Belcher Co. of Ala. v. M/V MARATHA MARINER, 724 F. 2d 1161, 1984 AMC 1679 (5th Cir. 1984); Gulf Trading & Transp. Co. v. HOEGH SHIELD, 658 F. 2d 363, 367, 1982 AMC 1138, 1143(5th Cir. 1981), cert. denied, 457 U.S. 1119, 1982 AMC 2108 (1982); Arochem Corp. v. Wilomi, Inc., 1991 AMC 1825(S.D. Tex. 1991), aff'd, 962 F. 2d 496, 1992 AMC 2347(5th Cir. 1992).

178) Ocean Ship Supply, Ltd. v. M/V LEAH, 729 F. 2d 971, 1984 AMC 2089(4th Cir. 1984); Forsythe Int'l U. K., Ltd. v. M/V RUTH VENTURE, 633 F. Supp. 74, 1986 AMC 621(D. Or. 1985); Chantier Naval Voisin v. M/Y DAYBREAK, 677 F. Supp. 1563, 1989 AMC 151(S.D. Fla. 1988); Swedish Telecom Radio v. M/V DISCOVERY I, 712 F. Supp. 1542, 1990 AMC 85, on reconsideration 712 F. Supp. 1547, 1990 AMC 93 (S.D. Fla. 1989); Exxon Corp. v. Central Gulf Lines, Inc., 707 F. Supp. 155, 1989 AMC 2467(S.D.N.Y. 1989), aff'd, 904 F. 2d 33, 1990 AMC 1816(2 Cir. 1990), rev'd on other grounds 111 S. Ct. 2071, 1991 AMC 1817(1991); North End Oil, Ltd. v. M/V OCEAN CONFIDENCE, 777 F. Supp. 12, 1992 AMC 1067(C.D. Cal. 1991); North End Oil, Ltd. v. M/V NORMAN SPIRIT, 1993 AMC 88(C.D. Cal. 1992); Metron Communications, Inc. v. M/V TROPICANA, 1993 AMC 1264(S.D. Fla. 1992).

179) Tramp Oil and Marine, Ltd. v. M/V MERMAID I, 743 F. 2d 48, 52, 1985 AMC 459, 464(1st Cir. 1984).

180) The MAGGIE HAMMOND, 76 U.S.(9 Wall.) 435(1869).

181) Fed. R. Civ. P. Supplemental Rules for Certain Admiralty & Maritime Claims, U.S.C.S. Rules 583-620(1987).

연방중재법 제8조는 대물적 해사소송과 유사한 절차를 규정하고 있다는 이유로[182] 그 조문에 따라 미국 내 재판관할권이 존재한다고 판시한 사례도 있다.[183] 외국중재판정의승인및집행에관한협약(즉 1958년 뉴욕협약)을 토대로 재판관할권을 인정한 사례도 있다.[184] 하지만 Sembawang Shipyard, Ltd. 대 Charger, Inc. 사건판결은 해사보칙 제C조 제1항 제b호에 따라 선박을 가압류할 재판관할권이 이러한 규정 중 하나에 의거할 수 있다는 점을 명백히 부정하였다.[185]

Trinidad Foundry and Fabricating, Ltd. 대 M/V K.A.S. CAMILLA 사건[186]에서 연방대법원은 그 소가 해사보칙 제C조(대물적 영장(the writ in rem))에 따라 제기된 경우에 제정법상 대물적 권리로서의 외국 필수선용품 채권에 대한 대물적 재판관할권을 인정하지 아니하였다. 외국의 필수선용품채권에 상응하는 미국의 법규정은 해사보칙 제B조(가압류)인 것으로 간주하였다. 다시 말하면 그 소는 이 사건에서 해사보칙 제B조에 따라 제기되었어야 한다.

연방지방법원은 외국법상 특정한 특권에 의한 청구에 관하여 부적절한 법정지법리를 적용하고 그 청구를 보다 적절한 외국의 법정지로 이송하는 것이 바람직하다고 판시하였다.[187]

2) 해사특권의 성립 및 효력에 대한 준거법 문제

이것은 외국법상 권리가 미국법상 권리, 특권, 저당권 및 채권과 동일하거나 상이한 경우에 그 법정권리, 선박우선특권, 선박저당권 및 해사채권에 관한 외국법이 법정지법원에 의하여 승인되어야 하는지 여부의 문제다.

제4순회구 연방항소법원은 LEAH 사건[188]에서 캐나다에서 성립된 해사채권에 관하여 캐나다법이 적용되는 것으로 승인하였다. 이 사건에서 법원은 캐나다 법에 따르면 선박특권도 선박을 가압류할 권리도 그 상황에서 존재하지 아니

182) Castelan v. M/V MERCANTIL PARATI, 1991 AMC at 2141(D.N.J. 1991).

183) 9 U.S.C. §§1-14(1988).

184) Id. at §§201-208(1988). 중재에 대해서는 Atlas Chartering Servs. Inc. v. World Trade Group, Inc., 453 F. Supp. 861, 1978 AMC 2033(S.D.N.Y. 1978); E.A.S.T. Inc. of Stamford v. M/V ALAIA, 876 F. 2d 1168, 1989 AMC 2024(5th Cir. 1989).

185) 955 F. 2d 983, 987-988, 1993 AMC 1341, 1346-1347(5th Cir. 1992).

186) 1991 AMC 2166(S.D. Fla. 1991), aff'd, 966 F. 2d 613, 1992 AMC 2636(11th Cir. 1992).

187) Comoco Marine Servs. v. M/V EL CENTROAMERICANO, 1984 AMC 1434(D. Or. 1983); Perez & Compania(Cataluna), S. A. v. M/V MEXICO I, 826 F. 2d 1449, 1988 AMC 1930(5th Cir. 1987); Great Prize, S. A. v. Mariner Shipping Pty., Ltd., 967 F. 2d 157, 1993 AMC 72(5th Cir. 1992) motion to release security dismissed 1993 AMC 1440 (S.D.La. 1993).

188) LEAH, 729 F. 2d at 971, 1984 AMC at 2089.

한다고 판시하였다. 이러한 사실인정으로부터 법원은 어떠한 특권도 미국법원에 의하여 승인되어서는 아니 된다고 결론내렸다. 하지만 그 법원은 미국법이 적용되었다면 특권과 압류할 권리가 존재하였을 것이라고 설시하였다.

LEAH 사건은 계약체결지(lex loci contractus)[189] 및 가장 밀접하고 실질적인 관련성이 있는 장소의 원칙(the closest and most real connection rule)[190] 양자에 의존하였다. 마찬가지로 미국 내 기타 순회구 연방항소법원의 판결들도 계약체결지법 또는 가장 밀접하고 실질적인 관련성이 있는 장소의 원칙을 적용함으로써 외국법에 따라 외국법상 특권을 승인하였다.[191]

3) 배당순위에 대한 준거법 문제

이것은 어느 국가의 법이 외국의 법정권리, 특권, 선박저당권 및 선박채권의 순위에 적용되는지 여부의 문제다.

연방의회는 제1차세계대전 이후 대형상선의 규모를 축소하려는 정부의 요구에 보조를 맞추기 위하여 1920년 선박저당법을 제정하였다.[192] 선박저당법은 선박저당권을 선박특권으로 상승시킴으로써 미국시민들이 미국을 위하여 적절한 담보권을 보유하면서도 미국선적의 선박을 매수할 수 있게 하였다.[193] 1954년에 연방의회는 미국해사법원에서 외국선적의 선박에 대한 미국 저당권자가 이러한 저당권을 실행하도록 허용하기 위하여 선박저당법을 개정하였다.[194] 이 개정법에 따라 외국선박저당권은 외국선박에 대한 미국의 연료공급업자가 그 선박에 붙은 우선저당권에 대한 우선권을 가지는 경우를 제외하고는 내국저당권과 동일하게 취급되었다.[195] 우선저당권의 조건이 붙지 아니한 경우에 저당권자는 외국선박에 대하여 대물적 민사소송에서 특권을 실행할 수 있다.[196] 따라서 선박저당법에 따르면 우선저당권자는 미국법원이 경매절차를 통해 매각대금을 배당하

189) 729 F. 2d at 973-974, 1984 AMC at 2092.

190) 729 F. 2d at 974, 1984 AMC at 2093. 권리의 성립 및 효력문제에 보호국법(lex loci) 주의를 적용한 초창기 미국법원의 사례에는 The Scotia, 35 F. 907(D.N.Y. 1888); The Kaiser Wilhelm II, 230 F. 717(D.N.J. 1916) rev'd 246 F. 786(3d Cir. 1917); The Woudrichem, 278 F. 568(D.N.Y. 1921); The City of Atlanta, 17 F. 2d 308(D.Ga. 1924) 및 Brandon v. S. S. Denton, 302 F. 2d 404, 1962 AMC 1730(5th Cir. 1962).

191) Gulf Trading, 658 F. 2d at 367, 1982 AMC at 1143, cert. denied 457 U.S. 1119, 1982 AMC 2108.

192) Mobile Marine Sales, Ltd. v. M/V PRODROMOS, 776 F. 2d 85, 88(3d Cir. 1985).

193) George L. Varian, Rank and Priority of Maritime Liens, 47 Tul. L. Rev. 751, 758 (1973).

194) See, e.g., Mobil Marine Sales, Ltd. v. M/V PRODROMOS, 776 F. 2d 85, 90(3d Cir. 185).

195) H. R. Rep. No. 1662, 83d Cong., 2d Sess. 3(1954) reprinted in 1954 U.S.C.C.A.N. 2451.

196) 46 U.S.C. § 31325 (b)(1)(1988).

는 경우에 대부분의 해사특권에 대하여 우선권을 가진다.[197]

해사채권을 만족하기 위하여 선박을 매각하면 모든 이전의 특권은 소멸하고 매수인은 완전한 권원을 취득한다.[198] 순위와 우선권은 국가마다 다르다.[199] 전통적으로 법정지법이 선박특권의 우선권을 규율하였다.[200] 이 전통적인 입장을 취한 연방법원들은 법정지법(lex fori)이 그 배당순위를 정한다는 취지로 판결을 선고하였다.[201] 하지만 연방대법원은 우선권 및 배당순위에 관한 준거법 문제에 직면한 경우에 해사법원이 어느 국가가 소송에 가장 밀접한 접촉을 가지는지 아니면 어느 국가가 그 준거법을 적용하게 하는데 있어 가장 중대한 이해관계를 가지는지 여부를 고려하여야 한다고 판시하였다.[202] 하지만 제정법이 구체적으로 준거법 문제를 다루고 있다면 법원은 '이익' 또는 '접촉' 분석을 실시할 필요가 없다.[203]

Ⅳ. 미국법에 따른 사안해결

우선, 외국선박저당권자에 의한 배당이의사건에 있어 국제사법상 준거법의 문제를 짚어 보아야 한다. 배당순위와 관련하여 법정지법으로서 우리나라법을 적용할 것인지 내지 가장 밀접한 관련성이 있는 국가인 러시아법을 적용할 것인지 여부가 문제된다. 여기에서 미국 저촉법상 전통적인 견해인 법정지법에 따르면, 배당순위와 관련하여 우리 나라 법을 따르게 될 것이다.

그 다음 문제로 실체법적인 측면에서 외국선박저당권을 내국선박저당권과 동일하게 취급할 수 있는지 여부다. 미국의 선박저당법 및 관련판례에 따르면

197) Id. at § 31326(1988).

198) See, e.g., Gulf Oil Trading Co. v. Creole Supply, 596 F. 2d 515, 521(2d Cir. 1979); 46 U.S.C. § 31326(1988).

199) John S. Rogers, Enforcement of Maritime Liens and Mortgages, 47 Tul. L. Rev. 767, 768(1973).

200) Payne v. SS TROPIC BREEZE, 423 F. 2d 236, 239 n. 8(1st Cir.), cert. denied, 400 U. S. 964(1970); Gulf Oil Trading Co. v. Creole Supply, 596 F. 2d 515, 521(2d Cir. 1979) (특권의 우선권은 법정지법에 의하여 정해야 된다고 판시한 사례); Brandon v. SS DENTON, 302 F. 2d 404, 410(5th Cir. 1962).

201) In re McLean Indus., Inc., 884 F. 2d 1566, 1569, 1989 AMC 2880, 2884(2d Cir. 1989); Gulf Oil Trading Co. v. Creole Supply, 596 F. 2d 515, 521, 1979 AMC 585, 593 (2d Cir. 1979); Payne v. S. S. TROPIC BREEZE, 423 F. 2d 236, 239, 1970 AMC 1850, 1854(1st Cir. 1970); Sasportes v. M/V SOL DE COPACABANA, 581 F. 2d 1204, 1980 AMC 791(5th Cir. 1978).

202) Lauritzen v. Larsen, 345 U.S. 571, 582(1953).

203) EEOC v. Arabian American Oil Co., 499 U.S. 244, 248(1991).

외국선박저당권은 그 외국의 법에 따라 적법하게 설정되어 등기되었다면 내국선박저당권이 향유하는 우선권을 지닌다고 규정하고 있다. 미국법에 따를 때, 러시아법에 따라 적법하게 설정되어 등기된 외국선박저당권은 우리나라에서 설정된 내국선박저당권과 동등하게 취급하여야 할 것이다.

V. 결 론

구 섭외사법 제44조 제3호에 따르면, '선박을 저당할 수 있는 여부와 해상에서 저당하는 경우의 공시방법'은 선적국법에 따르도록 규정하고 있었다.[204] 다시 말하면 미국의 경우에 외국선박저당권자의 지위문제를 미국 실체법, 즉 선박저당법에 따라 해결하고 있으나 우리 나라의 경우에 이를 국제사법상 준거법의 문제로 파악하고 있다. 우리 국제사법에 따를 때, 외국선박저당권자의 지위문제는 선적국법인 러시아법에 따라야 할 것이다.

그리고 미국법상 배당순위문제는 국제사법상 준거법의 문제로 이해하고 있고 미국 저촉법상 전통적인 견해는 법정지법에 따르고 있다. 마찬가지로 우리나라 구 섭외사법상 배당순위문제도 국제사법상 준거법의 문제로 이해하였다. 즉 구 섭외사법 제44조 제4호는 '해상우선특권에 의하여 담보될 채권의 종류와 선박에 대한 우선특권의 순위'를 선적국법에 따르도록 한데서 알 수 있듯이 배당순위문제는 국제사법상 준거법의 문제로 파악한 것이다.[205] 다만 배당요구의 필요성 여부 등은 절차법적 문제로 이해할 수 있어 당연히 우리 나라 민사소송법을 적용할 수 있을 것이다. 미국법상 연방항소법원의 입장이 순회구마다 다르기는 하지만 전통적인 견해인 법정지법을 따를 때에는 미국법원에서 문제된 선박집행의 배당순위의 경우에 미국법을 적용하였다. 반면에 우리 나라 법원에서 문제된 외국선박의 집행에 있어 배당순위는 선적국법을 적용하여야 한다. 따라서 외국선박저당권의 우선순위는 러시아법에 의하여 정해지고, 그 저당권자의 배당요구 필요성 여부는 우리나라 민사소송법이 적용된다. 이에 의하면, 러시아법에 따라 저당등기를 한 자는 러시아법에서 정해진 우선순위에 따라야 하고, 구 민사

204) 개정 국제사법(2001년 4월 7일 법률 제06465호 전문개정)은 '선박의 소유권 및 저당권, 선박우선특권 그 밖의 선박에 관한 물권'을 선적국법에 의하도록 하고 있다.

205) 개정 국제사법(2001년 4월 7일 법률 제06465호 전문개정)은 이를 보다 명백히 하고 있는데, 이 개정 국제사법 제60조 제2호는 '선박에 관한 담보물권의 우선순위'를 선적국법에 따르도록 하고 있다. 이 경우 배당순위는 러시아법에 따라야 한다.

소송법 제607조 제3호(현행 민사집행법 제90조 제3호)의 저당권자로서 배당요구 없이 당연히 순위에 따라 배당을 받을 수 있다고 보는 것이 타당하다. 그리고 우리 나라 국민이 외국선박저당권을 가지는 경우도 상정할 수 있는바, 이 경우에도 민사집행법 제90조 제3호의 저당권자로서 배당요구 없이 당연히 순위에 따라 배당을 받을 수 있다고 보아야 할 것이다.

外國船舶의 競賣에 대한 獨逸法의 硏究

吳 姃 厚*

[사건의 개요]

1. 외국선박의 경매와 선박저당권자의 배당이의의 소 제기

러시아 A선박회사 소유의 냉동보관선 한 척(아래에서는 '이 사건 선박'이라 한다)에 대하여 원고 갑회사(벨리제국)가 1994. 6. 4. 채권최고액 미화 60만달러의 근저당권설정계약을 체결하고, 6. 10. 러시아국 소재 선박저당등기소에 이를 등기하였다. 이 사건 선박이 통영항에 입항하자 러시아국 법률에 의하여 선박우선특권이 있는 이 선박 선원 22명이 창원지방법원 통영지원에 이 사건 선박의 임의경매신청을 하였고, 집행법원은 1999. 9. 1. 경매절차개시결정을 하였다. 이 사건 선박은 2000. 3. 31. 소외 B회사에 낙찰되었다. 원고는 2000. 6. 9. 집행법원에 이 사건 선박에 대한 근저당권자로서 채권이 있다면서 권리신고 및 배당요구를 하였다. 집행법원은 2000. 6. 14. 신청채권자 22인과 소외 2인을 1순위로, 피고 1과 2를 2순위로, 피고 3부터 12까지를 3순위로 하여 배당표를 작성하고 배당을 실시하였다. 그러자 원고는 2순위와 3순위인 피고 12인의 배당액을 줄이고 자신에게 배당요구 당시의 피보전채권액을 배당할 것을 구하는 배당이의의 소를 제기하였다.

2. 배당이의의 소에 대한 제 1 심 법원과 원심법원의 판단

제 1 심 법원과 원심법원은 원고의 청구를 기각하였다. 원심판결이 인용한 제 1 심 판결이유를 요약하면 다음과 같다.

선박에 대한 담보권실행경매를 신청할 때에는 각 등기사항을 포함한 등기부의 초본을 첨부하여야 하고(구 민사소송법 제729조, 제681조 제 1 항 제 2 호) 민법·

---

* 서울대학교 법과대학 조교수.

상법 기타 법률에 의하여 우선변제청구권이 있는 채권자는 낙찰기일까지 배당요구를 할 수 있는데(같은 법 제605조 제1항), 여기서 말하는 우선변제청구권자는 법이 우선변제청구권은 인정하나 등기가 되어 있지 않아 배당요구를 하지 않으면 집행법원이 그 채권의 존부나 수액을 알 수 없는 채권을 가진 자를 가리킨다. 우선변제청구권자 가운데 경매개시결정기입등기 전에 등기되어 있는 저당채권자는 배당요구를 하지 않아도 당연히 배당을 받을 수 있다. 그런데 이 사건 선박과 같은 외국선박은 우리 나라에 등기부가 없고, 또 외국선박에 대한 집행에는 등기부에 기입할 절차에 대한 규정도 적용하지 아니하므로(같은 법 제688조) 등기부 초본을 제출하도록 한 동법 제681조 제1항 제2호도 적용되지 아니한다. 따라서 외국선박에 대하여 선박근저당권이 존재하더라도 근저당권자가 배당요구를 하지 아니하면 집행법원이 채권의 존부나 수액을 알 수 없으므로, 근저당권자가 낙찰기일까지 배당요구를 하지 아니하면 배당을 받을 수 없다. 원고는 경매절차에 관한 통지를 받지 못하여 낙찰기일까지 배당요구를 하지 못한 것에 과실이 없다고 주장하나, 낙찰기일을 지나서 한 배당요구는 배당요구권자의 과실 유무에 관계 없이 적법한 배당요구가 아니다.

3. 상고이유

원고는 상고를 제기하면서 ① 같은 법 제688조에 따라서 외국선박의 경매에는 적용되지 아니하는 '등기부에 기입할 절차에 관한 규정'이란 경매개시결정기입등기(같은 법 제611조), 등기부등본의 송부(제612조), 경매대금 완납 후 경락인에 대한 소유권이전등기촉탁과 경매개시결정기입등기말소(제651조, 제661조) 등 집행법원이 선박등기부에 강제집행 관련 등기사항의 기입을 촉탁하는 절차를 의미하는 것이고, 제681조 제1항 제2호는 채무자인 선박소유자가 실제 소유권자인지와 등기된 권리자가 있는지를 확인하기 위한 것으로서 외국선박에 대한 경매절차에서도 여전히 적용되며, ② 러시아국법에 따라 저당등기를 한 원고는 구 민사소송법 제607조 제3호의 저당권자로서 배당요구 없이 당연히 순위에 따라 배당을 받을 수 있다고 주장하였다.

[독일 법의 연구]

Ⅰ. 시작하기 전에

먼저 이 글은 매우 제한된 자료를 바탕으로, 보다 정확히 말하면 거의 독일 강제경매법(Gesetzüber die Zwangsversteigerung und die Zwangsverwaltung,[1] 정식 명칭은 '강제경매와 강제관리에 관한 법'인데, 이 글에서는 줄여서 강제경매법이라고 한다, 독일어로는 ZVG로 약칭한다) 조문의 내용만을 바탕으로 하여 작성되었음을 밝힌다. 글쓴이는 대상사건과 같은 문제에 대한 독일 법의 내용과 판례·학설을 소개하여 달라는 요청을 받고 이 글을 쓰게 되었는데, 독일 강제경매법 주석서의 선박의 강제경매 부분에는 법 조문만 실려 있고 주석은 전혀 없으며 교과서에도 선박의 강제경매에 대한 설명은 없다. 주석서에 참고문헌으로 언급된 단행본과 논문 가운데에도 외국선박에 관한 것은 없었다. 외국선박의 강제경매에 대한 판례도 찾을 길이 없었다. 독일의 모든 판결을 찾아보는 것은 불가능하니 실제로 할 수 있는 일은 BGHZ에 실린 판결을 검색하는 것이었는데, BGHZ 1권부터 148권까지 실린 수많은 판결 가운데 외국선박의 강제경매에 관한 독일 강제경매법 제171조가 적용된 사건은 없었다.

이런 상황에서 충실한 연구를 할 수 없어 모자라는 대로 글을 쓸 수밖에 없었다. 이 글이 독일 강제경매법 조문과 우리 나라 구 민사소송법 조문의 비교에 그치는 점을 독자께서 양해하여 주시기 바란다.

이 사건에는 구 민사소송법이 적용되었는데, 이 글에서는 이 사건의 경과를 가리킬 때(예컨대 낙찰기일, 경락인)를 제외하고는 현행 민사집행법의 용어(예컨대 매각허가, 매수인)를 사용한다.

1) 독일은 부동산에 대한 강제집행에 관하여 민사소송법(ZPO)에 규정을 두지 아니하고 별개의 법률을 둔다. 따라서 강제경매법에 대하여는 주석서와 교과서 등도 따로 발간된다. 이 법의 조문과 내용을 쉽게 찾지 못하시는 분이 많을 듯하여 이 글에서는 강제경매법의 내용을 언급할 때 원문을 각주에 실었다. 이 사건은 우리 나라 법에 따라 임의경매(또는 현행 민사집행법의 용어로는 담보권 실행을 위한 경매)사건이나, 독일 법에 따르면 동산질권의 실행을 제외하고는(BGB §1228) 담보권을 집행권원을 얻어 강제집행하는 방법으로 실행하므로(BGB §§1147, 1277 등) 강제경매의 상황만을 다룬다.

Ⅱ. 이 사건의 각 논점과 관련된 독일 강제경매법의 내용

대상사건의 제 1 심 판결이유와 상고이유를 보건대, 이 사건의 민사소송법(집행절차를 포함하는 의미, 곧 광의의 민사소송법)상의 논점은 다음 세 가지이다. 첫째, 외국선박에 대하여 우리 나라에서 경매를 신청할 때 선박등기부의 초본을 첨부하여야 하는가? 둘째, 외국 법에 따른 선박저당권은 우리 나라 법원의 경매에서 당연히 고려되는가, 아니면 배당요구를 하여야 하는가? 셋째, 외국선박에 대하여 경매가 개시되었음을 선박저당권자에게 통지하여야 하는가? 이 사건의 상고인은 상고이유로 세 번째 문제를 들지 아니하였으나 제 1 심 판결이유를 보면 제 1 심 절차에서는 원고가 통지를 받지 못하여 과실 없이 낙찰기일까지 배당요구를 하지 못하였다고 주장하였다는 것을 알 수 있고, 일반적으로 이러한 사건에서 통지는 중요한 문제가 될 수 있겠기에 이 글에서 함께 다루기로 한다.

1. 외국선박에 대하여 우리 나라 법원에 경매를 신청할 때 선박등기부의 초본을 첨부하여야 하는가?

독일 강제경매법 제164조의 마지막 부분은 "강제경매의 신청에는 선박등기부에 선박이 등기되었다는 것에 대한 등기소의 증명서를 첨부하여야 한다"[2]고 한다. 그런데 같은 법 제171조 제 1 항은 "독일에서라면 선박등기부에 등기되어야 할 외국선박의 강제경매에는, 아래의 조문에서 달리 정하지 아니하는 한 제 1 장의 조문 가운데 선박등기부의 등기를 전제하지 아니하는 것을 준용한다"[3]고

2) 원문은 다음과 같다.

ZVG §164 Die Beschränkung des §17 gilt für die Zwangsversteigerung eines eingetragenen Schiffs nicht, soweit sich aus den Vorschriften des Handelsgesetzbuchs oder des Gesetzes, betreffend die privatrechtlichen Verhältnisse der Binnenschiffahrt, etwas anderes ergibt; die hiernach zur Begründung des Antrags auf Zwangsversteigerung erforderlichen Tatsachen sind durch Urkunden glaubhaft zu machen, soweit sie nicht dem Gericht offenkundig sind; dem Antrag auf Zwangsversteigerung ist ein Zeugnis der Registerbehörde über die Eintragung des Schiffs im Schiffsregister beizufügen(본문에서 언급한 부분에 밑줄을 그었다).

3) ZVG §171 (1) Auf die Zwangsversteigerung eines ausländischen Schiffs, das, wenn es ein deutsches Schiff wäre, in das Schiffsregister eingetragen werden müßte, sind die Vorschriften des Ersten Abschnitts entsprechend anzuwenden, soweit sie nicht die Eintragung im Schiffsregister voraussetzen und sich nicht aus den folgenden Vorschriften etwas anderes ergibt.

직역하면, "그것이 독일선박이라면 선박등기부에 등기되어야 할 외국선박의 강제경매에는, 선박등기부의 등기를 전제하지 아니하고 아래의 여러 조문에서 달리 정하지 아니하는 한 제 1 항의 규정을 준용한다"이다.

한다. 곧, 독일에서 선박에 대한 강제경매를 신청할 때에는 선박등기부의 초본 등을 제출하여야 하나, 외국선박의 경매를 신청하는 경우에는 등기관련 조문이 적용되지 아니한다. 이는 우리 구 민사소송법 제681조 제1항, 제688조와 내용 면에서나 입법 방법 면에서나 거의 같다.

이 사건의 제1심 판결이 적용한 구 민사소송법 제688조를 보면 "외국선박에 대한 강제집행에는 등기부에 기입할 절차에 관한 규정을 적용하지 아니한다"고 한다. 언뜻 보면 독일 강제경매법 제171조 제1항과 구 민사소송법 제688조의 내용은 등기부 관련 규정을 적용하지 아니한다는 점에서 똑같다. 그러나 문언을 자세히 보면 이 두 조문의 표현은 같지 아니하고, 독일 강제경매법 제171조 제1항에 따라 외국선박의 경매에 적용되지 아니하는 규정의 범위가 구 민사소송법 제688조의 경우보다 더 넓다고 해석할 여지가 있다. 구 민사소송법 제688조는 등기부에 '기입할' 절차에 관한 규정이라고 하였으나, 독일 강제경매법 제171조 제1항은 "선박등기부의 등기(Eintragung im Schiffsregister)를 전제하지 아니하는" 것이라고 하기 때문이다. 이 문구를 같은 법문 안의 '선박등기부에 등기되어야 할'(in das Schiffsregister eingetragen werden müßte)이라는 표현과 비교하면 어떤 차이가 있는지 알 수 있다. 앞의 경우는 '선박등기부에 (이미) 이루어진 등기'를 뜻하고, 뒤의 경우는 '선박등기부에 등기하는 행위'를 가리킨다. 곧 독일 강제경매법 제171조 제1항은 선박이 (이미) 선박등기부에 등기되어 있을 것을 전제로 하는 조문은 외국선박의 강제경매에는 적용되지 아니한다고 하므로, (이미 이루어진) 등기에 대한 등기소의 증명서를 요구하는 같은 법 제164조도 적용되지 아니한다. 반면 구 민사소송법 제688조처럼 등기부에 '기입할' 절차라고 하면, 강제집행절차를 진행하면서 등기부에 새로 기입할 사항에 관한 조문만 외국선박에 대한 강제집행절차에 적용되지 아니한다고 해석할 여지가 있다. 그렇게 해석하면 강제집행절차 중에 등기부에 새로 기입할 사항이 아닌 것, 즉 집행을 신청할 때 이미 등기된 사항에 관한 등기부의 초본을 제출하여야 한다는 것을 명시한 구 민사소송법 제681조 제1항은 외국선박에 대한 강제집행에도 적용된다고 할 수 있다. 위 상고이유 ①의 주장과 같은 결론이 되는 것이다. 그러나 독일 강제경매법 제171조 제1항에 따르면 그와 같은 주장을 할 수 없을 것이다.

2. 외국 법에 따른 선박저당권은 우리 나라 법원의 경매에서 당연히 고려되는가, 아니면 배당요구를 하여야 하는가?

구 민사소송법과 현행 민사집행법에 따르면 모든 저당권은 경매로 소멸하는데, 독일 강제경매법은 경매절차의 매수인이 부동산에 대한 부담 가운데 압류채권자의 권리보다 선순위인 것을 인수하는 인수주의(Übernahmegrundsatz. ZVG §52 I S.1)를 취하므로, 저당권이 경매에서 고려되는 방식이 반드시 저당권이 소멸하고 저당권자가 배당을 받는 것은 아니다. 그러나 압류채권자의 권리와 같은 순위 또는 후순위인 권리는 매각허가로 소멸한다(ZVG §52 I S.2, §91 I).[4] 이 사건의 압류채권자는 선박우선특권이 있는 선원들이고 독일 상법도 이들에게 우선특권을 인정하므로(HGB §§754, 755, 761[5]), 선박저당권은 매수인이 인수하지 아니하고 매각허가로 소멸할 것이다. 그래서 이 글에서는 이 사건의 선박저당권이 인수되는 경우는 제외하고, 선박저당권이 매각허가로 소멸하는 것을 전제로 선박저당권자가 배당절차에서 배당을 받는 경우만을 본다.

---

4) Eickmann, Dieter, Zwangsversteigerungs- und Zwangsverwaltungsrecht, 2. Aufl., München 2004, S. 70ff.

5) 독일 상법전(HGB)의 해상(Seehandel) 부분은 흔히 구할 수 있는 법전에 수록되지 아니하므로 쉽게 찾지 못하시는 분이 많으시겠기에, 민사소송법의 문제는 아니지만 이 세 조문의 원문도 여기 싣는다.

§754 (1) Folgende Forderungen gewähren die Rechte eines Schiffsgläubigers:

1. Heuerforderungen des Kapitäns und der übrigen Personen der Schiffsbesatzung;
2. öffentliche Schiffs-, Schiffahrts- und Hafenabgaben sowie Lotsgelder;
3. Schadensersatzforderungen wegen der Tötung oder Verletzung von Menschen sowie wegen des Verlusts oder der Beschädigung von Sachen, sofern diese Forderungen aus der Verwendung des Schiffes entstanden sind; ausgenommen sind jedoch Forderungen wegen des Verlusts oder der Beschädigung von Sachen, die aus einem Vertrag hergeleitet werden oder auch aus einem Vertrag hergeleitet werden können;
4. Forderungen auf Bergelohn oder auf Sondervergütung einschließlich Bergungskosten; Beiträge des Schiffes und der Fracht zur großen Haverei; Forderungen wegen der Beseitigung des Wracks;
5. Forderungen der Träger der Sozialversicherung einschließlich der Arbeitslosenversicherung gegen den Reeder.

(2) Absatz 1 Nr. 3 findet keine Anwendung auf Ansprüche, die auf die radioaktiven Eigenschaften oder eine Verbindung der radioaktiven Eigenschaften mit giftigen, explosiven oder sonstigen gefährlichen Eigenschaften von Kernbrennstoffen oder radioaktiven Erzeugnissen oder Abfällen zurückzuführen sind.

§755 (1) Die Schiffsgläubiger haben für ihre Forderungen ein gesetzliches Pfandrecht an dem Schiff. Das Pfandrecht kann gegen jeden Besitzer des Schiffes verfolgt werden.

(2) Das Schiff haftet auch für die gesetzlichen Zinsen der Forderungen sowie für die Kosten der die Befriedigung aus dem Schiff bezweckenden Rechtsverfolgung.

§761 Die Pfandrechte der Schiffsgläubiger haben den Vorrang vor allen anderen Pfandrechten am Schiff. Sie haben Vorrang auch insoweit, als zoll- und steuerpflichtige Sachen nach gesetzlichen Vorschriften als Sicherheit für öffentliche Abgaben dienen.

독일 강제경매법에 따르면 경매에서 만족을 얻을 수 있는 청구권[6]은 세 가지로 분류되는데, 각각 집행법원이 직권으로 고려하는 것과 압류채권자의 청구권, 그리고 신고에 의하여 고려하는 것이다.[7] 우리 나라 법도 경매에서 만족을 얻을 수 있는 청구권은 압류채권자의 채권에 우선하는 것으로서 경매개시결정이 등기되기 전에 등기된 것이어서 당연히 고려되는 것과 압류채권자의 채권, 배당요구에 의하여 고려되는 것이므로 비슷하다.[8]

독일 강제경매법에서 배당요구와 비슷한 제도는 '신고'(Anmeldung)인데, 이는 목적에 따라 세 가지로 나뉜다. 첫번째는 '고려신고'(Berücksichtigungsanmeldung)로, 어떤 권리나 청구권이 최저매각가격을 결정할 때와 배당절차에서 고려되도록 하기 위하여 하는 신고이다. 두 번째는 '관계인신고'(Beteiligungsanmeldung)로, 경매절차에서 고려되는 권리의 정당한 권리자를 확정하여 그 사람에게 이해

6) '배당을 받을 수 있는 청구권'이라 하지 아니하고 '만족을 얻을 수 있는 청구권'이라고 한 것은, 독일 강제경매법이 잉여주의와 인수주의를 취하는 결과 경매절차에서 청구권이 고려되는 방법이 최저매각가격에 포함되는 것과 배당을 받는 것 두 가지가 있기 때문이다. 부동산에 대한 감정인의 평가를 참작하여 집행법원이 정하는 우리 법의 최저매각가격(구 민사소송법 제615조, 현행 민사집행법 제97조 제1항)과 달리, 독일 강제경매법의 최저매각가격(geringstes Gebot)은 절차비용 등 매수인이 현금으로 납부할 비용과 압류채권자보다 선순위인 사람들의 권리로서 집행으로 소멸하지 아니하는 것들을 포괄하는 것이다. 따라서 최저매각가격을 결정할 때 이미 어떤 청구권을 당해 경매절차에서 고려할지가 문제된다. 우리 법도 매수인에게 인수되는 권리가 있으므로 이 점은 비슷하나, 저당권이 모두 소멸한다는 점에서 다르다(구 민사소송법 제608조, 현행 민사집행법 제91조).

* Geringstes Gebot를 편의상 우리 법의 용어인 '최저매각가격'이라고 하였는데, 엄밀히 말하면 이것은 이 가격을 넘는 매수신청만 허용된다는 것으로 '최저매수신청'이라 할 것이다. 우리 법의 최저매각가격은 매각이 이루어지지 아니할 경우 낮출 수 있으나(구 민사소송법 제631조, 현행 민사집행법 제119조), 독일 법의 geringstes Gebot는 경제적인 가치가 아니고 법적인 문제를 고려하여 정하는 것이므로 낮출 수 없다. 우리 법의 최저매각가격은 경제적인 가치를 평가하여 정하므로—독일 법의 최저매수신청에 해당하는—압류채권자보다 우선하는 부동산의 부담 등과 비교하여 남을 것이 없을 경우 경매절차가 취소될 수 있는데(구 민사소송법 제616조, 현행 민사집행법 제102조), 독일 법은 이런 것이 필요 없는 반면 geringstes Gebot는 넘어서 적법하나 부동산의 경제적 가치보다는 현저히 낮은 매수신청에 대하여 매각을 허가하면 비례원칙에 어긋난다는 문제가 생긴다.

7) A.a.O., S. 35ff.

8) 우리 법에 따르면 집행력 있는 정본을 가진 채권자는 배당요구를 할 수도 있고(구 민사소송법 제605조, 현행 민사집행법 제88조) 스스로 경매를 신청하여 압류채권자가 될 수도 있는데(구 민사소송법 제604조, 현행 민사집행법 제87조), 독일 법에 따르면 부동산에 대하여 권리를 가지지 아니한 채권자는 신고를 하여 자신의 채권이 고려되도록 할 수 없으므로 압류채권자가 되는 길(다른 채권자가 이미 강제경매를 신청한 부동산에 다시 경매신청을 하면 법원이 참가결정을 하고, 참가결정을 받은 채권자는 스스로 경매를 신청하여 경매개시결정을 받은 채권자와 같은 권리를 가진다. ZVG § 27)밖에 없다는 점이 다르다.
ZVG § 27 (1) Wird nach der Anordnung der Zwangsversteigerung ein weiterer Antrag auf Zwangsversteigerung des Grundstücks gestellt, so erfolgt statt des Versteigerungsbeschlusses die Anordnung, daß der Beitritt des Antragstellers zu dem Verfahren zugelassen wird. Eine Eintragung dieser Anordnung in das Grundbuch findet nicht statt.
(2) Der Gläubiger, dessen Beitritt zugelassen ist, hat dieselben Rechte, wie wenn auf seinen Antrag die Versteigerung angeordnet wäre.

관계인의 지위를 주기 위한 것이다. 세 번째는 실체법상의 이유로 신고를 할 필요가 있는 경우이다.[9] 이 글에서 문제가 되는 것은 첫번째 '고려신고'이므로 아래에서 '신고'라 하면 이것을 말한다.

먼저, 집행절차에서 신고 없이 직권으로 고려되는 청구권은 독일 강제경매법 제10조 제 1 항 제 4 호와 제 6 호, 제 8 호의 청구권[10]인데, 이들 조문에 열거

9) A.a.O., S. 37f.

10) A.a.O., S. 37의 5. Übersicht에 직권으로 고려되는 청구권과 신고에 의하여 고려되는 청구권, 압류채권자의 청구권으로서 고려되는 청구권이 도표로 잘 정리되어 있다. 신고에 의하여 고려되는 청구권은 아래 독일 강제경매법 제10조 제 1 항 제 1 호, 제1a호, 제 2 호, 제 3 호, 제 7 호의 청구권이고, 압류채권자의 청구권은 제 5 호이다.

ZVG § 10 (1) Ein Recht auf Befriedigung aus dem Grundstück gewähren nach folgender Rangordnung, bei gleichem Rang nach dem Verhältnis ihrer Beträge:

1. der Anspruch eines die Zwangsverwaltung betreibenden Gläubigers auf Ersatz seiner Ausgaben zur Erhaltung oder nötigen Verbesserung des Grundstücks, im Falle der Zwangsversteigerung jedoch nur, wenn die Verwaltung bis zum Zuschlag fortdauert und die Ausgaben nicht aus den Nutzungen des Grundstücks erstattet werden können;

1a. im Falle einer Zwangsversteigerung, bei der das Insolvenzverfahren über das Vermögen des Schuldners eröffnet ist, die zur Insolvenzmasse gehörenden Ansprüche auf Ersatz der Kosten der Feststellung der beweglichen Gegenstände, auf die sich die Versteigerung erstreckt; diese Kosten sind nur zu erheben, wenn ein Insolvenzverwalter bestellt ist, und pauschal mit vier vom Hundert des Wertes anzusetzen, der nach § 74a Abs. 5 Satz 2 festgesetzt worden ist;

2. bei einem land- oder forstwirtschaftlichen Grundstück die Ansprüche der zur Bewirtschaftung des Grundstücks oder zum Betrieb eines mit dem Grundstück verbundenen land- oder forstwirtschaftlichen Nebengewerbes angenommenen, in einem Dienst- oder Arbeitsverhältnis stehenden Personen, insbesondere des Gesindes, der Wirtschafts- und Forstbeamten, auf Lohn, Kostgeld und andere Bezüge wegen der laufenden und der aus dem letzten Jahr rückständigen Beträge;

3. die Ansprüche auf Entrichtung der öffentlichen Lasten des Grundstücks wegen der aus den letzten vier Jahren rückständigen Beträge; wiederkehrende Leistungen, insbesondere Grundsteuern, Zinsen, Zuschläge oder Rentenleistungen, sowie Beträge, die zur allmählichen Tilgung einer Schuld als Zuschlag zu den Zinsen zu entrichten sind, genießen dieses Vorrecht nur für die laufenden Beträge und für die Rückstände aus den letzten zwei Jahren. Untereinander stehen öffentliche Grundstückslasten, gleichviel ob sie auf Bundes- oder Landesrecht beruhen, im Range gleich. Die Vorschriften des § 112 Abs. 1 und der §§ 113 und 116 des Gesetzes über den Lastenausgleich vom 14. August 1952(Bundesgesetzbl. I S. 446) bleiben unberührt;

4. die Ansprüche aus Rechten an dem Grundstück, soweit sie nicht infolge der Beschlagnahme dem Gläubiger gegenüber unwirksam sind, einschließlich der Ansprüche auf Beträge, die zur allmählichen Tilgung einer Schuld als Zuschlag zu den Zinsen zu entrichten sind; Ansprüche auf wiederkehrende Leistungen, insbesondere Zinsen, Zuschläge, Verwaltungskosten oder Rentenleistungen, genießen das Vorrecht dieser Klasse nur wegen der laufenden und der aus den letzten zwei Jahren rückständigen Beträge;

5. der Anspruch des Gläubigers, soweit er nicht in einer der vorhergehenden Klassen zu befriedigen ist;

6. die Ansprüche der vierten Klasse, soweit sie infolge der Beschlagnahme dem Gläubiger gegenüber unwirksam sind;

7. die Ansprüche der dritten Klasse wegen der älteren Rückstände;

된 여러 가지 청구권의 공통점은 결국 부동산에 대한 권리에서 발생한 청구권이라는 점이다. 그런데 독일 강제경매법 제114조 제 1 항에 따라 배당표를 작성할 때 당연히 고려되는 청구권은 위 조문의 청구권 중에서도 강제경매개시결정의 등기 당시에 등기부에 등기되어 있던 청구권이다. 그 밖의 권리는 신고하여야만 고려된다.[11] 위 1.에서 본 바와 같이 독일 강제경매법 제171조 제 1 항에 따라서 외국선박에 대한 강제경매에는 선박이 등기부에 등기되어 있을 것을 전제로 한 조문은 적용되지 아니하므로, 경매개시결정의 등기시에 등기부에 등기되어 있던 청구권은 신고 없이 직권으로 고려한다는 조문도 적용되지 아니한다. 그러므로 독일 강제경매법에 따르면, 외국선박에 대하여 등기된 선박저당권을 가진 사람의 청구권은 신고 없이는 배당절차에서 고려되지 아니할 것이다.

그런데 배당요구 또는 신고를 하지 아니하였을 때의 효과는 독일 법과 우리 법에 따를 때 다르다. 구 민사소송법 제605조 제 1 항에 따라 부동산에 대한 강제집행에서 배당요구는 경락기일까지 할 수 있고 이 때까지(곧, 배당요구의 종기까지) 배당요구를 하지 아니하면 배당을 받지 못한다.[12] 독일 강제경매법에 따르면, 신고는 독일 강제경매법 제66조 제 2 항[13]과 제37조 제 4 호[14]에 따라 원칙

---

8. die Ansprüche der vierten Klasse wegen der älteren Rückstände.

(2) Das Recht auf Befriedigung aus dem Grundstück besteht auch für die Kosten der Kündigung und der die Befriedigung aus dem Grundstück bezweckenden Rechtsverfolgung.

11) ZVG § 114 (1) In den Teilungsplan sind Ansprüche, soweit ihr Betrag oder ihr Höchstbetrag zur Zeit der Eintragung des Versteigerungsvermerkes aus dem Grundbuch ersichtlich war, nach dem Inhalte des Buches, im übrigen nur dann aufzunehmen, wenn sie spätestens in dem Termin angemeldet sind. Die Ansprüche des Gläubigers gelten als angemeldet, soweit sie sich aus dem Versteigerungsantrag ergeben.

독일 강제경매법 제45조 제 1 항에 따라 최저매각가격을 결정할 때에도 동법 제10조 제 1 항 제 4 호와 제 6 호, 제 8 호의 권리로서 경매개시결정의 등기시에 등기부에 등기되어 있던 청구권을 직권으로 고려하고, 그 밖의 권리는 신고에 의하여 고려한다.

ZVG § 45 (1) Ein Recht ist bei der Feststellung des geringsten Gebots insoweit, als es zur Zeit der Eintragung des versteigerungsvermekes aus dem Grundbuch ersichtlich war, nach dem Inhalte des Grundbuchs, im übrigen nur dann zu berücksichtigen, wenn es rechtzeitig angemeldet und, falls der Gläubiger widerspricht, glaubhaft gemacht wird.

위 제45조 제 1 항과 제114조 제 1 항의 차이는, 최저매각가격을 결정할 때에는 '적시에(rechtzeitig) 신고된 권리'를 고려하고 배당표를 정할 때에는 '늦어도 (배당)기일에서(spätestens in dem Termin) 신고된 권리'를 고려한다는 것이다.

12) 현행 민사집행법은 부동산에 대한 집행에서 배당요구의 종기를 따로 정하여 공고하도록 하는 점(제84조 제 1 항, 제 2 항)에서 구 민사소송법과 다르지만, 배당요구의 종기까지 배당요구를 하지 아니하면 배당을 받지 못한다는 점은 마찬가지이다.

13) ZVG § 66 (2) Nachdem dies geschehen, hat das Gericht auf die bevorstehende Ausschließung weiterer Anmeldungen hinzuweisen und sodann zur Abgabe von Geboten aufzufordern.

14) ZVG § 37 Die Terminsbestimmung mußenthalten:

4. die Aufforderung, Rechte, soweit sie zur Zeit der Eintragung des Versteigerungsvermerkes aus dem Grundbuche nicht ersichtlich waren, spätestens im Versteigerungs-

적으로 매각기일에서 호가를 시작하기 전까지 할 수 있는데, 그 때까지 신고를 하지 못하였더라도 배당에서 제외되는 것은 아니다. 그 시점을 지나서 배당기일까지 신고를 하면 그 청구권은 비록 배당절차에서 고려되지만(같은 법 제114조 제1항) 제일 마지막 순위가 된다(같은 법 제110조[15]). 그러므로 이 사건과 같은 경우 원고들이 배당요구(독일 법의 제도로는 신고)를 한 시점(2000년 6월 9일)이 낙찰기일(2000년 3월 1일)은 지났으나 배당기일(2000년 6월 14일)은 되기 전이므로, 독일 강제경매법에 따르면 원고들의 청구권도 배당에서 고려되기는 할 것이다. 그러나 원고들의 청구권은 마지막 순위가 될 것이므로 실제로 배당을 받지 못하는 경우도 생길 것이다(그런데 아래 3.의 마지막에 언급하는 독일 연방대법원의 판결과 같은 태도를 취하면 원고들의 청구권이 마지막 순위로 밀린다고 할 수도 없을 것이다. 자세한 것은 아래 3.을 참조).

3. 외국선박에 대하여 경매가 개시되었음을 선박저당권자들에게 통지하여야 하는가?

이 사건 제1심 판결의 판결이유 가운데 원고들이 경매에 관한 통지를 받지 못하였기 때문에 과실 없이 배당요구의 종기까지 배당요구를 하지 못하였다고 주장하였다는 부분이 있다. 이 사건 선박에 대한 임의경매 당시에 적용되던 구 민사소송법에는 경매절차의 이해관계인에게 경매에 관하여 알리도록 하는 조문이 없었으므로, 이 사건 선박의 경매법원이 원고들에게 통지를 할 의무가 없었다. 그런데 현행 민사집행법 제84조 제2항은 법원이 경매개시결정을 한 취지와 배당요구의 종기를 법원이 알고 있는 제88조 제1항의 채권자에게 고지하여야 한다고 한다. 그러나 설사 지금의 민사집행법을 이 사건 선박의 경매에 적용한다고 하여도, 선박등기부의 초본 등이 제출되지 아니하였으므로 법원이 원고들의 청구권에 대하여 알 수 없어 역시 고지할 수 없었을 것이다.

그런데 독일 강제경매법에 따르면 이 문제에 대하여 이처럼 간단하게 답하

---

termine vor der Aufforderung zur Abgabe von Geboten anzumelden und, wenn der Gläubiger widerspricht, glaubhaft zu machen, widrigenfalls die Rechte bei der Feststellung des geringsten Gebots nicht berücksichtigt und bei der Verteilung des Versteigerungserlöses dem Anspruche des Gläubigers und den übrigen Rechten nachgesetzt werden würden;

15) ZVG §110 Rechte, die ungeachtet der im §37 Nr. 4 bestimmten Aufforderung nicht rechtzeitig angemeldet oder glaubhaft gemacht worden sind, stehen bei der Verteilung den übrigen Rechten nach.

기 어렵다. 독일 강제경매법 제171조 제3항[16)]에 따르면, (매각)기일지정결정에는 모든 이해관계인, 특히 선박채권자에 대하여 늦어도 매각기일에서 하는 호가 전에 채권을 신고하라는 최고 등이 포함되어야 하며, 절차를 현저히 지연시키지 아니하고 이루어질 수 있으면 기일지정결정을 선박서류에서 알 수 있는 선박채권자와 기타 이해관계인에게 송달하고, 선박이 외국의 선박등기부에 등기되어 있으면 기일지정결정을 등기소에 통지한다. 위 1.에서 본 바와 같이 독일 강제경매법 제171조 제1항에 따라서 집행을 신청할 때 선박등기부 초본 등을 붙여야 한다는 조문은 외국선박의 강제경매에 적용되지 아니한다. 그러므로 법원은 등기부에 등기된 선박채권자에 대하여 알 수 없고, 보다 근본적으로 선박이 외국의 선박등기부에 등기되어 있는지도 알 수 없다. 그런데 동조 제3항에서는 중요한 경매관련정보가 담긴 기일지정결정을 선박채권자 등 이해관계인에게 송달하고, 또 외국의 선박등기소에 통지하라고 한다. 만약 외국선박에 대한 강제경매절차에 선박등기부 초본 등이 제출되었다면 독일 강제경매법 제171조 제3항의 규정대로 기일지정결정을 송달하고 통지하는 것이 마땅할 것이다. 그러나 이 사건 선박의 경매에서처럼 등기부 초본 등이 제출되지 아니하였으면 송달과 통지를 하는 것은 어렵다고 보아야 할 것이다. 그렇다면 이 조문의 적용범위가 줄어들고, 그 의미가 퇴색하는 것 아닌가? 유감스럽게도 이 조문에 대하여 주석서나 다른 문헌에서 설명을 찾을 수 없었다.

참고로, 이 사건의 경우와 사실관계는 다르지만 독일 연방대법원이 이 기일지정결정의 공지를 얼마나 중요하게 여기는지를 보여주는 판결(BGHZ 35, 267ff.)을 소개한다. 독일 선박이 외국에서 강제경매된 경우 선박등기부에 등기되지 아니한 청구권을 가진 독일인 채권자가 외국의 강제경매절차에 대하여 알지 못하여 매각기일까지 신고를 하지 못하였다고 주장한 사건에서, 독일 연방대법원은 순위변동의 불이익은 독일 강제경매법 제37조 제4호의 내용을 포함한 기일지정결정이 독일 법원에 계속한 절차에 대하여 독일 법원에 의하여 공지된

16) ZVG § 171 (3) Die Terminsbestimmung muß die Aufforderung an alle Berechtigten, insbesondere an die Schiffsgläubiger, enthalten, ihre Rechte spätestens im Versteigerungstermin vor der Aufforderung zur Abgabe von Geboten anzumelden und, wenn der Gläubiger widerspricht, glaubhaft zu machen, widrigenfalls die Rechte bei der Verteilung des Versteigerungserlöses dem Anspruch des Gläubigers und den übrigen Rechten nachgesetzt werden würden. Die Terminsbestimmung soll, soweit es ohne erhebliche Verzögerung des Verfahrens tunlich ist, auch den aus den Schiffspapieren ersichtlichen Schiffsgläubigern und sonstigen Beteiligten zugestellt und, wenn das Schiff im Schiffsregister eines fremden Staates eingetragen ist, der Registerbehörde mitgeteilt werden.

경우에만 매각기일까지 신고하지 못한 채권자에게 발생한다고 판시하였다. 외국(법원)의 공지를 통하여서는 선박등기부에 등기되지 아니한 권리자가 외국에서 강제경매가 진행된다는 것을 제때 알게 되리라고 보장할 수 없고, 설령 여러 번 독일 국내의 신문에 게재되었다고 하여도 인정할 수 없다는 것이다. 이 판결의 태도로 미루어 보면, 독일 연방대법원은 이 사건 선박의 경매사건과 같은 경우 우리 나라 법원에서 이 사건 선박에 대한 강제경매가 진행된다는 것을 러시아의 채권자들이 제때 알고 배당요구를 할 수 있다고 보장할 수 없으므로 원고들이 순위변동의 불이익을 받지 아니한다고(우리 법의 경우는 배당을 받을 권리를 잃지 아니한다고) 판결하였을 가능성도 있을 것이다.

Ⅲ. 맺 으 며

이 글을 시작하기 전에 전제한 바와 같이, 독일 강제경매법의 선박에 대한 강제경매 부분에 대하여서는 참고문헌이나 판례를 거의 찾을 수 없어 충실한 글을 쓸 수 없었다. 부족한 결과이나마 정리하여 보면, 독일 강제경매법에 따르면 외국선박에 대하여 강제경매를 할 때 선박등기부의 초본 등을 제출하라는 조문은 적용되지 아니한다. 그 때문에 선박저당권자도 배당요구(독일 법의 제도로는 신고)를 하지 아니하면 배당을 받을 수 없다. 여기까지는 제 1 심 판결과 원심판결이 이 사건에 우리 나라의 구 민사소송법을 적용한 결과와 비슷하다. 단, 구 민사소송법 제688조는 문언이 독일 강제경매법 제171조 제 1 항과 다르므로 외국선박의 경매를 신청할 때 선박등기부의 초본을 제출하라는 규정이 적용된다고 해석할 여지가 있다. 만일 이렇게 해석한다면 외국 법에 따른 선박저당권도 배당요구 없이 배당절차에서 당연히 고려된다고 보아야 할 것이다.

그러나 독일 법에 따를 때 외국선박에 대하여 국내에서 개시된 강제경매의 기일지정결정을 선박채권자에게 송달하고 외국 등기소에 통지하여야 하느냐는 문제가 있다. 독일 법원이라면 이 사건에서 독일 강제경매법 제171조 제 3 항의 송달과 통지를 하지 아니하여 이 사건의 원고들이 강제경매에 관하여 제때 알 수 있는 기회를 주지 아니한 것은 절차상의 흠이라고 볼 수도 있을 것이다. 구 민사소송법에는 이러한 조문이 없었으므로 이 사건에서는 문제가 되지 아니하겠으나, 현행 민사집행법 제84조 제 2 항은 경매개시결정을 한 취지와 배당요구의 종기를 공고하고 법원에 알려진 제88조 제 1 항의 채권자에게 고지하도록 하므로 생각하여 볼 여지는 있다. 물론 민사집행법 제84조 제2항의 공고에 외국에서 공고하는 것이 포함된다고 보지 아니한다면 설사 국내에서 공고하여도 이 사건의 원고들이 알 수 있을 가능성은 매우 희박할 것이며, 법원에 알려진 채권자에게 고지하도록 하므로 이 사건과 같이 법원에 선박등기부 초본 등이 제출되지 아니한 경우 법원이 고지할 수도 없을 것이다.

마지막으로 독일 강제경매법 제171조 제3항의 송달과 통지와 관련하여, 외국법원이 외국에서 하는 선박강제경매에 관한 기일지정결정을 국내의 신문 등을 통하여 공지하였다고 하여도 채권자가 매각기일까지 신고를 하리라는 것을 충분히 보장하지 못하므로 순위변동의 불이익이 생기지 아니한다고 하는 독일 연방대법원의 판결도 고려하여 볼 수 있다. 그 견해에 따르면, 이 사건의 원고들이 우리 나라에서 하는 선박경매에 대하여 제때 알고 배당요구의 종기까지 배당요구를 하리라고 기대할 수 없으므로 배당을 받을 권리를 잃지 아니한다고 할 수도 있을 것이다.

대법원 2004. 10. 28. 선고 2002다25693 판결

[배당이익] [공2004. 12. 1.(215), 1927]

[판시사항]

[1] 외국선박에 대한 집행절차에서 구 민사소송법 제688조의 규정에 의하여 같은 법 제681조 제 1 항 제 2 호 규정의 적용이 배제되는지 여부(소극)

[2] 외국선박의 저당권자가 등기부에 기입된 선박 위의 권리자로서 배당요구와 상관 없이 배당을 받기 위한 요건

[판결요지]

[1] 구 민사소송법(2002. 1. 26. 법률 제6626호로 전문개정되기 전의 것) 제688조는 외국선박에 대한 강제집행에는 등기부에 기입할 절차에 관한 규정도 적용하지 아니한다고 규정하고 있었는바, 이는 국내에 외국선박의 등기부가 있을 수 없으므로 경매개시결정 등을 촉탁할 수 없다는 취지이지, 외국선박에 대한 집행절차에서 선박에 관한 등기부초본을 제출하도록 규정하고 있는 같은 법 제681조 제 1 항 제 2 호의 적용을 배제하는 근거가 될 수는 없다.

[2] 외국선박에 대한 집행절차에서 선박에 관한 등기부초본이 현실적으로 제출되기 곤란하여 선박등기부상의 권리관계를 확인하기 어려운 사정이 있다고 하더라도, 이러한 사정만으로 외국선박에 대하여 선적국의 법률에 따라 저당권을 설정하고 등기(공시절차)를 갖춘 적법한 저당권자를 구 민사소송법(2002. 1. 26. 법률 제6626호로 전문개정되기 전의 것) 제605조에서 규정하고 있는 법률상 우선변제권이 있는 채권자와 동일시할 수는 없으므로, 외국선박에 대한 집행절차에 있어서 경매개시결정등기 전에 선적국의 법률에 따라 저당권을 설정하고 등기(공시절차)를 갖춘 저당권자가 배당표확정 이전에 이러한 사실을 입증하였다면 이러한 외국선박의 저당권자도 등기부에 기입된 선박 위의 권리자로서 배당요구와 상관 없이 배당을 받을 수 있다.

[참조조문]

[1] 구 민사소송법(2002. 1. 26. 법률 제6626호로 전문개정되기 전의 것) 제688조(현행 민사집행법 제186조 참조), 제681조 제 14항 제 2 호(현행 민사집행법

제177조 제1항 제2호 참조)

[2] 구 민사소송법(2002. 1. 26. 법률 제6626호로 전문개정되기 전의 것) 제605조(현행 민사집행법 제88조 참조)

[전 문]

[원고, 상고인] 엑셀 코퍼레이션(소송대리인 법무법인 청해 담당변호사 서영화 외 1인)

[피고, 피상고인] 한영기업 주식회사 외 11인(소송대리인 법무법인 삼양 담당변호사 유기준 외 3인)

[원심판결] 부산고법 2002. 4. 12. 선고 2001나14146 판결

[주 문] 원심판결을 파기하고, 사건을 부산고등법원에 환송한다.

[이 유]

1. 원심판단의 요지

원심은, 러시아국 회사인 보스톡트랜스플로트(Vostoktransflot) 소유의 러시아국 국적선인 콤소몰스카야 스메나호(Komsomolskaya Smena, 이하 '이 사건 선박'이라 한다)에 대하여 선원으로서 러시아국 법률에 의하여 선박우선특권이 있는 채권자들인 브레브노브 제브제니 외 21명이 창원지방법원 통영지원 99타경19614호로 이 사건 선박에 대하여 선박임의경매신청을 하였고, 위 집행법원은 1999. 9. 1. 경매절차개시결정을 한 사실, 원고는 낙찰기일인 2000. 3. 31.을 지난 후인 2000. 6. 9. 집행법원에 이 사건 선박에 관한 근저당권자로서 미화 408,301.62달러의 채권이 있다고 주장하면서 권리신고 및 배당요구신청을 한 사실, 집행법원이 2000. 6. 14. 매각대금에서 집행비용을 공제한 716,205,925원을 배당함에 있어 1순위로 신청채권자인 위 브레브노브 제브제니 외 21명에게 195,064,422원을, 코로브첸코 안드레이 외 1명에게 11,524,887원을, 2순위로 주식회사 매일마린에게 8,090,407원을, 유니푸로스해운 주식회사에게 15,070,595원을, 3순위로 배당요구권자인 피고들에게 청구취지 기재와 같이 배당을 하는 것으로 배당표를 작성하여 배당을 실시하자, 원고가 피고들에 대하여 3순위로 배당한 배당액에 대하여 배당이의를 제기한 사실을 인정한 다음, 원고가 이 사건 선박에 대한 근저당권자이므로 구 민사소송법 제605조 제1항 소정의 배당요구를 하지 않더라도 당연히 순위에 따라 배당을 받을 수 있음에도 불구하고 집행법원이 원고에 우선하여 일반채권자로서 배당요구권자인 피고들에게 3순위로 위와 같이 배당을 실시한 것은 부당하다는 주장에 대하여, 이 사건 선박과 같은 외국선박의

경우 애초부터 대한민국에 등기부가 있을 수 없고, 외국선박에 대한 집행에는 등기부에 기입할 절차에 관한 규정도 적용하지 아니하고 있어(구 민사소송법 제688조) 경매신청시 선박에 관한 등기부초본을 제출하도록 규정하고 있는 같은 법 제681조 제 1 항 제 2 호는 적용되지 아니한다고 볼 것이므로, 외국선박에 관하여 근저당권이 존재한다고 하더라도 집행법원으로서는 근저당채권자의 배당요구가 없는 한 그 채권의 존부 및 액수를 전혀 알 수 없고, 배당요구의 종기를 위와 같이 제한한 취지는 환가대금에서 추심하려고 하는 채권액을 미리 확정하여 과잉경매를 막고 배당절차에서 채권액의 증가로 인하여 생기는 절차지연과 혼란을 피하고자 하는 이유 때문이므로 외국선박의 근저당채권자는 같은 법 제605조 제 1 항에 따라 낙찰기일까지 배당요구를 하여야만 배당을 받을 수 있다고 할 것인데, 원고가 이 사건 선박에 관한 근저당권자라면서 낙찰기일이 지난 후에 배당요구를 하였으므로 집행법원이 원고에 대하여 배당을 하지 아니하고 3순의 배당요구권자인 피고들에게 배당을 실시한 것은 적법하다고 판단하였다.

2. 이 법원의 판단

위와 같은 원심의 판단은 수긍하기 어렵다.

구 민사소송법(2002. 1. 26. 법률 제6626호로 전문개정되기 전의 것) 제688조는 외국선박에 대한 강제집행에는 등기부에 기입할 절차에 관한 규정도 적용하지 아니한다고 규정하고 있었는바, 이는 국내에 외국선박의 등기부가 있을 수 없으므로 경매개시결정 등을 촉탁할 수 없다는 취지이지, 외국선박에 대한 집행절차에서 선박에 관한 등기부초본을 제출하도록 규정하고 있는 같은 법 제681조 제 1 항 제 2 호의 적용을 배제하는 근거가 될 수는 없을 뿐만 아니라, 외국선박에 대한 집행절차에서 선박에 관한 등기부초본이 현실적으로 제출되기 곤란하여 선박등기부상의 권리관계를 확인하기 어려운 사정이 있다고 하더라도, 이러한 사정만으로 외국선박에 대하여 선적국의 법률에 따라 저당권을 설정하고 등기(공시절차)를 갖춘 적법한 저당권자를 같은 법 제605조에서 규정하고 있는 법률상 우선변제권이 있는 채권자와 동일시할 수는 없으므로, 외국선박에 대한 집행절차에 있어서 경매개시결정등기 전에 선적국의 법률에 따라 저당권을 설정하고 등기(공시절차)를 갖춘 저당권자가 배당표확정 이전에 이러한 사실을 입증하였다면 이러한 외국선박의 저당권자도 등기부에 기입된 선박 위의 권리자로서 배당요구와 상관 없이 배당을 받을 수 있다고 할 것이다.

그럼에도 불구하고, 외국선박의 저당권자는 구 민사소송법 제605조에 따라 낙찰기일까지 배당요구를 하여야만 배당을 받을 수 있다고 한 원심판결에는 외국선박의 집행에 있어서 저당권자의 지위에 관한 법리를 오해하여 판결에 영향을 미친 위법이 있다고 할 것이다.

3. 결 론

그러므로 원심판결을 파기하고, 사건을 다시 심리·판단하게 하기 위하여 원심법원에 환송하기로 하여 관여 대법관의 일치된 의견으로 주문과 같이 판결한다.

김용담(재판장) 유지담 배기원(주심) 이강국

[평　　석]

外國船舶의 抵當權者가 外國船舶에 대한 執行節次에서 配當을 받기 위한 要件

文　英　和*

Ⅰ. 선박에 대한 집행절차

1. 선박집행절차의 개요 — 부동산집행에 관한 규정적용

민사집행법은 선박에 대한 강제집행은 부동산에 대한 강제집행의 규정을 따르도록 하고 있기 때문에(제172조, 구 민사소송법 제678조[1]) 선박에 대한 강제집행도 개략적으로 "강제집행신청→경매개시결정→경매개시결정등기촉탁, 집행관에 대한 현황조사명, 감정인에게 선박평가명→매각기일 및 매각결정기일 지정공고→매각실시, 매각허부 결정→배당→등기촉탁" 등의 절차를 거치게 된다.

선박은 부동산과 달리 기동성을 갖기 때문에 강제경매개시결정을 하거나 그 이전이라도 집행관에게 선박운행에 필요한 문서(선박국적증서[2] 등[3])를 선장으로부터 받도록 하여 압류의 실효성을 확보하고(제174, 제175조, 구 제679조의2·3), 강제경매개시결정과 함께 선박에 대한 정박명령을 하여야 한다(제176조 제1항, 구 제680조).

선박은 부동산과 달리 이동이 가능하고 선박 및 속구의 은닉·훼손 등에 의한 가치감소 등의 위험이 있으므로 이를 방지하여 경매절차의 수행을 확실하게 하고 그 가격을 유지하게 하기 위하여 법원은 채권자의 신청에 따라 감수인을

* 수원지방법원 부장판사.

1) 이하 구 민사소송법의 조문은 '구 조'로 표기함.

2) 국내 선박의 경우, 선박국적증서는 선박의 소유자가 선박의 등록신청을 하면 선적항을 관할하는 지방해양수산청장이 이를 선박원부에 등록하고 나서 신청인에게 교부하는 문서로서(선박법 제8조), 선박국적증서를 船內에 비치하지 아니하고는 대한민국의 국기를 게양하거나 항행할 수 없다(같은 법 제10조).

3) 선적증서, 승무원명부, 항해일지, 화물에 관한 서류 등과 선박검사증서와 임시항행검사증 또는 가선박국적증서 등이 있다. 법원실무제요 민사집행(Ⅲ)—동산·채권 등 집행—, 26면.

선임하여 선박을 감수하도록 하거나 그 보존에 필요한 처분을 명할 수 있다(제178조 제1항, 구 제682조).

선박에 대한 임의경매절차에는 부동산에 대한 임의경매에 관한 규정과 선박에 대한 강제경매의 규정이 준용된다(제269조, 구 제729조).

2. 선박집행의 대상

민사집행법상 선박집행의 대상이 되는 선박은 등기할 수 있는 선박인데(제172조, 구 제678조), 총톤수 20톤 이상의 기선과 범선 및 총톤수 100톤 이상의 부선에 대하여 등기할 수 있다(선박등기법 제2조).

3. 집행법원

선박에 대한 강제집행은 압류 당시(경매개시결정시)에 그 선박이 있는 곳, 즉 정박항(소재지항)을 관할하는 지방법원이 집행법원이 된다(제173조, 구 제679조).

4. 집행신청시 기재사항과 첨부서류

선박에 대한 강제집행신청서에는 채권자, 채무자표시와 법원의 표시, 선박의 표시, 경매의 원인이 된 일정한 채권과 집행할 수 있는 일정한 집행권원을 기재하는 이외에, 선박의 정박항 및 선장의 이름과 현재지를 적어야 한다(제80조, 민사집행규칙 제95조 제1항).

첨부서류로서, 집행력 있는 정본과 집행권원의 송달증명서 이외에, 채무자가 소유자인 경우에는 소유자로서 선박을 점유하고 있다는 것을, 채무자가 선장인 경우에는 선장으로서 선박을 지휘하고 있다는 것을 소명할 수 있는 증서와 선박에 관한 등기사항을 포함한 등기부의 초본 또는 등본을 제출하여야 한다(제177조 제1항).

임의경매신청에 있어서 담보권이 있음을 증명하는 서류를 제출하여야 하는 바(제269조, 제264조), 선원이 임금채권을 선박우선특권으로 주장하여 경매를 신청하는 경우에는 선원수첩사본, 승선자명부, 선원별 승무경력증명서, 선박출입항신고서 등이 첨부서류가 된다.[4]

4) 김동옥, "선박집행," 선박집행실무, 부산지방법원(2002), 52면.

Ⅱ. 외국선박에 대한 집행의 특수성

1. 집행의 대상으로서 외국선박의 개념

선박법은 한국선박[5)]만을 정의하고 있을 뿐(선박소유자국적주의), 외국선박에 대하여는 따로 규정을 두고 있지 않고, 민사집행법 역시 외국선박에 대한 정의를 하지 않고 있다.

선박의 국적 여하에 따라 외국에 선적을 둔 외국선박, 한국에 선적을 둔 국내선박, 선적이 없는 무국적선박으로 분류하고, 선박집행에 있어서는 외국의 국적을 가진 선박 이외에 무국적선박도 외국선박에 포함된다는 견해[6)]가 있는바, 이에 대하여 반대 견해는 없는 것으로 보인다. 또 외국선박의 경우에도 등기된 선박만이 집행의 대상이 될 수 있는가가 문제로 되는데, 등기여부는 절차법적인 문제이고 외국선박의 등기여부를 조사할 필요가 없기 때문에 외국선박에 대하여는 등기 여부와 상관 없이(우리 선박법상 등기할 수 있는 규모인 20톤 이상이면) 집행의 대상이 된다는 견해[7)]에 대하여도 반대 견해는 없는 것으로 보인다.

2. 집행절차의 준거법

외국의 선박이라도 우리 나라의 영해 내에 있거나 우리 나라의 항구에 정박하고 있을 때에는 우리 나라의 집행권이 미치고 그 집행절차에 관하여는 법정지법인 우리 나라 절차법(민사집행법)이 적용된다.[8)]

---

5) 第 2 條(韓國船舶) 다음 各號의 船舶을 大韓民國船舶(이하 '韓國船舶'이라 한다)으로 한다.
   1. 國有 또는 公有의 船舶
   2. 大韓民國國民이 所有하는 船舶
   3. 大韓民國의 法律에 의하여 設立된 商事法人이 所有하는 船舶
   4. 大韓民國에 主된 事務所를 둔 第3號 이외의 法人으로서 그 代表者(共同代表인 경우에는 그 全員)가 大韓民國國民인 경우에 그 法人이 所有하는 船舶

6) 권오곤, "외국선박 집행상의 몇가지 문제점," 섭외사건의 제문제 재판자료 제34집(하), 법원행정처, 626면; 정해덕, "선박집행에 관한 연구," 경희대학교 박사학위논문(2000. 2), 13면; 이상원, "선박에 대한 강제집행에 대한 실무상 문제점," 강제집행 · 임의경매에 대한 제문제(하), 518면.

7) 권오곤, 앞의 글, 628면; 정해덕, 앞의 글, 14면.

8) 권오곤, 앞의 글, 632면 등.

3. 집행신청시 첨부서류

(1) 민사집행법 제177조 제1항에서 선박에 대한 집행에 있어서 첨부서류로서 채무자가 소유자인 경우에는 소유자로서 선박을 점유하고 있다는 것 등을 소명할 수 있는 증서와 선박에 관한 등기사항을 포함한 등기부의 초본 또는 등본을 규정하고 있는데, 민사집행규칙에서는 외국선박에 대한 강제경매신청을 하는 때에는 그 선박이 채무자의 소유임을 증명하는 문서와 그 선박이 선박등기법 제2조에 규정된 선박임을 증명하는 문서를 첨부하도록 규정하고 있다(제95조 제2항 제2호).

실무에서는 선박이 채무자 소유임을 증명하는 문서로 선박국적증서사본, 선박보험회사 발행의 선명록이나 해운·조선회사록의 해당부분 사본 등이 이에 해당될 수 있다고 한다.[9)]

(2) 외국선박에 대한 강제경매신청시에는 민사집행법 제177조 제1항에서 규정하고 있는 선박에 관한 등기사항을 포함한 등기부의 초본·등본은 제출하지 않아도 되는가?

법원실무제요에서는 외국선박의 경우는 선박등기부 초본이 있을 수 없으므로 이를 제출할 것은 요구되지 아니하고, 그 대신 선박이 채무자의 소유임을 증명하는 문서와 그 선박이 선박등기법 제2조에 규정된 선박임을 증명하는 문서를 첨부하여야 한다고 하고,[10)] 부산지방법원에서 발간된 선박집행실무에서도 강제경매의 경우 집행법 제177조 제1항 제1호의 서류 이외에 한국선박의 경우에는 선박등기부 초본 또는 등본을 들고, 외국선박의 경우에는 해당 선박이 채무자의 소유에 속함을 증명하는 서류와 총톤수 20톤 이상으로서 등기적격이 있는 선박인 사실의 증명서를 들고 있다.[11)]

(3) 구 민사소송법하의 해석

구 민사소송법에서는 민사집행법 제177조 제1항과 동일한 규정이 제681조에 규정되어 있었을 뿐, 현행 민사집행규칙 제95조 제2항 제2호와 같은 규정은 없었다.

구 민사소송법에 대한 해석론으로도 외국선박에 대한 강제경매신청시에는

9) 안철상, "선박집행의 현황과 과제," 선박집행의 제문제, 부산지방법원(1999), 21면.
10) 법원실무제요 민사집행(Ⅲ)—동산·채권 등 집행—, 17면.
11) 김동옥, "선박집행," 선박집행실무, 부산지방법원(2002. 12), 53면.

선박등기부 초본 또는 등본을 제출할 필요가 없다는 견해[12]가 있었고, 당시 법원실무제요에서도 외국선박의 경우에는 선박등록부 초본이 있을 수 없으므로 이를 제출할 것이 요구되지 않는다고 하였다.[13]

(4) 일본의 경우

일본 민사집행규칙 제74조는 선박집행의 신청서에는 선박이 소재하는 장소 및 선장의 성명 및 현재하는 장소를 기재하고, 집행력 있는 채무명의 이외에 (i) 등기가 된 일본선박에 관하여는 등기부등본, (ii) 등기가 되어 있지 않은 일본선박에 관하여는 선박등기규칙에 의한 서면 등, (iii) 일본선박 이외의 선박에 대하여는 그 선박이 민사집행법 제112조[14]에 규정된 선박이라는 것을 증명하는 문서와 그 선박이 채무자의 소유에 속하는 것을 증명하는 문서를 첨부하지 않으면 안 된다고 규정하고 있다.[15]

Ⅲ. 선박저당권자의 지위

1. 외국선박에 대한 저당권의 성립

저당권은 채권을 담보하는 물권으로서, 피담보채권이 유효하게 성립된 경우에 담보물권의 효력이 문제로 되는바, 피담보채권의 성립과 효력에 관한 준거법은 저당권의 준거법과는 분리되어 국제사법상 계약의 성립과 효력에 관한 준거법 규정[16]이 적용된다.

국제사법은 저당권에 관하여 선적국법을 준거법으로 규정하고 있으므로[17] 저당권은 피담보채권의 준거법에서 그러한 담보물권이 인정될 수 있는가 아닌가와는 상관 없이, 선적국법에 의하여 유효하게 성립되어야 한다.[18]

---

12) 권오곤, 앞의 글, 636면; 서영화, "외국선박에 대한 집행에 있어서의 문제점," 선박집행의 제문제, 부산지방법원(1999), 192면.
13) 법원실무제요 강제집행 편 하권, 16면.
14) 第112條(船舶執行の方法) 總トン數二十トン以上の船舶(端舟その他ろかい又は主としてろかいをもつて運轉する舟を除く. 以下この節及び次章において'船舶'という.) に對する強制執行(以下'船舶執行'という) は 強制競賣の方法により行う.
15) 注釋 民事執行法(5), 金融財政(1985), 12면.
16) 국제사법 제29조.
17) 국제사법 제60조.
18) 小川英明, "外國船舶の任意競賣の一事例," 判例タイムズ 345(1977. 5), 69面.

2. 민사집행법 제90조(구 제607조)에 의한 이해관계인

(1) 국내선박의 집행에 있어서

선박저당권자는 선박집행에 있어서 선박등기부 위의 권리자로서 이해관계인으로 취급되어 매각기일과 매각결정기일을 통지받을 수 있는 권리, 매각허부결정에 대하여 즉시항고를 할 수 있는 권리, 배당기일의 통지를 받을 권리 등을 갖는다.[19]

선박저당권자는 선박의 매각에 의하여 소멸하는 권리를 가진 채권자, 즉 경매개시결정 등기 전에 등기된 우선변제자로서 배당요구 없이 당연히 순위에 따른 배당을 받을 수 있다(제148조 제4호).

(2) 외국선박의 집행에 있어서

외국선박에 대한 집행절차에 있어서 선박등기부 등·초본이 제출되기 어려우므로 외국선박의 등기부 위에 권리자로서 저당권자를 알기 어렵고, 선박등기부 등·초본이 제출되지 않은 경우에 외국선박의 저당권자를 이해관계인으로 취급하기는 어렵다.

외국선박에 대한 선박등기부 등·초본이 제출된 경우라면, 등기부상의 저당권자를 이행관계인으로 취급할 것인가? 이는 아래에서 보는 배당요구의 문제와 함께 결국 외국선박의 집행에 있어서 선박등기부를 전제로 하는 규정이 적용된다고 할 것인지{민사집행법 제186조(구 제688조)의 적용범위를 어떻게 볼 것인지}와 관련된 문제이다.

3. 배당요구의 필요

(1) 국내선박에 대한 저당권자

선박집행의 경우도 부동산집행과 마찬가지로 선박 위의 모든 저당권은 매각으로 소멸하게 되는바(민사집행법 제91조 제2항), 경매개시결정등기 전에 등기된 저당권자는 배당요구 여부와 상관 없이 순위에 따른 배당을 받게 된다(제148조 제4호).

19) 김동옥, 앞의 글, 70면.

(2) 부당이득반환청구와 관련하여

판례는 "배당요구채권자는 경락기일까지 배당요구를 한 경우에 한하여 비로소 배당을 받을 수 있고, 적법한 배당요구를 하지 아니한 경우에는 실체법상 우선변제청구권이 있는 채권자라 하더라도 그 경락대금으로부터 배당을 받을 수는 없다"고 하고,[20] "배당표 자체에 실체적 하자가 없는 경우에는 그 확정된 배당표에 따른 배당액의 지급을 들어 법률상 원인이 없는 것이라고 할 수 없다"고 하므로,[21] 판례에 따르면 배당요구채권자가 적법한 배당요구를 하지 않은 경우에는 배당이의뿐만 아니라 부당이득반환청구도 할 수 없다(국제사법 제31조는 부당이득의 준거법은 이득이 발생한 곳의 법에 의하도록 하고 있는바, 배당에 의한 부당이득반환청구소송에서 그 준거법은 우리 나라 법률이 된다).

외국선박에 대한 저당권자를 배당요구채권자(민사집행법 제88조 제1항의 법률에 의하여 우선변제청구권이 있는 채권자)로 본다면, 매각결정기일 이후 배당기일 이전에 배당요구를 한 저당권자가 배당을 받거나 부당이득반환청구를 할 수 없는 것은 물론, 배당기일 이후에 집행절차를 알게 된 저당권자도 부당이득반환청구를 할 수 없게 된다.

외국선박에 대한 저당권자를 배당요구채권자가 아니라고 한다면(민사집행법 제90조 제3호 또는 제148조 제4호의 선박등기부에 기입된 선박 위의 권리자), 집행신청시에 선박등기부 등본이 제출된 경우는 물론, 제출되지 않은 경우에도 저당권자의 매각결정기일과 상관 없이 배당표 확정 전까지 배당요구를 하여 배당을 받거나, 집행절차에서 배당요구를 하지 못하였다고 하더라도 그 이후에도 배당을 받은 후순위 권리자를 상대로 부당이득반환청구를 할 수 있게 된다.

이는 결국, 외국선박의 집행에 있어서 선박등기부를 전제로 하는 규정이 적용된다고 할 것인지{민사집행법 제186조(구 제688조)의 적용범위를 어떻게 볼 것인지}와 관련된 문제로 귀결된다.

---

20) 대법원 2002. 1. 25. 선고 2001다11055 판결 등.
21) 대법원 2002. 10. 11. 선고 2001다3054 판결 등.

Ⅳ. 민사집행법 제186조(구 제688조)의 적용범위

1. 견해의 대립과 각 논거

(1) 외국선박의 집행에 있어서는 배제되는 것은 등기촉탁에 관한 규정만이라는 견해

1) 문언상 등기부에 기입할 절차에 관한 규정이라고 되어 있다.

2) 선적국법에 따라 적법하게 성립한 저당권은 집행대상이 국내선박인지 외국선박인지에 상관 없이 보호되어야 한다.

(2) 외국선박의 집행에 있어서 등기를 전제로 한 규정은 모두 적용되지 않는다는 견해(=이 사건 원심의 견해)

1) 외국선박의 집행절차에서는 현실적으로 등기부등·초본이 제출되기 곤란하고 집행법원이 등기부상의 권리관계를 알 수 없으므로 등기부의 등기를 전제로 하는 규정은 적용될 수 없다.

2) 독일 강제집행법에서도 이러한 현실적인 점을 고려하여 등기부의 등기를 전제로 하는 규정은 외국선박의 경우에는 적용하지 않고 있으므로, 민사집행법 제188조를 확장해석하여 외국선박의 집행에 있어서 등기를 전제로 하는 규정의 적용을 배제하더라도 비교법적으로 이례적인 것은 아니다.

2. 외국의 입법례

(1) 일　본

일본 민사집행법에는 외국선박의 집행에 관한 특별한 규정을 두고 있지 않다.

민사집행법 제121조에서 부동산에 대한 강제경매의 규정 중 몇 개의 규정(제45조 제1항, 제46조 제2항, 제48조, 제54조, 제55조 제1항, 제56조, 제64조의2, 제81조, 제82조)을 제외한 나머지 규정은 선박집행에 관하여, 등기촉탁에 관한 3개의 규정(제48조, 제54조, 제82조)은 일본선박에 대한 강제집행에 관하여 준용한다고만 규정하고 있다.

학계에서도 외국선박의 집행에 관하여는 경매개시결정 등의 등기촉탁을 하지 않은 채 집행절차를 진행한다는 정도의 설명하고 있을 뿐[22] 특별한 논의를 찾기 어렵다.

(2) 독 일[23]

독일 강제집행법은 제162조부터 제171조까지 선박집행에 관하여 규정하면서, 제162조에서 달리 정함이 없는 한 제1장에 규정된 부동산의 강제집행에 관한 규정을 준용한다고 규정하고 있다.

외국선박의 집행에 관하여는 제171조에 규정하고 있는데, 제1항은 외국선박의 집행에 있어서는 선박등기부의 등기를 전제로 하지 않는 규정에 한하여 부동산 강제집행에 관한 규정을 준용하도록 되어 있고, 제3항에서는 절차의 상당한 지연이 없는 한 선박서류에서 알 수 있는 선박채권자 및 다른 이해관계인과 선박이 등기된 외국의 등기소에 매각기일 전에 권리신고를 하여야 한다는 최고가 담긴 기일지정통지를 하도록 규정하고 있다.

(3) 미 국[24]

미국에서는 선박우선특권 또는 선박저당권에 기하여 당해 선박자체 또는 선박소유자의 다른 재산에 대하여 대물소송을 진행할 수 있다. 외국법에 따라 성립된 선박우선특권과 저당권 등에 기하여도 대물소송을 진행할 수 있는 점에서는 동일하다.

미국 선박저당권법에 따르면 우선저당특권은 저당권설정 이전에 발생한 선박우선특권 및 경매비용을 제외하고는 선박에 관한 모든 채권에 우선한다. 외국선박에 대한 저당권이 외국법에 따라 적법하게 설정되어 등기되었다면 미국선박저당권과 동등한 우선권을 갖게 된다.

(4) 1993년 선박우선특권 · 저당권조약

선박우선특권에 관한 국제적 통일화 작업의 일환으로 제정된 국제조약으로는 1926년 선박우선특권 · 저당권조약,[25] 1967년 선박우선특권 · 저당권조약, 1993년

22) 注釋 民事執行法(5), 金融財政(1985), 4면

23) '오정후, "외국선박의 강제경매에 대한 독일법의 규정," 2004. 9. 21.자 비교법실무연구회 발표논문'의 내용을 참조함.

24) '이규호, "미국에 있어서 외국선박 저당권자의 지위," 2004. 9. 21.자 비교법실무연구회 발표논문'의 내용을 참조함.

25) 1926년 선박우선특권 · 저당권조약에서 규정하고 있는 선박우선특권의 종류는 1991년 개정된 우리 상법에 반영이 되었다고 한다. 정해덕, 앞의 글, 123면.

선박우선특권 · 저당권조약이 있다(우리 나라는 가입하지 않음).[26]

1967년 선박우선특권 · 저당권조약에서 선박우선특권과 함께 저당권의 실행을 위한 강제매각에 관하여 이해관계인에 대한 관할관청의 통지의무와 매각에 의하여 선박상의 부담이 소멸하였다는 증명서의 발행 등에 관한 규정을 두고 있었는데, 1993년 선박우선특권 · 저당권조약 제11조에서도 저당권자 등에게 통지를 하도록 규정하고 있다.

3. 민사집행법 제186조(구 제688조)의 의미

독일과 같이 외국선박에 대한 집행에 있어서 등기를 전제로 한 규정을 적용하지 않는다고 한다면, 외국선박의 저당권자는 단순한 법률상 우선변제권이 있는 자에 불과하게 되고, 실제 선박등기부의 등·초본이 제출된 경우에도 저당권자가 따로 권리신고를 함으로써 민사집행법 제90조 제4호에 의한 이해관계인이 되는 것은 별론으로 하고, 저당권자를 등기부에 기입된 선박상의 권리자로서 같은 조 제3호의 이해관계인으로 될 수는 없으며, 낙찰기일(배당요구종기)까지 배당요구를 하지 않으면 경매절차에 의하여 저당권이 소멸됨에도 불구하고 배당을 받을 수 없게 된다. 이는 국내선박의 저당권자와 외국선박의 저당권자를 부당하게 차별하는 결과를 가져오게 된다.

독일 강제집행법 제177조 제1항과 우리 민사집행법 제186조는 문언상 명백히 차이가 있으므로 우리 민사집행법 제186조를 독일 강제집행법 제177조 제1항과 같이 해석하기 어렵다.

우리 판례는 저당권이 불법 말소되어 등기부상 나타나지 않는 경우[27]나, 등기부상 가압류만 하였을 뿐 우선변제권이 있음을 소명하지 않은 임금채권자[28]에 대하여 낙찰기일(배당요구종기)까지의 배당요구와 상관 없이 우선 배당권자로 인정하고 있는바, 집행법원이 저당권에 의하여 담보되는 채권의 존부 및 액수를 전혀 알 수 없음을 사유로 외국선박의 저당권자가 낙찰기일까지 배당요구를 하여야 한다고 하기는 어렵다.

26) 자세한 내용은 정완용, "1993년 신선박우선특권 · 저당권조약의 성립과 우리 상법상의 선박담보제도," 한국해법학회 15권 1호(Vol. 15, No. 1)(1993. 12), 126면 이하.
27) 대법원 2002. 10. 22. 선고 2000다59678 판결.
28) 대법원 2002. 5. 14. 선고 2002다4870 판결.

V. 외국선박에 대한 집행실무와 그에 대한 검토

1. 실무관행

부산지방법원의 경우, 외국선박에 대한 선박우선특권에 기한 임의경매절차에서 저당권자라고 주장하는 자가 낙찰기일(배당요구종기)까지 배당요구를 하지 않는 경우에는 배당을 하지 않고 있는데, 그 이유는 i) 외국선박의 집행에 있어서 등기부가 제출되는 경우가 거의 없기 때문에 저당권자를 확인하기가 극히 어려워서 이해관계인으로 취급할 수가 없고, ii) 각국의 선박등기제도와 저당권의 효력 등이 달라서 절차를 신속하게 처리하여야 하는 집행법원으로서는 배당요구를 하는 저당권자가 선적국의 법에 따라 적법하게 성립된 저당권에 기하여 권리를 행사하는 것인지를 확정하기 곤란하기 때문이라고 한다.

2. 실무관행에 대한 검토

외국선박의 집행에 있어서 등기부가 제출되지 않은 경우, 등기부에 기입된 권리자를 확인할 수가 없으므로 그들을 민사집행법 제90조 제 3 호 소정의 이해관계인으로 취급하여 매각기일 등을 통지할 수는 없다.

등기부상의 권리관계를 확인하기 위한 등기부가 제출되지 않았음을 사유로 집행절차를 미루는 것도 선박집행의 특수성상 타당하지 않고(집행기간이 장기화됨에 따른 감수보존비용의 증가), 법원이 직권으로 외국에 있는 선박의 등기소에 등기부상의 권리관계를 확인하는 것도 근거가 없다.

그러나 외국선박의 저당권자가 배당요구를 하는 경우에 집행법원이 적법하게 성립된 저당권에 기하여 권리를 행사하는 것인지를 확정하기 곤란하다는 이유로 낙찰기일(배당요구종기) 이후에 배당요구를 한 자를 배당에서 제외하는 것이 타당한지는 검토를 요한다. 적법하게 성립된 저당권인지의 확인이 곤란한 것은 배당요구의 시기와는 상관이 없는데, 낙찰기일(배당요구종기) 이후에 배당요구를 하는 저당권자를 배당에서 제외함으로써, 외국선박의 저당권자를 민사집행법 제148조 제 4 호의 채권자가 아니라, 같은 조 제 2 호 또는 같은 법 제88조의 우선변제청구권자와 동일하게 취급하는 결과가 되는바, 배당절차에서 적법하게 성립된 저당권에 기하여 권리를 행사하는 것인지를 확정하기 곤란한 문제가 있다면, 배당요구의 시점과 상관 없이 배당에서 제외하여 저당권자라고 주장하는 자로 하여금 배당이의의 소에서 다투도록 하든지, 일단 배당을 하고 후순위권리자로 하여금 배당이의의 소에서 다투도록 하는 것이 타당할 것으로 생각된다.

Ⅵ. 외국선박의 집행에 있어서 등기부상의 권리자(저당권자 등)에 대한 취급

1. 이해관계인으로 취급

(1) 선박등기부 등·초본이 제출되지 않은 경우

민사집행법 제172조, 제90조에 의하면 선박집행에 있어서 선박등기부에 기입된 권리자는 이해관계인이 되나, 외국선박의 집행에 있어서 선박등기부 등·초본이 집행법원에 제출되지 않은 경우에는 선박등기부에 기입된 권리자인 저당권자 등을 이해관계인으로 취급할 방법이 없다.[29]

선박등기부 등·초본이 제출되지 않은 경우에는 사후에 선박등기부에 기입된 저당권자에 대한 매각기일 등의 통지가 누락되었다는 것이 밝혀졌다고 하더라도 매각허가결정에 대한 이의사유가 된다고 보기는 어렵다.

(2) 선박등기부 등·초본이 제출되거나, 등기부상의 권리자임을 소명한 경우

외국선박의 집행에 있어서 선박등기부 등·초본이 제출되어 등기부에 기입된 권리자의 확인이 가능하거나, 집행법원에 선박등기부상의 권리자임을 소명한 경우에는, 국내선박의 집행과 마찬가지로 이해관계인으로 취급되어야 한다.

2. 등기부상의 권리자(저당권자 등)의 배당

(1) 선박등기부 등·초본이 제출되지 않은 경우

외국선박의 집행에 있어서 선박등기부 등·초본이 제출되지 않은 경우 등기부에 기입된 권리자라고 하더라도 배당받을 방법은 없다.

등기부에 기입된 권리자가 집행법원으로부터 배당받은 자보다 실체법적으로

29) 집행법원이 외국에 있는 선박등기소에 조회를 하여 그 권리관계를 밝혀야 한다는 견해도 있을 수 있지만, 그 근거가 없을 뿐만 아니라, 실효성의 측면이나 집행의 지연에 따른 비용부담의 측면에서 타당하다고 보기는 어렵다.

선순위인 경우에는 부당이득반환청구소송으로 해결되어야 할 것이다.

(2) 선박등기부 등·초본이 제출되거나, 등기부상의 권리자임을 소명한 경우

국내선박에 대한 집행과 마찬가지로 등기부에 기입된 권리자로서 배당요구와 상관 없이 배당을 받을 수 있는 자로 취급하여야 한다.

Ⅶ. 이 판결의 의미

이 판결은 외국선박에 대한 집행절차에서 경매개시결정등기 전에 선적국의 법률에 따라 저당권을 설정하고 등기(공시절차)를 갖춘 저당권자가 배당표확정 이전에 이러한 사실을 입증하였다면 이러한 외국선박의 저당권자도 등기부에 기입된 선박 위의 권리자로서 배당요구와 상관 없이 배당을 받을 수 있다고 하여, 외국선박의 저당권자가 외국선박에 대한 집행절차에서 배당을 받기 위한 요건을 명시하였다는 점에서 의의가 있다.

제 3 편

被告의 同時履行抗辯에 대한 原告의 再抗辯으로서의 相計抗辯의 旣判力 인정 여부

- 연구대상 사건의 개요／金尙煥
- 被告의 同時履行抗辯에 대한 原告의 相計의 再抗辯 —日本法을 소재로—／金祥洙
- 대법원 2005.7.22. 선고 2004다17207 판결
- ［평석］ 相計 主張의 대상이 된 受動債權이 同時履行抗辯으로 행사된 債權일 경우, 그러한 相計 主張에 대한 法院의 判斷에 旣判力이 발생하는지 여부／金尙煥

연구대상 사건의 개요

金　尙　煥*

[사실관계]

1. 1994. 7. 15. 원고는 아래와 같은 내용으로 피고 소유의 이 사건 건물 및 토지[1]를 대금 6억 6,100만원에 매수하는 매매계약을 체결.

① 대금지급: 계약금 7,100만원은 당일 지급하고, 중도금 및 잔금은 1994. 11. 21.부터 1999. 5. 21.까지 매 6개월마다 5,900만원씩 10회에 걸쳐 분할하여 지급하되, 원고가 30일 이상 위 매매대금 지급을 지체한 때에는 피고가 계약을 해제할 수 있음.

② 소유권이전: 피고는 위 매매대금과 원고가 부담하여야 할 제비용이 완납되었을 때, 원고에게 이 사건 건물 및 토지의 소유권이전등기에 필요한 서류 등을 교부(제 4 조 제 1 항).

③ 점유사용: 매매계약체결 이후 원고가 매매대금을 전액 지급하기 전에 이 사건 건물 및 토지를 점유·사용하고자 할 때에는 피고의 승인을 받기로 하되(제 8 조 제 2 항), 원고의 귀책사유로 위 매매계약이 해제되는 때에는 원고는 피고에게 지체없이 위 건물 및 토지를 반환하고 점유사용기간에 대하여 총 매매대금에 피고의 일반자금대출 이율 연 11.5%로 계산한 점유사용료를 피고에게 지급하기로 하고, 점유사용기간은 피고가 원고에게 점유사용을 승인한 날부터 기산(제10조).

2. 1994. 8. 23.경 원고는 피고로부터 사용승인을 받아 이 사건 건물 및 토지를 점유·사용하였는데, 원고는 피고에게 계약금 7,100만원, 4차분까지의 중도금 2억 3,600만원(5,900만원×4), 5차분 중도금 중 일부 2,000만원 및 위 각

---

* 제주지방법원 부장판사.

1) 위 부동산은 지하 1층 지상 2층의 단독주택으로서, 당초 소외 이창영의 연체 대출원리금 회수를 위하여 임의경매를 신청하였다가 피고 스스로 경락받은 후 공매절차를 통하여 원고에게 매도한 것임.

대금 지급과 관련한 지연손해금 9,492,836원을 지급하였으나, 1996. 11. 21. 5차분 일부 3,900만원 및 그 후의 매매대금 지급을 연체.

3. 1997. 8. 25.경부터 1999. 2. 24.경까지 피고는 5회에 걸쳐 연체대금의 지급을 독촉하는 내용의 통지서를 원고에게 발송하였고,[2] 최종적으로 1999. 10. 14. 원고에게 이 사건 매매계약을 해제한다는 내용의 해제통지를 내용증명우편으로 발송하였으며, 그 무렵 위 해제통지가 원고에게 도달.

4. 2000. 1. 24. 피고는 원고를 상대로 서울지방법원 서부지원 2000가합577 토지인도 등 청구의 소를 제기하여 위 매매계약해제를 이유로 이 사건 건물 및 토지의 명도와 인도를 구하였고, 2000. 9. 8. 위 소송에서 청구인용(이 사건 원고 패소) 판결을 받았으며 그 항소심인 서울고등법원 2000나49031 토지인도 등 사건에서 항소가 기각되어 2001. 4. 19. 위 판결이 확정됨. 이에 따라 2001. 5. 30. 원고는 피고에게 이 사건 건물 및 토지를 명도 및 인도하였음.

5. 원고는 위 종전 항소심 재판에서 매매계약 해제에 따른 원상회복으로서 원고가 피고에게 이미 지급한 계약금 및 중도금 합계 3억 2,700만원을 반환받을 때까지 피고의 위 명도 및 인도청구에 응할 수 없다는 취지로 동시이행의 항변을 하였으나, 이에 대하여 피고는 원고 주장의 위 금원 중 계약금 7,100만원은 원고의 계약 위반으로 이 사건 매매계약이 해제됨으로써 약정에 따라 그 반환의무가 없고, 중도금 합계 2억 5,600만원은 약정에 따라 원고가 피고에게 지급하여야 할 이 사건 건물 및 토지의 위 매매계약해제시까지의 점유 · 사용료에 모두 충당되어 그 반환의무가 없다고 재항변하였고, 위 종전판결은 피고의 재항변을 받아들여 그 판결이유에서, 위 계약금 7,100만원은 이 사건 매매계약이 원고의 귀책사유로 해제됨으로써 피고에게 귀속되었고, 위 중도금 합계 2억 5,600만원은 원고가 이 사건 건물 및 토지를 점유 · 사용한 기간(피고의 원고에 대한 점유·사용승인일인 1994. 8. 23.부터 이 사건 매매계약의 해제 통지일인 1999. 10. 14.까지 5년 53일)에 대한 점유 · 사용료 391,112,794원{661,000,000원 × 11.5% × (5 + 53/365), 원 미만 버림}으로 공제되어 피고가 원고에게 반환할 금액이 남지 않게 되었다고

2) 원고는 1998. 3. 20.에는 연체대금을 같은 해 4. 28. 5. 28. 6. 28. 7. 28. 8. 28. 10. 28. 11. 28.에 각 2천만원, 3천만원, 4천만원, 4천만원, 3천만원, 3천만원, 3천만원을 지급하겠다는 계획서를 피고에게 제출하기도 하였음.

판단하여 원고의 위 항변을 배척.[3)]

6. 원고는 위 종전 소송에서의 패소확정 후 다시 피고를 상대로 위 중도금 수령액 합계 257,000,000원 중 일부인 194,685,480원의 반환을 구하는 이 사건 소송을 제기함.

[소송의 경과]

1. 원고의 주장

이 사건 점용사용료 규정은 약관의규제에관한법률(이하 약관규제법)에 위배되는 무효의 조항이므로 피고는 이 사건 매매계약의 해제에 따라 부당이득으로서 반환하여야 할 위 중도금 수령액 합계 257,000,000원에서 1994. 8. 23.부터 위 명도 및 인도일인 2001. 5. 30.까지의 적정 점유·사용료인 62,314,520원을 공제한 194,685,480원을 원고에게 지급할 의무가 있음.

2. 제 1 심의 판단

전소인 종전판결에서 피고가 원고에 대한 점유·사용료 채권을 자동채권으로 하여 원고가 동시이행의 항변으로 주장한 중도금반환채권과 대등액에 관하여 상계함으로써 중도금반환채권이 소멸하였다고 판단한 부분에 대하여는 그 판결의 확정으로서 기판력이 발생하므로 원고의 이 사건 점유·사용료 반환청구 중 전소인 확정된 항소심판결의 기판력에 저촉되는 부분은 모순 없는 판단을 하여야 하지만 소 각하사유는 아님(피고의 본안전항변 배척).

3) 위 종전판결에서도 이 사건 원고(종전판결의 피고)가 이 사건 피고(종전판결의 원고)의 점유·사용료 약정에 기한 상계의 재항변에 대하여 위 약정 조항은 피고에게만 부당하게 유리한 것으로서 민법 제103조, 제104조, 제607조, 제608조 및 약관의규제에관한법률의 규정과 형평의 원칙에 위반하여 무효라고 주장하였으나, 종전판결은 위 매매계약서가 약관에 해당하지 아니하고 가사 약관이라 해도 위 점유·사용료에 관한 규정이 약관규제법에 위배되지 아니하며 그 밖의 민법 규정에도 위배되지 아니한다고 판단하였음.

3. 원심의 판단

이 사건 쟁점에 관하여는 원심판결을 그대로 인용함.

[상고이유의 요지]

◆ 기판력의 객관적 범위에 관한 법리오해

원고가 패소확정판결을 받은 종전판결에서 원고는 피고의 명도 및 인도청구에 대해 단순히 계약금 및 중도금 반환과의 동시이행의 항변을 하였던 것인데 그에 대한 피고의 점유·사용료에 기한 충당의 재항변이 받아들여져 결국 원고의 동시이행의 항변이 배척된 것일 뿐, 원고가 전소에서 민사소송법 제216조 제2항[4] 소정의 상계의 주장을 하여 그 주장한 채권의 성립 여부에 관하여 법원의 판단을 받은 것이 아님에도 원심은 위 동시이행의 항변을 상계의 항변으로 오신하여 원고가 이 사건에서 구하는 위 194,685,480원의 중도금반환채권이 전소의 기판력에 저촉되어 소멸하였다고 잘못 판단함.

[쟁　　점]

어떤 소송에서 피고의 동시이행항변에 대하여 원고가 재항변으로서 상계항변을 한 경우, 그 상계항변에 대한 법원의 판단에 기판력이 인정되는지 여부, 즉 그러한 경우 기판력이 발생하므로 위 소송에서의 피고가 동시이행항변으로 주장한 채권을 나중에 다른 소송을 통하여 행사할 수 없는지 여부가 이 사건의 쟁점임.

---

4) 상계를 주장하는 청구가 성립되는지 아닌지의 판단은 상계하고자 대항한 액수에 한하여 기판력을 가진다.

被告의 同時履行抗辯에 대한 原告의 相計의 再抗辯
— 日本法을 소재로 —

金 祥 洙*

Ⅰ. 서

피고의 동시이행의 항변에 대해, 원고는 당해 항변으로 주장하는 피고의 채권을 수동채권으로 하여 상계의 재항변을 주장할 수 있는가, 이에 대한 법원의 실체심리에 의한 판결(이유 중의 판단)은 기판력을 갖는가, 갖는다면 그 범위는 어떠한지 문제된다. 이 문제에 관해 우리와 유사한 법제도를 갖고 있는 일본에서는, 이를 직접 다룬 판례나 학설은 이하에서도 언급하지만 찾아볼 수가 없다. 아마도 소송실제상 그와 같은 항변이 주장되는 것은 예상할 수 있지만, 법적 문제로까지 등장하고 있지는 않는 것 같다.

다른 한편 일본에서는 원고에 의한 상계의 재항변의 사례로서, 이하에서 보듯이 피고의 상계의 항변에 대한 원고의 반대상계의 재항변의 적법성이, 이 문제를 다룬 최고재판소의 판례가 나오면서 학설의 논쟁을 불러일으킨 바가 있다. 이러한 일본의 논쟁 등을 참고로 하여, 본고에서는 피고의 동시이행의 항변에 대한 원고의 상계의 재항변에 관련된 문제점을 고찰해 보도록 하겠다. 일반적인 원고에 의한 상계의 항변의 적법성, 그리고 실체심판을 받은 경우의 기판력의 범위(나아가 이유 중의 판단의 구속력)를 다루기로 한다. 이 문제(서울고법 2004. 2. 13. 선고 2003나62615 판결이 내려지고 이에 대한 상고심판결이 내려지기 전의 단계이다)는 일본법학에서도 충분히 관심을 가질 수 있는 것으로서, 그 동안 축적된 우리 법학의 실력을 일본에 보여줄 수 있는 좋은 계기가 될 것으로 생각된다.

---

* 동국대학교 법과대학 부교수.

Ⅱ. 사안과 판지의 정리

1. 전소의 경과

본고에서 다룰 2개의 하급심재판례의 사안을 나름대로 정리한다면 다음과 같다. Y는 X를 상대로 건물명도와 토지인도를 구하는 소를 제기하여 1심에서 승소하였다. X가 제기한 항소심에서, X는 계약금 및 중도금(합계 3억2천700만원)을 반환받을 때까지 Y의 청구에 응할 수 없다는 동시이행의 항변을 주장하였다. 이에 대해 Y는, 계약금(7,100만원)은 반환의무가 없고 중도금(2억5,600만원)도 점유사용료에 충당되어 그 반환의무가 없다고 재항변하였다. 항소심은 이 재항변을 받아들여 항소기각을 판결하였고 확정되었다(전소판결). 그 판시내용은 다음과 같다.

"(1) 계약해제에 따른 원상회복의무의 발생에 관한 점

Y는 X의 매매대금 연체에 따라 이 사건 매매계약을 해제할 수 있다 할 것인데, 이를 이유로 한 Y의 해제의 의사표시가 X에게 도달함으로써 이 사건 매매계약은 적법하게 해제되었다 할 것이므로, X는 특별한 사정이 없는 한 Y에게 위 계약해제에 따른 원상회복으로서 점유 중인 이 사건 건물을 명도하고 이 사건 토지를 인도할 의무가 있다.

(2) X의 동시이행의 항변권에 관한 점

1) X는, Y의 위 계약해제의 의사표시는 쌍무계약상 동시이행관계에 있는 Y의 이 사건 건물 및 토지에 관한 소유권이전등기의무의 이행제공 없이 한 것으로 무효라고 주장하는바, 앞서 인정한 바에 의하면 이 사건 매매계약상 X의 매매대금완납의무는 Y의 소유권이전등기의무에 대하여 선이행관계에 있으므로 X의 위 주장 또한 더 나아가 판단할 필요 없이 이유 없다.

2) X는, Y의 위 계약해제에 따른 원상회복으로서 X가 Y에게 이미 지급한 중도금 합계 3억2,700만원(위 금원은 앞서 본 바와 같이 X가 Y에게 지급한 중도금 외에도 계약금 7,100만원이 포함된 금액인바, X가 위 계약금액까지 포함하여 주장하는 것으로 본다)을 반환받을 때까지는 Y의 청구에 응할 수 없다고 동시이행의 항변을 하고, 이에 대하여 ㉠ Y는, X주장의 금원 중 계약금 7,100만원은 X의 계약위반으로 이 사건 매매계약이 해제됨으로써 Y·X 사이의 약정에 따라 Y에게 귀

속되어 그 반환의무가 없고, 중도금 합계 2억 5,600만원은 Y·X 사이의 약정에 따라 X가 Y에게 지급하여야 할 이 사건 건물 및 토지의 계약해제시까지의 점유사용료에 모두 충당되어 그 반환의무가 없다고 재항변한다.

살피건대, X가 이 사건 매매계약에 따라 Y에게 계약금 7,100만원 및 중도금 합계 2억 5,600만원을 지급한 사실, X가 Y의 사용승인을 받아 이 사건 건물 및 토지를 1994. 8. 23.경부터 점유·사용하고 있는 사실, 이 사건 매매계약이 X의 매매대금 연체로 인하여 해제된 사실은 앞서 본 바와 같은바, 한편 갑 5 호증의 기재에 의하면, Y는 X와 사이에 이 사건 매매계약체결 당시 X의 귀책사유로 매매계약이 해제되는 때에는 이미 지급받은 계약금은 Y에게 귀속하고 X로부터 이 사건 건물 및 토지의 점유사용기간에 대하여 총매매대금액에 연 11.5%의 이율(Y의 일반자금대출이율 중 기타 금리)을 곱한 금액을 점유사용료로 지급받되 이를 X로부터 이미 지급받은 중도금에서 공제할 수 있고, 위 점유사용료 산정시 적용하는 점유사용기간은 Y가 X의 점유를 승인한 날부터 기산한다는 취지로 약정한 사실을 인정할 수 있으므로 Y가 X로부터 지급받은 위 계약금 7,100만원은 이 사건 매매계약이 X의 귀책사유로 해제됨으로써 Y에게 귀속되었다 할 것이고(위 계약금 귀속의 약정은 손해배상액의 예정이라 할 것인바, 그 손해배상의 예정액이 부당히 과다하다고 보아 감액할 만한 사정도 찾아볼 수 없음), 위 ㉡ 중도금 합계 2억 5,600만원에 관하여는 여기에서 X가 점유사용승인일인 1994. 8. 23.부터 이 사건 매매계약의 해제통지일인 1999. 10. 14.까지 이 사건 건물 및 토지를 점유·사용함으로써 Y에게 지급하여야 할 점유사용료 391,112,794원 {661,000,000원×11.5%×(5+53/365), 원 미만 버림}을 공제하면 Y가 X에게 반환할 금액이 남지 않게 된다 할 것이어서 Y의 위 재항변은 이유 있고, 따라서 X의 위 항변은 이유 없다.

이에 대하여, X는 계약해제시의 점유사용료 지급에 관한 위 약정조항은 Y가 매매대금을 전혀 지급받지 못한 상태에서 계약이 해제될 경우 그 기간 동안 금융이자만큼의 손해가 발생하기 때문에 그 손해를 전보하고자 특별히 마련된 것으로서 이 사건과 같이 Y가 X로부터 일부 매매대금을 지급받은 상태에서 계약이 해제된 경우에는 Y에게 계약해제에 따른 금융이자 상당의 손해가 발생하지 않게 되므로 적용될 여지가 없다고 다투나, 갑 5 호증의 기재만으로는 위 점유사용료 지급에 관한 약정조항이 매매대금이 전혀 지급되지 않은 상태에서 계약이 해제된 경우에만 적용되는 것이라는 점을 인정하기에 부족하고 달리 이를 인정할 만한 증거가 없으므로 X의 위 주장은 이유 없다.

X는 또한 위 점유사용료 지급에 관한 약정조항은 계약해제시의 원상회복으로서 민법 제741조의 규정에 따라 점유사용료 상당의 부당이득반환의무를 정한 것인바, 선의점유자의 과실수취권을 규정한 민법 제201조 제1항은 선의점유자 보호를 위하여 마련된 민법 제741조의 특칙으로서 강행규정이고, 이 사건 건물 및 토지에 대한 위 계약해제 전까지의 X의 점유는 선의의 점유이므로 위 약정조항에 우선하여 민법 제201조 제1항이 적용되게 되거나 강행규정인 민법 제201조 제1항에 위반하는 위 약정조항이 더 이상 적용될 수 없게 됨으로써 X가 이 사건 건물 및 토지에 대한 과실수취권을 가진다 할 것이어서 Y로서는 X에 대하여 계약해제시까지의 점유에 대한 점유사용료 채권을 가지고 있지 않다고 주장한다.

살피건대, 위 점유사용료 지급에 관한 약정조항은 계약해제의 효과로서의 원상회복의무를 규정한 민법 제548조 제1항 본문에 따라 원상회복의 한 방법을 정한 것이라 할 것인바, 위 민법 제548조 제1항은 부당이득에 관한 특별 규정의 성격을 가진 것이고 계약해제의 경우 수익자의 선의·악의를 불문하고 받은 이익의 전부를 반환하도록 규정한 것으로서 선의점유자의 과실수취권을 규정한 임의규정인 민법 제201조 제1항에 우선하여 적용된다 할 것이고(대법원 1998.12.23. 선고 98다43175 판결 등 참조), 따라서 민법 제548조 제1항을 구체화한 위와 같은 약정조항 역시 민법 제201조에 우선하여 적용된다 할 것이므로 피고의 위 주장은 이유 없다.

나아가, X는 점유사용료 지급에 관한 위 약정조항은 계약해제시 Y가 X로부터 지급받은 매매대금에 대하여는 이자 상당의 이득을 반환하지 않도록 하면서 X에게만 그 지급한 매매대금액에 관계 없이 일률적으로 총매매대금에 대한 연 11.5%의 고율로 계산된, 이 사건 건물 및 토지의 점유사용료를 지급하게 하는 것으로서 Y일방에게만 부당하게 유리한 조항이므로 민법 제103조, 제104조, 제607조, 제608조, 약관의규제에관한법률 제규정 및 형평의 원칙에 위반하여 전부 또는 일부가 무효라고 주장한다.

살피건대, 갑5호증의 기재에 의하면, Y와 X는 이 사건 매매계약체결 당시 위 점유사용료 지급에 관한 약정을 한 외에 X의 위약으로 이 사건 매매계약이 해제될 경우에는 Y는 이미 수취한 할부금 원금만을 X에게 반환하고 계약금과 매매대금에 대한 지연손해금은 Y에게 귀속되는 것으로 약정한 사실을 인정할 수 있는바, 위와 같이 Y와 X 사이에 이 사건 매매계약의 해제시 Y가 지급받은 매매대금액에 대한 이자 상당액은 반환하지 아니하도록 하면서 X로 하여금 이 사건 건물 및 토지의 사용에 따른 점유사용료를 지급하도록 약정한 것만으로는 위 점유사용료 지급에 관한 약정 부분이나 이 사건 매매계약이 선량한 풍속 기타 사회질서에 위반한 것이라거나 X의 궁박·경솔 또는 무경험으로 인하여 현저하게 공정을 잃은 것으로서 민법 제103조, 제104조에 해당한다거나 형평의 원칙에 위반한다고 할 수 없고 달리 이를 인정할 만한 증거가 없으며(X가 주장하는 민법 제608조, 제609조는 차용물에 갈음하여 재산권을 이전하는 대물반환의 예약시에 적용되는 조항이므로 이 사건에 적용될 여지가 없음), 한편 점유사용료 지급에 관한 위 약정조항을 포함한 이 사건 매매계약서의 각 조항이 약관의규제에관한법률의 규제대상이 되는 약관에 해당한다고 볼 수 없음은 앞서 본 바와 같아 나아가 위 약정조항에 대하여 같은 법 위반에 따른 무효 여부를 판단할 여지가 없다 할 것이므로(설령 점유사용료 지급에 관한 위 약정조항을 포함한 이 사건 매매계약서의 각 조항이 약관에 해당한다 하더라도, 점유사용료 지급에 관한 위 약정조항은 계약해제에 따른 원상회복의 방법을 규정한 것에 불과하여 그것 자체만으로는 신의성실의 원칙에 반하여 공정을 잃은 약관조항의 무효를 규정한 약관의규제에관한법률 제 6 조 제 1 항, 계약의 해제로 인한 고객의 원상회복의무를 상당한 이유 없이 과중하게 부담시키는 약관조항의 무효를 규정한 같은 법 제 9 조 제 3 호에 해당하여 무효로 된다고 볼 수 없고, 다만 계약해제시 원고가 지급받은 매매대금에 대하여 이자의 반환을 면하도록 한 약정조항이 같은 법 제 6 조 제 1 항 또는 계약의 해제로 인한 사업주의 원상회복의무를 부당하게 경감하는 조항의 무효를 규정한 같은 법 제 9 조 제 4 호에 해당하는지 여부가 문제될 수 있다 할 것인데, 위 이자반환면제 약정조항이 같은 법의 위 각 조항에 해당하여 무효라 하더라도 같은 법 제16조 본문에 따라 그 조항만 무효로 될 뿐 점유사용료 지급에 관한 위 약정조항까지 무효로 되는 것은 아니라고 보아야 할 것이다) X의 위 주장 역시 이유 없다."

전소판결의 의의 내지 취지는 다음과 같이 정리할 수 있다.

전소판결에서는 Y의 재항변을 상계의 항변이라고 말하지 않지만(너무 당연해서 그런지 아니면 일부러 언급을 회피한 것인지 알 수 없지만), 판지 ㉠에서 보듯이 그것은 상계예약에 의한 소송 외의 상계의 재항변이다. 상계의 항변에 의해 소멸되는 자동채권과 수동채권에 관해, 전소판결은 판지 ㉡에서 보듯이 그 금액(자동채권은 3억 9 천만원, 수동채권은 2억 5 천 600만원)을 명확히 판단하였다. 또한 X는 이 사건과 관련된 자동채권과 수동채권의 존부에 관해 충분히 다투었는가에 관해 살펴본다면, 후소에서와 같이 실제로 점유사용료의 구체적인 금액에 관해 X가 다투었다고는 할 수 없지만, 판지 ㉡ 이하에서 보듯이 점유사용료규정의 무효를 근거로 점유사용료의 부존재를 주장한 것이고, 법원도 당해 규정이 유효하다고 하여 점유사용료를 판단한 것이므로, 소위 쟁점에 관해 충분히 다툰 것이라고 말할 수 있다. 이 점에서 전소판결은 원고의 상계의 재항변에 기판력이 발생한다는 점을 의식한 것이 아닌가 생각된다. 아울러 Y가 점유사용료청구를 상계의 재항변이 아닌 소의 변경으로 주장하려고 했는지, 법원도 그렇게 유도하려고 했는지는 알 수 없다.

2. 후소의 경과

한편 X는 다시 Y를 상대로 위 전소판결에서 문제된 점유사용료규정이 무효임을 근거로 매매중도금의 지급을 구하는 소를 제기하였다(후소). 청구금액은 중도금에서 적정점유사용료(약 6천200만원)를 공제하였다고 한 약 1억9천만원이다. 1심판결(원심판결은 이를 그대로 인용)은 다음과 같이 판시하였다.

"Y는, 이미 전소사건에서, X가 위 중도금 등 반환을 주장하면서 한 동시이행의 항변에 대하여 Y가 위 점유사용료 채권을 자동채권으로 하여 상계 주장을 하면서 재항변하였고, 위 법원이 위 상계 주장을 받아들여 X의 위 항변을 배척하면서 Y승소판결을 내렸으며, 그 후 위 판결이 확정되었는데, 민사소송법 제216조 제2항에 의하여 위 상계 주장에 대한 판단은 후소인 이 사건에 대하여 기판력을 가지므로, X의 이 사건 소는 위 확정판결의 기판력에 저촉되어 부적법하다고 주장한다.

살피건대, 기판력이라 함은 기판력 있는 전소판결의 소송물과 동일한 후소를 허용하지 않음과 동시에, 후소의 소송물이 전소의 소송물과 동일하지 않다고 하더라도 <u>㉢ 전소의 소송물에 관한 판단이 후소의 선결문제로 되거나 모순관계에 있을 때에는 후소에서 전소판결의 판단과 다른 주장을 하는 것을 허용하지 않는 작용을 하는 것</u>으로서(대법원 2002. 12. 27. 선고 2000다47361 판결 등 참조), <u>㉠ 민사소송법은 전소판결의 판결이유 중 상계를 주장한 청구가 성립되는지 아닌지의 판단에 대하여는 상계하고자 대항한 액수에 한하여 기판력을 인정하고 있는바</u>, 위 인정사실에 의하면, <u>㉡ 전소인 위 항소심 재판에서 Y가 X에 대한 위 점유사용료 채권을 자동채권으로 하여 X가 Y에 대하여 원상회복을 구하는 위 중도금 반환채권과 대등액에 관하여 상계하여, 위 중도금 반환채권이 소멸하</u>

였다고 판단한 부분에 기판력이 발생하여 후소인 이 사건 소에 대하여도 영향을 미친다고 할 것이나(X는, 전소의 X소송대리인들이 X의 지시에도 불구하고 전소에서 증거를 제대로 제출하지 않았고, 위 중도금 반환채권으로 반소를 제기하라고 하였음에도 이를 하지 않았으며, Y의 직원이 X가 지급한 매매중도금 3회분을 횡령하였다는 점에 대하여 고발하는 등의 조치를 취하도록 지시하였음에도 이를 이행하지 않았다면서, 전소판결의 기판력을 부인하는 취지로 다투나, 가사 그러한 사정이 있어 X가 전소에서 공격·방어방법을 제대로 행사하지 못했다 하더라도 그러한 사정만으로 재심의 사유가 된다거나 전소판결의 기판력을 제한할 사유가 된다고 볼 수 없다), 그렇다 하더라도 전소 확정판결의 기판력에 저촉되는 부분에 대하여 그 확정판결과 모순 없는 판단을 함으로써 후소 청구를 배척(기각)하는 것은 몰라도 그것이 단지 권리보호의 필요가 없어서 부적법하다고 하여 소를 각하할 것은 아니므로(대법원 1989. 6. 27. 선고 87다카2478 판결; 대법원 1976. 12. 14. 선고 76다1488판결 등 참조), 피고의 위 본안전항변은 이유 없다.

전소인 위 항소심 재판에서 Y가 X에 대하여 위 점유사용료 규정에 따른 채권을 자동채권으로 하여 X의 위 중도금 반환채권과 대등액에 관하여 상계하였고, 그로 인하여 X의 위 중도금 반환채권이 소멸하였다고 볼 것이어서, 위 점유사용료 규정이 무효임을 전제로 한 X의 위 주장은 받아들이지 않는다."

후소판결의 의의 내지 취지는 다음과 같이 정리된다.

후소판결은 민사소송법 제216조 제2항의 의의를 판지 ㉠이라고 해석하고, 동조를 당연히 적용할 수 있는 것으로 하여, 판지 ㉡과 같이 수동채권인 중도금 반환채권과 대등액의 자동채권이 서로 소멸했다는 점(수동채권의 부존재, 자동채권의 일부 부존재)에 기판력이 발생한다고 판시한다. 그러나 판지 ㉢은 적절하지 않은 설시라고 생각된다. 선결문제나 모순관계에서의 기판력의 작용이란, 전소에서 기판력이 발생하지 않은 사항에 관해 후소가 제기된 경우, 양소의 소송물이 선결문제나 모순관계에 해당한다면 전소의 기판력을 전제로 후소에서 판단하라는 것이고, 이에 비해 판지 ㉠, ㉡에 의해 전소에서는 수동채권이 기판력으로 소멸된 것이므로, 사실상 소송물이 동일한 경우라 말할 수 있기 때문이다.[1] 만일 수동채권의 존부에 기판력이 발생하지 않는다고 하면, 논리적으로 기판력이 발생한다고 가정한 자동채권과 선결관계·모순관계에 해당하는 것이 될 것이다. 일단 후소판결이 설시하는 그러한 기판력의 발생이 타당한 해석인지가 본고에서

1) 이에 관해서는 김상수, "기판력의 작용," 고시연구(2003. 12), 104면 이하 참조.

검토할 과제가 된다.

이하에서는 원고에 의한 상계의 항변의 기판력의 유무와 이와 관련된 원고에 의한 상계의 항변의 적법성에 관해, 일본에서의 논의의 현황을 살펴보고 이에 따른 사견을 제시해 보도록 하겠다.

Ⅲ. 일본법의 대응

1. 상계의 항변의 기판력의 범위

(1) 규정의 연혁

상계의 항변에 관한 법원의 판단에는 기판력이 발생한다는 점에서, 상계의 항변은 반소적인 것, '준소' 또는 '미발전의 반소'라는 용어로 표현되기도 하는데,[2] 이러한 상계의 항변의 효력에 관한 조문은 한일 간에 차이가 없다. 즉 일본민사소송법 제114조 제 2 항은 우리 민사소송법 제216조 제 2 항과 같다. 일본의 같은 조문이 우리에게 온 것이라고 말할 수 있는데, 당해 조문의 연혁에 관해서는 다음과 같이 설명되고 있다.[3]

일본민사소송법의 모법인 독일민사소송법(1877년)에서는 그 제정 당초 일본의 구 민사소송법 제199조 제 2 항(1998년 개정 전의 조문), 현행민사소송법 제114조 제 2 항과 거의 같은 규정[4]을 두고 있었다. 그러나 민사소송법이 제정되고 나서 19년이 지난 1896년에 공포된 독일민법은, 학설이나 판례의 동향을 토대로 전통적인 재판상계 대신에 재판에 의하지 않는 일방적 의사표시에 의한 상계를 인정하게 되었다. 민법의 규정에 의해 판결에서 상계의 항변을 인용할 때에는, 소구채권과 반대채권의 '존재'를 인정하여 재판에서 상계를 실행하는 일이 없어지고, 반대채권의 '부존재'만이 인정되는 형태가 된 것이다. 이에 따라 민법 제정을 이어받은 1899년의 독일민사소송법 개정시에 위와 같은 반대채권의 '존재'의 부분이 삭제된 것이다. 이것이 현행독일민사소송법 제322조 제 2 항의 규

2) 中野貞一郎, "反對相殺の再抗弁," 民事訴訟法の論点 Ⅱ(2001)(이하 '나까노, 제 3 논문'이라 약칭한다. 본고에서 인용하는 나까노 교수의 논문발표시기로 구분한 것이다), 199면 참조.

3) 이하 입법연혁에 관해서는 中野貞一郎, "相殺の抗弁－最近の論点狀況－," 民事訴訟法の論点 Ⅱ(2001)(이하 '나까노, 제 2 논문'), 153면 이하 참조. 이 부분은 원래 中野貞一郎, "民訴第一九九條第二項について," 訴訟關係と訴訟行爲(1961)(이하 '나까노, 제 1 논문'이라 한다), 146면 이하를 현재 상황에 맞게 재설명한 것이다.

4) 동 제293조 제 3 항으로 "항변으로 주장한 반대채권의 존재 또는 부존재의 판단은 상계된 금액에 한해 기판력을 갖는다"고 규정하고 있었다.

정[5])이다.

일본 현행민사소송법 제114조 제 2 항의 모체인 구 민사소송법 제199조 제 2 항의 규정은, 구 법전조사회 명치 36년(1903년) 초안 제281조 제 2 항을 거쳐 대정 15년(1926년)의 민사소송법 개정시에 들어간 것이다. 입안당국은 당연히 위와 같은 독일민사소송법의 규정의 변천을 알았을 것으로 생각되는데, 결국 독일의 신규정을 따르지 않았던 것이다. 그 이유를 보면 다음과 같다.

구 법전조사회나 대정 15년 개정 당시의 심의에 관한 자료 등에 의하면, 반대채권의 '성립 또는 불성립'[6])이 논의된 흔적이 보이지 않는다. 단순히 일본어 표현으로서의 '성부'를 택한 것인지 명확하지 않지만, 입안당국에 의한 개정원안이 '성립 또는 불성립'으로 결정된 이유가 2가지 있다고 한다. 하나는 독일민사소송법 제322조 제 2 항의 해석을 둘러싸고, 당초 동조문이 반대채권의 부존재를 인정하여 상계의 항변을 배척한 경우만의 규정으로 생각되어졌는데, 그것으로는 충분하지 않고 반대채권의 성립을 인정하고 상계의 항변을 용인한 경우에도, 상계에 의해 소멸된 반대채권의 사후주장을 봉쇄할 필요가 있다는 인식이 퍼져, 동항에서 말하는 반대채권의 '부존재'는 상계의 결과로서 '더 이상 존재하지 않는 것'을 포함한다는 해석이 통설이었다는 점이다. 또 하나는 당시 최신, 최고의 법전이라 불린 오스트리아민사소송법(1895년)이 '존재 또는 부존재'라고 규정하고 있었던 것을 입안당국이 모범으로 하였다는 점이다.

(2) 기판력의 범위

위와 같은 취지에 입각하여, 상계의 항변의 기판력의 범위는 상계의 항변기각이라면 반대채권의 부존재에 기판력이 발생하고, 인용이라면 마찬가지로 반대채권의 부존재에 기판력이 발생한다고 이해된다. 즉 상계의 항변이 인용된 경우에도 변론종결 당시의 반대채권의 부존재만이 기판력으로 확정된다.[7]) 수동채권에 대해서는, 원고는 상계의 항변이 인용된 범위에서는 동시에 자신의 청구를

5) "피고가 반대채권의 상계를 주장할 때에는 반대채권의 부존재의 판단은 상계를 주장한 금액에 한해 기판력을 갖는다"고 규정한다.

6) 구 민사소송법 제234조 제 1 항의 표현에 비추어 보아도 동 제199조 제 2 항의 그것이 '존재 또는 부존재'라는 의미인 점에 異論이 없다고 한다. 나까노, 제 2 논문, 154면.

7) 나까노, 제 1 논문 145면 이하. 이러한 입장을 현재의 통설이라고 표현하는 것(齊藤 외, [제 2 판]注解民事訴訟法(5)(1991), 84면)과 상계의 항변이 배척되면 반대채권의 부존재가 기판력으로 확정되고 상계항변이 인용되면 반대채권의 부존개가 마찬가지로 기판력으로 확정된다는 것이 다수설이고, 원고의 소구채권(수동채권)과 피고의 반대채권이 모두 존재하고 그것이 상계에 의해 소멸한 것이 기판력으로 확정된다는 것이 소수설이라고 언급하는 것(兼子一 외, 條解民事訴訟法(1986), 628면[竹下]; 그 밖에 鈴木 외 편, 注釋民事訴訟法(4)(1997), 332면[高橋])이 있다. 우리도 일본의 소수설의 입장이 같은 문제에 대해 소수설이라고 말할 수 있다.

기각당한 것이므로, 수동채권을 다시 소구하는 것은 결국 수동채권 자체에 관한 기판력에 의해 영향을 받게 되는 것이다.[8)]

한편 상계의 항변에 관한 이유 중의 판단에 기판력이 인정되는 이유는, 기판력을 인정하지 않으면 청구의 존부에 관한 분쟁이 반대채권의 존부의 분쟁으로 변형되어, 판결에 의한 해결이 무의미하게 될 우려가 있기 때문이다. 환언한다면, 반대채권의 존재는 인정되지 않는다는 이유로 상계를 배척하여 원고가 승소하였는데, 피고가 후에 반대채권을 다시 한번 주장하여 동일 금액을 환취할 수 있거나, 상계에 의해 비로소 원고의 청구가 배척되었는데 피고는 원고의 청구가 원래 부존재하였다는 이유를 들어 반대채권을 소구할 수 있는 것이 되기 때문이다.[9)] 따라서 기판력이 발생하는 상계의 항변에 대해서는 수동채권의 존재를 확인한 다음 반대채권의 존부를 판단하고, 또한 상계의 자동채권으로 제공된 채권 및 금액을 확정해야 한다. 또한 수동채권의 심리를 하지 않으면 반대채권의 심리를 하여도 기판력은 발생하지 않는다.[10)]

위와 같은 이치는 소송상 상계의 항변만이 아닌 소송 외 상계의 항변에 대해서도 반대채권의 이중주장을 방지하기 위하여 적용된다는 것이 일본의 통설이다.[11)] 원고의 소구채권을 둘러싼 분쟁이 후일 피고의 자동채권의 존부의 분쟁으로 변이되어 반복되는 것을 금지해야 하므로, 그러한 가능성이 있는 소송 외의 상계의 항변의 경우에도 마찬가지로 적용되어야 하기 때문이다. 따라서 상계의 효과에 관해 실질적으로 판단된 경우라면, 상계의 항변의 기초가 되는 의사표시는 반드시 변론에서 해야 할 필요는 없고 소송 외 또는 소송 전에 한 것이라도 상관없다. 아울러 위와 같이 예외적인 기판력의 발생은 상계의 항변만을 위한 특례이고, 유치권이나 동시이행의 항변 등의 경우의 피고측의 채권에 관해서는 유추적용을 인정할 여지가 없다고 해석된다.[12)]

그러나 본고의 사례에서와 같은 경우에 기판력을 갖는가에 관해서는, 판례나 학설상 논의되지 않고 있다.

---

8) 나까노, 제 1 논문, 153면 이하. 즉 소수설이 주장하는 2가지 문제제기, 원고가 반대채권은 처음부터 존재하지 않았다고 하여 부당이득반환청구나 손해배상청구를 할 여지가 있다는 점, 피고가 원고의 채권은 별개의 이유로 부존재하였다고 주장하여 부당이득반환청구나 손해배상청구를 할 여지가 있다는 점에 대해서는 다음과 같이 비판한다. 전자의 문제에 대해서는 소구채권에 대한 판결의 주문의 기판력으로, 후자의 문제에 대해서는 반대채권에 대한 판결이유 중의 판단의 기판력으로 처리할 수 있다는 점이다.

9) 兼子一 외, 전게서(주 7), 627면; 齊藤 외, 전게서(주 7), 82면.

10) 兼子一 외, 전게서(주 7), 629면; 鈴木 외 편, 전게서(주 7), 333면.

11) 나까노, 제 1 논문, 142면; 齊藤 외, 전게서(주 7), 86면; 兼子一 외, 전게서(주 7), 628면.

12) 나까노, 제 1 논문, 142면.

2. 원고에 의한 상계의 항변의 적법성

(1) 상계의 항변의 성질에 관한 일반적 논의

소송상 상계의 항변의 본질에 관해서는 일반적으로 사법행위설(보통 병존설로 불린다), 소송행위설, 신사법행위설(신병존설로 불림)이 주장된다.[13] 그러나 최근에는 사법행위설과 소송행위설(내지 절충설)과의 현저한 대립은 없어지고, 신사법행위설로 불리는 견해가 대세를 장악하기에 이르렀다. 이 견해는 소송상 상계를 민법상의 상계와 다름 없다는 점에서 사법행위설과 같지만, 민법규정의 적용을 소송상 상계의 특질에 응해 수정함으로서 소송행위설이 기대한 타당한 결과를 도출하려는 것이다. 신사법행위설의 이론구성은 동일하지 않지만, 그 중에서 사법행위인 소송상 상계의 의사표시에 "(법원의 판단을 받는다면 이라는)" 조건을 붙이는 것을 인정하고, 부적법·무의미로 귀착된 소송상 상계에서의 실체적 효과의 해소를 인정하는 견해(조건설)가 유력하고, 그 조건의 의미를 후술하는 일본 최고재판소판례처럼 정지조건으로 파악하는지, 아니면 그를 비판하는 학설처럼 해제조건으로 파악하는지 다툼이 있다.

이와 반대로 소송 외 상계는 상계하는 쪽의 내면적 의사는 둘째치고 의사표시 자체는 소송과 관련 없이 이루어지고, 그 상대방에 대한 소송 외에서의 도달에 의해 사법상의 효과도 확정적으로 발생하였으므로, 소송경과와의 齟齬에 의한 불이익한 처리가 달라져도 불합리하다고 할 수 없다고 한다.[14] 다른 사법상의 형성권의 소송 외의 행사나 소송중의 임의변제가 있었던 경우의 처리와의 균형도 생각할 필요가 있음을 이유로 한다. 물론 법원이 반대채권을 심리할 권한이 없음을 이유로 소송 외 상계의 항변을 각하하는 경우에는 문제이지만, 일반론으로서의 실익은 없다고 언급되고 있다.

(2) 반대상계의 재항변의 적법성에 관한 논의

1) 일본 최고재판소판례

본고의 테마와 직접 관련이 있다고는 할 수 없지만, 일본에서의 피고의 상계의 항변에 대한 원고의 상계(반대상계)의 재항변의 적법성에 관한 논의를 참고로 살펴보기로 하겠다. 원래 아래에서 보는 최고재판소판례가 나오기 전까지

---

13) 이하 나까노, 제2논문, 140면 이하 참조.
14) 나까노, 제2논문, 150면.

는, 반대상계의 재항변의 허용성에 관한 판례나 학설이 거의 없었다.[15] 이 논의는 다음과 같은 일본 최고재판소의 판례(最判 1998년 4월 30일 민집 52권 3호, 930면(판례시보 1637호, 3면))에 의해 나온 것이다. 그 사실관계는 매우 복잡하지만 다음과 같이 요약할 수 있다.

원고는 피고에게 금전의 대부를 하면서 이자를 선이자로 공제하고, 변제기에 대금의 일괄변제를 받으면 다시 금전을 대부하는 것을 반복하고 있었다. 이 소송에서 원고는, 피고에 대해 대금채권의 변제의 담보로서 발행된 어음채권을 목적으로 하는 준소비대차계약상의 채권의 지급을 구하였다. 이에 대해 피고는, 제1심변론기일에서 선이자로 공제된 이자가 이자제한법 소정의 제한이율을 초과한다는 것을 이유로, 초과이자분 상당액의 부당이득반환청구권을 갖는다고 하고, 이 부당이득반환청구권을 자동채권으로 한 소송상의 상계의 항변을 주장하였다. 이에 대해 원고는 같은 기일에서 피고에 대해 갖는 별개 어음채권을 자동채권으로 하여 전기 부당이득반환청구권을 대등액으로 상계한다는 취지의 소송상의 상계의 재항변을 주장하였다. 제1심판결은 청구채권의 전액이 상계에 의해 소멸하였다고 하여 원고의 청구를 기각하였다. 또한 원심판결은 먼저 상계의 재항변에 의해 부당이득반환청구권의 일부가 소멸하였다고 하고, 그 잔액을 자동채권으로 하여 청구채권과의 상계를 인정하고 원고의 청구를 일부인용하였다. 이에 대해 피고는 소송상의 상계의 재항변이 부적법하다는 등의 이유로 상고를 제기하고, 최고재판소는 다음과 같은 이유로 파기자판(항소기각)을 하였다.

"피고에 의한 소송상의 상계의 항변에 대해 원고가 소송상의 상계를 재항변으로 주장하는 것은 부적법하여 허용되지 않는다고 해석하는 것이 타당하다. 왜냐하면 다음과 같이 해석되기 때문이다. (1) 소송 외에서 상계의 의사표시를 한 경우에는 상계의 요건이 갖추어진 한 그에 따라 확정적으로 상계의 효과가 발생하므로 이를 재항변으로 주장할 수 있지만, 소송상의 상계의 의사표시는 상계의 의사표시가 이루어짐으로서 확정적으로 그 효과가 발생하는 것은 아니고, 당해 소송에서 법원에 의해 상계의 판단이 내려지는 것을 조건으로 실체법상의 상계의 효과가 발생하는 것이므로, 상계의 항변에 대해 다시 상계의 재항변을 주장

15) 유일한 예외는 나까노, 제2논문, 137면 이하에서 충분한 근거를 제시한 것은 아니지만 최고재판소판례가 나오기 전에, 소송상 상계의 재항변은 허용되지 않지만 소송 외의 상계의 재항변은 허용된다는 언급을 하고 있었고, 당해 판례가 나온 후의 나까노, 제3논문, 182면 이하에서 동판례가 나오기 전에는 판례도 이론도 없었고 자신의 위와 같은 언급만이 있었다고 술회하고 있다.

하는 것을 허용한다면 가정 위에 가정이 쌓여져 당사자간의 법률관계를 불안정하게 하고, 쓸데없이 심리의 錯雜을 초래하는 것이 되어 상당하지 않다. (2) 원고가 소송물인 채권 이외의 채권을 피고에 대하여 갖고 있다면 소의 추가적 변경에 의해 위 채권을 당해 소송에서 청구하든가, 또는 별소를 제기함으로서 위 채권을 행사할 수 있고, 가령 위 채권에 관해 소멸시효가 완성된 것과 같은 경우라도 소송 외에서 위 채권을 자동채권으로 하여 상계의 의사표시를 한 다음, 이를 소송에서 주장할 수 있으므로, 위 채권에 의한 소송상의 상계의 재항변을 허용하지 않는다고 하여도 각별히 불리하지 않다. (3) 또한 민사소송법 제114조 제2항(구 민소 제199조 제2항. 우리 민사소송법 제216조 제2항)의 규정은 판결의 이유 중의 판단에 기판력을 발생시키는 유일한 예외를 정한 것이라는 점에 비추어 보면, 동 조항의 적용범위를 무제한으로 확대하는 것은 상당하지 않다."

위 판례에 대해서는 사실관계 자체가 원고의 반대상계의 재항변이 상당하지 못한 것이었다는 점에서, 그 결론에는 거의 모든 학설이 찬성하고 있지만, 그 근거에 관해서는 논란이 있다. 즉 위 판례의 결론 자체는 타당하다고 하겠지만, 그 결론을 뒷받침하는 해석적 노력이 부족하고 성급히 정책적 판단으로 흐른 감을 부정할 수 없다[16]고 비판되는 부분이다.

일본에서는, 원래 소송상의 상계의 재항변을 주장하는 사례는 실무상 전혀 없는 것은 아니지만, 실제문제로서는 소의 추가적 변경을 촉구하는 등으로 번잡한 관계의 해소에 노력한 결과인지 그 적부를 정면에서 판단한 재판례는 없었다고 한다.[17] 그러나 소송비용의 문제도 있고, 당사자가 그러한 처리에 응하지 않는 경우에는 대립하는 채권의 존재가 상계의 요건이므로, 상계의 의사표시의 선후에 따라 판단한다는 원심판결과 같은 처리가 이루어지고 있었던 가능성도 없지 않았을 것으로 말해지고 있다.[18] 이 판례에 대한 실무가의 입장은, 본판결이 정립하는 규범에 의해 심리가 심플해질 것이 분명하고, 소송운영의 관점에서 보면 절차의 원활화에 도움이 되며 실무적으로 환영하는 것이라고[19] 요약할 수 있을 것이다.

---

16) 本間靖規, 評釋, ジュリスト 1157호(臨時增刊號), 130면.
17) 실무가의 평석인 佐藤陽一, 評釋, 判例タイムズ 1005호, 216면. 또한 최고재판소조사관의 해설인 長澤幸男, 解說, 法曹時報 52권 6호, 185면에서도 소송상 상계의 항변에 대해 소송상 상계의 재항변으로서 주장되는 것은 하급심에서는 반드시 드물다고는 할 수 없다고 말한다.
18) 佐藤, 전게(주 17), 216면.
19) 加藤新太郎, 評釋, NBL 667호, 71면.

2) 소송상의 반대상계의 재항변의 적법성

(가) 소송법적 접근

판례의 근거를 수용하여 소송상 반대상계의 재항변이 부적법하다는 것을 도출하려는 입장을 살펴보도록 하자. 소송상 상계의 항변은 제 1 차적으로 다른 방어방법을 내고 이에 대해 예비적(가정적)으로 주장되는 것이 보통이다. 따라서 소송법적으로 판단한다면, 그 상계의 항변이 발생하고 있고, 또는 발생할 가능성이 있는 한, 원고가 피고의 상계의 항변에 대한 방어로서 소구채권과는 별개의 채권으로, 피고가 상계로 이용한 반대채권과 상계한다는 취지의 반대상계의 재항변을 제출하는 것도 불가능하지 않을 것이다.[20]

반대상계의 재항변이 가능하다고 하면 각 상계의 항변의 우열이 문제되는데,[21] 이에 관해서는 다음과 같이 해석된다.[22] 피고의 상계의 항변은 "만일 원고의 채권의 존재를 법원이 인정하면 피고는 원고에 대해 갖고 있는 채권으로 원고의 채권과 상계한다"라는 것이다. 이 때 법원이 원고의 채권의 존재를 인정하고 피고의 채권과의 상계적상을 판단하여 상계의 항변을 인용하려고 하면, 전술하였듯이 그 판단을 하기 전에 반드시 피고의 채권의 존재를 인정해야 한다. 만일 법원이 피고의 채권의 존재를 인정한다면, 원고의 반대상계의 재항변이 작용하게 된다. 원고는 "만일 피고의 채권의 존재를 법원이 인정하면, 원고는 피고에 대해 별도로 갖고 있는 채권으로 피고의 채권을 상계한다"고 주장하고 있으므로, 법원이 피고의 채권의 존재를 인정하면 원고의 반대상계에 붙여진 정지조건이 성취하게 되고, 상계적상이라 판단되면 반대상계에 의한 피고의 채권의 소멸이 인정되어야 한다는 결론에 이른다. 결국 피고의 상계의 항변에 대해 판단하려고 하면 반대상계에 대한 판단이 필요하므로, 그 의미에서 반대상계가 피고의 상계에 우선하게 된다는 것이다. 상계의 실체적 효과의 발생에 관한 한 정지조건설이 타당하다는 주장이다.

그러나 위와 같이 반대상계의 항변을 인정하는 것은 소송정책적으로 적절하지 않다는 점에서 부적법하다는 결론이 도출된다.[23] 즉 반대상계의 재항변이 제출되면 법원은 전부 3개의 채권을 심리하는 것이 되는데, 이 3개의 채권은 별개의 발생원인에 기한 것으로 별개의 심리판단이 필요하고, 1개의 소송물에 관

20) 나까노, 제 3 논문, 186면.

21) 이 점에 관해 조사관해설은, 소송상의 상계의 항변에 대해 반대상계의 재항변을 인정하면 양 상계의 우열관계에 걷잡을 수 없는 혼란이 발생한다고 말하지 않을 수 없다고 언급한다. 長澤, 전게(주 17), 195면.

22) 이하 나까노, 제 3 논문, 197면.

23) 나까노, 제 3 논문, 198면 이하.

한 심리가 모두 실체적 효과의 발생이 조건(정지조건)에 걸린 상계의 항변과 반대상계의 재항변의 중첩에 의해 다중구조를 띠게 된다. 이러한 번잡을 감안한다면, 상계의 항변 위에 다시 2중의 조건이 걸린 반대상계의 재항변을 허용해야 하는 각별한 사유가 있으리라고는 생각하기 힘들기 때문에 부적법하다는 것이다.

또한 만일 반대상계의 재항변을 허용한다면, 소의 변경에서의 청구의 기초의 동일성이라는 요건도 반소에서의 청구의 관련성의 요건도 요구되지 않는 것이 된다.[24] 따라서 원고의 소구채권과도 피고의 반대채권과도 전혀 관계가 없는 원고의 별개의 채권이, 원고의 반대상계의 재항변의 제출과 함께 그 자동채권으로서 소송에 들어오고 심리되어야 한다. 게다가 아마도 반대상계의 항변의 당부에 관해 판결로 자동채권의 존부를 인정하여 판단한다면, 여기서도 자동채권의 부존재에 관해 기판력을 인정하게 될 것이므로 그만큼 심리·판단이 필요하고, 이러한 결과는 수인하기 힘들게 되기 때문이다.[25]

위와 같이 상계의 항변에서는 본소절차와 아무런 관계가 없는 채권이 심판대상으로 끼어들 가능성이 있어 이것이 반복되면 끝없는 심판대상의 확대가 초래되고, 상계의 재항변을 인정하면 상계에 관한 판단은 마지막까지 유보되어 당사자에게 있어 소송의 전망이 서지 않으며 법원도 절차의 진행이 곤란해진다.[26] 이에 비해 상계 이외의 항변이나 재항변이 예비적으로 제출되어도 판결이유 중의 판단에는 기판력이 발생하지 않기 때문에, 법원은 당사자가 주장하는 순서에 구속됨이 없이 심리할 수 있지만, 소송상의 상계의 재항변이 제출된 경우 법원의 심리순서가 구속되고 심판대상이 증대하여 심리의 번잡화·착잡화가 발생하게 되는 것이다.[27]

결국 위 최고재판소판례는 소송상의 상계에 관한 이론에서 연역적으로 도출되는 결론이라기보다는 소송정책적 판단에 근거한 판단이다.[28] 즉 공정하고 신속한 민사소송의 심리절차를 지향하는 관점에서 허용될 수 있는 범위 내에 있다고 할 수 없는 당사자의 주장은, 특히 이를 인정하지 않으면 권리자에게 실질적

24) 나까노, 제 3 논문, 198면.

25) 달리 말하면, 엄격한 변론의 제한 등이 이루어지지 않는 한, 소구채권이 부존재하면 피고의 반대채권, 원고의 반대채권에 관한 심리가 무용지물이 되고, 반대채권이 부존재하면 원고의 반대채권이 무용지물이 된다는 사태가 발생하며, 민사소송법이 소의 변경의 요건을 한정하고 있는 점에서 본다면 이러한 형태로 심리의 범위의 확대를 원고에게 인정하는 것에는 의문이라는 점이다. 山本和彦, 評釋, 別册ジュリスト 169호, 187면.

26) 酒井一, 評釋, 判例時報 1655호, 233면.

27) 杉山悅子, 評釋, 法學協會雜誌 118권 1호, 180면.

28) 佐藤, 전게(주 17), 217면.

인 불편이 있다고는 할 수 없는 경우라면, 이를 심리의 대상에서 제외하는 것을 인정한 것으로 평가되고, 신의칙에 의한 근거도 뒷받침되는 것이다.

이러한 근거에 의한다면, 반대로 심리의 복잡을 초래하지 않는다면 반대상계의 재항변도 인정될 수 있다는 논리가 된다. 즉 반대상계의 재항변을 인정해도 심리의 번잡을 초래하지 않고 그러하지 않으면 원고가 달리 적절한 구제를 받을 수 없는 예외적인 경우, 예를 들면 원고가 금전채권의 전부를 청구하지 않고 그 일부의 지급을 구하는 소위 일부청구의 소를 제기한 소송에서, 피고가 상계의 항변을 제출한 것에 대해 원고가 소송물인 채권의 잔액부분으로 반대상계의 재항변을 제출하는 것을 생각할 수 있다.[29] 이와 같이 심리의 번잡을 초래하지 않는 경우에는 본판결의 사정 외에 있다고 말해야 하고, 따라서 본판결의 사정거리는 그 일반적 설시에도 불구하고 좁게 해석해야 한다는 주장이 있지만, 실제로 그러한 점이 문제가 되는 장면은 실무적으로는 그다지 많지 않을 것이라는 지적도 있다.[30]

나아가 계속중의 본소에 대해 피고가 예비적 반소를 제기하고 이에 대해 원고가 다시 예비적 재반소를 제기하는 경우 등에도, 반대상계의 재항변에서와 같은 고려가 필요하다고 주장된다.[31]

㈏ **실체법적 접근**

반면 실체법적으로 접근한다면, 반대상계의 재항변은 소송상 적법, 부적법이 문제되기 이전에 실체법적으로 성립하지 않는 것이 된다. 즉 실체법만으로 판단한다면, 원고의 소구채권에 대해 피고가 그 반대채권을 갖고 상계한 경우, 그 상계는 소구채권과 반대채권의 어느 한쪽이 성립하지 않으면 성립하지 않고, 소구채권과 반대채권이 모두 존재하여 상계가 성립한다고 하여도 상계에 의해 쌍방이 대등액으로 소멸한 것이므로, 상계 후에 원고가 다시 소구채권과는 별개의 채권으로 피고가 상계에 이용한 반대채권과 상계(반대상계)할 수 없기 때문이다.[32] 각 상계의 우열도 실체법상의 반대상계의 규율(最高裁判所 1979년 7월 10일 민집 33권 5호, 533면)에 따라 의사표시의 선후로 우열을 정하게 되므로, 상계의 재항변은 보통 무의미(주장자체 실당)한 것이 된다(부적법설에 의한 판지

29) 나까노, 제3논문, 200면. 長澤, 전게(주 17), 198면도, 본판결은 소송상의 상계의 항변에 대한 소송상의 상계의 재항변을 일반적으로 부적법하다고 한 것으로 해석하는 것이 자연적이고, 적어도 특별한 사정이 없는 한 예외를 인정하는 것은 아닐 것이라고 하고, 나까노 교수가 말하는 일부청구의 경우에는 청구를 확장하는 것이 적합한 것이 될 것이라고 언급한다.

30) 佐藤, 전게(주 17), 217면. 이러한 점에서 加藤, 전게(주 22), 70면은, 본판결에서는 일률적으로 반대상계의 재항변을 부정한다고 언급하고 있다.

31) 나까노, 제3논문, 200면.

32) 나까노, 제3논문, 185면 이하의 설명이고, 나까노교수 자신의 입장이 아니다.

와는 다른 결론이 되지만 실질적 귀결에서 동일하다).[33]

이러한 근거를 주장하는 입장은, 위 판례의 근거에 대해 다음과 같이 비판하게 된다. 원고가 1개의 채권의 불소구부분(잔부청구)으로 피고의 반대채권에 대해 상계한다는 취지의 반대상계의 항변의 진술을 한 경우에는, 이 반대상계는 부적법한데 비해, 일부청구소송의 경우에는 잔액채권에 의해 반대상계의 진술을 하지 않아도, 원고는 외측설에 의해 동일채권의 총액에서 상계받는 것이 된다.[34] 그 결과 채권의 불소구부분에 의한 반대상계가 실시되고, 이것이 인정된 것과 동일한 결과가 아무런 노력 없이 발생하는 것이 된다는 비판이다. 이 때문에 소송정책적으로 절차의 안정을 해치므로 부적법하게 되는 것이 아니라, 반대상계는 존재하지 않는 채권을 수동채권으로 하는 상계로서 실체법상 일반적으로 반대채권을 소멸시키지 못하고, 따라서 상계의 항변에 대한 재항변이 될 수 없으므로, 재항변이 될 수 없는 것을 재항변으로 제출하여도 소송상 부적법하고 고려되지 않는다는 것이다.[35]

또한 판례가 취하는 정지조건이라는 근거에 대해서도, 정지조건설은 이론적으로는 상계의 재항변의 적법성을 도출시킬 가능성이 있다. 이에 비해 해제조건설에 의하면 피고의 항변에 관해 판단이 내려지는 한, 반대채권의 부존재에 의해 재항변은 무용지물이 되므로 상계의 재항변은 실체법적으로 항상 의미가 없는 항변이 되고, 해제조건이라고 해석하여도 항변으로서 예비적이라는 것과 모순되지 않으며, 예비적 상계라고 해도 반대채권에 관해 시효가 중단되는 것과 보다 정합적인 점에서 보면, 이론적으로는 해제조건이라 해석하는 것이 타당하다고 주장한다.[36]

3) 소송 외의 반대상계의 재항변

다음으로 위 최고재판소 판례에서는, 소송 내 반대상계의 재항변은 부적법하지만 소송 외의 반대상계의 재항변은 가능하다고 판시하고 있다. 단, 소송 외에서 주장할 수 있는 것이라면 왜 소송 내에서는 주장할 수 없는가에 관해서는, 특별한 논거를 제시하고 있지 않다.[37] 그 근거에 관해 조사관해설은, 소송상의 상계의 항변이 유형적으로 소송 외의 상계와 성질을 달리하기 때문에 심리의 착

33) 山本, 전게(주 25), 187면.

34) 松本博之, "反對相殺の適否について," 民事紛争の解決と手續(2000), 185면. 이 논문의 기초가 된 것으로 松本博之, 평석, 法學教室 216호, 102-103면이 있다. 이 입장은 이하에서도 말하지만 상계의 항변을 해제조건부라고 파악하고, 해제조건이라는 점에서 상계의 효과가 부동상태가 되지 않는다고 주장한다.

35) 松本, 전게(주 34), 211면.

36) 本間, 전게(주 16), 130면.

37) 本間, 전게(주 16), 130면.

잡 등에서 폐해가 크다고 하여 이를 부적법하다고 한 것으로, 소송 외에서 상계가 인정된다고 하여 소송상의 상계마저 적법하다고 할 근거는 되지 않는다고 설명한다.[38)]

소송법적 접근을 통한 학설은, 다음과 같이 소송 외 반대상계의 재항변이 적법하다는 근거를 제시하고 있다.[39)] 즉 소송 외 반대상계의 재항변의 경우에는 이미 소송 외에서 이루어진 상계의 의사표시가 상계의 실체적 요건을 만족시키는 한, 그 상대방에게의 도달에 의해 확정적으로 자동채권·수동채권의 대등액으로 소멸하고 있다. 따라서 피고가 상계의 항변으로 주장한 반대채권은, 원고의 상계의 의사표시에 의해 소명한 것을 원고가 재항변으로 주장하는 것은 당연히 허용되어야 한다. 이미 소송 외에서 반대상계의 실체상의 효과가 확정적으로 발생한 이상, 그 주장을 부적법하다고 할 이유는 없고(시기에 늦은 항변의 각하가 있을 수 있음은 별론이다), 그 주장을 허용하지 않는 재판은 적정하지 않기 때문이다.

즉 원고가 소송 외에서 상계의 의사표시를 한 사실을 재항변으로 주장하는 것은 통상의 재항변 특히 변제의 항변과 아무런 차이가 없다는 근거이다.[40)] 아울러 이와 같이 소송 외의 반대상계의 재항변이 적법하고 법원이 실체판단을 하였다면 기판력이 발생하는가에 관해서는, 원고에 의한 상계의 재항변에 관한 판단에도 기판력이 발생한다고 해석해야 한다고 주장한다.[41)]

이러한 견해에 대해 실체법적 근거(해제조건임을 근거로)로 소송상의 반대상계의 재항변을 부적합하다고 해석하는 입장에서는, 동일하게 부적법하게 된다.[42)] 즉 상계의 항변이 제출되면 실체적으로는 소구채권도 반대채권도(양자가 모두 존재하고 상계의 의사표시가 유효인 경우에는) 상계에 의해 상계적상발생시에 소급하여 소멸하고, 이것은 반대상계가 상계의 항변제출 후의 소송 외의 상계라도 같다는 것이다. 따라서 이 해석에 의하면 원고가 소송 외의 반대상계의 재항변을 제출하려면, 피고의 상계의 항변에 앞서 반대상계의 의사표시를 해 둘 필요가 있다.

나아가 소송 외의 상계의 재항변이라도 재재항변, 재재재항변이 되는 것처

38) 長澤, 전게(주 17), 197면.
39) 나까노, 제 3 논문, 190면 이하.
40) 酒井, 전게(주 26), 233면.
41) 나까노, 제 2 논문, 160면. 원고의 소송상 또는 소송 외의 반대상계의 재항변이 실체심리를 받는다면 동일하게 기판력이 발생한다는 주장이다. 또한 杉山, 전게(주 27), 182면에서도 법문이 항변에 한정하고 있지 않으므로 상계의 재항변에 관한 판단에도 기판력이 미친다고 생각할 수밖에 없다고 주장한다.
42) 松本, 전게(주 34), 198면.

럼 무제한으로 인정되는 것이라면 절차의 용량의 일탈, 절차의 지연이라는 문제가 발생하고, 따라서 그 규율에 관해서도 재검토할 필요가 있을 것이라는 지적도 있다.43)

Ⅳ. 결　　론

1. 기판력의 유무

본고의 사례와 직접 관련된 논점은 피고의 동시이행의 항변에 대한 원고의 상계의 항변에도 통상의 상계의 항변에서와 같이 기판력이 발생하는가이다. 결론적으로 말한다면, 상계의 항변에 관한 이유 중의 판단에 기판력이 발생한다고 규정하는 민사소송법 제216조 제 2 항의 연혁이나 그 취지에서 보았을 때, 그 대상이 되는 수동채권에는 일정한 제한이 가해지는 것이라고 해석하여야 할 것이다.

상계의 항변으로 행사되어 실체심판44)된 자동채권에 기판력이 발생하므로, 상계의 항변은 일종의 반소의 성격을 갖는 것이고, 이에 따라 희생된 자동채권의 부존재에 대해 기판력이 발생하는 이상은, 그것과 대등액으로 소멸되는 수동채권도 소송물로서 심판되는 소구채권임을 암묵의 전제로 한다고 해석하여야 한다. 이와 같이 해석하지 않는다면, 항변으로 제출되는 수동채권, 본고의 사례에서와 같은 동시이행의 항변권으로 제출되는 수동채권에 대해 행사되는 상계의 항변이 판결이유 중에 판단된다는 것만으로 기판력이 발생하게 되어, 심판의 대상이 아니고 청구적격 등의 구비가 문제되지 않는 항변권에 기판력이 발생하는 것이 되며, 반대로 항변권자의 입장에서는 항상 상대방의 상계권행사의 가능성을 감안하여야 한다는 것이 되어 타당하지 않기 때문이다.45) 상계의 항변은 기판력의 발생이 예정되어 있는 소구채권=수동채권에 대하여 행사되므로 기판력

43) 宇野聰, 評釋, 金融法務事情 1556호, 14-17면.

44) 상계의 항변이 부적법각하된 경우에는 그 반대채권의 판단에 기판력이 발생하지 않는다는 판례로서 대법원 1975. 10. 21. 선고 75다48 판결이 있다. "항변권이 부착되어 있는 채권을 자동채권으로 하여 타의 채무와의 상계는 일방의 의사표시에 의하여 상대방의 항변권 행사의 기회를 상실케 하는 결과가 되므로 성질상 허용할 수 없는 것이나 상계항변에서 들고 나온 자동채권을 부정하여 그 항변을 배척하는 것과 자동채권의 성립은 인정되나 성질상 상계를 허용할 수 없다 하여 상계항변을 배척하는 것과는 그 형식면에서는 같을지라도 전자의 경우엔 기판력이 있다 할 것이므로 양자는 판결의 효력이 다른 것이다"라고 판시되었다.

45) 기판력을 인정하면, 소의 변경에 관한 요건을 갖추지 않으면서 동일한 효과를 얻을 수 있게 된다는 점에서도, 앞서 본 일본법의 논의가 그 근거의 하나가 될 수 있을 것이다.

이 발생하는 것이지, 자동채권=반대채권에 기판력이 발생하기 때문에 반대로 소구채권=수동채권에 기판력이 발생하는 것은 아니라는 점이기도 하다. 또한 상계의 항변에 의해 수동채권의 소멸에도 기판력이 발생한다는 일본의 소수설에 의할 때에도, 본고의 사례에서와 같은 경우에 기판력을 인정하는 결론이 되는 것은 아니지만, 위와 같은 점은 상계항변의 기판력이 자동채권의 부존재에만 발생한다는 해석의 하나의 근거가 될 수 있을 것이다.

그러나 수동채권이 소구채권이 아니라도 그 실체판단에 의해 예외적으로 기판력이 발생하는 것이라면, 그에 대한 상계의 항변에는 기판력이 발생한다. 그 예로 일본법에서 문제된 원고의 반대상계의 재항변이 있다. 반대상계의 재항변이 부적법하지 않고 판결이유에서 실체판단을 받았다면, 민사소송법 제216조 제2항이 적용될 수 있다.

한편 본고의 사례에서는 수동채권이 동시이행의 항변권으로 행사된 채권이다. 여기에는 앞의 일본법의 현황에서 살펴본 것은 물론, 이미 우리의 판례에서도 기판력을 인정하고 있지 않다.

과거로 올라간다면 조선고등법원의 판결로서, "소위 상환급부의 청구에서의 반대급부는 당해 소송의 목적물이 아니고 그 존부 및 범위는 당해 판결의 확정력이 미치는 것이 아니다"라고 판시하고 있었다.[46] 또한 대법원 1975. 5. 27. 선고 74다2074 판결에서는, "'갑'은 '을'로부터 A부동산에 관하여 매매를 원인으로 하는 소유권이전등기절차를 이행받음과 동시에 '병'에게 본건 B부동산에 관하여 같은 날 매매를 원인으로 하는 소유권이전등기절차를 이행하라는 확정판결에 있어서 '을'이 반대의무의 이행을 하지 않더라도 '갑'은 '병'에게 본건 B부동산에 대한 소유권이전등기를 이행할 의무가 있는 것이라고 하는 주장은 위 확정판결의 기판력에 저촉되는 것이다"라고 판시하였다.

나아가 대법원 1996. 7. 12. 선고 96다19017 판결에서도, "제소전화해의 내용이 채권자 등은 대여금 채권의 원본 및 이자의 지급과 상환으로 채무자에게 부동산에 관한 가등기의 말소등기절차를 이행할 것을 명하고, 채무자는 가등기담보등에관한법률 소정의 청산금 지급과 상환으로 채권자 등에게 가등기에 기한 소유권이전의 본등기절차를 이행할 것과 그 부동산의 인도를 명하고 있는 경우, 그 제소전화해는 가등기말소절차 이행이나 소유권이전의 본등기절차 이행을 대여금 또는 청산금의 지급을 그 조건으로 하고 있는 데 불과하여 그 기판력은 가등기말소나 소유권이전의 본등기절차 이행을 명한 화해내용이 대여금 또는 청산

46) 조선고등법원판결 1937. 2. 26, 조선고등법원판결록 24권, 37면.

금 지급의 상환이 조건으로 붙어 있다는 점에 미치는 데 불과하고, 상환이행을 명한 반대채권의 존부나 그 수액에 기판력이 미치는 것이 아니다”라고 판시하고 있다.

따라서 만일 본고의 사례에서 Y가 상계의 재항변을 하지 않고 X의 동시이행의 항변권이 인정 또는 불인정되어 Y의 청구가 기각 또는 인용되어도, X가 동시이행항변권으로 주장한 채권의 존부에는 기판력이 발생하지 않게 된다. 결국 이러한 동시이행의 항변에 Y가 상계의 재항변을 하여 실체심판이 내려졌다 하여도, 그 자동채권의 부존재에 기판력이 발생하지 않는다.

기판력이 발생하지 않는다면 상계의 항변의 효력이 문제되지만, 이 경우에는 통상의 변제의 항변으로 다루는 것으로 해결할 수 있을 것이다.

2. 부수적 문제

(1) 쟁점효 또는 신의칙에 의한 구속력의 유무

동시이행항변권에 대해 행사된 상계의 항변에는 위에서 본 것처럼 기판력이 발생하지 않는다. 그러나 더 나아가서, 상계의 항변의 대상이 된 자동채권과 수동채권의 존부에 기판력이 발생하지 않는다는 것일 뿐, 판결이유 중의 판단의 구속력을 인정할 수 있는가는 별개로 논의되어야 할 것이다. 이 점은 부수적인 논점이지만, 이하에서 간단히 사견을 제시해 보도록 하겠다.

판결이유 중의 판단에 일종의 구속력을 인정하려는 입장에는 크게 쟁점효와 신의칙에 의한 구속력이 있다. 전자는 판결의 제도적 효력으로 존재하려고 하는 입장이고, 후자는 판결효와는 별개의 소송행위에 대한 규제원리로서 작동한다. 양자가 동일한 결론에 이르는 경우는 많지만, 그 타당성에 관해서는 판례나 학설상 대립이 있다. 일본의 경우, 판례는 쟁점효는 부정하고 신의칙에 의한 구속력은 인정한다. 학설도 후자에 찬성하는 입장이 많은 것으로 생각된다. 우리의 판례는 이를 직접적으로 다룬 것은 없고, 명확하지는 않지만 아직까지는 2가지 입장 모두에 부정적이라고 말할 수 있을 것이다. 단, 유일하게 대법원(전) 2001. 9. 20. 선고 99다37894 판결의 별개의견이 다음과 같은 기준을 제시하고 있다.

“2개의 소의 소송물이 서로 다르고, 따라서 전소의 확정판결의 기판력이 후소에는 미치지 않는다고 하더라도, 이미 전소에 관하여 확정판결이 있고, 후소가 실질적으로 전소를 반복하는 것에 불과한 것이라면 후소는 신의칙상 허용되지 않는다고 보아야 할 것이다. 즉 ㉠ 전소와 후소를 통하여 당사자가 얻으려고 하는 목적이나 사실관계가 동일하고, ㉡ 전소의 소송과정에서 이미 후소에서와 실질적으로 같은 청구나 주장을 하였거나 그렇게 하는 데 아무런 장애가 없었으며, ㉢ 후소를 허용함으로써 분쟁이 이미 종결되었다는 상대방의 신뢰를 해치고 상대방의 법적 지위를 불안정하게 하는 경우에는 후소는 신의칙에 반하여 허용되지 않는다고 할 것이다.”

위 별개의견은 신의칙에 의한 구속력을 인정하고 있고, 앞으로의 전개상 판례가 이를 직접 인정하게 되는 것이 아닌가도 생각된다.

만일 위 별개의견에 의한다면 본고의 사례에서 X의 후소에 대해 법원은 어떻게 처리하여야 할까. 별개의견은 청구레벨에서 본 기준인데, 위 ㉠, ㉡, ㉢의 3가지 요건을 본고의 사례에 적용한다면 충분히 신의칙을 적용할 수 있을 것이다. 또한 이러한 해석이 전소판결의 판지 이하 부분을 아무런 의미가 없는 것이라고 하기보다는, 그러한 판단을 내리게 된 법원과 당사자의 소송수행과정을 고려하여 무엇인가의 의미를 부여하는 것으로 타당하다고 생각된다. 특히 동시이행의 항변에 상계의 재항변이 주장되었다는 점에서 통상의 동시이행의 항변권이 행사된 경우와 차이가 있다.

또한 쟁점레벨에서 보아도,[47] 전소의 소송물은 인도청구이고, X가 주장한 동시이행의 항변은 소송물에 대한 권리멸각규정으로서의 쟁점에 해당한다. 이 쟁점은 전소판결의 결론에 불가결하고, X는 패소하였다. 또한 전후 양소는 동일한 분쟁관계에서 발생한 것이고, 당해 쟁점에 관해 당사자간에 결착되었다고 하는 합리적 신뢰가 발생하였다고 생각된다.

따라서 본고의 사례의 경우 전소판결에 따른 신의칙에 의한 구속력이 미치고, 신의칙의 적용이 청구레벨에서의 신의칙이 되므로, 신의칙에 의한 구속력으로 소각하판결을 내릴 수 있을 것이다.

(2) 원고에 의한 상계의 항변의 적법성

재판 외의 상계의 경우에는 소송 전 또는 소송 외에서 실체상의 상계의 의사표시를 하고 이를 소송상의 방어방법으로서 주장하는 것이며, 원고의 소구채권의 존재를 인정한 다음 상계를 주장한다. 소송상의 상계의 항변은 원고의 소구채권의 존재를 다투지만, 가령 법원에서 소구채권의 존재를 인정한다면 예비적으로 피고의 자동채권에 의한 상계를 소송상 주장하는(소위 예비적 상계의 항

47) 兼子一 외, 전게서(주 7), 624면 이하의 권리실효의 법리에 의한다.

변) 것이 보통이다.

동시이행의 항변에 대한 소송 외의 상계의 재항변이 인정되다는 점에는 이론이 없을 것이다. 앞서 본 일본에서의 논의에서도 보았듯이 심리의 복잡을 초래할 가능성은 상계의 항변에 대한, 반대상계의 재항변과는 월등한 차이가 있다. 그러나 한발 더 나아가, 동시이행의 항변에 대한 소송상 상계의 재항변이 부적법하다고 할 수 있는가 부수적으로 문제될 것이다.

일반적으로 생각한다면, 동시이행에 대한 상계의 재항변은 형식적으로 재항변이지만 실질적으로 상계의 항변과 차이가 없고, 위에서 본 것처럼 상계의 재항변이 인정되어도 기판력이 발생하지 않으므로, 반대상계의 재항변의 적법성에서와 같은 문제는 발생하지 않는다. 따라서 공격방어방법의 제출로서 예외적으로 부적법각하되지 않는 한, 일반적으로는 적법하다는 결론이 된다.

그러나 다른 한편으로 바람직한 소송진행이라는 점에서 본다면, 원고에 의한 소송상 상계의 재항변이 아닌 소의 변경(추가적 변경)이 적합할 것이다. 또한 어차피 상계의 재항변을 주장하는 원고의 입장에서는 추후 점유사용료를 청구할 필요가 있으므로, 분쟁의 일회적 해결이라는 점에서도 그러하다. 이 점을 소송법상 어떻게 유도해야 할까, 예를 들어 석명을 통해 유도하는 것이 가능한지 문제될 것이다.

대법원 2005. 7. 22. 선고 2004다17207 판결

[매매중도금] [공2005. 9. 1.(233), 1396]

[판시사항]

[1] 민사소송법 제216조 제 2 항에서 판결 이유 중의 판단임에도 불구하고 상계 주장에 관한 법원의 판단에 기판력을 인정한 취지

[2] 상계 주장의 대상이 된 수동채권이 동시이행항변으로 행사된 채권일 경우, 그러한 상계 주장에 대한 법원의 판단에 기판력이 발생하는지 여부(소극)

[판결요지]

[1] 민사소송법 제216조 제 2 항에서 판결 이유 중의 판단임에도 불구하고 상계 주장에 관한 법원의 판단에 기판력을 인정한 취지는, 만일 이에 대하여 기판력을 인정하지 않는다면, 원고의 청구권의 존부에 대한 분쟁이 나중에 다른 소송으로 제기되는 반대채권의 존부에 대한 분쟁으로 변형됨으로써 상계 주장의 상대방은 상계를 주장한 자가 그 반대채권을 이중으로 행사하는 것에 의하여 불이익을 입을 수 있게 될 뿐만 아니라 상계 주장에 대한 판단을 전제로 이루어진 원고의 청구권의 존부에 대한 전소의 판결이 결과적으로 무의미하게 될 우려가 있게 되므로, 이를 막기 위함이라고 보인다.

[2] 상계 주장에 관한 판단에 기판력이 인정되는 경우는, 상계 주장의 대상이 된 수동채권이 소송물로서 심판되는 소구채권이거나 그와 실질적으로 동일하다고 보이는 경우(가령 원고가 상계를 주장하면서 청구이의의 소송을 제기하는 경우 등)로서 상계를 주장한 반대채권과 그 수동채권을 기판력의 관점에서 동일하게 취급하여야 할 필요성이 인정되는 경우를 말한다고 봄이 상당하므로 만일 상계 주장의 대상이 된 수동채권이 동시이행항변에 행사된 채권일 경우에는 그러한 상계 주장에 대한 판단에는 기판력이 발생하지 않는다고 보아야 할 것인바, 위와 같이 해석하지 않을 경우 동시이행항변이 상대방의 상계의 재항변에 의하여 배척된 경우에 그 동시이행항변에 행사된 채권을 나중에 소송상 행사할 수 없게 되어 민사소송법 제216조가 예정하고 있는 것과 달리 동시이행항변에 행사된 채권의 존부나 범위에 관한 판결 이유 중의 판단에 기판력이 미치는 결과에 이르기 때문이다.

[참조조문]

[1] 민사소송법 제216조, 민법 제492조, 제493조

[2] 민사소송법 제216조, 민법 제492조, 제493조, 제536조

[전 문]

[원고, 상고인] 김철주(소송대리인 변호사 김주상)

[피고, 피상고인] 주식회사 한국외환은행(소송대리인 변호사 소동기)

[원심판결] 서울고법 2004. 2. 13. 선고 2003나62615 판결

[주 문] 상고를 기각한다. 상고비용은 원고가 부담한다.

[이 유] 상고이유를 본다.

1. 원심의 판단

원심판결 이유와 원심이 인용한 제 1 심판결 이유에 의하면, 원심은 그 채택증거를 종합하여, 원고는 1994. 7. 15. 피고와 사이에 피고 소유의 이 사건 건물 및 토지를 대금 6억 6,100만 원에 매수하는 이 사건 매매계약을 체결하면서, 계약금 7,100만 원은 계약 당일 지급하고, 중도금 및 잔금은 1994. 11. 21.부터 1999. 5. 21.까지 매 6개월마다 5,900만 원씩 10회에 걸쳐 분할하여 지급하되, 원고가 30일 이상 매매대금의 지급을 지체한 때에는 피고가 계약을 해제할 수 있기로 한 사실, 또한 이 사건 매매계약 체결 이후 원고가 매매대금을 전액 지급하기 전에 이 사건 건물 등을 점유·사용하고자 할 때에는 피고의 승인을 받기로 하고(제 8 조 제 2 항), 만약 원고의 귀책사유로 매매계약이 해제되는 때에는 원고는 피고에게 지체 없이 위 건물 등을 명도하고 점유·사용기간에 대하여 총매매대금에 피고의 일반자금대출 이율로서 연 11.5%로 계산한 점유사용료를 피고에게 지급하기로 하고, 점유·사용기간은 피고가 원고에게 점유·사용을 승인한 날부터 기산하는(제10조) 한편, 위 계약보증금 및 지연손해금은 피고에게 귀속되고, 원고는 피고가 원고로부터 이미 수령한 중도금을 위 점유사용료로 공제하여도 이의하지 않기로(제13조 제 3 항) 약정한 사실, 원고는 1994. 8. 23.경부터 피고의 사용승인을 받아 이 사건 건물 등을 점유·사용하면서 피고에게 계약금 7,100만 원 및 4차분까지의 중도금 2억 3,600만 원(5,900만 원×4), 5차분 중도금의 일부인 2,000만 원과 위 각 중도금의 연체에 따른 지연손해금 9,492,836원을 지급하였으나, 1996. 11. 21. 5차분 중도금의 일부인 3,900만 원 및 그 이후의 중도금을 지급하지 아니하였고, 이에 피고는 1997. 8. 25.경부터 1999. 2. 24.경까지 5회에 걸쳐 연체대금의 지급을 독촉하는 내용의 통지서를 원고에게 발송한 다

음 최종적으로 1999. 10. 14.경 원고에게 이 사건 매매계약의 해제를 통지한 사실, 그 후 피고는 원고를 상대로 서울지방법원 서부지원 2000가합577호로 토지인도 등 청구의 소를 제기하여 위 매매계약의 해제를 원인으로 이 사건 건물 및 토지의 명도 등을 청구하여 2000. 9. 8. 승소판결을 받고, 그 항소심인 서울고등법원 2000나49031호 사건에서 원고의 항소가 기각되어 위 판결이 확정된 사실, 한편 원고는 위 항소심 재판에서 이 사건 매매계약의 해제에 따른 원상회복으로서 원고가 피고에게 이미 지급한 계약금 및 중도금 합계 3억 2,700만 원을 반환받을 때까지 피고의 위 명도청구에 응할 수 없다는 취지로 동시이행의 항변을 하였으나, 그 중 계약금 7,100만 원은 이 사건 매매계약이 원고의 귀책사유로 해제됨으로써 피고에게 귀속되었고, 중도금 합계 2억 5,600만 원은, 원고가 이 사건 건물 및 토지를 점유·사용한 기간에 대한 점유사용료 391,112,794원으로 공제되어 위 계약금 및 중도금 반환채무가 존재하지 아니한다는 피고의 재항변이 받아들여져 결국 원고의 위 항변이 배척된 사실을 인정하였다.

원심은 위와 같은 인정사실을 기초로, 전소인 위 항소심 재판에서 피고가 원고에 대한 위 점유사용료 채권을 자동채권으로 하여 원고가 피고에 대하여 원상회복을 구하는 위 중도금 반환채권과 대등액으로 상계하여 위 중도금 반환채권이 소멸하였다고 판단한 부분에 기판력이 발생하였으므로 위 중도금 중 일부의 반환을 구하는 원고의 이 사건 청구는 결국 전소의 확정판결의 기판력에 저촉된다고 판단하는 한편, 나아가 판시와 같은 이유를 들어 이 사건 매매계약의 각 조항 특히 제10조의 점유사용료 약정이 약관의규제에관한법률 제 2 조 제 1 항이 정의하고 있는 약관에 해당한다고 보기 어렵고, 또한 그 내용이 선량한 풍속 기타 사회질서에 반한다거나 신의성실의 원칙에 반하여 공정을 잃은 것이라고 볼 수도 없다는 이유 등으로 위 점유사용료 약정이 무효임을 전제로 한 원고의 주장을 모두 배척하였다.

2. 대법원의 판단

먼저 원심의 위와 같은 판단 중, 원고의 이 사건 청구가 전소의 확정판결의 기판력에 저촉된다는 판단은 다음과 같은 이유로 수긍하기 어렵다.

민사소송법 제216조는, 제 1 항에서 확정판결은 주문에 포함된 것에 한하여 기판력을 가진다고 규정함으로써 판결 이유 중의 판단 예컨대 사실인정, 법규의 해석 적용, 항변, 선결적 법률관계 등에 대한 판단에는 원칙적으로 기판력이 미치지 않는다고 하는 한편 그 유일한 예외로서 제 2 항에서 상계를 주장한 청구가 성립되는지 아닌지의 판단은 상계하고자 대항한 액수에 한하여 기판력을 가진다고 규정하고 있다. 위와 같이 판결 이유 중의 판단임에도 불구하고 상계 주장에 관한 법원의 판단에 기판력을 인정한 취지는, 만일 이에 대하여 기판력을 인정하지 않는다면, 원고의 청구권의 존부에 대한 분쟁이 나중에 다른 소송으로 제기되는 반대채권의 존부에 대한 분쟁으로 변형됨으로써 상계 주장의 상대방은 상계를 주장한 자가 그 반대채권을 이중으로 행사하는 것에 의하여 불이익을 입을 수 있게 될 뿐만 아니라 상계 주장에 대한 판단을 전제로 이루어진 원고의 청구권의 존부에 대한 전소의 판결이 결과적으로 무의미하게 될 우려가 있게 되므로, 이를 막기 위함이라고 보인다. 따라서 상계 주장에 관한 판단에 기판력이 인정되는 경우는, 상계 주장의 대상이 된 수동채권이 소송물로서 심판되는 소구채권이거나 그와 실질적으로 동일하다고 보이는 경우(가령 원고가 상계를 주장하면서 청구이의의 소송을 제기하는 경우 등)로서 상계를 주장한 반대채권과 그 수동채권을 기판력의 관점에서 동일하게 취급하여야 할 필요성이 인정되는 경우를 말한다고 봄이 상당하므로 만일 상계 주장의 대상이 된 수동채권이 동시이행항변에 행사된 채권일 경우에는 그러한 상계 주장에 대한 판단에는 기판력이 발생하지 않는다고 보아야 할 것이다. 위와 같이 해석하지 않을 경우 동시이행항변이 상대방의 상계의 재항변에 의하여 배척된 경우에 그 동시이행항변에 행사된 채권을 나중에 소송상 행사할 수 없게 되어 민사소송법 제216조가 예정하고 있는 것과 달리 동시이행항변에 행사된 채권의 존부나 범위에 관한 판결 이유 중의 판단에 기판력이 미치는 결과에 이르기 때문이다.

그렇다면 원심이 이와 달리, 전소의 확정판결 중 원고가 동시이행항변으로 행사한 위 중도금 반환채권이 피고의 점유사용료 채권과 대등액에서 상계되어 소멸되었다고 판단한 부분에 기판력이 발생하였다고 판단한 것은 기판력의 객관적 범위에 관한 법리를 오해한 것이라고 하지 않을 수 없다.

그러나 한편, 원심은 판시와 같은 이유를 들어 이 사건 매매계약의 각 조항 특히 제10조의 점유사용료 약정이 약관의규제에관한법률 제 2 조 제 1 항이 정의하고 있는 약관에 해당한다고 보기 어렵고, 또한 그 내용이 선량한 풍속 기타 사회질서에 반한다거나 신의성실의 원칙에 반하여 공정을 잃은 것이라고 볼 수도 없다는 이유 등으로 위 점유사용료 약정이 무효라는 원고의 주장을 모두 배척한 다음, 결국 전소인 위 항소심 재판에서 피고가 원고에 대하여 위 점유사용료 약정에 따른 채권을 자동채권으로 하여 원고의 위 중도금 반환채권과 대등액에 관하여 상계함으로써 원고의 위 중도금 반환채권이 소멸하였다는 이유로 원고의 청구를 받아들이지 않는다고 판단하였는바(원심이 전소의 확정판결 중 상계에 관한 판단 부분에 기판력이 발생하였다고 한 이상 원심으로서는 원고의 청구에 대한 본안에 들어가 판단할 필요가 없었음에도 위와 같이 판단한 것임), 약관의규제에관한법률 제 2 조, 제 6 조, 제 9 조 및 민법 제103조, 제104조 등에 관한 각 법리와 기록에 비추어 살펴보면, 원심의 이러한 판단은 정당한 것으로 수긍이 가고, 따라서 원심의 기판력의 객관적 범위에 관한 위 법리오해의 위법은, 원심이 위와 같이 원고의 청구원인에 관한 실체적 판단을 통하여 그 주장을 배척한 것이 정당한 이상, 그 판결 결과에는 영향을 미쳤다고 볼 수 없다.

3. 결 론

그러므로 상고를 기각하고, 상고비용은 패소자가 부담하는 것으로 하여 관여 대법관의 일치된 의견으로 주문과 같이 판결한다.

박재윤(재판장) 이용우(주심) 이규홍 양승태

[평　　석]

相計 主張의 대상이 된 受動債權이 同時履行抗辯으로 행사된 債權일 경우, 그러한 相計 主張에 대한 法院의 判斷에 旣判力이 발생하는지 여부

金　　尙　　煥*

Ⅰ. 비교법적 고찰

1. 일　　본[1)]

이 사건 쟁점과 관련된 일본에서의 판례와 학설상의 논의는, 김상수 교수가 대법원의 비교법실무연구회(제47차)에서 발표한 자료를 그대로 원용하고자 한다.

2. 독　　일

(1) 상계에 관한 민사소송법의 규율

1) 기판력에 관한 규정인 민사소송법 제322조

① 판결은 소 또는 반소를 통한 청구권에 대한 판단에 대하여만 기판력이 있다.

② 피고가 반대채권에 의한 상계를 주장한 경우 반대채권이 존재하지 아니한다는 재판은 상계를 주장한 액수에 한하여 기판력을 가진다.

---

* 제주지방법원 부장판사.

1) 해설대상판결의 주된 쟁점에 관하여는 2004. 11. 19. 대법원 비교법실무연구회 제47차 연구회의 주제로 삼아 토론하였음.

2) 민사소송법상 상계항변의 지위 또는 성격[2)]

민사소송법 제145조 제 3 항은 "피고가 소로써 주장된 채권과 법률상 관계가 없는 반대채권의 상계를 주장한 경우에는 법원은 소 및 상계에 관해서 분리해서 변론할 것을 명할 수 있다. 제302조의 규정은 이를 적용한다"고 규정하고, 제302조 제 1 항은 "피고가 소로써 주장된 채권과 법률상 관계가 없는 반대채권에 의한 상계를 주장한 경우에 있어 소구채권에 관한 변론만이 재판을 받을 정도로 성숙한 때에는 상계에 관한 판단을 유보하여 재판을 할 수 있다"고 규정하고, 제 2 항 내지 제 4 항에서 유보판결의 효력과 그 후의 절차에 관하여 자세히 규정하고 있다. 이러한 독특한 규율을 인정하는 근거는 반대채권으로 상계항변을 함으로써 소송절차를 지연시키려는 피고의 소송지연책을 막기 위한 것이라고 한다.

또한 항소심에서의 반소와 상계항변의 요건에 관하여 민사소송법 제530조는 제 1 항에서 "반소는 상대방의 동의가 있거나 법원이 반소로써 구하는 청구의 주장을 후속중인 절차에서 상당하다고 보는 때에 한하여 제기할 수 있다"고 하고, 제 2 항에서 "피고가 반대채권에 의한 상계를 주장한 경우에는 이를 이유로 하는 항변은 원고의 동의가 있거나 법원이 그 주장을 후속중인 절차에서 상당하다고 인정한 때에 한하여 할 수 있다"고 규정하여 항소심에서의 상계항변에 관하여는 반소와 같은 정도의 요건을 요구함으로써 원고의 심급이익의 박탈을 방지하고 있다.

독일 민사소송법의 상계에 관한 위와 같은 규율은, 상계가 단순한 방어방법 이상의 '불완전한 반소'(unentwickelte Widerklage)의 성격을 갖는다는 사고의 결과로 이해된다.[3)]

(2) 상계에 관한 독일에서의 논의

1) 상계 항변의 기판력의 범위

피고가 반대채권에 의한 상계를 주장한 경우 반대채권이 존재하지 아니한다는 재판은 상계를 주장한 액수에 한하여 기판력을 가진다는 민사소송법 제322조 제 2 항의 문언취지상, 반대채권의 부존재를 이유로 상계항변이 배척된 경우, 그 반대채권의 부존재에 관하여 기판력이 발생함은 의문의 여지가 없다.

독일 제정 민사소송법의 규정(우리 나라나 일본의 현행 규정과 같이 "항변으로

2) 이하의 설명은 강용현, "민사항소심에서의 반소와 상계항변—민사소송법 개정 법률을 중심으로—," 송상현 교수 화갑기념 논문집, 572면 이하 참조.
3) 김용태, "반소 및 상계의 국제관할," 민사소송(Ⅲ), 한국민사소송법학회지, 22면 참조.

주장한 반대채권의 존재 또는 부존재의 판단은 상계된 금액에 한해 기판력을 가진다" 고 규정하고 있었음)과 달리 현행 민사소송법 제322조 제2항의 규정이 '반대채권이 존재하지 아니한다는 판단'에 기판력이 있다고 규정한 것과 관련하여, 반대채권이 부존재한다는 이유로 상계항변을 배척하는 판단 이외에 상계항변을 인용하는 판단에도 과연 기판력이 미칠 것인가에 관하여 논의가 있었으나, 현재는 후자의 경우에도 '반대채권이 더 이상 존재하지 않음'(Nichtmehrbestehen der Gegenforderung)에 기판력이 미친다는 견해로 일치되어 있다. 따라서 상계항변이 원용되어 원고의 청구가 배척된 경우, 소구채권과 반대채권이 존재하였다가 상계된 범위 내에서 소멸되었다는 것이 기판력 있게 확정되는 것이다.[4)]

2) 원고의 상계에 관한 논의

㈎ 피고의 상계항변에 대한 원고의 상계재항변의 적법성(부정)

당사자일방이 금전지급을 구하는 이행소송을 제기한 경우 당사자의 역할이 확정되므로 피고는 상계를 주장하여 원고의 제소에 대항할 수 있지만, 원고는 상계에 제공된 피고의 반대채권에 대하여 자신의 피고에 대한 다른 채권으로 피고의 상계에 대항할 수 없다는 것이 통설이라고 한다. 물론 원고는 소제기 전에는 물론 소장에서도 상계의 의사표시를 하여 피고의 반대채권에 대한 이행을 함으로써 피고에 대항할 수 있지만 원고가 그와 같은 결정을 함이 없이 일단 채권을 행사하는 소를 제기하면 피고만이 상계할 수 있다는 것이다(☜ 피고의 상계에 대한 대항수단으로서의 원고의 상계 재항변을 부적법하게 본 점 역시 독일과 일본이 동일하다).

㈏ 원고의 상계가 허용되는 경우

독일 민사소송법 제322조 제2항은 피고가 상계를 주장하는 경우만을 언급하고 있으나, 판례와 통설은, 상계를 이유로 한 청구이의의 소나 채무부존재확인의 소에서 원고가 상계의 의사표시를 하여 확정된 경우에도 그 상계에 관한 판단에 기판력이 있다고 보고 있다(이하 이를 '제1법리'라고 함).[5)]

이에 비하여, 원고가 피고를 상대로 금원 지급을 구하는 이행의 소를 제기하여 전부 승소의 제1심 판결을 선고받은 다음, 소송 외에서 자신의 위 청구채권을 가지고 피고의 자신에 대한 다른 채권과 상계를 함으로써 항소심 법원이 원고의 청구금액 중 위와 같은 상계되고 남은 금액만을 인용한 경우에, 판례(BGH 1991. 12. 4. 선고)는 법원의 위 상계에 대한 판단에 기판력이 미치지 않는

4) Münchner Kommentar Zivilprozessordnung 제322조 설명 부분 중 RdNr 183 참조.
5) Münchner Kommentar Zivilprozessordnung 제322조 설명 부분 중 RdNr 191 참조.

다고 하였다(이하 '제 2 법리'라고 함).[6)]

3) 원고의 상계를 허용하는 근거에 관한 연방대법원의 견해

독일 연방대법원은 위 두 가지 법리를 뒷받침하는 논거를 제시하고 있는바, 주된 근거로, 상계에 대한 판단에 기판력을 부여하는 근거에 관한 연방대법원의 다음과 같은 이해를 제시하고 있다.

(가) **제 1 법리에 관하여**[7)]

원고가 청구이의의 소를 제기하면서 자신의 채권을 가지고 피고의 집행채권을 상계한 경우에도 민사소송법 제322조 제 2 항은 적용되어야 하며, 위 규정의 적용 여부에 관한 표준적인 기준은 당사자의 소송상 지위가 아니라 상계가 가지는 실체법상의 특수한 성격, 즉 상계는 두 개의 서로 대립하는 채권에 대하여 불가분적으로 동시에 작용한다는 것이다.

민사소송법 제322조 제 2 항의 의미와 목적은 상계 주장을 원용하는 경우 필수적으로 함께 구성되는 두 개의 채권을 기판력의 관점에서도 서로 다르게 취급하지 않으려는 것이다. 이러한 입법목적은 청구이의의 소송에서의 원고의 상계도 일반적인 소송에서의 피고의 상계와 마찬가지로 동일한 방법으로 구현되어야 하며, 상이한 취급을 정당화하는 어떠한 근거도 보이지 않는다. 따라서 민사소송법 제322조 제 2 항을 확장 해석하거나 적어도 준용함으로써 청구이의의 소송에서 원고의 상계 주장이 인용된 경우나 배척된 경우 모두에 기판력의 확장을 긍정한다.

(나) **제 2 법리에 관하여**

민사소송법 제322조 제 2 항의 준용을 위한 요건은 항상 — 일반적인 경우와 같이 — 상계를 하는 자는, 심판대상이자 상계로 소멸하게 되는 채권의 채무자이다.

원고가 자신에 대한 피고의 채권이 상계로 소멸되었다고 주장하면서 소극적 확인의 소를 제기한 경우가 바로 그렇다. 이 경우 심판의 대상은 피고가 원고에 대하여 가지는 채권이다. 청구이의의 소송도 마찬가지이다. 이 경우에도 넓은 의미의 심판의 대상은 집행권원이 부여된 채권이고 채무자는 상계를 하는 원고이다. 위 두 가지 경우의 특징은 원고의 역할이 예외적으로 소송의 대상인 채권의 채무자에게 주어져 있을 뿐이다.

제 2 법리의 사안에서의 원고는, 심판대상인 금전지급채권의 채권자 지위에

---

6) NJW 1992, Heft 15 982, 983면, Heft 1473면 내지 1475면 각 참조.
7) BGHZ 48, 356, 359.

서 상계를 하고 있다. 여기에는 민사소송법 제322조 제 2 항이 준용될 여지가 없다. 위 사안은 원칙적으로 원고가 소제기 전에 상계의 의사표시를 하고 그 후 자신에게 남게 된 잔액의 지급을 구하는 소송을 제기한 경우 다르지 않다.

위 사안에서 항소심 법원이 상계 주장에 관하여 재판을 하여야만 했지만 그러한 사정이 민사소송법 제322조 제 2 항의 준용을 이끌지는 못한다. 왜냐하면 이 규정은 오로지 상계의 상대방의 이익과 보호를 위한 규정이기 때문이다. 상계 주장이 이유 있는 경우이든 이유 없는 경우이든 위 규정에 의한 기판력의 확장은 상계의 상대방을 상계 채권이 다시 행사되는 것으로부터 보호하는 역할을 한다. 위 사안에서 위 규정을 준용하여 피고의 반대채권에 관한 판단에도 기판력을 인정하게 되면 상계의 상대방으로서의 피고에게는 불리할 수가 있다. 이러한 결론은 위 규정의 의미와 목적에 부합하지 아니한다.

3. 우리 나라

우리 나라 민사소송법 제216조 제 2 항은, 독일의 논의와 입법을 반영한 일본의 관련 법률조항을 수계한 것으로 보여, 그에 관한 우리 나라 학설상의 논의도 대체로 앞서의 검토내용과 유사하다. 다만 이 사건 쟁점에 관한 논의는 대법원 비교법실무연구회에서의 두 교수님의 발표 이전에는 없었던 것으로 보인다.

(1) 민사소송법 제216조 제 2 항의 규정취지

상계의 주장에 관한 판단이 판결이유에서 개진된 판단임에도 기판력이 인정되는 이유는, 기판력을 인정하지 않으면 청구의 존부에 관한 분쟁이 반대채권의 존부의 분쟁으로 변형되어, 종전 판결의 효과가 유명무실해질 우려가 있기 때문이라는 것이다. 상계 주장을 통하여 원고의 청구를 소멸 또는 감액하거나 그 저지에 실패하고서도 피고의 자동채권이 후소에서 다시 소송물로 행사되어 피고에게 이중으로 이익을 부여하게 되는 것을 막기 위해서라는 것이다. 약간의 표현상 차이가 있을 뿐 학설의 일치된 설명이다.[8] 이러한 설명은 독일이나 일본의 경우와 다르지 않다고 생각된다.

---

8) 주석 신민사소송법(Ⅲ), 316면; 이시윤, 신민사소송법(제 2 판), 542면; 호문혁, 민사소송법(제 3 판), 601면; 송상현, 민사소송법(신정 제 3 판), 543면; 김홍규, 민사소송법(제 5 판), 581면; 강현중, 민사소송법(제 2 전정판), 790면.

(2) 기판력이 미치는 범위

상계 주장이 배척된 경우 반대채권의 부존재에 관하여 기판력이 발생한다는 점에는 이견이 없으나, 상계 주장이 인용된 경우의 기판력의 범위에 관하여는 견해의 대립이 존재한다(일본의 경우와 마찬가지임).

제 1 설(수동채권과 자동채권이 다 함께 존재하였다가 그것이 상계에 의하여 소멸된 점에 기판력이 생긴다)과[9] 제 2 설(어느 경우에도 현재의 법률관계로서 자동채권이 존재하지 않는다는 점에 기판력이 생기는 것이다),[10] 제 3 설(어느 설을 취하더라도 원고가 반대채권을 당초부터 부존재하였다고 주장하거나 피고가 원고의 소구채권이 상계 이외의 다른 이유로 부존재하였다고 주장하여 부당이득반환청구 등의 후소를 제기할 수 없으므로 논쟁의 실익은 없다)이[11] 그것이다.

교과서로만 보면, 제 1 설이 우리 나라의 다수설로 보인다(일본, 독일의 경우는, 앞서 본 바와 같이 제 2 설이 통설이다). 이를 명시적으로 판시한 판례는 없어 보이고, 논쟁의 실익도 크지 않으나, 사견으로는, 피고의 자동채권이 상계 당시인 과거의 시점에서 존재하고 있다는 것을 확정한다고 해도 실천적 의미가 없고, 자동채권의 부존재에 관하여 기판력을 인정하여도, 피고의 자동채권의 존부를 둘러싼 분쟁으로 전이되는 것을 방지하고자 한 입법취지가 충족될 수 있다는 점에서 제 2 설이 타당하다고 생각된다. 그러나 그 결과에 있어서 차이가 없으므로, 이 사건 쟁점 해결에 어떠한 영향을 주는 것은 아니다.

Ⅱ. 본 판결에 대한 이해

1. 관　점

우리 나라와 사실상 동일한 법률조항을 가진 독일이나 일본에서 이 사건 쟁점에 관한 명시적 판례나 학설상의 논의가 없는 이상, 이 사건 쟁점은 상계 주

9) 주석 신민사소송법(Ⅲ), 316면; 송상현, 전게서, 543면; 강현중, 민사소송법(제 2 전정판), 790면.

10) 김상수, 전게 발표문, 7면(김 교수는 자신의 견해가 한국의 다수설이라고 주장함); 오수원, "상계항변의 기판력," 민사법연구 2집, 호남민사법연구회, 304면.

11) 김홍규, 민사소송법(제 5 판), 582면; 이시윤, 전게서, 543면은 상계 전에 자동채권이 존재하였다는 것을 확정하는 것은 상계에 의하여 이미 소멸된 채권이 과거에 존재하였다는 것을 확정하는 것에 귀착되어 기판력의 법리상 기이하지만, 제 1 설이 법 문언에 충실한 해석이나, 다만 이러한 논쟁의 실익은 크지 않다고 설명함.

장에 관한 판단에 기판력을 인정한 민사소송법 제216조 제 2 항의 의미와 목적을 규명하여 이를 기초로 판단하는 수밖에 없다고 생각된다. 원고의 상계가 허용되는가 여부에 관한 독일의 판례도 결국 위와 같은 관점에서 접근하였음은 앞서 본 바와 같다. 이 과정에서 비교법적 검토의 결과를 원용할 수 있다고 본다.

2. 민사소송법 제216조 제 2 항의 규정취지에 따른 적용범위의 설정

(1) 민사소송법 제216조의 이해: 원칙과 예외

기판력에 관한 입법은, 기본적으로 당사자의 청구나 주장 등에 의하여 사건의 심리과정에서 드러난 일정한 심판대상에 관하여 법원의 심리가 집중된 것을 기초로, 위와 같은 심판대상에 관한 법원의 판단에 대하여 갖는 당사자의 신뢰를 보호한다는 법익(법적 안정성, 모순재판금지)과 그 판단 이후에도 당사자가 재차 재판을 청구할 수 있는 권리(판결의 적정성에 대한 요구)를 비교형량하는 과정을 거쳐 이루어진 것으로 생각한다.

그런데 민사소송법 제216조는, 원칙적으로 판결의 주문에 포함된 사항에 기판력이 미칠 뿐 사실인정, 법규의 해석·적용, 항변에 대한 판단, 선결적 법률관계에 대하여는 기판력이 미치지 않는다고 하고(제 1 항), 다만 예외적으로 상계주장에 한하여 그 판결이유의 판단임에도 기판력이 미친다고 규정함으로써(제 2 항), 법원의 어떠한 판단 이후에도 당사자가 다시 재판을 청구할 권리(판결의 적정성에 대한 새로운 요구)를 폭넓게 수용한 것으로 이해할 수 있다고 보인다.

☜ 이러한 이해는 독일 민사소송법의 제정연혁과도 일치한다. 독일 민사소송법 제정 전까지만 하여도 Savigny의 이론, 즉 모순재판금지를 통한 법적 안정성을 위하여 소송물뿐만 아니라 그 전제가 되는 법률관계에 관한 판결이유 중의 판단에도 기판력이 생긴다는 이론이 통설적 견해였으나, Wetzell이 통설에 대하여, 당사자가 판결을 구하는 주제는 소송물인데 통설에 따를 경우 당사자의 의도를 넘어 확정판결을 받게 되고, 소송관계의 복잡화를 초래한다는 반대의 견해를 주장하였는데, 독일 민사소송법의 제정자는 당시 후자의 견해를 채택하였다.[12)]

12) 강현중, 전게서, 783면; 김주상, "미국 민사소송에 있어서의 기판력의 법리(1)," 법률신문, 939면 참조.

(2) 민사소송법 제216조 제 2 항의 구체적 의미

1) 상계주장의 상대방을 보호하기 위한 규정

상계의 주장에 관한 판단이 판결이유에서 개진된 판단임에도 기판력이 인정되는 이유가, 기판력을 인정하지 않으면 청구의 존부에 관한 분쟁이 반대채권의 존부의 분쟁으로 변형되어, 종전 판결의 효과가 유명무실해질 우려가 있기 때문이라는 통설적 견해는 타당하다.

그러나 위 근거의 구체적 의미를 좀더 살펴보면, 상계 주장에 관한 판단에 기판력을 인정한 핵심적 근거는 상계 주장의 상대방을 반대채권의 이중 주장으로부터 보호하기 위한 것으로 보인다. 이 때 왜 상계 주장의 상대방을 보호하는 것인가? 이는 그 상대방이 상계 주장에 의하여 자신의 채권이 소멸되거나 감액되어 더 이상 자신의 채권을 행사하지 못하거나 감액된 금원 이상으로 행사할 수 없게 되었음에도 불구하고 상대방이 재차 상계 채권을 행사한다면 심한 불균형이 초래하기 때문일 것이다. 요컨대 상계주장의 판단에 기판력이 있다고 보는 것은, 상계의 효과로 직접적인 영향을 받는 수동채권의 존부 및 범위가 주문에 드러남으로써 기판력을 받는 것과의 형평상 상계 후의 자동채권의 부존재에 대하여도 기판력을 주어 자동채권을 주장한 자가 다시 소송을 제기하지 못하도록 할 필요성을 감안한 것으로 이해된다.

따라서 상계 주장에 기판력이 발생하는 경우는, 상계 주장의 대상이 되는 수동채권이 소송물로서 심판되는 소구채권이거나 그와 실질적으로 동일한 경우(원고가 청구이의의 소송을 제기하면서 상계를 주장하는 경우도 그 상계에 대한 판단에 기판력이 인정되어야 할 것인바, 이 때의 수동채권은 엄밀한 의미에서의 심판대상이 된 소송물이 아니기 때문임. 독일 연방대법원은, 이 경우 넓은 의미에서의 심판의 대상이 된 경우라고 하였음은 앞서 본 바와 같음)로서 상계를 주장한 반대채권과 그 수동채권을 기판력의 관점에서 동일하게 취급하여야 할 필요성이 인정되는 경우임을 전제로 한다고 해석함이 상당하다. 따라서 상계 주장의 대상이 된 수동채권이 동시이행항변으로 행사된 채권일 경우에는 그러한 상계 주장에 대한 판단에 기판력이 발생하지 않는다고 봄이 상당하다. 왜냐하면 상계 주장은 기판력의 발생이 예정되어 있는 소구채권 등에 대하여 행사되므로 기판력이 발생하는 것이지, 자동채권에 기판력이 발생하기 때문에 반대로 수동채권에 기판력이 발생하는 것은 아니기 때문이다.

2) 동시이행항변의 기판력에 관한 확립된 판례의 고려

동시이행판결의 기판력의 객관적 범위는, 소송물인 피고의 채무에 한정되고, 채권자인 원고의 반대급부의무에는 기판력이 미치지 않는다. 판례도, 확정판결의 기판력이 판결주문에 표시된 부분에 대하여 미치나 동시이행관계에 있는 반대채권의 존부나 그 수액에 기판력이 미치는 것이 아니라고 하고 있다.[13)]

앞서 본 바와 달리, 상계 주장의 대상이 된 채권의 성격을 전혀 고려하지 않을 경우, 상계 주장에 대한 판단에 기판력이 발생함으로써 동시이행항변으로 행사된 채권도 동시에 소멸되어 더 이상 그 채권에 기한 권리행사가 제한되는 결과에 이른다. 이는 위 대법원판례에 반하게 되고, 이로써 항변권자의 입장에서는 항상 상대방의 상계권 행사의 가능성을 감안하여야 된다. 동시이행항변을 제출하였는데, 동시이행항변 채권이 존재하지 않는다는 이유로 배척되었어도 다시 소송을 통하여 동시이행항변 채권의 행사가 가능하다는 점과 비교하여, 상대방의 상계 주장에 의하여 동시이행항변을 배척한 경우에는 동시이행항변 채권이 제한된다는 것은 부당해 보인다. 역으로 위와 같이 동시이행항변 채권의 행사가 가능하다고 한다면(상대방의 상계로 소멸되어 더 이상 그 채권행사가 제한되는 것이 아니라면) 상계 주장에 관한 판단에 기판력을 부여하여야 할 근거는 상실되는 것이다.

3) 비교법적 검토로부터의 示唆

독일 연방대법원이, 원고의 상계를 허용하는 근거로, 첫째 민사소송법 제322조 제 2 항의 의미와 목적은 상계 주장을 원용하는 경우 필수적으로 함께 구성되는 두 개의 채권을 기판력의 관점에서도 서로 다르게 취급하지 않으려는 것이라거나 위 규정이 상계 주장의 상대방의 이익보호를 위한 것이고, 둘째 그러므로 위 규정의 확장적용의 전제로서 상계를 주장하는 자가 '심판대상이자 상계로 소멸하게 되는 채권'의 채무자일 것을 요구하는 것도 같은 맥락에서 이해할 수 있다고 생각한다.

일본이나 독일의 각 대법원이, 상계 항변에 대한 상계 재항변을 아예 부적법하다고 본 판단도, 상계 주장과 관련된 소송을 가능한 한 단순화한 다음 그렇게 단순화된 소송구조 아래서 판결의 효력을 미치게 하려는 정책적 의도가 반영된 것으로 이해되는데, 비록 이 사건 쟁점과 관련된 것은 아니나 그러한 정책적 의도도 어느 정도 고려할 필요가 있지 않는가 생각된다.

---

13) 대법원 1996. 7. 12. 선고 96다19017 판결.

3. 가능한 반론에 대하여

(1) 기판력의 확장을 지향함이 상당하다는 견해에 대하여

현재 쟁점효 이론이나 신의칙에 의한 구속력 등 기판력의 범위를 확장함으로써 분쟁의 일회적 해결을 도모하고자 하는 주장이 강력하게 개진되고 있음은 분명하다.

그러나 첫째 판례는 위와 같은 이론을 채택한 바가 없고(일본 최고재판소의 경우도 쟁점효 이론은 명시적으로 배척함), 둘째 분쟁의 일회적 해결의 요청은 재판에서 실질적으로 쟁점이 되었던 공격방어방법 일반에 해당하는 문제이므로 상계 주장에 한하여 예외를 넓게 인정하여 할 뚜렷한 합리성을 찾기 힘들다는 점에서, 위와 같은 정책적 지향을 이 사건 해석에도 반영하여야 한다는 견해는 받아들일 수 없다.

특히 우리 판례는, 민사재판에 있어서는 다른 민사사건 등의 판결에서 인정된 사실에 구속받는 것이 아니라 할지라도 이미 확정된 관련 민사사건에서 인정된 사실은 특별한 사정이 없는 한 유력한 증거가 되므로, 합리적인 이유의 설시 없이 이를 배척할 수 없고, 특히 전후 두 개의 민사소송이 당사자가 같고 분쟁의 기초가 된 사실도 같으나, 다만 소송물이 달라 기판력에 저촉되지 아니한 결과 새로운 청구를 할 수 있는 경우에는 더욱 그러하다고 판시하고 있는바,[14] 이러한 태도는 우리 법체계에도 잘 어울리고 확정판결에 신뢰를 부여하면서도 구체적인 상황에 따라 타당성 있는 결론을 낼 수 있다는 점에서 정당하다고 생각된다. 아무리 확정판결의 이유에서 주요한 쟁점으로 판단한 사항이라 하더라도 후소에서 상황이 변하면 달리 판단할 수 있어야 하기 때문이다.[15]

적극설의 이념적 토대인 법적 안정성이라는 것의 실체가 법원의 모순된 재판의 저지에 있다고 한다면, 위와 같은 판례의 법리에 의해서도 이를 충분히 관철할 수 있다고 생각된다. 이 사건과 같은 소송의 제기는 실무상으로도 이례적인 경우라고 보이는데, 굳이 이례적 사안만을 염두에 두고 기존 판례의 틀을 변화시키는 것은 조심스럽다.

(2) 상계의 반소적 성격을 강조하는 견해에 대하여

상계가 반소의 성격을 가짐을 부인할 수 없다(다만 우리 나라는 독일과 달리

14) 대법원 2003. 8. 19. 선고 2001다47467 판결 등 참조.

15) 호문혁 교수는 이러한 판례의 태도를 '證明力說'이라고 한 다음, 위와 같이 높이 평가하고 있다. 호문혁, 전게서, 616면.

그 반소의 성격을 강조한 법률규정을 갖고 있지 않음. 따라서 독일에 비하여 반소의 성격은 약함). 그렇더라도 상계가 반소인 것은 아니다. 상계는 기본적으로 자기 채권의 실현기능보다는 방어적 기능이 더 강하다고 이해된다. 소송상 상계가 본질적으로 '칼 아닌 방패로서'(as a shield, not as a sword)로서 기능한다고 하는 것[16]도 같은 이해이다.

이 사건의 경우, 피고로서는 상계(재)항변으로써 원고의 동시이행항변을 배척할 수 있었다는 점에서 그 방어적 기능을 수행한 것이라고 볼 수 있는데, 이에 나아가 상계의 반소적 성격을 강조하여 기판력을 부여하는 것은 적절하지 않다고 생각된다. 특히 기판력을 긍정할 경우 김상수 교수의 지적대로, 상계의 재항변을 한 피고의 입장에서, 소의 변경에 필요한 요건(청구의 기초의 동일성)을 갖추지 않으면서도 동일한 효과를 얻게 되는 점에서 문제가 발생할 수 있다고 생각되기도 한다.

(3) 민사소송법 제216조 제 2 항의 문언을 중시하는 견해에 대하여

민사소송법 제216조 제 2 항이 '상계를 주장한' 이라고 규정하였을 뿐, 그 주장이 항변인지 재항변인지 여부를 제한하고 있지 않다는 점을 주목하는 견해가 있을 수 있다.

그러나 위와 같이 문언을 중시하는 견해가 기본적으로 타당한 것은 분명하나, 위 법률조항의 적용범위를 해석함에 있어서는 위 법률조항의 의미나 목적을 고려하는 것을 우선으로 삼아야 할 것이라고 생각되고, 나아가 위 규정의 의미나 목적에 관한 앞서의 검토에 따르면 입법자의 위 문언의 선택이 이 사건 해석에 있어서 중요한 요소가 되지 않는다고 생각되기도 한다(독일이나 일본의 경우도 마찬가지임은 앞서 본 바와 같음).

4. 본 판결에 대한 간단한 평가

(1) 판례에 대한 지지

대상판결이 내린 결론은, 위와 같은 검토에 비추어 볼 때 정당하다고 생각한다.

즉 상계 주장에 기판력이 발생하는 경우는, 상계 주장의 대상이 되는 수동

16) 영국의 유명한 Stoke v. Taylor 1890 2QB 569, 575(C. A. 1880) 판결에서 나온 말이라고 함. 김용태, 전게논문, 18면에서 재인용.

채권이 소송물로서 심판되는 소구채권이거나 그와 실질적으로 동일한 경우를 전제로 한다고 해석함이 상당하고, 따라서 적어도 상계 주장의 대상이 된 수동채권이 동시이행항변으로 행사된 채권일 경우에는 그러한 상계 주장에 대한 판단에 기판력이 발생하지 않는다고 봄이 상당하다. 따라서 어떤 소송에서, 피고의 동시이행항변에 대하여 원고가 재항변으로서 상계항변을 한 경우, 그 상계 항변에 대한 법원의 판단에는 기판력이 인정되지 않으므로 위 소송에서의 피고가 동시이행항변으로 주장한 채권을 나중에 다른 소송을 통하여 행사할 수 있다고 생각한다.

☜ 이는 동시이행항변 채권자가 그 채권을 행사하는 소송을 제기한 사안에서 피고가 상계 항변을 한 경우와 외형상 동일하다고 보일 수 있으나, 이 경우는, 상계 항변의 대상이 된 수동채권이 소구채권이어서 피고의 상계 항변으로 인하여 소멸되는 등의 영향을 받아 나중에 소구채권을 행사할 수 없다는 점에서, 이 사건 사안과 본질적인 차이가 존재한다.

☜ 동시이행항변채권자가 그 채권을 반소로써 청구한 경우에는 당연히 위와 같은 상계 항변에 관한 판단에 기판력이 발생할 것이다.

결국 이 사건에서, 원고가 비록 종전 소송에서 제출한 동시이행항변이 피고의 상계재항변에 의하여 배척되었다고 하더라도 원고로서는 여전히 위 동시이행항변 채권을 행사할 수 있고, 다만 법원으로서는, 종전 소송과 이 사건 소송이 당사자가 같고 분쟁의 기초가 된 사실도 같으나, 다만 앞서 본 이유로 기판력에 저촉되지 아니한 결과 새로운 청구를 할 수 있는 경우에 해당하므로 종전 소송에서의 판단이유를 합리적인 이유 없이 배척할 수 없게 되는 제한을 받을 뿐이다.

(2) 본 판결의 의의

상계 주장의 대상이 된 수동채권이 동시이행항변으로 행사된 채권일 경우 그러한 상계주장에 대한 법원의 판단에 기판력이 발생하는지 여부는 종전 학계와 실무가 논의하지 않았던 주제인데, 본 판결은 상계주장에 관한 법원의 판단에 기판력을 인정한 민사소송법 제216조 제 2 항의 근본적인 취지를 명확하게 밝힌 다음 이를 기초로 위 소송법상의 쟁점에 관하여 답변한 최초의 대법원 판단이라는 점에서 적지 않은 의의가 있다고 생각된다.

제 4 편

인터넷揭示板에서의 表現의 自由의 限界

- 연구대상 사건의 개요／金尙煥
- 私企業 勤勞者의 表現의 自由 ―美國의 理論과 判例를 중심으로―／李仁皓
- 社內 電算網을 통한 意見開陳과 表現의 自由의 限界／張永洙

연구대상 사건의 개요

金 尙 煥*

[사실관계]

1. 당 사 자

① 피고는 삼성생명보험 주식회사이고, 원고는 1988. 4. 1. 피고회사의 직원으로 입사하여 2001. 11. 7.부터 부산 서면지점(범일)의 육성소장(과장급)으로 근무하고 있었다.

② 피고는 2002. 9. 14. 개인성과에 따른 성과급 성격의 성과조정급을 신설하여 직급별로 일정액을 2002. 9.부터 2003. 2.까지 6개월간 한시적으로 지급하되, 대리급 이상 연봉제 적용자 중 2001년 평균고과가 'CC' 이하 또는 2002년 상반기 고과가 'D'인 성과부진자는 지급대상에서 제외하기로 하는 내용의 '성과조정급 운영(안)'을 마련하고, 같은 달 16. 노사협의회에서, 직급별 지급액을 사무직군 20만원, 사원 30만원, 대리 40만원, 과장 65만원, 차장 110만원, 부장 130만원으로 확정한 뒤, 같은 달 17. 각 지점 설명회를 통해 이를 사원들에게 알렸다.

2. 원고의 행위

① 2001년 평균고과로 'DD'를 받아 조정성과급 지급대상에서 제외된 원고는 9. 18. 피고회사 사내전산망 싱글게시판(이하 '싱글게시판'이라고 한다)에 있는 대표이사 및 인사팀장의 개인우편함으로 "고과가 강제배분되는 상황에서 전년도 및 상반기 고과로 인하여 PI(삼성그룹 계열사 별로 상반기 · 하반기 실적에 따라 지급되는 성과상여금)와 승급에 불이익을 받았는데 조정성과급까지 차등지급받는 것은 너무 가혹하다. 모두 혜택을 받을 수 있도록 해 달라"는 취지의 글을 전송

* 제주지방법원 부장판사.

하였고, 인사팀장은 9.19. 오재현 파트장을 통해 "조정성과급은 성과주의 인사원칙과 보상철학을 강화하고자 하는 취지에서 개인의 성과와 기여도에 따라 차등지급하는 것으로서 회사의 인사전략상 불가피한 조치임을 이해해 주기 바란다"는 취지의 답장을 보내왔다.

② 이에 원고는 지점장과 파트장의 만류에도 불구하고, 싱글게시판의 '전사공지'(全社公知)란에 "너무 억울합니다"(꼭 읽어주십시오)라는 제목으로 "같은 회사에 근무하면서 다 같이 혜택이 가야 하는데 누구는 울고 누구는 웃어야 하는 현실에 개탄하지 않을 수 없다," "전년도 및 상반기 고과 적용으로 인하여 조정성과급 혜택을 받지 못하는 것은 너무 억울하다고 생각하지 않느냐?," "조정성과급에서의 불이익은 너무 가혹한 조치라고 생각하지 않느냐?," "혜택을 받지 못하는 사원은 회사에 불필요한 사람이라고 생각할 수밖에 없다," "삼성생명에 근무하다 보면 누구라도 해당될 수 있다고 생각한다," "조정성과급을 지급받지 못하는 사원들은 삼성생명 사원이 아니며 같은 회사에 다니면서 소외되어 근무하여야 된다. 이 글을 읽고 있는 사람도 언젠가는 나와 같은 상황이 일어날 수 있다고 본다," "고과가 조정성과급까지 적용되는 것은 엄청난 불이익이며 양지보다는 음지에서 묵묵히 일하는 사원의 의욕을 꺾는 조치다," "조정성과급에 대하여 어느 누구에게 물어봐도 잘못된 일이라고 말한다," "이러한 사항을 결정하신(?) … 더욱더 즐겁고 풍성한 한가위 되길 바란다," "싱글을 보고 의문사항이 있으면 나에게 연락을 달라"는 취지의 글(이하 '이 사건 게시물'이라고 한다)을 게시하였고, 그것이 게시판 관리자에 의해 삭제당하자 이를 재차 게시하였다.

3. 피고의 원고에 대한 징계

피고는, 원고의 위 행위에 대하여 인사규정[1] 제38조 (2)항을 어겼다는 이유

1) 제38조(징계사유) 회사는 사원이 다음 사항에 해당될 경우 징계할 수 있다.

(2) 서약서 또는 회사의 제 규정에 위반하거나, 기타 업무상의 의무에 위배되는 언동을 함으로써, 사내질서를 문란케 하거나 회사의 명예 또는 신용을 훼손한 경우

제41조(징계의 종류) 징계의 종류는 다음 각 항에 따른다.

(1) 견책: 시말서를 받고 장래를 훈계함을 말하며, 징계 당월 급여지급시 평균임금의 반일분 금액을 1회에 한하여 감액처리한다.

(2) 감급: 사원의 월급여를 감액지급하는 것으로 감액범위는 1회에 평균임금 1일분의 1/2에 해당하는 금액을 감급기간 동안 분할 감급처리한다.

(3) 정직: 사원을 그 직무에 종사하지 못하게 하는 것을 말하며, 사원으로서 신분은 보유하나 임금은 지급하지 않는다. 단, 정직기간은 정직 1회당 1개월에서 6개월 사이로 한다.

(4) 강격: 사원의 직급을 강하함을 말한다.

(5) 면직: 사원의 신분을 박탈하여 면직시킴을 말한다.

로 원고에게 정직 1개월(2002. 10. 14. 시행)의 징계처분(이하 '이 사건 징계처분'이라고 한다)을 내렸고, 이에 대한 원고의 재심청구에 의하여 열린 특별징계위원회는 2002. 10. 25. 재심청구를 기각하였다.

[소송의 경과]

1. 원고의 청구원인 등

원고의 이 사건 게시물 게재행위는 헌법상 표현의 자유 내에 해당하는 정당한 의사표현이므로 원고의 위 행위는 징계사유에 해당하지 않고, 설사 징계사유에 해당한다 하더라도 정직 1개월의 징계처분은 징계재량권의 일탈 내지 남용으로서 무효라고 주장하면서, 피고에 대하여 위 정직처분으로 인하여 받지 못한 월 급여 등 및 위자료 3,000만원을 합한 총 40,729,408원의 지급을 구하는 이 사건 소송을 제기하였다.

2. 원심의 판단요지

원고의 청구를 기각한 제1심판결을 유지하였다.

(1) 징계사유의 존부에 관하여

인터넷은 비록 실재하는 사회와는 달리 눈에 보이지 않는 하나의 가상공간이지만, 우리가 거주하고 있는 이 사회와 같이 사람들이 서로 만나서 의사를 주고받는 것과 같은 역할을 한다. 그리고 그 의사의 표현에 있어서, 시·공간의 장애를 극복하고 신속하고 넓게 그리고 상호작용성(이를 읽는 사람 역시 댓글 등을 통하여 글에 대한 동의 내지 반대의 의사표시를 신속하고 넓게 유포할 수 있다)을 최대한 살려서 주고받을 수 있게 하는 특성을 지닌다. 이 사건 싱글게시판 역시 피고회사의 직원이라면 누구나 다른 직원들에게 위와 같은 신속성 · 광범위성·상호작용성이라는 특성을 담아, 자신의 의사를 표현할 수 있는 강력한 수단이 된다. 이러한 점에서, 위 싱글게시판에서의 표현의 자유에는 유인물 배포 등 이전 수단보다는 훨씬 엄격한 수준의 규제가 있을 수밖에 없다.

또한 원고의 이 사건 게시물의 게재행위가 징계사유에 해당하는지 여부를 판단함에 있어서는 게시글의 문언내용뿐만 아니라, 그 게시동기와 경위, 이로 인하여 기업의 위계질서가 문란하게 될 위험성 등 기업질서에 미칠 영향, 과거의 근무태도 등 여러 가지 사정이 종합적으로 검토되어야 한다.

위에서 본 여러 요소들을 종합하여 이 사건을 보건대, ① 원고는 싱글게시판 중 업무와 관련하여 전체 임직원에게 공지할 내용을 게시하는 공간인 '전사공지'란을 이용하여 대부분 직원들의 이목을 집중시킬만한 "너무 억울합니다"(꼭 읽어주십시오)라는 자극적인 제목을 이용하여 이 사건 게시물을 게재하였고, ② 그 내용을 보면, 피고회사가 취하고 있는 인사고과의 상대평가 원칙에 의해 필연적으로 생길 수밖에 없는 성과급 미지급자의 문제를 여러 번에 걸쳐 감정적인 표현으로 비난하여 피고회사의 인사원칙(성과주의 및 보상주의)에 의해 개인이 느낄 수 있는 소외감 내지 위화감을 부각시키고 있으며, ③ 위에서 본 바와 같이 대표이사 및 인사팀장의 개인우편함에 이 사건 게시물과 비슷한 내용을 발송하여 그 답변을 받고도, 성과급 미지급 대상자들을 규합할 목적으로 원고의 연락처까지 기재한 이 사건 게시물을 게재하였고(을 제5호증의 기재 및 변론의 전취지에 의하면, 원고가 이 사건 게시물을 게재한 것은 성과급 미지급자의 부산권 내지 전국적 모임을 개최하려고 한 것이 주목적으로 보인다), ④ 위에서 본 바와 같이 피고회사는 위 성과급제 실시와 관련하여 노사협의회 및 각 지점 설명회를 통해 그 취지를 직원들에게 설명하였음에도, 원고는 위 게시물에서 위 성과급제가 자의적·즉흥적으로 실시되는 것처럼 왜곡된 표현을 하였으며, ⑤ 마지막 부분에서는 위 성과급제 실시 결정자들을 조롱하는 듯한 표현까지 사용하였고, ⑥ 결국, 원고가 이 사건 게시물을 게시한 것은 위에서 본 구조조정 과정에서 자신이 부당한 대우를 받고 있다고 생각하였기 때문인 것으로 보이는 점을 종합해 보면, 원고의 행위는 기업 내에서의 정당한 의사표시의 한계를 넘어서 사내질서를 문란케 하거나 회사의 명예를 훼손하는 것으로서 피고회사에서 정한 징계사유에 해당하는 행위라 할 것이다.

(2) 징계양정의 적정성에 관하여

앞서 본 바와 같은 원고의 비위행위의 내용·정도·경위와 그로 인해 피고회사가 입었을 피해정도 및 피고회사의 인사규정상 정직의 경우 1월은 그 최하한인 점 등을 함께 고려하면, 이 사건 징계처분은 징계양정에 관한 재량권을 일탈·남용한 것이라고 할 수 없다.

[상고이유의 요지]

1. 인터넷상 표현의 자유에 대한 규제에 관한 법리오해

인터넷게시판에서의 표현의 자유에는 유인물배포 등 이전 수단보다는 훨씬 엄격한 수준의 규제가 있을 수밖에 없다는 원심의 판단은, 인터넷매체로 인한 파급효과에만 주목한 것으로서, 표현매체에 관한 기술의 발달이 표현의 자유의 장을 넓히고 질적 변화를 야기하고 있어 그에 대한 규제수단 또한 헌법의 틀에서 새롭게 강구되어야 한다는 시대적 요청을 무시한 것이다.

2. 기업內 표현의 자유의 한계와 기준에 관한 법리오해

원고의 게시물의 내용 혹은 게시물 게재행위가 기업 내에서의 정당한 의사표시, 즉 표현의 자유의 한계를 넘어서는지 여부를 판단할 만한 어떠한 명확한 기준도 없고, 피고회사의 인사규정 제38조를 일응의 한계기준으로 삼는다고 하더라도 그 판단에 있어서는 표현의 자유에 대한 엄격한 법리 내에서 그 한계를 판단하여야 한다.

표현의 자유의 규제에 관한 구체성의 요구가 더욱 강화되어야 한다는 관점에서 보면, 원고의 행위로 인하여 피고회사의 사내질서가 문란케 되었다는 점 등이 구체적으로 입증될 수는 없다 하더라도, 건강한 사회일반인의 통념에 비추어 어느 누구라도 원고의 게시물 내용과 그 게재로 인하여 피고회사가 위와 같은 사내질서가 문란케 되었다는 위험성 내지 가능성 등이 수긍되어야 비로소 원고의 표현의 자유가 그 한계를 일탈하였다고 할 수 있는바, ① 원심이 이 사건 게시물의 내용에 대한 판단근거로 삼은 개념 자체가 '소외감 · 위화감을 부각시킨다', '조롱하는 듯한 표현' 등 지극히 추상적이고 모호하고, ② 이 사건 게시물이 게재된 시간, 게시판의 성격, 게시판의 이용자가 피고회사 직원인 점 등에 비추어 위와 같은 위험성은 인정되지 않고, ③ 원고에게 동료들을 규합하여 피고회사에 적대적인 모임을 만들 목적은 전혀 없었다.

[사건의 종국]

이 사건은 원고가 2005. 4. 15. 상고를 취하함으로써 대법원의 판단을 받지 못한 채 종국되었다.

私企業 勤勞者의 表現의 自由
—美國의 理論과 判例를 중심으로—

李　仁　皓*

I. 머 리 말

사적인 근로관계에서 근로자는 헌법의 언론의 자유의 효력을 사용자에 대하여 주장할 수 있는가? 다시 말해서, 사적 근로관계에서 표현행위를 이유로 근로자가 해고 또는 징계를 받았을 때 헌법상의 언론자유조항을 원용하여 법원의 구제를 받을 수 있는가? 원래 대국가적 공권인 언론의 자유가 사적 자율의 영역에서도 그 효력이 미친다고 할 때 그 법적 결과는 무엇이며, 그것이 과연 헌법이론적으로 어떤 함축을 지니는 것인가?

이 문제는 넓게 보면 기본권의 대사인적 효력에 관한 문제이다. 그 동안 우리 헌법학계에서도 이 기본권의 제 3 자효 문제는 이미 많은 논자들의 관심대상이 되어 왔다. 주로 독일의 학문적 배경을 가진 학자들에 의하여 독일의 논의를 중심으로 소개되어 왔고, 그에 기초하여 우리 헌법에서의 기본권의 제 3 자효 문제를 부분적으로 다루어 왔다. 다만 기본권의 대사인적 효력이 인정되는가, 인정된다면 어떻게 그 효력이 사인간의 관계에 미치는가 하는 일반론에 머물러 더 이상의 구체적인 논의가 다소 부진하다는 느낌을 받는다. 또 독일 통설의 영향을 받아서인지는 모르지만, 우리 나라 대부분의 학자들은 기본권의 이중성과 대사인적 효력을 인정하는 전제 위에 서서 그 효력이 사법의 일반조항을 통해 간접적으로 미친다는 간접효력설의 입장을 취하고 있는 것으로 보인다. 이러한 학설의 영향을 받아서인지 우리 법원도 가끔 국가기관의 개입이 없는 순수한 사인간의 분쟁에서도 헌법상의 기본권을 논거로 삼아 논증하는 경우도 있는 것으로 보인다. 그리고 이러한 학설과 법원의 경향은 사회적 약자의 보호라는 명분과 미명 하에서 그 힘을 얻고 있다.

그러나 필자는 기본권의 대사인적 효력을 '일반적으로' 인정한다는 것은 헌

* 중앙대학교 법과대학 부교수.

법이론상 쉽게 용인될 수 없는 일이라고 생각한다.[1] 그것은 개인의 자유와 자율을 국가기관으로부터 보장하고자 하는 자유민주헌법의 정신을 너무 간단하게 무시해 버리는 것이다. 단순히 사회 내에 힘의 우열관계가 존재한다는 사실과 주장만으로 개인의 자유보장의 헌법정신을 그렇게 쉽게 포기할 수는 없는 것이다. 기본권의 제 3 자효를 '일반적으로' 인정한다는 것은, 헌법이 개인의 자유의 보장을 통해 보장하고자 하는 사적 자치의 영역에 법원이라는 또 다른 국가권력을 '직접' 불러들여 그 요건과 효과도 실로 불명확한 기본권조항에 근거하여 사회 내 힘의 우열관계를 재조정하도록 용인하는 것이다. 그 결과는 권력분립과 법률유보로 대표되는 법치주의의 포기로 이어진다고 하면, 그것은 지나친 기우일까? 필자는 우리의 정치공동체는 아직 시민사회의 자율성을 완전하게 확보하지 못한 상태라고 진단한다. 사회생활과 법질서 속에 국가권력의 위용과 독선이 곳곳에 아직도 남아 있다. 이런 상태에서 사적 자치의 영역에 또 다시 국가권력을 무분별하게 불러들이는 것이 과연 타당한 일인가? 국가권력의 善意志를 굳게 믿는다면 가능한 일일 것 같기도 하다. 그러나 아직 필자로서는 그 믿음이 서지 않는다.

이 글은 이러한 방법론적 기초에 서서, 독일이론 중심의 우리 학계에 또 다른 비교법적 관점을 제시하기 위하여, 미국에서는 기본권의 대사인적 효력문제를 어떻게 바라보고, 또 접근하고 있는지를 살펴보고자 한다. 특히 사기업 근로자의 표현의 자유를 보호함에 있어서 어떤 헌법이론적 난점이 있고, 그 난점을 어떻게 피해가고자 하는지를 미국의 주법률과 판례를 중심으로 고찰한다.

이를 위해 우선 제 2 장에서는 기본권의 제 3 자효를 부정할 수밖에 없는 필자 나름의 우리 헌법의 해석론과 이론을 간단하게 언급하고, 그 동안 우리의 논의에서 불분명하게 혼재되어 있었던 '진정 제 3 자효 문제'와 '부진정 제 3 자효 문제'를 사례의 소개를 통해 분리해낸다. 이어 제 3 장에서는 미국에서 전개되는 기본권의 제 3 자효에 관한 일반론으로서 그것을 원칙적으로 부정하는 이른바 '국가행위의 법리'(state action doctrine)를 미연방대법원의 판례와 사례를 중심으로 간략히 살핀다.[2] 그리고 제 4 장에서는 미국에서 사기업 근로자의 언론자유

1) 최근 기본권의 이중성 이론과 제 3 자효 인정이론을 비판적 시각으로 보는 글이 있어 주목된다. 서경석, "기본권의 객관법적 성격," 헌법학연구 9권 1호, 한국헌법학회(2003); "국가의 기본권보호의무 비판," 헌법학연구 9권 3호, 한국헌법학회(2003) 참조.

2) 이 부분의 내용과 관련해서, 최근에 이화여대에서 이 주제로 박사학위를 받고 현재 헌법재판소에 헌법연구원으로 근무하고 있는 이노홍 박사의 학위논문으로부터 큰 도움을 받았다. 본 글에서 부족하고 미진한 부분은 이노홍, "미연방헌법상 국가행위(State Action)이론에 관한 연구," 이화여자대학교 박사학위논문(2002) 참조. 또한 한병호, "기본권의 대사인적 효력—미국 연방헌법상의 국가행위이론을 중심으로—," 사회과학연구논총 2호, 한국해양대학교(1995); 도회근, "State Action 이론과 기본권의 제 3 자적 효력," 사회과학논집 6권 2호, 울산대(1996) 참조.

의 보호를 위해 거론되는 법적 논거들을 소개하고 그 한계에 대해 고찰한다. 마지막으로 제 5 장에서는 미국의 접근방법이 우리에게도 수용될 필요성이 있음을 언급하는 것으로 끝을 맺는다.

Ⅱ. 기본권의 효력에 관한 일반이론

1. 기본권의 대국가적 공권성과 그 의의

헌법이 보장하는 기본권은 정부(government),[3] 즉 국가기관의 침해행위에 대해서만 주장할 수 있는 것인가, 아니면 사인(private individual)의 침해행위에 대해서도 그 보호를 주장할 수 있는가? 기본권은 누구의 간섭으로부터 개인을 보호하고자 하는 것인가? 기본권은 사인에 대해서도 직접 집행할 수 있는 권리인가? 사법부(헌법재판소와 법원)는 사인에 의한 기본권침해에 대해 구제를 부여하여야 하는가?

우리 나라에서 이 문제는 주로 독일의 논의방식에 따라 통상 '기본권의 대사인적 효력' 또는 '기본권의 제 3 자적 효력'(Drittwirkung) 문제라고 명명되고 있다.[4] 일부 학자는 '사법질서에 있어서 기본권의 효력'이라고 부른다.[5] 또 일부 학자는 '헌법과 사법의 관계' 문제로 접근한다.[6]

3) 이하 이 글에서 '정부'(government)라는 개념은 국가기관을 총칭하는 의미로 사용한다. 이는 미국의 용어사용례에 따른 것이다. 예컨대 연방정부(federal government)는 3府(three branches), 즉 입법부(the legislative), 행정부(the executive), 사법부(the judiciary)로 구성된다. 그러므로 여기서 '정부'라는 개념은 우리 헌법 제 4 장에서 대통령과 행정부를 포함하여 부르는 '정부'라는 용어보다 넓은 개념으로서, 입법부, 행정부, 사법부를 모두 포함한다.

4) 장영수, "기본권의 대사인적 효력과 기본권의 충돌," 고려법학 38호, 고려대학교 법학연구원(2002); 김일환, "우리 나라 헌법상 기본권의 대사인적 효력 논의의 비판적 고찰," 헌법학연구 6권 2호, 한국헌법학회(2000); 김주환, "기본권의 규범구조와 '제 3 자적 효력'," 사법행정(2001년 11월호); 도회근, "State Action 이론과 기본권의 제 3 자적 효력," 사회과학논집 6권 2호, 울산대(1996); 한병호, "한국에서의 기본권의 대사인적 효력이론에 대한 고찰－다수설에 대한 비판적 재검토를 중심으로－," 헌법규범(권영성교수정년기념논문집)(1999); 김기영, "기본권의 제 3 자적 효력－미국의 경우를 중심으로－," 고시연구(1998년 11월호); 최대권, "기본권의 제삼자적 효력－법사회학적 접근의 시도－," 공법연구, 한국공법학회(1983); 계희열, "기본권의 대사인적 효력," 고시연구(1996년 11월호); 조한창, "기본권의 대사인적 효력과 민사재판," 재판자료 7집, 법원도서관(1997); 임규철, "기본권의 제 3 자적 효력－독일에서의 학설과 판례를 중심으로－," 공법연구 32집 2호, 한국공법학회(2003).

5) 방승주, "사법질서에 있어서 기본권의 효력: 독일의 이론과 판례를 중심으로," 법과 인간의 존엄(청암 정경식박사화갑기념논문집)(1997); 김선택, "사법질서에 있어서 기본권의 효력," 고려법학 39호, 고려대학교 법학연구원(2002).

6) 권영설, "헌법과 사법의 관계에 관한 서설," 공법연구 28집 3호, 한국공법학회(2000); 양창수, "헌법과 민법－민법의 관점에서－," 법학 39권 4호, 서울대학교 법학연구소(1999); 황우여, "헌법의 사법적 효력," 민사판례연구 13권, 민사판례연구회(1991).

이들 모든 논의에서 대체로 일치되는 점은 '기본권은 원칙적으로 대국가적인 권리'라는 것이다. "기본권의 대국가적 효력은 기본권의 유래라든가 법적 성격에서 당연히 도출되는 것으로 이해되고 있다. 즉 기본권은 본래 인간 대 국가(the man versus the state)의 관계를 규율하는 것이고, 본질적으로는 인간에게 천부적으로 귀속하는 자유의 영역에 대한 국가적 간섭을 예방·방어하는 임무를 가지기 때문에 국가에 대한 주관적 공권으로 이해되는 것이다."[7]

원칙적으로 기본권이 대국가적인 권리라는 점은 우리 헌법전의 문언과 규범구조에서도 명백히 드러난다. 헌법 제 2 장은 '국민의 권리와 의무'라는 제목하에 제10조에서 제36조까지 개인의 권리를 보장하는 조항을 두면서 거의 예외 없이 각 조는 "모든 국민은… 자유 또는 권리를 가진다"는 규범형식을 취하고 있다. 이 '국민' 개념은 '국가'에 대응하는 개념이다. 또한 헌법 제10조 제 2 문은 "국가는 개인이 가지는 불가침의 기본적 인권을 확인하고 이를 보장할 의무를 진다"고 하여 '국가'와 '개인'의 관계를 상정하고 있다. 더 나아가, 헌법 제37조 제 2 항은 "국민의 모든 자유와 권리는 국가안전보장·질서유지 또는 공공복리를 위하여 필요한 경우에 한하여 법률로써 제한할 수 있으며"라고 규정하여, 기본권은 '국가안전보장·질서유지 또는 공공복리'라는 공익을 위하여 '법률'이라는 정부행위를 통해서만 비로소 침해될 수 있음을 선언해 놓고 있다.

이처럼 기본권은 정부의 침해행위에 대해서만 그 보호를 주장할 수 있도록 예정된 권리이다. 따라서 사인의 행위로 인하여 기본권이 침해되었다고 주장하면서 그 구제를 법원에 청구할 수는 없다. 다시 말해서, 기본권은 사인간에 직접 집행가능한 권리가 아니다. 그러므로 예컨대 을의 소유재산 안에서 을의 의사에 반하여 갑이 언론의 자유를 주장할 수 없고, 따라서 을의 주거를 보호하기 위한 주거침입죄가 아무런 헌법적 문제 없이 적용된다. 또 내 집에 개인적으로 초청하는 사람 중에 여성이나 동성애자를 제외시켰다고 해서 배제된 여성 또는 동성애자가 헌법 제11조의 평등위반을 주장하면서 법원에 구제를 청구할 수 없다.

따라서 기본권의 대사인효를 주장하는 것은 헌법해석론상 그리고 헌법이론적으로 전혀 타당하지 못하다.[8] 만약 기본권의 효력을 사인에게 주장할 수 있다

7) 김선택, 앞의 글, 154면; 또한 김문현, "기본권의 대국가적 효력," 고시계(1991년 7월호), 62면 이하 참조.

8) 이 점에서 우리 나라의 '직접적 효력설'은 물론이고 '간접적 효력설'도 또한 타당하지 못하다. 간접적 효력설은 기본권이 '일반적으로' 객관적 가치질서성을 가진다고 전제하면서 '모든' 기본권의 방사효가 사법의 일반조항을 통해 사인간에도 미친다고 주장하고 있는데, 그 방사효가 정부행위에 대한 것과 똑 같은 강도로 들어가든 아니면 다소 약화되어 들어가든 사인관계에서 기본권효력을 주장할 수 있다고 하는 것이라면 이 점에서 직접적 효력설과 다를 바가 없

고 한다면, 그것은 '개인의 자유와 자율'을 보장하고자 하는 헌법정신에 정면으로 위배된다. 개인의 자유와 자율이 보장되기 위해서는 정부가 해서는 안 되는 선택도 개인에게는 자유롭게 허용되어야 한다. 예컨대 정부가 소유하는 공공의 도로에서 표현행위를 일체 금지하는 것은 헌법적으로 허용되지 않겠지만, 개인이 소유하는 토지 위에서 타인의 표현행위를 금지할 것인지 허용할 것인지는 전적으로 그 개인의 자유선택에 맡겨져야 한다. 이것이 바로 헌법이 상정하고 있는 '사적 자치'(private autonomy; Privatautonomie)의 요청이다.

만약 정부에 대한 기본권의 효력을 사인에게도 똑같이 주장할 수 있다고 한다면, 정부에 대한 헌법상의 제한이 사인에게도 똑같이 적용될 것이고, 그 결과는 곧 개인의 자유와 자율의 상실로 이어질 것이다. 또한 기본권의 효력을 논함에 있어서 정부행위와 사인의 행위를 구별하여 논하지 않는다면, 사인간의 모든 기본권 분쟁이 법원의 직접적인 개입에 의하여 해결되게 될 것인데, 이는 '법률'에 의해서만 기본권을 제한하도록 명령하고 있는 헌법 제37조 제 2 항에 정면으로 위배된다.

요컨대 헌법이 보장하는 기본권은 정부(government)의 침해행위에 대해서만 주장할 수 있는 것이고, 사인의 침해행위에 대해서는 그 보호를 주장할 수 없다. 기본권은 정부의 간섭으로부터 개인을 보호하고자 하는 것이지, 사인의 간섭으로부터 개인을 보호하고자 하는 것이 아니다. 다시 말해서, 기본권은 사인에 대해서 직접 집행할 수 있는 권리가 아니며, 따라서 사법부(헌법재판소와 법원)는 사인에 의한 기본권침해 주장에 대해 구제를 부여할 수 없다.

2. 기본권의 효력과 사법질서의 관계

그렇다면, 기본권은 사인간의 관계, 즉 사법질서에 영향을 미치지 않는가? 당연히 미친다. 기본권이 아닌, 엄밀하게 말하면 '기본권조항'이 사인간의 관계, 즉 사법질서에 당연히 영향을 미치고 있고, 또 미쳐야 한다.[9] 사법질서와 헌법질서는 두 개의 법질서가 아니며 처음부터 끝까지 하나의 질서이다. 다시 말해서, 헌법정신을 떠난 사법이 존재할 수 없는 것과 마찬가지로 또한 개인의 자율

다. 기본권의 효력은 사인관계에 미치는 것이 아니라, 그 사인관계에 정부의 행위가 기본권을 제한하는 방향으로 개입되어 있을 때 그 정부행위에 대하여 미치는 것이다.

9) 필자는 기본권의 이중성 내지 양면성 이론, 즉 기본권이 대국가적 공권성과 객관적 가치질서성을 동시에 가지고 있다는 논리를 전개하지 않고서도, '법질서의 통일성'이라는 논리로 얼마든지 사법질서에 기본권조항의 효력이 미칠 수 있음을 논증할 수 있다고 생각한다.

과 사적 자치를 기본원리로 하는 사법을 무시하는 헌법은 자유민주국가의 헌법이라 부르기 어렵다.[10] 헌법은 개인의 자유의 보장을 통해 사적 자치의 원리를 선언하고 있고,[11] 입법자는 사법의 제정을 통해 그 원리를 구체화한다.

한편으로, 헌법은 사적 자치의 원리를 사회변화에 부응하여 부분적으로 수정하기도 한다. 우리 헌법은 이미 자체 내에 그 수정원리를 제시해 놓고 있다. 그것은 개인의 자유를 보장하는 개별 기본권조항에 함께 제시되어 있다. 예컨대 헌법 제23조 제2항은 "재산권의 행사는 공공복리에 적합하도록 하여야 한다"고 규정하여 이른바 재산권의 제한원리로서 공공복리적합성 원리를 제시하고 있다.[12] 헌법 제21조 제4항은 언론의 자유에 대한 제한원리로서 '명예와 권리'의 보호를 규정하고 있다. 그리고 근로관계에 있어서는 최저임금제의 요구(제32조 제1항), 근로조건의 기준제시(인간의 존엄성 보장)(제32조 제3항), 여자와 연소자의 근로의 특별보호의 요구(제32조 제4항 및 제5항)를 규정하고 있다. 더 나아가, 우리 헌법 제37조 제2항은 사적 자치를 조정할 수 있는 일반적인 원리로서 '공공복리'의 원리를 규정하고 있다.

그러나 이러한 헌법상의 수정원리를 구체화하는 책임을 지는 자는 법원이 아니라 입법자이다. 위 수정원리를 담고 있는 헌법조항들은 그 구체화를 '법률'에 의해서 하도록 명령하고 있다. 그리하여 입법자는 예컨대 사적 근로관계에서 근로자의 선거권(헌법 제24조)이 사용자에 의해 침해되지 않도록 하기 위하여 헌법 제37조 제2항의 공공복리의 원리에 따라 법률(근로기준법 제9조)로써 명시적인 보호규정을 두고 있다. 이처럼 입법자가 사인간에 기본권의 효력을 구체

10) 권영설, 앞의 글, 82면. 이러한 관점에서 볼 때, 양창수 교수가 "민법 또는 사적 자치를… 헌법이 언제든지 간섭을 재개할 수 있는 일시적 특혜영역이라고 하는 소극적 파악은 배척되어야 한다"(양창수, 앞의 논문, 75면)고 주장하는 것은 타당하다고 할 것이다.

11) 우리 헌법은 제23조에서 사유재산제도를 보장하고 있고, 제119조 제1항은 우리 나라의 경제질서가 개인과 기업의 경제상의 자유와 창의 및 사적 자치를 존중함을 기본으로 하는 경제질서를 채택하고 있음을 천명하고 있다. 이들 헌법규정의 의미에 대해 헌법재판소는 다음과 같이 설시하고 있다: "이는 국민 개개인에게 자유로운 경제활동을 통하여 생활의 기본적 수요를 스스로 충족시킬 수 있도록 하고 사유재산의 자유로운 이용·수익과 그 처분을 보장해 주는 것이 인간의 자유와 창의를 보전하는 지름길이고 궁극에는 인간의 존엄과 가치를 증대시키는 최선의 방법이라는 이상을 배경으로 하고 있는 것이다"(헌재 1989. 12. 22. 선고 88헌가13 결정, 판례집 1, 357, 368). 또한 헌법재판소는 헌법 제10조의 행복추구권에 포함된 일반적 행동의 자유로부터 계약의 자유를 도출해 내고 있으며, 동시에 계약의 자유는 헌법 제119조 제1항의 개인의 경제상의 자유의 일종이라고 판시하고 있다. 헌법재판소의 화재보험가입강제 사건(헌재 1991. 6. 3. 선고 89헌마204 결정, 판례집 3, 268) 및 자도소주구입명령 사건(헌재 1996. 12. 26. 선고 96헌가18 결정, 판례집 8-2, 680) 참조.

12) 그러나 만일 입법자가 이 공공복리적합성 원리를 과도하게 적용하여 재산권을 지나치게 제한하는 법률을 제정한다면, 재산권보장조항인 헌법 제23조 제1항에 위반된다는 헌법적 평가를 받을 수 있다. 예컨대 그린벨트 사건(헌재 1998. 12. 24. 선고 89헌마214 결정 등) 및 택지소유상한제 사건(헌재 1999. 4. 29. 선고 94헌바37 결정 등) 참조.

화하고 있는 경우에 비로소 사용자에 의한 기본권침해를 주장하는 근로자는 그 법률조항이 설정하고 있는 요건과 효과에 따라 법원에 구제를 요청할 수 있는 것이다. 만약 법률에 의하여 사인간에 적용되는 기본권의 효력이 구체화되고 있지 않다면, 위에서 살핀 바와 같이 기본권의 구제를 법원에 직접 청구할 수 없다.

3. 부진정 제 3 자효 문제와 헌법재판

(1) 개 관

한편 사적 자치를 수정하는 입법자가 양 원리를 잘못 조정하여 한쪽 개인의 자유를 과도하게 침해한 경우에는 헌법재판을 통해서 재조정을 받게 된다. 이 경우 침해를 주장하는 개인은 입법행위, 즉 정부행위에 의한 침해이기 때문에 직접 기본권의 효력을 주장하게 된다. 따라서 이러한 사안에서는 기본권의 제 3 자효 문제가 제기될 여지가 없다.

또한 사인간의 관계를 규율하는 법률의 규정을 법원이 잘못 해석하여 적용한 결과 한쪽 개인의 자유가 과도하게 침해된 경우에도 헌법재판(재판소원)을 통하여 재조정을 받게 된다.[13] 이 경우에도 법률과 재판은 당연히 정부행위이기 때문에 기본권의 제 3 자효 문제가 제기될 여지가 없다.

따라서 기본권의 제 3 자효 문제는 법률이나 법원의 개입이 없이 전적으로 사인의 행위에 의하여 기본권이 침해되었다고 주장하는 경우에 그 사인의 행위로부터 기본권을 보호해 줄 것인가 하는 문제이다. 흔히 앞의 두 경우를 기본권의 제 3 자효 문제로 논하는 것은 적절하지 않다고 생각된다. 앞의 두 경우를 '부진정 제 3 자효 문제'라고 부를 수 있을 것이다.

이 점에 대한 이해를 돕기 위해, 흔히 독일과 우리 나라에서 처음으로 기본권의 제 3 자효를 인정한 사례로 드는 독일연방헌법재판소의 판결(Lüth 사건)과 이와 유사한 사건구조를 띤 미국의 Sullivan 사건 및 Hurley 사건을 소개한다. 아래에서 보는 바와 같이, 독일의 Lüth 사건은 표현의 자유를 과도하게 제한하는 사법의 규정(입법행위)과 법원의 해석이 개입되어 있는 사안이고, 재판소원청구인인 Lüth는 이러한 정부행위에 대해 자신의 기본권인 표현의 자유를 주장한 것이다. 연방헌법재판소가 이 주장을 받아들여 정부행위에 대한 헌법적 재평가

13) 민사관계를 규율하는 규범이 의회제정법이 아니고 판례법(common law)인 미국에 있어서는 판례법의 형성 및 적용이 한쪽 개인의 기본권을 과도하게 침해하는 경우에는 기본권의 효력을 주장하면서 상급법원에 상소하게 된다. 아래의 New York Times Co. v. Sullivan, 376 U.S. 254(1964) 사건 참조.

를 한 것은 너무나 당연한 일로서, 이 사건에서는 진정한 의미의 제 3 자효 문제가 없는 것이다. Lüth의 표현의 자유를 침해한 것은 정부의 행위이지 사인의 행위가 아니기 때문이다.

이 사건의 구조와 유사한 미국의 사건에서도 미연방대법원은 특별한 이론적 난점 없이 연방헌법상의 언론자유조항을 당연히 적용하여 표현의 자유를 과도하게 제한하는 정부행위를 헌법적으로 재조정하였다.

요컨대 진정한 의미의 제 3 자효 문제와 부진정 제 3 자효 문제를 엄격하게 구분해야 하고, 우리 나라에서 기본권이 사인의 행위에 대해서도 그 효력을 주장할 수 있다고 하는 직접효력설과 간접효력설은 이러한 구분이 전제되지 않은 상태에서 전개되다보니 혼란스러운 지경에까지 이르지 않았나 생각된다. 필자의 판단에 '사법의 일반조항을 통하여' 운운하는 간접효력설은 혹시 부진정 제 3 자효 문제를 주로 다루고 있는 것이 아닌가 하는 의문이 든다.

(2) Lüth 사건[14]의 개요와 판결의 내용

1) 사건의 개요

1950년에 함부르크 기자협회 회장이었던 Erich Lüth는 이전의 나치체제 하에서 히틀러에 동조하여 유대인박해를 옹호하는 내용의 영화('유대인 사랑')를 감독했던 Veit Harlan 감독이 새로이 연출한 '불멸의 연인'이라는 영화에 대해 불매운동을 전개할 것을 호소하였다. 그러자 이 영화의 제작사와 배급사는 민법 제826조[15]에 근거하여 Lüth를 피고로 하여 불매운동의 중지를 구하는 소를 제기하였다.

함부르크 지방법원은 Lüth의 표현행위(불매운동)가 선량한 풍속에 반하는 행위라고 인정하면서 원고의 청구를 받아들였다. 이 판결에 불복하여 Lüth는 연방헌법재판소에 기본법상의 표현의 자유(제 5 조 제 1 항)의 침해를 주장하면서 헌법소원을 제기하였다.

2) 판시내용

1958년 1월 15일 연방헌법재판소는 이 사건에서 처음으로 기본권의 대사인적 효력을 인정했다고 하는 다음과 같은 취지의 판시를 하였다: 기본권은 우선적으로 국민의 대국가적 방어권이지만, 기본법의 기본권조항에는 헌법적인 근본결단으로서 모든 법영역에 적용되는 객관적 가치질서가 내포되어 있다. 입법,

14) BVerfGE 7, 198.
15) "선량한 풍속에 반하는 방법으로 고의로 타인에게 손해를 가한 자는 그 타인에 대하여 손해를 배상할 책임을 진다."

행정, 사법은 이러한 가치체계로부터 지침과 동인을 부여받는다. 이러한 가치체계는 민법에도 당연히 영향력을 미친다. 따라서 어떤 민법규정도 이러한 가치체계에 배치되어서는 안 되며, 모든 민법규정은 이러한 가치체계의 정신 내에서 해석되어야만 한다. 기본권의 내용은 사법상의 강행규정 및 일반조항을 통해서 간접적으로 적용된다. 이 경우 이들 민법규정은 기본권적 가치질서를 사법적 권리관계에 실현하기 위한 매개체 내지 열쇠로서 기능하는 것이다. 그리하여 민사법관은 기본권에 담겨 있는 가치결단의 방사효과를 사법의 영역에서 충분히 고려하여야 한다. 민사법관은 만약 그가 민법에 대한 기본권의 영향력을 오해하는 경우에 그 판결에 의하여 기본권을 침해할 수 있다.

(3) New York Times Co. v. Sullivan 사건[16]

1) 사건의 개요

이 사건은 공무원의 직무행위(official conduct)를 비난한 허위광고를 게재한 신문사에 대해 당해 공무원이 제기한 민사명예훼손 사건이었다. 이 사건에서 문제된 명예훼손적 표현은 '공무원의 직무행위'를 비난하는 내용을 담고 있었다.

Alabama주의 수도 Montgomery에서 있은 Martin Luther King이 주도하는 비폭력시위에 가담한 흑인들에 대한 테러협박과 경찰의 가혹한 진압방법을 비난하는 전면광고를 New York Times사가 신문에 게재하자, Sullivan이라는 경찰국장이 신문사와 광고주를 상대로 명예훼손소송을 제기하였다. 사실인정과정에서 피고측은 광고내용 중에 몇 가지 부정확한 것이 있음을 시인하였는데, 1심은 위 광고내용이 ① 문면 자체에 의한 명예훼손(libel per se: 이 개념은 특별한 사정의 입증에 의해 비로소 성립하는 명예훼손인 libel per quod에 대응되는 것임)이고, ② 표현의 상대방이 원고인 것으로 인정되며, ③ 허위사실의 보도가 포함되어 있어 공정한 논평의 특권(fair comment privilege)을 인정할 수도 없고, 따라서 일반적인 손해(general damages)가 추정되고, ④ 또한 악의(malice; ill-will)도 인정된다고 하면서 징벌적 손해(punitive damages)까지 포함하여 50만 달러의 배상을 명하였고, 주대법원도 이를 인용하였다. 그러나 연방대법원은 이를 파기하였다.

2) 판시내용

New York Times Co. v. Sullivan, 376 U.S. 254(1964) 판결은 오늘날 미국 명예훼손법의 초석으로 인정되는 판결이다. 종래 판례법(common law)상의

---

16) 376 U.S. 254(1964).

명예훼손법은 엄격책임주의를 취하여 표현의 자유보다는 명예보호에 치중되어 있었다. 그런데 이 판결에서 연방대법원이 보통법상의 엄격책임주의를 해체시키면서 특히 공적 인물이 관련된 사안에서 종래의 명예훼손법을 헌법적인 관점에서 재조정한 것이다.[17]

이 사건에서 연방대법원은 공무원의 직무행위와 관련한 보도에 있어서 명예훼손이 인정되기 위한 요건을 엄격하게 설정하였다. 즉 '실질적 악의에 의한 허위표현'(false statement made with actual malice)의 경우에만 명예훼손이 성립될 수 있다고 판시하였다. 그리고 여기의 '실질적 악의'란 "문제의 표현이 허위인줄 알면서 또는 그것의 진위 여부를 무모하게 무시해 버린 것"(with knowledge that it was false or with reckless disregard of whether it was false or not)을 가리킨다.[18] 나아가 실질적 악의에 의하여 허위표현이 이루어졌다는 것을 공무원인 원고가 '명백하고 설득력 있는 증거'(clear and convincing evidence)에 의하여 입증하여야 한다고 판시하였다. 결국 이 판결은 종래 보통법상 표현자에게 부담시켜 왔던 진실증명의 입증책임을 해제시키고 오히려 피해자에게 허위성에 대한 무거운 입증책임을 부담시킨 것이다.[19]

(**4**) Hurley v. Irish-American Gay, Lesbian & Bisexual Group 사건[20]

아일랜드의 수호성인인 성 패트릭의 기념일(St. Patrick's Day)에 어느 민간단체가 조직한 전시행렬(parade)에 참가를 요청했으나 거부당한 아일랜드계 미국인인 동성애자들이 그 민간단체를 상대로 소를 제기하였다.

Massachusetts주의 공중편의시설법(public accommodation law)은 공중편의시설(places of public accommodation)에서 성적 지향(sexual orientation)을 이유로 차별하는 행위를 금지하고 있었는데, 원고들은 행렬에의 참가를 거부하는 행위는 이 법을 위반하는 것이라고 주장하였다.

17) 이 사건에서 주법원의 판결에 대해 연방헌법에 의한 심사를 차단시키기 위한 논거로서 국가행위(state action) 요건이 충족되지 않는다는 주장이 제기되었으나, 연방대법원은 이를 분명히 거부하였다.

18) 376 U.S. 254, 279-280.

19) 같은 맥락에서 미연방대법원은 St. Amant v. Thompson, 390 U.S. 727(1968) 판결에서, 진위 여부를 '무모하게 무시해 버렸는지'(reckless disregard)의 여부 판단은 합리적인 사람이라면 알 수 있었을 것이라는 정도의 입증만으로는 안 되고, "피고가 실제로 진실 여부에 대해 심각한 의심을 품었다"는 결론에 이를 수 있을 정도의 충분한 증거에 의하여 뒷받침되어야 한다고 판시하였다. 390 U.S. 727, 731. 이러한 기준은 다른 불법행위법의 영역에서 적용되는 '객관적인 또는 합리적인 인간 기준'(objective or reasonable man test)과는 분명히 다른 것이라고 하겠다.

20) 515 U.S. 557(1995).

주의 사실심법원은 원고의 청구를 인용하여 행사를 조직한 민간단체에게 원고들을 행렬에 참가시키라고 명령하였고, 주대법원도 이를 인용하였다. 그러나 연방대법원은 피고의 재량상소(certiorari)를 받아들여 심리한 결과, 주법원이 주의 공중편의시설법을 적용하여 피고에게 자신들이 조직하는 전시행렬의 표현내용을 실질적으로 변경하라고 요구하는 것은 연방헌법 증보 제 1 조(언론자유조항)를 위반하는 것이라고 판시하면서, 사건을 파기환송하였다.

Ⅲ. 미국에서 기본권의 제 3 자효 문제에 관한 일반론: 국가행위의 법리

1. 국가행위요건

연방헌법의 명령은 '정부'(government)를 구속하는 것이지 사인(private individual)의 행위를 구속하는 것은 아니다. 연방헌법이 보장하는 개인의 자유와 권리는 오로지 '정부'(government)[21]의 간섭으로부터 시민 개인을 보호하기 위한 것이다. 다시 말해서, 연방헌법상의 권리(이하 편의상 '기본권'이라고 부르기로 한다)는 '정부행위'(governmental action)에 대해서만 그 보호를 주장할 수 있는 것이지, '사인의 행위'(private action)에 대해 그 보호를 주장할 수 있는 권리가 아니다. 그러므로 사인의 행위로 인해 헌법상의 권리가 침해되었다고 하여 법원에 그 권리실현을 요구할 수는 없다. 따라서 법원에서 기본권 침해주장이 받아들여지기 위해서는 그 침해의 원인이 된 행위가 정부행위임이 인정되어야 한다. 이 원칙을 미국에서는 흔히 '국가행위 요건'(the requirement of state action) 또는 '국가행위의 법리'(state action doctrine)라고 부른다.[22]

21) 이 때의 '정부'는 모든 차원의 정부, 즉 연방정부(federal government), 주정부(state government), 그리고 지방정부(local government)를 모두 가리킨다. 그리고 이들 정부의 공무원이 그 자격으로 행하는 모든 행위는 '정부'의 행위에 당연히 포함된다.

22) 미국에서 사용하는 'state action'이라는 용어는 이 원칙의 외연을 다 포섭하지 못하는 잘못 붙여진 이름(misnomer)이다. 왜냐하면 'state action'이라는 용어의 의미는 '주의 행위'라는 뜻인데, 연방헌법상의 권리는 주(state)뿐만 아니라 연방과 지방자치단체에게도 똑 같이 그 구속력이 미치기 때문이다. 따라서 미국에서 이 원칙의 외연을 모두 포섭하는 용어로는 아마도 'government action doctrine'(정부행위의 법리)이 더 적절할 것이다. 묘하게도 우리 나라에서는 '주'를 의미하는 'state'가 동시에 '국가'로도 번역되기 때문에, 우리 번역술어인 '국가행위'가 우리 나라에서는 이 원칙의 외연을 자연스럽게 다 포섭하는 것이 된다. 그러나 헌법학에서 '국가'와 '정부'를 엄밀히 구분해야 한다는 필자의 평소의 소견으로는 '정부행위'라는 번역술어가 더 적절하다고 생각되나, 우리 나라에서 널리 사용되고 있는 '국가행위'라는 번역술어를 적절하지는 않지만 그대로 사용하기로 한다.

다만 연방헌법상의 권리 중에는 자기집행적인(self-executing) 권리,[23] 즉 사인에게 직접 주장할 수 있는 권리가 유일하게 하나 있다. 노예제도를 금지하고 있는 증보 제13조는 정부의 행위뿐만 아니라 사인의 행위도 그 규율대상에 포함시키고 있다.[24]

따라서 증보 제13조의 권리를 주장하는 경우를 제외하고, 헌법상의 권리가 침해되었다고 주장하는 모든 소송에서, 법원은 당해 사안에 국가행위(state action), 즉 특정 헌법조항을 적용시킬 수 있을 만큼 충분한 정부의 관여(interference or involvement by a governmental entity)가 존재하고 있다는 점이 인정되는 때에 한하여 비로소 원고의 청구에 따른 구제를 부여할 수 있다.[25]

2. 국가행위 여부의 판단

(1) 개 관

많은 경우에 국가행위의 존재 여부는 명백해서 특별히 논란거리가 되지 않는다. 의회의 법률이나 행정입법이 헌법 위반이라고 주장하거나 또는 공무원이 자신의 직무수행과 관련해서 개인의 헌법상의 권리를 침해한다고 주장하는 경우에 국가행위가 존재한다는 것은 명백하다.

국가행위의 존재 여부가 쟁점이 되는 것은 전적으로, 헌법상의 권리를 침해하고 있다고 주장되는 특정의 행위가 사인(private individual), 즉 정부를 대신해서 행위를 하지 않는 개인에 의해서 이루어진 경우이다.

물론 이 경우 일반적으로는 국가행위의 존재가 인정되지 않는다. 그런데 연방대법원은 특별한 예외를 두어 일정한 경우에는 그러한 사인의 침해행위에 정부의 관여(interference or involvement by government)가 있다는 논리로 국가행

한편 미국에서 그럼에도 '주의 행위'(state action)라는 용어가 정착된 것은, 이 원칙이 원용되는 대부분의 사건들이 주의 행위를 규율하는 연방헌법 증보 제14조(Fourteenth Amendment)의 적용과 관련한 것이기 때문이다. 즉 대부분의 사건들에서 '주정부'(state)에 의한 개인의 자유와 평등의 침해를 금지하는 증보 제14조가 과연 사인의 행위에도 적용되는가 하는 문제가 쟁점이 되기 때문에, 통상 'state action doctrine'이라고 부르고 있는 것이다.

23) '자기집행적인 권리'(self-executing right)라 함은 그 권리를 집행하기 위해 제정된 구체적인 의회의 법률이 설령 없더라도 법원에 의해서 집행될 수 있는 권리를 말한다.

24) Lawrence Tribe, American Constitutional Law(Foundation Press, 2nd ed., 1988), p. 1688. 미연방헌법 증보 제13조(Thirteenth Amendment): "1. 정식으로 유죄가 인정된 범죄자에 대한 처벌로서 이루어지는 경우를 제외하고, 노예상태(slavery)나 강제노역(involuntary servitude)은 미합중국 또는 그 관할하에 있는 어떤 지역에서도 존재하지 아니한다. 2. 연방의회는 적절한 입법을 통해 이 조항을 집행할 권한을 가진다."

25) 국가행위요건을 처음으로 확인한 판결은 1883년의 Civil Rights Cases, 109 U.S. 3(1883)이다. 이 사건의 내용과 의미에 대한 상세한 소개는 이노홍, 앞의 글, 22-32면 참조.

위의 존재를 인정하고 권리구제를 허용하고 있다.

그렇지만 100년 이상이 지난 지금까지도 연방대법원은, "사인의 행위를 국가행위로 전환시킬 만큼 어떤 경우에 정부관여가 충분하다"고 판단할 수 있는지에 대하여 분명한 지침을 제공하지 못하고 있다. 단지 연방대법원은 각 사안마다 그 자체의 사실관계에 기초해서 판단해야 한다는 기본적인 입장을 밝히고 있을 뿐이다. 이 때문에 많은 혼란과 학자들 간의 논쟁이 초래되고 있고, 국가행위의 존재판단문제가 미국 헌법학에 있어서 가장 어려운 문제 중의 하나로 평가되고 있다.[26)]

(2) 정부(government or state actor)의 개념범위

우선, 국가행위의 요건에서 말하는 '정부'(government or governmental entity or state actor)의 개념범위가 문제될 수 있는데, 법원은 그 범위를 매우 넓게 잡고 있다. 연방의 공공기관을 포함해서 주의 공공기관, 그리고 주의 지방자치단체(political subdivisions)가 모두 포함된다.

또한 정부가 운영하는 법인(corporation)도 정부의 개념에 포함된다. 다만 그 법인은 정부가 설립하고, 정부의 통제하에 있으며, 그리고 정부의 목적을 달성하기 위한 것이어야 한다. 연방대법원은 1995년 Lebron v. National Railroad Passenger Corp. 사건[27)]에서, 국영철도회사인 Amtrak(American Travel on Track: National Railroad Passenger Corporation의 애칭)은 연방헌법의 언론자유조항(First Amendment)의 연관에 있어서 연방정부(federal government)의 일부라고 판시하였는데, 그 논거로서 연방정부에 의해 설립되었고, 그 이사회의 과반수를 대통령이 임명하며, 그리고 自營의 여객운송열차서비스의 소멸을 방지한다고 하는 연방정부의 임무를 수행하고 있다는 점을 들었다.[28)] 이 사건에서 연방대법원은 "정부는 간단히 회사의 형태에 의존하여 헌법상 부과된 가장 신성한 의무를 회피할 수는 없다"고 판시하였다.

이러한 미연방대법원의 입장은 우리에게도 시사하는 바가 있다. 헌법재판소

26) 이노홍, 위의 글, 84-86면 참조. 연방대법원 스스로도 "국가행위의 존재를 결정함에 있어서 정확한 공식을 유형화하고 적용하는 것은 법원이 한번도 시도해 본 적이 없는 불가능한 작업이다"고 말한 바 있다. Burton v. Wilmington Park Authority 365 U.S. 715(1961).

27) 513 U.S. 374(1995). [사건개요] 국영철도회사인 Amtrak으로부터 역의 광고판의 일부 공간을 임차한 Lebron(예술가)이 거기에 정치적 표현물을 게시하였는데, Amtrak이 정치적 성격이라는 이유로 그 게시를 거부하자 연방헌법 증보 제1조(언론자유조항)를 위반하였다고 주장하면서 Amtrak을 상대로 연방지방법원에 소를 제기하였다.

28) Amtrak설치법은 Amtrak이 "연방정부의 기관 또는 시설이 아니다"고 명시적으로 규정하고 있었다. 45 U.S.C. §541.

가 헌법소원의 대상이 되는 '공권력의 행사 또는 불행사'(헌재법 제68조 제1항)를 권력적 작용으로 좁게 해석하여, 행정기관의 행위라도 사경제주체로서 행하는 사법상의 법률행위를 제외하고 있는 것[29]은 기본권의 효력범위를 부당하게 좁히는 것이라고 하겠다. 私法의 형식으로 행정기능이 수행되는 경우에도 기본권의 효력이 미쳐야 할 것이다.[30] 따라서 私法의 형식으로 이루어지는 행정기능이 헌법소원의 대상에서 제외되어 일반법원의 관할에 속하게 되는 경우 거기에서 기본권의 효력문제가 제기될 수 있고, 이 때 법원은 이를 적극적으로 수용하여야 할 것이다.

3. 국가행위로 의제되는 사인의 행위와 그 판단기준

(1) 개 관

위에서 밝힌 정부의 개념에 포섭되지 않는 순수한 사인의 행위라도, 예외적으로 그 사인의 기본권침해행위에 일정한 정부의 관여가 있는 경우에 그 사인의 행위를 정부행위로 의제하여 기본권의 효력을 주장할 수 있다.

그러면 얼마만큼의 정부관여가 있는 경우에 사인의 행위가 국가행위로 전환되는가? 그 판단기준은 무엇인가?

1883년의 Civil Rights 판결[31]에서 국가행위 요건이 처음으로 확인된 이후, 이 법리는 1940년대 초까지 그대로 지속되었다. 그리하여 사인에 의한 인종차별에 대해 의미 있는 법적 제한을 가할 수 있게 된 것은 1940년대 초 이후부터였다. 이것이 법리적으로 가능하게 된 것이 바로 국가행위(state action) 개념의 확장을 통해서이다. 즉 정부(government)의 행위가 아닌 사인의 행위임에도 그것을 국가행위로 의제하여 기본권의 효력을 인정한 것이다.

연방대법원이 지금까지 국가행위의 개념을 확장하기 위해 펼친 논리(또는 이론)는 매우 다양하고, 또 사건마다 일관성이 부족하여 미국의 학자들도 이 논

29) 헌법재판소는 공공용지의취득및손실보상에관한특례법에 의한 토지 등의 협의취득에 따르는 보상금의 지급행위(헌재 1992. 11. 12. 선고 90헌마160 결정, 판례집 4, 787, 793; 헌재 1992. 12. 24. 선고 90헌마182 결정, 판례집 4, 942, 949; 헌재 1994. 2. 24. 선고 93헌마213 결정 등, 판례집 6-1, 183, 189)와 폐천부지의 교환행위(헌재 1992. 11. 12. 선고 90헌마160 결정, 판례집 4, 787, 794)는 헌법소원심판의 대상이 되는 공권력의 행사라고 볼 수 없다고 판시하고 있다.

30) 독일에서도 이 점은 널리 인정되고 있고, 우리 나라의 학자들도 이 점에 대해 인식을 같이 하고 있는 것으로 보인다. 예컨대 김일환, "우리 나라 헌법상 기본권의 대사인적 효력 논의의 비판적 고찰," 헌법학연구 6권 2호, 한국헌법학회(2000), 72면; 김주환, "기본권의 규범구조와 '제3자적 효력'," 사법행정(2001년 11월호), 18면 참조.

31) 109 U.S. 3(1883).

리들을 각각 다른 방식으로 분류하여 설명하고 있다.

여기서는 크게 '공적 기능'(public function) 이론과 '정부연관성'(government involvement) 이론으로 대별하여 그 내용을 간략히 살핀다. 전자는 사인의 행위 자체의 '성격'에 초점을 맞춘 것이고, 후자는 정부의 행위, 즉 사인의 행위에 대한 정부의 관여의 '정도'에 초점을 맞춘 것이다. 그리고 후자의 경우 그 연관성을 판단하기 위한 요소 내지 기준은 다음의 4가지로 정리될 수 있다: (i) 정부가 문제되는 사인의 침해행위를 '명령'(command) 내지 '요구'(require)하고 있는가?(명령 기준), (ii) 정부가 사인의 행위를 장려(encourage)하고 있는가?(장려 기준), (iii) 정부와 사인이 '공생관계'(symbiotic or mutually beneficial relationship)에 있는가?(공생관계 기준), (iv) 문제된 사인의 침해행위를 정부와 사인이 '함께' 행하고 있는가?(공동참여 기준).

연방대법원은 개별 사건에서 각각 이러한 확장이론을 전개하고 있지만, 이들 이론의 적용범위는 매우 협소하다는 점에 유의할 필요가 있다. 이들 확장이론은 Vinson 대법원(1946-1953)에서 시작하여 Warren 대법원(1953-1969) 시절에 정점에 달했다가, Burger 대법원(1969-1986)과 현재의 Rehnquist 대법원(1986-현재)에서는 더 이상 확장되고 있지 않으며 오히려 여러 기준에서 그 적용범위가 축소되고 있는 것으로 보인다.

(2) 공적 기능이론

공적 기능이론은 사인이 정부와 같은 공적 기능(public function)을 수행하고 있다면, 그 사인의 침해행위는 국가행위로 의제된다는 것이다.

이 이론이 처음으로 나타난 사건은 일명 백인예비선거 사건들(White Primary Cases)이다. 사적 결사체인 정당 내부의 후보자 선출을 위한 예비선거에서 흑인차별이 문제된 일련의 판결[32]에서 연방대법원은, 선거과정은 그 전체(entire electoral process)가 공적 기능이고, 따라서 정당은 선거과정에 관여하는 한도 내에서 정부의 일부이며, 그러므로 인종차별을 해서는 안 된다고 판시하였다.

그러나 이 판결의 법리가 정당의 모든 행위에 미친다고 말할 수는 없다. 예컨대, 정당의 당의장 선출행위를 공적 기능의 수행이라고 볼 수는 없을 것이다.

32) Smith v. Allwright, 321 U.S. 649(1944). [사건개요] Texas주의 민주당 전당대회에서 백인만이 민주당 예비선거에서 투표권을 가진다는 규칙이 제정되었는데 이것이 다투어진 사건이다. 연방대법원은 이러한 인종차별은 연방헌법 증보 제15조에 위반된다고 판시하였다. 증보 제15조 제1항은 "미합중국 시민의 투표권은 인종, 피부색 또는 이전의 노예신분을 이유로 미합중국 또는 주에 의하여 부인되거나 제한될 수 없다"고 규정하고 있다.

또한 이 판결은 정당의 예비선거에서 '인종'을 이유로 한 '투표권의 차별'에 대해 연방헌법 증보 제15조 위반으로 판단한 것이기 때문에, 다른 이유로 다른 내용의 차별 또는 기본권의 침해가 있는 경우 정당의 행위를 국가행위로 확장할 것인지에 대해서는 불분명하다. Tribe 교수는 부정적으로 진단하고 있다.[33)]

한편, 공적 기능이론이 적용된 두 번째 영역은 기업타운(company town)과 쇼핑센터(shopping center)의 소유주가 취한 조치에 대해 연방헌법 증보 제1조(언론자유조항) 위반을 주장한 사건들이다. 우선, Marsh v. Alabama 사건[34)]은 기업이 전적으로 소유하는 타운(the town of Chickasaw, Alabama)에서 한 여호와증인이 타운운영자의 명시적인 반대의사에도 불구하고 종교선전물을 나누어 준 혐의로 불법침입죄로 형사기소된 사건이다. 이 사건에서 연방대법원은, Chickasaw 타운은 사적 소유라는 사실을 제외하고 여타 다른 타운과 똑 같기 때문에 그 타운의 운영은 공적 기능이라고 판시하면서, 연방헌법 증보 제1조가 보장하는 표현행위를 금지시킬 수 없다고 판단하였다.[35)]

다음으로, 사적 소유의 쇼핑센터 안에서 언론의 자유를 주장할 수 있는가가 문제된 사건에서, Warren 대법원은 쇼핑센터도 공적 기능을 수행하는 것으로 인정하였으나,[36)] Burger 대법원 시절인 1976년에 연방대법원은 Hudgens v. NLRB 사건[37)]에서 이 판례를 변경하였다.

그 밖에 Warren 대법원은 1966년의 Evans v. Newton 사건[38)]에서 사설공원의 운영도 공적 기능을 수행하는 것으로 인정한 바 있다. Bacon 상원의원이 Georgia주 Macon시에 있는 자기 소유의 공원을 신탁하면서 백인들만이 이용하도록 조건을 달았다. 처음에는 Macon시가 수탁인으로 행위하면서 위 신탁조건을 집행하였다가, 나중에는 수탁인이 민간인으로 대체되었고 그가 그 신탁조건을 계속 집행하였다. 이 사건에서 연방대법원은 인종차별적으로 이 공원을 운영하는 것은 연방헌법 증보 제14조(평등보호조항)를 위반하는 것이라고 판시하였

33) Lawrence Tribe, op. cit., p. 1119, n. 11.

34) 326 U.S. 501(1946).

35) 이전의 사건들에서 연방대법원은 사적 소유가 아닌 정부 운영의 타운은 증보 제1조의 보장을 받는 종교선전물의 배부행위를 금지시킬 수 없다고 판시하고 있었다. 따라서 이들 법리는 정부로 의제되는 Chickasaw 타운에도 마찬가지로 적용된 것이다.

36) Amalgamated Food Employees v. Logan Valley Plaza, 391 U.S. 308(1968)(6:3). [사건개요] 복합쇼핑센터(Logan Valley Plaza) 내의 슈퍼마켓이 비노조원을 고용하자 Amalgamated Food 회사의 노조원들이 이에 항의하여 피켓시위를 벌렸고, 슈퍼마켓과 쇼핑센터의 소유주는 쇼핑센터 인근에서 피켓시위를 금지하는 명령을 구하는 소를 제기하였다. 주의 법원들은 원고의 청구를 인용하였다.

37) 424 U.S. 507(1976)(6:2). [사건개요] 이 사건은 한 쇼핑몰에 입점한 가게와 노사분쟁을 벌이던 노조원들이 쇼핑몰의 주차장과 일반인이 출입하는 장소에서 피켓시위를 벌인 사건이다.

38) 382 U.S. 296(1966)(6:3).

다. 논거 중의 하나로 든 것은, 사설공원이 제공하는 서비스는 "그 성격이 시정활동에 속하며"(municipal in nature), 소방이나 경찰서비스와 마찬가지로 공원은 "전통적으로 그 지역에 봉사한다"(traditionally serves the community)는 것이다.

그러나 이러한 논리의 적용범위는 Burger 대법원과 Rehnquist 대법원에 들어와서 상당히 축소되었다. 즉 공적 기능을 수행하는 것으로 인정되기 위해서는 문제의 사적 서비스가 "전통적으로(traditionally) 정부의 영역에 전적으로(exclusively) 속하는 것"이어야 한다는 것이다. 이러한 협소한 요건하에서 연방대법원은 (i) 정부에 의해 인가되고 규제를 받는 사적 소유의 공공시설(privately-owned utility)의 운영,[39] (ii) 사적인 양육시설(nursing homes)의 운영,[40] 그리고 (iii) 심지어 그 운영재정의 대부분을 정부로부터 보조를 받는 사립학교(private school)의 운영[41]도 공적 기능으로 받아들이지 않았다.

(3) 정부연관성 이론

1) 명령기준

정부가 문제되는 사인의 침해행위를 '명령'(command) 내지 '요구'(require)하고 있는 경우에는 그 사인의 행위는 국가행위로 인정된다. 예컨대 정부가 민간음식점 주인에게 백인 손님만 받으라고 명령하는 경우, 이 정부의 명령과 그것을 집행하는 사인의 행위는 모두 국가행위로 인정된다. 이런 경우는 명확하다.

주로 판단이 어려운 경우는, 정부가 표면상으로는 중립적인 법(facially neu-

39) Jackson v. Metropolitan Edison Co., 419 U.S. 345(1974)(6:3).

40) Blum v. Yarestsky, 457 U.S. 991(1982)(7:2).

41) Rendell-Baker v. Kohn, 457 U.S. 830(1981)(7:2). [사건개요] Massachusetts주 Brookline에 있는 피고 학교는 학교생활에 적응을 잘 하지 못하는 고등학교학생들을 교육하는 사립학교이다. 사건 당시 이 학교의 거의 대부분의 학생들은 Massachusetts주의 법률에 따라 각 시교육위원회에 의해서 전학된 학생들이었고, 각 시는 보내는 학생들의 교육비용을 지불하고 있었다. 또한 피고 학교는 주와 연방의 여러 기관들로부터 재정지원을 받고 있었다. 이에 따라 사건 당시 지원받는 공적 기금이 학교 운영예산의 약 90%에 이르고 있었다. 주의 법률상 수업료보조를 받기 위해서는 학교는 주의 규제를 따라야 했는데, 그러나 당시 주의 규제는 몇 가지 특정한 인사에 관한 요구사항만을 부과하고 있었다. 마찬가지로, 피고 학교가 주 및 시교육위원회와 맺은 계약에는 인사정책(personnel policy)에 관한 내용은 없었다. 이 학교의 직업상담원(Vocational counselor)이었던 원고(Rendell-Baker)는 학생간부회(student-staff council)의 역할증대와 관련한 논쟁의 결과로 학교측으로부터 해고되었다. 이 논쟁은 일부 학생들이 학생간부회에 더 많은 책임을 주어야 한다는 청원을 학교이사회에 한 것이 발단이 되었다. 이사장(Kohn)은 그 제안을 거부하였으나, Rendell-Baker는 그 제안을 지지하면서 이사회에 그렇게 자문하였다. 곧 이어 Kohn은 그녀에게 해고를 통지하였다. 이에 대해 Rendell-Baker는 연방헌법상의 언론의 자유를 행사한 것 때문에 적법절차도 없이 해고되었다고 주장하면서, 연방법률(42 U.S.C. 1983)에 근거하여 연방지방법원에 소를 제기하였다. 연방항소법원은 피고 학교가 비록 주의 규제를 받고 있기는 하지만, 특히 직원의 해고와 관련한 결정에 있어서, 주의 지배를 받고 있는 것은 아니기 때문에 '주법의 외관을 갖춘'(under color of state law) 행위를 한 것이 아니라고 판시하였다.

tral laws)을 적용한다고 하면서 사적 계약(private agreements)을 집행함으로써 결과적으로 한 개인이 다른 개인을 차별하도록 법원이 사실상 명령하는 경우이다. 이 때 비록 중립적인 법을 집행하는 행위지만 차별을 명령하는 것으로 해석될 수 있고, 따라서 국가행위가 인정될 수 있다.

대표적인 사건이 Shelley v. Kraemer 사건[42]이다. 미주리주의 한 주거지역에서 30명의 백인주택소유자들은 향후 50년간 자신들의 부동산을 흑인 등 소수인종에게는 팔지 않기로 하는 계약(racially restrictive covenant)을 맺었으나, 그 중 한 사람이 Shelley라는 흑인에게 자신의 부동산을 매각하자 위 계약에 서명한 Kraemer 등 이웃의 백인주민들이 Shelley의 부동산소유를 금하고 그 소유권을 원래의 매도인에게로 환원시킬 것을 구하는 소송을 제기하였다. 이 사건에서 연방대법원은 인종차별적인 계약을 법원이 집행하는 것은 국가행위(state action)를 구성하고, 따라서 연방헌법 증보 제14조의 평등보호조항에 위반된다고 판결하였다.

법원에 의한 계약의 집행이 국가행위를 구성한다는 이 Shelley 판결의 논리는 자칫 국가행위요건을 형해화하는 결과를 빚을 수도 있었기 때문에 이후 많은 비판을 받았고, 그 의미를 축소하고자 하는 학문적 노력들이 잇따랐다. 이후의 판결들도 매우 혼란스럽지만, 분명한 것은 법원에 의한 모든 집행을 국가행위로 의제하지는 않는다는 것이다.[43]

이 Shelley 사건은 특수한 사안이다. 이 사건은 자발적인 매도인과 매수인이 자유로운 의사의 합치에 의한 매매계약을 체결한 상태에서, 원고인 이웃 주민들이 '정부가 적극적으로 나서서' 그 계약이 완성되는 것을 막아달라고 청구한 사안이었다. 그리하여 인종차별적 계약을 주법원이 집행한 것은 적극적인 정부행위에 의해서 비로소 인종차별의 침해가 이루어진 것이었다. 이 Shelley 판결에서 연방대법원 스스로도 이 사건은 정부개입이 소극적인 성격의 사건들과는 다르다는 점을 밝히고 있다.

2) 공생관계 기준

정부와 사인 사이에 '공생관계'(symbiotic or mutually beneficial relationship)가 존재하는 경우에 사인의 행위는 국가행위로 의제될 수 있다. 즉 한쪽의 행위로 다른 쪽이 이익을 얻는 방식으로 양자 사이에 광범위한 접촉(extensive contacts)이 있다면 국가행위요건이 충족된다.

---

42) 334 U.S. 1(1948)(6:0).
43) Shelley 판결에 대한 평가와 이후의 논쟁에 대해서는 이노홍, 앞의 글, 184-196면 참조.

대표적인 사건이 Burton v. Wilmington Parking Authority 사건[44]이다. 이 사건에서는 주의 재산을 임차한 레스토랑에서의 인종차별행위가 문제되었다. Delaware주의 기관인 Wilmington Parking Authority는 주차건물을 소유하면서 운영하고 있었는데, 한 사기업에게 20년간 건물의 일부를 임대해 주었고, 그 사기업은 거기서 레스토랑을 운영하였다. 그 레스토랑은 흑인에게 서비스제공을 거부하였다. 연방대법원은 그 레스토랑이 공공시설인 주차시설의 성공적인 운영에 필수적이라는 점을 강조하면서, 사인의 차별행위가 국가행위를 구성할 만큼 정부의 관여가 깊다고 판단하였다.

그러나 정부가 사인에게 특허(license)나 허가를 주었다고 해서 그 사인의 행위가 국가행위로 의제되지는 않는다. 예컨대 주류판매특허(liquor license)를 받은 사설클럽이 회원의 흑인손님에게 서비스를 거부한 것이 다투어진 Moose Lodge No. 107 v. Irvis 사건[45]에서 연방대법원은 비록 그 특허의 수가 한정되어 있다 하더라도 그 사실만으로는 특허를 받은 사인의 행위가 국가행위로 전환되지는 않는다고 판시하였다.

또한 연방대법원은 자연적 독점 때문에 광범위한 정부의 규제를 받는 사설전기회사(electric utility)의 행위도 국가행위로 간주하지 않았다. Jackson v. Metropolitan Edison 사건[46]은 전기요금을 내지 않은 이용자에게 적법절차, 즉 통지(notice)와 청문(hearing)에 의하지 않고 전기를 끊은 것이 문제된 사건이었다.

Ⅳ. 미국에서 사기업 근로자의 언론자유보호를 위해 거론되는 법적 논거들과 그 한계

1. 개 관

근로관계에서 표현행위를 이유로 근로자가 해고 또는 징계를 받았을 때 연방헌법 또는 주헌법상의 언론자유조항을 원용하여 구제를 받을 수 있는가? 즉 근로관계에서 근로자는 헌법상의 언론자유의 효력을 사용자에 대하여 주장할 수 있는가?

이 경우 근로관계가 공적 근로관계인지 사적 근로관계인지에 따라 결론이

44) 365 U.S. 715(1961).
45) 407 U.S. 163(1972).
46) 419 U.S. 345(1974).

달라진다. 공적 근로관계의 근로자, 즉 공무원은 사용자인 정부의 해고 또는 징계에 대하여 헌법상의 언론자유의 효력을 주장할 수 있다. 국가행위(state action)가 존재하기 때문이다. 그러나 사적 근로관계의 근로자는 헌법상의 언론자유조항을 원용하지 못한다. 사용자의 해고 또는 징계는 사인의 행위이기 때문이다.

그러나 미국에서 사기업 근로자의 언론의 자유를 일정 부분 보호해야 한다는 주장이 제기되고 있다. 그리하여 1980년대 중반부터 사기업 근로자, 특히 노동조합에 가입하지 않은 '자유계약직' 근로자(at-will employee)의 '정치적' 표현의 자유를 보호하기 위한 이론적 시도와 탐색이 꾸준히 이루어져 오고 있다.[47]

미국에서 이러한 주장과 노력이 이루어지는 데에는 몇 가지 사회적 배경이 있는 것으로 보인다.[48] 첫째, 노동조합에 가입되어 있지 않은 근로자수가 90% 정도에 육박함에 따라[49] 종래 노동조합을 통해서 표현의 자유를 행사할 수 있었던 근로자수가 현저히 줄어들었다는 점이다. 또한 근로자의 3분의 1은 연방노

47) 사기업 근로자의 언론자유를 보장하기 위한 법적 근거로서 주헌법상의 언론자유조항을 제시하는 분석적인 작업은 1980년대 초 두 법과대학원 학생의 논문에서 시도되었다. Charles Click, Note, Free Speech, the Private Employee, and State Constitutions, 91 Yale L. J. 522(1982); Steven M. Kamp, Note, Private Abridgment of Speech and the State Constitutions, 90 Yale L. J. 165(1980). 1987년에는 Terry Ann Halbert 교수가 사기업 근로자의 언론자유를 분석하면서, 종국적으로는 Connecticut주의 근로자언론자유법(Conn. Gen. Stat. §31-51q(1987))이 가장 좋은 정책적 선택이라고 결론지었다. Terry Ann Halbert, The Frist Amendment in the Workplace: An Analysis and Call for Reform, 17 Seton Hall L. Rev. 42, 70-72(1987).

1994년에 Lisa B. Bingham 교수는 한 논문에서 "법원은 사기업 근로자가 자신의 정치적 견해 때문에 해고를 당했다는 것을 입증하는 경우에 그 근로자를 보호하는 쪽으로 방향을 전환할 수 있고, 또 그러해야 한다"고 제안하였다. Lisa B. Bingham, Employee Free Speech in the Workplace: Using the First Amendment as Public Policy for Wrongful Discharge Actions, 55 Ohio St. L. J. 341, 391(1994).

그 밖에 사기업 근로자의 표현의 자유를 보호해야 한다는 주장들에 대해서는, Cynthia L. Estlund, Free Speech and Due Process in the Workplace, 71 Ind. L. J. 101(1995); Cynthia L. Estlund, What Do Workers Want? Employee Interests, Public Interests, and Freedom of Expression Under the National Labor Relations Act, 140 U. Pa. L. Rev. 921 (1992); Megan P. Norris, Limitations on an Employer's Ability to Discipline Free Speech, 17 Employee Rel. L. J. 473(1991); Marcia J. Staff & Charles Foster, Current Issues Affecting the Private Employee's Right to Freedom of Expression, 23 Am. Bus. L. J. 257(1985); Joseph R. Grodin, Constitutional Values in the Private Sector Workplace, 13 Indus. Rel. L. J. 1(1991)(언론의 자유를 비롯한 헌법상의 가치들이 사적 근로관계로 확장되어야 한다고 주장함).

48) David C. Yamada, Voices from the Cubicle: Protecting and Encouraging Private Employee Speech in the Post-Industrial Workplace, 19 Berkeley J. Emp. & Lab. L. 1, 9-13 (1998) 참조.

49) 1995년에 사기업 근로자의 10.4%만이 노동조합에 가입하고 있는 반면, 공무원의 경우는 38%가 노조원이라고 한다. Michael C. Harper & Samuel Estreicher, Labor Law(4th ed. 1996), p. 111.

사관계법(NLRA)의 보호대상에서 제외되어 있다. 둘째, 사기업이 점차 정치적 및 사회적 이슈에 참여하는 경향을 보임으로써 기업의 정치적 입장과 반대되는 의견을 가진 근로자를 보호할 필요가 있다는 점이다. 셋째, 경제적 불안정으로 고용불안이 증가하면서 해고의 위험을 느끼는 근로자가 점차 자기검열(self-censorship)을 하게 된다는 점이다.

그러나 이러한 시도는 아직 완전히 성공하지 못하고 있는 것으로 보인다. 아래에서는 미국에서 사기업 근로자의 언론의 자유를 보호하기 위해 제시되고 있는 법적 논거들 및 관련된 주법원의 사례를 검토해 본다. 다만 그에 앞서 비교의 관점을 얻기 위해 공적 근로관계에서 공무원의 언론의 자유가 얼마만큼 보호되는지를 간략히 살핀다.

2. 공적 근로관계에서 공무원의 언론자유의 보호수준

공무원(government employee)이 행한 표현행위를 이유로 정부가 당해 공무원에게 불이익한 조치를 취하는 경우 일정한 헌법적 제한이 설정되어 있다.

연방대법원은 1968년의 Pickering v. Board of Education 사건[50]에서 심사기준을 다음과 같이 제시하였다. "공무원이 한 시민으로서(as a citizen) 공공의 관심사항(matters of public concern)에 관하여 표현행위를 하는 이익과 효율적인 공무수행(efficient public services)을 확보하기 위한 정부의 이익을 비교형량하여야 한다." 즉 문제된 공무원의 표현내용이 공공의 관심사항에 관한 것이라면, 공무수행의 효율성이 공무원의 표현의 이익보다 더 중요하다는 점을 정부가 입증하지 못하는 한, 그 공무원의 표현행위에 대해 제재를 가할 수 없다는 것이다. 따라서 문제된 표현이 공공의 관심사항에 관한 것이 아니라면, 연방헌법 증보 제1조(언론자유조항)의 보호를 받지 못하게 된다.

연방대법원은 1983년의 Connick v. Myers 사건[51]에서 이 '공공의 관심' 기준(public concern test)을 재확인하면서 이를 분명히 하였다. 연방지방검사보(Assistant District Attorney)인 Sheila Myers는 자신에 대한 전보명령에 반대해서 동료들에게 설문지를 돌렸는데, 그 내용은 전보정책, 사무실의 근로의욕, 고충처리기구의 필요성, 상급관리자에 대한 신뢰의 수준, 그리고 선거운동에 참여하도록 압력을 받고 있다고 느끼는지 등에 관한 것이었다. 그녀는 전보명령을

50) 391 U.S. 563, 568(1968).
51) 461 U.S. 138(1983).

거부한 것으로 인해 해임되었는데, 설문지를 돌린 것은 불복종행위라고 하는 말을 들었다.

그녀는 연방법률(42 U.S.C. §1983)에 근거하여 소를 제기하였고, 자신을 해임한 행위는 연방헌법 증보 제1조(언론자유조항) 위반이라고 주장하였다. 연방대법원은 그녀의 청구를 기각하였는데, 그 이유를 다음과 같이 판시하였다: "공무원이 한 시민으로서 공공의 관심사항에 관한 것이 아니라, 한 근로자로서 전적으로 개인의 이해에 관한 사항(matters only of personal interest)을 표현한 경우에는, 아주 특별한 상황이 아닌 한, 당해 공무원의 행위에 대한 대응으로서 정부가 취한 인사결정의 지혜(the wisdom of a personnel decision)를 심사하기에 연방법원은 적합한 곳이 아니다."

이러한 공공의 관심기준은 이후 공무원의 근로관계와 언론의 자유가 문제된 사건에서 널리 채택되었다.[52)]

3. 공서양속 예외의 법리와 헌법조항

미국의 부당해고법(the law of wrongful discharge)에 있어서 최근의 가장 중요한 발전은 자유계약고용의 원칙(the rule of at-will employment)에 대한 '공서양속 예외'(public policy exception)를 인정한 점이다.

공서양속 예외의 법리는 사용자가 공서양속(public policy)에 반하는 이유를 들어 근로자를 해고했을 때에, 당해 근로자는 부당해고를 주장하면서 소를 제기할 수 있다는 것을 의미한다.

공서양속 예외의 법리는 1959년에 Petermann v. International Brotherhood of Teamsters, 344 P. 2d 25, 26(Cal. Ct. App. 1959) 사건에서 법원에 의해 처음으로 인정되었다: "위증을 하라는 사용자의 요구를 근로자가 거부했다는 이유 때문에, 사용자가 근로자를 해고하는 것을 허용한다면 그것은 주의 이익에도 해롭고 공서양속(public policy)과 건전한 도덕(sound morality)에도 반하는 것일 될 것이다. … 위증을 금지하는 주의 명시적인 정책을 보다 완전히 실현시키기 위해서는, 민법(civil law)은 사용자에게 자유계약근로자를 언제든지 해고할 수 있는 무제한적인 권리를 인정해 주어서는 안 될 것이다. 이와 달리 판시하는 것은 분별 없는(without reason) 짓이며 법의 정신(the spirit of law)에 반

52) United States v. National Treasury Employees Union, 513 U.S. 454 (1995); Waters v. Churchill, 511 U.S. 661(1994); Rankin v. McPherson, 483 U.S. 378(1987) 참조.

하는 것일 것이다."

6개 주를 제외한 모든 주에서 일정한 형태의 공서양속 예외의 법리를 인정하고 있다.[53] 이 예외를 주장하기 위해서는, 관련된 공서양속의 법적 근거(the legal source of the public policy that has been implicated)를 확인해 내어야 한다. 그러면 어떤 것이 법적 근거(legal source)가 될 자격이 있는가는 주마다 다르지만, 일반적으로는 헌법, 법률, 행정입법(regulations), 그리고 법원의 판결(judicial decisions)이 해당된다.

한편 공서양속 예외의 법리하에서 사기업 근로자의 언론자유를 보호하고자 하는 학자들은 연방헌법상의 언론자유조항(First Amendment)과 주헌법상의 언론자유조항을 공서양속의 법적 근거로 인정하여야 한다고 주장한다. 그러나 이러한 주장은 지금까지 법원에서 거의 성공한 적이 없다.[54]

2002년에 한 연방지방법원은 Petrovski v. Federal Express Corp. 사건[55]에서, 국가행위가 존재하지 않으면, 공서양속위반의 손해배상청구는 연방헌법 증보 제1조 및 Ohio주 헌법의 언론자유조항에 담긴 정책에 근거할 수 없다고 판시하였다.

또한 1985년에 Illinois주 대법원은 Barr v. Kelso-Burnett Co. 사건[56]에서 주헌법상의 언론자유조항에 관한 국가행위 문제를 다루었다. 이 사건은 핵발전소 건설을 위해 고용된 사기업의 근로자 8명이 자신들의 행동으로 인해 회사로부터 보복적 해고(retaliatory discharge)를 당했다고 주장하면서 구제를 청구한 사건인데, 원고들은 주헌법상의 기본권조항들을 주장의 근거로 삼았으나, 주대법원은 다음과 같은 이유로 이를 기각하였다: "언론자유의 헌법적 보장은 연방이든 주든 정부(government)의 침해로부터의 보장만을 의미한다는 점은 충분히 확립되어 있다. 헌법은 다른 사람의 자유로운 표현을 침해하려고 하는 사적 개인이나 단체로부터 그 보호나 구제를 제공하지는 않는다." 요컨대, 주헌법상의

53) David C. Yamada, op. cit., p. 22. 공서양속(public policy)이라는 용어는 본질적으로 그 정확한 개념을 파악하기 어렵다. 이 점을 미국의 법원들도 시인하고 있다. Maryland Casualty Co. v. Fidelity & Casualty Co., 71 Cal. App. 492; Noble v. City of Palo Alto, 89 Cal. App. 47(공서양속의 개념은 사기의 개념과 마찬가지로 정의하기 어렵다. 공서양속은 어떤 시민도 일반대중에게 유해하거나 또는 공동선에 반하는 취지를 가진 행위를 합법적으로 할 수 없다는 법원칙을 나타내고자 하는 것이다).

54) Ibid.

55) 210 F. Supp. 2d 943(N. D. Ohio. 2002).

56) 478 N. E. 2d 1354, 1356(Ill. 1985). Illinois주 헌법의 언론자유조항은 이러하다: "[a]ll persons may speak, write and publish freely, being responsible for the abuse of that liberty. In trials for libel, both civil and criminal, the truth, when published with good motives and for justifiable ends, shall be a sufficient defense"(Ill. Const. art. 1, 4).

언론자유조항의 보호를 주장하기 위해서는 국가행위(state action)가 필요하다는 것이다.

1991년에 Massahusetts주 대법원도 Korb v. Raytheon Corp. 사건[57]에서, 주의 언론자유조항은 자신이 고용된 회사의 경제적 이익에 반하게 대외적으로 털어놓고 이야기한 회사의 대변인(a corporate spokesperson)을 해고로부터 보호하지는 않는다고 판시하였다.

1993년에 New Mexico주 대법원은 Shovelin v. Central N. M. Elec. Cooperative, Inc. 사건[58]에서, 주헌법상의 언론자유조항은 사기업 근로자에게 광범위한 정치적 표현의 권리를 창설하지 않는다고 판시하였다. 원고는 한 전력회사(utility company)에 고용된 에너지보존자문역(energy conservation advisor)이었는데, 그는 자신의 상급감독자에게 자신이 뉴멕시코의 Mountainair시의 시장에 출마할 계획이라고 알렸고, 그 때 그 상급감독자는 그가 선출되면 해고할 것이라고 경고하였다. 원고는 어쨌든 출마했고 당선되었다. 회사는 그를 해직시켰다. 원고는 공서양속(public policy)에 위반되게 해직되었다고 주장하면서 주헌법상의 언론자유조항뿐만 아니라 여러 주법률규정 및 판례법(common law)을 근거로 제시하였다. 그러나 주대법원은 주의 언론자유조항의 보호영역을 사적인 근로관계까지 확장하는 것을 거부하였다.

요컨대 미국에서 연방헌법 또는 주헌법상의 언론자유조항을 공서양속 예외의 법리를 통해 사적 근로관계에 간접적으로 적용시키고자 하는 학자들의 노력이 없는 것은 아니나, 미국의 법원들은 이를 받아들이지 않고 있다. 그리하여 미국에서는 아래에서 살피는 바와 같은 구체적인 입법적 노력을 통하여 사기업 근로자의 표현의 자유를 보호하고자 하는 시도가 부분적으로 행해지고 있다. 그러나 이 또한 법원의 축소해석에 의하여 제한적인 효과만을 내고 있다.

4. 연방노사관계법상의 협력적 활동 조항

연방노사관계법(NLRA) 제 7 조는 근로자는 "서로간의 원조 또는 보호를 목적으로 하는 협력적 활동에 종사할"(to engage in … concerted activities for the purpose of … mutual aid or protection) 권리를 가지며,[59] 사용자는 이 권리를 행

57) 574 N. E. 2d 370, 372-73(Mass. 1991).
58) 850 P. 2d 996, 1009-1010(N. M. 1993).
59) 29 U.S.C. 157(1994).

사하는 근로자들을 방해하거나 억압하는 것을 금지하고 있다.[60]

이 조항은 사기업 근로자의 언론자유 보호를 위한 또 다른 가능한 법적 근거로 제시되고 있다.

그러나 이 조항은 개별 근로자의 언론자유를 보호해 줄만큼 넓게 해석·적용되고 있지는 못하다. 특히 '협력적 활동'(concerted activity) 요건과 '서로간의 원조 또는 보호'(mutual aid or protection)의 요건이 법원에 의해 좁게 해석되고 있다. 그리하여 이 조항은 아주 좁은 범위에서 사기업 근로자의 표현의 자유를 보장할 수 있을 뿐이다.[61]

5. 내부고발자보호법

내부고발자보호법(whistleblower statute)은 조직 내부의 불법적이거나 유해한 행위를 신고하는 근로자를 사용자의 보복으로부터 보호하기 위한 법이다. 많은 주들은 일반적인 내부고발자보호법을 가지고 있으며,[62] 근로자보호에 관한 몇몇 연방법률들도 보복을 금지하는 내부규정을 가지고 있다.[63] 그러나 이러한 내부고발자보호도 그 범위에 있어서 다소 제한적이다.

한편 주법원들은 이러한 내부고발자의 보호가 공서양속(public policy)에 해당하는 것으로 보고 자유계약고용의 원칙(the rule of at-will employment)에 대한 '공서양속의 예외'(public policy exception)에 해당하는 것으로 판단하고 있다. 그렇지만 이 경우에도 그 보호의 범위는 상당히 좁은 편이고, 또 주마다 보호범위가 조금씩 다르다.

일반적으로 주법원들은, 내부의 불법행위를 외부의 법집행기관에 신고하는 것은 보호하면서도, 동일한 불법행위를 내부의 상급자에게 내부적으로 신고하는 것은 덜 보호하고 있다.[64] 예컨대 Geary v. United States Steel Corp. 사건[65]에서 Pennsylvania주 대법원은, 제품이 일반시민에게 위험성이 있고 안전검사가

60) 29 U.S.C. 158(a)(1).

61) 이에 관한 상세는 David C. Yamada, op. cit., pp. 35-38; Cynthia L. Estlund, What Do Workers Want? Employee Interests, Public Interests, and Freedom of Expression under the National Labor Relations Act, 140 U. Pa. L. Rev. 921(1992) 참조.

62) Mark Rothstein et al., Employment Law(1994), p. 547.

63) 예컨대 Occupational Safety and Health Act of 1970, 29 U.S.C. 660(c)(1994); Title VII of the Civil Rights Act of 1964, 42 U.S.C. 2000e-3(a)(1994); Americans With Disabilities Act of 1990, 42 U.S.C. 12203(1994).

64) Mark Rothstein et al., op. cit., p. 547.

65) 319 A. 2d 174(Pa. 1974)(4-3 decision).

적절히 실시되지 않았다고 회사간부에게 이의를 제기한 근로자는, 만일 해고의 그럴듯한 또 다른 이유가 존재한다면, 보호를 받지 못한다고 판시하였다.

이에 반해, Illinois주 항소법원은 Sherman v. Kraft Gen. Foods, Inc. 사건[66]에서, 작업장 내의 석면 관련 위험성에 대하여 사용자에게 이의를 제기했다는 이유로 해고된 것과 관련해서, Illinois주 헌법의 전문과 연방법인 직업안전및건강법(Occupational Safety and Health Act)상의 내부고발자조항은 작업장의 안전에 대한 신고를 법집행기관이 아니라 사용자에게 제기한 근로자를 보호한다고 판시하였다. 다시 말해서, 비록 근로자가 외부의 법집행기관인 직업안전및건강국(Occupational Safety and Health Administration)에 신고하지 않았다 하더라도, 회사 내부에 신고한 행위를 이유로 해고하는 것은 주헌법의 전문과 연방법률에 담겨 있는 '명백히 요구되는 공서양속'(clearly mandated public policy)에 반한다는 것이다.

또한 Massachusetts주 대법원도 Shea v. Emmanuel College 사건[67]에서 범죄행위를 내부적으로 신고했다는 이유로 해고한 경우에 공서양속위반이라고 인정하였다. 원고는 Emmanuel College의 자유계약직 근로자로서 자기 부서 내에 공금유용의 범죄행위가 있다는 사실을 대학본부에 보고하였는데, 그 후 원고는 그 부서의 장의 요청에 의해 해고되었다. 이 사건에서 1심과 2심 법원은, 범죄행위의 신고가 외부의 공공기관에게 한 것이 아니고 단지 직장의 내부에서 이루어진 경우에 그를 이유로 사용자가 해고했다고 하더라도 그 해고행위는 공서양속에 반하는 것이 아니라고 판단하였다.

그러나 주대법원은 범죄행위의 내부적 신고를 이유로 해고하는 것은 공서양속에 반한다고 판시하였다. 그렇지만 주대법원은 '범죄행위의 내부신고'와 '회사정책이나 사규위반에 대한 내부의 불만제기'를 구분하면서, 후자의 경우에는 이를 이유로 해고하더라도 공서양속 위반이 되지 않는다고 설시하였다.

6. Connecticut주의 근로자언론자유법

Connecticut주는 공공부문과 민간부문 모두에서 근로자의 언론자유를 명시적으로 보호하는 일반법(이하 편의상 '근로자언론자유법'이라고 함)을 가지고 있는 유일한 주이다.[68] 그 법률은 "연방헌법의 증보 제1조 또는 주헌법의 언론자유

66) 651 N.E.2d 708(Ill. App. 4 Dist. 1995).
67) 682 N.E.2d 1348, 1349(Mass. 1997).
68) David C. Yamada, op. cit., p. 41.

조항에 의해서 보장되는 권리를 근로자가 행사했다는 이유로"(on account of the exercise by such employee of rights guaranteed by the first amendment to the United States Constitution or [the free speech clause] of the constitution of the state) 사용자가 징계를 하거나 해고하는 것을 금지하고 있다.[69] 근로자는 이 법을 위반한 사용자에 대하여 통상의 손해배상, 징벌적 손해배상, 그리고 변호사비용을 받을 수 있다.

다만 문제의 표현행위가 "근로자의 성실한 업무수행이나 근로자와 사용자 사이의 업무관계를 현저히 방해하는 경우"(substantially or materially interfere with the employee's bona fide job performance or the working relationship between the employee and the employer)에는 보호되지 않는다.

그런데 이 법률은 사기업 근로자에게 포괄적인 언론자유를 보장하고 있지는 못한 것으로 평가되고 있다.[70] Connecticut주의 법원은 이 법률상의 요건인 "연방헌법의 증보 제 1 조 또는 주헌법의 언론자유조항에 의해서 보장되는 권리"의 개념을 좁게 해석하고 있다. 다시 말해서, 이 법에서 보장하는 언론의 자유는 '공공의 관심사항'(public concern)에 관한 것이어야 한다는 것이다.

1996년에 주경찰관 2명이 자신들의 표현행위 때문에 다른 곳으로 부당하게 전출되었다고 주장하면서 위 주법률에 근거하여 구제를 청구한 사건[71]에서, 주대법원은 일찍이 연방대법원이 Connick v. Myers 사건[72]에서 판시했던 '공공의 관심 기준'(public concern test)을 적용하였다. 물론 이 판결에서 주대법원은 공무원이 아닌 사기업 근로자의 표현행위에 대해서 다른 기준을 적용하게 될 것인지에 대해서는 아무런 암시도 주지 않았다.

그러나 사기업 근로자의 표현행위가 문제된 사안에서 Connecticut주의 하급법원들은 마찬가지로 '공공의 관심 기준'(public concern test)을 계속 적용해 오고 있다. 즉 "근로자의 표현내용이 공공의 관심사항이 아니라 전적으로 당해 근로자의 개인적 이해(the employee's personal interests)에 관한 사항인 때에는 그 근로자의 표현은 헌법적으로 보호되지 않는다"는 것이다.[73]

69) Conn. Gen. Stat. 31-51q(1987).

70) Martin B. Margulies, Sherlock Holmes and Connecticut's Free Speech Statute, 68 Conn. B. J. 456, 456-458(1994) 참조.

71) D'Angelo v. McGoldrick, 685 A. 2d 319, 323(Conn. 1996).

72) 461 U.S. 138(1983).

73) Daley v. Aetna Life & Casualty, No. CV 94 0533693 S, 1994 WL 422642 at *2 (Conn. Super. Ct. Aug. 3, 1994). 또한 Carr v. Devereux Foundation, Inc., No. CV 95-0067464, 1995 WL 541799(Conn. Super. Ct. Sept. 6, 1995); Lund v. Stern & Co., No. CV 94-0463413S, 1994 WL 669591(Conn. Super. Ct. Nov. 3, 1994); Bakelman v. Paramount Cards, Inc., No. CV 93-0457940S, 1994 WL 324363(Conn. Super. Ct. June 1, 1994) 참조.

다만 주의 하급법원들은 어떤 표현행위가 '공공의 관심사항'에 해당하는지를 놓고 다소 입장의 차이를 보이고 있다.

Daley v. Aetna Life & Casualty 사건[74)]은 공공의 관심사항을 다소 넓게 이해하고 있는 사례이다. Aetna 회사의 직원인 원고 Virginia Daley는 처음 6년 동안은 좋은 업무평가를 받고 공로상, 봉급인상, 보너스, 승진 등의 인정을 받았다. 그러나 아들을 출산한 후에 그녀는 일주일에 하루 재택근무를 요청하였으나 그의 상급자로부터 계속해서 거절당하였다. 출산휴가를 마치고 업무에 복귀한지 6개월이 되는 1992년 3월에, 그녀는 근무성적불량으로 경고를 받았으며, 그 후 7개월이 지나 그녀는 대기발령을 받았다.

1992년 11월에 회사 내의 사보는 회사 사장인 Ron Compton이 모범적인 가족 및 의료휴가 프로그램을 지원한다는 이유로 전국조직의 한 여성단체로부터 상을 받았다는 기사를 실었다. 이 기사를 보고 원고 Daley는 Compton 사장에게 메모쪽지를 전달하였는데, 여기서 그녀는 회사가 짧은 출산휴가를 허용하는 점은 긍정적으로 인정하면서도 유연한 재택근무제도를 제공하지 못하는 점을 비판하였다. 그 메모에서 Daley는 자신의 경험을 언급하였다. 이후 그녀는 1993년 초에 해고되었다.

이에 대해 법원은 "Daley의 메모는 유연한 근무스케줄에 관한 자신의 요청을 존중해달라는 탄원이라고 하기보다는 회사에 대한 오도된 대중의 이미지에 관하여 일반적인 불평(a generalized complaint about Aetna's allegedly misleading public image)으로서 충분히 해석될 수 있다"고 판단하였다. 따라서 Daley의 표현행위는 공공의 관심 기준(public concern test)에 해당한다는 것이다.

한편 이와는 대조적으로, Bakelman v. Paramount Cards, Inc. 사건[75)]에서 법원은 공공의 관심 기준을 매우 좁게 해석하고 있다. 즉 공공의 관심 기준에 있어서 핵심적인 판단쟁점은 "단순히 근로자의 불만의 주제가 일반적으로 공공의 관심사항에 관련된 것인지의 여부가 아니다; 쟁점은 근로자가 표현행위를 할 때 근로와 관련한 개인적인 곤궁을 해결하려고 하는 것이 아니라 한 시민으로서 공적인 주제에 관해 이야기하려고 했었는가의 여부이다."

이러한 해석관점에 따르면, 사기업 근로자가 정치적인 선전물을 부착하는 것과 같은 직장 밖의 표현활동은, 정부도 그러한 표현행위를 제한하는 것이 마찬가지로 금지된다는 논거로, 보호되지만, 직장 내의 표현행위는 설령 그것이 공

74) No. CV 94-0533693 S, 1994 WL 422642(Conn. Super. Ct. Aug. 3, 1994).
75) No. CV 93-0457940 S, 1994 WL 324363(Conn. Super. Ct. June 1, 1994).

공의 관심사항에 관한 것이라 하더라도 보호되지 않는다는 것이다. 예컨대 Monahan v. Bausch 사건[76]은 원고가 그의 상급자인 Bausch의 성희롱행위를 공개적으로 비난하였다는 이유로 해고된 것이 문제된 사건이었다. 이 사건에서 법원은 원고의 청구를 기각하면서, 사적 재산 안에서의 표현행위는 연방이나 주의 헌법하에서 보호되지 않기 때문에 원고의 표현행위는 주의 근로자언론자유법의 적용범위에 속할 수 없다고 판시하였다. 이러한 법률해석은 3년 후의 Lebow v. American Chem. & Ref. Co. 사건[77]에서도 그대로 채택되었다.

요컨대 Connecticut주는 공공부문과 민간부문 모두에서 근로자의 언론자유를 명시적으로 보호하는 일명 근로자언론자유법을 가지고 있지만, 그 보호범위는 상당히 제한적이다. 첫째, 근로자의 표현행위가 "성실한 업무수행이나 근로자와 사용자 사이의 업무관계를 현저히 방해하는 경우"에는 보호의 대상에서 명시적으로 제외된다. 둘째, 법원의 해석론에 의하면, 보호되는 표현행위는 근로자 개인의 이해에 관한 사항(matter of personal interests)이 아니라 공공의 관심사항(matter of public concern)에 관한 것이어야 한다. 셋째, 일부 하급법원들은 심지어 공공의 관심사항을 더욱 좁게 해석하여, 직장 내부의 근로관계와 관련한 표현행위를 일체 보호의 대상에서 제외하고 있다.

V. 맺는말: 우리에게의 수용필요성

이상에서 본 바와 같이 미국의 연방대법원은, 기본권은 정부에 의한 침해로부터 개인을 보호하기 위한 것이라는 헌법의 기본원리를 '국가행위요건'으로 분명하게 설정하면서, 법률을 통해 명시적으로 구제되지 못하는 사인에 의한 기본권침해를 헌법적으로 구제하기 위하여 예외적으로 국가행위 개념을 그때그때의 사안에 따라 조금씩 확장해나가는 접근방식을 취하고 있다.

우리 법원도 사인간의 분쟁에서 기본권의 효력이 주장될 때 미국식의 접근방법을 분명하게 채택할 필요가 있다. 흔한 것은 아니지만, 우리 법원은 순수한 사인간의 분쟁에서 직접 기본권을 원용하면서 논증하는 경우가 있는 것으로 보인다. 그러나 이는 기본권의 효력에 관한 헌법원리에 대한 깊은 인식이 없는 상태에서 자칫 개인의 자유와 자율을 보장하는 헌법정신을 부지불식간에 무력화시

76) No. CV91 0280862 S., 1991 WL 182825(Conn. Super. Ct. Sept. 11, 1991).
77) No. 112554, 1994 WL 411331(Conn. Super. Ct. Jul. 29, 1994).

키는 우를 범하는 것이 될 것이다.

향후 우리 법원은 사인에 의한 기본권침해 주장을 심사할 때 원칙과 예외를 분명히 하면서, 예외적으로 그 주장을 받아들여야 할 헌법정책적 요청이 불가피하다고 판단되는 경우에는 미국 연방대법원의 정부행위 의제의 논증방식을 차용하여 그때그때의 사안에 따라, 그리고 개별 기본권에 따라 기본권의 효력을 확장하는 접근방식을 채택하여야 할 것이다.

社內 電算網을 통한 意見開陳과 表現의 自由의 限界

張 永 洙*

Ⅰ. 문제의 제기: 언론의 자유와 사내 전산망을 통한 표현의 보호범위

현대사회에서 언론의 자유는 매우 다양한 측면에서 문제되고 있다. 그것은 언론의 자유를 통한 의사소통이 인간의 삶을 구성하는 가장 기본적인 요소의 하나일 뿐만 아니라 현대적인 정보통신기술의 발달에 따라 언론자유의 실현구조 또한 매우 복잡해지고 있기 때문이다.

특히 인터넷의 광범위한 보급은 언론자유의 실현구조와 관련하여 많은 새로운 문제를 야기하였다. 19세기까지의 언론자유가 인쇄물을 중심으로 한 표현의 자유에 초점을 맞추고 있었다고 한다면, 20세기의 언론자유는 적극적으로 의사소통의 과정에 참여할 권리를 보장하는 가운데 알 권리 내지 언론매체의 자유로 확장되었다는 특성을 보여준다. 그리고 20세기 말부터 시작되었던 정보화혁명은 인터넷을 비롯한 정보통신매체를 통한 새로운 언론자유의 문제를 21세기의 언론자유의 화두로 던져놓고 있는 것이다.[1]

또한 인터넷의 발달과 더불어 광범위하게 확산된 전산망은 인트라넷의 형태로 구성되는 수많은 사내 전산망의 구축으로 이어졌다. 그리고 사내 전산망을 통한 의사소통은 한편으로는 인터넷의 여러 가지 특성을 공유하고 있지만, 다른 한편으로는 인터넷과는 다른 점도 적지 않기 때문에 색다른 문제를 야기하기도 한다. 본 사안에서 문제되고 있는 것도 사내 전산망에 의견을 올린 행위 내지 그에 대한 회사 내의 징계처분이다.

---

* 고려대학교 법과대학 교수.

1) 물론 정보화의 진전이 항상 긍정적인 효과만을 가져오는 것은 아니다. 한편으로는 정보화사회의 도래와 더불어 정보유토피아의 실현이 기대되기도 하지만, 다른 한편으로는 정보의 홍수 속에서 정말로 중요한 정보가 무엇인지를 오히려 상실하게 되는 정보의 미아가 될 위험성도 적지 않기 때문이다. 더욱이 정보의 힘을 오·남용할 경우의 위험성도 항시 경계되어야 할 것이다.

비록 본 사안의 대상이 사기업의 내부적 문제이기는 하지만 국민의 기본권과 관련되는 중대한 문제일 경우에는 이른바 기본권의 대사인적 효력이 인정되므로, 이 문제를 올바르게 해결하기 위해서는 헌법상 기본권으로서 표현의 자유가 갖는 의의와 성격 및 실현구조(Ⅱ)를 분명히 하는 것이 전제되어야 할 것이다. 동시에 인터넷의 발달로 인하여 야기되고 있는 현대적 뉴미디어의 특성에 비추어 전산망을 이용한 표현에 대한 법적 보호에서 나타나고 있는 특수성(Ⅲ)에 대해서도 신중한 검토가 필요할 것이다.

이러한 검토에 기초해서 사내 전자게시판의 특성을 확인하고, 나아가 이러한 사내 전산망에 게시물을 게재하는 행위의 의미에 대한 평가(Ⅳ)가 가능할 것이다. 여기서는 특히 자유로운 게시물 게재의 필요성과 관리자에 의한 적절한 통제의 필요성 사이의 긴장관계에 초점을 맞춰 검토할 필요가 있을 것이다. 그리고 그 바탕 위에서 사내 전자게시판에 게재한 것을 이유로 한 징계가 적정한 것인지, 아니면 헌법상의 표현의 자유를 불법적으로 침해한 것인지에 대한 판단(Ⅴ)이 내려질 수 있을 것이다.

Ⅱ. 논의의 기초: 표현의 자유의 헌법적 의의와 실현구조

1. 언론자유의 의의와 구조

언론의 자유에 대한 헌법적 보장은 사람과 사람 간의 자유로운 의사소통을 보장함을 의미한다. 즉 오늘날의 언론자유는 의사표현의 자유에만 국한되지 않으며, 포괄적인 의사소통의 자유(커뮤니케이션의 자유)로 이해된다.

단순히 의사를 표현하는 것만이 아니라, 이를 의사소통의 과정 속에 끌어들여 전파되도록 하는 것도 언론자유의 내용으로 인정되고 있으며, 나아가 의사표현의 상대방도 수동적인 지위에만 있는 것이 아니라 의사소통과정에 적극적으로 참여하는 당사자로서 일정한 의사수령자의 권리(정보청구권 내지 알 권리)를 갖는다.[2)]

2) 이런 의미에서 언론의 자유는 의사표현의 자유에서 출발했지만, 현재에는 의사소통의 과정 전반을 보호대상으로 하는 광범위한 의사소통의 자유로 확대되었다고 할 수 있다. 하지만 헌법재판소는 언론의 자유를 표현의 자유와 동일한 것으로 이해하는 경우도 없지 않다. 초기의 판결에서는 "… 헌법 제21조에 언론·출판의 자유, 즉 표현의 자유를 규정하고 있는데…"라는 등의 표현을 통하여 언론·출판의 자유와 표현의 자유를 동일한 것으로 보고 있음을 분명히 하였으며, 그 내용으로는 "전통적으로 사상 또는 의견의 자유로운 표명(발표의 자유)과 그것

오늘날 언론의 자유는 특정인이 의사를 표현하고, 또 일정한 매체가 이를 매개·전달하는 단계를 거쳐 다른 특정인에 의하여 그 의사가 수령됨으로써 비로소 완결되는 '의사소통의 전체과정의 보장'으로 이해되는 것이다. 이러한 의사소통의 과정 속에서는 한 순간의 의사표현자가 다음 순간에는 의사수령자가 되기도 하며, 앞서의 의사수령자가 현재의 의사표현자가 되기도 한다.

따라서 자유로운 의사소통이 보장되기 위하여는 ① 의사표현자의 의사표현 및 전파의 자유, ② 의사수령자의 정보의 자유 내지 알 권리, ③ 신문, 방송, 기타 의사소통을 매개하는 매체들의 자유가 확보되어야 한다. 언론자유는 의사표현자의 기본권일 뿐만 아니라 의사수령자의 권리이기도 하며, 나아가 이들 사이를 매개하는 의사매개자(특히 대중매체)에게도 그 효력이 미치는 기본권이기도 한 것이다.

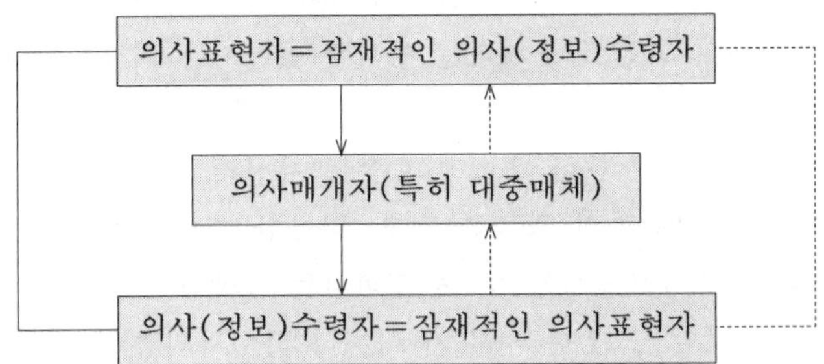

(실선은 현실적인 의사전달경로를, 점선은 잠재적인 의사전달경로를 가리킨다)

2. 표현의 자유의 의의와 실현구조

언론의 자유는 종래 의사표현의 자유와 같은 것으로 이해되었을 정도로 의사표현자의 자유(표현의 자유와 전파의 자유)가 언론자유에 있어서 차지하는 비중은 매우 크다. 그것은 무엇보다 의사표현 및 전파의 자유에 대한 보호가 언론자유에 대한 보호의 기본적 출발점이기 때문이다.

을 전파할 자유를 의미하는 것으로서 개인이 인간으로서의 존엄과 가치를 유지하고 행복을 추구하며 국민주권을 실현하는 데 필수불가결한 것으로 오늘날 민주국가에서 국민이 갖는 가장 중요한 기본권의 하나"라고 말하고 있다(헌재 1992. 2. 25. 선고 89헌가104 결정, 판례집 4, 64-113(93)). 그러나 주목할 점은 그러한 가운데서도 표현의 자유 속에 알 권리까지도 내포한 것으로 보는 경우가 많다는 것이다. 즉 표현의 자유를 의사표현자의 자유와 의사수령자의 자유를 포함한 전체 의사소통과정의 보호라는 측면에서 이해하고 있는 것이다. 이에 관하여는 장영수, "헌법재판소 결정에 의한 언론자유의 구체화," 안암법학 13집(2001), 53-90면 참조.

(1) 표현의 자유에 의한 보호의 대상: 의사의 표현 및 전파

헌법상 언론·출판의 자유에 의해 보호되는 언론은 의사형성의 기초가 될 수 있는 모든 형태의 언급, 표현을 말하며, 그것은 사실에 관한 것이건 가치판단에 관한 것이건을 불문한다.[3] 자신이 보고, 듣고 느끼고 생각한 바(즉 자신의 의사)를 말, 글, 그림 기타 다양한 방법으로 외부에 표현할 권리가 언론·출판의 자유라는 헌법상의 기본권으로 보장되고 있는 것이다.

이러한 의사표현의 자유가 헌법적으로 보장되는 것은 그것이 개인의 자유로운 인격발현을 위한 불가결의 조건이기 때문이며, 이를 억압할 경우 인간의 존엄에 대한 심각한 위협이 초래될 수 있기 때문이다. 따라서 표현의 내용이 사회적(또는 정치적)으로 중요한 것인지의 여부나 의사표현자가 거짓말을 하고 있는지의 여부는 원칙적으로 문제되지 않는다. 하지만 명예훼손 등의 경우에 그러하듯이 다른 법익과의 충돌이 문제되는 영역에 있어서는 의사표현내용의 진실성이 문제되기도 한다.[4]

또한 언론의 자유에 대한 헌법적 보호는 자신의 의사를 외부로 표현하는 것만이 아니라 다른 사람과의 광범한 접촉, 다양한 전파매체의 이용을 통하여 표현된 의사내용을 조직적·계획적으로 전파하는 것에까지 미친다. 언론의 자유는 단지 '벽을 향해 말할 수 있는 자유'가 아니라 타인과의 자유로운 의사소통을 보장하는 것이며, 이를 통한 자기실현(인격의 자유로운 발현)을 보장하는 것이다.

따라서 전파의 자유를 헌법적으로 보장하는 것은 의사표현자가 의사소통의 상대방(의사수령자)에게 도달하는 과정이 법적·사실적 장애 없이 자유로와야 함을 의미하는 것이다. 이 때 의사소통의 상대방은 특정인일 수도 있지만, 불특정의 다수인일 수도 있다. 이러한—특히 불특정다수인에 대한—전파의 자유를 통하여 개인의 의사가 사회적인 파급효과를 갖게 되고, 나아가 국가질서의 형성에도 영향을 미칠 수 있게 된다.

---

3) 표현의 자유에 포함되는 기본적 내용으로는 의사의 표명과 전파를 들 수 있다. 이에 관하여는 헌재 1992. 2. 25. 선고 89헌가104 결정; 헌재 1992. 11. 12. 선고 89헌마88 결정; 헌재 1998. 4. 30. 선고 95헌가16 결정 등 참조.

4) 형법 제307조 제2항은 '허위의 사실'을 적시하여 명예를 훼손한 경우를 가중처벌하고 있으며, 동법 제308조에 의한 死者의 명예훼손에 있어서는 '허위의 사실'의 적시를 구성요건 속에 포섭시키고 있다. 또한 동법 제310조는 동법 제309조 제1항의 출판물 등에 의한 명예훼손에 대하여 '진실한 사실로서 오로지 공공의 이익에 관한' 것일 때에는 위법성을 조각하고 있다.

(2) 표현의 형태

언론의 자유에 의해 보호되는 표현은 말, 글, 그림 등의 보편적인 형태만이 아니라 특수한 기호나 부호, 몸짓이나 상징물, 음악의 연주 등 의사소통에 기여할 수 있는 모든 형태를 취할 수 있으며, 이러한 여러 가지 표현형태 가운데— 자신의 의사를 분명히 표현하고, 또 이를 통하여 타인의 주목과 반향을 얻기 위하여—어떠한 것을 선택할 것인지도 언론자유의 범위에 속한다.[5] 단, 특수한 표현형태와 표현방식을 취하는 경우에 있어서는 일반적 표현의 자유로서의 언론·출판의 자유가 아닌 다른 기본권(예컨대 학문의 자유, 예술의 자유, 집회의 자유 등)이 적용될 수도 있다.

그러나 이처럼 다양한 표현형태가 인정된다는 것이 곧 다른 법익을 침해하는 표현형태까지 인정된다는 것을 의미하지는 않는다. 예컨대 국기를 찢는 것도 분명히 자신의 의사를 표현하여 타인의 주목을 끌 수 있는 효과적인 표현방법이기는 하지만, 법적으로 허용되지는 않는다.[6]

(3) 의사전달의 매체

언론의 자유에 의해 보호되는 의사소통은 오늘날 사람과 사람이 직접 대면하는 가운데서 이루어지는 경우보다는 일정한 전달매체를 통하여, 예컨대 편지나 신문 또는 유·무선의 통신(전화, 전신, 라디오, 텔레비전 등)을 매개체로 하여 이루어진다. 따라서 언론의 자유는—특별한 헌법상 · 법률상의 제한이 없는 한— 의사전달의 매체를 자유롭게 선택하는 것과 이들을 방해 없이 이용하는 것을 포함한다.

그러나 언론의 자유와의 관련에서 일종의 특별영역으로 이해될 수 있는 통신의 비밀이 문제되는 영역에 있어서는 헌법 제18조의 규정이 적용된다. 이에 따라 통신비밀의 제한으로 인정되는 것들이 의사전달매체에 대한 제한으로 인정될 수 있다.[7]

5) 이러한 맥락에서 헌법재판소는 언론의 자유는 다양한 매개체들을 통하여 행사될 수 있음을 인정하고 있다. 즉 "의사표현의 매개체는 어떠한 형태이건 그 제한이 없다"는 것이다. 이에 관하여는 헌재 1996. 10. 31. 선고 94헌가6 결정; 헌재 1996. 10. 4. 선고 93헌가13 등 결정 참조.

6) 형법 제105조: "大韓民國을 侮辱할 目的으로 國旗 또는 國章을 損傷, 除去 또는 汚辱한 자는 5年 以下의 懲役이나 禁錮, 10年 以下의 資格停止 또는 700萬원 以下의 罰金에 處한다."

7) 예컨대 통신비밀보호법(제5조, 제6조), 국가보안법(제8조), 형사소송법(제107조), 행형법(제18조), 파산법(제180조) 등에 의해 도청이나 신서개피 등이 허용되는 경우 이것은 통신의 비밀에 대한 제한일 뿐만 아니라 의사전달매체에 대한 방해로서 언론자유의 침해로도 볼 수 있다. 그러나 헌법 제18조의 통신의 비밀이 우선적으로 적용됨으로 인하여 의사전달매체에 대한 방해가 특별히 따로 문제되지는 않는 것이다.

(4) 기본권의 주체

언론의 자유는 특정한 국가의 정치적 질서의 형성과도 밀접한 관련을 갖고 있지만, 일차적으로 개인의 인격발현과 직결되어 있는 이른바 '인간의 권리'이다. 따라서 대한민국의 국적을 갖는 국민만이 아니라 외국인도 언론의 자유의 주체가 된다.

또한 법인과 권리능력 없는 단체들도 언론의 자유를 누린다. 만일 언론의 자유가 자연인에게만 인정됨으로 인하여—다수의사의 형성과정을 통하여 결집된 독자적인 의사를 갖는—단체들의 주장이나 가치평가들이 다원적 의사형성과정에서 배제된다면 오늘날의 대중민주주의의 현실하에서는 올바른 민주적 의사형성과정 자체가 불가능할 것이기 때문이다.

단, 공법인의 경우는 국가로부터 독립된 조직(예컨대 대학이나 방송국)인 경우를 제외하고는 언론의 자유의 주체가 될 수 없을 것이다.[8)]

3. 표현의 자유의 대사인적 효력

개인의 자유로운 의사표현과 전파는 국가의 정치적·경제적·사회적·문화적 조건들과 밀접한 상호관계 속에 있다. 즉 의사표현자의 자유를 헌법적으로 보장하는 것은 단지 개인의 권리의 보장에만 그치는 것이 아니라 정치적·경제적·사회적·문화적인 영역에서 개인의 자유로운 의사표현 및 전파를 통해 형성되는 국가질서의 보장, 그리고 개인의 자유로운 의사표현의 전제가 되는 정치적·경제적·사회적·문화적인 여건의 조성에까지 연결되는 것이다.

이런 맥락에서—법질서형성의 객관적 원리로도 인정되는—의사표현의 자유의 내용의 하나로서 국가질서가 자유로운 의사표현과 전파를 보장하는 방향으로 구성되어야 한다는 점이 강조될 수 있다. 이러한 국가질서는 또한 민주주의, 법치주의 등의 헌법의 기본원리의 틀 안에서(예컨대 의사표현에 있어서의 기회균등 등에 의하여) 구체화된다.

국가에 의한 자유로운 의사표현과 전파의 보장에 있어서는 과연 국가가 개입하지 않는 것만으로 충분한지, 아니면 이를 현실적으로 보장하기 위하여 국가가 적극적으로 관여할 필요가 있는지의 여부는 구체적인 상황에 따라 판단되어

---

8) 공법인의 기본권주체성에 관하여는 계희열, "공법인의 기본권주체성," 방산 구병삭박사 정년기념논문집(1991), 1-32면 참조.

야 할 것이다.

또한 언론의 자유가 법질서의 객관적 원리로서의 측면을 갖고 있다는 것을 인정함으로써 언론자유의 대사인적 효력도 인정될 수 있게 된다.

물론 사인 상호간의 관계에 있어서는 국가와 국민의 관계에 있어서와 같은 정도로 기본권의 구속력이 미치지는 않는다.[9] 따라서 예컨대 사법적 계약에 의해 특정사항에 대하여 침묵하기로 하는 것(의사표현의 자유의 포기)도 허용될 수 있으며, 국가는 국민의 자율적 결정을 존중하여야 한다. 그러나 표현의 자유에 대한 포기가 법적·사실적으로 자유로운 결정에 기초한 것이라기보다 사회적·경제적 세력에 대한 사실상의 '항복'에 불과할 경우에는 기본권의 대사인적 효력이 문제될 것이다.[10]

Ⅲ. 인터넷의 구조와 특성 및 이를 이용한 표현에 대한 보호의 특수성

1. 인터넷의 개념과 구조적 특성

인터넷(Internet)이란 인터(Inter)와 네트워크(Network)의 합성어이다. 따라서 어의상 인터넷은 네크워크와 네트워크를 연결하는 것, 즉 네트워크의 네트워크를 의미하는 것이라고 할 수 있다.

인터넷의 구조는 소규모의 LAN[11]을 기본으로 한다. 회사나 학교 등에 설치된 여러 LAN이 상호연결되어서 지역적 또는 분야별 네트워크를 구성하며, 이러한 네트워크들이 다시금 연결되어서 국가적 네트워크를 형성하게 된다. 그리고 국가와 국가의 네트워크가 상호연결됨으로써 전세계적인 네트워크를 구성하는 것도 가능하다. 이러한 네트워크의 상호연결구조를 통해 살펴볼 때, 인터넷

9) BVerfGE 66, 116, 135.

10) W. Hoffmann-Riem, "Art. 5 Abs. 1, 2, Rdn. 36," Alternativkommentar zum GG, 2. Aufl., 1989.

11) LAN은 Local Area Network(근거리 통신망)의 약자로서 300m 이하의 통신회선으로 연결된 PC, 메인프레임, 워크스테이션들의 집합을 의미한다. LAN은 컴퓨터 사이의 전파신호가 정확하게 전달될 수 있는 거리, 즉 한 기관의 시설 내에 설치되어 있는 컴퓨터 장비들을 구성원들이 가장 효율적으로 공동이용할 수 있도록 연결된 고속 통신망인 것이다. 이에 대응하는 개념으로는 WAN(Wide Area Network: 한 나라 내에서 또는 여러 나라에 걸쳐서 지리적으로 멀리 떨어진 컴퓨터들을 연결하는 통신망, 대체로 LAN에 비하여 속도가 느리다)이 있으며, LAN과 WAN의 중간개념으로 MAN(Metropolitan Area Network)이 있다. 그러나 네트워크 기술의 발달에 따라 LAN, MAN, WAN 간의 구별은 점차 모호해지고 있다.

이란 '상호접속된 컴퓨터의 국제적 네트워크'(international network of interconnected computer)라고 정의될 수 있다.12)

이러한 인터넷은 네트워크에 연결되어 있는 전세계의 수많은 컴퓨터가 서로 연결되어 정보를 교환할 수 있는 시스템이다. 따라서 인터넷은 구조적으로 개방성, 분산성, 초국가성 및 기술적 발전가능성 등의 특성을 갖는다.

첫째, 인터넷을 접속에 있어서 정치적 · 문화적 또는 국가적 장벽이 존재하지 않는다는 점에서 개방성을 특징으로 한다. 상업적 네트워크를 이용하건, 아니면 학교나 연구소의 네트워크를 이용하건 간에 인터넷은 접속에 있어서 일정한 기준이나 장벽을 두고 있지 않다. 새로운 네트워크가 인터넷에 연결되는 것은 인터넷의 데이터전송규약을 따르기만 하면 되는 것이다.

둘째, 인터넷의 역사적 출발점 자체가 중앙집중의 회피에 있었기 때문에 처음부터 인터넷에는 중앙통제소가 존재하지 않았으며, 그 결과 인터넷은 구조적 분산성을 특징으로 하게 되었다. 앞서 서술한 바와 같이 인터넷은 각각의 네트워크가 동일한 데이터전송규약을 사용하기로 하고 자발적으로 연결한 네트워크의 집합이기 때문에 이러한 분권적 구조를 특징으로 하게 된 것이다.13)

셋째, 인터넷은 전세계의 네트워크들을 연결하여 하나의 네트워크를 이루고 있기 때문에 초국가성을 갖게 된다. 인터넷을 통해 연결되어 있는 PC 또는 서버에 의한 정보의 검색 및 전송에 있어서 상대 컴퓨터가 어느 나라에 있는지는 중요하지 않다. 즉 인터넷에 있어서는 국가의 장벽이 사실상 무의미하게 되는 것이다.

넷째, 최근 정보통신기술의 급속한 발전에 따라 인터넷을 둘러싼 새로운 기술이 끊임없이 개발 · 이용되고 있다. 그 결과 인터넷은 지금 현재까지도 끊임없는 변화와 발전의 소용돌이 속에 있다고 할 수 있으며, 이러한 인터넷의 기술적 발전가능성은 현재의 정보통신기술을 전제로 인터넷에 대해 기술적 통제를 가하려는 시도를 무의미하게 만들고 있다.

12) 미국 연방통신위원회(Federal Networking Council)에 따르면 인터넷은 (i) IP나 그것에 뒤이은 확장 또는 후속규약을 기초로 한, 세계적으로 고유한 주소를 가진 공간에 의해 논리적으로 함께 연결되고, (ii) TCP/IP나 그것에 뒤이은 확장 또는 후속규약 그리고/또는 다른 IP호환규약을 이용하는 통신을 지원할 수 있으며, (iii) 통신과 관련 인프라구조에 있는 고도의 서비스를 공적 혹은 사적으로 제공, 이용 또는 접근가능하게 하는 세계적 정보시스템을 의미한다.

13) 이러한 네트워크들 사이의 연결은 단선적인 것이 아니라 거미줄 모양으로 상호연결되어 있으며, 이를 전체적으로 통제하는 기구는 존재하지 않는다. 각각의 네트워크를 관리 · 통제하는 기구는 존재할 수 있지만, 인터넷 전체를 통제할 수 있는 기구는 구조적으로 존재할 수 없도록 만들어진 특별한 형태의 통신망이 인터넷인 것이다.

2. 인터넷 이용상의 특성

인터넷의 구조적 특성은 인터넷의 이용에도 적지 않은 영향을 미친다. 또한 인터넷을 이용한 정보의 교환에 참여하는 사람들의 행동패턴에 따라, 인터넷의 이용에 있어서는 접근의 용이성, 익명성, 전파의 신속성 및 광범성 등의 특징이 나타난다.

첫째, 인터넷의 이용에 있어서는 접근의 용이성이 두드러진다. 전통적인 언론매체들, 특히 인쇄매체와 방송매체같은 대중매체의 발달은 정보에 대한 접근의 용이성이라는 측면에서 볼 때, 혁신적인 변화를 야기하였다. 그러나 원하는 정보를 골라서 선택적으로 접근할 수 있도록 하는 점, 그리고 수동적인 정보의 수용에 그치지 않고 능동적인 의견의 표명까지 가능하도록 하는 쌍방향의 커뮤니케이션이라는 점에서는 인터넷이 전통적인 언론매체에 비하여 진일보하였다고 평가할 수 있을 것이다.

둘째, 인터넷의 이용자는 많은 경우 익명성을 갖게 된다. 인터넷에 연결되어 있는 컴퓨터는 모두 고유한 IP주소를 갖는다. 인터넷 연결 당시에 확인할 수 있는 것은 IP주소뿐이며, 그것도 네트워크 관리자가 아닌 경우에는 확인하기가 어렵다. 더구나 특정인의 전용컴퓨터가 아니라 불특정다수인이 이용하는 컴퓨터의 경우(예컨대 도서관의 컴퓨터나 PC방의 컴퓨터)에는 IP주소를 확인했다 하더라도 실제 이용자가 누구인지를 확인하는 것은 불가능에 가깝다. 이러한 인터넷 이용자의 익명성은 인터넷 사용에 있어서 여러 가지 장점과 단점을 동시에 가지고 있다.[14)]

셋째, 인터넷을 이용한 정보의 유통은 그 전파의 신속성과 광범성을 특징으로 한다. 인터넷에서는 정보의 디지털화에 의하여 정보의 복사와 전송이 용이할 뿐만 아니라 일단 인터넷에 올려진 정보는 불특정다수인에 의하여 계속적으로 전파가 확산될 수 있다는 특성을 갖기 때문이다. 그 결과 인터넷을 통한 정보의 전파에 있어서는 그 영향범위를 정확하게 측정하는 것조차 곤란하게 된다.[15)]

14) 이러한 익명성의 장점으로는 무엇보다 의사소통의 자유가 지적될 수 있다. 즉 인터넷 이용자는 자신의 실제 이름이나 직업 등을 밝히지 않은 상태로 의사소통에 참여할 수 있기 때문에 보다 자유롭게 자신의 의견을 개진할 수 있다는 것이다. 그러나 이러한 익명성으로 인하여 무책임한 발언 내지 명예훼손적 의사표현이 많아진다는 문제점도 아울러 지적되고 있다. 그로 인하여 2004년 초 선거법개정과 관련하여 인터넷실명제가 논란된 바도 있지만, 모든 인터넷 이용에 실명제를 요구하는 데에는 기술적으로도 한계가 있을 수밖에 없다.

15) 기존의 신문이나 방송도 영향범위를 정확하게 측정하는 데 어려움이 있지만, 발행부수나 시청률 등을 통해 어느 정도 추정하는 것은 가능하다고 할 수 있다. 하지만 인터넷의 영향범위를 정확하게 측정하는 것은 불가능에 가깝다. 물론 페이지 뷰(page view)나 트래픽(traffic) 등의

3. 인터넷을 이용한 표현에 대한 보호 및 규제의 특수성

이와 같은 인터넷의 특성 때문에 인터넷을 이용한 의사소통에 대해서는 특별한 보호 내지 규제가 필요하게 된다. 인터넷을 이용한 의사소통은 기존의 언론매체의 경우에 비하여 의사소통의 범위 내지 효율성을 크게 향상시켜 주는 측면이 있지만, 의사소통과정의 익명성 및 접근의 용이성, 전파의 신속성 등으로 인하여 적지 않은 불법적인 정보유통의 문제를 야기하기도 하였기 때문이다.[16]

특히 인터넷과 관련된 명예훼손의 문제는 매우 복잡한 양상을 보이게 된다.[17] 인터넷은 분권적 구조라는 특성을 갖고 있기 때문에 어느 누구도 인터넷 전체를 통제할 수 없을 뿐 아니라 누구라도 쉽게 접근하여 이용할 수 있으며, 인터넷에 올려진 정보는 쉽게 확산될 수 있다. 그리고 그 확산의 정도는 아무도 구체적으로 파악할 수 없다. 따라서 인터넷에 올려진 정보를 통한 명예의 훼손은, 이를 사전적으로 통제하기 곤란함은 물론, 명예훼손이 발생한 경우 구체적인 명예훼손의 정도를 파악하는 것조차도 쉽지 않고, 그 회복은 불가능에 가까울 정도가 되어버리는 특성을 갖고 있는 것이다.

이로 인하여 인터넷을 통한 기본권의 침해, 특히 명예훼손과 관련하여서는 최근 각국에서 많은 논의가 진행되고 있다. 예컨대 미국에서는 1996년 통신품위법(Communications Decency Act)에 대한 연방대법원의 위헌판결이 내려진 이래 많은 판례와 입법적 조치들이 문제의 해결에 부심해 왔고,[18] 영국에서는 1996년 기존의 명예훼손법(Defamation Act 1952)을 개정하여 인터넷상의 명예훼손에

기준이 존재하기는 하지만 이는 영향범위의 정확한 측정과 거리가 있다. 또한 하나의 사이트에 올려졌던 정보가 이를 전송받은 다른 사이트에 또 다시 올려지는 예들이 적지 않기 때문에 더욱 그러하다.

16) 불법적인 정보유통은 다양한 형태로 나타나고 있다. 예컨대 WWW의 등장 초기부터 지금까지 계속 문제되고 있는 음란물, 폭력물 등의 불법정보 이외에도 살상무기의 제조법 등에 관한 정보도 문제된 바 있으며, 그 밖에 저작권법에 위반하여 유료정보를 불법으로 유통시키는 경우도 있다. 또한 computer virus 등과 같이 타인의 컴퓨터나 정보를 훼손시키는 정보를 유통시키는 경우도 있고, 타인의 명예를 훼손하는 내용의 정보를 올려 놓음으로써 문제를 야기하는 경우도 적지 않다. 인류의 거대한 정보창고이자 정보교환의 매체인 인터넷은 의사소통 내지 정보교환이 가지고 있는 긍정적인 측면과 부정적인 측면을 동시에 보여주고 있는 것이다.

17) 전자매체를 통한 명예훼손의 문제는 특히 인터넷 혹은 PC통신과 관련하여 사이버공간의 문제로 표현되기도 한다. 이 분야에서의 문제제기와 해결방법의 변화속도는 다른 어떤 영역과도 비교할 수 없을 정도로 빠르기 때문에 불과 몇 년 전의 논의가 오늘날에는 진부한 것으로 여겨지기도 한다. 하지만 기본적인 문제상황 자체는 크게 변화되지 않고 있다고 볼 수 있다. 이에 관하여는 윤영철, "사이버 공간에서의 표현의 자유와 명예훼손," 언론중재(1997년 겨울호), 6-13면 참조.

18) 이에 관하여는 방석호, "인터넷 내용규제 관련 현행법제의 비교분석," 언론중재(1999년 봄호), 52-60면; 황찬현, "사이버 스페이스에서의 명예훼손과 인권보장—인터넷 사업자의 책임과 관련하여—," 저스티스 34권 1호(2001), 5-39면 참조.

대하여 같은 법이 적용됨을 명확히 규정하는 한편, 온라인 서비스 제공자에 대한 면책규정을 도입함으로써 인터넷의 성격에 맞는 규율을 시도하고 있다. 또한 독일의 경우에는 1997년에 새로 제정된 정보통신서비스법률(Gesetz zur Rahmenbedingungen der Informations- und Kommunikationsdienste; 이른바 멀티미디어법)을 통하여 영국과 유사한 방향으로의 문제해결을 시도하고 있다.[19]

그러나 기존의 명예훼손에 관한 법리를 인터넷에 적용하고, 예외적으로 온라인 서비스 제공자의 면책규정을 두는 것만으로는 인터넷에 대한 지나친 규제를 피할 수는 있을지 몰라도 인터넷에서의 명예권 침해를 막는 데에는 충분하다고 하기 어렵다. 때문에 인터넷에서의 기본권침해를 방지하기 위해 새로운 대안들이 계속 제시되고 있으며,[20] 예컨대 인터넷 콘텐츠의 내용등급제는 범세계적으로 많은 논란을 겪는 가운데 점차 실현을 향하여 나아가고 있다.[21]

19) 동법 제1편 전자통신서비스법(Teledienstegesetz) 제5조는 서비스 제공자의 책임에 대하여, "① 서비스 제공자는 스스로 이용에 제공한 자신의 콘텐츠에 대하여 일반법상의 책임을 진다. ② 서비스제공자는 이용에 제공된 제3자의 콘텐츠에 대하여 자신이 그 콘텐츠를 알고 있고 그 이용을 방치하는 것이 기술적으로 가능하고 합리적으로 기대할 수 있는 경우에 한하여 책임을 진다. ③ 서비스 제공자는 제3자의 콘텐츠를 이용할 수 있도록 단순히 '접근제공'을 하는 경우 책임을 지지 아니한다. 이용자의 접근을 가능하게 하기 위하여 제3자의 콘텐츠를 자동적·일시적으로 저장하는 것은 '접근제공'에 해당한다. ④ 일반법에 따라 불법콘텐츠의 이용을 방지할 의무는 서비스 제공자가 통신법 제85조에 따른 통신비밀의무에 저촉되지 않으면서 그 콘텐츠의 내용을 알며, 또한 서비스의 제공자가 그 이용을 방지하는 것이 기술적으로 가능하고 합리적으로 기대할 수 있는 경우에는 영향을 받지 않고 그대로 존재한다"고 규정하고 있다. 동법에 대한 상세한 내용은 박영도, "독일의 멀티미디어법제에 관한 고찰," 한국외대 외법논집 5(1998), 111-135면(116면 이하) 참조.

20) 인터넷상의 기본권침해방지를 위한 다양한 기술적·법적 대안들에 대하여는 Heike Bußmann, Das Verfassungsrecht der elektronischen Medien in Deutschland und den USA — Technologische und rechtliche Entwicklungen vom Rundfunk bis zum Internet —, 2000, S. 163ff. 참조.

21) 반면에 인터넷실명제의 도입은 강력한 반대로 인하여 전면적인 시행에는 곤란을 겪고 있으며, 공직선거및선거부정방지법 제82조의6(인터넷언론사 게시판·대화방 등의 실명확인)에 의하여 선거에 관해서만 실명제의 요청이 입법화되었으며, 이러한 선거법규정에 대해서도 논란은 아직도 끊이지 않고 있는 상황이다.

공직선거및선거부정방지법 제82조의6 ① 인터넷언론사는 당해 인터넷사이트의 게시판·대화방 등에 선거에 관한 의견을 게시할 수 있도록 하는 경우에는 의견게시를 하고자 하는 자가 기입하는 성명과 주민등록번호의 일치 여부를 확인한 후 일치하는 경우에 한하여 의견게시를 할 수 있도록 하는 기술적 조치를 하여야 한다.

② 정당·후보자 및 예비후보자는 자신의 명의로 개설·운영하는 인터넷 홈페이지의 게시판·대화방 등에 선거에 관한 의견을 게시할 수 있도록 하는 경우에는 제1항의 규정에 의한 기술적 조치를 할 수 있다.

③ 행정자치부장관은 제1항의 규정에 의한 기술적 조치를 하고자 하는 인터넷언론사·정당·후보자 또는 예비후보자에게 제1항 및 제2항의 게시판·대화방 등에 의견게시를 하고자 하는 자가 기입하는 성명과 주민등록번호의 일치 여부를 주민등록전산자료에 의하여 확인하여 줄 수 있다.

④ 신용정보의이용및보호에관한법률 제2조(정의) 제4호의 규정에 의한 신용정보업자는 제1항의 규정에 의한 기술적 조치를 하고자 하는 인터넷언론사·정당·후보자 또는 예비후보자에게 제1항 및 제2항의 게시판·대화방 등에 의견게시를 하고자 하는 자가 기입하는 성명과 주민등록번호의 일치 여부를 확인하여 줄 수 있다.

우리 나라에서도 2001년 당시 개정·시행되었던 정보통신망이용촉진및정보보호에관한법률과 관련하여 내용등급제의 도입이 검토되면서 열띤 논의가 진행된 바 있다. 동법률의 개정과정에서 인터넷 콘텐츠에 대한 내용등급제의 도입이 시도되었으나 네티즌들의 강력한 반발로 인하여 현재 내용등급제의 도입이 유보된 가운데 청소년유해물에 대한 표시를 요구하는 정도로 법률안이 확정되었던 것이다.[22)]

이 법률의 개정을 주도하였던 정보통신부가 도입하려고 했던 인터넷 콘텐츠의 내용등급제(공청회 개정안 및 입법예고 개정안)는 자율적인 것이 아니라 청소년보호법과 연결시킨 국가 주도의 등급제로서, 정보통신윤리위원회를 등급제 운영의 중심주체로 상정하고 있었다. 그에 따라 사실상 행정기관인 정보통신윤리위원회가 인터넷 콘텐츠의 내용등급을 정하는 주도적 역할을 하게 되며, 그 등급판정결과는 정보의 유통에 결정적인 영향을 미칠 수 있도록 됨으로 인하여 기본권(표현의 자유, 알 권리 등)의 제한과 관련하여 많은 문제의 소지를 안고 있었던 것이다.[23)]

이러한 문제제기들은 내용등급제 자체에 대한 무조건적인 반대로 파악되기보다는 내용등급제의 구체적 내용과 방식에 대한 개선의 요구로 이해되어야 할 것이다. 내용등급의 유형과 방식은 어떻게 정할 것인지, 누가 어떤 절차를 거쳐

⑤ 인터넷언론사는 당해 인터넷사이트의 게시판·대화방 등에 의견게시자가 허무인 또는 타인의 명의를 이용한 것이 확인된 때에는 즉시 그 허무인 또는 타인 명의의 아이디(이용자식별부호를 말한다. 이하 이 항에서 같다)로는 의견게시를 할 수 없도록 하여야 하며, 그 아이디로 게시된 의견을 삭제하여야 한다.

22) 정보통신망이용촉진및정보보호등에관한법률 제42조(청소년유해매체물의 표시) 전기통신사업자의 전기통신역무를 이용하여 일반에게 공개를 목적으로 정보를 제공하는 자(이하 '정보제공자'라 한다) 중 청소년보호법 제7조 제4호의 규정에 의한 매체물로서 동법 제2조 제3호의 규정에 의한 청소년유해매체물을 제공하고자 하는 자는 대통령령이 정하는 표시방법에 따라 당해 정보가 청소년유해매체물임을 표시하여야 한다.

정보통신망이용촉진및정보보호등에관한법률 시행령 제21조(청소년유해매체물의 표시방법) ① 법 제42조의 규정에 의한 청소년유해매체물을 제공하는 자는 당해 매체물에 19세 미만의 자는 이용할 수 없다는 취지의 내용을 누구나 쉽게 확인할 수 있도록 음성·문자 또는 영상으로 표시하여야 한다.

② 제1항의 규정에 의한 표시를 하여야 하는 자 중 인터넷을 이용하여 정보를 제공하는 자의 경우에는 기호·부호·문자 또는 숫자를 사용하여 청소년유해매체물임을 나타낼 수 있는 전자적 표시도 함께 하여야 한다.

③ 정보통신부장관은 정보의 유형 등을 고려하여 제1항 및 제2항의 규정에 의한 표시의 구체적 방법을 정하여 관보에 고시한다.

23) 사실 내용등급제는 인터넷의 자유로운 이용이라는 측면이 아니라 인터넷을 통한 기본권침해의 예방이라는 측면에서 보면 매우 효과적인 수단이 될 수 있다. 그러나 기본권의 보호를 위하여 기본권을 침해하는 것은 항상 민감한 문제이며, 이 경우에도 관련되는 기본권에 대한 세심한 검토를 통해 구체적인 적용의 기준과 제한의 방식이 정해져야 하는 것이다. 이러한 문제에 관하여는 또한 Ralf P. Schenke, "Verfassungsrechtliche Probleme einer präventiven Überwachung der Telekommunikation," AöR Bd. 125(2000), S. 1-44 참조.

서 인터넷 콘텐츠에 대한 내용등급을 판정할 것이고, 그 판단의 객관성과 공정성을 어떻게 확보할 것이며, 그에 대한 이의가 있을 경우 어떻게 효과적으로 구제할 수 있을 것인지의 문제에 대한 납득할 수 있는 해결책이 제시되지 않은 상태에서 국가주도로 내용등급제를 강행하는 것은 자칫 정상적인 내용등급제에 대해서조차 부정적인 인상을 줄 우려가 있다.[24)]

Ⅳ. 사내 전자게시판의 특성과 게시물 게재행위의 의미

1. 사내 전자게시판에 대한 자유로운 게시의 보장과 그 의미

인터넷의 이용이 일반화되어 있는 현대 정보사회에서는 직장 내의 의사소통 구조도 적지 않은 변화를 보이고 있다. 직접적인 대화 및 문서를 통한 결재가 전자매체에 의하여 다양한 형태로 대체되고 있으며, 특히 전자게시판[25)]을 통한 의사소통이나 전자결재[26)] 등은 시간과 자원을 절약할 수 있을 뿐만 아니라 업무의 효율성을 증가시킨다는 점에서 광범위하게 확산되고 있다.

물론 전자게시판을 통한 의사소통은—마치 인터넷을 통한 의사소통이 그

---

24) 여기서 우리는 언론의 공정성은 언론의 자유와 시민의 비판을 통해서 확보되어야 하며, 국가의 후견적 감독을 통해 확보될 수는 없다는 점을 상기할 필요가 있다. 이미 언론자유의 성립과정에서부터 이러한 인식은 언론에 대한 허가나 사전검열의 금지로 구체화되었으며, 오늘날에도 언론의 자율성은 무엇보다 우선적으로 보호되어야 한다. 이러한 맥락에서 인터넷을 비롯한 뉴미디어의 영역에서도—비록 이들 영역에서 접근의 용이성, 전파의 신속성, 회복의 곤란성 등으로 인하여 전통적 언론영역보다 기본권침해 문제의 심각성이 더욱 부각되기는 하지만, 또한 이들 영역을 통한 정보교환 및 의사소통이 더욱 증대된다는 점에 주목한다면—국가에 의한 사전적 검열은 원천적으로 금지되어야 한다. 그것이 국가에 의한 직접적 검열뿐만 아니라 국가의 영향하에 있는 위원회를 통한 간접적인 경우라 하더라도—국가의 영향력이 완전히 배제된 순수한 민간자율의 기구가 아닐 경우에는— 역시 마찬가지일 것이다.

25) 컴퓨터의 파일기억을 이용해 불특정다수자 간의 정보교환이 가능한 게시판을 전자적으로 실현한 시스템. BBS로 약칭된다. 전자우편에서는 메일박스에 저장된 메시지를 메일박스의 소유자만 읽을 수 있는 것에 반해, 전자게시판에서는 누구든지 메시지를 읽을 수 있는 점이 다르다. 게시판의 소유자나 관리자가 지정하면 정해진 특정 회원만 사용하도록 하는 것도 가능하며, 전자게시판은 데이터베이스 기능을 이용하여 세밀한 메시지의 검색과 관리가 가능하다는 장점도 가지고 있다. PC 또는 단말기의 보급과 더불어 전자게시판은 사이버 공간에서의 의견수렴 내지 의사소통을 위한 가장 일반적인 수단의 하나로 활용되고 있다.

26) 종래의 종이문서에 의한 결재를 대신하여 컴퓨터상으로 문서를 작성하고 이를 인쇄하지 않은 채 직접 전송하여 결재할 수 있도록 함으로써 문서의 이동 및 대기시간을 최소화하고, 문서작성에 필요한 자료를 시스템에서 지원함으로써 문서를 효율적이고 편리하게 작성하도록 지원하는 것을 말한다. 이러한 전자결재는 ① 결재경로변경 등의 업무의 변화에 신속히 적응할 수 있으며, ② 문서의 흐름을 모니터링할 수 있고, ③ 출장계정과 같은 자료가 자동적으로 입력될 수 있으며, ④ 인사, 학사, 재무 시스템과 연계함으로써 효율성을 높일 수 있다는 장점이 있다. 반면에 문서의 보완을 확보하는 것이 가장 중요한 전제가 되고 있다.

려하듯이—기존의 의사소통과는 다른 여러 가지 특성을 갖는다. 비록 회사 내의 전자게시판의 경우에는 모든 인터넷 이용자들에게 접근이 허용되고 있는 것은 아니며, 익명성이 확실하게 보장되고 있는 것도 아니지만, 회사원이라는 일정한 범위 내에서는 접근의 용이성 및 전파의 신속성과 광범성 등의 특성은 유사하다고 볼 수 있을 것이다.

그럼에도 불구하고 최근 일정규모 이상의 조직체에서 전자게시판의 설치와 활용이 보편화되고 있는 것은, 그 장점이 단점보다 더 크다고 인정되기 때문이다. 즉 적극적이고 활발한 의견의 교환을 통하여 조직구성원들 간에 다양한 정보나 지식자원을 쉽게 공유할 수 있도록 하고 이용자들간 축적된 정보와 지식을 기반으로 조직의 지적 역량을 향상시키며, 결과적으로 조직의 대외적 경쟁력을 향상시키는 역할을 할 수 있기 때문에 전자게시판의 활용은 더욱 확산되고 있는 것이다.[27]

따라서 전자게시판에 대해서는—적어도 조직 구성원에 대해서는—쉽게 접근하여 내용을 확인할 수 있도록 할 뿐만 아니라, 임의의 내용을 제한 없이 게재할 수 있도록 하는 경우가 일반적이다. 만일 접근 당시부터 전자게시판에 게시할 내용에 대한 제약이 클 경우에는 조직구성원들이 전자게시판의 이용을 꺼리게 될 것이고, 결과적으로 전자게시판의 효용이 크게 감소될 것이기 때문이다.

2. 부적절한 내용의 게시와 그에 대한 규제의 필요성

전자게시판의 경우, 자유로운 접근 및 이용(의견의 게시)이 보장되는 대신에 이를 불법적인 정보의 게시 및 유포의 수단으로 전락시키지 않도록 하기 위하여 불법적인 정보의 게시자는[28] 물론 전자게시판 관리자에 대해서도 일정한 책임을 요구하는 것이 일반적이다. 즉 불법적인 내용이 전자게시판에 게시될 경우에는

27) 실제로 LAN이 설치되어 있는 기업이나 조직체 가운데서 전자게시판을 설치하지 않고 있는 예는 찾기 어려울 정도이다. 그 결과 전자게시판을 이용한 불법적인 정보의 게시 및 유포로 인한 인권침해도 적지 않게 발생되기 때문에 현재 인터넷상의 전자게시판은 물론 사내 전자게시판의 경우에도 그 관리자의 책임 문제가 매우 중요한 논의의 대상이 되고 있다. 이에 관하여는 백강진, "전자게시판 관리자(ISP)의 책임," 사법정보화연구 5호(2001. 10. 31.)—http://web.scourt.go.kr/jiweb/05/body4.htm, 제 6 호(2001. 12. 31.)—http://web.scourt.go.kr/jiweb/06/body2.htm 참조.

28) 대법원은 이미 직장의 전산망에 설치된 전자게시판에 타인의 명예를 훼손하는 내용의 글을 게시한 행위가 명예훼손죄를 구성한다고 판시한 바 있다. 이에 관하여는 대법원 2000. 5. 12. 선고 99도5734 판결 참조.

관리자가 이를 발견하는 즉시 삭제하도록 요구하고 있는 것이다.[29]

현행 정보통신망이용촉진및정보보호등에관한법률 제44조 제 1 항에서 "정보통신망을 이용하여 일반에게 공개를 목적으로 제공된 정보로 인하여 법률상 이익이 침해된 자는 해당 정보를 취급한 정보통신서비스제공자에게 당해 정보의 삭제 또는 반박내용의 게재를 요청할 수 있다"고 규정되고 있는 것[30]도 같은 맥락에서 이해될 수 있으며, 외국의 경우에도 일정한 요건 하에 관리자의 책임을 인정하는 것이 일반적인 경향이라고 할 수 있다.[31]

이렇게 관리자의 책임을 인정하는 것은 게시물에 대하여 관리자가 그 내용의 불법성 여부를 심사하고, 필요에 따라 삭제할 수 있는 권한이 있다는 것을 전제하는 것이라고 할 수 있다.[32] 특히 인터넷에 공개되어 있는 전자게시판이 아니라 회사의 직원들만 접근할 수 있도록 만들어진 사내 게시판의 경우라면 관리자가 게시물의 내용을 검토하고, 경우에 따라 이를 삭제할 수 있는 권한까지 갖도록 하는 것도 특별히 문제되지는 않을 것이다.

따라서 문제의 핵심은 삭제 여부를 판단하는 기준이 객관적이고 공정한 것인지의 여부, 그리고 공정한 기준에 따라 게시물이 불법적인 것으로 인정되어 삭제된 경우라면 그 게시자에 대해서 어떤 책임을 물을 수 있는지에 있다고 할 것이다.[33]

---

29) 이런 맥락에서 볼 때, 불법적인 게시물의 삭제는 전자게시판 관리자의 권한일 뿐만 아니라 동시에 법적 의무라고 할 수 있다.

30) 동조 제 2 항에서는 "정보통신서비스제공자는 제 1 항의 규정에 의한 당해 정보의 삭제 등의 요청을 받은 때에는 지체없이 필요한 조치를 취하고 이를 즉시 신청인에게 통지하여야 한다"고 규정하고 있다.

31) 이에 관하여는 이에 관하여는 박영도, "독일의 멀티미디어법제에 관한 고찰," 한국외대 외법논집 5(1998. 12), 111-135면; 방석호, "인터넷 내용규제 관련 현행법제의 비교분석," 언론중재(1999년 봄호), 52-60면; 정재황 외, "사이버공간상의 표현의 자유와 그 규제에 관한 연구," 헌법재판연구 13집(2002); 황찬현, "사이버 스페이스에서의 명예훼손과 인권보장－인터넷 사업자의 책임과 관련하여－," 저스티스 34권 1호(2001), 5-39면 참조.

32) 이와 관련하여 헌법재판소는 헌재 2002. 6. 27. 선고 99헌마480 결정에서 공공의 안녕질서 또는 미풍양속을 해하는 통신에 대하여 정보통신부장관이 전기통신사업자로 하여금 그 취급을 거부·정지 또는 제한하도록 명할 수 있도록 규정한 전기통신사업법 제53조 제 3 항 및 같은법 제53조의 제 2 항의 위임에 따라 공공의 안녕질서 또는 미풍양속을 해하는 것으로 인정되는 통신을 규정하는 같은법 시행령 제16조가 위헌이라고 판단한 바 있다. 다만 여기서 분명히 하여야 할 것은 헌법재판소가 문제의 전기통신사업법 및 그 시행령의 규정들이 명확성의 원칙, 과잉금지의 원칙, 포괄적 위임입법 금지의 원칙 등에 위반되기 때문에 위헌이라고 판단하였던 것이라는 점이다. 즉 전자게시판 관리자가 게시물 내용에 대한 관리권한을 갖는 것 자체를 문제삼지는 않았던 것이다.

33) 또는 부당한 기준에 의하여 게시물을 삭제했을 경우에 그에 대한 관리자의 책임문제가 제기될 수도 있을 것이다.

3. 게재물 삭제기준의 공정성과 재게시에 대한 제재

일정한 게시물에 대해 전자게시판 관리자가 삭제를 결정했을 경우에는 그 기준의 객관성과 공정성이 전제되어야 한다. 만일 게시물을 삭제하는 관리자의 판단이 공정하지 않은 자의적인 것이고, 객관적으로 볼 때 게시물의 내용에 아무런 문제가 없다면 관리자는 게시자의 의사표현의 자유 및 전파의 자유를 침해한 것이기 때문이다.

물론 그에 대한 구체적인 판단은 결코 간단하지 않다. 의사표현의 자유가 인정되는 범위 내지 한계에 관한 문제는 늘 복잡하고 미묘한 문제를 안고 있을 뿐만 아니라, 전자게시판이 회사 내의 의사소통의 수단으로 이용되고 있을 경우에는 과연 공권으로서의 기본권이 회사 내의 사법적 관계에 어느 정도까지 적용될 수 있을 것인지가 문제되기 때문이다.

하지만 의사표현의 자유가 대사인적 효력을 갖는다 하더라도 그것이 대국가적 효력과 같은 정도의 효력이나 유사한 실현구조를 갖는 것으로는 보기 어렵다고 할 수 있다. 그렇기 때문에 사내 게시판에 게시된 내용의 삭제와 관련하여서는 사내 게시판의 이용에 관하여 어떤 내부적 규칙이 존재하는지, 그리고 그러한 규칙의 내용이 어느 정도의 합리성을 확보하고 있는지가 중요한 판단의 기준이 될 수 있을 것이다.

만일 내부적 기준이 합리성을 가지고 있고, 또 그러한 기준에 부합되는 절차와 방법으로 사내 전자게시판에 게시된 내용을 삭제한 경우라면, 게시자는 게시물의 삭제라는 조치에 따라야 할 것이다. 만일 관리자가 게시물을 정당하게 삭제하였음에도 불구하고 게시자가 동일한 내용의 게시물을 계속해서 올리는 경우에는 사내 의사소통의 구조에 대한 고의적인 침해를 이유로 일정한 정도의 제재를 가하는 것도 가능할 것이다.[34]

---

34) 만일 사내 게시판의 이용규약 가운데 그에 관한 명시적 제재규정이 있을 경우에는 이를 근거로 제재를 가하는 것이 가능하겠지만, 그렇지 않은 경우라 하더라도 회사 내의 질서유지와 관련하여 재게시에 대해서 일정한 제재를 가하는 것은 가능하고 필요하다고 할 수 있을 것이다.

V. 사내 전자게시판의 게재를 이유로 한 징계와 헌법상의 표현의 자유

1. 표현의 자유의 대사인적 효력에 관한 한국과 독일의 판례

현행헌법 제21조 제 4 항은 "言論·出版은 他人의 名譽나 權利 또는 公衆道德이나 社會倫理를 침해하여서는 아니된다. 言論·出版이 他人의 名譽나 權利를 침해한 때에는 被害者는 이에 대한 被害의 賠償을 請求할 수 있다"라고 명시하고 있다. 이 규정의 해석과 관련하여서는 언론자유의 대사인적 효력을 인정한 것으로 보는 견해[35]도 있지만, 이 규정은 오히려 명예권의 대사인적 효력을 인정한 것으로 보는 것이 타당할 것이다. 하지만 명문규정이 없다 하더라도 언론의 자유, 특히 표현의 자유의 대사인적 효력을 부정하는 견해는 찾기 어렵다.

기본권의 대사인적 효력에 관한 이론은 미국에서의 효력확장이론, 독일에서의 직접적용설과 간접적용설 등으로 발전되어 왔으며, 국내의 학설과 판례도 기본권의 대사인적 효력을 인정하는 데에는 별다른 이견을 찾을 수 없다. 헌법재판소는 기본권의 대사인적 효력을 명시적으로 인정한 판례를 남기지는 않았으나 헌법 제10조 제 2 문의 "국가는 개인이 가지는 불가침의 기본적 인권을 확인하고 이를 보장할 의무를 진다"는 규정에 기초하여 이른바 기본권보호의무를 인정함으로써 사인 상호간의 관계에서도 기본권이 적용될 수 있다는 것을 간접적으로 인정하였다.[36]

35) 허영, 한국헌법론(2004), 253면.

36) 헌재 1997. 1. 16. 선고 90헌마110 등 결정: "우리 헌법은 제10조에서 국가는 개인이 가지는 불가침의 기본적 인권을 확인하고 이를 보장할 의무를 진다고 규정함으로써, 소극적으로 국가권력이 국민의 기본권을 침해하는 것을 금지하는데 그치지 아니하고 나아가 적극적으로 국민의 기본권을 타인의 침해로부터 보호할 의무를 부과하고 있다. 국민의 기본권에 대한 국가의 적극적 보호의무는 궁극적으로 입법자의 입법행위를 통하여 비로소 실현될 수 있는 것이기 때문에, 입법자의 입법행위를 매개로 하지 아니하고 단순히 기본권이 존재한다는 것만으로 헌법상 광범위한 방어적 기능을 갖게 되는 기본권의 소극적 방어권으로서의 측면과 근본적인 차이가 있다. 즉 기본권에 대한 보호의무자로서의 국가는 국민의 기본권에 대한 침해자로서의 지위에 서는 것이 아니라 국민과 동반자로서의 지위에 서는 점에서 서로 다르다. 따라서 국가가 국민의 기본권을 보호하기 위한 충분한 입법조치를 취하지 아니함으로써 기본권보호의무를 다하지 못하였다는 이유로 입법부작위 내지 불완전한 입법이 헌법에 위반된다고 판단하기 위하여는, 국가권력에 의해 국민의 기본권이 침해당하는 경우와는 다른 판단기준이 적용되어야 마땅하다."

이 결정에서 헌법재판소는 한편으로 사인 상호간의 관계에서 기본권이 보호되도록 국가가 적극적인 조치를 취하여야 할 필요성을 인정하였지만, 다른 한편으로는 그러한 국가의 적극적 보호의무는 국가가 기본권을 침해하지 않아야 할 의무와 같은 기준으로 평가될 수 없다는 점을 분명히 하였다.

하지만 독일의 경우에는 기본권의 대사인적 효력이 판례에 의하여 광범위하게 인정되고 있을 뿐만 아니라 표현의 자유의 대사인적 효력에 관해서도 상당한 양의 판례가 축적되어 있는 상태이기 때문에 이를 참조하는 것이 도움이 될 수 있을 것이다.

독일 연방헌법재판소의 판례에서 기본권의 대사인적 효력은 사법적인 생활관계에서의 합법성에 대한 평가와 관련하여 제기되었다. 특히 표현의 자유의 대사인적 효력은 사적 생활관계의 상대방에 의해 자유로운 의사표현이 억제될 수 있는지의 문제로 나타난다. 예컨대 사인 상호간의 계약에 의하여, 또는 조직의 내규에 의하여 일정한 의사표현에 대한 제약이 가해질 경우 이러한 제약이 어디까지 정당한 것으로 인정될 수 있는지가 문제되었던 것이다.[37]

결국 국내외의 헌법판례에 비추어 볼 때, 표현의 자유는 사인 상호간의 관계에서도 적용될 수 있지만, 그것이 국가에 의해 침해될 경우와 똑같은 구조 및 강도로 보호되는 것은 아니며, 사법상의 계약에 의거하여 표현의 자유를 제한하는 것은 계약내용의 합리성이 인정되는 한 정당한 것으로 인정될 수 있는 것이다.

따라서 사내 게시판에 게시물을 올린 경우에 대해서도 표현의 자유가 적용될 수 있지만, 이를 제한하는 회사의 내부규정이 있을 경우에는—그 규정이 합리성을 가지고 있다는 전제 하에—그 규정에 의해 표현의 자유를 제한하는 것도 정당한 것으로 인정될 수 있다.

2. 게시물내용의 불법성에 대한 판단기준과 그 공정성 확보의 방법

결국 문제의 핵심은 전자게시판에 게시된 내용의 불법성을 판단하는 기준의 합리성에 있으며, 관리자에 의한 게시물 삭제의 정당성도 합리적이고 공정한 기준에 따른 것인지의 여부에 달려 있다고 할 수 있다.

게시물의 내용이 삭제되어야 할 정도로 불법적인 것으로 인정되기 위해서는 게시물이 게시판의 용도에 부합되는 것인지, 또 게시물의 제목이 선정적이거나 내용을 오도하는 것이어서 문제되지 않는지, 혹은 게시물의 내용이 다른 법익에

37) 독일 연방헌법재판소는 공동주택의 경우 임대계약에 의하여 '주거 내의 공동체적 평온'(Gemeinschaftsfrieden im Hause)을 위해 또는 소유자의 정당한 이익을 위해 임차인의 표현의 자유가 제약될 수 있음을 인정하고 있으며(BVerfGE 7, 230, 234), 작업의 방해금지 또는 업무상의 평온을 위해 요청되는 경우에는 사용자 또는 노동자가 사업장 내에서의 의견표명을 억제하는 것이 정당하다고 인정한 바 있다(BVerfGE 42, 133, 141).

대한 침해를 유발하는 것은 아닌지 등이 검토되어야 할 것이다.

(1) 게시판의 용도

사내 전자게시판의 경우에는 게시판의 종류 내지 항목이 나누어져 있고, 그에 따라 용도가 구분되는 경우가 적지 않다. 그런 경우에는 엉뚱한 항목에 잘못 게시된 게시물을 적절하게 규제하여 올바른 위치에 게시되도록 하는 것도 필요할 것이다. 따라서 게시판의 용도에 맞지 않는 게시물에 대하여 삭제 또는 위치 변경 등의 제재를 가하는 것은 가능하고 필요한 일이라고 할 수 있다.[38]

문제는 실제 게시판의 용도에 부합되지 않는 게시물이 이미 많이 게시되고 있어서 게시판의 원래 용도 자체가 지켜지지 않고 있는 경우이다. 그런 상황이 장기간 지속된 경우에는 사실상 게시판의 용도가 변경되었다고 보는 것이 오히려 타당할 것이므로, 용도에 부합되지 않는 게시물이라고 해서 특정의 게시물만을 삭제하는 것은 정당하다고 보기 어렵다.

(2) 게시물의 제목

게시물의 제목은 대체로 자극적이고 선정적인 경우가 많다. 게시판에 게시물을 올려놓은 사람의 입장에서는 자신이 올려놓은 글을 많은 사람들이 읽어주기를 바라는 것이 당연하며, 이를 위해 좀더 눈에 띄는 제목을 다는 것은 일반적인 경향이라고 할 수 있기 때문이다.

물론 그러한 게시판의 제목이 일정한 정도를 넘어서서 게시물의 내용과 전혀 합치하지 않는다거나, 제목 자체로 다른 법익에 대한 침해를 야기할 수 있을 정도에 이른다면, 게시물의 제목을 이유로 게시물 자체에 대한 제재를 가하는 것도 가능할 것이다. 하지만 그런 정도로 심각한 경우가 아니라면, 게시물의 제목만을 가지고 게시물 삭제 등의 조치를 취하는 것은 정당하다고 보기 어려울 것이다.

(3) 게시물의 내용

전자게시판에 게시물을 올릴 경우에는 그 게시물의 내용이 다른 법익을 침해하지 않도록 유의하여야 한다. 예컨대 타인의 명예를 침해하는 내용의 게시물이 금지되는 것은 물론이고, 타인의 저작권을 침해하는 내용의 게시물, 사생활이

38) 경우에 따라서는 회사 내 게시판에 스팸메일 등이 게시되는 경우도 있으며, 이에 대해서 삭제 등의 제재가 가능하다는 점에 대해서는 논란의 여지가 없을 것이다.

나 국가기밀을 침해하는 내용의 게시물 등도 금지되어야 한다.

그러나 사내 게시판의 경우 회사의 방침에 대한 비판적인 의견의 게시가 전면적으로 금지된다고 말하기는 어려울 것이다. 게시판의 성격 자체가 다양한 의견을 자유롭게 개진할 수 있도록 하는 것이며, 이러한 자유로운 표현의 범주 속에는 회사에 대한 비판도 당연히 포함될 수 있기 때문이다.

다만 그와 같은 비판이 정당한 근거를 갖지 못한 것이라면, 이를 밝혀서 게시물의 수정 또는 삭제를 요구하는 것이 가능할 것이며, 게시자가 정당한 사유 없이 수정이나 삭제를 거부할 경우에는 관리자가 이를 직접 삭제하는 것도 가능할 것이다.

3. 징계의 적정성 여부와 표현의 자유

사내 전자게시판에 게시물을 올린 것을 이유로 징계를 가하는 것은 — 설령 게시물의 내용에 문제가 있어서 삭제된 경우라 하더라도 — 매우 신중해야 할 필요가 있다. 게시자에 대해서 징계를 가하는 것은 표현의 자유에 대한 보다 직접적이고 심각한 제한이 되기 때문이다.

따라서 징계의 요건은 객관적이고 공정한 것이어야 한다. 물론 사기업 내부에서의 징계기준 및 절차가 국가기관에 의한 징계와 똑같을 것을 기대하기는 어렵다. 하지만 합리성과 공정성을 결여한 기준과 절차에 의하여 징계가 이루어질 경우에는 그에 대한 법적 대응도 정당화될 수 있는 것이다.[39]

(1) 징계사유의 정당성

이러한 맥락에서 볼 때, 징계사유로 "기타 업무상의 의무에 위배되는 언동을 함으로써 사내 질서를 문란케 하거나 회사의 명예 또는 신용을 훼손한 경우"를 들고 있는 규정은 그 자체로서 합리성을 결여한 것으로 보기는 어렵다. 일반

39) 이미 대법원은 여러 판례를 통해 징계 문제를 다룬 바 있으며, 대법원 1999. 9. 3. 선고 97누2528, 2535 판결에서는 구 공무원및사립학교의료보험관리공단에 5급 직원으로 임용되어 5년 이상 근무해 온 근로자가 4급이 아닌 5급 직원으로 잘못 임용되었다고 주장하면서 행정심판 및 행정소송을 제기하여 패소 확정되고, 공단에 대하여 행정소송비용의 상환을 거부한 것이 징계사유에 해당하지 않는다고 판시한 바 있다. 하지만 같은 판결에서 대법원은 감사원법 제43조 제1항 소정의 이해관계가 없는 구 공무원및사립학교의료보험관리공단 직원이 감사원에 심사청구의 형식을 빌어 다른 직원에 대한 전보인사의 인사규정위반 사실을 제보한 것이 제반 사정에 비추어 위법처분의 시정을 위한 것이 아니라 개인적인 불만을 이유로 공단의 경미한 규정위반 사실을 대외적으로 부각시켜 공단의 명예나 신용을 훼손하려는 의도에서 나온 공표행위라는 이유로 징계사유에 해당한다고 판시하였다.

사기업의 성격과 내부질서를 고려할 때, 회사의 구성원으로서 지켜야 할 일정한 규범의 존재는 인정될 수밖에 없고, 사내 질서 및 회사의 명예와 신용을 존중하는 것은 이에 해당되는 것으로 볼 수 있기 때문이다.40)

하지만 단순히 사내 게시판에 회사에 대하여 비판적인 글을 올린 것만으로 이러한 규정에 따라 징계사유에 해당되는 것으로 보는 것도 곤란할 것이다. 비록 회사에 대한 비판적인 글이라 하더라도 그것이 사실과 부합되며, 건설적인 개선방향을 제시하고 있을 경우에는 긍정적으로 평가되어야 할 것이기 때문이다. 또한 허위사실의 유포가 아닌 한 개인의 상황을 하소연하는 글이라 하더라도 그러한 게시물의 게재를 이유로 징계를 가하는 것은 표현의 자유에 대한 과도한 제한으로 이해될 수 있기 때문이다.

다만, 게시판 관리자가 문제의 게시물을 삭제하였음에도 불구하고 이를 계속 재게시한 행위와 관련해서는 게시판 관리에 관한 사내 질서를 지키지 않은 것으로 볼 여지가 있다. 즉, 게시판의 관리규칙을 지키지 않음으로써 사내 질서를 문란케 한 것으로 보아 징계의 대상이 된다고 인정할 여지가 있는 것이다. 그리고 사실과 부합되지 않는 허위내용의 게시물을 의도적으로 유포하여 회사에 피해를 준 경우에는 이를 이유로 한 징계가 가능하다는 점에 대해 이견이 존재하지 않을 것이다.

(2) 징계수위의 적정성

이와 더불어 검토되어야 할 것은 징계의 정도가 과도한 것이어서 비례성에 반하는 것은 아닌가 하는 점인데, 이에 대하여는 사실관계의 정확한 확인이 전제되어야 할 것이다.41)

만일 사실관계의 확인을 통하여 게시물 내용의 허위성 혹은 사내 질서의 문란 및 회사의 명예 또는 신용 훼손에 대한 고의 등이 확인될 수 있다면, 징계가 가능할 뿐만 아니라 그 허위성의 정도 내지 사내 질서 등에 대한 피해의 정도에 따라서 징계의 수위를 합리적으로 판단하는 것이 가능할 것이다. 반면에 이에 대한 구체적이고 정확한 입증이 없을 경우에는 징계 자체의 정당성을 주장하기

40) 특히 국가기관 또는 공공기관이 아닌 사기업의 경우에는 공익성에 앞서서 기업의 이익을 추구하는 것이 정당한 것으로 인정되기 때문에, 이와 관련하여 기업의 구성원들에 대하여 이와 관련된 일정한 의무를 부과하는 것이 정당한 것으로 인정되는 것이다.

41) 비례성 원칙은 원래 국가기관의 활동을 평가하는 기준으로 창안된 것이지만, 오늘날에는 합리성 판단의 중요한 기준으로 널리 이용되고 있다. 실제로 헌법재판소가 비례성 원칙 내지 과잉금지 원칙을 평등심사의 기준으로 널리 활용하고 있다는 점에 비추어 볼 때, 비례성 원칙은 이미 국가활동만의 평가기준이라고 하기 어려울 것이다.

곤란할 것이다.

그리고 게시물 삭제 후의 재게시 등을 통해 자신의 불만을 표출하였을 뿐, 공식적인 절차에 따른 고충처리 등을 시도하지 않은 경우에는 이를 문제삼을 수 있지만, 역시 허위사실의 유포에 의한 손해의 발생을 전제하지 않는 한 정직이라는 중징계는 과도하며, 견책이나 감봉 등의 징계가 비교적 비례성 원칙에 합치된다고 할 수 있을 것이다.

Ⅵ. 맺음: 표현의 자유의 확대와 그 한계

인터넷 매체의 발달과 더불어 사내 전산망이 다각도로 활용되고 있는 것은 우리 나라가 인터넷 강국으로서의 면모를 갖추고 있는 것과 무관하지 않은 만큼 높이 평가되어야 할 것이다. 하지만 아무리 좋은 제도라 하더라도 오·남용의 위험은 항시 존재하는 것처럼, 사내 전산망이 안고 있는 부정적인 측면도 적지 않다. 특히 사내 전자게시판을 이용한 의사소통의 활성화라는 긍정적 측면의 뒷편에는 사내 게시판의 불법적 이용이라는 그림자가 늘 있기 마련이다.

이러한 문제점은 넓게 보면 표현의 자유의 확대에 따른 부작용으로 이해될 수 있다. 인터넷을 비롯한 뉴미디어의 발달로 인하여 의사표현의 효율성(접근의 용이성)이 크게 개선되었을 뿐만 아니라 전파의 신속성과 광범성도 증대되었다. 하지만 그와 더불어 의사표현의 자유를 오·남용하는 경우도 늘고 있으며, 이로 인한 피해도 증대되고 있는 것이다.

그러나 현대사회의 특성을 정보화라고 볼 때, 정보화에 앞서 나가기 위한 노력의 중요성은 아무리 강조해도 지나치지 않으며, 표현의 자유를 오·남용하는 사례들 때문에 뉴미디어의 이용 자체를 전면적으로 규제하는 것은 옳지 않다고 할 수 있다. 물론 가능한 범위 내에서 오·남용을 최소화하는 가운데 정보의 소통을 발달시키기 위하여 최대한의 노력을 기울여야 하겠지만, 부득이하게 양자택일이 요구되는 상황이 발생된다면, 정보화의 촉진을 희생시켜서 오·남용을 막는 것보다는 오·남용의 위험을 일부 감수하더라도 정보화의 촉진을 위해 노력하는 것이 국가 전체의 발전이라는 공익을 위해서뿐만 아니라 전체 국민의 기본권 보장을 위해서도 더 바람직하다는 것이다.

이렇게 볼 때, 비록 기본권의 대사인적 효력이 대국가적 효력과 같은 실현구조 또는 효력의 강도를 가지고 있는 것은 아니라 할지라도, 표현의 자유가 기업 내부에서도 보장될 수 있도록 인정하는 것이 필요하며, 사내 전산망에서의 의사표현 내지 게시물의 게재에 대해서도 적극적인 보호가 인정되어야 할 필요성이 있다고 할 것이다.

다만 구체적인 판단과 평가에 있어서는 게시판의 성격, 게시물의 내용, 게시물에 대한 삭제의 기준, 삭제 후의 조치 또는 반응 등에 대한 정확하고 종합적인 판단과 평가가 뒤따라야 할 것이다. 아무리 표현의 자유가 중요한 것이라 하더라도 절대적인 보호를 주장할 수 있는 것은 아니며, 다른 법익과의 긴장관계 속에서 그 한계를 발견해야 하기 때문이다.

제 5 편

垈地의 抵當權者가 妨害排除請求權의 행사로서 垈地上의 建築行爲의 中止를 구할 수 있는지의 여부

- 연구대상 사건의 개요／李仁揆
- 抵當權에 기한 妨害排除請求權의 認定範圍―獨逸 民法과의 比較를 중심으로―／金載亨
- 抵當權에 기한 妨害排除請求―日本의 學說과 判例를 參照하여―／裵成鎬
- 대법원 2006.1.27. 선고 2003다58454 판결
- [평석] 抵當權에 기한 妨害排除請求로서 抵當目的土地上의 建物建築行爲를 中止시킬 수 있는지 여부／閔裕淑

연구대상 사건의 개요

李　仁　撰*

[사실관계]

1. 이 사건 건물의 신축과 근저당권설정

(1) A는 이 사건 대지 위에 지상 6층, 지상 20층 규모의 오피스텔을 건축하여 분양하기로 하고, 1996. 9. 6. 공사에 착수하였으며, 1996. 5. 1.부터 분양을 개시하여 총 468세대 중 371세대를 분양하였다.

(2) A는 1996. 12. 7. 이 사건 대지를 당시 소유자이던 서울시로부터 매수한 뒤 같은 달 9. X로부터 이 사건 건물 건축자금 180억원(이하 '이 사건 대여금채권'이라고 한다)을 차용하면서 이 사건 대지에 관하여 채권최고액 143억원의 근저당권(이하 '이 사건 근저당권'이라고 한다)을 X 앞으로 설정하여 주었다.

2. 사업시행권의 양도와 저당권의 실행

(1) A가 1998. 1. 14. 이 사건 건물의 건축공사를 지하 1층까지 완성한 상태에서 부도를 내자, A로부터 이 사건 건물을 개별 분양받은 수분양자들이 중심이 되어 Y조합을 결성하였고, Y조합은 1998. 2. 24. A로부터 이 사건 건물 건축사업의 시행권을 양수한 뒤 공사를 재개하여 현재는 지하층(지하 6층부터 지하 1층. 이하 '이 사건 지하 구축물'이라고 한다)의 공사를 마친 상태인데, 이 사건 지하구축물은 공동가설공사, 건축공사, 전기공사 등의 공정이 모두 이루어졌으며, 지하 1층 내지 지하 6층까지의 기둥, 지붕 및 주벽 등의 시공이 완료되었다.

(2) X는 2001. 3. 20. 근저당권자의 지위에서 서울지방법원에 이 사건 근저당권실행을 위한 임의경매신청을 하였고, 경매법원은 이 사건 지하구축물을 이 사건 대지의 부합물로 보아 경매목적물에 포함시켜 경매절차를 진행시켰고, 이

---

* 서울서부지방법원 판사.

에 2002. 10. 24. 이 사건 대지 및 이 사건 지하구축물이 대금 25,260,000,000원에 낙찰되었는데 Y조합이 위 경락허가결정에 대하여 항고한 결과, 위 경락허가결정의 항고심 법원은 2003. 3. 7. 이 사건 지하구축물은 이 사건 대지의 부합물이 아닌 별개의 독립한 부동산이므로 이 사건 지하구축물을 이 사건 대지의 부합물로 보아 입찰대상 목적물에 포함시킨 위 경락허가결정이 부당하다고 하여 이를 취소하였고, 위 항고심 결정에 대하여 원고가 재항고하였으나 재항고심인 대법원은 2003. 7. 11. 원고의 위 재항고를 기각하였다.

[소송의 경과]

1. 이 사건 건물의 신축과 근저당권설정

X는, Y조합이 이 사건 건물 신축공사를 계속할 경우 이 사건 근저당권의 목적물인 이 사건 대지의 가격이 감소하게 되고, 따라서 Y조합의 이 사건 건물 신축행위는 이 사건 근저당권의 침해행위에 해당할 뿐만 아니라 민사집행법 제83조 제3항 및 민사집행규칙 제44조에서 규정한 가격감소행위에 해당하므로 Y조합에 대하여 이 사건 건물의 신축행위의 금지를 구하였다.

이에 대하여, Y조합은 승계참가인의 이 사건 근저당권은 가치권에 불과하여 이 사건 대지의 소유자인 A로부터 이 사건 대지의 사용·수익에 대한 승낙을 받은 Y조합에 대하여 이 사건 대지의 사용·수익을 금지시킬 권능은 없다고 주장하였다.

2. 원심의 판단

이 사건 대지만을 입찰대상물로 한 경매절차가 새로이 진행될 것인데, 새로운 경매절차에서 이 사건 대지를 경락받은 경락인으로서는 이 사건 지하구축물에 대한 철거청구권을 가지게 된다고 할 것이다.

Y조합이 이 사건 대지 위에 이 사건 건물의 신축공사를 계속 진행할수록 경락인으로서는 이 사건 건물의 철거를 위해 더욱 많은 시간과 비용을 투입하여야 할 것이고, 또 앞서 본 바와 같이 경락인이 이 사건 건물을 철거하기 위한 소송을 하거나 그렇지 않고 이 사건 대지에 대한 지료를 받거나 Y조합에 이 사

건 대지를 매도하는 외에 달리 투자금원을 회수할 방법이 없다면 이 사건 대지를 경락받으려는 자로서는 위와 같은 사정으로 인하여 이 사건 대지의 입찰에 소극적이 되고 이로 인하여 이 사건 대지의 교환가치는 본래 보다 상당히 감소하게 된다고 보아야 할 것이다.

따라서 X가 이 사건 근저당권을 실행하기 위하여 이 사건 대지에 대한 경매를 신청하여 법원이 경매개시결정을 내린 이후에도 Y조합이 이 사건 건물 신축행위를 계속하는 것은 이 사건 대지에 대한 경매절차의 안정을 해하고 이 사건 대지의 교환가치를 감소시키는 행위로서 이 사건 근저당권에 대한 침해행위가 된다고 할 것이므로, X는 이 사건 근저당권에 기한 방해배제청구권의 일환으로써 Y조합에 대하여 이 사건 건물 신축행위의 금지를 구할 수 있다고 할 것이다.

[쟁 점]

① 저당권에 기한 방해배제청구권의 행사로 저당목적물인 토지 위에 건설중인 공사의 중지를 청구할 수 있을 것인지 여부

② 저당권의 실행은 민사집행법에 의한 경매절차에 의하여 이루어진다. 민사집행법상 침해방지를 위한 조치 이외에 실체법상 저당권에 기한 방해배제청구권에 근거하여 공사중지를 청구할 수 있는지 여부

抵當權에 기한 妨害排除請求權의 認定範圍
—獨逸 民法과의 比較를 중심으로—

金 載 亨*

I. 序 論

저당권에 기하여 물권적 청구권을 행사할 수 있는가? 한편으로는 물권의 일종인 저당권에서 당연히 물권적 청구권이 도출된다고 생각할 수 있다. 이와는 반대로 저당권은 교환가치만을 파악하는 것이고 사용가치는 여전히 소유자에게 맡겨져 있기 때문에, 저당권에 기한 물권적 청구권을 부정하여야 한다고 생각할 수 있다.

우리 민법은 명문의 규정을 두고 있다. 즉 민법 제370조에서 제214조의 규정을 저당권에 준용하고 있다. 제214조는 소유물방해제거 및 방해예방청구권에 관하여 "소유자는 소유물을 방해하는 자에 대하여 방해의 제거를 청구할 수 있고 소유권을 방해할 염려 있는 행위를 하는 자에 대하여 그 예방이나 손해배상의 담보를 청구할 수 있다"고 규정하고 있다. 따라서 저당권자는 물권적 청구권으로서 방해의 제거와 방해의 예방을 청구할 수 있다. 그러나 소유물반환청구권에 관한 제213조는 저당권에 준용하고 있지 않다. 저당권자가 저당목적물을 점유하지 않기 때문에, 자신에게 직접 저당물의 반환을 청구할 수 없을 것이다.[1)]

우리 민법에서 저당권에 기한 방해배제청구권에 관한 문제의 해결은 위 법률규정의 해석에서 출발하여야 할 것이다. 그런데 이 문제는 가치권으로서의 저

---

* 서울대학교 법과대학 부교수.

1) 대법원 1996. 3. 22. 선고 95다55184 판결(공1996, 1353)은 "공장저당권의 목적 동산이 저당권자의 동의를 얻지 아니하고 설치된 공장으로부터 반출된 경우에는 저당권자는 점유권이 없기 때문에 설정자로부터 일탈한 저당목적물을 저당권자 자신에게 반환할 것을 청구할 수는 없지만, 저당목적물이 제 3 자에게 선의취득되지 아니하는 한 원래의 설치장소에 원상회복할 것을 청구함은 저당권의 성질에 반하지 아니함은 물론 저당권자가 가지는 방해배제권의 당연한 행사에 해당한다"고 판결하였다. 또한 대법원 1994. 9. 27. 선고 94도1439 판결(공1994, 2915)은 공장근저당권이 설정된 선반기계 등을 이중담보로 제공하기 위하여 이를 다른 장소로 옮긴 경우에 공장저당권의 행사를 방해할 우려가 있는 행위로서 권리행사방해죄에 해당한다고 하였다.

당권이 소유자의 이용권을 어느 정도로 제약할 수 있는지라는 근본적인 문제에 잇닿아 있다. 구체적인 예를 들어 보자. 대지의 소유자가 은행으로부터 대출을 받으면서 그 채무를 담보하기 위하여 위 대지에 은행 명의의 근저당권을 설정하여 주었다. 그 후 소유자 또는 제3자가 위 대지 위에 건물을 신축하는 경우에 근저당권자는 위 신축공사의 중지를 청구할 수 있는가? 만일 은행으로부터 대지 위에 건물을 건축할 자금을 차용하면서 위 대지에 관하여 근저당권을 설정한 경우에는 어떠한가? 이러한 경우에는 근저당권자가 근저당권을 설정받을 당시 소유자가 건물을 신축할 것이라는 것을 알고 이를 용인한 것이라고 볼 수 있는가? 토지 또는 근저당권이 양도된 경우에 그 양수인들도 위와 같은 법률관계에 구속되는가? 근저당권자가 경매를 신청한 경우에는 법상황이 어떻게 달라지는가?[2)]

여기에서는 우리나라와 마찬가지로 저당권[3)]침해에 대한 물권적 청구권에 관하여 명문의 규정을 두고 있는 독일 민법의 태도를 살펴보고,[4)] 우리나라에서 이 문제를 어떻게 해결해야 할 것인지 검토해 보고자 한다. 저당권이 설정된 토지 위에 건물을 신축하는 경우에 공사금지를 청구할 수 있는지 여부는 토지와 건물을 별개의 부동산으로 다루기 때문에 생기는 문제라고 할 수 있다. 그러나 독일에서는 건물을 토지의 본질적 구성부분으로 보기 때문에, 저당권이 설정된 토지 위에 건물을 신축한 경우에 위 건물에도 저당권의 효력이 미친다. 이 점에서 우리나라와는 법상황이 근본적으로 다르다. 다만 독일에서는 저당권의 담보력을 침해하는 경우에 대해서 상세한 규정을 두고 있고, 이것이 우리 민법 규정에도 영향을 미쳤기 때문에, 이에 관하여 살펴보는 것도 의미 있는 일이다.

2) 이 문제는 서울고등법원 2003. 10. 2. 선고 2003나8031 판결을 토대로 구성한 것이다. 이 사건에서 대지에 관한 근저당권에 기하여 경매절차가 진행되고 있었는데, 법원은 근저당권자가 대지의 소유자로부터 공사를 인수받아 건축공사를 하고 있는 자에 대하여 건축공사를 중지하라고 청구할 수 있다고 판결하였다. 즉 "경매절차를 통하여 경매목적물을 환가하고 위 환가대금에서 저당권의 피담보채무를 우선 변제받을 수 있는 권리는 저당권의 본질적인 내용이라 할 것이므로 이러한 본질적 내용을 침해하는 행위가 있을 경우에는 저당권자로서는 그 침해행위의 중지를 구하는 등 방해배제청구를 할 수 있다." 나아가 "채무자에게 부도 등의 사유가 발생하여 신용상태가 악화되거나 채권회수를 위해 저당권자가 언제라도 저당권을 실행할 수 있는 상태가 된 이후에는 저당권자로서는 경매실행을 통한 채권회수의 필요성이 특히 강조된다고 할 것이고, 경매절차의 안정성 등 경매 목적의 실현을 위하여는 저당목적물의 소유자가 목적물인 토지를 이용하는 이익보다 저당권자가 저당권을 실행하고 토지의 교환가치를 실현할 수 있는 이익을 보다 중시해야 할 필요가 있다"고 한다.

3) 근저당권에 기한 방해배제청구도 저당권의 경우와 동일한 법리가 적용되기 때문에, 이하에서는 저당권이라고만 한다.

4) 또한 스위스 민법 제808조, 제809조의 규정도 이와 유사하다. 제808조 제1항은 담보물의 가치감소에 대하여 금지청구를 할 수 있다고 규정하고 있고, 제809조는 담보물보충청구권을 규정하고 있다. 상세한 것은 Trauffer, in: Kommentar zum Schweizerischen Privatrecht: Schweizerisches Zivilgesetzbuch Ⅱ, 1998, Art. 808 N 1ff.(S. 1727ff.).

Ⅱ. 獨逸 民法에서 抵當權의 擔保力을 維持하기 위한 請求權

1. 개 설

독일 민법에서 제한물권은 용익물권에 해당하는 이용권(Nutzungsrecht)과 담보물권에 해당하는 환가권(Verwertungsrecht)으로 구분한다.5) 독일 민법 시행 직후에는 담보물권을 가치권(Wertrecht)이라고 하기도 하였으나,6) 최근에는 이러한 용어를 사용하는 경우를 찾기 힘들다. 독일의 부동산담보권은 저당권, 토지채무, 정기토지채무로 구분된다. 저당권은 다시 보전저당권과 유통저당권으로 구분되는데, 보전저당권이 우리나라의 저당권과 유사한 제도이다.

저당권 등 부동산담보권의 법적 성질에 관하여는 견해가 대립하고 있다. 통설은 물권적 환가권(dingliches Verwertungsrecht)이라고 파악하는데, 소유자는 토지에 기한 지급의무가 있는 것이 아니라 토지에 대한 강제집행을 인용할 의무만을 부담한다고 한다.7) 소유자가 소유권에서 환가권능을 분리하여 저당권자에게 부여하였고, 저당권자는 저당권의 이행기가 도래하면 목적물을 환가할 권리를 갖는다는 것이다. 이 환가권은 강제집행에 의하여 실현되는데(독일 민법 제1147조8)), 이 경우 채권자는 강제관리와 강제경매를 선택할 수 있다. 강제경매의 경우에는 채권자가 토지의 고유가치를 파악하는 것이고, 강제관리의 경우에는 이용가치를 파악하는 것이다.9)

그러나 저당권에 기한 청구권의 이행기가 도래하기 전에 목적물을 훼손하게 되면 결국 저당권자의 환가권이 침해되는 결과가 된다. 따라서 이행기 전이라도

5) Baur/Stürner, Sachenrecht, 17. Aufl., 1999, §3 Ⅱ 1, 2(S. 22ff.).

6) 가치권 개념은 콜러에 의하여 발전된 것이다. 가치권은 담보물권을 의미하는 것으로서 실질권(Substanzrecht)과 반대되는 개념으로, 이용요소에서 일정한 가치를 떼어내는 권한을 부여하는 물권이다. 가치를 취득하면 목적이 달성되고 물권이 소멸한다. Kohler, Lehrbuch des Bürgerlichen Rechts, 1919, S. 366ff.

7) BGHZ 7, 123; Baur/Stürner(주 5), §36 Ⅱ 2 a)(S. 399f.); Schwab/Prütting, Sachenrecht, 26. Aufl., 1996, 277f. 그런데 독일에서는 실질적인 차이는 없으나, 담보권의 법적 성격에 관하여 소유자 자신도 지급의무가 있는지를 둘러싸고 이론구성상의 견해 대립이 있었다. 본문에서 본 통설 이외에도 물적 의무(Realobligation)이론과 물권적 채무(dingliche Schuld)이론이 있다. 후자는 소유자의 채무를 '유한책임을 가진 물권적 채무'로 보는 것으로 소유자의 모든 채무에 대하여 채무가 인정되나, 책임이 담보목적물에 제한된다는 것이다. 이것은 독일 민법 제1113조, 제1191조, 제1199조가 "토지로부터 지급해야 한다"라는 표현을 사용하고 있기 때문에, 소유자가 금액의 지급에 대한 채무를 지고 있다고 보아야 한다는 것이다. 상세한 것은 Staudinger/Wolfsteiner(2002) Einl 24ff. zu 1113ff.

8) Ⅱ.에서 독일 민법의 조항은 별도의 지시 없이 조항만으로 인용한다.

9) Westermann/Eickmann, Sachenrecht, 7. Aufl., 1998, §100 Ⅱ 2 a)(S. 722).

담보력을 유지하기 위하여 저당목적물의 훼손으로 인한 가치감소를 막아야 한다. 이를 위하여 독일 민법은 명문의 규정을 두고 있다(제1133조 내지 제1135조).[10] 이 규정들의 기본적인 시각은 "저당권의 담보력이 위태롭게 되어서는 안 된다"[11]는 것이다.[12]

제1133조는 저당목적물이 이미 훼손된 경우 저당권의 이행기 전에 저당권자에게 만족권을 부여하고 있고, 제1134조는 훼손의 우려가 있는 경우에 부작위청구권을 인정하고 있다. 이 두 경우에 소유자가 토지의 악화된 상태에 대하여 책임(귀책사유)이 있는지 여부는 아무런 상관이 없다. 제1135조는 종물의 훼손에 대해서 확장하고 있다. 이 규정들에서는 토지와 종물의 훼손에 대해서만 규정하고 있고, 저당권이 미치는 권리의 훼손에 관하여는 별다른 규정이 없다.

제1133조 이하의 규정들은 보전저당이든 유통저당이든 구분 없이 적용되고, 토지 및 정기토지채무에도 적용된다.[13]

한편 금융실무에서는 저당목적물이 훼손된 경우에 해지권이 발생한다는 약정을 하는 경우가 많은데, 이러한 약정은 유효하기 때문에, 제1133조 이하의 규정들이 실제로 적용되는 경우는 많지 않다.[14] 이 규정들의 세부적인 내용과 관련하여 논란이 있는 부분도 있지만 법규정으로 대부분의 문제가 해결되어 있어서 이에 관한 논의가 활발한 것은 아니다.

2. 저당권의 담보력이 훼손된 경우에 대한 조치 — 사전적인 만족권

(1) 일 반

독일 민법 제1133조는 저당권의 가치가 감소되어 담보력을 위태롭게 하는 경우에 저당권자에게 구제수단을 부여한다. 저당권자는 저당권의 담보력을 회복할 것을 청구할 수 있고, 소유자가 이 청구에 따르지 않으면 사전적인 만족권이 발생한다.[15] 제1133조는 당해 저당권이 이미 성립하였을 것을 전제로 한다. 따라서 저당권의 등기 후에 비로소 토지가 훼손된 경우에 이 규정이 적용된다.[16]

---

10) Baur/Stürner(주 5), § 40 Ⅲ 1(S. 472).

11) Westermann/Eickmann(주 9), § 99 Ⅰ(S. 717).

12) 또한 제240조는 제공된 담보가 권리자의 귀책사유 없이 불충분하게 된 경우에는 이를 보충하거나 다른 담보를 제공하여야 한다고 규정하고 있다.

13) Staudinger/Wolfsteiner(2002) § 1133, Rn. 23.

14) Baur/Stürner(주 5), § 40 Ⅲ 2(S. 474); MünchKomm/Eickmann(4. Aufl., 2004) § 1133, Rn. 1; Soergel/Konzen(13. Aufl., 2001) § 1133, Rn. 1.

15) 이를 이른바 훼손의 소(Deteriorations- oder Devastationsklage)라고 한다.

16) Staudinger/Wolfsteiner § 1133, Rn. 8.

제1134조의 경우에는 아래 3.에서 보듯이 장래 토지가 훼손되어 저당권의 담보력이 위태롭게 될 것이라면 충분하지만, 제1133조의 경우에는 담보로 제공된 토지 자체가 이미 훼손되어 있어야 한다.[17)]

토지의 훼손에 대하여 채무자에게 귀책사유가 있는 경우에 불법행위에 기한 손해배상책임이 성립한다. 그 근거로 제823조 제1항과 제2항을 든다.[18)] 저당권은 물권에 속하기 때문에, 저당목적물의 훼손은 제823조 제1항('기타의 권리')이 적용된다는 점은 의문의 여지가 없다. 나아가 제823조 제2항은 타인의 보호를 목적으로 하는 법률을 위반한 경우에 불법행위가 성립한다고 규정하고 있는데, 통설은 제1133조가 제823조 제2항의 보호법규(Schutzgesetz)에 속한다고 본다.[19)]

한편 저당채권자가 저당목적물의 훼손에 대비하여 채무자에게 책임재산에 대한 보험에 가입할 것을 청구할 수 있는지 문제되나, 독일 민법에서 이러한 청구권을 인정하고 있지 않다.[20)]

(2) 제1133조에 기한 청구권의 요건

1) 훼 손

토지가 훼손되었어야 한다. 이것은 토지와 그 구성부분의 상태가 변화하여 일반적인 거래가치(Verkehrswert)가 감소된 것을 뜻한다.[21)] 종물의 훼손에 관하여는 독일 민법 제1135조에서 정하고 있다. 토지의 훼손에 관하여 소유자에게 책임이 있는지, 그 행위가 위법한지는 상관 없다. 제3자의 행위나 폭풍우 등 자연적인 사건 또는 전쟁에 의해서 토지가 훼손될 수도 있다.[22)]

토지의 처분, 즉 제3자에게 양도하거나 기타 부담을 설정하는 것은 통상 토지의 훼손에 속하지 않는다.[23)] 토지의 존속, 상태와 그 구성부분이 훼손되어야 한다. 가령 건물의 철거나 개축,[24)] 건물의 구성부분의 분리 내지 반출이 이에 해

17) Staudinger/Wolfsteiner §1133, Rn. 1.
18) Baur/Stürner(주 5), §40 Ⅲ 1 a)(S. 473). 금전배상을 청구하기 위해서는 경매대금으로 피담보채권을 변제하지 못하게 되어야 한다.
19) BGHZ 65, 211; Bamberger/Roth/Rohe(2003), §1133, Rn. 1; Baur/Stürner(주 7), §40 Ⅲ 1(S. 473); MünchKomm/Eickmann §1133, Rn. 22; Soergel/Konzen, §1133, Rn. 5; Westermann/Eickmann(주 9), §99 Ⅰ(S. 718). 이에 대하여는 독일 민법 제1133조는 제823조 제2항의 보호법규가 아니라는 견해가 있다. Staudinger/Wolfsteiner §1133, Rn. 2.
20) Staudinger/Wolfsteiner §1133, Rn. 4.
21) MünchKomm/Eickmann §1133, Rn. 3.
22) MünchKomm/Eickmann §1133, Rn. 4; Staudinger/Wolfsteiner §1133, Rn. 5; Westermann/Eickmann(주 9), §99 Ⅰ 2(S. 718).
23) 제1136조는 소유자의 처분을 제한하는 약정은 무효라고 정하고 있다.
24) BGHZ 65, 211.

당한다.[25] 경기가 나빠져서 토지의 가치가 감소된 경우도 여기에 속하지 않는다. 토지 위에서 기업을 경영하고 있는 경우에 기업경영이 나빠졌다고 하더라도 원칙적으로 토지의 훼손이라고 볼 수는 없다. 그러나 농장경영이 계속 악화되는 경우에는 토지 자체의 가치감소를 초래할 수 있다. 소유자가 고의로 건물을 철거하도록 하는 경우에도 토지의 훼손이라고 볼 수 있다.[26] 건물을 적절하게 수리하더라도 시간의 경과로 말미암아 그 가치가 감소되는 경우에는 제1133조가 적용되는지에 관하여는 찬부 양론이 있다.[27] 부정설에서는 누구나 이처럼 시간의 경과에 따른 건물가치의 감소를 예견할 수 있고 즉시 계산할 수 있기 때문이라고 한다.[28]

그러나 토지의 전부 또는 일부가 공공도로로 되면 토지의 훼손으로 볼 수 있다. 한편 토지의 일부가 개발도로로 편입된 경우에 남은 토지부분의 가치가 상승되었다면, 개발이익을 가치상실에서 공제하여 계산하여야 한다.[29]

2) 중대한 훼손

저당권의 담보력을 위태롭게 하는 토지의 중대한 훼손이 있어야 한다.[30] 담보력이 위태롭게 된다는 것은 저당권자의 만족가능성이 위태롭게 되는 것을 뜻한다. 이는 토지의 가액과 채권액의 관계, 저당권의 순위 등을 고려하여 판단한다.[31] 건물을 신축할 목적으로 건물을 철거하는 경우에는 토지의 훼손이라고 단정할 수 없다. 이러한 경우에 소유자의 재산이 충분하거나 충분한 담보력을 제공할 수 있어 재건축에 문제가 없다면, 통상 담보력이 위태롭게 되었다고 볼 수 없다. 그러한 경우에 소유자는 저당채권자로부터 사전에 재건축을 해도 된다는 동의를 쉽게 얻을 것이다.[32]

3) 토지와 그 구성부분의 훼손

제1133조에서 토지는 토지와 그 구성부분이라고 할 수 있다. 제1120조 내지 제1131조에 기한 모든 책임재산, 예컨대 果實이나 차임채권 등이 포함되는 것은 아니다.[33] 이것은 종물의 훼손에 관하여 별도로 정하고 있는 제1135조에서

25) Bamberger/Roth/Rohe, §1133, Rn. 3; Soergel/Konzen, §1133, Rn. 3.
26) Westermann/Eickmann(주 9), §99 I 1(S. 717).
27) 이에 관하여는 우선 MünchKomm/Eickmann §1133, Rn. 6 참조.
28) Soergel/Konzen, §1133, Rn. 2.
29) Staudinger/Wolfsteiner §1133, Rn. 5.
30) 독일 민법제정 이유서에도 이 점을 명시하고 있다. Mugdan, Die Gesamten Materialien zum Bürgerlichen Gesetzbuch für das Deutsche Reich Bd. Ⅲ, Sachenrecht, 1899, S. 374 (Motive Ⅲ, 671).
31) MünchKomm/Eickmann §1133, Rn. 9; Soergel/Konzen, §1133, Rn. 1.
32) Staudinger/Wolfsteiner §1133, Rn. 6.
33) Staudinger/Wolfsteiner §1135, Rn. 5.

도출된다.[34] 저당권이 설정된 건물에 관하여 화재위험에 대비하여 보험에 가입하지 않거나 그 갱신을 하지 않더라도 제1133조가 적용되는 것은 아니다. 이것은 제1134조의 훼손의 우려에 속하지도 않는다. 다만 채권자는 채무자와의 계약에서 건물에 대한 화재보험 가입의무를 부담시킬 수 있다.[35]

독일에서는 저당토지 위에 건물을 신축하는 것이 토지의 훼손에 해당하는지 여부에 관한 논의를 찾기 어렵다. 독일 민법은 우리 민법과는 달리 건물을 토지의 본질적 구성부분이라고 한다(제94조). 따라서 토지와 그 지상 건물은 하나의 물건으로 취급된다. 저당토지 위에 건물을 신축하는 경우에 건물에도 저당권의 효력이 미치기 때문에, 토지의 훼손으로 볼 수 없을 것이다.

그런데 저당권이 설정된 토지와 다른 토지를 병합(Vereinigung)하는 것은 법률행위나 법률에 의하여 저당권이 부가된 토지에 미치게 되는 경우조차 토지의 훼손이 될 수 있다. 부가된 토지에 있는 부담으로 인하여 전체토지에 부담이 미칠 수 있기 때문이다. 더욱이 저당권이 부가된 토지에 미치지 않는 경우에는 채권자의 지위가 더욱 불리해질 것이다. 토지의 일부에만 저당권이 미치는 경우 강제집행이 매우 곤란해질 수 있기 때문이다. 따라서 토지를 합필하는 것은 제1133조 이하의 의미에서 훼손에 해당할 수 있기 때문에, 소유자는 그러한 조치를 금지시키는 것에 대하여—신의성실의 한계 내에서—아무런 이의를 제기할 수 없다.[36]

4) 채권자에 의한 기간 지정

㈎ 기간 지정

채권자는 소유자에게 위험을 제거하기 위한 적당한 기간을 명시적으로 정해야 한다. 이 기간을 정하는 것은 법원이 아니라 채권자이다. 소유자가 새로운 담보를 제공할 의무가 있는 것은 아니다.[37] 그러나 소유자가 이 기간 동안 위험을 제거하지 않으면, 채권자는 만족권을 행사할 수 있다. 소유자가 이 기간이 경과한 후 위험을 제거한 경우에 채권자가 만족권을 다시 상실하지 않는다는 견해가 있으나,[38] 이에 반대하는 견해도 있다.[39] 만일 소유자가 미리 위험을 제거할 것을 거부하는 경우에는 채권자가 이 기간을 지정할 필요가 없다.[40]

34) Mugdan(주 30), S. 376(Motive Ⅲ, 674).
35) Staudinger/Wolfsteiner §1133, Rn. 7.
36) Staudinger/Wolfsteiner, §1136, Rn. 14.
37) Westermann/Eickmann(주 9), §99 Ⅰ 2(S. 718).
38) Bamberger/Roth/Rohe, §1133, Rn. 7; Staudinger/Wolfsteiner §1133, Rn. 9.
39) Soergel/Konzen, §1133, Rn. 4.
40) Staudinger/Wolfsteiner §1133, Rn. 9.

토지가 실제로 훼손되었다는 것과 담보력이 더 이상 충분하지 않다는 사실은 이 청구권의 요건에 해당하는 것으로 채권자에게 입증책임이 있다.[41]

(나) 청구권의 배제

소유자가 기간 내에 토지를 개량하거나 다른 저당권을 설정함으로써 청구권을 배제할 수 있다. 첫째, 소유자는 훼손된 토지를 개량하여 위험을 제거할 수 있다. 원래의 상태와는 달라지더라도 충분한 담보가치를 회복하는 것으로 충분하다. 토지의 수익으로 저당권의 피담보채권을 변제하여야 하는 경우에는 수익력을 회복하여야 한다. 둘째, 소유자는 다른 저당권을 설정해 줌으로써 위험을 제거할 수 있다.[42] 소유자는 위 두 방안 중 어느 것이라도 선택할 수 있다. 저당권의 순위를 상승하게 하는 것도 허용된다.[43]

5) 저당권의 이행기 미도래

제1133조는 저당권이 아직 이행기에 있지 않을 것을 전제로 한다. 독일에서는 저당권의 이행기와 저당채권의 이행기를 구분하는데, 저당채권이 이행기에 있으면, 저당권자는 제1147조에 따라 강제집행을 할 수 있다. 이 경우에는 채무자의 침해행위를 막기 위하여 강제관리(독일 강제집행법 제146조 이하 참조)를 이용할 수 있다.[44]

(3) 청구권의 내용

채권자는 지정기간의 경과 후에 바로 토지로부터 만족을 청구할 수 있다(제1147조). 채권자의 만족권은 위태롭게 된 부분뿐만 아니라, 채권자의 모든 청구권에 미친다.[45] 채권이 원래 이행기에 있는지 여부와는 상관 없다.[46] '토지로부터' 나온다는 표현대로, 이 규정은 물권적 저당청구권에 관한 것이다.[47]

이 규정에 따르면 채권자는 사전적인 만족청구권만을 행사할 수 있을 뿐이고, 침해 자체의 제거를 청구할 수 없다. 그러나 그러한 청구권은 불법행위에 관

41) Staudinger/Wolfsteiner §1133, Rn. 10.
42) Staudinger/Wolfsteiner §1133, Rn. 11ff. 그러나 질권이나 동산양도담보와 같은 다른 형태의 담보를 설정하는 것은 토지에 기한 만족가능성을 증가시키는 것이 아니기 때문에, 채권자가 이를 받아들일 필요는 없다고 한다. MünchKomm/Eickmann §1133, Rn. 18.
43) Westermann/Eickmann(주 9), §99 I 2(S. 718).
44) Staudinger/Wolfsteiner, §1133, Rn. 15.
45) Soergel/Konzen, §1133, Rn. 1; Westermann/Eickmann(주 9), §99 I 2(S. 718). 다만 저당은행에 대해서는 저당은행법 제17조 제1항에서 특칙을 두어 담보되지 않게 된 부분에 한하여 만족을 청구할 수 있다고 정하고 있다. MünchKomm/Eickmann §1133, Rn. 14.
46) Staudinger/Wolfsteiner §1133, Rn. 16.
47) MünchKomm/Eickmann §1133, Rn. 15.

한 제823조 제1항에서 나올 수 있다.[48] 특히 토지의 구성부분이 반출되고 이로써 담보책임이 소멸되는 경우에 중요한 의미를 가질 수 있다(제1121조 참조). 이러한 경우에 채권자취소권을 행사할 수 있는 경우도 있다.[49]

채권이 무이자이고, 또한 아직 이행기가 도래하지 아니한 경우에는 채권자는 채권액에서 중간이자를 공제한 금액만을 취득할 수 있다. 중간이자는 라이프니쯔식으로 계산할지 아니면 호프만식으로 계산할지 문제되는데, 호프만식으로 계산하여 왔고,[50] 독일 민법(제246조)에서 법정이율은 연 4%로 되어 있다.

3. 不作爲請求權

(1) 일 반

제1134조는 제1133조와 마찬가지로 저당권의 담보력을 위태롭게 하는 토지의 훼손에 대하여 저당채권자를 보호하기 위한 것이다.[51] 제1134조의 표현과 표제에 따르면 채권자에게 청구권이 아니라 訴權을 부여하는 형식을 띠고 있기 때문에, 보통법상의 소권체계에 따른 것처럼 보인다(actio negatoria).[52] 그러나 이 규정은 그 표현과는 달리 채권자에게 사법적인 청구권을 부여한 것이라고 한다. 이 청구권은 필요한 경우에 소송이나 가처분신청의 방법으로 주장되어야 한다. 또한 독일 연방대법원은 건축토지 위에 설정된 저당권의 담보력을 위태롭게 하는 철거 또는 개축이 저당채권자의 동의 없이 행해지는 경우에 건축업자가 손해배상책임을 질 수 있다고 하였는데, 제1134조가 제823조 제2항의 보호법규에 해당한다고 보았다.[53]

저당권은 물권으로서 절대적 효력이 있기 때문에, 소유자와 제3자에 대하여 저당권의 담보력을 해치는 침해행위에 대한 금지를 청구할 수 있다.[54] 그러나 소유자와 제3자에 대한 청구내용이 다소 다르게 규정되어 있다.

---

48) Staudinger/Wolfsteiner §1133, Rn. 2, 18.
49) Staudinger/Wolfsteiner §1133, Rn. 18.
50) Mugdan(주 30), S. 376(Motive Ⅲ, 647); MünchKomm/Eickmann §1133, Rn. 16; Staudinger/Wolfsteiner §1133, Rn. 20.
51) 이와 유사한 규정이 강제집행법(ZVG) 제25조, 제149조 제2항에 있는데, 이는 강제집행절차에서 적용되는 규정이다.
52) 제1004조 제1항 제2문은 이와 마찬가지로 부작위의 소를 제기할 수 있는 요건을 정하고 있다.
53) BGHZ 65, 211; BGHZ 92, 280; Staudinger/Wolfsteiner §1134, Rn. 2.
54) Westermann/Eickmann(주 9), §99 Ⅰ 1(S. 717).

(**2**) 제1134조 제 1 항에 기한 부작위청구권

1) 요 건

제1134조 제 1 항에 따른 청구권이 발생하려면, 소유자 또는 제 3 자의 토지에 대한 간섭(Einwirkung)으로 말미암아 토지가 훼손됨으로써 저당권의 담보력을 위태롭게 할 우려가 있어야 한다. 이 규정에서는 소유자나 제 3 자가 훼손하려는 경우에 한하여 적용되기 때문에, 자연적인 사건은 포함되지 않는다.[55] 소유자의 부작위에 관하여는 제1134조 제 2 항 제 2 문에서 정하고 있는데, 소유자가 제 3 자의 간섭 등에 대하여 필요한 예방조치를 취하지 않음으로써 훼손의 우려가 발생한 경우에 법원은 채권자의 신청에 따라 그 위험의 방지를 위하여 필요한 조치를 하여야 한다. 또한 제 3 자가 채권자에 대하여 일정한 행위를 할 의무가 있는 경우에 제 3 자의 부작위에 대해서도 채권자는 그 위험의 방지조치를 청구할 수 있다.[56] 제1135조에 의하면, 저당권의 효력이 미치는 종물을 훼손하거나, 통상적인 경제의 규칙에 반하여 토지로부터 종물을 반출하는 경우에 이는 토지의 훼손과 동일하게 취급된다.

제1134조의 훼손의 개념은 위 2.에서 본 제1133조의 경우와 마찬가지이다. 담보력의 악화는 객관적으로 거래가치를 감소시킬 만한 토지와 그 구성부분의 변경이라고 한다. 소유자나 제 3 자에게 귀책사유가 있어야 하는 것이 아니다. 담보력이 실제로 악화되었어야 할 필요는 없고(제1133조의 경우처럼), 그러한 우려가 있는 것으로 충분하다.[57] 그렇지만 토지가 훼손된 경우에 항상 제1134조의 요건이 충족되는 것이 아니고, 이로써 저당권의 담보력이 위태롭게 되는 경우에만 제1134조가 적용된다. 판결에서 나타난 예들을 보면, 건물의 철거, 토지를 파헤치는 것, 목욕시설의 반출, 설치된 기계의 반출 등이 있다. 그러나 건물의 파괴 후에 저당권이 설정된 경우에는 저당권자가 잔해를 제거하지 말라고 청구할 권리가 없다고 한 사례가 있다.[58]

저당채권이 이미 이행기에 도래한 경우에도 제1134조가 적용되지만, 이행기가 제1134조 적용의 요건은 아니다. 또한 집행권원의 존재나 압류가 필요한 것도 아니다.[59]

55) Bamberger/Roth/Rohe §1134, Rn. 3.
56) Staudinger/Wolfsteiner §1134, Rn. 3.
57) Staudinger/Wolfsteiner §1134, Rn. 3f.
58) 이 판결들에 관하여는 Staudinger/Wolfsteiner §1134, Rn. 4.
59) Staudinger/Wolfsteiner §1134, Rn. 5; Soergel/Konzen §1134, Rn. 1.

2) 효 과

이 규정에 따라 채권자는 간섭(Einwirkung)하지 말라고 청구하는 부작위청구권을 갖는다. 상대방은 간섭에 대하여 책임이 있는 소유자일 수도 있고, 제3자, 즉 물건의 점유자, 사용임차인, 용익임차인과 용익권자일 수도 있다.[60] 이 점에서도 물권적 청구권으로서의 특색이 드러난다.[61] 그런데 이 규정에서 말하는 제3자는 독립적으로 행위하는 사람을 가리키는 것이므로, 소유자의 대리인이나 그의 지시에 따라 행위하는 사람은 제3자에 해당하지 않는다. 독일 연방대법원은 건축주와의 계약에 따라 토지에 건축을 하고 있는 건축업자를 제3자에 해당한다고 보았는데,[62] 건축업자의 행위는 건축주에게 귀속된다는 이유로 이 판결에 반대하는 견해가 있다.[63] 또한 도산관리인은 이 규정에서 말하는 제3자가 아니다. 왜냐하면 그의 행위는 독일 도산법 제80조에 따라 소유자에게 귀속되어야 하기 때문이다.[64]

저당채권자는 이미 발생한 침해를 제거하라는 청구를 할 수 있는지 문제된다. 제1134조에 따르면 부작위만을 청구할 수 있을 뿐이고, 이미 행해진 간섭을 제거하라는 적극적 행위를 청구할 수는 없다.[65] 그러나 저당권을 침해하는 행위가 고의·과실로 인한 것이어서 불법행위의 요건을 충족시키는 경우에는 채권자가 간섭의 제거를 청구할 수 있다.[66] 저당권은 제823조 제1항의 '기타의 권리'에 속하고, 제1134조는 제823조의 '보호법규'에 해당한다.[67] 독일 민법에서 손해배상은 원상회복이 원칙이기 때문에, 침해의 제거를 청구할 수 있게 된다. 즉 저당권에 기한 방해제거청구는 물권편에 있는 제1134조에서 나오는 것이 아니라 불법행위 규정에서 나온다. 또한 저당권설정자와 저당권자 사이에 저당권자가 방해의 제거를 청구할 수 있다는 채권적인 합의를 할 수도 있다.[68]

제1134조에서 이행기 전의 만족권을 정하지 않고 있기 때문에, 토지의 훼손우려가 있다는 것만으로 이행기 전에 저당권을 실행할 수는 없다. 그러나 제1133조와 제1134조의 두 요건을 모두 충족하는 경우가 있을 수 있음은 물론이다.[69]

60) Bamberger/Roth/Rohe §1134, Rn. 4.
61) MünchKomm/Eickmann §1134, Rn. 2.
62) BGHZ 65, 211.
63) MünchKomm/Eickmann §1134, Rn. 7.
64) MünchKomm/Eickmann §1134, Rn. 7.
65) MünchKomm/Eickmann §1134, Rn. 20; Staudinger/Wolfsteiner, §1134, Rn. 7.
66) Staudinger/Wolfsteiner §1134, Rn. 23.
67) BGHZ 105, 230; MünchKomm/Eickmann §1134, Rn. 18.
68) MünchKomm/Eickmann §1134, Rn. 21.
69) Staudinger/Wolfsteiner §1134, Rn. 10.

(3) 제1134조 제 2 항에 따른 소유자의 부작위 및 간섭의무

제1134조 제 2 항은 일정한 요건하에서 채권자가 소유자에게 필요한 조치를 청구할 수 있는 권리를 부여하고 있다. 첫째, 소유자가 토지에 대한 간섭을 한 경우이다(제 2 항 제 1 문). 소유자 자신이 토지에 간섭한 경우에는 부작위와 결과 제거의 의무만 있는 것이 아니라, 나아가 장래의 위험을 막기 위하여 방지조치를 청구할 수 있다. 둘째, 소유자가 제 3 자의 간섭이나 그 밖의 가해행위에 대하여 필요한 조치를 게을리한 경우이다(제 2 항 제 2 문). 제 2 항의 청구권은 단지 소유자에 대한 것이고, 제 3 자에 대한 것이 아니기 때문에, 제 3 자에 대해서는 그러한 조치를 취하라고 할 수 없다. 이 규정에서 '그 밖의 가해행위'는 소유자나 제 3 자의 의사와는 무관한 것일 수 있다. 예컨대 자연적으로 발생한 사건도 여기에 속한다.[70]

제 2 항에서 정하고 있는 사전조치가 어떠한 것인지에 관하여 법률은 규정하지 않고 있다. 법원이 제반사정을 고려하여 적절한 조치를 명해야 한다.[71] 그러나 순수한 경제적 조치는 여기에 속하지 않고, 이 규정에서 '통상적인 관리를 위한 일반적인 의무'가 도출되는 것은 아니라고 한다. 소유자가 토지를 임대할 의무가 있는 것도 아니고, 임대차를 해지하는 것을 방해하지도 않는다. 보험에 가입할 의무가 도출되지도 않는다.[72] 즉 보험계약, 특히 화재보험계약의 체결은 필요한 사전조치에 속하지 않는다.[73] 한편 토지의 양도금지조치가 제 2 항에 따른 조치에 해당하는지 여부에 관하여는 긍정설[74]과 부정설[75]이 대립한다. 부정설에서는 소유자가 토지를 양도하지 않기로 하는 약정은 저당채권자에 대하여 무효이기 때문에(제1136조 참조), 양도는 가해적인 간섭에 속하지 않고, 따라서 소유자에게 금지되지도 않는다고 한다.

4. 從物의 毁損

제1135조는 제1133조와 제1134조에서 나오는 권리를 종물의 훼손에 확장

70) MünchKomm/Eickmann §1134, Rn. 8f.; Staudinger/Wolfsteiner §1134, Rn. 9.
71) 이에 관하여 상세한 것은 Staudinger/Wolfsteiner §1134, Rn. 13ff.
72) Staudinger/Wolfsteiner, §1134, Rn. 12.
73) 그러나 건물의 소실로 인하여 토지가치가 담보권을 완전히 충족시키지 못하는 경우에는 건물을 위한 화재보험계약의 체결이 소유자의 사전조치에 해당한다. Bamberger/Roth/Rohe §1134, Rn. 6.
74) MünchKomm/Eickmann §1134, Rn. 14; Soergel/Konzen, §1134, Rn. 3.
75) Staudinger/Wolfsteiner §1134, Rn. 16f.

한다.[76] 즉 제1135조는 저당토지의 종물이 훼손되거나 '통상적인 경제규칙에 반하여 토지로부터 반출'된 경우에 제1133조와 제1134조의 토지훼손과 마찬가지라고 한다. 따라서 위 2. 3.에서 설명한 내용이 종물의 훼손에도 그대로 적용된다. 그러나 종물이 통상적으로 분리되는 경우는 여기에 속하지 않는다. 이 규정에서는 비경제성(Unwirtschaftlichkeit)이라는 개념이 중요한 의미를 가진다.[77]

종물을 통상적인 경제규칙에 반하여 반출하더라도 원칙적으로 종물이 책임을 면하는 것은 아니다.[78] 그러나 이와 같이 비경제적으로 종물이 반출되는 경우에 부가적으로 토지의 훼손으로 되어 제1133조나 제1134조가 적용될 수 있다. 이 경우에도 저당권의 담보력이 위태롭게 되어야 한다.[79] 그런데 저당채권자가 제1135조에 따라서 제1133조, 제1134조의 권리를 주장하고자 하는 경우에 미리 종물의 압류를 하여야 할 필요는 없다.[80]

종물의 훼손의 경우에도 불법행위의 요건을 충족하는 경우에는 소유자나 제 3 자는 손해배상책임을 진다(제823조 제 1 항 · 제 2 항). 통상 채권자를 위하여 토지를 압류하여야 비로소 소유자의 처분권이 제한된다. 그 후 종물을 반출하는 경우에 불법행위에 기한 손해배상책임을 진다.[81] 종물이 반출된 경우에 종물의 반환을 청구할 수 있는지에 관하여는 논란이 있다.[82]

5. 結 語

독일 민법은 저당토지를 훼손한 경우에 사전적인 만족권을 부여하고 있고, 훼손의 우려가 있는 경우에는 부작위청구권을 인정하고 있다. 저당물이 훼손된 경우에 그 원상회복을 청구할 수 있는지에 관하여는 물권편에 규정을 두지 않고 있다. 이러한 경우에는 저당권자가 불법행위 규정에 따라 그 원상회복을 청구할 수 있다.

---

76) 果實이나 차임채권에는 이 규정이 적용되지 않는다. 이에 관하여는 제1121조 이하에서 저당권자를 충분히 보호하고 있기 때문이다. MünchKomm/Eickmann §1135, Rn. 2; Staudinger/Wolfsteiner §1135, Rn. 5.

77) Staudinger/Wolfsteiner §1135, Rn. 1f.

78) 다만 채권자를 위하여 종물을 압류하기 전에 종물을 양도하여 반출한 경우에는 책임을 면한다(제1121조 제 1 항).

79) Staudinger/Wolfsteiner §1135, Rn. 3.

80) Staudinger/Wolfsteiner §1135, Rn. 4.

81) BGH NJW 1991, 695; Staudinger/Wolfsteiner §1135, Rn. 9.

82) 이에 관하여는 Baur/Stürner(주 5), §40 Ⅲ1 a)(S. 473); MünchKomm/Eickmann, §1135, Rn. 18.

Ⅲ. 우리 民法에서 抵當權에 기한 妨害除去 및 妨害豫防請求權 — 저당토지 위에 건물을 신축하는 공사에 대한 중지청구의 허용 여부를 중심으로

1. 저당권 침해에 대한 구제수단 일반

저당권의 침해라 함은 저당권자의 담보를 위태롭게 하는 것이다.[83] 저당권은 목적물의 교환가치를 파악하는 것이라는 전제에서, 저당권 침해는 저당권자가 저당목적물의 교환가치로부터 우선변제를 받는 것을 위태롭게 하는 일체의 행위라고 한다.[84] 예컨대 저당권의 목적물을 멸실 또는 훼손하는 경우, 목적물이 멸실·훼손하는 것을 부당하게 방치하는 경우에 저당권 침해라고 할 수 있다. 통상 저당산림의 부당한 벌채, 부당관리로 저당건물이 허물어져 무너지는 것, 종물의 부당한 분리 등을 든다.[85]

이러한 저당권침해에 대하여 다양한 구제수단이 마련되어 있다. 첫째, 민법 제362조는 저당물보충청구권에 관하여 규정하고 있다. 저당권설정자의 책임 있는 사유로 인하여 저당물의 가액이 현저히 감소된 때에는 저당권자는 저당권설정자에 대하여 그 원상회복을 청구하거나 상당한 담보제공을 청구할 수 있다.[86] 둘째, 민법 제370조는 저당권에 기한 방해배제청구권을 규정하고 있다.[87] 저당권을 침해한 경우에 저당권자는 소유자 또는 제 3 자에 대하여 방해배제 및 방해예방을 청구할 수 있다.[88] 예컨대 저당토지에서 부당하게 벌채하는 것에 대하여

83) 郭潤直, 物權法(제 7 판)(2002), 355면.

84) 李英俊, 韓國民法論[物權編](신정 2 판)(2004), 847면.

85) 郭潤直(주 83), 355면; 郭潤直 편, 民法注解(Ⅶ)(1992), 82면(南孝淳).

86) 이 규정은 현행민법 제정 당시 신설된 조항이다. 당시 입법례로 독일 민법 제1133조, 제1134조와 스위스 민법 제809조를 참고하였는데(민의원 법제사법위원회 민법안심의소위원회, 民法案審議錄(上)(1957), 217면), 스위스 민법 제809조 제 1 항과 거의 동일하다.

87) 우리의 구 민법, 즉 의용민법에는 저당권에 방해배제청구권을 준용한다는 규정이 없었다. 우리 민법 제정 당시의 초안에도 이에 관한 규정이 없었다(民法案審議錄(上), 222면). 이에 대하여 金曾漢 교수는 "저당권은 점유를 수반하는 권리가 아니므로 저당권에 기한 반환청구권이라는 것은 있을 수 없으나, 저당권의 침해에 대하여 물권적 청구권으로서 방해제거 및 예방청구권을 인정하여야 함은 물권으로서 당연한 일이며, 현행법의 해석에 있어서도 이론이 없는 바이다. 그러므로 초안이 저당권에 준용할 조문 중에 제202조[현행 제214조를 가리킴]를 가하지 아니한 것은 명백한 실수이다"라고 주장하였다(民事法硏究會, 民法案意見書, 일조각(1957), 128면). 그 후 이 주장이 받아들여 저당권에 방해배제 및 예방청구권을 준용하는 규정이 도입되었다.

88) 일본 민법에는 이에 관한 명문의 규정이 없는데도 판례가 저당권에 기한 방해배제청구를 인정한 바 있다. 日最高判(大法廷) 1999(平成 11). 11. 24(民集 53-8, 1899).

금지청구를 하거나 무효인 선순위의 등기에 대하여 말소를 청구하는 것이 이에 속한다. 저당권의 침해가 있으면 목적부동산의 교환가치가 아직 피담보채권액을 만족시킬 수 있는 경우에도 물권적 청구권이 발생한다고 한다.[89] 셋째, 민법 제388조는 채무자가 담보를 손상, 감소 또는 멸실하게 한 때에는 기한의 이익을 주장하지 못한다고 규정하고 있다. 넷째, 저당권 침해에 대하여 채무불이행 또는 불법행위[90]에 기한 손해배상책임이 발생할 수 있다. 저당권의 침해에 대하여 불법행위책임이 성립한다는 점에는 이견이 없으나, 채무불이행책임의 성립 여부에 관해서는 별다른 논의가 없다. 그러나 저당권설정계약에서 저당권설정자가 저당권을 침해해서는 안 된다는 의무를 도출할 수 있으므로, 저당권자는 그 의무의 불이행에 대하여 채무불이행책임을 추궁할 수도 있다고 생각한다.

나아가 민사집행법은 경매절차를 개시한 뒤에는 법원이 부동산에 대한 침해행위를 방지하기 위하여 필요한 조치를 할 수 있다고 규정하고 있다(제83조 제3항). 민사집행규칙은 이에 관한 상세한 절차를 마련해 두고 있는데, 채무자, 소유자 또는 부동산의 점유자가 부동산의 가격을 현저히 감소시키거나 감소시킬 우려가 있는 행위(이를 '가격감소행위 등'이라 한다)를 하는 때에는, 법원은 이를 금지하거나 일정한 행위를 할 것을 명할 수 있다고 한다(제44조). 이러한 규정들은 집행절차에서 간편하게 경매목적물에 대한 침해행위를 방지하기 위한 것이고, 경매절차가 개시된 이후에도 저당권자는 민법규정에 따른 물권적 청구권도 행사할 수 있다고 보아야 한다. 또한 제3자가 강제집행의 목적물에 대하여 소유권이 있다고 주장하거나 목적물의 양도나 인도를 막을 수 있는 권리가 있다고 주장하는 때에는 채권자를 상대로 그 강제집행에 대한 이의의 소를 제기할 수 있다. 다만 채무자가 그 이의를 다투는 때에는 채무자를 공동피고로 할 수 있다. 그리고 저당부동산의 종물 등을 부동산으로부터 분리하여 처분하는 경우에 저당부동산의 가치가 줄어들어 저당권을 침해할 위험이 있는데, 이와 같은 경매절차

89) 金曾漢·金學東, 物權法(제9판)(1997), 547면.

90) 대법원 1997. 11. 25. 선고 97다35771 판결(1998, 14)은, "타인의 불법행위로 인하여 근저당권이 소멸되는 경우에 있어 근저당권자로서는 근저당권이 소멸하지 아니하였더라면 그 실행으로 피담보채무의 변제를 받았을 것임에도 불구하고 근저당권의 소멸로 말미암아 이러한 변제를 받게 되는 권능을 상실하게 되는 것이므로, 그 근저당권의 소멸로 인한 근저당권자가 입게 되는 손해는 근저당목적물인 부동산의 가액범위 내에서 채권최고액을 한도로 하는 피담보채권액이라고 할 것"이라고 하였다. 또한 대법원 1998. 11. 10. 선고 98다34126 판결(공1998, 2845)은 "담보물을 권한 없이 멸실·훼손하거나 담보가치를 감소시키는 행위는 위법한 행위로서 불법행위를 구성하며, 이 때 채권자가 입게 되는 손해는 담보목적물의 가액의 범위 내에서 채권최고액을 한도로 하는 피담보채권액으로 확정될 뿐 그 피담보채무의 변제기가 도래하여 그 담보권을 실행할 때 비로소 발생하는 것은 아니다"라고 판단하였다. 후자의 판결에 관하여는 池元林, "擔保權 侵害와 損害賠償," 民事法學 18호(2000), 342면 이하 참조.

에서 저당권자가 제 3 자이의의 소(민사집행법 제48조)를 제기할 수 있다.[91)]

저당권침해에 대한 구제수단에 관하여 독일 민법과 우리 민법의 관련규정을 비교하면 다음 표와 같다. 규정의 방식이나 위치가 다르고 각각의 구제수단의 요건과 효과가 다르지만, 그 내용이 매우 유사하다는 것을 알 수 있다.

〈표〉 저당권침해에 관한 독일 민법과 한국 민법의 비교

	독일민법	한국민법
저당권침해로 인한 실행가부	제1133조 사전적인 만족청구권	민법 제388조 기한의 이익상실
방해배제와 손해배상	제240조 담보보충의무 제1134조 제 1 항 부작위청구권 제1134조 제 2 항 소유자의 필요한 조치 제823조, 제826조 불법행위에 기한 방해제거 또는 금전배상	제362조 원상회복 및 담보물보충 제370조, 제214조 소유물방해제거 및 예방청구권 제390조, 제750조 손해배상(금전배상)
종물의 훼손	제1135조 종물의 훼손	별도 규정 없음

2. 저당권에 기한 방해배제청구권

(1) 제362조와 제370조의 관계

저당권침해의 경우에 제362조에 따라 다른 담보를 청구할 수 있다는 점은 제370조에서는 도출되지 않지만, 제362조의 원상회복청구와 제370조의 방해배제청구는 그 효과가 서로 중복되는 점이 있다. 그리하여 제362조와 제370조가 어떠한 관계에 있는지 문제된다. 첫째, 제362조는 저당권설정자가 침해행위를 하여야 한다. 저당권설정자가 채무자가 아닌 경우, 즉 물상보증인인 경우에도 이 규정이 적용된다고 보아야 할 것이다.[92)] 이와 달리 제370조에서는 저당권설정자든 제 3 자든 저당권을 침해하는 행위에 대하여 방해배제청구를 할 수 있다. 둘째, 제362조에 의하면, 저당물이 훼손되었다고 하더라도 저당물보충청구권이 생기는 것은 아니고 저당물의 가액이 현저히 감소되어야 한다. 그러나 제370조에

91) 이러한 제 3 자 이의의 소도 저당권에 기한 물권적 청구권으로 다루고 있다. 郭潤直(주 83), 356면.

92) 民法注解(VII), 87면.

서는 저당권의 침해만 있으면 충분하고 그 침해가 현저할 것을 요구하지 않는다. 목적부동산의 교환가치가 아직 피담보채권액을 만족시킬 수 있는 경우에도 제370조에 기한 방해배제청구를 할 수 있다고 한다.[93] 셋째, 제362조에 의하면 저당권설정자에게 책임이 있어야 한다. 따라서 고의·과실 없이 저당물이 훼손된 경우에는 이 규정에 따른 저당물보충청구권을 행사할 수 없다. 이와 달리 제370조의 규정은 침해자의 고의·과실과는 상관 없이 적용된다. 넷째, 저당권침해의 효과로서 제362조에서는 원상회복과 다른 담보의 제공을 청구할 수 있으나, 제370조는 방해배제와 방해예방을 청구할 수 있다.

저당권이 침해된 경우에 저당권자가 제362조의 요건을 충족하는 한에서는 원상회복을 청구할 수도 있고, 제370조에 따라 방해의 제거를 청구할 수 있다. 그러나 방해의 우려가 있는 경우에는 제362조는 적용되지 않고 제370조에 따라 그 예방을 청구할 수 있다.

(2) 교환가치와 사용가치의 준별 문제 — 저당권의 본질론과 관련하여

담보물권의 본질은 목적물의 교환가치를 취득하는 것을 목적으로 하는 가치권이라고 한다. 이 점에서 목적물의 이용가치를 취득하는 것을 목적으로 하는 용익물권과는 본질적인 차이가 있다고 한다.[94] 특히 저당권은 저당목적물의 교환가치만을 파악하고 저당권설정자가 저당목적물을 점유·이용하는 것이기 때문에, 가장 순수하게 가치권으로서의 모습을 보여준다고 한다.[95] 따라서 저당권설정자가 저당목적물을 제 3 자에게 용익하게 하거나 부합물을 저당부동산으로부터 분리하더라도 이에 의하여 저당권이 침해되는 것은 아니다.[96] 이와 같이 저당권을 가치권으로 파악하는 태도는 일본의 담보물권법을 이끌었던 我妻榮의 견해[97]와 거의 동일하다.

여기에서 저당권설정자의 사용·수익권과 저당권자의 가치권이 상충하는 경우에 어떻게 해결할 것인지 문제된다. 저당권의 본질상 저당권설정자의 저당

93) 金曾漢, 物權法講義(1984), 428면.

94) 郭潤直(주 83), 278면.

95) 郭潤直(주 83), 279면; 金曾漢·金學東(주 89), 507면.

96) 郭潤直(주 83), 355면; 李英俊(주 84), 847면.

97) 我妻榮, "資本主義と抵當制度の發達," 民法研究 Ⅳ, 有斐閣(1967), 5면 이하는 독일의 콜러의 견해를 인용하여 가치권과 물질권을 구분한 다음, "소유권, 지상권, 영소작권 등은 토지 기타의 '물질'적 이용을 내용으로 하는 것임에 반하여, 담보권은 객체의 교환'가치'를 내용으로 한다"고 한다. 나아가 "물질권으로부터 가치권의 독립"을 근대법에서 저당권제도의 발달이라고 한다. 또한 我妻榮, 新訂 擔保物權法(1972), 209면에 의하면, "저당권은 목적물의 물질적 존재로부터 완전히 분리된 가치만을 객체로 하는 권리, 즉 물질권(Substanzrecht)에 대립하는 의미로서의 가치권(Wertrecht)의 순수한 형태"라고 한다.

목적물에 대한 사용과 수익은 우선적으로 보장되어야 한다는 견해가 있다.[98] 물론 저당권설정자는 저당목적물에 대하여 선량한 관리자로서의 주의의무를 진다고 한다. 따라서 통상의 경제적 용법에 따라 저당목적물을 사용하는 경우에 그것이 비록 저당목적물의 교환가치를 감소시키더라도 저당권침해가 아니라고 한다. 따라서 이 견해가 저당권설정자를 무조건 우선시해야 한다는 것은 아니다. 즉 통상의 경제적 용법을 벗어난 경우에는 저당권침해가 될 수 있을 것이다.[99]

그런데 교환가치와 사용가치를 엄밀하게 준별하는 것이 가능한지는 의문이다.[100] 통상적인 물건의 교환가치는 사용가치를 전제로 한다. 물건의 사용가치가 떨어지면 통상 교환가치도 그만큼 떨어진다. 교환가치는 사용·수익권을 전제로 한다. 저당권이 교환가치를 파악할 뿐이라는 것은 저당권의 실행시까지 소유자가 저당목적물을 이용할 수 있다는 의미이고, 저당목적물을 훼손해도 된다는 의미는 아니다. 소유자는 사용가치를 유지한 채로 목적물을 사용하는 것은 허용되지만, 저당목적물의 사용으로 담보가치 자체가 손상된다면, 저당권을 침해하는 것이라고 볼 수 있다. 따라서 저당목적물을 이용할 수 있다고 하더라도 저당권자가 파악하고 있는 담보가치를 침해해서는 안 될 것이다. 이것이 저당권설정자와 저당권자의 의사에 합치한다. 저당권자는 담보가치가 유지될 것이라는 기대를 갖고 채무자에게 자금을 융통하고 저당권을 설정받는다고 보아야 할 것이고, 이러한 저당권자의 기대를 해쳐서는 안 될 것이다.

저당권의 본질이 가치권이라는 명제는 저당권에 기한 방해배제청구권을 인정하는 것과 모순되는 것이 아니다. 저당권을 가치권으로 파악하는 것은 독일에서 유래된 것이고, 독일의 토지채무는 가장 발달된 형태의 가치권이라고 한다. 그러나 독일에서는 저당권이나 토지채무에 기하여 침해행위의 배제나 금지를 청구할 수 있다고 한다. 가치권 개념을 발전시킨 콜러도 저당권에 기한 방해배제청구권을 인정하고 있다.[101] 이러한 점에서도 저당권에 기한 방해배제청구권을 저당권의 본질과 배치되는 이질적인 제도로 보아야 할 이유는 없다.

소유자가 저당목적물의 사용가치를 파악하고 있다지만, 이것이 법규정에 명시되어 있는 것은 아니다. 소유자가 사용가치를 어느 정도로 파악하고 있는지는

---

98) 民法注解(VII), 82면.

99) 金曾漢·金學東(주 89), 547면은 목적물의 사용이 正當한 使用에 해당하는 경우에는 저당권 침해가 아니라고 한다.

100) 梁彰洙, "擔保에 관한 새로운 一般理論의 方向," 民事判例硏究(XXVI)(2004), 602면은 교환가치는 사용가치를 어느 고정된 시점에서 총체적으로 파악한 것이라고 보아야 할 것 아닌가라고 의문을 제기하고 있다.

101) Kohler(주 6), S. 370.

법규정에 따라 달라질 수 있다. 반면에 저당권자의 방해배제청구에 관해서는 제370조에서 명문의 규정을 두고 있다. 그렇다면 소유자의 사용가치 파악은 제370조에 의하여 제약받는다고 보아야 할 것이다. 그리고 민사집행법에서 부동산에 대한 강제집행의 방법은 강제경매와 강제관리로 구분되는데(제268조, 제78조), 강제경매는 교환가치를 실현하는 것이고, 강제관리는 수익가치를 실현하는 것이라고 볼 수 있다. 따라서 저당권은 교환가치와 함께 수익가치를 파악하고 있는 것이라고 보아야 한다. 소유자가 저당권설정 후에도 저당목적물을 이용할 수 있다고 하더라도 이것이 저당권자가 파악하고 있는 담보가치를 침해하지 않는 한도에서 허용될 뿐이다.

한편 채무자의 피담보채무를 변제하지 않은 경우에 저당권자는 경매절차를 통하여 경매목적물을 환가하고 위 환가대금에서 저당권의 피담보채무를 우선 변제받을 권리가 있다. 경매절차가 개시된 경우에도 소유자는 여전히 저당목적물을 관리·이용할 수 있지만(민사집행법 제83조 제 2 항), 이러한 권능은 환가권을 침해해서는 안 된다는 제약을 받는다(민사집행법 제83조 제 3 항). 경매절차가 진행되는 도중에 저당목적물을 훼손하는 경우에는 저당권자가 경매법원에 민사집행법에 따른 조치를 청구할 수 있을 뿐만 아니라, 민법 제370조에 따라 침해행위의 제거 또는 중지를 청구할 수 있다.

3. 저당토지 위에 건물을 신축하는 것이 토지의 훼손에 해당하는지 여부

토지소유자가 저당권을 설정한 이후에도 토지를 자유롭게 사용·수익·처분할 수 있는 것이 원칙이다. 또한 소유자가 토지를 처분하더라도 저당권의 효력이 미치기 때문에, 저당권자는 교환가치를 계속 파악하고 있는 것이다. 소유자가 토지 위에 건물을 짓는 것도 토지의 이용방법으로 볼 수 있다. 그러나 저당토지에 건물을 건축함으로써 담보에 제공된 토지의 담보가치가 하락할 수 있다. 이 경우에도 담보권자의 지위를 우선시해야 할 것인지, 아니면 소유자의 이용가치를 우선해야 할 것인지 문제된다.

이에 관한 논의를 하고 있는 문헌을 찾기는 쉽지 않다. 다만 토지에 대한 저당권설정자가 그 토지 위에 건물을 축조하는 것은 토지소유권의 정당한 이용의 범위에 속하므로, 저당권자는 그 금지를 청구할 수 없다는 견해가 있다.[102)]

102) 金曾漢·金學東(주 89), 531면. 그러나 金曾漢(주 93), 420면은 "저당권설정자가 건물을 축조함으로써 저당목적물의 담보가치를 감소시킨 경우에는, 기한의 이익의 상실(제388조)을 주장할 수 있고, 담보물의 보충(제362조)을 청구할 수 있다"고 한다.

그러나 그와 같이 단정할 수 있을까? 토지에 관한 저당권을 실행하려고 하는 데 위 토지에 건물을 축조함으로써 사실상 경매가 이루어지지 못할 수 있고, 이러한 경우에는 저당권자의 담보가치가 중대하게 훼손되는 결과가 초래된다. 평소에는 소유자가 저당목적물을 자유롭게 이용할 수 있다고 하더라도, 저당권이 실행될 단계에는 원래의 담보가치를 유지할 수 있어야 하지 않을까?

오히려 저당권을 설정할 당시 저당권설정자와 저당권자 사이에 담보가치를 유지하기로 하는 의사의 합치가 있다고 보아야 할 것이다. 토지에 저당권이 설정된 후 토지 위에 건물이 건축되었다가 위 저당권의 실행으로 토지와 건물의 소유자가 달라진 경우에는 건물을 위한 법정지상권이나 관습법상의 법정지상권이 성립하지 않는다.[103] 그 중요한 이유는 저당권자가 건물 없는 토지의 가치를 담보가치로 파악하고 있다는 것이다.[104] 만일 나대지에 대한 저당권자가 건물의 부담을 안고 있는 토지로서의 가치를 담보가치로 파악하는 것이 일반적인 경우라면 법정지상권에 관한 판례도 그 기초가 흔들리게 된다.

그러나 저당권자가 토지에 건물을 신축하는 것을 용인하였다면, 토지소유자가 건물을 신축할 수 있을 것이다. 이 점에 관하여 계약서에 명시하는 등 약정이 있으면 그 약정에 따라야 한다. 이것이 불분명한 경우에는 당사자들의 의사를 해석하는 방법으로 해결하여야 할 것이다. 만일 은행이 토지소유자에게 위 토지에 건축할 자금을 대출하고 위 토지에 저당권을 설정받은 경우에는 일반적으로 저당권자가 건물을 신축하는 것을 용인하였다고 볼 수 있을 것이다. 그런데 이러한 경우에도 채무자가 채무를 이행하지 않아 저당권자가 경매를 신청한 경우에는 더 이상 건축공사를 할 수 없다고 보는 것이 신의칙에 부합할 것이다. 소유자가 부도로 공사를 진행하지 못하자, 제 3 자가 건축공사를 인수하여 건축을 속행하는 경우까지 허용하고 있다고 볼 수는 없을 것이다.

103) 대법원 1993. 6. 25. 선고 92다20330 판결(공1993, 2098); 대법원 2003. 9. 5. 선고 2003다26051 판결(공2003, 2020) 등.

104) 한편 대법원 1999. 11. 23. 선고 99다52602 판결(집 47-2, 민 87)은 "토지에 저당권을 설정할 당시 토지의 지상에 건물이 존재하고 있었고 그 양자가 동일 소유자에게 속하였다가 그 후 저당권의 실행으로 토지가 낙찰되기 전에 건물이 제 3 자에게 양도된 경우, 민법 제366조 소정의 법정지상권을 인정하는 법의 취지가 저당물의 경매로 인하여 토지와 그 지상 건물이 각 다른 사람의 소유에 속하게 된 경우에 건물이 철거되는 것과 같은 사회경제적 손실을 방지하려는 공익상 이유에 근거하는 점, 저당권자로서는 저당권설정 당시에 법정지상권의 부담을 예상하였을 것이고, 또 저당권설정자는 저당권설정 당시의 담보가치가 저당권이 실행될 때에도 최소한 그대로 유지되어 있으면 될 것이므로 위와 같은 경우 법정지상권을 인정하더라도 저당권자 또는 저당권설정자에게는 불측의 손해가 생기지 않는 반면, 법정지상권을 인정하지 않는다면 건물을 양수한 제 3 자는 건물을 철거하여야 하는 손해를 입게 되는 점 등에 비추어 위와 같은 경우 건물을 양수한 제 3 자는 민법 제366조 소정의 법정지상권을 취득한다"고 하였다.

저당토지 위에 건물이 신축된 후 토지에 대한 경매절차가 진행되는 경우에는 건물이 철거될 운명에 있기 때문에,[105] 토지의 담보가치가 훼손되는 것은 아니라고 생각할 여지도 있다. 그러나 대지 위에 철거하여야 할 건물이 있는 경우에는 사실상 대지의 가액이 낮아질 수 있다. 특히 위와 같은 대지를 경락받더라도 건물철거 문제를 둘러싼 법적 분쟁에 휘말릴 수 있기 때문에, 경매나 입찰에 참가하는 사람들은 대지의 가액을 낮게 평가하려고 할 것이다. 경락인이 위와 같은 경매목적물을 낮은 가격으로 취득하여 건물소유자에게 비싼 값으로 매도하는 경우도 생길 수 있다. 저당지상의 건축으로 인하여 저당권자의 담보가치가 훼손되고, 그렇다고 소유자에게 유리한 결과가 되는 것도 아니고, 법률관계가 불안정한 틈을 타서 경락인만 이익을 얻을 수 있다.[106] 따라서 경매절차에서 불확실성을 없애기 위한 법해석이 필요할 것이다.

토지 위에 건물이 축조되면 저당권자가 일괄경매(민법 제365조)를 청구할 수 있기 때문에, 이로써 해결할 수 있다고 생각할 수 있다. 그러나 일괄경매를 신청하는 것은 저당권자의 권리이고 의무가 아니므로, 이를 이유로 공사중지청구를 막을 수는 없을 것이다. 또한 일괄경매제도로써 저당권자의 이익이 충분히 확보되지도 않는다. 첫째, 건물을 건축하고 있는 상태에서 부합물인지 독립된 건물인지 경계선에 있는 경우에는 저당권자가 일괄경매를 신청하는데 어려움이 있다. 둘째, 미등기 건물에 관하여도 경매를 신청할 수 있으나(민사집행법 제81조 제 1 항 제 2 호 단서, 제 3 항), 여러 제약이 있다. 셋째, 제365조에 의한 일괄경매에서 토지의 저당권자는 건물의 경매대가에 대하여는 우선변제를 받을 권리가 없으므로(제365조 단서), 매각대금 산정 등과 관련하여 사실상 손해를 입을 수 있다. 넷째, 저당권설정자가 건물을 축조한 때에 일괄경매를 청구할 수 있다고 규정하고 있는데, 저당권설정자 이외의 제 3 자가 건물을 축조하고 소유하고 있는 경우에는 일괄경매를 청구할 수 없다.[107]

당사자들 사이에 아무런 약정이 없는 경우에도 경매절차 전후를 구분하는

105) 토지에 대한 저당권이 설정된 이후에 건물을 신축한 경우에는 저당권의 실행으로 토지와 건물이 달라지더라도 법정지상권이 성립하지 않는다. 대법원 2003. 9. 5. 선고 2003다26051 판결(공2003, 2020); 대법원 1995. 12. 11.자 95마1262 결정(공1996, 348) 등.

106) 이러한 우연적 사정으로 인한 재화의 분배는 가급적 억제되어야 할 것이다.

107) 종래 대법원은 저당권설정자가 건물을 축조하여 소유하고 있는 경우에 한하여 일괄경매를 청구할 수 있다고 하였다(대법원 1994. 1. 24.자 93마1736 결정(공1994, 788); 대법원 1999. 4. 20.자 99마146 결정(공1999, 1235)). 그러나 대법원 2003. 4. 11. 선고 2003다3850 판결(공2003, 1178)은 저당지상의 건물에 대한 일괄경매청구의 허용범위를 확장하여 저당권설정자가 건물을 축조한 경우뿐만 아니라 저당권설정자로부터 저당토지에 대한 용익권을 설정받은 자가 그 토지에 건물을 축조한 경우라도 그 후 저당권설정자가 그 건물의 소유권을 취득한 경우에는 저당권자는 토지와 함께 그 건물에 대하여 경매를 청구할 수 있다고 한다.

방안을 생각해 볼 수 있다.[108] 경매신청 후에는 소유자의 이익보다는 저당권자의 이익을 보호할 필요성이 더욱 커진다. 경락인은 건물소유자에게 건물의 철거를 청구할 수 있다. 경매절차의 진행중에 저당권자가 건축공사의 중지를 청구할 수 없다고 해놓고, 나중에 경락인의 건물철거청구를 인용하는 것은 부당한 것이다. 그런데 경매절차에 들어간 다음에 저당권에 기한 방해배제청구가 허용된다면, 경매절차에 들어가기 전단계에서 담보가치를 감소시키는 행위를 막지 못할 이유가 있을까. 저당권에 기한 방해배제청구권에 관한 민법규정은 경매절차 전후에 따른 구분을 하지 않고 있다.

금융실무에서 저당권과 함께 지상권을 설정받는 경우가 있다. 이것은 토지에 저당권을 설정 후에 저당권설정자가 건물을 축조하는 경우에 대비하기 위한 것이다.[109] 이를 담보지상권이라고 하기도 한다. 그러나 저당권에 기한 방해배제청구로서 저당토지 위에 건물을 신축하는 것을 막을 수 있다면 굳이 이와 같은 지상권을 설정할 필요가 없을 것이다.

토지에 저당권을 설정할 당시 저당권자가 토지소유자의 건축을 막기 위하여 지상권이나 임차권도 같이 설정하도록 할 것인지, 아니면 토지소유자가 건축하려면 저당권자의 동의 또는 승낙을 받도록 법규정을 해석할 것인지 생각해 볼 필요가 있다. 소유자가 저당권설정 이후에 건축을 하려면 저당권자의 사전 동의를 받도록 하여야 하지 않을까. 왜냐하면 저당권설정 당시 저당권자가 나대지 상태로 담보가치를 파악했다[110]고 보아야 할 것이기 때문이다. 또한 토지저당권에 기하여 건축금지를 청구할 수 있다고 보는 것이 경제적으로도 효율적일 수 있다. 적어도 저당권설정시에 이와 별도로 지상권을 설정하는 비용과 시간을 줄이는 결과가 될 것이기 때문이다.

---

108) 이 경우에도 경매개시신청을 기준으로 할지, 아니면 경매개시결정을 기준으로 할지 문제될 수 있다. 또한 채무불이행이 있었는지 여부를 기준으로 구분하는 것도 한 방법이다.

109) 대법원 2004. 3. 29.자 2003마1753 결정(공2004, 781)은 "토지에 관하여 저당권을 취득함과 아울러 그 저당권의 담보가치를 확보하기 위하여 지상권을 취득하는 경우, 특별한 사정이 없는 한 당해 지상권은 저당권이 실행될 때까지 제3자가 용익권을 취득하거나 목적 토지의 담보가치를 하락시키는 침해행위를 하는 것을 배제함으로써 저당부동산의 담보가치를 확보하는 데에 그 목적이 있다고 할 것이므로, 그와 같은 경우 제3자가 비록 토지소유자로부터 신축중인 지상 건물에 관한 건축주 명의를 변경받았다 하더라도, 그 지상권자에게 대항할 수 있는 권원이 없는 한, 지상권자로서는 제3자에 대하여 목적 토지 위에 건물을 축조하는 것을 중지하도록 구할 수 있다"고 하였다.

110) 金曾漢(주 93), 419면은 법정지상권에 관한 성립요건을 설명하면서, 나대지에 저당권을 설정하는 경우에 건물 없는 토지로서 평가하는 것이 오늘날의 담보가치평가의 실정이라는 점을 중시한다.

Ⅳ. 結　論

저당권은 교환가치를 파악한다는 것이기 때문에, 저당권에 기한 물권적 청구권을 행사할 수 없다는 통념은 더 이상 유지될 수 없다. 저당권이 가치권이라는 사고와 저당권에 기한 방해배제청구권은 서로 모순되는 것이 아니다. 저당권자는 담보가치를 훼손하거나 훼손할 우려가 있는 행위를 배제할 수 있다. 우리 민법은 이에 관한 명문의 규정을 두고 있다. 우리 민법의 규정은 독일 민법과는 세부적인 점에서 차이가 있지만 저당권자가 방해의 제거와 방해의 예방을 청구할 수 있다는 점에서는 큰 차이가 없다. 가치권 개념은 독일 민법학에서 유래한 것인데도, 독일 민법은 저당권에 기한 부작위청구를 인정하고 있다.

그런데 저당토지 위에 건물을 신축하는 것이 저당권자가 소유자를 상대로 그 금지청구를 할 수 있는지는 논의상황이 다르다. 독일민법에서는 우리 민법과 달리 건물이 토지의 본질적 구성부분이다. 따라서 토지와 그 지상 건물은 하나의 물건으로 취급된다. 그리하여 저당토지 위에 건물을 신축하는 경우에 건물에도 저당권의 효력이 미치기 때문에, 토지의 훼손으로 볼 수 없을 것이다. 그런데 독일에서 저당권이 설정된 토지와 다른 토지를 병합하는 것은 토지의 훼손이 될 수 있다. 이러한 경우에 토지의 훼손이라고 보는 근거를 저당권의 실행이 곤란하게 되었다는 점에서 찾는다.

우리 민법에서는 토지와 건물을 별개의 독립된 물건으로 다루고 있다. 저당토지에 건물을 신축하면 토지에 대한 저당권의 실행이 곤란하게 된다. 저당권을 실행하는 단계에서 건물의 존재는 저당권의 담보가치를 손상할 수 있다. 따라서 이러한 경우에는 원칙적으로 저당권침해를 이유로 공사금지청구를 할 수 있다고 생각한다. 적어도 저당권에 기한 경매절차가 개시된 경우에는 저당권자의 환가권을 침해했다고 볼 수 있을 것이다.

抵當權에 기한 妨害排除請求
— 日本의 學說과 判例를 參照하여 —

裵　成　鎬*

I. 序　　論

소유권은 물건을 사용·수익·처분할 수 있는 전면적 지배권이므로, 그 점유를 침탈하거나 기타 소유권의 행사를 방해하는 경우에 소유자는 물권적 청구권의 행사에 의하여 소유권의 내용을 실현할 수 있다. 한편 저당권(Hypothek)은 저당목적물의 교환가치만을 파악하고 저당권설정자가 저당목적물을 점유·이용하는 것이므로 저당목적물을 제 3 자에게 용익하게 하거나 부합물을 저당부동산으로부터 분리하더라도 이에 의하여 저당권이 침해되는 것은 아니다. 즉 저당권은 저당권자가 사용·수익을 위하여 목적물을 점유하지 않는 비점유담보권이기 때문에 누가 불법적으로 목적물을 점유한다 할지라도 원칙적으로 저당권이 침해된다고 할 수 없다는 것이 종래의 일반적 이해이다. 그러나 목적물의 교환가치를 소멸시키는 행위는 물론 감소시킬 우려가 있는 행위로 인하여 저당권자가 저당목적물의 교환가치로부터 우선변제를 받는 것을 위태롭게 하는 경우에는 저당권의 침해가 되는 수가 있다. 저당권은 물권이므로 저당권의 침해가 인정되면 저당부동산에 대한 방해의 제거를 청구할 수 있고, 또한 방해의 우려가 있는 경우에는 그 예방을 청구할 권리가 있다.

저당권침해행위는 제 3 자에 의하여 행하여지는 것이 일반적이지만, 저당권설정자 내지 채무자에 의한 교환가치의 감소행위를 저당권의 침해로 볼 수 있는지가 문제된다. 가령 나대지에 저당권을 설정한 저당권설정자가 그 이후 건물을 신축하는 도중 저당권자가 저당권의 실행에 착수한 경우, 건물의 계속적인 건축행위가 경매절차의 진행을 방해하여 저당권자의 환가권이 침해될 우려가 있다면 토지의 순조로운 경매의 진행을 위하여, 저당권에 기한 방해배제청구권의 행사로서 대지상의 건축행위의 금지를 구할 수 있는지 여부, 즉 목적물의 멸실·감

* 영남대학교 법과대학 교수.

가에 대한 부작위청구권이 문제된다. 이는 곧 저당권설정자의 사용수익권의 한계획정과 저당권자가 가지는 교환가치의 의미를 궁구하는 것이다.

나아가 만약 건물의 소유자가 토지경락 후에도 건물의 철거 등 매수인의 요구에 응하지 않는 등 토지이용에 장애가 발생할 개연성이 있다면 결국 토지의 경매를 위한 경매절차의 진행은 순조롭지 않을 것이고 종국적으로 매수인이 나타나지 않을 수도 있으며,[1] 저당권자는 자신이 확보하고 있던 저당부동산의 교환가치의 실현을 방해받게 될 것이고, 저당권의 금융시장에서의 법적·경제적 의의는 상실되어 갈 것이다.

이상의 문제는 저당권의 본질이라고 일컬어지는 교환가치의 지배권성과 비점유담보권성을 어떻게 이해할 것인가에 따라 그 결론을 달리할 것이다.

Ⅱ. 抵當權의 侵害와 그 구제

1. 抵當權의 侵害

(1) 意 義

저당권의 침해라 함은 저당권자의 담보가치를 위태롭게 하는 것, 즉 저당권자가 저당목적물의 교환가치로부터 우선변제를 받는 것을 위태롭게 하는 일체의 행위를 말한다. 이러한 저당권의 침해는 저당목적물을 멸실 또는 훼손하는 행위와 같이 적극적으로 행할 수도 있고, 목적물이 멸실 또는 훼손되는 것을 부당하게 방치하는 경우처럼 소극적으로 행할 수도 있다. 따라서 목적물의 교환가치를 소멸시키는 행위는 물론 감소시킬 우려가 있는 행위도 저당권의 침해로 되는 수가 있다.[2]

(2) 抵當權의 侵害와 구제방법

1) 實體法的 次元에서의 救濟

저당권의 침해가 있으면 실체법적 차원에서의 물권적 효과로서 물권적 청구

1) 만약 경락이 된다 하더라도 매수인의 부동산 인도청구권의 집행과정에서 또한 어려운 문제가 발생한다. 즉 단순히 토지의 인도를 명하는 집행권원에 기초하여 집행하는 경우에 목적물인 토지 위에 건물이 있는 때에는 건물은 토지와 별개의 부동산이므로 그 건물을 철거하지 않는 한 그 부지부분에만 점유를 빼앗을 수 없고, 그 한도에서 집행은 불능이 된다(대법원 1980. 12. 26.자 80마528 결정; 대법원 1986. 11. 18.자 86마902 결정). 법원행정처, 집행관실무편람(2004), 269-270면 참조.

2) 이에 대한 개관은 權純一 執筆, 註釋民法[物權(4)](1999), 156면 이하 참조.

권(제370조, 제214조) 및 원상회복청구권·저당물보충청구권(제362조)이 발생하고, 채권적 효과로서 손해배상청구권(제390조, 제750조) 및 즉시변제청구권이 발생한다.

2) 節次法的 次元에서의 구제

저당부동산에 대한 경매개시결정을 한 뒤 법원은 직권 또는 이해관계인의 신청에 따라 부동산에 대한 침해행위의 방지를 위하여 필요한 조치를 할 수 있다(민사집행법 제83조 제3항). 일반적으로는 압류가 되더라도 매각대금이 완납될 때까지는 채무자의 사실적인 이용·수익의 권능은 박탈되지 아니하나, 채무자가 부동산의 가액을 감소시키는 행위를 할 때에는 경매의 실효성을 확보하기 위하여 일종의 보전처분으로서 침해방지를 위한 필요한 조치를 취할 수 있다.[3] 침해행위의 방위조치는 압류채권자 또는 최고가매수신청인 등과 같은 이해관계인의 신청 또는 집행법원의 직권으로 결정의 형식으로 한다. 신청의 상대방은 부동산을 점유하는 채무자·소유자뿐만 아니라 채무자 이외의 자가 부동산을 점유하는 경우에도 그 점유권원을 압류채권자, 가압류채권자 혹은 민사집행법 제91조 제2항 내지 제4항의 규정에 의하여 소멸되는 권리를 갖는 자에 대하여 대항할 수 없는 경우에는 그 점유자도 상대방으로 하고 있다(민사집행규칙 제44조 제2항). 침해행위를 방지하기 위하여 필요한 조치로서는 매각허가결정이 있을 때까지 가격감소행위를 금지하거나 일정한 행위를 명할 수 있는 금지명령·작위명령(동 규칙 제44조 제1항)이 있고, 그 외에 부차적 내지 2차적 보전처분으로 집행관 보관명령(동 규칙 제44조 제2항)이 있다.

한편 경락허가결정의 선고 후에는 매각부동산 인도명령(민사집행법 제136조 제1항 본문)에 의하여 부동산을 보전할 수 있다. 그리고 만약 채무자·소유자 또는 점유자가 인도명령에 따르지 않을 때에는, 매수인 또는 채권자는 집행관에게 그 집행을 위임할 수 있다(동법 제136조 제6항).

(3) 抵當權侵害의 特殊性

저당권은 저당목적물의 교환가치만을 파악하고 저당목적물의 사용·수익을 저당권설정자로부터 빼앗는 것이 아니므로, 저당목적물이 통상의 경제적 용도에 따라서 이용되고 있는 한, 저당권설정자가 부합물을 저당부동산으로부터 분리하거나 목적물을 제3자에게 용익케 하여도 저당권이 침해되고 있다고는 할 수 없

3) 이에 대해서는 법원행정처, 전게 집행관실무편람, 299면 이하; 법원행정처, 법원실무제요 민사집행(Ⅱ)-부동산집행(2003), 720면 이하 참조.

다. 또한 저당목적물을 침해하여 그 교환가치가 감소되었다 하더라도 그것이 아직 피담보채권의 범위를 초과하고 있다면 저당권자가 손해를 입었다 할 수 없으므로 이러한 저당권의 침해에 대하여는 손해배상청구권 등의 구제방법이 인정되지 않는다. 저당권침해의 이와 같은 특수성은 저당권이 가치권이라는 성질로부터 연원하는 것이다.

2. 抵當權에 기한 妨害排除請求

(1) 원래 구 민법은 이에 관하여 아무런 규정을 두고 있지 않았으나 현행 민법은 제370조에 의하여 소유물방해제거 및 방해예방청구권에 관한 제214조를 준용함으로써 저당권에 기한 방해제거 및 방해예방청구권을 명문으로 규정하였다.[4]

(2) 저당산림을 부당하게 벌채하거나 저당건물이 관리 잘못으로 붕괴될 우려가 있는 경우, 또는 저당권의 효력이 미치는 종물을 부당하게 분리하는 경우 등에는, 저당권실행에 의한 경매개시결정이 있는지 여부에 관계 없이 물권으로서의 저당권 자체의 효력에 의하여 그와 같은 사실적 침해행위의 배제를 청구할 수 있다. 공장저당권의 목적인 동산이 저당권자의 동의 없이 설치된 공장으로부터 반출된 경우에, 저당권자는 점유권이 없기 때문에 설정자로부터 일탈한 저당목적물을 저당권자 자신에게 반환할 것을 청구할 수는 없지만, 방해배제청구권에 기하여 저당목적물이 제 3 자에게 선의취득되지 않는 한 원래의 설치장소에 원상회복할 것을 청구할 수 있다.[5] 저당권자는 저당산림에 대한 부당벌채의 중지를 청구할 수 있고, 이미 벌채되어 그 지상에 있는 목재의 반출을 거부할 수 있다. 반출한 나머지 재산만으로 피보전채권의 완제가 가능한 경우에도 물권적 청구권은 역시 발생한다. 즉 물권적 청구권은 저당권의 침해가 있는 이상, 비록 멸실되거나 감소된 나머지 목적물의 교환가치가 피담보채권을 만족시킬 수 있는 경우에도 손해배상청구권과는 달리 발생한다고 할 것이다. 이는 저당권의 불가분성의 원칙(제370조, 제321조)에 따라 저당권자가 저당목적물의 어느 부분으로부터 우선변제를 받을 것인가는 저당권자의 재량에 속하는 문제이기 때문이다. 한편 저당권의 이러한 추급력은 저당권자의 권리일 뿐이고 의무는 아니므로, 목적물의 일부가 반출된 후 그 나머지에 대하여 경매가 진행되더라도 위법이 아님

4) 민법안의견서, 128면.

5) 대법원 1996. 3. 22. 선고 95다55184 판결. 본 판례에 대한 평석은 池元林, "담보권침해와 손해배상," 민사법학 18호(2000), 342면 이하 참조.

은 물론이다.[6]

(3) 저당권은 점유를 수반하지 않는 비점유담보권이므로 반환청구권은 있을 수 없고, 다만 침해에 대하여 그 중지를 청구하거나 제거를 청구하고, 또 침해의 우려가 있는 경우에는 그 예방을 청구할 수 있을 뿐이다. 이러한 물권적 청구권의 요건 및 상대방은 소유물방해배제청구권에 준하여, 저당권설정자 또는 제 3 자의 고의·과실을 요하지 않으며, 원칙적으로 침해상태를 제거할 수 있는 저당권설정자 또는 제 3 자이다. 이외에도 무효등기의 말소청구권과 강제집행에 대한 제 3 자이의의 소 등이 문제된다.

Ⅲ. 日本에 있어서 抵當權에 기한 妨害排除請求

1. 序

일본에서 저당권침해를 이유로 하여 방해배제청구권이 본격적으로 문제가 되기 시작한 것은 단기임대차(일본 민법 제395조[7])를 이용한 저당권의 실행을 방해하는 현상의 출현과 밀접한 관련이 있다. 1970년대 중반부터 사해적 단기임대차, 즉 용익이라는 본래의 목적에서 벗어나 저당물건을 점유하고 그 매각가격을 저하시키고 매각절차에 참가하여 전매이익을 취득하는 것을 목적으로 한다든가 혹은 매수인으로부터 立退料라는 명목으로 경제적 이익을 취득하는 것을 목적으로 하는 단기임대차가 저당권침해의 전형적 형태로 나타나기 시작하였다.

2. 短期賃貸借制度의 惡用

저당권설정자는 물론, 저당권자에 대항할 수 없는 사용권자는 저당권의 실행에 의한 경매에 의하여 부동산의 점유권원을 상실하고 매수인으로부터의 명도청구에 복종한다. 더구나 처음부터 점유권원을 가지지 않은 불법점유자를 매수인이 배제하는 것은 당연하다. 그러나 악질적 점유자는 집행의 지연을 획책하고, 경매가격의 저하를 획책하여 낮은 가격에 경락받아 다른 사람에게 높은 가격에 전매하여 그 차액을 챙긴다든가 입퇴료 등의 명목으로 매수인으로부터 고액의

6) 대법원 1966. 7. 27.자 66마714 결정.
7) 이하 본절에서는 일본 법령의 경우 그 명칭과 조문만으로 표시한다.

금전을 요구하는 등 불법적 이익을 도모하였다.

특히 민법 제395조는 저당권설정등기보다 후에 체결된 건물에 관한 임대차계약은 3년의 단기간 내의 것이라면 저당권의 실행에 의해서도 예외적으로 소멸하지 않고 매수인에게 승계된다고 하고 있었기에 이를 악용하는 사례가 빈번하였다. 즉 최대 3년까지는 임차인에 대하여 매수인은 소유권을 행사할 수 없다. 이와 같은 예외를 인정한 이유는 만약 이것을 인정하지 않는다면 저당권이 설정된 부동산을 임차할지라도 언제 저당권이 실행되어 임차인이 쫓겨날지 알 수 없기 때문에 저당권이 설정된 부동산에 대해서는 임차인이 나타나지 않을 수도 있기 때문이었다. 이는 또한 저당권설정자에게 사용수익권을 부여하여 부동산을 유효하게 이용할 수 있도록 하는 저당권제도의 취지에도 부합하지 않는 것이기 때문에, 저당권과 이용권의 조정을 도모하기 위한 하나의 방편으로 단기임차권제도를 두게 된 것이다.[8)]

그런데 1970년대 중반부터 이 단기임대차제도를 악용하는 사례가 두드러지게 나타나기 시작하였다. 가령 月100円 정도의 저렴한 임차료와 이 임차료의 전액 선지급, 임금채권과의 상계, 매수인에게 승계되는 고액의 부금설정, 양도・전대자유의 특약 등 정상적인 임대차에서는 찾아볼 수 없는 약정에 의하여 매수인에게 커다란 부담을 주었다. 이러한 약정이 유효하다면 매수인은 소유권을 취득하고 임대인으로서의 지위를 승계한다 할지라도 임대료는 받지 못하는 반면, 임대차계약이 종료하는 때에는 거액의 부금을 임차인에게 반환하지 않으면 아니되는 부담을 안게 된다. 이와 같은 단기임대차계약을 매수인이 승계할 수밖에 없다면 부동산의 매각가격은 더욱 낮아질 것이다(이하 이를 對抗減價라 한다).

이러한 對抗減價에 대하여 점유자의 점유권원의 상실에 대하여, 민법 제395조 단서는 임차권이 저당권자에게 손해를 입히는 때에는 저당권자의 청구에 의하여 그 해제를 명하는 것이 가능하다고 규정하고 있다. 재판실무는 단기임대차의 보호요건을 여러 가지의 구성에 의하여 엄격화하여 이에 대처하였다.[9)] 가령 동경지재 집행부는 소송으로 비화된 단기임대차의 경우 거의 대부분을 제395조 단서의 사해적 단기임대차로 간주하였다.

---

8) 生熊長幸, "抵當權者による明渡請求を肯定した大法廷判決の登場－最高判 平成11年11月24日(民集53卷8号1899면)の檢討," 執行妨害と短期賃貸借(2000), 409면 이하; 吉田克己, "民法395條(抵當權と賃借權との關係)," 民法典の百年 Ⅱ 個別的考察(1)總則編・物權編, 廣中俊雄・星野英一 編(1998), 691면 이하.

9) 栗田隆, "短期賃貸借制度の再構成," 米倉明ほか編 金融擔保法講座 I(1985), 193면 이하, 특히 201-203면 참조.

3. 占有減價와 抵當權의 非占有擔保性

해제청구가 인정된다면 단기임차인은 무권한점유자가 되고, 사해적 단기임차권자 또는 점유자는 그대로 거주를 계속함이 통상적이고, 이에 대하여 경락인은 대금납부 후 인도명령(민사집행법 제83조)을 얻어 이에 의하여 부동산을 강제적으로 명도청구할 수 있다. 이와 같이 점유권원을 상실한 단기임차인 또는 불법점유자가 명도청구에 응하지 않으면 매수인은 점유자를 배제하기 위하여 많은 비용과 노력 그리고 시간을 들일 수밖에 없다. 특히 저당권의 실행에 의하여 자신의 재산을 잃어버리길 바라지 않는 채무자 내지 저당권설정자가 수수료를 주고 조직폭력배까지 개입시키면 더욱이 매수희망자가 나타나지 않을 수도 있고, 부동산의 매각가격은 더욱 저하된다(이하 이를 占有減價라 한다).

따라서 저당권자는 적정가격으로의 경매를 신속히 진행하기 위하여 경매 전에 점유자를 배제할 필요성이 있는 것이다. 즉 민사집행법 제83조에 의하여 매수인에게 인도명령을 받기 전에 점유자를 배제할 방책의 필요성이 대두되었다.

이에는 물권인 저당권의 침해에 기하여 방해자에 대하여 직접적으로 물권적 청구권을 행사하는 방법과 소유자는 불법점유자에 대하여 소유권에 기한 방해배제청구권을 가지고 있기 때문에, 소유자가 그 권리를 행사하지 않는 때에는 저당권자가 채권자대위권에 의하여 권리를 행사하는 방법을 고려할 수 있다.

그러나 여기에는 커다란 장애가 있다. 즉 저당권은 목적부동산의 사용수익은 설정자에게 맡겨두고, 목적물의 교환가치로부터 우선변제를 받는 비점유담보이기 때문에, 적어도 실행착수까지는 목적물의 사용수익권능에 간섭할 수 없다. 즉 사용수익을 누가 하고 있는가 또는 목적물건의 점유가 불법으로 이루어졌는가 라는 것은 저당권의 침해와 직접적 관계가 없다. 따라서 목적부동산의 불법점유자에 대하여도 저당권자는 저당권의 침해를 주장할 수 없다.[10] 이상과 같은 해석을 非占有擔保性 또는 價値權論,[11] 抵當權도그마[12]라 한다.[13]

---

10) 我妻榮 · 福島正夫, "抵當權判例法(2·完)," 法律時報 7卷 2号(1935), 14면; 我妻榮, 民法硏究 Ⅳ-2(1967), 238-239면; 同, 新訂擔保物權法(民法講義 Ⅲ)(1968), 209면. 이 견해는 교환가치와 사용가치를 준별하고, 저당권은 목적물의 물질적 존재로부터 완전히 분리된 가치만을 객체로 하는 권리, 즉 Substanzrecht(物質權)에 대한 의미로서 Wertrecht(價値權)의 순수한 형태라고 한다.

11) 이와 같이 "저당권의 본질은 가치권이다"라는 이해는 독일저당제도의 이해로부터 연유한다. 따라서 이를 '독일적 가치권설'이라고도 한다. 이에 반하여 "저당권설정자의 권능은 관리권에 한정된다"라는 이해를 '프랑스적 저당권관'이라 한다. 프랑스법의 저당권에 대한 기본적 태도는 저당권설정자는 소유권자인 이상 저당권설정 후에도 소유권에 내재하는 제권능의 행사를 부정당하지 않지만, 한편으로 저당부동산의 가액을 저하시킬 수 있는 법적 또는 사실적 처분행위를 행하여 저당권자의 이익을 해할 수 없다는 것이다. 한편 프랑스적 저당권관에 있어서 저

4. 最高裁 平成 3年(1991) 判決까지의 學說과 判例의 動向

1960년대 전반까지만 해도 일본의 학설과 판례는 가치권론을 근거로 점유에 의해서는 저당권은 침해되지 않기 때문에, 불법점유에 대해서도 저당권에 기한 방해배제청구와 대위청구를 부정하였다.

그러나 1970년대 중반이 되면서부터 해제된 단기임차인을 포함하여 불법점유자에 대한 설정자에의 명도를 긍정하는 판례가 서서히 나타나기 시작하였고, 민사집행법(1979년 제정)이 시행된 1970년대 후반에는 민사집행법상의 인도명령(제83조) 등의 정비로 인하여 일시 이를 긍정하는 판례가 줄어드는 듯하였다. 그러나 1980년대 중반에 접어들면서 다시 하급심 판례에서 저당권자에 의한 불법점유자에 대한 명도청구를 저당권에 기한 방해배제청구로서 인정하는 판결이 증가하고,[14] 平成 3年 판결 이전에는 오히려 이를 부정하는 판결보다 상회하는 상황이었으며,[15] 학설 또한 이를 긍정하는 것이 압도적 다수설이었다.[16]

당권이 비점유담보권이다라는 것은 독일적 가치권설과 공통점이다. 따라서 저당권을 독일적 가치권으로 파악하더라도, 목적부동산의 교환가치의 하락에 의하여 저당권이 침해되고 있다고 평가할 수 있는 경우에는 저당권자에게 물권적 방해배제청구권을 인정할 수 있다. 吉田克己, 前揭論文, 740-741면 참조.

12) 近江幸治, "短期賃貸借の解除と明渡請求," 法律時報 57卷 9号(1985), 94면.

13) 부동산담보의 기능적 변천을 연혁적으로 살펴보면, 근세까지의 봉건시대에는 토지 그 자체와 그것을 이용하여 산출한 산출물의 중요성 때문에 용익담보가 그 제도적 기반이 되었고, 담보권의 존재를 공시하는 등기제도의 완비와 상품으로서의 부동산 유통시장이 형성됨에 따라 용익담보에서 교환가치담보로의 기능적 변천을 거쳐, 1980년대 이후 세계경제가 고도성장에서 저성장으로, 확대재정에서 긴축재정으로, 관리경제에서 시장경제로의 커다란 변화를 거치면서 담보제도는 교환가치담보에서 수익담보제도로 담보제도의 이념 및 기능은 변화를 거듭하고 있다. 近江幸治, "新しい担保制度の意義と展望," 金融・商事判例 1186号(2004. 3), 12면 이하; 同, 擔保制度の研究(1989), 41면 이하 참조.

14) 東京地判 昭和 52(1977). 10. 28. 判例時報 886号, 68면; 名古屋金澤地判 昭和 53(1978). 1. 30. 判例時報 895号, 84면; 大阪地判 昭和 55(1980). 4. 25. 判例タイムズ 422号, 133면; 東京高判 昭和 63(1988). 7. 28. 判例時報 1289号, 56면; 大阪高判 平成 元(1988). 3. 29. 判例タイムズ 703号, 164면; 大分地判 平成 2(1991). 4. 27. 判例タイムズ 731号, 182면 등.

15) 鎌田薫, "抵當權の侵害と明渡請求," 民法學の新たな展開(1993), 278면에 의하면 긍정 재판례의 증가는 민사집행법상의 인도명령 등의 정비에 의하여서도 충분한 해결이 되는 것이 아니라는 것을 보여주는 것이고, 경락 전에 악질적 점유자를 배제하지 않는다면 적정한 저당권의 실행을 보장할 수 없다는 현실이 顯在化된 것이라고 한다.

16) 生熊長幸, "抵當權併用賃借權の後順位短期賃貸借排除效と抵當權に基づく短期賃借人に對する明渡請求權," 岡山大學法學會雜誌 40卷 3·4号(1991), 527면 이하; 中野貞一郎, "抵當權者の併用賃借權に基づく明渡請求," 金融法務事情 1252号(1990), 10-11면; 椿壽夫, "抵當權に基づく妨害排除請求への道ー併用賃借權および短期賃貸借との關連で," ジュリスト 963号(1990), 93면 이하; 一宮なほみ, "抵當權の短期賃貸借の解除請求と明渡請求(上)(下)," 判例タイムズ 691号, 20면 이하, 693号, 16면 이하(1989); 井口博, "抵當權者の短期賃借權者に對する明渡請求," 判例タイムズ 705号(1989), 4면 이하; 小杉茂雄, "抵當權に基づく物權的請求權の再構成(一)(二)," 西南學院法學論集 14卷 1号, 1면 이하, 14卷 2号, 141면 이하(1981); 栗田隆, "大阪地判昭五五·四·二五判批," 關西法學 31卷 1号(1981), 251면 이하. 더욱이 기초적 연구로서 內田貴, "抵當權と利用權"(1983), 4면 이하; 同, "抵當權と短期賃貸

5. 最高裁 平成 3(1991). 3. 22. 判決과 執行妨害對策의 節次法에의 偏重

(1) 最高裁 平成 3(1991). 3. 22. 判決[17]은 저당권은 목적부동산의 교환가치로부터 우선변제를 받는 비점유담보물권이기 때문에(제369조), 적어도 실행착수까지는(제371조 참조) 목적물의 사용수익권능에 대하여 간섭할 수 없다라는 전통적 가치권론의 입장에서 불법점유에 의한 점유감가를 부정함으로서 저당권에 기한 방해배제와 대위청구를 함께 부정하였다.

사안은 전형적인 사해적 단기임대차의 사례로서, A소유 부동산의 경매를 신청한 저당권자X는 AB간의 단기임대차계약에 의하여 목적물의 감정평가액이 약 2할 하락하여 손해를 야기함으로 단기임대차의 해제를 청구하고, 동시에 해제를 명하는 판결의 확정조건으로서 임차권가등기 등을 말소하고, 전차인 Y에 대하여 목적부동산을 A에게 명도할 것을 청구한 사건이다. 이에 最高裁는 다음과 같이 판단하였다. 단기임차인의 점유자체가 저당부동산의 담보가치를 감소시키고, 저당권자에게 손해를 끼치는 것은 아니며 이는 對抗減價의 문제이다. 저당권자에게 대항할 수 없는 장기임차인과 불법점유자에 대한 점유의 배제는 인도명령과 인도소송으로 가능하고, 이에 의하여 담보가치의 보존·저당권자의 보호를 도모할 수 있다. 더욱이 해제에 의하여 점유권원이 소멸한다면 침해상태는 소멸되고, 단기임대차의 해제의 효력은 점유권원의 설정자에 대한 관계에 있어서도 소멸시키고, 인도명령과 인도소송을 가능하게 하는 것이지, 저당권자에게 점유를 배제시킬 권원을 부여하는 것은 아니다. 저당권자는 해제 후에 단기임차인이 점유를 계속하고 있을 지라도 저당권에 기한 방해배제청구로서 점유의 배제를 청구할 수는 없다라고 하였다.

(2) 이 판결에 대하여 수많은 학설들은 불법점유자 등에 의해 초래될 저당물의 교환가치의 하락과 집행방해 등에 대한 현실을 외면한 판결이라는 강한 비

借," 民法講座(3)(1984), 176면 이하 등이 비교법적 연구에 의하여 저당권의 본질에 대하여, "현재는 저당권을 가치권으로서 파악하고 있지만, 민법전 입법 당초의 민법기초자의 의사는 '저당권은 소유권에 대한 제약이고, 설정자는 목적물의 사용수익권능을 제한받게 된다. 즉 저당권설정자는 관리행위의 범위 내에서 부동산의 수익권을 상실하지 않는다'(梅謙次郎, 民法要義卷之二物權篇(1899), 526면 이하)라고 하여 설정자는 관리행위만을 행하는 것으로 보았다. 그러나 그 후 독일법학의 영향에 의하여 저당권관념이 변화하고, 昭和 초기 이후 저당권은 이용가치로부터 분리된 담보가치(교환가치)만으로 파악한다는 이해(가치권)가 일반화되었다. 이 가치권이라는 이해로부터 저당권자는 목적물의 물질적 이용에 간섭할 수 없다는 관념이 도출되었다. 그러나 이러한 이해가 반드시 보편적인 것은 아니고, 고유의 요소에 의한 특이한 발전을 보인 독일저당권법으로부터 연유하게 된 것이다"라고 주장하며 가치권론을 신랄하게 비판하고, 단기임대차의 입법론적 폐지까지 전망함으로써 긍정설의 절대적 지지를 얻었다.

17) 民集 45卷 3号, 268면.

판도 하였지만,[18] 집행방해의 배제는 권리의 침해라는 관점보다는 권리의 실현이라는 관점에서 문제해결을 시도하는 것이 바람직하다는 견해가 비등하였다.[19] 그리하여 동경지재 집행부는 이 문제를 집행절차의 개선에 의하여 저당권의 본질과 합치되도록 하기 위하여, 그 수단으로서 平成 3年 판결이 시사한 인도명령을 이용한 것이 아니라, 매각을 위한 보전처분(민사집행법 제55조 제1항·제2항, 민사집행법 제188조에 의하여 담보권의 실행으로서의 경매에 준용)을 이용하였다. 이 규정에 의한 보전처분의 상대방은 채무자에 한정되어 있고, 부동산의 점유자는 포함되어 있지 않았다. 이는 민사집행법을 제정할 당시 원안에서 부동산의 점유자를 의식적으로 삭제한 것인데, 그 이유는 자주관리 등의 명목으로 노동운동의 탄압에 보전처분이 이용될 위험을 배제하기 위한 것이었다고 한다.[20] 이러한 명문의 규정에도 불구하고 동경지재[21]는 점차 채무자 이외의 부동산점유자를 상대방으로 하는 보전처분을 행하기에 이른다.[22] 그 이론적 구성은 점유자를 채무자의 점유보조자로 간주하고, 또한 그 때까지 가격감소행위라는 것은 물리적 상태의 변경만으로 관념하던 것을 제3자에의 점유이전과 임차권의 설정, 제3자에 의한 점유행위자체에까지 그 범위를 넓혔다.[23] 즉 집행방해를 목적으로 하는 남용적 단기임차인과 무권원점유자(불법점유자)에 의한 저당부동산의 점유가 민사집행법 제55조의 '가격감소행위 등'에 해당되는 것인가에 대하여, 平成 3年 판결에서는 점유는 가격감소행위에 해당하지 않는다는 것이었다. 그러나 집행재판소는 점유도 '가격감소행위 등'에 해당하기 때문에 적극적으로 매각을 위한 보전처분을 행하기에 이른 것이다. 당초는 제3자에 대하여 점유이전금지의 보전처분을 행하는 정도였지만,[24] 그 후 경매부동산으로부터의 퇴거를 명하

18) 片山直也, "短期賃貸借の解除と抵當權者の明渡請求," ジュリスト 989号(1991. 11), 97면; 椿壽夫, "解除された短期賃借人に對する抵當權者の明渡請求," 法律時報 別冊 私法判例リマークス 4号(1992), 19면; 近江幸治, 擔保物權法(新版)(1992), 165면 이하; 高木多喜男, 擔保物權法(新版)(1993), 147면 이하; 中野貞一郎, 民事執行法(新訂三版)(1998), 376면, 386면, 註12); 生熊長幸, "解除された短期賃借人に對する抵當權者の明渡請求," ジュリスト 981号(1991. 6), 30면; 同, "短期賃貸借の解除と抵當權者の明渡請求," 法律時報 63卷 9号(1991), 44면 이하 등 다수.

19) 椿壽夫ほか, "座談會・最近の擔保判例とその評價(その3)," 法律時報 63卷 9号(1991), 74면 이하[鎌田薰 發言]・[山野目章夫 發言]; 椿壽夫・奧田昌道ほか, "シンポジウム・擔保法學の當面する課題," 私法 58号(1996), 13면 이하[鎌田薰 發言], 56면 이하[同 發言].

20) 吉田克己, 前揭論文, 732면.

21) 東京地決 平成 3(1991). 8. 7. 判例時報 1419号, 88면; 東京地決 平成 4(1992). 3. 13. 判例時報 1423号, 107면 등.

22) 深山雅也, "民事執行法の一部を改正する法律の解說," NBL 598号(1996), 27면 이하.

23) 栗田隆, "民事執行法上の保全處分の相對方の範圍," 執行妨害對策の實務(1997), 37면 이하; 佐藤鐵男, "抵當權と民事執行法上の保全處分," 執行妨害對策の實務(1997), 68면 이하 참조.

24) 東京地決 平成 3(1991). 8. 7. 判例時報 1419号, 88면; 東京地決 平成 4(1992). 3. 13. 判例時報 1423号, 107면 ②事件 등.

게 되고,[25] 더욱이 제 3 자가 건물퇴거의 제 1 차 보전처분에 따르지 않는 경우에 집행관보관명령까지 내리게 되었다.[26] 이러한 법원의 대응에 대하여 반제정법적인 법형성이라는 비판이 있기도 했다.[27]

6. 1996년 · 1998년 民事執行法의 改正과 實體法上의 論議의 再浮上

(1) 집행재판소가 이러한 대응을 하고 있는 동안, 거품경제의 붕괴에 의한 주택전문금융회사가 갖고 있는 다액의 불량채권의 처리가 커다란 사회적 · 정치적 문제가 되고, 경매절차의 정비의 필요성이 설득력을 얻게 되고, 집행실무와 제정법과의 乘離를 메우고자 1996년 민사집행법의 일부가 개정되었다.[28] 이 개정에 의하여 가격감소행위를 하는 자는 채무자뿐만 아니라 부동산점유자도 그 상대방이 된다고 하여 매각을 위한 보전처분의 상대방의 범위가 확대되고(제55조), 최고가매수신청인 또는 매수인을 위한 보전처분(제77조)에 대해서도 이와 같은 개정이 이루어졌다. 또한 인도명령(제83조)에 대해서도 상대방이 확대되고, 대항요건을 구비하지 않은 임차인과 같이 본래 매수인에 대항할 수 없어 명도의무를 부담하기 때문에 인도의 상대방의 범위에서 제외되어 있던 자에 대해서도 인도명령이 인정되게 되었다. 더욱이 제55조에 의한 매각을 위한 보전처분은 경매신청 전에는 신청할 수 없는 결함을 가지고 있었는데, 이를 해소하기 위하여 경매개시결정 전의 보전처분제도가 새롭게 제도화되었다(제187조의2). 이러한 입법적 조치로 인하여 사해적 단기임대차에 의한 점유의 배제에 상당한 실효성을 거두게 되었다.

그러나 개정법이 시행된 1996년 9월 1일 이전의 집행사건에 대해서는 구법이 적용되기 때문에(平成 8年 法 第108号 附則 2) 개정 전 사건에 대해서는 여전히 구 민사집행법이 적용된다는 시적 한계가 존재한다는 문제와 더불어 저당권자가 저당권실행을 잠깐 미루고 있는 사이에 가치감소행위가 행하여진다면 개정법으로도 대응이 되지 않는 문제 역시 여전히 남아 있었다.[29] 제187조의2 자

25) 東京地決 平成 4(1992). 3. 26. 判例時報 1423号, 110면; 東京地決 平成 4(1992). 5. 29. 判例時報 1432号, 105면 등.

26) 東京地決 平成(1992). 5. 6. 判例タイムズ 794号, 257면; 東京地決 平成 4(1992). 9. 22. 判例タイムズ 798号, 262면 ②事件; 東京地決 平成 5(1993). 2. 3. 判例タイムズ 812号, 251면 ①事件 등.

27) 吉田克己, 前掲論文, 732면.

28) 長野勝也 · 井上直哉, "改正民事執行法制の概要," NBL 604号(1996), 15면; 萩本修, "民事執行法の一部を改正する法律について," ジュリスト 1096号(1996), 15면; 深山雅也, 前掲論文, 27면 이하.

29) 吉田光碩, "改正民事執行法と抵當實務," NBL 614号(1997), 26면.

체가 담보권자에게만 경매개시 전의 보호를 인정한 것은 실체법상의 효력에서 유래하는 것이라 볼 수밖에 없고 동조에 의하여 점유감가를 고려하는 것은 平成 3年 판결과 저촉되고,[30] 실체법상의 권리가 인정되지 않는다면 민사보전법상의 가처분은 이용될 수 없었다.[31] 따라서 개정법에 의하여서도 모든 집행방해행위를 실효적으로 배제할 수 있다는 보장은 없었다. 즉 민사집행법이 예상하지 못한 집행방해[32]에 대해서는 대처할 수 없다는 한계가 여전히 존재하고 있었다.

(2) 금융기관의 다액의 불량채권의 문제는 비단 주택금융전문회사만의 문제가 아니라 대부분의 금융기관의 문제가 되고, 금융기관의 파산까지 초래하게 됨에 따라 이러한 현상의 해결이 다시금 정치적 과제가 되었다. 이와 더불어 경매절차의 정비가 다시금 요구되어지고, 이에 1998년 다시 한번 민사집행법 일부의 개정이 이루어졌다. 그 중에서 가장 주목되는 것은 민사집행법 제68조의2에 신설된 매수신청을 한 압류채권자를 위한 보전처분이었다. 이 규정은 매각을 실시하였지만 매수신청이 없어 재차 매각을 실시하였지만 매수신청인이 또 다시 나타나지 않은 경우에는, 부동산을 점유하는 채무자 또는 점유권원으로 압류채권자·저당권자 등에게 대항할 수 없는 점유자가 부동산의 매각을 곤란하게 하는 행위를 하거나 그러한 행위를 할 염려가 있는 때에는, 저당권자 등의 압류채권자가 매수를 그 조건으로 신청을 하면 집행재판소는 부동산의 점유를 배제하고 집행관보관 또는 신청인에 의한 보관을 명하는 것이 가능하다는 것이다. 따라서 平成 3年 판결에서 인정되지 않은 비점유담보권자인 저당권자에 의한 저당부동산의 보관을 인정한 것이다.[33] 그러나 무엇보다도 집행방해를 목적으로 하는 남용적 단기임차인과 무권원점유자에 의한 저당부동산의 점유가 본조의 “부동산 매각을 곤란하게 하는 행위를 하거나, 또는 그러한 행위를 할 염려가

30) 佐藤鐵男, 前揭論文, 68면 이하; 梶山玉香, “抵當權の實行と民事執行法改正,” ジュリスト 1115号, 146-147면.

31) 田中康久, “民法395條但書により解除された短期賃借人ないしそれを基礎とする轉貸借に基づき抵當不動產を占有する者に對する抵當權者の明渡請求の可否,” 金融法務事情 1298号(1991. 9), 13면; 升田純, “短期賃貸借をめぐる諸問題と實務,” 金融法務事情 1336号, 1992, 27면.

32) 대표적 집행방해의 예로 조직폭력배들의 조직적 개입을 들 수 있다. 이러한 경우 경매참가자의 범위가 더욱 협소화되고, 더욱이 경락가격이 하락할 개연성이 커지게 되며, 심지어는 이러한 사실이 알려지면 매수인이 나타나지 않을 위험조차도 있다 한다. 이는 민사집행법의 제도설계상의 예정된 범위를 벗어나는 것이기 때문에 이러한 집행방해의 경우에는 저당권의 침해로 평가하기에 충분하다고 한다. 吉田克己, 前揭論文, 741면; 占有妨害對策硏究會 編, 占有妨害排除の理論と實務－競賣物件明渡しの實例と實踐的理論(第 3 版)(2001), 2면 이하 참조.

33) 山本和彦, “抵當權者による不法占有排除と民事執行手續,” 金融法務事情 1569号(2000), 60면에 의하면 이론적으로 특히 담보권자의 부동산보관을 인정한 1998년 민사집행법 개정에 이르러, 平成 3年 판결과의 乘離가 그 정점에 달하였다고 지적하고 있다.

있는 때"에 해당하는 것으로는 인정하지 못하였기 때문에, 이러한 민사집행법의 개정에 의하여서도 平成 3年 판결과 집행실무 간의 모순은 여전히 해소될 수 없었고, 그 한계를 노정시켰다. 따라서 다시금 실체법상의 논의가 대두되었다.

(3) 한편 이와 달리 저당권에 기한 임료채권에 대한 물상대위가 最高裁 平成元(1988). 10. 27. 判決[34]에 의해 인정됨으로써, 실질적으로는 저당권을 교환가치와 이용가치의 분별의 구조를 초월한 형태로써 실무에서의 운용이 시작되고 있었다. 즉 이 판결은 저당권의 목적부동산이 임대된 경우에 저당권자는 민법 제372조, 제304조의 규정의 취지에 따라, 목적부동산의 임차인이 공탁한 임대료의 반환청구권에 대해서도 저당권을 행사할 수 있다고 하였다.

이 또한 상기 사회적 환경과 관련하여 저당권자에 의한 불법점유자에 대한 명도청구와 불가분의 관계를 가진다. 즉 금융기관의 불량채권회수를 위하여 매각 전의 점유의 배제와 임료채권에 대한 물상대위의 필요성이 바로 그것이다.[35]

---

34) 民集 43卷 9号, 1071면.

35) 일본에서는 2003년 8월「擔保物權 및 民事執行制度의 改善을 위한 民法 中의 一部를 改正하는 法律」이 공포되었다. 이 법률에는 일본 담보법제의 이념적 전환을 가져오는 집행부동산수익집행제도를 도입하였다. 담보부동산수익집행이란 담보부동산에서 발생하는 수익을 피담보채권의 변제에 충당하는 방법에 의한 부동산담보권의 실행을 말하는 것(민사집행법 제180조 제2호)으로, 부동산을 목적으로 하는 담보권의 실행방법의 하나이다(近江幸治, 前揭 新しい担保制度の意義と展望, 10면 이하; 山川一陽 等, 改正擔保法・執行法のすべて(2003), 52면). 이 제도가 도입된 경위는 거품경제의 후유증에 대한 대응책으로서의 현실적 필요성 내지 실무계의 요청과 상기 最高裁 1989년 판결로 저당권자가 저당부동산의 임대료에 대한 수취가 가능하게 되었으나, 그에 따른 부작용이 발생하게 되었기 때문이다. 특히 임대료채권 전액에 대하여 물상대위를 위한 압류를 함으로써 저당부동산에 대한 관리가 허술하게 되어 임대물건이 황폐해 질 위험이 있다는 것과 저당권에 기초한 임대료채권의 물상대위라고 하는 것은 반드시 행사해야만 하는 것이 아니므로 경우에 따라서는 후순위저당권자가 선순위저당권자가 알지 못하는 사이에 물상대위권을 행사할 수도 있다는 것이었다. 따라서 이 제도는 이러한 현실적인 필요성과 실무계에서의 강한 요청으로 인하여 1980년대 거품경제가 붕괴되면서 임대료양도제도로 전개된 것이 증권화와 연동하는 형태로 1990년대에 접어들며 시작된 미국의 수익담보를 그 모델로 하여 도입된 것이다(青木則幸, "アメリカにおける收益型不動産擔保制度－コマーシャルモーゲージ制度の發展過程1," 比較法學 36卷 2号, 早稲田大學比較法研究所(2003. 1), 1면 이하; 이성표, "일본 담보법제의 새로운 전개－교환가치담보에서 수익담보로－," 인권과 정의 337호(2004. 9), 130면 이하). 이 제도는 일본 부동산담보제도가 지금까지 교환가치담보에 의존하고 있던 것을, 담보부동산에서 발생하는 수익을 피담보채권의 변제에 충당이 가능한 수익가치담보로의 이념적 전환을 가져왔다(近江幸治, "新しい擔保制度の意義と展望," 金融商事判例 1186号(2004. 3), 6면 이하). 결국 일본에서는 부동산담보권자의 피담보채권의 회수방법은 부동산경매 이외에 담보부동산수익집행제도 및 물상대위 등이 있다. 한편 우리 나라에서는 이미 2002년 시행된 민사집행법 제163조 이하에 일본의 擔保不動産收益執行制度와 유사한 强制管理制度를 신설하였다. 단 우리 법에서 강제관리는 강제집행절차에서만 인정하고 담보권실행절차에서는 인정되지 않는다(민사집행법 제268조 이하). 강대성, 민사집행법(제2판)(2003), 425면 이하; 법원행정처, 전게 법원실무제요 민사집행(Ⅱ)-부동산집행, 720면 이하; 이시윤, 신민사집행법(2004), 268면 이하 참조.

7. 最高裁 平成 11(1999). 11. 24. 大法廷 判決

(1) 序

最高裁 平成 11(1999). 11. 24. 大法廷 判決[36]에 이르러 전통적 가치권론에 입각한 상기 最高裁 平成 3(1991). 3. 22. 判決을 변경하고, 제 3 자가 저당부동산을 불법점유함으로써 경매절차의 진행이 방해받아 적정한 매각가격이 하락할 염려가 있는 등 교환가치의 실현방해에 의하여 저당권자의 우선변제청구권의 행사가 곤란하게 되는 상태를 저당권의 침해로 평가하여, 부동산의 점유에 의한 집행방해에 대한 실체법상의 구제를 긍정하였다. 또한 본 판결의 보충의견으로 저당권설정시부터 환가까지 저당부동산에 대하여 실현되어야 하는 교환가치를 恒久的・繼續的으로 지배하는 것이 가능하다는 점에 저당권이 물권으로서의 의의가 있다고 함으로써,[37] 종래의 가치권론에 대한 수정을 가하였다. 특히 매각가격의 하락은 예시로 보고, 본건과 같이 매각가격의 저하가 입증되지 않더라도 경매가 순조롭게 진행되지 않는 것만으로도 저당권의 환가권능이 저해되고 있다고 평가하였다. 즉 본 판결은 전통적 가치권론을 수정하여, 저당권을 물질로부터 완전히 분리된 순수한 가치권만으로 보는 것이 아니라, 교환가치의 지배가능성과 그 전제인 처분가치의 지배가능성까지도 포함한 내용을 가진 담보물권으로 파악하였다.[38]

사안은 구체적으로 다음과 같다.

[事實關係]

X는 A소유의 甲건물을 담보로 A를 채무자로 하는 근저당권자이고, Y는 甲의 불법점유자이다. A의 채무불이행으로 甲에 대해 경매를 신청, 경매개시결정이 내려졌지만, Y의 불법점유로 인해 매수인이 나타나지 않아 경매절차는 중단되었다. 이에 X는 Y를 상대로, 근저당권의 피담보채권인 대금채권을 보전하기 위해, A의 甲의 소유권에 기한 방해배제청구권을 대위행사하여, 자신에게 甲의 명도를 구하는 소를 제기하였다. X의 청구를 인용한 원심에 대해 Y가 상고하였지만, 最高裁는 다음과 같은 이유로 기존의 판례를 변경하며 Y의 상고를 기각하였다. 덧붙여서 보면 상고 후 경매가 실행되어 매수인이 점유를 취득하였기

36) 民集 53卷 8号, 1899면; 判例時報 1695号, 40면; 判例タイムズ 1019号, 78면.
37) 奧田昌道 대법관의 보충의견.
38) 松岡久和, “抵當權に基づく不法占有者に對する明渡請求,” 民法判例百選 I 總則・物權[第五版](2001), 179면.

때문에, 상고심에서는 실제 명도의 가부가 논하여진 것이 아니라, 법률상의 문제가 순수히 다투어졌다.[39]

[判決要旨]

저당권은 경매절차에 의하여 실현되는 저당부동산의 교환가치로부터 다른 채권자에 우선하여 피담보채권의 변제를 받는 것을 내용으로 하는 물권이고, 부동산의 점유를 저당권자에게 이전함이 없이 설정되고, 저당권자는 원칙적으로 저당부동산의 소유자가 행하는 저당부동산의 사용 또는 수익에 관해서는 간섭할 수 없다.

그러나 제 3 자가 저당부동산을 불법점유함으로써 경매절차의 진행이 방해되고, 적정한 가격보다 매각가격이 하락할 우려가 있는 등, 저당부동산의 교환가치의 실현이 방해되어 저당권자의 우선변제청구권의 행사가 곤란한 상태라면, 이는 저당권자에 대한 침해라고 평가된다. 그래서 저당부동산의 소유자는 저당권에 대한 침해가 발생하지 않도록 저당부동산을 적절히 유지관리해야 한다. 따라서 저당권의 효력으로서, 저당권자는 저당부동산의 소유자에 대해, 그가 갖는 권리를 적절히 행사하는 등, 저당부동산을 적절히 유지 또는 보존할 것을 구하는 청구권을 갖는다. 그렇다면 저당권자는, 이러한 청구권을 보존할 필요가 있는 때에는 제423조의 법의에 따라, 소유자의 불법점유자에 대한 방해배제청구권을 대위행사할 수 있다고 해석하는 것이 상당하다.

아울러 제 3 자가 저당부동산을 불법점유함으로써, 저당부동산의 교환가치의 실현이 방해되고 저당권자의 우선변제청구권의 행사가 곤란한 상태에 있는 때에는, 저당권에 기한 방해배제청구로써 저당권자가 이 상태의 배제를 구하는 것도 허용된다.

最高裁平成元年(オ) 第1209号 同 3 年 3 月 22日 第二小法廷判決 · 民集 45巻 3号 268면은 이상과 저촉하는 한도에서 이를 변경해야 한다. 본건에서는 Y가 점유할 권원 없이 甲을 점유함으로써, 甲의 경매절차의 진행이 방해되고 그 교환가치의 실현이 곤란해진 것이므로, X의 우선변제청구권의 행사가 곤란하다는 것을 용이하게 추인할 수 있다. 이러한 사실관계에서는, X는 소유자인 A에 대해, 甲의 교환가치의 실현을 방해하고 X의 우선변제청구권의 행사를 곤란하게 하는 상태를 시정하도록 요구하는 청구권을 가지므로, 이 청구권을 보전하기 위

39) 참고로 2003년 8월 前揭「擔保物權 및 民事執行制度의 改善을 위한 民法 中의 一部를 改正하는 法律」에 의하여 제395조의 단기임대차제도는 일본 민법에서 삭제되었다.

해 A의 Y에 대한 방해배제청구권을 대위행사하고, A를 위해 甲을 관리함을 목적으로 하여, Y에 대해 직접 자신에게 甲을 명도할 것을 요구할 수 있다고 해야 한다. 본건 청구는 근저당권의 피담보채권의 대위를 원인으로 하지만, 근저당권을 토대로 그 교환가치의 실현을 저해하는 Y의 점유의 배제를 구하기 위해, 소유자를 대위하여 Y에 대해 甲의 명도를 청구하는 취지를 포함하는 것이라고 해석할 수 있다.

[奧田昌道 裁判官의 補足意見]

1. 제 3 자의 행위 등에 의한 저당권침해의 성부에 관하여 저당권에 인정되는 저당부동산의 교환가치에 대한 배타적 지배의 권능은 교환가치가 실현되는 저당권실행시(환가 · 배당시)에 가장 첨예하게 나타나지만, 이것에 국한되지 않고 저당권설정시부터 환가에 이르기까지, 저당부동산에 대해 실현되어야 할 교환가치를 恒常的 · 繼續的으로 지배할 수 있는 점에 저당권의 물권으로서의 의의가 있다. 따라서 저당권설정시부터 환가에 이르기까지 저당부동산의 교환가치를 감소시키거나, 교환가치의 실현을 곤란하게 하는 제 3 자의 행위 내지 사실상태는, 이를 저당권의 침해로 보아야 하고, 그러한 침해를 저지하거나 제거할 법적 수단이 저당권자에게 용의되어 있어야 한다.

또한 저당권의 교환가치는 경매절차에서 실현되는 것이므로, 제 3 자의 행위 등이 저당부동산의 교환가치를 감소시키거나 교환가치의 실현을 곤란하게 하는 것으로써, 저당권의 침해에 해당하는지 여부에 관해서는, 당해 행위 등의 내용만이 아니라, 경매절차에서의 당해 저당권자에 대한 배당의 가능성 등도 고려해야 한다. 왜냐하면 모든 저당권자에게 동등한 구제를 인정하는 것은 적당하지 않고, 배당을 받을 가능성이 전혀 없는 후순위저당권자에 의한 구제수단의 남용을 방지하는 것도 고려해야 하기 때문이다.

2. 저당권에 기한 방해배제청구권에 대해서 물권의 실현이 방해받거나 방해받을 우려가 있는 경우에, 물권자가 물권의 효력으로써 방해자에 대해 방해의 배제 또는 예방을 청구할 수 있는 것(물상청구권)이 널리 승인되어 있다. 저당권은 목적물에 대한 사실적 지배(점유)를 동반하지 않고 그 교환가치를 비유형적·관념적으로 지배하는 권리이지만, 본건에서와 같이, 제 3 자가 저당부동산을 정당한 권원 없이 점유함으로써, 경매절차의 진행이 방해되고 저당부동산의 교환가치의 실현이 방해되어 저당권자의 우선변제청구권의 행사가 곤란해지는 상태가 발생한 때에는, 당해 불법점유자에 대해 저당권자는 저당권에 기한 방해의

배제, 즉 부동산의 명도를 청구할 수 있다고 해야 한다.

물론 이 경우에 저당권자가 자신에게 명도할 것을 청구할 수 있는가, 저당부동산의 소유자에게 명도할 것을 청구할 수 있음에 그치는가는 더 검토해야 할 문제이다.

3. 저당권자에 의한 소유자의 방해배제청구권의 대위행사에 관해 저당권의 침해에 대한 구제수단으로써 저당권 그 자체에 기한 방해배제청구권이 인정된다면, 나아가 그 이외에 저당부동산의 소유자가 갖는 방해배제청구권을 저당권자가 대위행사할 수 있음을 인정하는 점에 대해서는 이론이 있을 수 있다. 첫째는 민법 제423조가 규정하는 채권자대위권은 '자신의 채권을 보전하기 위해' 인정되는데, 저당권침해의 경우에 피보전채권이 되는 것은 무엇인가이다. 둘째는 채권자대위권의 소위 전용사례(부동산소유권의 전전양도의 경우 전득자에 의한 중간자의 등기청구권의 대위행사나, 부동산임차권에 대한 침해의 경우의 임차인에 의한 소유자의 방해배제청구권의 대위행사)에서는, 권리의 대위행사가 달리 적절한 구제수단이 없어 불가피하게 인정된 편법으로 되어 있는데, 저당권침해의 경우에는 저당권자에 대해 저당권에 기한 방해배제청구권을 인정함으로써 충분하다는 반론을 생각할 수 있다는 점이다. 첫째에 대해서는, 저당권설정자 또는 저당부동산의 양수인은 담보권(저당권)의 목적물을 실제로 관리하는 입장에 있는 자로서, 제 3 자의 행위 등에 의해 그 교환가치가 감소하거나 교환가치의 실현이 곤란해지지 않도록, 이를 적절히 유지 또는 보존하는 것이 법이 요청하는 바이다. 이에 반하여 저당권자는 저당부동산의 소유자에 대해 저당부동산의 담보가치를 유지 또는 관리하도록 요구할 청구권(담보가치유지청구권)을 갖는다고 해야 한다. 그리고 이 담보가치유지청구권은 저당권설정시부터 그 실행(환가)에 이르기까지 존속하는 권리이고, 제 3 자가 저당부동산을 훼손하거나 저당부동산을 불법점유함으로써, 저당부동산의 교환가치의 실현이 방해받는 상태가 발생했음에도 불구하고, 소유자가 적절한 조치를 취하지 않는 경우에는 이 청구권의 존속·실현이 곤란해질 사태를 초래하므로, 저당권자는 저당부동산의 소유자에 대한 담보가치유지청구권을 보전하기 위해 저당부동산의 소유자가 침해자에 대해 갖는 방해정지 또는 방해배제청구권을 대위행사할 수 있다고 해야 한다. 두번째의 채권자대위권의 전용사례에서의 보충성(달리 적절한 구제수단이 없는 점)에 대해서는 저당권에 기한 방해배제청구권의 요건 및 효과(청구권의 내용)에 대한 논의가 충분하다고는 할 수 없고, 앞으로도 검토해야 할 문제가 남아 있는 현재로서는, 대위청구에 의한 구제의 길을 막아서는 아니된다.

그런데 대위권행사의 효과로서 저당권자는 저당부동산의 점유자에 대해서 직접 자신에게 명도할 것을 청구할 수 있는가에 대해서는, 저당권자는 저당부동산의 소유자의 방해배제청구권(명도청구권)을 동인을 대신하여 행사함에 불과한 점, 저당부동산의 소유자의 명도청구권의 내용은 동인 자신에게 명도하라는 것이므로, 저당권자에 의한 대위행사의 경우에도 동일하다고 생각해야 할 것처럼 보이지만, 저당부동산의 소유자가 수령을 거부하거나 소유자가 수령하는 것을 기대할 수 없다는 사정이 있는 때에는, 저당권자는 저당부동산의 소유자를 대신하여 수령한다라는 의미에서, 직접 자신에게 명도할 것을 청구할 수 있다고 해석하는 것이 상당하다. 그리고 본건과 같은 경우에는, 원칙적으로 저당권자는 직접 자신에게 저당부동산을 명도할 것을 요구할 수 있다고 해야 한다. 그 경우 저당권자가 취득하는 점유는 저당부동산의 소유자를 위해 관리하는 목적에서의 점유, 소위 관리점유라고 할 수 있다.

아울러 어떠한 경우에 대위권의 행사가 인정되는가에 관해서는 사안에 따라 검토해야 할 문제이지만, 본건과 같이 저당권자에 의한 경매가 신청된 사안에서는 대위권행사를 인정함에 아무런 장애도 없다 할 것이다.

(2) 平成 3年 判決을 中心으로 한 論議의 整理

1) 肯 定 說

平成 11年 판결의 의의를 명확히 하기 위하여 상기 平成 3年 판결과 관련하여 불법점유자의 점유감가를 인정한 긍정설에 대한 좀더 상세한 검토를 하기로 한다. 긍정설은 대체로 다음과 같은 논거로 불법점유자의 저당권침해를 인정하고, 저당권에 기한 방해배제청구를 긍정하였다.[40]

① 점유자체에 의하여 매각이 곤란해지고 매각가격이 저하되는 경우가 적지 않으며, 그 결과 담보가치가 감소하여 피담보채권을 만족시킬 수 없다면 저당권은 침해되고 있다. ② 저당권이 교환가치만을 지배하는 가치권일지라도, 압류 후에는 저당권자도 사용수익에 간섭할 수 있다(민법 제371조 제1항). 저당권이 목적물의 용익에 간섭할 수 없다는 것은 반드시 보편적 진리인 것은 아니고, 역사적 도그마에 지나지 않는다. ③ 무효인 임대차설정등기 등이 저당권실행의 사실상의 장애가 되기 때문에 말소청구 등을 할 수 있다는 것과 균형이 맞지 않는다. ④ 법은 불법점유를 허용하지 않는다. ⑤ 해제판결에 복종하여 임의로 퇴거

40) 鎌田勳, 前揭論文, 271-273면; 金馬健二, "大阪高判平元·3·29(平成3年判決原審)解說," 判例タイムズ 735号(1990), 56-58면 參照.

하는 단기임차인과 비교하여 계속적인 불법점유를 인정하는 것은 공평에 어긋난다. ⑥ 담보권실행의 적정을 도모하기 위해서는 점유의 배제까지도 필요하다.

2) 平成 3年 判決과 肯定說의 檢討

① 긍정설과 平成 3年 판결의 대립점은 占有減價를 어떻게 해석할 것인가에 있다. 平成 3年 판결의 논리는 대체로 다음과 같다. 긍정설의 입장에서도 통상의 용법에 좇아 채무자의 사용·수익을 저당권침해라고 평가할 수 없기 때문에(민집 제46조 제2항 참조), 채무자 자신이 행하는 것과 마찬가지로 제3자의 사용·수익은, 비록 제3자가 불법점유자일지라도, 점유감가는 문제되지 않는다. 또한 단기임대차에 의한 감가는 점유 그 자체에 의한 감가가 아니라, 단기임대차가 대항력을 가지고 있기 때문에 매수인에게 승계되는 소위 對抗減價인 것이다. 대항감가에 대해서는 해제청구에 의한 구제로서 족하다 할 것이다. 해제청구가 인정되지 않는다면 단기임대차가 존재하는 것은 그것이 존재하지 않는 경우와 비교해 볼 때 부동산매각가격은 현저히 저하될 것이다. 매수를 한다 할지라도 수년간은 자기가 사용할 수 없기 때문이다. 그러나 정상적 단기임대차라고 한다면 적정한 임대료수입이 있으므로 사용하지 않더라도 그 만큼의 불이익은 감소하게 된다. 대항감가로 인한 가격저하는 단기임대차의 보호를 인정하는 민법 제395조가 존재하는 한, 각오해야 할 부담으로서 저당권자가 담보평가를 할 때 처음부터 고려하지 않으면 아니된다.

집행실무에서 최저경매가격을 결정할 때에는 경매에 의한 부동산의 취득은 일반시장에서의 매매와는 달리 매수인에게 특유의 부담이 있기 때문에, 소위 경매시장수정이라고 하는 감가가 행하여지게 된다. 결국 경매는 점유관계를 정리하는 비용을 미리 경매가격에 계산해 넣은 것이기에,[41] 그것을 초과한 감가가 있다면 그것을 저당권의 침해라 하게 된다.

하지만 종래 긍정설은 불법점유자가 존재함으로 어떠한 불합리가 발생하는가를 구체적으로 해명하지 못하였기 때문에 추상적으로 가치권도그마를 비판할지라도 설득력이 부족하였다.[42] 따라서 이상과 같이 이해하는 한 平成 3年 판결은 이론적으로 정당한 것으로 볼 수밖에 없다.

② 그러나 매수인이 나타나기 전 단계에서 벌써 철저하게 저항을 하는 등의 비정상적 점유가 존재한다면 인도명령과 인도소송에 드는 비용은 적어도 평균적으로 계산되어지는 비용을 초과하게 될 것이다. 더욱이 인도명령으로 건물수거

41) 山崎敏充, “不動産競賣の理念と現實,” 民事訴訟法雜誌 44号(1998), 110면.
42) 鎌田勳, 前揭論文, 271-273면.

는 불가능하기 때문에, 토지상에 건물이 건축되어 있는 때에는 다시 소송에 의하여 그 수거를 청구할 수밖에 없고, 시간적 손실은 이만저만이 아닐 것이고,[43] 매수희망자가 나타나지 않음으로써 경매시장자체가 성립하지 않게 되는 것이다. 平成 3年 판결은 이 점을 충분히 고려하지 않은 것이다.[44]

(3) 本判決의 意義

1) 본 판결은 제3자가 저당부동산을 불법점유함으로써 경매절차의 진행이 방해되어 적정한 가격보다도 매각가격이 하락할 염려가 있는 등 저당부동산의 교환가치의 실현이 방해받아 저당권자의 우선변제청구권의 행사가 곤란하게 되는 상태, 즉 점유감가의 염려 내지 교환가치의 실현방해에 의한 우선변제청구권 행사의 위태화를 저당권침해라고 평가하여 平成 3年 판결을 변경하였다. 상기 상술한 사회정세하, 즉 당시 일본사회에서 가장 문제였던 거품경제의 붕괴에 따른 후유증으로 금융기관의 파산처리 중에 공적자금의 회수와 관련하여 부동산담보융자를 중심으로 거액의 불량채권을 어떻게 회수할 것인가가 이 당시 일본사회에서의 정치적·사회적으로 최대의 과제였다. 이와 같은 사회정세하에서는 매수자가 쉽게 나타나지 않아 경매절차가 순조로이 진행되지 않는다는 실태를 最高裁 역시 직시하지 않을 수가 없었다.

平成 3年 판결에서는 저당권자의 실체법상 점유배제의 권리가 부정되었기 때문에, 가처분에 대응하는 본안이 존재하지 않게 되고, 민사집행법 제62조의 가처분이 사용될 수 없었다. 본 판결에서 점유감가가 저당권침해라는 실체법상의 권리로써 인정되었기 때문에, 저당권자는 점유이전금지의 가처분 등을 행할 수 있게 되고, 불법점유자에 대해서는 강력한 대책이 되었다.

무엇보다도 본 판결은 불법점유를 직접적인 저당권침해의 일례로 보고, "저당부동산의 교환가치의 실현이 방해되어 저당권자의 우선변제청구권의 행사가 곤란하게 되는 상태"를 저당권의 침해로 평가하였다는데 그 의의가 있다. 저당권의 실행개시에 의하여 저당부동산의 교환가치에 대한 지배가 구체화된 단계에 이르면, 설정자의 정상적 사용·수익에 대해서도 일정한 간섭이 허용되기 때문에, 저당권을 침해하는 위법한 점유를 배제하는 것은 당연한 것이다. 이 단계에서도 비점유담보권성 때문에 점유관계에 간섭을 일체 인정할 수 없다는 것은 분

43) 磯野英德 執筆, "新 物權·擔保物權法," 田井義信·岡本昭治·松岡久和·磯野英德 共著(1999), 221면.

44) 松岡久和, "抵當目的不動產の不法占有者に對する債權者代位權による明渡請求(中)," NBL 682号(2000), 38면.

명히 비판받아야 할 가치권도그마이다.[45] 가령 시가 일억엔, 시행시의 경매시장수정후가격이 8,000만엔인 부동산에 피담보채권액이 5,000만엔이라고 한다면, 매각만 된다면 저당권자에게 어떠한 손해도 발생하지 않지만, 악질적 불법점유자가 점유하고 있기 때문에 누구도 매수하려 하지 않고 경매절차가 진행되지 않고 중지될 염려가 높은 경우에는, 저당권의 침해가 긍정될 수밖에 없는 것이다. 이는 저당권의 환가권능을 침해하여 교환가치의 실현을 방해하고 있다고 볼 수 있기 때문이다.[46]

2) 저당권은 목적물을 사용수익함이 없이 환가에 의하여 우선변제를 받는 권리이다. 사용수익권이 없으므로, 저당권자는 사용수익에 필요한 점유권원을 가지지 못한다. 저당권이 비점유담보권이라는 것은 이 이상의 의미를 갖지는 않는다. 본 판결이 "저당부동산의 소유자가 행한 저당부동산의 사용 또는 수익에 간섭할 수 없다"라고 한 것은 이 점을 명확히 한 것이라 할 것이다. 이에 대하여 平成 3年 판결은 저당권에는 점유권원이 포함되어 있지 않기 때문에 불법점유자가 있는 경우에도 "저당권자는 저당부동산의 점유관계에 간섭할 여지가 없으므로, 제 3 자가 저당부동산을 권원에 의하여 점유 또는 불법점유하고 있는 것만으로는 저당권이 침해되었다고 할 수 없다"라고 하고 있으나, 이는 저당권이 사용수익을 위한 점유권원을 포함하고 있지 않다는 것과 저당권의 본질인 가치권의 실현을 방해하는 점유를 배제할 수 있다는 것과의 의미를 혼동한 것이다.[47] 대법정판결과 같이 간섭할 수 없는 것은 사용수익을 위한 점유라 한다면, 가치권의 실현단계에서 집행을 방해하는 점유를 배제할 수 있는 효력은 오히려 저당권의 본래의 효력으로 이해가능하고, 목적물로부터의 우선변제권을 본질로 하는 저당권개념을 나타내는 기술적 의미에서의 가치권개념은 방해배제를 인정하기 위하여서도 유익한 것이다.[48]

(4) 其 他

그리고 최근 日最判 平成 17(2005). 3. 10.은 소유자로부터 점유권원을 설정받아 저당부동산을 점유하는 사람에 대하여도 "그 점유권원의 설정이 저당권설

45) 松岡久和, "抵當權の本質論について－賃料債權への物上代位を中心に," 現代民法學の理論と實務の交錯(高木多喜男先生古稀紀念論文集)(2003), 30면.

46) 松岡久和, 前揭 "抵當目的不動産の不法占有者に對する債權者代位權による明渡請求(中)," 39면.

47) 高橋眞, "抵當不動産の長期賃貸借に基づく占有者に對して抵當權者の妨害排除請求," 金融法務事情 1616号(2001. 7), 38면.

48) 高橋眞, "抵當權による賃料の把握について," 法學雜誌 46卷 3号(2000), 9면 이하.

정등기 후에 이루어진 것이고, 그 설정에 저당권의 실행으로서의 경매절차를 방해할 목적이 인정되며, 그 점유에 의하여 저당부동산의 교환가치의 실현이 저해되어 저당권자의 우선변제청구권의 행사가 곤란하게 되는 상태가 있는 경우"라면 저당권자는 그 점유자에 대하여 저당권에 기한 방해배제청구로서 위와 같은 상태의 배제를 청구할 수 있다고 하고, 나아가 위와 같은 방해배제청구권의 행사에 있어서 "저당부동산의 소유자에게 저당권에 대한 침해가 발생하지 않도록 저당부동산을 적절하게 유지·관리하는 것이 기대될 수 없는 때"에는 저당권자는 그 점유자에 대하여 직접 자기에게 저당부동산을 인도할 것을 청구할 수 있다고 판시하였다.

8. 檢討 — 우리 법에의 시사를 포함하여

(1) 저당권은 채무자 또는 제3자의 점유를 이전함이 없이 담보에 제공된 부동산의 매각대금으로부터 우선변제를 받는 것을 본체로 하는 비점유담보권이고, 우선변제를 받기 위하여 목적부동산을 환가하는 권리를 포함하고 있다. 즉 저당권은 저당권자에 의한 목적부동산의 물리적인 지배를 예정하지 않고 저당부동산의 매각대금으로부터 우선적으로 피담보채권의 변제를 받는 수량화된 가치지배권이다. 또한 구체적인 유체물로서의 부동산을 대상으로 하는 매각권으로서의 면도 가지고 있다.

환언하면 그 설정시에 성립한 저당권은 장래의 매각에 의해 현실화될 교환가치를 파악하고 매각까지는 구체적인 物에 대한 물리적 지배를 예정하고 있지 않지만, 교환가치의 실현절차인 매각은 당연히 구체적인 物로서의 부동산을 대상으로 하고, 설정시의 교환가치도 또한 구체적인 부동산과는 분리하여 관념할 수 없으므로, 저당권은 그 실행 전에도 장래의 교환가치를 추상적으로 지배하는 동시에, 장래의 가치의 실현을 위하여 부동산을 직접적·배타적으로 지배하는 권리이다.[49]

(2) 저당권은 그 설정시에 목적부동산의 교환가치를 물권적으로 파악한다. 따라서 이 교환가치의 실현 또는 가치권으로서 저당권 그 자체를 방해하는 사실적 침해에 대해서는 물권적 방해배제청구권의 행사가 가능하다.

또한 저당권이 목적물을 점유하지 않는 비점유담보권이라는 것은 채무자 또

49) 富越和厚, "短期賃貸借(抵當權の侵害, 妨害排除請求權)をめぐる諸問題," 民事法と裁判 上(貞家最高裁判事退官記念論文集)(1995), 209면 이하.

는 제 3 자의 목적부동산의 점유 · 이용에 간섭하지 않는다는 것이고, 이것 자체는 채무자에 의한 저당부동산의 수익을 보장한다든가 또는 이용이익 내지 수익을 누구에게 귀속시킬 것인가를 규율하는 것은 아니다.[50] 이는 저당권의 효력의 범위를 규정한 우리 민법 제358조에서도 확인되는 바이다. 제358조 본문은 저당권의 효력은 저당부동산에 부합된 물건[51]과 종물[52]에 미친다고 규정하고 있으므로, 저당권자는 저당부동산에 부가되어 일체가 된 것은 저당권의 실행에 의하여 그 매각대금으로부터 우선변제를 받을 수 있다. 또한 부합의 시기는 문제되지 않는다. 즉 저당권설정 당시 부합된 것이든 그 후에 부합된 것이든 상관 없이 부합물에 대하여 저당권의 효력이 미친다.

(3) 저당권은 목적물의 교환가치에 대하여 우선변제를 받을 수 있는 권리이고, 목적부동산을 사용 · 수익할 권리는 여전히 저당권설정자에게 있으므로 저당권이 설정된 토지의 소유자나 점유권원에 의하여 제 3 자가 토지상에 건물을 신축하는 것은 토지소유권에 기한 사용 · 수익권의 행사에 해당한다 할 것이다.

그러나 저당권설정자는 저당권설정 후에도 저당목적물을 처분하고 이용할 수 있을지라도, 저당권자가 가지는 지배가능성, 즉 교환가치의 지배가능성과 그 전제인 처분가치의 지배가능성을 위태롭게 할 수 있는 목적물의 관리 · 이용까지 허용되는 것은 아니다.[53] 더욱이 채무자에게 부도 등의 사유가 발생하여 신용상태가 악화되거나 채권회수를 위해 저당권자가 언제라도 저당권을 실행할 수 있는 상태가 된 이후에는 저당권자로서는 경매실행을 통한 채권회수의 필요성이

50) 富越和厚, 前揭論文, 211-215면 참조.

51) 여기에서의 부합은 민법 제256조의 그것과 같다. 가령 건물저당권은 엘리베이터, 냉·난방시설, 토지 지하에 설치된 유류저장탱크(대법원 2000. 10. 28.자 2000마5527 결정) 또는 부속건물(대법원 1986. 5. 23.자 86마295 결정)에도 미친다. 저당건물의 증축부분에 대해서도 저당권설정 당시의 저당건물과 동일성이 있는 한 저당권의 효력이 미친다(대법원 1968. 5. 27.자 68마140 결정: 대법원 1981. 11. 10. 선고 80다2757, 2758 판결; 대법원 1992. 1. 28. 선고 92다26772, 26789 판결; 대법원 2002. 5. 10. 선고 99다24256 판결; 대법원 2002. 10. 25. 선고 2000다63110 판결). 그 결과 설사 증축부분에 관하여 별도로 보존등기가 되었고, 또 본래의 건물에 대한 경매절차에서 경매목적물로 평가되지 않았더라도 경락인은 그 증축부분의 소유권을 취득한다.

52) 여기에서의 종물은 민법 제100조의 그것과 같다. 종물에 관해서도 부합물에 있어서와 같은 이론이 적용된다. 저당권의 효력이 저당부동산의 종된 권리에도 미치는지가 문제되는데, 가령 지상권에 기하여 건물을 소유하는 자가 그 건물에 저당권을 설정한 경우에 그 지상권에도 저당권의 효력이 미치는가에 대하여, 판례는 제358조 본문을 유추하여 지상권에도 저당권의 효력이 미친다고 한다(대법원 1992. 7. 14. 선고 92다527 판결; 대법원 1996. 4. 26. 선고 95다52864 판결). 또한 구분건물의 전유부분만에 관하여 설정된 저당권의 효력은 대지사용권의 분리처분을 가능하도록 규약으로 정하는 등의 특별한 사정이 없는 한 그 전유부분의 소유자가 나중에 취득한 대지사용권에도 미친다(대법원 1995. 8. 22. 선고 94다12722 판결; 대법원 2001. 2. 9. 선고 2000다62179 판결; 대법원 2001. 9. 4. 선고 2001다22604 판결).

53) 中井美雄, 擔保物權法(2000), 228면.

특히 강조된다고 할 것이고, 경매절차의 안정성 등 경매목적의 실현을 위하여는 저당 목적물의 소유자가 목적물인 토지를 이용하는 이익보다 저당권자가 저당권을 실행하고 토지의 교환가치를 실현할 수 있는 이익을 보다 중시해야 할 필요가 있다고 할 것이다. 따라서 경매절차를 통하여 경매목적물을 환가하고 이로부터 저당권의 피담보채무를 우선 변제받을 수 있는 권리는 저당권의 본질적인 내용이라 할 것이므로 이러한 본질적 내용을 침해하는 행위가 있을 경우, 즉 경매절차에서 적정낙찰가격을 저하시킬 개연성이 높고, 저당권의 환가권능을 해하는 것으로 평가되는 때에는 저당권의 침해로 보게 되고, 저당권자로서는 그 침해행위의 중지를 구하는 등 방해배제청구를 할 수 있다고 할 것이다.

(4) 한편 경매목적물에 대한 압류가 이루어지면 이에 대한 법률적 처분행위뿐만 아니라 경매목적물을 멸실 또는 훼손시키거나 경매목적물인 토지 위에 공작물·건물 등을 축조하는 등의 사실적 처분행위까지 금지되는 효력이 발생하는데 이에 위반하여 경매목적물에 대한 법률적 처분행위를 하는 것은 경매채권자가 그 효력을 부정함으로써 실효를 거둘 수 있지만, 경매목적물의 가격을 감소케 하거나 감소하게 할 우려가 있는 사실적 처분행위에 대하여는 그러할 수가 없다.[54] 그러나 이 때에는 채무자 내지 저당권설정자 또는 경매목적물의 점유자는 경매의 목적에 위반되거나 경매목적물의 가치를 감소시키는 사실행위를 하여서는 아니되는 일종의 부작위의무를 부담하고 있다고 할 수밖에 없다. 따라서 채무자나 부동산의 점유자가 그러한 의무를 무시하고 위반행위를 하게 되면 저당권자로서는 저당권에 기한 방해배제청구를 할 수 있다고 할 것이다.

Ⅳ. 結論에 갈음하여

이상으로 일본에서의 단기임대차 등의 악용 및 집행방해와 관련된 학설과 판례를 참조하여, 저당권침해로 인한 저당권에 기한 방해배제청구에 관하여 살펴보았다. 여기서 이를 정리하면 다음과 같다.

저당권은 비점유담보권이기 때문에 저당권자는 원칙적으로 저당부동산의 사용·수익에 간섭할 수 없다. 그러나 제 3 자의 불법점유 등으로 경매절차의 진행이 방해되어 적정한 가격보다도 매각가격이 하락할 염려가 있는 등 저당부동산

54) 물론 전술한 바와 같이 민사집행법 등 절차법적 차원에서의 구제조치는 취할 수 있을 것이다. Ⅱ. 1. (2) 2) 부분 참조.

의 교환가치의 실현이 방해받아 저당권자의 우선변제청구권의 행사가 곤란하게 되는 때에는 이를 저당권의 침해로 인정할 수 있고, 저당권자는 저당권에 기한 방해배제청구로서 침해의 배제를 청구할 수 있다. 즉 저당권의 환가권능을 침해하여 교환가치의 실현을 방해하고 있다고 볼 수 있는 경우에는 저당권의 침해를 인정하지 않을 수 없다.

저당권설정자 내지 채무자에 의한 교환가치의 감소행위 역시 저당권의 침해로 볼 수 있으며, 나대지에 저당권을 설정한 저당권설정자가 그 이후 건물을 신축하는 도중 저당권자가 저당권의 실행에 착수한 경우에 건물의 계속적인 건축행위가 경매절차의 진행을 방해하여 저당권자의 환가권이 침해될 우려가 있다면 토지의 순조로운 경매를 위하여 실체법상 저당권에 기한 방해배제청구권의 행사로서 대지상의 건축행위의 금지를 구할 수 있다고 할 것이다. 이는 이미 우리 민사집행법상 인정되고 있는 강제관리제도(제163조 이하)나 매각을 위한 보전처분으로서 부동산의 침해방지를 위한 조치(제83조 제3항) 등의 절차법상의 제도와의 균형을 위하여서도 필요하다 할 것이다.

한편 현행민법은 단기임대차의 보호, 대가변제, 척제 등의 제도를 채택하지 아니함으로써 구민법에 비하여 보다 가치권을 우선시키려 한다는 점과 현행민법에 있어서 가치권과 용익권을 조화시키는 기능은 제3취득자의 변제 정도에 그치고 있다는 점도 고려되어야 한다.

대법원 2006. 1. 27. 선고 2003다58454 판결

[건축공사중지청구의소]

[공2006. 3. 1.(245), 316]

[판시사항]

[1] 저당권자가 저당권에 기한 방해배제청구권을 행사하여 방해행위의 제거를 청구할 수 있는 경우

[2] 대지의 소유자가 나대지 상태에서 저당권을 설정한 다음 대지상에 건물을 신축하기 시작하였으나 피담보채무를 변제하지 못함으로써 저당권이 실행에 이르렀거나 실행이 예상되는 상황인데도 신축공사가 진행되는 경우, 저당권자가 지배하는 교환가치의 실현을 방해하거나 방해할 염려가 있는 사정에 해당하는지 여부(적극)

[판결요지]

[1] 저당권자는 저당권 설정 이후 환가에 이르기까지 저당물의 교환가치에 대한 지배권능을 보유하고 있으므로 저당목적물의 소유자 또는 제3자가 저당목적물을 물리적으로 멸실·훼손하는 경우는 물론 그 밖의 행위로 저당부동산의 교환가치가 하락할 우려가 있는 등 저당권자의 우선변제청구권의 행사가 방해되는 결과가 발생한다면 저당권자는 저당권에 기한 방해배제청구권을 행사하여 방해행위의 제거를 청구할 수 있다.

[2] 대지의 소유자가 나대지상태에서 저당권을 설정한 다음 대지상에 건물을 신축하기 시작하였으나 피담보채무를 변제하지 못함으로써 저당권이 실행에 이르렀거나 실행이 예상되는 상황인데도 소유자 또는 제3자가 신축공사를 계속한다면 신축건물을 위한 법정지상권이 성립하지 않는다고 할지라도 경매절차에 의한 매수인으로서는 신축건물의 소유자로 하여금 이를 철거하게 하고 대지를 인도받기까지 별도의 비용과 시간을 들여야 하므로, 저당목적 대지상에 건물신축공사가 진행되고 있다면, 이는 경매절차에서 매수희망자를 감소시키거나 매각가격을 저감시켜 결국 저당권자가 지배하는 교환가치의 실현을 방해하거나 방해할 염려가 있는 사정에 해당한다.

[참조조문]

[1] 민법 제214조, 제370조

[2] 민법 제214조, 제370조

[참조판례]

대법원 2004. 3. 29.자 2003마1753 결정; 대법원 2005. 4. 29. 선고 2005다3243 판결

[전 문]

[원고(탈퇴)] 정상유동화전문 유한회사

[승계참가인, 피상고인] 이승호

[피고, 상고인] 수서트루빌 Ⅱ 오피스텔조합(소송대리인 법무법인 화인 담당 변호사 이영범)

[원심판결] 서울고법 2003. 10. 2. 선고 2003나8031 판결

[주 문] 상고를 기각한다. 상고비용은 피고가 부담한다.

[이 유] 상고이유를 판단한다.

저당권자는 저당권을 방해하거나 방해할 염려 있는 행위를 하는 자에 대하여 방해의 제거 및 예방을 청구할 수 있다(민법 제370조, 제214조).

저당권은 목적부동산의 사용·수익을 그대로 설정자에게 맡겨 두었다가 경매절차를 통하여 경매목적물을 환가하고 그 대금에서 피담보채권을 우선 변제받는 것을 본질적인 내용으로 하는 담보물권으로서(민법 제356조) 저당부동산의 소유자 또는 그로부터 점유권원을 설정받은 제 3 자에 의한 점유가 전제되어 있으므로 소유자 또는 제 3 자가 저당부동산을 점유하고 통상의 용법에 따라 사용·수익하는 한 저당권을 침해한다고 할 수 없다. 그러나 저당권자는 저당권설정 이후 환가에 이르기까지 저당물의 교환가치에 대한 지배권능을 보유하고 있으므로 저당목적물의 소유자 또는 제 3 자가 저당목적물을 물리적으로 멸실·훼손하는 경우는 물론 그 밖의 행위로 저당부동산의 교환가치가 하락할 우려가 있는 등 저당권자의 우선변제청구권의 행사가 방해되는 결과가 발생한다면 저당권자는 저당권에 기한 방해배제청구권을 행사하여 방해행위의 제거를 청구할 수 있다.

대지의 소유자가 나대지 상태에서 저당권을 설정한 다음 대지상에 건물을 신축하기 시작하였으나 피담보채무를 변제하지 못함으로써 저당권이 실행에 이르렀거나 실행이 예상되는 상황인데도 소유자 또는 제 3 자가 신축공사를 계속한

다면 신축건물을 위한 법정지상권이 성립하지 않는다고 할지라도 경매절차에 의한 매수인으로서는 신축건물의 소유자로 하여금 이를 철거하게 하고 대지를 인도받기까지 별도의 비용과 시간을 들여야 하므로, 저당목적 대지상에 건물신축공사가 진행되고 있다면 이는 경매절차에서 매수희망자를 감소시키거나 매각가격을 저감시켜 결국 저당권자가 지배하는 교환가치의 실현을 방해하거나 방해할 염려가 있는 사정에 해당한다.

원심판결 이유를 기록에 비추어 살펴보면, 원심은 그 판결에서 들고 있는 증거들을 종합하여, 나산종합건설 주식회사가 판시 대지에 관하여 주식회사 한국외환은행에게 근저당권설정등기를 마치고 그 대지상에 20층 규모의 오피스텔을 신축한지 1년여만에 지하층의 공사를 한 상태에서 부도를 내자 피고 조합이 그 무렵 위 회사로부터 건축사업 시행권을 양수하고 공사를 속행하였고, 이후 위 은행으로부터 근저당권부 채권을 양수한 원고의 신청에 의하여 임의경매절차가 개시되었음에도 공사를 강행한 사실을 인정한 다음 피고 조합의 공사는 원고의 저당권을 침해하는 행위라고 판단하여 그 중지를 구하는 이 사건 청구를 인용하였는바, 원심의 위와 같은 판단은 앞에서 본 법리에 비추어 볼 때 정당하고, 거기에 상고이유 주장과 같이 근저당권에 기한 방해배제청구권과 경매에 관한 법리오해의 위법이 없다.

그러므로 상고를 기각하고, 상고비용은 피고가 부담하기로 관여 대법관의 의견이 일치되어 주문과 같이 판결한다.

이규홍(재판장) 박재윤 김영란(주심) 김황식

[평 석]

抵當權에 기한 妨害排除請求로서 抵當目的土地上의 建物建築行爲를 中止시킬 수 있는지 여부

閔 裕 淑*

I. 머 리 말

민법 제370조는 소유자의 소유물방해제거청구권 및 방해예방청구권에 관한 민법 제214조를 저당권에 준용하므로 저당권자가 물권적 청구권으로서 방해배제청구권을 행사할 수 있다는 점은 의문의 여지가 없다.[1)]

그런데 위 규정은 소유권에 기한 방해배제청구권을 저당권에 준용함으로써 청구권원을 명시할 뿐이므로 그 구체적인 내용과 허용범위는 해석론에 위임되어 있다고 할 것이고, 여기에서 가치권으로서의 저당권이 소유자의 이용권을 어느 정도로 제약할 수 있는가 라는 근본적인 문제가 제기된다. 따라서 저당대상토지상에 건물을 건축하는 행위를 저당권에 기한 방해배제청구로서 저지할 수 있는지 여부는 저당권의 내재적인 한계 또는 가치권과 이용권의 충돌의 해결의 문제가 된다.

* 대법원 재판연구관 부장판사.

1) 의용민법에는 저당권에 방해배제청구권을 준용한다는 규정이 없었는데, 민법제정 당시 金曾漢 교수가 "저당권은 점유를 수반하는 권리가 아니므로 저당권에 기한 반환청구권이라는 것은 있을 수 없으나, 저당권의 침해에 대하여 물권적 청구권으로서 방해제거 및 예방청구권을 인정하여야 함은 물권으로서 당연한 일이며, 현행법의 해석에 있어서도 이론이 없는 바이다. 그러므로 초안이 저당권에 준용할 조문 중에 제202조(현행 제214조)를 가하지 아니한 것은 명백한 실수이다"라고 주장하였고, 이 주장이 받아들여 저당권에 방해배제 및 예방청구권을 준용하는 규정이 도입되었다고 한다. 民事法硏究會, 民法案意見書, 일조각(1957), 128면 등 참조.

Ⅱ. 민법 제370조에 의한 저당권침해의 의미

1. 일 반 론

종래 저당권침해의 의미에 관한 해석론은 활발하지 아니하였으나, 대체로 적극적 행위(저당목적물을 멸실·훼손)와 소극적 행위(목적물이 멸실·훼손되는 것을 부당하게 방치)를 모두 포함하고, 또한 법률행위는 물론 사실행위(저당산림을 부당하게 벌채하거나 저당건물이 관리 잘못으로 붕괴될 우려가 있는 경우, 저당권의 효력이 미치는 종물을 부당하게 분리하는 경우)도 포함된다고 해석하였다.

이를 종합하면, 위 조문에서 말하는 저당권의 침해는 저당권자의 담보가치를 위태롭게 하는 것, 즉 저당권자가 저당목적물의 교환가치로부터 우선변제를 받는 것을 위태롭게 하는 일체의 행위를 말하는 것으로 생각되며, 이 경우 저당권의 실행을 전제로 하지 않고, 또한 저당권의 불가분원칙으로 인하여 잔존목적물만으로 피담보채권이 만족을 얻을 수 있는가 여부는 침해를 판단하는 데 영향이 없다고 할 것이다.

일본 민법은 이에 해당하는 조문을 두지 않고 해석상 저당권에 기한 방해배제청구권을 인정하지만 그 사유로서 우리와 동일한 정도로 설명하고 그 외 소유자의 통상적인 사용수익은 저당권의 침해가 되지 않는다고 해석하고 있다.

이와 같이 볼 때 저당권의 침해행위는 저당목적물의 교환가치를 감소시키는 행위라고 할 수 있고, 따라서 민사집행법 제83조 제 3 항이 규정하는 경매목적물에 대한 침해로서 목적물의 가격을 현저히 감소시키는 행위와 유사하게 된다.

종래 일본에서는 목적물의 물리적 훼손과 더불어 목적부동산의 효용을 해하는 부가 내지 변경도 포함된다고 보았고, 경매목적토지상의 건축물의 건축이나 경매토지의 임대행위가 이에 해당하는가 여부에 관하여는 종래 하급심결정례[2]와 해석론이 대립되어 있었다가, 최고재판소 1999. 11. 24. 대법정 판결로 경매토지의 부당한 임대행위가 가격감소행위에 해당한다고 판시하기에 이르렀다.

2) 広島高裁 1981. 5. 13. 결정은 이를 가치감소행위로 인정하였고, 東京高裁 1983. 3. 29. 결정(대지저당권에 대항할 수 없는 임차인이 그 저당권에 기한 경매개시 이후 지상건물을 건립한 사안)은 위 경우 임차인이 대지 매수인에게 건물철거의무를 부담한다는 이유로 이를 부정하였다.

2. 저당토지 위의 건물건축이 저당권의 침해행위인지 여부

저당토지상에 건물을 건축하는 행위로 인하여 발생하는 문제를 해결하는 방법은 그 건물을 위한 법정지상권의 성립을 인정하는 방법과 반대로 그 건물을 경매의 대상으로 삼는 방법을 양극단으로 하여 다양한 형태로 존재할 수 있는바, 위 양극단의 방법은 현행 민법체계 및 판례하에서는 불가능하므로 결국 그 가운데 어느 부분에서 저당권자와 건축자(대지점유자) 사이의 이해를 조정할 수 밖에 없다고 할 것이다.

이에 관하여 기존에 판례나 해석론이 전개되지 않았으므로 아래에서는 가능한 두 가지의 해석방법을 상정하여 정리하기로 한다.

(1) 저당권의 침해가 아니라고 해석하는 방법(소극설)

저당권은 가치권으로서 소유자의 정당한 사용수익을 방해할 수 없다는 일반원칙에 따를 때, 저당권의 목적인 대지의 소유자 또는 소유자로부터 권원을 설정받은 자가 그 대지상에 건물을 건축하는 행위는 토지의 정당한 사용수익의 범위에 포함되므로 저당권의 침해행위가 될 수 없다고 해석하는 방법이다.

이러한 해석방법은 저당권에 관한 민법의 일반원칙에 충실한 것으로 평가할 수 있다. 기존의 민법교과서에서는 모두 담보물권의 본질은 목적물의 교환가치를 취득하는 것을 목적으로 하는 가치권으로 목적물의 이용가치를 취득하는 용익물권과는 본질적인 차이가 있고, 특히 저당권은 저당목적물의 교환가치만을 파악하고 저당권설정자가 저당목적물을 점유·이용하는 것이기 때문에, 가장 순수하게 가치권으로서의 모습을 보여 준다고 서술하는바,[3] 따라서 토지소유자는 원칙적으로 저당권을 설정한 이후에도 토지를 자유롭게 사용·수익·처분할 수 있고, 소유자가 토지 위에 건물을 짓는 것도 토지의 이용방법으로 볼 수 있다.

다만 저당권의 사용수익은 필연적으로 그 가치의 감소를 초래하므로 소유자의 사용수익권보장과 저당권자의 담보가치유지는 서로 상충할 수밖에 없는바, 저당권의 본질상 소유자의 사용수익권이 우선적으로 보장되어야 하고, 따라서 통상의 경제적 용법에 따른 저당목적물의 사용은 비록 교환가치의 감소를 수반하더라도 저당권침해행위를 구성하지 않는다고 해석하게 된다.[4]

이 견해에 의하면, 토지에 저당권을 설정한 후에 저당권설정자가 건물을 축

3) 예컨대 郭潤直·金曾漢 등.
4) 民法注解(VII)-物權(4), 82면(南孝淳 집필부분).

조하는 것을 막으려면 저당권과 함께 지상권을 설정받으면 되므로 이와 같은 방법으로 보호받을 수 있음에도 지상권을 설정받지 않은 저당권자까지 보호할 필요는 없다고 해석하게 된다.

한편 위 견해는, 저당권자가 목적물의 가치권만을 지배하는 결과 저당권의 설정 후에도 저당권이 실행되어 담보권실행경매의 매수인이 소유권을 취득할 때까지는 소유자가 목적물을 이용하는 데 있어서 아무런 구속을 받지 않는다고 해석한다. 민사집행법 제83조 제2항에서 경매절차개시결정과 동시에 한 압류는 부동산에 관한 채무자의 관리 · 이용에 영향을 미치지 않는다고 규정하므로 일반적으로 집행절차가 개시되었다는 사정이 저당목적물의 사용 · 수익에 영향을 미친다고 해석할 수 없고, 집행절차 이전에 적법하게 건축을 시작하였고 집행절차의 개시가 건축행위의 적법성에 영향을 미치지 않는다면 건축이 계속됨으로써 사람들이 매수를 꺼리게 되어 원활한 매각이 저해된다거나 저가에 매각될 우려가 있다는 등의 사정은 사실상의 장해사유에 불과하고 법률상의 침해라고 볼 수 없게 될 것이다.

(2) 저당권의 침해라고 해석하는 방법(적극설)

위의 전통적 견해에 반대하여 저당권이 지배하는 교환가치를 적극적으로 해석함으로써 저당권의 교환가치를 침해하는 행위, 즉 경매절차에서 적정낙찰가격을 저하시킬 개연성이 높고, 저당권의 환가권능을 해하는 것으로 평가되는 행위는 저당권의 침해로 인정하는 견해이다.

저당권이 순수한 가치권이라는 종래의 통설은 현재 일본에서도 상당부분 극복되어, 저당권은 설정 당시 장래의 매각에 의해 현실화될 교환가치를 파악하고 매각까지는 구체적인 物에 대한 물리적 지배를 예정하고 있지 않지만, 교환가치의 실현절차인 매각은 당연히 구체적인 物로서의 부동산을 대상으로 하고, 설정시의 교환가치도 또한 구체적인 부동산과는 분리하여 관념할 수 없으므로, 저당권은 그 실행 전에도 장래의 교환가치를 추상적으로 지배하는 동시에, 장래의 가치의 실현을 위하여 부동산을 직접적 · 배타적으로 지배하는 권리로 해석하고 있다.[5] 저당권에 기한 방해배제청구권에 관한 명문의 근거규정이 존재하지 않고 단기임대차의 보호, 대가변제, 척제 등 이용권자를 보호하는 제도를 존치하는 일본에서도 판례가 점진적으로 저당권의 사실적인 침해에 대한 구제를 확대하여

5) 富越和厚, "短期賃貸借(抵當權の侵害, 妨害排除請求權)をめぐる諸問題," 民事法と裁判(上)(貞家最高裁判事退官記念論文集, 1995), 209면 이하.

왔는바, 우리 민법은 제정민법 당시부터 일본과 달리 방해배제청구권을 인정하고 위 3가지의 제도를 폐지함으로써 저당권에 기한 목적물의 교환가치의 실현에 있어서 이용권자보다 우선하는 입법을 하였으면서도 일본보다도 소극적인 태도를 취한다면 입법의 방향에 역행하는 해석이 될 것이다.

그리고 교환가치와 사용가치의 이분법이라는 종래의 통설에 대하여도, 교환가치는 사용가치를 어느 고정된 시점에서 총체적으로 파악한 것이라고 보아야 할 것이라는 의문이 제기된다.[6] 종래의 통설 역시 저당목적물의 사용수익이 통상의 경제적 용법을 벗어난 경우에는 저당권침해가 될 수 있다는 점을 인정하는바, 물건의 교환가치는 사용가치를 전제로 하는 것이어서, 사용가치의 하락은 교환가치의 하락을 초래하고, 따라서 저당목적물의 사용으로 담보가치 자체가 손상된다면, 저당권을 침해하는 것이라고 보아야 하기 때문이다.

한편 경매절차에서 매각이 되면 건축물을 위한 법정지상권이 성립하지 않으므로 결국 건축물은 매수인에 의하여 철거당할 운명인바, 저당권자가 건축공사의 중지를 청구할 수 없다고 해놓고, 나중에 경락인의 건물철거청구를 인용하는 것도 부당하다.

그리고 금융실무에서 저당권과 함께 지상권을 설정받는 것은 사용가치를 취득하기 위함이 아니라 저당권설정자가 건물을 축조하는 경우에 대비하기 위한 것으로서 담보가치를 유지할 목적인바, 이러한 사회현상은 나대지에 대한 저당권은 그 지상에 건물을 축조함으로써 침해된다는 현실을 반증하는 것이고, 따라서 오히려 이를 적극적으로 수용하여 저당권이 정당하게 보호받도록 해석할 여지가 있다. 저당권에 기한 방해배제청구로서 저당토지 위에 건물을 신축하는 것을 막을 수 있다면 굳이 별도로 지상권을 설정하는 비용과 시간을 들이게 할 필요가 없기 때문이다.

6) 梁彰洙, "擔保에 관한 새로운 一般理論의 方向," 民事判例硏究(XXVI)(2004), 602면은 이를 법해석학에서 거대이론의 효용과 한계라는 측면에서 분석하면서 종래의 일반이론에의 지향을 버리는 것이 아니라, 그것을 그 동안에 일어난 사회의 각종 새로운 양상에 적응시켜야 한다는 의미로 보고 있다. "거래의 最先端에서는 새로운 거래방법이 끊임 없이 생겨나고 있으며 그 중에는 법적 문제에 대한 충분한 검토도 없이 실무가 선행하는 예도 적지 않고 검토가 행하여지는 것중에서조차 실제의 필요성이 법적 유효성을 긍정하는 최대의 논거인 것이 때로 보인다. 사법의 일반법인 민법의 법리들과의 관계가 명확하게 정리되고 있다고는 말할 수 없다. 다른 한편 민법학자들도 게을렀다. 그렇게도 많이 대규모의 신종거래, 새로운 수법이 행하여지고 있는데도 전통적인 거래형태에서 시야를 널리 확대하는 일은 적었다. 적극적으로 새로운 거래유형을 배우고 민법의 법리들과의 정합성을 확인하거나, 새로운 이해를 민법의 법리들 안에 위치시키거나 하는 일을 게을리하여 왔다. 모른 채로 지내 온 것이다. 이 兩者에 의하여 생겨난 것은 민법의 空洞化이다. 민법의 법리에 주의를 기울이지 않은 채로 최선단의 실무는 앞서 가고, 민법학자는 最先端의 실무를 시야에 넣지 않고 이론을 구축한다."

(3) 소 결 론

대법원은 적극설을 채택하여 "저당권자는 저당권설정 이후 환가에 이르기까지 저당물의 교환가치에 대한 지배권능을 보유하고 있으므로 저당목적물의 소유자 또는 제3자가 저당목적물을 물리적으로 멸실·훼손하는 경우는 물론 그 밖의 행위로 저당부동산의 교환가치가 하락할 우려가 있는 등 저당권자의 우선변제청구권의 행사가 방해되는 결과가 발생한다면 저당권자는 저당권에 기한 방해배제청구권을 행사하여 방해행위의 제거를 청구할 수 있는바, 대지의 소유자가 나대지상태에서 저당권을 설정한 다음 대지상에 건물을 신축하기 시작하였으나 피담보채무를 변제하지 못함으로써 저당권이 실행에 이르렀거나 실행이 예상되는 상황인데도 소유자 또는 제3자가 신축공사를 계속한다면 신축건물을 위한 법정지상권이 성립하지 않는다고 할지라도 경매절차에 의한 매수인으로서는 신축건물의 소유자로 하여금 이를 철거하게 하고 대지를 인도받기까지 별도의 비용과 시간을 들여야 하므로, 저당목적 대지상에 건물신축공사가 진행되고 있다면 이는 경매절차에서 매수희망자를 감소시키거나 매각가격을 저감시켜 결국 저당권자가 지배하는 교환가치의 실현을 방해하거나 방해할 염려가 있는 사정에 해당한다"고 판시하였다.

대지소유자 또는 그와 이해관계를 같이 하는 제3자가 경매 후에 건물을 건축하거나 임대를 가장하여 점유를 확보하는 등의 방법으로 부당하게 대지저당권자의 저당권실현을 방해하고 나아가 경매제도의 공정성까지 침해하는 현실을 외면하지 않기 위함이다. 한편 저당권자의 방해배제청구가 인정되지 않더라도 저당권의 실행으로 대지가 매각되면 어차피 신소유자가 방해배제청구권을 행사하여 지상 건축물의 철거를 구할 수 있는바, 그럼에도 불구하고 대지소유자로부터 권리를 양수한 제3자가 지상물을 건축하는 의도는 빨리 건축물을 '올려' 부합상태를 벗어나게 함으로써 경매대상물에서 제외시키는 한편 건축자 명의를 제3자로 함으로써 일괄경매대상에서도 제외시켜 지상물의 존재로 인하여 경매실행을 어렵게 하거나 경매가를 저감시킨 다음 자신이 손쉽게 매수하려는 의도라고 보아야 할 것이다.

Ⅲ. 저당권침해에 대한 다른 구제제도와의 관계

1. 실체법적 구제방법

민법 제362조는 "저당권설정자의 책임 있는 사유로 인하여 저당물의 가액이 현저히 감소된 때에는 저당권자는 저당권설정자에 대하여 그 원상회복 또는 상당한 담보제공을 청구할 수 있다"고 규정하고 있다.

위 조문에 의한 원상회복 등 청구는 저당권설정자(채무자 또는 물상보증인)의 고의·과실 있는 행위로 인하여, 저당물의 가액이 현저히 감소된 경우 원상회복 또는 다른 담보의 제공을 청구하는 것이다. 이에 비하여 민법 제370조의 방해배제청구는 주체의 제한이 없고, 상대방의 고의·과실을 필요로 하지 않고, 저당권의 침해만 있으면 목적부동산의 교환가치가 피담보채권액을 만족시킬 수 있는 경우에도 발생하고, 방해배제 또는 방해예방을 청구할 수 있다는 점에서 차이가 있다.

따라서 민법 제362조와 제370조는 중복적용될 수 있다고 할 것이다.

그 외 채무자가 담보를 훼손하면 기한의 이익을 상실하고[7] 일정한 경우 담보훼손행위는 채무불이행(제390조) 또는 불법행위(제750조)로서 손해배상책임이 발생할 수 있다.

2. 절차법적 구제방법: 민사집행법 제83조 제 3 항

민사집행법 제83조 제 3 항은 경매법원이 경매절차 도중 경매부동산의 가격감소행위로 인하여 경매채권자를 해하는 행위를 하지 못하도록 하는 절차적인 제도이다.

먼저 민법 제370조의 방해배제권청구권은 저당권자만 행사할 수 있지만, 민사집행법상 조치는 강제경매에서 압류채권자 또는 최고가매수신고인(민사집행규칙 제44조 제 1 항)의 신청 또는 집행법원의 직권에 의하여 하고, 담보권실행을 위한 경매에도 준용되므로(민사집행법 제268조) 민법보다 신청권자의 범위가 확대되어 있다.

7) 第388條(期限의 利益의 喪失) 債務者는 다음 各號의 境遇에는 期限의 利益을 主張하지 못한다.
1. 債務者가 擔保를 損傷·減少 또는 滅失하게 한 때

다음으로 방해배제청구권의 상대방은 저당권자의 저당권을 침해하는 행위를 하는 사람이고, 민사집행법상 조치의 상대방은 채무자·소유자 내지 부동산의 점유자이다(다만 집행관 보관명령의 대상이 되는 제3자는 압류채권자 등에게 대항할 수 없는 경우에 한정). 따라서 상대방은 큰 차이가 없다.[8)]

방해배제청구권은 행사시기에 아무런 제한이 없지만 민사집행법상 조치는 경매개시결정 후부터 매각허가결정의 선고가 있을 때까지 하여야 한다.

또한 민법상 방해배제청구권은 그 대상행위의 내용에 제한이 없어서 저당권을 침해하는 사실행위(저당부동산의 멸실·훼손)는 물론 저당부동산 지상의 건축행위, 저당부동산의 임대행위 등이 모두 포함된다. 이에 비하여 민사집행법상 조치의 대상은 부동산의 가격을 현저히 감소시키거나 감소시킬 우려가 있는 행위에 한정된다(민사집행규칙 제44조 제1항). 이에 따라 현재의 해석론으로는 부동산을 적극적으로 파괴하는 행위나 소극적으로 필요한 수리행위를 하지 아니하는 행위 등 물리적 행위에 한정되는 것으로 보고 있다.[9)]

결론적으로 민법 제370조에 의한 방해배제청구권과 민사집행법 제83조 제3항에 의한 조치는 법률적 성격과 적용범위를 달리하는 별개의 제도이므로, 민사집행법 제83조 제3항과 이에 따른 민사집행규칙이 정비되었다고 하여 저당권자가 저당권침해행위의 방지를 구할 법률적 근거나 필요성이 감소하였다고 볼 수는 없을 것이다. 오히려 절차규정은 실체법적인 권리를 전제로 하여 그 중 일정한 범위에서 간이신속하게 경매법원이 필요한 조치를 할 수 있도록 한 것으로 봄이 상당할 것이다.

Ⅳ. 미완성건물의 경매절차에서의 취급

1. 건물의 건축정도에 따른 차이

(1) 건물에 부합되는 경우

만약 이 사건에서 문제된 지하구축물이 대지에 부합되었다면 경매목적물로

8) 구 민사소송규칙 제147조의2에서는 처분의 상대방을 채무자(담보권실행을 위한 경매에서는 소유자)에 한정하였으나 개정규칙에서 범위를 확장하였다.

9) 위 조문은 주로 목적물에 물리적 손상이 가하지 않도록 하는 것에 주안점을 두고 있어서 목적부동산을 제3자에게 임대하는 행위는 해당되지 않는다고 해석하는 견해는 법원행정처, 민사집행규칙해설, 144면.

평가되어 경매절차의 매수인이 소유권을 취득할 수 있다.

신축 중인 건축물이 토지로부터 독립한 별개의 건물이 되었는가 여부의 판단은 물리적 구조 여하만을 표준으로 할 것은 아니고 건물거래 또는 건물이용의 목적으로부터 보아 사회관념상 독립한 건물로서의 효용을 가진다고 인정할 것인지 여하에 따라 결정하여야 한다는 것이 대법원판례의 입장이다. 그러나 대법원판례는 건물의 완성 여부를 기준으로 하지 않고, 미완성건물이라도 일정부분 건축되면 독립한 건물로 인정하고 있다.[10]

대법원판례의 기준에 따를 때 이 사건에서 문제된 지하구축물은 미완성상태이나 독립된 건물로서 대지에 부합되지 않는다.

(2) 일괄경매가 가능한 경우

일괄경매가 가능하려면 원칙적으로 건물이 완공되어야 하는바, 최근 판례는 일괄경매의 대상건물의 범위를 조금씩 확장하고 있다.[11]

그러나 건물이 건축허가대로 '올라가지' 않은 이상 이에 대한 일괄경매는 허용되지 않는다.[12]

이 사건에서 문제된 지하구축물은 지하층만 완성되고 지상은 허가받은 층수에 현저히 미치지 못하는 정도의 골조공사만 이루어졌으므로 일괄경매의 대상이 될 수 없다.

결국 이 사건과 같이 어느 정도 공사가 진척되어 독립된 건물로 취급되므로 부합도 일어나지 않고 그렇다고 하여 공사가 완공되지 않아 일괄경매의 대상도 될 수 없는 경우의 건물은 현재의 집행절차상 보호나 규제의 대상이 되지 아니

10) 대법원 2001. 1. 16. 선고 2000다51872 판결(지상 7층으로 설계된 건물의 지하 1-2층 및 지상 1층까지의 콘크리트 골조 및 기둥, 천장(슬래브)공사, 지상 1층의 일부 벽체가 완성된 경우 미완성상태의 독립된 건물로서 대지에 부합되지 않는다고 판시); 대법원 2003. 5. 30. 선고 2002다21592, 21608 판결(지하 3층 지상 12층으로 설계된 주상복합건물의 지하 1층부터 지하 3층까지 기둥, 주벽 및 천장 슬라브공사가 완료되고 지상층 부분이 골조공사만 이루어진 상태라면 지하층 부분만으로도 구분소유권의 대상이 될 수 있으므로 미완성의 독립된 건물로서 대지에 부합되지 않는다고 판시).

11) 대법원 2003. 7. 15.자 2003마353 결정("비록 완공되지 아니하여 보존등기가 경료되지 아니하였거나 사용승인되지 아니한 건물이라고 하더라도 채무자의 소유로서 건물로서의 실질과 외관을 갖추고 그의 지번 · 구조 · 면적 등이 건축허가 또는 건축신고의 내용과 사회통념상 동일하다고 인정되는 경우에는 이를 강제경매의 대상으로 삼을 수 있다." 건축허가의 내역과 같이 지하 2층 지상 15층 건물로서의 외관을 거의 갖추고 있으되 위생시설, 방화시설 등의 부대설비가 설치되지 아니하여 공사중단시의 기성고는 약 70%인 경우 일괄경매를 허용); 대법원 2004. 10. 14.자 2004마342 결정(4층으로 허가받아 4층까지의 골조공사가 종료되어 외벽, 내벽, 천장, 바닥, 창호 등이 시공된 상태로서 공정률 약 75%에서 공사중단된 경우 경매허용).

12) 대법원 2004. 9. 3.자 2004마480 결정(지하 2층, 지상 10층으로 건축허가를 받았으나 지하 2층, 지상 8층까지 골조공사가 완료되고, 지상 9층 부분은 거푸집만 둘러진 상태에서 공사가 중단된 상태라면 경매불허).

하여 法外的 영역에 놓여 있다.[13]

2. 법정지상권의 성립 여부

대법원판례는 미완성건물을 위한 법정지상권의 성립을 인정하고 있지만[14] 이 사건의 경우 공사에 착공한지 3개월여만에 근저당권이 설정되었으므로 설정 당시에 건물의 규모, 종류가 외형상 예상할 수 있는 정도까지 건축이 진전되어 있었다고 보기 어려울 것이다.

Ⅴ. 대법원 2003. 12. 18. 선고 98다43601 전원합의체 판결과의 비교

1. 판결의 개요

동일인의 소유에 속하는 토지 및 그 지상 건물에 관하여 공동저당권이 설정된 후 그 지상 건물이 철거되고 새로 건물이 신축된 경우 신건물을 위한 법정지상권을 인정할 것인지 여부가 문제된 사안에서 다수의견은, 원칙적으로 신축건물을 위한 법정지상권은 성립하지 않는다고 판시하였다.

동일인의 소유에 속하는 토지 및 그 지상 건물에 관하여 공동저당권이 설정된 경우에는 토지 및 건물 각각의 교환가치 전부를 담보로 취득한 것이고, 신축건물을 위한 법정지상권을 인정하면 공동저당권자가 법정지상권이 성립하는 신축건물의 교환가치를 취득할 수 없게 되는 결과 법정지상권의 가액상당 가치를 되찾을 길이 막혀 당초 나대지로서의 토지의 교환가치 전체를 기대하여 담보를 취득한 공동저당권자에게 불측의 손해를 입게 하기 때문이다.[15]

---

13) 피고들이 공사를 진행한 것은 부합상태를 벗어나게 하여 독립된 권리를 확보하기 위함이었을 것으로 추측된다.

14) 대법원 2004. 2. 13. 선고 2003다29043 판결(민법 제366조의 법정지상권은 저당권설정 당시 동일인의 소유에 속하던 토지와 건물이 경매로 인하여 양자의 소유자가 다르게 된 때에 건물의 소유자를 위하여 발생하는 것으로서, 토지에 관하여 저당권이 설정될 당시 토지소유자에 의하여 그 지상에 건물을 건축중이었던 경우 그것이 사회관념상 독립된 건물로 볼 수 있는 정도에 이르지 않았다 하더라도 건물의 규모, 종류가 외형상 예상할 수 있는 정도까지 건축이 진전되어 있었고, 그 후 경매절차에서 매수인이 매각대금을 다 낸 때까지 최소한의 기둥과 지붕 그리고 주벽이 이루어지는 등 독립된 부동산으로서 건물의 요건을 갖추어야 법정지상권의 성립이 인정된다고 판시).

15) 법정지상권이 성립한다는 반대의견은 "법정지상권제도는 건물이 철거됨으로써 생길 수 있는

2. 이 사건과의 비교

위 판결은 저당권자의 보호와 토지소유자의 소유권에 기한 권리행사보장 사이에서 저당권자의 보호를 앞세운 결론이다.

위 판결이 저당권자 보호를 우선한 이유는, 토지와 건물에 공동저당권이 설정된 경우 지상건물을 헐고 신건물을 재축하려고 하는 저당권설정자는 저당권자와의 협의를 통하여 신건물의 보존을 도모함이 마땅하며, 저당권자가 저당권설정자의 지상건물철거에 동의하지 아니한 경우에 토지 및 건물가액의 전부를 저당에 제공한 저당권설정자가 교묘하게 건물을 철거하여 재축하는 것은 저당권을 침해하는 위법한 행위인데, 그에 의하여 저당권설정자가 토지의 법정지상권가액에 상당하는 부분에 관하여 저당권의 구속을 면한다고 하는 것은 명백하게 부당하며, 또 저당권자가 저당권설정자의 건물철거에 동의한 경우에도 토지의 저당권자로서는 재축된 신건물에도 공동저당권이 설정되는 것을 당연히 전제로 하여 구건물의 철거에 동의한 것이 통상임에도 저당권설정자가 약속을 위배하여 신건물에 저당권을 설정하지 아니한 경우에는 저당권자를 보호할 필요성이 있다는 점에서 출발한 것이다.

일본에서는 대심원 시절에 위 경우 법정지상권을 인정하였고 그 결과 위 법리가 집행방해에 이용되는 사회병리적 현상이 발생하였는바, 이에 동경지방재판소 집행부는 물건명세서를 작성함에 있어서 법정지상권의 성립을 부정하였고 하급심판례는 법정지상권의 성립을 부정하는 입장을 따르게 되고, 마침내 최고재판소가 1997.2.14. 대법정판결로 종래의 대심원판결을 변경하면서 원칙적으로 법정지상권의 성립을 부정하게 되었다.

따라서 일본에서 위의 쟁점과 이 사건의 쟁점은 모두 [저당권과 소유권에 관한 전통적 입장에 따른 판결의 존재→집행방해행위의 발생과 이를 극복하는 법리의 필요성→집행법 영역에서의 해결→기존판례 변경으로 저당권자를 보호하는 적극적인 법리 채택]이라는 동일한 경로를 밟고 있다.

위 전원합의체 판결이 공동저당의 경우 종전 판례를 변경하고 저당권자를 보호하는 적극적인 법리를 채택한 것과 마찬가지로 이 사건에도 저당권자를 보호하는 적극적인 법리를 채택하였다고 해석할 수 있을 것이다.

사회경제적 손실을 방지하려는 것인바, 토지소유자는 그 소유권에 기하여 토지 위에 신건물을 재축할 수 있고 그 후 토지저당권이 실행되면 신건물을 위한 법정지상권이 성립하며 이것이 가치권과 이용권의 적절한 조절의 모습"이라고 보았다.

제 6 편

滅種危機의 動植物 기타 自然環境의 保存을 위하여 留止請求權의 행사로서 工事中止假處分을 허용할 것인지 여부

- 연구대상 사건의 개요／李祥敏
- 獨逸法上 環境侵害를 이유로 한 工事中止請求／安京姬
- 契約主體의 시각에서 본 法院—環境團體의 民事訴訟上 原告適格을 글감으로 하여—／趙弘植
- 대법원 2006. 6. 2.자 2004마1148, 1149(병합) 결정

연구대상 사건의 개요

李　祥　敏*

[사실관계]

1. 신청인과 피신청인

(1) 신 청 인

1) 이 사건 신청인은 내원사, 미타암, 도롱뇽, 도롱뇽의 친구들이다.

2) 신청인 내원사와 신청인 미타암은 천성산에 있는 전통사찰로서 신라시대에 창건되어 구 전통사찰보존법에 따라 1970-1980년대에 등록을 마쳤다.

3) 신청인 도롱뇽은 도롱뇽목 도롱뇽과에 속하는 양서류로 꼬리치레도롱뇽의 존재는 그 지역의 자연생태계의 보존상태가 매우 양호한 곳임을 나타내는 징표로 인식되고 있다.[1)]

4) 도롱뇽의 친구들은 천성산을 비롯한 모든 자연환경과 생태계 보존운동을 통해 더 이상의 자연파괴를 막는 한편, 생명을 중시하는 생각을 폭넓게 전파하여 환경운동·생명운동에 이바지함을 목적으로 설립된 법인 아닌 사단으로 2004. 2. 20. 현재 그 회원이 약 23만 명에 이른다.

(2) 피신청인

한국고속철도건설공단은 경부고속철도건설사업을 위하여 한국고속철도건설공단법에 의하여 설립된 법인이고 피신청인(한국철도시설공단)은 관련법령에 의하여 2003. 12. 31. 위 공단의 자산과 권리를 포괄적으로 승계하였다(아래에서는 이들을 합하여 피신청인이라고만 한다).

---

* 대법원 재판연구관 부장판사.

1) 신청인 '도롱뇽'은 천성산에 서식하는 도롱뇽 또는 위 도롱뇽을 포함한 자연 그 자체로서, 이 사건 터널공사로 인한 도롱뇽의 생존환경 및 천성산의 자연환경파괴를 막기 위하여 '자연 내지 자연물의 고유의 가치의 대변자'로 자처하는 환경단체인 신청인 도롱뇽의 친구들을 그 사법적 활동의 담당자로 삼아 이 건 신청을 한다는 취지이다.

(3) 공사구간

천성산을 관통하는 길이 13.5km의 원효터널(이 사건 터널)은 고속철도 공사 중 대구-부산 구간의 일부이다.

2. 환경영향평가의 내용

피신청인은 1992. 4. 동아대학교부설 환경문제연구소, 주식회사 유신에게 환경영향평가를 의뢰하여 이에 따라 환경영향평가서가 작성 · 제출되었다.

그런데 환경영향평가 이후 천성산 일원에 존재하는 보호대상 동·식물이 추가로 파악되고, 무제치늪과 화엄늪이 습지보호지역 등으로 지정되었으며, 새로운 단층대가 파악되는 등 위 환경영향평가 당시에 충분하게 반영되지 못한 사실들이 발생하였다.

이에 피신청인은 2002. 6.경 사단법인 대한지질공학회에 이 사건 터널이 통과하는 천성산 일원에 대하여 자연변화 정밀조사를 의뢰하였는데 2003. 12.에 나온 조사결과는 이 사건 터널이 천성산의 환경 및 생태계에 별다른 영향을 미치지 않는다는 내용이다. 한편 환경부는 위 보고서 내용의 적정 여부에 관하여 한국환경정책평가연구원 내지 국립환경연구원이 추천하는 3명의 전문가들에게 그 검토를 의뢰하였고, 위 전문가들은 위 보고서가 적정한 절차와 방법을 통하여 작성되었으며, 이 사건 터널공사가 환경에 별다른 영향을 미치지 않는다는 취지의 검토의견을 밝혔다.

그러나 환경단체와 불교계를 중심으로 이 사건 터널에 대한 공사중단 및 노선재검토 요구가 거세어져서 국무총리 산하 대안노선 및 기존노선재검토위원회가 구성되었으나 2003. 9. 기존노선대로 건설하기로 결정되었다.

[소송의 경과]

1. 신청인들의 주장

(1) 환 경 권

헌법상 환경권 및 자연방위권

천성산의 풍광, 희귀 동식물, 습원지역, 상수원 등 자연환경의 파괴 우려

(**2**) 환경이익의 부당침해방지권(신청인 내원사, 미타암)

신청인 사찰들이 누려온 경관, 조망, 수행을 위한 조용하고 쾌적한 종교적 환경이익에 수인한도를 넘는 피해가 발생할 우려

행정절차의 흠결[2)]

2. 원심의 판단

(**1**) 신청인 도롱뇽: 당사자능력 부정

자연물인 도롱뇽 또는 그를 포함한 자연 그 자체에 대하여 당사자능력을 인정하고 있는 현행 법률이 없고, 이를 인정하는 관습법도 존재하지 아니하므로 신청인 도롱뇽의 가처분신청은 부적법하다고 판단하여 이 부분 신청을 각하하였다.

(**2**) 신청인 도롱뇽의 친구들: 피보전권리 부정

위 신청인은 천성산 일원의 자연 자체를 보호하기 위하여 제기된 이 사건 신청에서 자연의 파괴와 직접적인 관련성을 가진 특정 이해관계인뿐만 아니라, 위 신청인과 같은 환경보호단체나 간접적인 관련성을 가진 자에게도 그 자연 내지 자연물의 가치를 대변하고, 환경을 보호하기 위하여 소송을 제기할 수 있는 자격이 폭넓게 부여되어야 한다고 주장하였다.

원심은 현행법체계상 객관적 소송을 인정할 수는 없는 것이고 헌법상 환경권 규정 내지 자연방위권에 기한 사법상 청구는 허용될 수 없고, 다만 소유권자 등이 누리는 환경이익이 인정되는 것인데 신청인 도롱뇽의 친구들은 기본적인 물권적 권리 내지 이에 준하는 권리의 주체는 아니므로 피보전권리를 인정할 수 없다고 판단하였다.

(**3**) 신청인 내원사, 미타암: 피보전권리 · 보전의 필요성 부정

1) 헌법상 환경권 내지 자연방위권

헌법상 환경권에 관한 제35조 제 1 항이 개개 국민에게 직접 구체적인 사법상의 권리를 부여한 것은 아니고 같은 조 제 2 항에 따라 명문의 법률규정이 존

2) ① 구 환경영향평가법에 따라 환경영향평가서를 재작성하여 재협의하는 절차 흠결, ② 환경·교통 · 재해등에관한영향평가법 제32조에 의한 재평가절차 흠결, ③ 전통사찰보존법 제 9 조에 의한 사찰대표와의 협의절차 흠결, ④ 자연공원법 제23조에 의한 공원관리청과의 협의절차 흠결, ⑤ 자연환경보전법 제20조 및 습지보전법 제13조가 요구하는 환경부장관과의 협의절차 흠결.

재하여야 한다고 판단하였다.

자연방위권은 우리 나라 법률상 그 주체, 내용, 행사방법이 구체적으로 정립된 바 없어 실정법상 구체적 권리로 인정하기 어렵다고 판단하였다.

2) 물권적 청구권에 기한 환경이익의 침해: 부정

환경침해를 이유로 유지청구를 구하려면 현행법의 해석상 물권적 청구권을 바탕으로 하여 수인한도론에 입각한 이익형량을 통하여 피보전권리의 유무를 판단하여야 한다는 기본 원칙을 설시하였다.

이 사건 터널의 공사로 바로 무제치늪이나 화엄늪 등의 고산늪지에 영향을 줄 것으로 보기는 어렵고 터널 자체의 붕괴가능성, 지하수 유출가능성이 피신청인의 주장과 같이 전혀 없을 것이라고 단정할 수는 없겠지만, 그 발생개연성에 대한 소명은 현저히 부족하다고 판단하였다.

이 사건 터널굴착공사는 경부고속철도를 완성시키는 중요한 건설행위로서 그로 인해 얻을 공공의 이익은 실로 막대해 보이고, 그 굴착공사로 초래될 환경침해의 개연성은 현저히 낮아보이기 때문에 위 공사가 수인한도를 넘는 위법한 환경이익의 침해행위라고 단정하기 어렵다고 보았다.

나아가 보전의 필요성(현저한 손해나 급박한 위험)에 대한 소명도 부족하다고 판단하였다.

3. 재항고 이유의 요지

(1) 신청인 도롱뇽의 당사자능력

현행 환경관련법규, 국제법이나 국제조약 등에 의하여 신청인 도롱뇽에게도 소송수행을 위한 당사자능력을 인정할 수 있다는 주장

(2) 환경권 및 자연방위권의 권리성

환경권은 종합적인 기본권이고 그 자유권적 성격과 생존권적 성격으로 인하여 구체적인 권리성을 갖는다는 주장

(3) 수인한도초과 여부

환경소송에서 입증책임은 일응의 증명으로 가능하며 피신청인측에서 중대한 악영향이 없다는 사실을 입증하여야 하므로 사실상 입증책임이 전환된다고 주장

수인한도를 초과한다는 주장: 자연환경의 훼손은 원상회복이 불가능하며

천성산의 자연환경은 1300여년전부터 생성·보존되어 왔다는 점, 경부고속철도가 최대의 국책사업이나 자연환경의 보호도 동일하게 보호되어야 할 가치라는 점, 대안노선이 존재하며 이것이 피해를 줄일 수 있다는 사실이 이미 밝혀졌다는 점 등

자연생태계 훼손의 회복불가능성 등을 고려하면 보전의 필요성이 있다는 주장

[쟁 점]

1. 발표대상

환경권의 침해를 방지하기 위한 공사중지청구의 가부에 관한 비교법적 고찰(독일법을 중심으로)

환경관련소송에서 환경단체의 청구적격(미국법을 중심으로)

2. 이 발표회의 의의

이 사건은 천성산 일대의 자연환경보호와 고속철이라는 대표적 국책사업을 둘러싸고 자연과 개발 사이의 첨예한 충돌을 보인 사례로서 이 사건에서 자연환경보호를 위하여 공사의 중지를 명할 것인지 여부의 판단기준, 그리고 이러한 청구를 할 수 있는 자의 범위확정에 관한 대법원의 판단은 향후 관련되는 법률적 쟁점은 물론 사회의 지도원리로서 작용하게 될 것이다.

獨逸法上 環境侵害를 이유로 한 工事中止請求

安　京　姬*

Ⅰ. 문제의 제기

환경의식이 날로 증대되어감에 따라 사람들이 환경문제에 많은 관심을 가지고 있고, 더욱이 환경침해 내지 생활방해를 더 이상 묵인하려들지 않아 법적인 투쟁으로까지 이어지는 경우가 많이 발생하고 있다. 특히 최근에는 환경단체를 중심으로 멸종위기의 동식물 기타 생태계의 유지보호를 위하여 진행중인 공사의 중지를 청구하는 사례가 늘고 있어 사회문제가 되고 있기도 하다.

환경침해는 계속성을 갖는 경우가 많고, 일단 환경침해가 발생하게 되면 원상회복이 거의 불가능하다는 점에 비추어 볼 때 장차 발생할 우려가 있는 침해를 사전에 예방하는 것이 환경보호에 보다 효과적이다. 그런데 우리 법은 주관적 쟁송제도를 취하고 있으므로 환경파괴의 우려가 있다고 하여 누구나 공사중지 등을 청구할 수 있는 것은 아니다. 따라서 누가 어떠한 권리에 근거하여 진행중인 공사의 중지를 청구할 수 있는가를 밝히는 것이 중요하다.

이하에서는 우리와 같은 법제를 취하고 있는 독일의 경우를 중심으로 환경침해를 이유로 하는 공사중지청구가 어떠한 법적 근거를 가지고, 어떠한 요건하에 인정되고 있는가를 살펴보고, 이어서 공사장 등에서 발생하는 소음, 진동 등으로 말미암아 생활에 방해를 받을 염려가 있는 경우에는 어떠한 법원칙이 적용되는가를 검토해 보고자 한다. 나아가 2002년에 개정된 독일연방자연보호·경관보전법(Gesetz über Naturschutz und Landschaftspflege)[1)]에서는 객관적 쟁송제도를 일부 도입하여 개인적 법익의 침해가 없는 경우에도 일정한 요건을 갖춘 환경보호단체가 단체소송을 통하여 자연환경을 보호할 수 있도록 하고 있는바, 동법상의 단체소송제도에 대하여도 살펴보고자 한다. 그리고 마지막으로 독일의

* 한경대학교 법학부 조교수.

1) BGBI I 2002, 1193. 이하에서는 연방자연보호법이라 인용한다. 구법에는 이러한 공익적 단체소송제도는 인정되지 아니하였었고, 다만 일부 주의 자연보호법에서 구연방자연보호법 제29조 제1항 제3호 및 제4호에서 규정하고 있는 사업에 관한 행정결정이 위법한 경우에 환경단체가 이를 행정소송으로 다툴 수 있다고 규정함으로써 공익적 단체소송을 인정하고 있었다.

해석론이나 판례가 우리의 실정법하에서 어떤 방향으로 적용될 수 있는가에 대하여 언급하기로 한다.

Ⅱ. 공사중지청구의 근거

1. 소 유 권

독일민법상으로는 시설물 공사 등으로 말미암아 환경침해가 발생하여 계속적인 침해의 우려가 있거나 아직 침해가 발생하지는 않았으나 장차 침해가 발생할 우려가 있는 경우에는 방해예방청구권(유지청구권)을 행사할 수 있고, 환경침해로 인한 침해상태가 계속되고 있으면 그 침해의 제거를 청구할 수 있다. 이 방해예방청구권과 방해제거청구권을 가리켜 통상 '방어청구권'(Abwehranspruch)이라고 한다.

이러한 청구권행사의 근거가 되는 것은 소유권이다. 소유자의 권능에 대하여 규정하고 있는 독일민법 제903조[2] 제 1 문[3]에 따르면 물건의 소유자는, 법률 또는 제 3 자의 권리에 반하지 않는 한, 물건을 임의로 처리할 수 있고('소유권의 적극적 내용') 타인의 어떠한 간섭도 배제할 수 있다('소유권의 소극적 내용'). 이 규정에 근거하여 토지소유자는 자신의 토지의 경계선 내에서는 임의로 토지를 사용할 수 있다. 그러나 그가 자신의 소유지의 경계를 넘어 토지를 사용하고 이로 말미암아 이웃의 토지사용을 방해하는 경우에는, 그 방해를 받은 이웃에게 제1004조[4] 제 1 항에 따라 소유권에 기한 방어청구권이 인정된다.

2. 환 경 권

제903조, 제1004조에 의하여 보호되는 것은 자연환경이 아니라 소유권이다. 따라서 소유권침해를 수반하지 아니하는 환경침해에 대하여는 사법상 방어청구

2) 이하에서 法名의 언급 없이 인용된 조문은 독일민법상의 조문이다.
3) 제903조(소유자의 권능) 물건의 소유자는, 법률 또는 제 3 자의 권리에 반하지 아니하는 한, 물건을 임의대로 처리할 수 있고, 또 타인의 어떠한 간섭도 배제할 수 있다. 동물의 소유자는 그 권능의 행사에 있어서 동물의 보호를 위한 특별규정들을 준수하여야 한다.
4) 제1004조(방해배제청구권과 방해예방청구권) (1) 소유권이 점유침탈 또는 불법점거 이외의 방법으로 방해를 받은 경우에는 소유자는 妨害者를 상대로 방해의 배제를 청구할 수 있다. 계속적으로 방해를 받을 우려가 있는 경우에는 不作爲를 소구할 수 있다.
(2) 소유자가 인용의무를 부담하는 경우에는 제 1 항의 청구권은 배제된다.

권을 행사할 수 없게 된다.[5] 그런데 이러한 환경침해에 대하여도 독일기본법상 포괄적인 환경기본권을 근거로 유지청구를 인정하여야 한다는 견해가 제기되고 있다. 즉 독일기본법에는 환경권에 관한 명시적인 규정을 두고 있지는 아니하지만, 동법 제1조 제1항의 인간의 존엄성에 관한 규정, 제2조 제2항의 생명·신체의 불가침성에 관한 규정 또는 제2조 제1항의 인격의 자유로운 발현에 관한 규정 등을 기초로 '간접적으로' 환경권의 근거를 도출할 수 있고, 이들 규정에 근거하여 권리구제를 받을 수 있다고 한다.[6] 그러나 다수설·판례는 독일기본법상 주관적 공권으로서 환경권이라는 기본권은 없으므로, 환경권은 법원에 대하여 직접 구제를 청구할 수 있는 권리는 아니라고 파악한다.[7] 따라서 환경기본권을 근거로 하는 사법상 유지청구도 인정되지 아니한다.

이처럼 독일기본법에는 환경권에 대한 명문규정은 없지만, 1994년 10월 27일 법개정으로 종래 학설을 통하여 국가의 과제로 이해[8]되어 왔던 환경보호의무를 제20조의a에 법정하였다: "국가는 장래세대에 대한 책임을 다하기 위하여 헌법적합적 질서의 범위 내에서 입법을 통하여 그리고 법률규정에 근거하여 행정권 및 사법을 통하여 자연적 생활기반을 보호한다." 이러한 규정은 헌법상의 국가정책결정과정에서 다양한 법익을 비교형량함에 있어서 중요한 의미를 갖

5) Diederichsen, Uwe, Ausbau des Individualschutzes gegen Umweltbelastungen als Aufgabe des bürgerlichen und öffentlichen Rechts, Referat zum 56. DJT, Bd. 2 München 1986(Referat라 인용), L. 49f.; Hager, Günter, "Umweltschäden- ein Prüfstand für die Wandlungs- und Leistungsfähigkeit des Deliktsrechts," NJW 1986, 1961; Lytras, Theodor, Zivilrechtliche Haftung für Umweltschäden, Berlin, 1995(Haftung이라 인용), S. 48.

6) Hoppe, Werner/Beckmann, Martin/Kauch, Petra, Umweltrecht, 2. Aufl., München, 2000(Umweltrecht라 인용), §4 Rn. 63ff.; Kloepfer, Michael/Brandner, Thilo, Umweltrecht, 2. Aufl., München 1998(Umweltrecht라 인용), §3 Rn. 49ff.; Schmidt, Reiner, Einführung in das Umweltrecht, 4. Aufl., München, 1995(Umweltrecht라 인용), §2 Rn. 3ff.

7) BVerGE 54, 211, 219ff.; OVG Lüneburg, DVBl 1986, 418, 421; Hoppe/Beckmann/Kauch, Umweltrecht, §4 Rn. 34; Lytras, Haftung, S. 41; Pfeiffer, Thomas, Die Bedeutung des privatrechtlichen Immissionsschutzes, Frankfurt/M, 1987(Bedeutung이라 인용), S. 187f.; Schmidt, Umweltrecht, §2 Rn. 3; Sellner, Dieter, Immissionsschutzrecht und Industrieanlagen, 2. Aufl., München, 1988(Immissionsschutzrecht라 인용), Rn. 8; Steinberg, Rudolf, "Verfassungsrechtlicher Umweltschutz durch Grundrechte und Staatszielbestimmung," NJW 1996, 1985, 1986.

8) BVerwG, GewA 1975, 293; BerwG, DÖV 1977, 826; Gerlach, Jahann W., "Die Grundstrukturen des privaten Umweltrechts im Spannungsverhältnis zum öffentlichen Recht," JZ 1988, 161; Hager, NJW 1986, 1961; Hoppe/Beckmann/Kauch, Umweltrecht, §3 Rn. 5ff.; Kloepfer/Brandner, Umweltrecht, §3 Rn. 4ff.; Diederichsen, Referat, L. 48ff.; Lytras, Haftung, S. 41; Marburger, Peter, Ausbau des Individualschutzes gegen Umweltbelastungen als Aufgabe des bürgerlichen und des öffentlichen Rechts. Gutachten C für den 56. Deutschen Juristentag, München 1986(Gutachten이라 인용), C. 69; Schmidt, Umweltrecht, §2 Rn. 2; Sellner, Immissionsschutzrecht, Rn. 8ff.; Simitis, Spiros, "Haftungsprobleme beim Umweltschutz," VersR 1972, 1087, 1089.

고,[9] 입법부 및 행정부로 하여금 입안 및 정책집행과정에서 환경보호에 대한 인식을 고양하고 강고히 하는 기능을 담당한다.[10] 학자들 사이에서는 이 국가목표규정에 기하여 사인이 권리구제를 받을 수 있는지의 여부가 논의되고 있기는 하지만, 이 규정으로부터 국민의 주관적 권리의 형성, 즉 국민의 권리 또는 의무가 도출되지는 아니하는바, 사인이 이 국가목표규정위반을 이유로 법원에 소송을 제기할 수는 없다는 견해가 지배적이다.[11]

3. 인 격 권

민법상 방어청구권은 토지소유권에 기초한 것이어서 그 적용범위가 한정적이다. 따라서 토지소유자 등 (물권적) 권리자가 아니더라도 환경오염으로 말미암아 생명·신체·정신·건강 등의 침해를 당한 자는 헌법상 기본권인 인격권(독일기본법 제2조 제1항)에 근거하여 사법상 방어청구권을 행사할 수 있도록 하자는 견해가 주장되고 있다.[12] 즉 인간의 존립과 삶의 질에 중대한 의미를 가지는 자연환경을 파괴하는 행위는 개인의 인격적 이익에 부정적으로 영향을 미치게 되는데, 이는 독일기본법 제2조 제1항에서 규정하는 인격의 자유로운 발현을 방해하는 행위가 되므로, 이러한 이익의 침해를 받은 개인은 인격권의 침해를 이유로 유지청구권을 행사할 수 있다고 한다.

이러한 견해에 대하여는 비판이 제기되고 있다.[13] 우선 인격권은 모든 자에

9) Hoppe/Beckmann/Kauch, Umweltrecht, §3 Rn. 29f.; Kloepfer/Brandner, Umweltrecht, §3 Rn. 44f.; Schmidt, Umweltrecht, §2 Rn. 2; Soell, Hermann, "Umweltschutz, ein Grundrecht?," NuR 1985, 205, 211.

10) Hoppe/Beckmann/Kauch, Umweltrecht, §3 Rn. 25f.; Kloepfer/Brandner, Umweltrecht, §3 Rn. 31f.; Schmidt, Umweltrecht, §2 Rn. 2; Soell, NuR 1985, 205, 211.

11) Hoppe/Beckmann/Kauch, Umweltrecht, §3 Rn. 9; Kloepfer/Brandner, Umweltrecht, §3 Rn. 23; Peters, Heinz-Joachim, "Praktische Auswirkung eines im Grundgesetz verankerten Staatsziels Umweltschutz," NuR 1987, 293, 294; Schmidt, Umweltrecht, §2 Rn. 2.

12) Forkel, Hans, Immissionsschutz und Persönlichkeitsrecht, Köln, 1968(Persönlichkeitsrecht라 인용), S. 48, 52f.; Lang, Eberhard, "Grundfragen des privatrechtlichen Immissionsschutzes in rechtsvergleichender Sicht," AcP 1974, 381, 387; Roth, Günther H., "Materiellrechtliche und prozessuale Aspekte eines privatrechtlichen Umweltschutzes," NJW 1972, 921, 923.

13) Balensiefen, Gotthold A., Umwelthaftung, Baden-Baden, 1994(Umwelthaftung이라 인용), S. 116; Diederichsen, Referat, L. 41ff.; Köndgen, Johannes, "Überlegungen zur Fortbildung des Umwelthaftpflichktrechts," UPR 1983, 345, 348; Lytras, Haftung, S. 93ff.; Marburger, Gutachten, C 116f.; Medicus, Dieter, "Zivilrecht und Umweltschutz," JZ 1986, 778, 780; Olzen, Dirk, "Zivilrechtlicher Schutz gegen Belastungen aus der Umwelt," Jura 1991, 281, 284; Pfeiffer, Bedeutung, S. 185; Simitis, VersR, 1972, 1087, 1092.

게 귀속되는 것이므로 환경침해에 의하여 인격권을 침해당한 자는 누구든지 방어청구권을 행사할 수 있는바, 환경침해 문제에 인격권을 원용하는 것은 자칫 민중소송(Popularklage)으로 이어질 위험이 있다고 한다.[14] 그리고 상린관계법은 물권법의 일부분으로 토지를 대상으로 하고, 인격 내지 인적인 관계를 규율대상으로 하지는 아니하므로, 토지소유권의 보호가 문제로 되는 것이지, 인격권의 보호가 문제로 되지는 아니한다고 한다.[15]

Ⅲ. 제1004조 제 1 항에 기한 방해예방청구권

1. 청구권자

제1004조 제 1 항은 명시적으로 소유권을 보호법익으로 하고 있는바, 원칙적으로 피해지의 소유자가 청구권자가 된다. 이 때 방해를 당하고 있는 사람이 청구권자 자신일 필요는 없다. 그러나 자신의 토지에서 '지속적으로' 거주하거나 (가령 임차인) 일을 하고 있는 사람(가령 피용자)이 '객관적으로' 방해를 받고 있어야만 한다. 이러한 '토지관련성'이 인정된다면 자연인은 물론 단체(환경보호단체, 지방자치단체 등)에게도 방어청구권이 인정된다. 그리고 준용규정을 통하여 共有物所有者(제1011조), 役權者(제1027조, 제1090조 제 3 항) 및 用益權者(제1065조)에게도 이러한 권리를 부여하고 있다. 그 밖에도 占有者, 특히 점유할 권리가 있는 賃借人에게도 이 권리를 인정하는 것이 확고한 판례의 입장이다.[16]

---

14) Köndgen, UPR 1983, 345, 348; Marburger, Gutachten, C 116f.

15) Olzen, Jura 1991, 281, 284; Pfeiffer, Bedeutung, S. 185.

16) RGZ 105, 215; BGHZ 15, 146, 148; BGHZ 70, 212, 220; BGH LM Nr. 1 zu §906; Vgl. auch BGHZ 30, 273, 276; BGH LM Nr. 49 zu §906; Alternativekommentar zum Bürgerlichen Gesetzbuch, Band 4, Darmstadt, 1983(AK/집필자로 인용), AK/Winter, §906 Rn. 37; Meisner, Christian/Stern, Heinrich/Hodes, Fritz/Dehner, Walter Das Nachbarrecht im Bundesgebiet, 6. Aufl., Berlin 1982(NachbarR로 인용) §16 Ⅱ 3 S. 364; Das Bürgerliche Gesetzbuch mit besonderer Berücksichtigung der Rechtsprechung des Reichsgerichts- und Bundesgerichtshofes, Band Ⅲ 1. Teil(§§854-1011), 12. Aufl., Berlin, 1979(RGRK/집필자로 인용), RGRK/Augustin, §906 Rn. 56; Soergel, Bürgerliches Gesetzbuch, Band 6, 12. Aufl., Stuttgart, 1989(Soergel/집필자로 인용), Soergel/J. F. Baur, §906 Rn. 6, 8; Wieling, Hans Josef, Sachenrecht, 4. Aufl., 2001, Berlin (Sachenrecht라 인용), §23 Ⅳ 1 a); Wolf, Manfred, Sachenrecht, 17. Aufl., München, 2001(Sachenrecht라 인용), Rn. 244.

2. 청구권행사의 상대방

방해예방청구권 행사의 상대방은 '妨害者' 내지 방해를 할 염려가 있는 자이다. 제1004조에서 이 개념을 분명하게 밝히고 있지는 아니하지만, 방해자라 함은 방해에 대한 책임을 귀속시킬 수 있는 자를 의미한다. 방해자는 일반적으로 행위방해자와 상태방해자로 나누어서 설명되고 있다.

(1) 行爲妨害者

행위방해자라 함은 자신의 행위에 의하여 방해를 야기한 자를 말한다. 이 경우에는 원칙적으로 자신의 행위에 대한 개인적인 책임이 문제된다(이른바 '行爲責任'). 귀책근거로서는 책임주의가 아니라 원인주의가 고려된다. 따라서 인간의 作爲 혹은 不作爲를 '직접' 원인으로 방해가 발생되었어야 한다(직접적인 妨害惹起의 理論).[17]

(2) 狀態妨害者

상태방해자란 소유권을 침해하는 방해상태를 조성한 자를 말한다. 소유권은 물건에 대한 완전한 지배권을 의미하는바, 이로부터 방해를 하는 물건의 상태에 대한 소유자의 책임이 도출될 수 있다. 그러나 소유자가 아무런 제한 없이 그의 토지로부터 발생한 모든 방해에 대하여 책임을 부담해야 하는 것은 아니다. 스스로 방해행위를 하지 아니한 소유자는 자신의 의사결정에 의하여 방해상태를 유지한 경우에 한하여 책임을 진다.[18]

17) J. F. Baur/Stürner, Sachenrecht, 17. Aufl., München, 1999(Sachenrecht라 인용), §13 Rn. 13; Brem, Wolfgang/Berger, Christian, Sachenrecht, Tübingen, 2000(Sachenrecht라 인용), §7 Rn. 22; Erman, Walter, Handkommentar zum Bürgerlichen Gesetzbuch, 2. Band, 10. Aufl., Münster 2000(Erman/집필자로 인용), Erman/Hefermehl, §1004 Rn. 14; Jauernig(Hrsg.), Bürgerliches Gesetzbuch mit Erläuterungen, 10. Aufl., München 2003 (Jauernig/집필자로 인용), Jauernig/Jauernig, §1004 Rn. 16; Müller, Klaus, Sachenrecht, 4. Aufl., Köln, 1997(Sachenrecht라 인용), Rn. 734f.: Palandt Kommentar zum Bürgerlichen Gesetzbuch, 63. Aufl., München 2004(Palandt/집필자로 인용), Palandt/Bassenge, §1004 Rn. 16; Schwab, Karl-Heinz/Prütting, Hanns, Sachenrecht, 28. Aufl., München, 1999 (Sachenrecht라 인용), Rn. 573; Schreiber, Klaus, Sachenrecht, 3. Aufl., Stuttgart, 2000 (Sachenrecht라 인용), Rn. 144; Vieweg, Klaus/Werner, Almuth, Sachenrecht, Köln, 2003 (Sachenrecht라 인용), §9 Rn. 23; Wieling, Sachenrecht, §23 Ⅳ 1 a) aa); Wolf, Sachenrecht, Rn. 327.

18) AK/Winter, §906 Rn. 39; Brem/Berger, Sachenrecht, §7 Rn. 25; Erman/Hefermehl, §1004 Rn. 14; J. F. Baur/Stürner, Sachenrecht §12 Rn. 14; Jauernig/Jauernig, §1004 Rn. 17; Meisner/Stern/Hodes/Dehner, NachbarR §16 Ⅱ 2 S. 365; Müller, Sachenrecht, Rn. 749; Palandt/Bassenge, §1004 Rn. 19; RGRK/Augustin, §906 Rn. 27, 85; Schreiber, Sachenrecht, Rn. 145; Schwab/Prütting, Sachenrecht Rn. 573; Soergel/J. F.

3. 청구권행사의 要件

피방해자가 제1004조 제1항 제2문에 기하여 공사 등의 중지를 청구하려면 우선 방해자의 행위로 인하여 피방해자의 소유권이 방해를 받았거나 방해를 받을 우려가 있어야 한다. 그리고 그 방해가 위법한 것이어야 한다. 이 때 방해자의 귀책사유는 필요하지 아니하다.

(1) 방해의 의의

다수설은 제1004조의 의미에서의 방해(Beeinträchtigung)라 함은, 제903조에서 정하고 있는 소유권의 내용에 대한 ―점유침탈 또는 불법점거를 제외한― 모든 간섭(Einwirkung)을 의미한다고 보아, '방해'와 '간섭'을 동일한 것으로 파악하고 있다.[19] 주지하다시피 소유권은 물건에 대한 완전한 지배권으로서 물건의 사용・수익・처분권능뿐만 아니라 물건에 관한 모든 포괄적인 권능을 그 내용으로 하고 있다. 제903조에서 말하는 Einwirkung의 사전적 의미는 물건의 상태변화 내지는 그렇게 되는 과정을 뜻하는바, 소유권의 내용에 반하는 물건의 상태변화는 모두 제1004조 제1항의 의미에서의 Beeinträchtigung에 속하게 된다. 이러한 방해의 전형적인 예가 제906조[20]에서 규율하고 있는 임미시온에 의

Baur, §31, 62; v. Staudingers Kommentar zum Bürgerlichen Gesetzbuch mit Einführungsgesetz und Nebengesetzen, Drittes Buch, 13. Aufl., Berlin 1996(이하에서는 Staudinger/집필자로 인용함), Staudinger/Roth, §906 Rn. 105; Strunden, Altlasten, Dissertation Köln, 1991 S. 257; Vieweg/Werner, Sachenrecht, §9 Rn. 24; Wieling, Sachenrecht, §23 Ⅳ 1 a) bb); Wolf, Sachenrecht Rn. 329.

19) Brem/Berger, Sachenrecht, §7 Rn. 11f.; Erman/Hefermehl, §1004 Rn. 8; Jauernig/Jauernig, §1004 Rn. 4; Münchener Kommentar Bürgerliches Gesetzbuch, Band 6, 4. Aufl., München 2004(MünchKomm/집필자로 인용), MünchKomm/Medicus, §1004 Rn. 20ff.; Palandt/Bassenge, §1004 Rn. 6; Schreiber, Sachenrecht, Rn. 139; Vieweg/Werner, Sachenrecht, Köln, §9 Rn. 15; Westermann, Sachenrecht, 7. Aufl., Heidelberg, 1998(Sachenrecht라 인용), §36 Ⅰ 1 a); Wolf, Sachenrecht Rn. 305.

20) 제906조(불가량물의 유입) (1) 토지소유자는 가스, 증기, 악취, 연기, 검댕, 열, 소음, 진동의 유입 및 다른 토지로부터 오는 이와 유사한 생활방해가 자기의 토지의 이용을 침해하지 아니하거나 또는 그 생활방해가 중대하지 아니한 경우에는 이를 금지할 수 없다. 法律 혹은 法規命令에서 정한 한계치 내지 표준치가 이러한 법규정에 따라 조사・평가된 생활방해에 의하여 초과되지 아니하는 경우에는 원칙적으로 경미한 침해가 있다. 연방임미시온보호법 제48조에 따라 제정되고 기술의 수준에 상응하는 一般行政規則에 포함되어 있는 수치에 대하여도 동일하다.

(2) 다른 토지의 그 지역의 통상적인 이용으로 말미암아 중대한 침해가 야기되고, 이러한 종류의 토지이용자들에게 경제적으로 기대될 수 있는 조치에 의하여 그 침해를 방지할 수 없는 경우에도 그러하다. 이에 따라서 소유자가 그러한 생활방해를 인용해야 하는 경우에, 그 생활방해가 자기의 토지의 지역의 통상적인 이용 또는 그 토지의 수익을 기대할 수 있는 정도를 넘어서 침해하는 경우에는, 소유자는 그 다른 토지의 이용자에게 적절한 금전보상을 청구할 수 있다.

(3) 특별한 유도시설에 의한 流入은 허용되지 아니한다.

한 생활방해이다. 그런데 환경침해와 환경이익의 침해가 제1004조의 의미에서의 방해에 해당하는가에 대하여는 좀더 자세하게 검토해 볼 필요가 있다.

1) 환경침해

독일법에 공통하는 환경침해의 개념은 없고, 개별법에서 다소 상이한 표현들이 사용되고 있다. 가령 연방임미시온보호법(Gesetz zum Schutz vor schädlichen Umwelteinwirkungen durch Luftverunreinigungen, Geräusche, Erschütterungen und ähnliche Vorgänge[Bundes-Immissionsschutzgesetz-BImSchG])[21] 제 3 조 제 2 항에 따르면 "동법에서 임미시온이라 함은, 인간, 동·식물, 지표, 물, 대기 내지 문화재 기타의 재화에 영향을 미치는 대기오염, 소음, 진동, 전기, 열, 광선 그리고 이와 유사한 환경영향을 의미한다"라고 규정하고 있다. 여기에서 "영향을 미친다"라는 것은, 임미시온이 보호 객체에 대하여 구체적으로 일정한 정도의 영향을 미쳐야 된다는 것을 의미하는 것은 아니고, 그러한 현상들이 통상 보호객체에 영향을 미칠 수 있는 가능성을 지니고 있다는 것을 의미한다. 公衆 내지 이웃에게 위험, 현저한 불이익 또는 현저한 고통을 유발하는 임미시온은 '有害한 環境影響'이라고 하며, 이에 대하여는 동법 제 3 조 제 1 호가 별도로 규정하고 있다. 따라서 임미시온보호법상 '환경영향' 내지 '환경침해'라 함은 소음, 진동 등이 널리 환경에 영향을 미치게 되는 것을 의미하게 된다.

이에 비하여 독일민법에는 임미시온에 대한 정의규정도 없고 심지어 임미시온이라는 표현을 쓰고 있지도 아니하다. 그 대신 제906조에서 '不可量物의 流入' (Zuführung unwägbarer Stoffe)이라는 제목하에 몇몇 현상들이 예시되어 있을 따름이다. '不可量物'이라는 표현은 판덱텐법학에서 발전된 것으로, 가볍고 크기가 작은 미세한 물질을 의미한다. 이러한 불가량물을 '좁은 의미에서의 임미시온'이라고 한다. 'Immission'이라는 단어는 'immittere'라는 동사의 명사형으로, 이는 안쪽으로 보내는 것 내지는 안쪽으로 이끄는 것이라고 해석된다. 불가량물은 그 속성상 토지의 경계를 자유롭게 넘나들게 되므로 인접 토지에서 이러한 현상이 감지될 수 있게 되는데, 불가량물이 어떤 한 토지로부터 그의 경계를 넘어서 다른 토지로 넘어가는 과정을 가리켜 '광의의 임미시온'이라 한다. 이는 곧

21) 독일에서는 1970년대 초까지만 해도 유해한 임미시온의 저감·방지를 위한 법적·기술적인 기준들이 상이한 법규명령 또는 행정법규에 산재되어 있었다. 이러한 규정들은 일반성을 띤 것이 있었는가 하면, 공기오염과 소음에 대하여서만 특별히 규율하는 것도 있었고, 특정한 종류의 에미시온을 방출하는 시설만을 대상으로 하는 것도 있었다. 이렇게 분산되어 있는 법규들을 통합하는 것이 임미시온에 대한 방어에 보다 효율적이라는 판단에서 1974년 4월 1일에 연방임미시온보호법이 제정되었고(BGBI I, 880), 2005년 6월 25일에 일부 조문이 개정되었다(BGBl I, 1865). 이하에서 '임미시온보호법'이라 함은 연방임미시온보호법을 지칭한다.

제906조에서 사용되고 있는 Zuführung의 의미이기도 하다. 이러한 임미시온이 사법상 의미를 갖게 되는 것은 임미시온으로 말미암아 이웃 토지의 소유권이 방해를 받았거나 방해를 받을 염려가 있는 경우이다. 따라서 오존층침해, 공기오염, 지하수의 오염 등과 같은 순수한 환경침해는 공법상 환경침해에는 해당하나,—개인적 법익의 침해가 없으므로— 제1004조의 의미에서의 방해에는 해당하지 아니한다. 야생동물, 야생조류 등이 멸종될 우려가 있는 경우에도 마찬가지이다. 제960조 제 1 항[22]에 따르면 야생동물은 無主物이므로, 특정한 권리주체에 귀속되지 아니하는바, 터널공사 등으로 인하여 야생동물, 야생조류 등이 피해를 입을 개연성이 있다 하더라도, 이는 특정한 개인의 법적 지위에 대한 침해가 있는 것은 아니므로, 사법상 방해예방청구권의 요건을 충족시키지는 못한다. 그러나 환경침해가 동시에 토지소유권의 침해를 의미하는 경우에는 제1004조의 의미에서의 방해가 있는 것으로 인정될 수 있다.[23] 이를 유형별로 살펴보면 다음과 같다.

(가) 생태계의 훼손

대부분의 자연생태계는 토지에 조성되는데, 토지는 제90조[24]의 의미에서의 물건이고, 따라서 사인의 소유권의 객체가 될 수 있다. 그런데 터널공사 등으로 인하여 그 노선이 지나가는 일대에 분포하는 야생동식물의 서식지, 도래지 등의 자연생태계가 훼손된 경우에는 소유권의 대상인 물건 자체가 물리적으로 훼손된 것이 아니라, 야생동식물의 서식지로서의 토지의 '질'이 손상을 입은 것이기 때문에, 이러한 토지의 질적인 변화도 소유권의 침해에 해당하는지의 여부가 문제된다. 연방행정법원은 소유권이 비단 경제적 가치를 가질 뿐만 아니라 소유자의 자유로운 인격의 발현에도 기여하는 것으로 파악하고 있는데,[25] 이러한 소유권이 가지는 인격적인 기능에 비추어 볼 때 제 3 자에 의하여 소유자의 의도와는 무관하게 물건의 상태가 변경된 경우에는 소유권방해 내지 침해가 있는 것으로 인정될 수 있다.[26] 따라서 이러한 방해가 발생할 우려가 있는 경우에 토지소유

22) 제960조(야생동물) (1) 야생동물은 자연상태에 있는 동안에는 無主이다. 동물원에 있는 야생동물 및 양어장 또는 기타의 폐쇄된 공간에 있는 사인의 수역에 있는 어류는 무주가 아니다.

23) Baumann, Peter, "Die Haftung für Umweltschäden aus zivilrechtlicher Sicht," JuS 1989, 433; Diederichsen, Uwe, "Verantwortlichkeit für Altlasten－Industrie als Störer," BB 1988, 917; Medicus, JZ 1986, 778; Soergel/Mühl, Vor § 90 Rn. 44ff.

24) 제90조(물건의 개념) 동법에서 물건이라 함은 유체물만을 의미한다.

25) BVerwGE 24, 367, 389; BVerwG, NJW 1986, 39ff.; BGHZ 6, 270, 276; Köndgen, "Ökologische Aspekte des Schadensproblems. Bemerkungen zur Kommerzialisierungsmethode des Bundesgerichtshofs," AcP 177(1977), 1, 14f.; Pfeiffer, Bedeutung, S. 266f.

26) Baumann, JuS 1989, 433, 439; Lytras, Haftung, S. 195.

자는 방해예방청구권을 행사할 수 있게 된다.

(나) **야생식물의 훼손**

제94조 제1항[27]에 따르면 식물은, 토지에 부착되어 있는 한, 토지의 구성부분이 되기 때문에, 식물이 멸실·훼손된 경우에는 토지소유권의 침해가 있게 된다.[28] 이는 야생식물은 물론 作物植物의 경우에도 그대로 적용된다.[29] 따라서 공사장 건설 등으로 이러한 식물들에 대한 피해가 우려되는 경우에는 토지소유권의 방해를 이유로 방해예방청구권을 행사할 수 있다.

(다) **야생동물의 멸실**

제90조의 a[30]에 따르면 동물은 물건은 아니지만 특별법에서 달리 정함이 없는 한 민법상 물건에 관한 규정이 준용되므로, 제90조의 의미에서의 독립적인 물건에 준하는 것이라고 할 수 있다. 따라서 야생동물이 사유지에 서식하고 있다고 하여 그 동물이 토지의 구성부분으로 되지는 아니하므로, 토지소유자의 소유권이 이러한 동물에까지 확대되지는 아니한다. 그 결과 사유지에 서식하는 야생동물이 멸종할 위기에 처한 것을 소유권의 침해로 볼 수는 없다.[31]

2) 환경적 이익의 침해

제905조[32]에 따르면 토지소유자의 권리는 보호가치 있는 지표의 상하공간에 미치는데, '보호가치 있는 소유자의 이익'은 비단 재산적인 이익에 국한되는 것은 아니므로, 미적인 이익, 환경적 이익 등도 이러한 이익에 포함될 수 있다. 따라서 시설물공사 등으로 인하여 종래 사찰이 누려오던 경관이나 조망, 사찰로서 수행을 위한 조용하고 쾌적한 종교적 환경 등 환경적 이익의 침해가 있는 경우에도 소유권침해가 있는 것으로 인정할 여지가 있다. 독일에서는 어떤 토지의 사용이 이웃의 미학적·도덕적 감정을 침해하는 것을 관념적 침해(Ideelle Einwirkung)라 하고, 이러한 침해에는 건축자재를 무질서하게 적재하여 이웃의 미관을 해치는 '美學的 侵害', 사창가를 경영함으로써 이웃거주자들에게 수치심

27) 제94조(토지 또는 건물의 본질적 구성부분) (1) 토지의 정착물 특히 건물과 토지에 부착되어 있는 토지의 산출물은 토지의 본질적 구성부분에 속한다. 종자는 파종에 의하여 식물은 식재에 의하여 토지의 본질적 구성부분이 된다.

28) Baumann, JuS 1989, 433, 439; Lytras, Haftung, S. 195.

29) Baumann, JuS 1989, 433, 439; Gassner, Erich, "Der Ersatz des ökologischen Schadens nach dem getenden Recht," UPR 1987, 370, 372ff.; Lytras, Haftung, S. 195.

30) 제90조의 a(동물) 동물은 물건이 아니다. 동물은 특별법에 의하여 보호된다. 다른 정함이 없는 한 동물에 대하여 물건에 관한 규정이 준용된다.

31) Lytras, Haftung, S. 185.

32) 제905조(소유권의 범위) 토지소유자의 권리는 지표의 상하 공간에 미친다. 그러나 소유자는 그가 배제에 대하여 아무런 이익도 가지지 아니하는 높이의 지상 혹은 그러한 깊이의 지하에서 행하여지는 간섭을 금지할 수 없다.

을 유발하는 '道德的 侵害' 그리고 영안실 영업 등으로 이웃에게 공포심을 유발하는 '精神的 侵害'가 포함되는 것으로 파악하고 있다.[33] 그런데 제1004조의 의미에서의 방해는 외부로부터 오는 소유권에 대한 '적극적인 침해'를 의미하는데 반해, 관념적 침해는 상린자들 사이에서 공간적인 경계의 침범은 없는 상태에서 어떤 토지의 사용이 상린자의 감정을 해치는 경우이므로, 이러한 침해가 소유권 방해에 해당하는지의 여부에 대하여 많은 논란이 있다.

(가) 판 례

판례는 원칙적으로 관념적 침해는 소유권방해에 해당하지 아니하고, 따라서 이에 대한 사법상 방어청구권을 부인한다. 예컨대 주거지역에 위치한 건축자재 적재소,[34] 호텔 옆에 위치한 폐차장[35]으로 말미암아 이웃의 미관을 해치는 '미학적 침해', 私娼街[36] 또는 야외수영장[37]의 운영으로 이웃들에게 수치심을 불러일으키는 '도덕적 침해' 그리고 폭발위험이 높은 주유소[38]로 인하여 이웃들이 공포심을 느끼는 '정신적 침해'의 경우에, 이러한 영업으로 말미암아 생활에 방해를 당했다고 느끼는 이웃은 문제가 된 토지의 소유자를 상대로 제1004조에 기한 방어청구권을 행사할 수 없다고 판시하였다.

그러나 하급심판결 중에는 미학적 침해에 대하여 제1004조에 기한 방어청구권을 인정한 예가 있다: 이웃토지에 벽돌·콘크리트 조각, 홈통, 흰색과 검정색의 페인트통 등을 지저분하게 쌓아 두어 이웃의 미관을 해치는 미학적 침해가 문제가 된 사건에서 Münster법원은, 변화된 환경의식에 비추어 볼 때 제1004조 제1항의 규정은 재산적인 침해뿐만 아니라 정신적인 침해의 경우에도 적용된다고 보아야 하므로, 이웃의 미학적인 감정을 해치는 것도 제1004조의 방해에 포함된다고 판단하였다.[39]

(나) 학 설

학설은 종래에는 이를 소극적으로 파악하는 입장이 지배적이었으나, 근래에 들어서는 이를 적극적으로 해석하는 입장이 다소 우위를 차지하고 있는 것으로

---

33) 관념적 침해에 대한 자세한 논의는 안경희, "관념적 침해에 대한 소고," 재산법연구 20권 2호(2003. 12), 63면 이하 참조.
34) BGHZ 51, 396.
35) BGHZ 54, 56, 59.
36) RGZ 57, 239, 240; BGHZ 95, 307=BGH, NJW 1985, 2823.
37) RGZ 76, 130, 131.
38) RGZ 50, 227.
39) AG Münster, Urteil v. 10. 5. 1983－29 C 80/83=NJW 1983, 2887. 이 판결에 반대하는 견해: Künzl, Reinhard, "Zur Abwehr ideeller Immissionen," NJW 1984, 774, 775; Medicus, JZ 1986, 778.

보인다.

① 부 정 설　부정설[40]은 관념적 침해는 제1004조의 소유권침해라고 볼 수 없고, 따라서 이러한 침해는 수인되어야 하는 것으로 해석한다. 그 논거들은 다음과 같다: 우선 이웃토지에서의 아름답지 못한 모습, 수치심 내지 공포심을 일으키는 시설 등은 그 자체가 외부로 방사되는 것은 아니기 때문에, 비록 이러한 시설로 말미암아 인접지의 가치가 하락된 경우에도, 상린관계법상으로는 그러한 토지의 사용을 금지시킬 수 없다고 한다.[41] 아울러 美醜의 구분, 도덕에 대한 일반적인 척도는 없는바,[42] 개인이 어떠한 것을 아름답고, 주위환경과 조화를 이루는 것으로 느끼는가는 개개인의 지극히 주관적인 판단에 좌우될 수밖에 없으므로, 관념적인 침해에 대하여 제1004조를 적용하는 것은 이 규정의 적용범위를 지나치게 확대하는 결과를 초래하게 된다고 한다.[43]

② 긍 정 설　긍정설[44]은 관념적 침해도 소유권침해에 해당하는 것으로 보고, 제906조의 규정에 의하여 그 침해의 정도가 중대한 것으로 판단되는 경우에는, 제1004조에 기한 방어청구권을 인정한다. 그 주된 논거는 다음과 같다: 부정설을 취하는 학자들이 우려하는 것과는 달리, 제906조가 침해의 중대성, 지역의 통상성, 기대가능성이라는 척도를 통하여 상린자들 사이의 이해관계를 합

40) Balensiefen, Umwelthaftung, S. 122; J. F. Baur/Stürner, Sachenrecht, § 25 Rn. 26; Erman/Hefermehl, § 1004 Rn. 13; Grunsky, "Anmerkung zum BGH-Urteil v. 15. 5. 1970 – V ZR 20/68"(OLG Schleswig), JZ 1970, 785, 786; Pleyer, Klemens, "Anmerkung zum OLG Köln, Urteil v. 28. 4. 1961 – 4 U 168/59," JZ 1963, 96; Künzl, NJW 1984, 774, 775; Marburger, Gutachten, C 102; MünchKomm/Medicus, § 1004 Rn. 35f.; RGRK/Augustin, 906 Rn. 7; Schreiber, Sachenrecht, Rn. 142; Soergel/J. F. Baur, § 906 Rn. 34; RGRK/Augustin, § 906 Rn. 7; Staudinger/Gursky, § 1004 Rn. 76; Westermann, Sachenrecht, § 36 Ⅰ 2.

41) BGH, NJW 1970, 1541, 1542; Balensiefen, Umwelthaftung, S. 120; Brem/Berner, Sachenrecht, Tübingen, 2000(Sachenrecht라 인용), Rn. 15; Erman/Hefermehl, § 1004 Rn. 13, Gursky, JZ 1970, 785, 786; Künzl, NJW 1984, 774, 775; MünchKomm/Säcker, § 906 Rn. 21; RGRK/Augustin, § 906 Rn. 7; Soergel/J. F. Baur, § 906 Rn. 34; Westermann, Sachenrecht, § 36 Ⅰ 2 S. 263.

42) Künzl, NJW 1984, 774, 775; Olzen, Jura 1991, 281, 286; RGRK/Augustin, § 906 Rn. 7; Staudinger/Gursky, § 1004 Rn. 57.

43) BGH, NJW 1969, 1208, 1209; Künzl, NJW 1984, 774, 775; Marburger, Gutachten, C 102; Olzen, Jura 1991, 281, 286; Staudinger/Gursky, § 1004 Rn. 57.

44) Baur, Fritz, "Anmerkung zum BGH-Urteil v. 3. 7. 1969 – V ZR 169/65(OLG Schleswig)," JZ 1969, 432, 433; Forkel, Persönlichkeitsrecht, S. 43, 45; Grunsky, JZ 1970, 785, 786; Küchler, Kurt, Psychische Einwirung im Nachbarrecht des BGB, Dissertation Tübingen, 1973 S. 104ff.; Loewenheim, Ulrich, "Anmerkung zum BGH Urteil v. 15. 11. 1974," NJW 1975, 826; Meisner/Stern/Hodes, NachbarR, § 26 Ⅱ 1, S. 295; RGRK/Augustin, § 906 Rn. 7; Roth, NJW, 1972, 921, 923; Schwab/Prütting, Sachenrecht, § 28 Rn. 330; Staudinger/Roth, § 906 Rn. 126; Westermann, Sachenrecht, § 36 Ⅰ 1 a; Wieling, Sachenrecht, § 23 Ⅱ 4 a) dd); Wolf, Sachenrecht, Rn. 237.

리적으로 조정하고 있기 때문에, 관념적 침해의 경우에 제1004조에 기한 방어청구권을 부여하더라도 이 규정에 근거한 피방해자의 권리보호가 지나치게 확대될 위험은 없다고 한다.45) 그리고 연방행정법원은 한 판결에서46) 통상적으로 기대할 수 있는 정도를 초과하여 토지사용상의 침해가 발생하였고 그 결과 당해 토지를 종전처럼 사용하는 것이 불가능하게 된 경우에 독일기본법 제14조 제1항이 적용될 수 있고, 이러한 경우에는 당해 토지의 가치가 하락하기 마련인데, 토지의 가치가 일정한 정도로 하락하였다는 것은, 간접적인(즉 토지 자체에는 직접적으로 해당하지 아니하는) 침해에 의하여 토지의 사용이 중대하고 수인할 수 없는 정도로 침해당하였다는 사실에 대한 간접증거가 되고, 그럼으로써 소유권침해에 대한 간접증거가 될 수 있다고 보았는데,47) 이 판결을 관념적 침해의 경우에도 원용하여 관념적 침해로 말미암아 상린지의 가치가 일정한 정도로 하락하였다는 사실은 소유권침해에 대한 간접증거가 되므로, 제1004조에 기한 방어청구권이 인정될 수 있다고 한다.48)

③ 절 충 설　　절충설은 주변에서 아름답지 못한 상태를 감수해야 하는 것은 일반적인 삶의 위험에 속할 뿐 방어청구권의 근거가 되지는 아니한다고 본다. 그러나 관념적인 침해에 대한 인용의무의 한계를 '의도적으로' 초과한 경우, 예컨대 어떤 한 가옥 내지 그 가옥이 속하는 전체 구역을 투기의 대상으로 만들기 위하여 일부러 집을 관리하지 않고 방치해 두고 있어서, 이로 말미암아 그 이웃들이 미학적 침해를 받는 경우에는, 예외적으로 방어청구권을 인정할 수 있다고 한다.49) 이 경우에는 단순히 피방해자의 미학적 감정의 침해가 문제되는 것이 아니라, 오히려 피해지의 사용에 대한 중대한 침해가 있는 것으로 보아야 하고, 이는 피해지의 현저한 가치하락에 의하여 징표된다고 한다.50)

45) Baur, JZ 1969, 432, 433; Grunsky, JZ 1970, 785, 786; Lang, AcP 174(1974), 381, 389ff.; Loewenheim, NJW 1975, 826, 827; Staudinger/Roth, §906 Rn. 126; Westermann, Sachenrecht, §36 Ⅰ 1 a.

46) BVerwG, NJW 1979, 995=DVBl 1978, 614, 616.

47) 독일기본법 제14조 제1항의 사법상 의미에 대하여는 Mühl, Otto, "Das Gebot der Rücksichtnahme im Baurecht und die Verbindungslinien zum privaten Nachbarschutzrecht," in: FS Fritz Baur, Tübingen, 1981, 83면 이하 참조.

48) Jauernig, "Zivilrechtlicher Schutz des Grundeigentums in der neueren Rechtsentwicklung," JZ 1986, 605, 609. 결론에 있어서 동일: Staudinger/Roth, §906 Rn. 126; Wieling, Sachenrecht, §23 Ⅱ 4 a dd).

49) Jauernig, JZ 1986, 605, 609. 이에 찬동하는 견해: Erman/Hagen, §906 Rn. 9; Staudinger/Roth, §906 Rn. 124; Wieling, Sachenrecht, §23 Ⅱ 4 a dd) S. 349. 반대하는 견해: Westermann, Sachenrecht, §36 Ⅰ 2.

50) Jauernig, JZ 1986, 605, 609.

(2) 방해의 반복위험

제1004조 제1항 제2문은 '앞으로도 방해받을 우려가 있는 경우에는'이라고 규정하고 있는바, 과거에도 위에서 살펴본 바와 같은 방해가 있었고 이러한 방해가 계속적으로 발생할 것이 염려되는 경우에 유지청구권이 인정된다. 나아가 방해가 다시 한번 또는 자주 발생할 가능성이 있는 경우는 물론이고 그러한 방해가 발생할 기회가 있는 경우에도 반복의 위험이 있는 것으로 인정된다.[51)]

(3) 방해의 발생가능성

아직 구체적으로 소유권방해가 발생하지는 않았으나 장차 방해가 발생할 우려가 있는 경우에도 방해예방청구권이 인정된다.[52)] 이 방해발생가능성은 '객관적'인 사실에 입각한 것이어야 하며 단지 피방해자의 주관적인 판단만으로는 방해예방청구권을 근거지울 수 없다.[53)] 아울러 추상적으로 피방해자의 권리가 침해될 우려가 있다는 것만으로는 부족하고, 그러한 침해가 발생할 것이 '구체적으로' 예견되어야 한다.[54)] 이 때 전문가감정서 등이 중요한 판단자료가 될 수 있다.

(4) 방해의 위법성

방해자의 방해행위가 위법해야 한다. 所有權妨害事實이 인정되면 위법성도 추정되는 것이 일반적이다. 물론 違法性阻却事由가 있는 경우에는 예외이다. 피해지의 소유자가 인용의무를 부담하는 경우가 그 예이다. 가령 제906조에서는 일정한 수인한도를 초과하지 아니하는 생활방해는 피방해자가 인용해야 하는 것으로 규정하고 있는데, 이 규정에서 인용의무의 판단기준으로 제시되고 있는 침

51) Brem/Berger, Sachenrecht, §7 Rn. 31; Erman/Hefermehl, §1004 Rn. 27; Jauernig/Jauernig, §1004 Rn. 11; MünchKomm/Medicus, §1004 Rn. 95; Palandt/Bassenge, §1004 Rn. 32; Schreiber, Sachenrecht, Rn. 151; Vieweg/Werner, Sachenrecht, §9 Rn. 9; Westermann, Sachenrecht, §36 Ⅳ 2; Wolf, Sachenrecht Rn. 317.

52) Erman/Hefermehl, §1004 Rn. 27; Jauernig/Jauernig, §1004 Rn. 11; MünchKomm/Medicus, §1004 Rn. 95; Palandt/Bassenge, §1004 Rn. 48; Schreiber, Sachenrecht, Rn. 151; Vieweg/Werner, Sachenrecht, §9 Rn. 10; Westermann, Sachenrecht, §36 Ⅳ 2; Wieling, Sachenrecht, §23 Ⅳ 1 c); Wolf, Sachenrecht Rn. 317.

53) Lytras, Haftung, S. 49; MünchKomm/Medicus, §1004 Rn. 95; Westermann, Sachenrecht, §36 Ⅳ 2.

54) BGHZ 2, 394, 395f.; J. F. Baur/Stürner, Sachenrecht, §12 Rn. 11; Brem/Berger, Sachenrecht, §7 Rn. 31; Diederichsen, Referat, L. 50; Gerlach, JZ 1988, 161, 167; Lytras, Haftung, S. 49; MünchKomm/Medicus, §1004 Rn. 95; Müller, Sachenrecht, Rn. 784; Palandt/Bassenge, §1004 Rn. 33; Schwab/Prütting, Sachenrecht, Rn. 576; Wagner, Gerhard, "Umweltschutz mit zivilrechtlichen Mitteln," NuR 1992, 201, 202f.; Wieling, Sachenrecht, §23 Ⅳ 1 c); Wolf, Sachenrecht, Rn. 317.

해의 중대성, 지역의 통상성, 침해의 회피가능성이라는 세 가지의 기준은—공사법을 불문하고—환경침해에 대한 인용의무 내지 수인한도를 판단하는 기준으로 널리 활용되고 있다.

그 밖에 제903조에 따르면 소유자의 권능은 제3자의 권리에 의하여서도 제한될 수 있다. 예컨대 어떤 시설이 營業認可를 받고 설치되어 행정청 자신도 이 행정행위를 취소・철회하는 것이 불가능하게 된 경우에는, 인가를 받은 시설의 존속을 보장하기 위하여 제3자 등이 더 이상 그 행위의 효력을 다툴 수 없게 되는데, 이러한 공법상 인·허가행위에 기하여 제3자에게 인용의무를 부과시키는 것도 생각할 수 있다. 이는 결국 행정행위의 효력에 관한 문제인데, 私權形成的 效力과 排除的 效力으로 구분하여 검토하여야 한다. 가령 計劃確定決定의 경우에는 계획의 수립 책정 과정에서 당해 행정청이 포괄적인 '形成의 自由'를 가진다. 그렇다고 하여 행정청이 무제한적으로 裁量權을 행사할 수 있는 것은 아니고, 이 또한 법적인 제한을 받게 된다. 우선 계획된 사업이 전문행정계획법의 목표달성에 객관적으로 필요한 것이어야 한다. 나아가 행정계획의 실시에 따라 침해되는 私益과 그에 의하여 달성되는 公益이 서로 적정하게 비교・형량되어야 하는데, 이 과정에서 사업자와 관계당사자들간의 공법적인 관계가 형성적으로 규율된다.[55] 따라서 계획확정결정에는 사권형성적 효력이 인정된다. 이러한 효력이 인정되는 경우에는 排除的 效力도 당연히 긍정된다. 그러나 形成效가 부정되는 경우에는 원칙적으로 排除效도 부정되므로, 이러한 경우에 排除效를 인정하려면 사법상 청구권을 배제시킨다는 명문규정이 있어야 한다.

그에 비하여 인·허가행위 또는 환경영향평가의 하자 유무는 사법상 방해예방청구와는 원칙적으로 아무런 관련이 없다. 다만 환경영향평가, 인·허가처분의 효력을 다투는 행정소송을 제기할 자격이 있는지, 위와 같은 하자를 이유로 행정처분의 취소를 구할 수 있는지의 여부는 별도로 검토해야 할 문제이다.

Ⅳ. 임미시온으로 인한 생활방해의 경우

1. 방해예방청구권과 그의 배제

공사장 등에서 발생하는 소음, 진동 등도 제1004조의 의미에서의 방해에 해

55) Schmidt, Umweltrecht, §4 Rn. 12, §5 Rn. 25.

당한다. 따라서 이러한 임미시온으로 말미암아 생활방해가 발생할 우려가 있는 경우에도 피방해자는 방해자를 상대로 방해예방청구권을 행사할 수 있다. 그러나 피방해자가 임미시온에 대하여 인용의무를 부담하는 경우에는 이러한 청구권의 행사가 배제된다. '자유로이 토지의 경계를 넘나드는' 불가량물의 속성에 비추어 볼 때 이러한 물질에 의한 생활방해를 절대적으로 금지시킬 수는 없는바, 제906조에서는 소유권을 방해하는 정도에 따라 경미한 방해와 중대한 방해로 구분하고, 후자만이 금지되는 것으로 규정하고 있다.

2. 제906조 제 1 항에 따른 忍容義務

이웃토지의 사용을 침해하지 아니하거나 그 침해의 정도가 경미한 임미시온은 사회상당성이 있는 것으로 보아 허용된다. 이 때 "경미한 침해는 고려되지 아니한다"(minima non curat praetor)라는 원칙이 적용된다. 그러나 중대한 침해는 이를 인용할 필요가 없으므로 제1004조 제 1 항에 기하여 방어청구권을 행사할 수 있게 된다.

수인해야 하는 경미한 침해와 방어할 수 있는 중대한 침해와의 경계설정은 규범적인 평가기준에 의하여 행하여진다. 判例와 通說에 따르면 이 때 '객관적·차별적인 기준'이 적용된다고 한다.[56] 즉 보통의 분별력 있는 평균인의 감정을 기준으로 하고(객관적 기준), 평균인이 어떻게 느끼는가를 평가함에 있어서는 방해를 받은 토지의 실제적인 용도가 결정적인 역할을 한다고 한다(차별적 기준).

3. 제906조 제 2 항에 따른 忍容義務

(1) 地域의 通常性(Ortsüblichkeit)[57]

임미시온으로 말미암아 중대한 생활방해를 당한 被妨害者는 이러한 방해를

56) BGHZ 97, 97, 104=NJW 1986, 2309; BGH LM Nr 11 zu §906; BGHZ 70, 102, 110=NJW 1978, 419; AK/Winter, §906 Rn. 41; J. F. Baur/Stürner, Sachenrecht, §25 Rn. 27; Brem/Berger, Sachenrecht, §6 Rn. 16; Erman/Hagen, §906 Rn. 14; Habscheid, Walther J., "Nachbarrecht und Verkehrsfortschritt," MDR 1954, 260, 261; Jauernig/Jauernig, §906 Rn. 3; Lang, AcP 174(1974), 381, 391; MünchKomm/Säcker, §906 Rn. 34ff.; Palandt/Bassenge, §906 Rn. 22; RGRK/Augustin, §906 Rn. 32; Soergel/J. F. Baur, §906 Rn. 36; Schwab/Prütting, Sachenrecht, Rn. 333; Schreiber, Sachenrecht, Rn. 129; Spieß, Pirmin, "Der Ausgleichsanspruch nach §906 Abs. 2 S. 2 BGB," JuS 1980, 100, 101f.; Staudinger/Roth, §906 Rn. 159; Westermann, Sachenrecht, §62 II 2 a); Wieling, Sachenrecht, §23 II 4 b); Vieweg/Werner, Sachenrecht, §9 Rn. 37; Wolf, Sachenrecht, Rn. 342.

57) 본래 제906조에서는 '지역의 통상적인 사정'(gewöhnliche örtliche Verhältnisse)이라는 표

야기한 妨害者에 대하여 방어청구권을 행사할 수 있다. 그러나 방해자가 토지를 통상적으로 이용하던 중에 중대한 침해가 발생한 경우에는, 피방해자는 이러한 침해를 감수해야만 한다. 지역의 통상성의 판단에는 판례를 통하여 인정된 각인론(Geprägetheorie)이 일반적으로 적용된다. 이 이론에 따르면 어떤 토지의 이용이 그 지역의 통상적인 것으로 인정되려면, 우선 표준이 되는 비교지역에 다수의 토지가 있고, 그 토지들이 이용방법과 범위에서 거의 유사하게 다른 토지에 영향을 미쳐야 한다고 한다.[58]

독일 민법의 기초자들은 지역의 통상성이라는 기준이 주위사정이 변화하는 데에 따라서 스스로 변경될 수 있는 '유동적인 평가기준'이라고 믿었었다. 그들이 예상한 대로 이 개념은 경제의 발전, 교통 내지 기술이 발달하는 경우에도 탄력성 있게 적용될 수 있는 동적인 것이다. 그러나 오늘날 사회경제의 발전은 행정계획 혹은 행정청의 인·허가에 의하여 규범적으로 주도되고 있는바, 그러한 高權的인 決定이 지역의 통상성을 판단하는 데에 어떠한 영향을 미치는지가 문제된다. 이른바 테니스장판결에서[59] 연방민사법원은 건축계획에서 규정하고 있는 사항은 지역의 통상성을 판단함에 있어서 '참고사항'일 따름이라고 판시하였다. 민법학자들도 대부분 이러한 입장을 취하고 있고, 그 결과 지역의 통상성 여부는 지역의 사실적인 사정만을 기초로 판단해야 한다고 보고 있다.[60] 그러나 공법문헌에서는 이러한 민사법원의 태도에 대하여 강력한 비판이 제기되고 있다. 즉 건축계획에서 정하고 있는 기준들은 제906조의 의미에서의 지역에 통상적인 것을 내용으로 하고 있으므로, 건축계획에 따라 계획된 내용에 맞게 이루

현을 쓰고 있었고, 피방해자는 다른 토지가 위치해 있는 지역의 사정에 비추어 볼 때 통상적인 토지이용에 의하여 야기된 생활방해를 인용해야 했다. 1959년 독일 민법의 일부개정에서 지역의 통상적인 사정이라는 표현이 '지역의 통상성'으로 대체되었다.

58) BGHZ 15, 146; 30, 273; 54, 384, 389; 111, 63, 72; 117, 110, 113; 120, 239, 260.

59) BGH Urteil vom 17.12.1982—V ZR 55/82—, NJW 1983, 751. 이 판결에서 법원은 테니스장에서 발생하는 소음이 중대하고, 지역에 통상적이지 아니한 생활방해이므로, 제906조에 따라서 인용될 수 없는 임미시온에 해당한다고 하여 원고의 테니스장영업정지청구를 인용했다.

60) AK/Winter, 906 Rn. 62; Baur, JZ 1974, 657, 657ff.; ders., "Zur Entstehung des Umweltschutzrechts aus dem Sachenrecht des BGB," JZ 1987, 317, 317ff.; Balensiefen, Umwelthaftung, S. 137; Diederichsen, Referat, L. 57ff.; Erman/Hagen, §906 Rn. 24; Gerlach, JZ 1988, 161, 163ff.; Grunsky, Jura 1970, 407, 407ff.; Hagen, Horst, "Sportsanlagen im Wohnbereich," UPR 1985/6, 192, 193ff.; Hager, NJW 1986, 1961, 1966; Jauernig/Jauernig, §906 Rn. 4; Lytras, Haftung, S. 312f.; Marburger, Gutachten, C. 104; Medicus, JZ 1986, 778, 784; MünchKomm/Säcker, §906 Rn. 91; Mühl, Otto, "Die Ausgestaltung des Nachbarverhältnisses in privatrechtlicher und öffentlichrechtlicher Hinsicht," in: FS Raiser, Tübingen 1974, S. 159, 183; Palandt/Bassenge, §906 Rn. 28; Pfeiffer, Immissionsschutz, S. 137ff.; RGRK/Augustin, §906 Rn. 48; Schwab/Prütting, Rn. 335; Soergel/J. F. Baur, §906 Rn. 12; Staudinger/Roth, §906 Rn. 190; Vieweg/Werner, Sachenrecht, §9 Rn. 39; Westermann, Sachenrecht, §62 Ⅱ 3 a).

어진 토지의 사용은 항상 그 지역에 통상적인 것이라고 한다.[61)]

(2) 期待할 수 있는 조치에 의한 침해의 회피가능성[62)]

지역의 통상성이 인정되는 경우에 피방해자에게 항상 인용의무가 부과되는 것은 아니고, 임미시온을 배출한 토지의 이용자들에게 기술적·경제적으로 기대될 수 있는 조치에 의하여 임미시온이 저지될 수 없는 경우에 한하여 피방해자에게 인용의무가 있다. 따라서 기술적·경제적으로 기대할 수 있는 조치를 통하여 임미시온을 저감시킬 수 있는 경우에는, 피방해자는 중대하고 지역에 통상적인 침해라 해도 이를 감수할 필요가 없다. 기술적 기대가능성이 있는 임미시온 저감조치로 평가받으려면, 그 조치가 '기술의 수준'[63)]에 상응하는 것이어야 한다. 이러한 조치에는 임미시온을 低減시키기 위한 기술적인 조치뿐만 아니라 영업양식과 관련된 조치(영업시간 단축 등)까지도 포함된다. '경제적 기대가능성'은 방해를 한 영업자 자신이 아니라 그가 속하는 영업에서 '평균적인' 영업자가 기준으로 판단하는데, 이들이 임미시온저감조치에 소요되는 비용을 감수할 수 있을 때 경제적 기대가능성이 있다고 할 수 있다.[64)]

---

61) Bartlsperger, Richard, "Das Dilema des baulichen Nachbarrechts," VerwArch 60 (1969), 35, 62; Breuer, Rüdiger, "Baurechtlicher Nachbarschutz," DVBl 1983, 431, 438f.; Gaentzsch, Günther, "Sportanlagen im Wohnbereich—Rechtsproblematik aus öffentlicher Sicht—," UPR 1985/6, 201, 210; Johlen, Heribert, "Bauplanungsrecht und privatrechtlicher Immissionsschutz," BauR 1984, 134, 137; Schapp, Jan, Das Verhältnis von privatem und öffentlichem Nachbarrecht, Habilitationsschrift Berlin 1978 S. 162ff., 175ff.

62) 이 척도는 1959년 독일민법의 일부개정시에 지역의 통상성 외에 또 하나의 인용의무의 요건으로 제906조 제2항 제1문에 추가되었다. 그 결과 피방해자에게 인용의무를 부과시키기 위해서는 지역의 통상성만으로는 부족하고, 기술적·경제적으로 기대가능한 조치에 의하여 침해를 저지할 수 없어야 한다는 요건을 '추가적으로' 충족시켜야만 하게 되었다.

63) 임미시온보호법 제3조 제6항: "본법에서 기술의 수준이라 함은 에미시온저감조치의 실제상 적합성을 담보하는 것으로 보이는 진보적인 工程, 設備 혹은 營業樣式의 발전된 수준을 의미한다. 기술의 수준을 결정함에 있어서는 특히 영업에서 성공적으로 시험된 바 있는 공정, 설비 또는 영업양식들이 비교되어야 한다." 이처럼 기술의 수준은 에미시온과 관련되어 있다. 동조 제3항에 따르면 "본법에서 에미시온이라 함은, 어떤 시설에서 방출되는 대기오염, 소음, 진동, 전기, 열, 광선 및 이와 유사한 현상들"을 의미한다. 그리고 동조 제4항에 따르면 "대기오염이라 함은 매연, 검댕, 먼지, 가스, 연무질, 증기 및 후각자극물질에 의하여 공기의 자연적인 구성이 변화되는 것"을 말한다.

64) 일반적인 견해: AK/Winter, §906 Rn. 65; Brem/Berger, Sachenrecht, §6 Rn. 17; Erman/Hagen, §906 Rn. 30; MünchKomm/Säcker, §906 Rn. 121; Palandt/Bassenge, §906 Rn. 29; Pfeiffer, Immissionsschutz, S. 137ff.; RGRK/Augustin, §906 Rn. 54; Soergel/J. F. Baur, §906 Rn. 98; Staudinger/Roth, §906 Rn. 207; Vieweg/Werner, Sachenrecht, §9 Rn. 41; Westermann, Sachenrecht, §62 Ⅱ 3 b); Wieling, Sachenrecht, §23 Ⅱ 4 c) aa); Wolf, Sachenrecht Rn. 346.

4. 공법상 인용의무

임미시온보호법 제4조에[65] 따라서 인가를 받은 시설에 대하여는 동법 제14조 제1문에 기하여 사법상 방어청구권의 행사가 배제된다. 따라서 이러한 인가시설에서 배출되는 임미시온에 의하여 중대한 생활방해가 발생하였더라도, 私法에 기하여서는 인가시설의 영업정지를 청구할 수 없다.[66] 동 규정의 내용은 다음과 같다:

> 제14조(**私法上 防禦請求權**의 **排除**) 어떤 토지로부터 이웃토지에 미치는 유해한 생활방해에 대한 사법상 방어청구권에 기하여서는, 그것이 특별한 권원에 근거하지 아니하는 한, 인가가 확정된 시설의 영업정지를 청구할 수는 없고, 단지 유해한 영향을 배제하는 예방조치만을 청구할 수 있다. 그러한 예방조치가 기술의 수준에 비추어 볼 때 실현될 수 없다거나 경제적으로 기대될 수 없는 경우에는, 단지 손해배상만을 청구할 수 있다.

나아가 공익에 중요한 의미를 가지는 대규모 사업들은 계획확정절차를 통하여 수립된다. 예컨대 원자력폐기물의 최종저장(원자력법 제9조의b), 토지에 정착된 폐기물처리시설영업 내지 그러한 시설 혹은 영업의 본질적 변경(폐기물법 제7조 이하), 연방수로의 확장 혹은 신설(수로법 제14조) 등이 그것이다. 행정절차법 제75조 제2항에 따르면 이러한 계획이 확정되어 취소할 수 없게 된 경우에는, 사업의 유지청구권, 시설의 제거 또는 변경청구권 또는 그 시설사용의 유지청구권의 행사가 배제된다. 이러한 배제적 효력은 예견가능한 효과에 대해서만 인정된다. 따라서 계획수립 당시에 예견할 수 없었던 효과가 발생한 경우에는, 관계당사자들은 그들에게 불이익을 주는 효과를 제거하는 보호조치를 취해줄 것을 청구할 수 있다. 그러나 그러한 보호조치들이 실행될 수 없다거나 계획된 사업과 양립될 수 없는 경우에는 金錢的 補償請求權만이 고려된다.

65) 임미시온보호법 제4조 제1항 제1문에 따르면 그의 상태 혹은 영업에 기하여 유해한 환경영향 내지 기타의 위험, 현저한 불이익 혹은 현저한 고통을 야기하기에 적합한 시설 및 폐기물의 매립 또는 처리를 위하여 토지에 정착된 폐기물처리시설의 設置와 營業은 認可를 필요로 한다. 인가를 요하는 시설들은 제4차 임미시온보호법 집행명령 제1조에 명시되어 있는데, 여기에는 거의 모든 산업·상업시설들이 포함되어 있다.

66) 동 규정에 대한 자세한 내용은 Ahn, Kyung-Hee, Abwehr der Immissionen, Frankfurt/Main, 2000, S. 99ff. 참조.

V. 연방자연보호·경관보전법상 단체소송(Verbandsklage)

1. 의　　의

연방자연보호법상 단체소송이라 함은 환경단체가 환경을 침해하는 고권적인 행정처분에 대하여—자신의 권리의 침해 유무를 불문하고—단체자신의 명의로 행정법원에 제기하는 소송을 말한다.[67] 주지하다시피 독일법은 '주관적 쟁송제도'를 채택하고 있으므로, 사인은 행정결정으로 인하여 그의 주관적인 공법적 권리가 침해되었을 경우에 한하여 행정소송을 제기할 수 있다. 그런데 자연보호와 경관보전의 영역에서는 사인이 인·허가처분에 대하여 '이해관계 있는 제3자'가 되는 것이 쉽지 아니하다.[68] 설령 이러한 요건을 충족한다 하더라도 환경문제는 과학·기술적으로 전문적이고 복잡한 분야여서 개인은 환경이 자신의 권리에 어떠한 영향을 미치는지에 관하여 정확한 정보나 지식을 갖지 못하기 때문에 소송을 제기하는 것이 용이하지 아니하다. 따라서 개인에 비하여 환경문제에 관하여 보다 많은 지식과 정보를 가지고 있는 환경단체에게 공익을 위하여 행정소송을 제기할 수 있는 길을 열어 줄 필요가 있게 된다.

2. 원고적격

행정절차에서 자연보호와 경관보전을 보다 많이 고려하기 위하여 연방 및 주의 자연보호법에서는 환경단체에 대하여 행정절차에 참가할 기회를 부여하고 있고, 이러한 절차참가가 인정되는 단체에게는 문제가 된 행정처분에 대하여 행정소송을 제기할 수 있도록 하고 있다. 즉 독일법상 단체소송은 행정법원법에 기하여 일반적으로 인정되는 것이 아니라 자연보호법이라는 개별법에 근거하여 인정되고, 단지 제한된 환경단체, 즉 연방환경부장관(내지 주환경부장관)에 의하여 행정절차에의 참가가 인정된 단체에 한하여 원고적격이 인정된다(제61조 제1항). 따라서 환경단체가 공공의 이익을 위하여 활동하고 어떤 개인과 사법적인 계약을 통하여 환경소송에서의 대리권을 부여받았다고 하더라도, 절차참가가 인정되는 환경단체가 아닌 한, 단체소송은 불가능하다.[69]

---

67) Hoppe/Beckmann/Kauch, Umweltrecht, §11 Rn. 86.
68) Kloepfer/Brandner, Umweltrecht, §8 Rn. 29.
69) BVerwGE 54, 211, 219ff.; OVG Hamburg, ZUR 2005, 206.

위와 같은 문제점을 해결하기 위하여 환경단체들은 다음과 같은 2가지의 편법을 사용하고 있다. 우선 연방행정법원은 환경단체가 환경피해가 우려되는 시설물의 건설에 필요한 토지의 소유주가 되는 때에는 제소권을 인정하고 있으므로,[70] 단체가 문제가 되는 지역의 토지를 구입하여 토지소유자로서 시설물 건설계획에 대항하여 환경소송을 제기하고 있다('준단체소송': Quasi-Verbandsklage).[71] 그러나 하급심판결 가운데에는 이와 같은 경우에 환경단체가 자기의 이름으로 토지를 매수하는 것은 관련토지를 구매하여 사용하는 데 목적이 있는 것이 아니라, 단지 공사금지를 청구할 목적으로 제소권을 매수하는 것일 따름이므로, 이러한 제소권의 행사는 권리남용 혹은 위법한 권리행사에 해당한다는 판결도 있다.[72] 두 번째로는 시설물 건설계획으로 말미암아 권리침해를 받게 되는 제 3 자(혹은 그 단체의 회원)로 하여금 소송을 제기하도록 하고 환경보호단체가 이들을 적극적으로 후원하는 방법을 사용하기도 한다('부진정한 단체소송': unechte Verbandsklage).[73]

(1) 인정절차

단체소송을 제기할 수 있는 원고적격이 있는 단체로 인정을 받고자 하는 환경단체는 연방환경부장관에게 신청서를 제출하여야 하고(제59조 제 1 항 제 1 문), 단체가 일정한 법정요건을 갖춘 경우에 장관은 행정절차에의 참가기회가 제공되는 단체로 인정을 해 주어야 한다(제59조 제 2 항). 이 인정서에는 절차참가가 인정되는 단체의—정관에서 정한—활동범위가 명시되어 있어야 한다(제59조 제 1 항 제 3 문).

(2) 인정요건

전술한 바와 같이 환경단체에 행정절차에 참가할 기회를 부여하는 것은 환경문제와 관련된 행정절차에서 자연보호와 경관보전을 보다 강력하게 고려하기 위하여서이다. 반면에 모든 환경단체가 아무런 제한 없이 행정절차에 참가하게 되면 행정절차가 마비될 수도 있으므로, 연방자연보호법 제59조 제 1 항 제 2 문에서는 다음과 같은 요건을 갖춘 단체에 한하여 절차에 참가할 수 있도록 법정하고 있다. 첫째 단체의 정관에 이념적이고 단지 잠정적으로가 아니라 지속적으

70) BVerwGE 72, 15, 16.
71) Kloepfer/Brandner, Umweltrecht, §5 Rn. 72; Schmidt, Umweltrecht, §6 Rn. 50.
72) VGH München, DÖV 1989, 403f.; OVG Münster, UPR 1990, 391; OVG NW, NVwZ 1991, 387.
73) Kloepfer/Brandner, Umweltrecht, §5 Rn. 72, §8 Rn. 29.

로 자연보호와 경관보호를 목적으로 한다는 것이 명시되어 있어야 한다(제 1 호). 둘째 단체의 활동범위가 어떤 주의 지역에 한정되지 아니하고 그 지역을 넘어서는 것이어야 한다(제 2 호). 셋째 단체가 인정시점에서 최소한 3년 동안 그리고 이 기간중에 제 1 호의 의미에서 활동을 하였어야 한다(제 3 호). 넷째 단체의 종래의 활동유형과 활동범위, 회원 및 단체의 사업수행능력을 고려하였을 때 공정한 사업수행이 담보되어야 한다(제 4 호). 다섯째 단체가 법인조세법 제 5 조 제 1 항 제 9 호에 따라서 공익적 목적의 수행으로 말미암아 법인세를 면제받고 있어야 한다(제 5 호). 여섯째 단체의 목적을 지지하는 모든 자들이 회원총회에서 완전한 의결권을 가지는 회원으로서 단체에 가입할 수 있어야 한다(제 6 호).[74] 나아가 연방자연보호법 제60조 제 3 항에서는 주정부도 주법에 근거하여 행정절차에의 참가가 인정되는 환경보호단체를 인정할 수 있고, 그 인정요건은 제59조 제 1 항 제 2 문 제 1 호・제 4 호 내지 제 6 호를 준용하도록 하고 있다.

(3) 구속적 행정행위

제59조 제 1 항 제 3 문에 따르면 위의 요건을 갖춘 환경단체가 절차참가를 할 수 있는 단체로 인정해 달라는 신청서를 제출한 경우에 연방행정부장관은 인정을 해 주어야 한다고("Sie (die Anerkennung) ist zu erteilen") 규정하고 있으므로, 환경부장관의 단체의 절차참가인정 여부의 법적 성질은 행정청에 재량권이 인정되지 않는 구속적 행정행위이다. 따라서 그에 대한 불복은 행정법원법 제42조 제 2 항에 의거 의무이행소송(Verpflichtungsklage)으로 이루어진다.[75]

3. 자기중심적 단체소송(egoistische Verbandsklage)

(1) 의　　의

자기중심적 단체소송은 어떤 단체가 자신 혹은 그 단체구성원에게 부여된 공법상 주관적 권리가 침해되었음을 이유로 제기하는 소송이다.[76] 이러한 내용

---

74) 따라서 공법인, 가령 주수렵조합연합(Landesjagdverbände)처럼 회원을 수렵면허증을 가진 자로 한정하고 있는 단체는, 모든 자에게 문호가 개방되어 있는 단체로 볼 수 없으므로, 인정된 환경보호단체에 속하지 아니한다: Himmelmann, Steffen/Pohl, Andreas/Tünnesen-Harmes, Handbuch des Umweltrechts, München, 1998(Handbuch des Umweltrechts/집필자로 인용), Handbuch des Umweltrechts/Pohl, B. 7 Rn. 65; Hoppe/Beckmann/Kauch, Umweltrecht, § 15 Rn. 65.

75) Hoppe/Beckmann/Kauch, Umweltrecht, § 11 Rn. 84, § 15 Rn. 199.

76) Hoppe/Beckmann/Kauch, Umweltrecht, § 11 Rn. 86; Kloepfer/Brandner, Umweltrecht, § 8 Rn. 30; Schmidt, Umweltrecht, § 6 Fn. 206; Sellner, Immissionsschutzrecht, Rn. 355.

의 소송은 행정작용에 의하여 법률상 보호된 이익을 침해당한 자에게 인정되는 주관적 권리구제수단의 전형적인 예이다. 따라서 자기중심적 단체소송은 개인이 제기하는 행정소송과 내용적으로 다를 바 없고, 다만 그 원고가 개인이 아니라 단체라는 점에 차이가 있을 따름이다.

(2) 인정근거

자기중심적 단체소송은 자연보호법상 단체의 참가절차규정에 근거하여 이루어진다. 우선 연방법 차원에서 연방자연보호법 제58조 제1항에 따르면 연방환경부장관에 의하여 절차참가가 인정된 단체에게는, 문제가 된 사업이 단체가 그의 정관에서 정하고 있는 목적 범위에 속하는 일정한 활동영역에 영향을 미치는 한에 있어서는, 다음과 같은 행정절차에 참가하여 의견을 제출하고 문제된 사안과 관련된 전문가 감정서를 열람할 기회가 주어진다. 즉 인정된 환경보호단체는 1. 연방정부 혹은 환경부가 자연보호와 경관보호의 영역에서 법규명령 기타 법률보다 하위에 있는 법규정을 준비하는 과정, 2. 자연경관에 대한 침해와 관련된 사업이 문제되고 당해 사업이 실시되는 지방의 지역이 단체의 활동영역에 속하는 경우에, 연방관청에서 주관하는 계획확정절차, 3. 연방관청에 의하여 제2호의 의미에서의 계획확정절차를 대신하여 발령되고 공중의 참여를 법정하고 있는 계획인·허가절차에 참여할 수 있다.

나아가 연방자연보호법 제60조 제2항에서는 주정부에 의하여 인정된 환경단체에 대하여도 행정절차에 참가하여 의견을 제출하고 전문가감정서를 열람할 수 있는 기회를 부여하도록 하고 있다. 동 규정에 근거하여 주자연보호법에서는 환경단체의 절차참가에 관한 규정을 두고 있다.

(3) 요　　건

학설 · 판례는 연방자연보호법상 단체의 절차참가규정은 환경단체들에게 형식적인 절차법상의 지위만을 부여하는 것이 아니라, 주관적 공권으로서 행정절차에의 '참가권'을 부여한 것으로 해석한다.[77] 따라서 이러한 권리가 침해된 경우에 환경단체는 자신의 권리의 침해를 이유로 행정법원법 제42조 제2항에 따

---

77) BVerwGE 78, 347, 348ff.; BVerwGE 87, 62, 68ff.; OVG Magdeburg, DÖV 1995, 780, 781; OVG Weimar, ZUR 2004, 240; OVG Münster, ZUR 2005, 249, 250; VGH Hess, NVwZ 1988, 1040; VGH Kassel, NuR 1992, 382; VGH Kassel, ZUR 1999, 166; Handbuch des Umweltrechts/Pohl, B. 7 Rn. 66; Hoppe/Beckmann/Kauch, Umweltrecht, §15 Rn. 201; Steinberg, Rudolf, "Fortentwicklung des verwaltungsgerichtlichen Umweltschutes," ZUR 1999, 126, 129.

라서 행정소송을 제기할 수 있게 된다. 즉 환경보호단체는 시설물 건설과 관련된 행정절차가 진행되는 동안에 그들의 절차참가권의 침해에 대하여 다투는 의무이행소송을 제기할 수 있고, 행정절차가 종료된 이후에도 취소소송 등을 통하여 이미 완성된 시설물의 위법성을 확정하거나 아직 진행중인 시설물공사의 중지를 청구할 수 있다.[78] 그러나 문제가 된 절차가 사후에 보완된 경우에는 절차상 하자가 치유된 것으로 보아 소구권은 소멸된다.[79]

4. 공익적 단체소송(altruistische Verbandsklage)

(1) 의　　의

공익적 단체소송은 어떤 단체가 그 자신의 권리에 대한 침해를 다투는 것이 아니라 일반공중의 이익을 위하여 소송을 제기하는 것을 말한다.[80]

(2) 인정근거

공익적 단체소송은 주관적 이익의 침해가 없음에도 불구하고 제소권을 인정하는 '객관적 소송'에 해당하기 때문에 법률에 특별한 근거가 있는 경우에만 허용된다.[81] 연방자연보호법 제61조 제 1 항에 따르면 제59조 또는 주법에 근거하여 제60조의 범위에서 행정절차참가권이 있는 환경보호단체로 인정된 단체는, 그 자신의 권리의 침해가 없는 경우에도 1. 자연보호지역, 국립공원 및 기타 제33조 제 2 항의 의미에서의 보호지역의 보호를 위하여 행해지는 금지와 명령(Verboten und Geboten)으로부터의 면제,[82] 2. 자연과 경관에 대한 침해와 결부되어 있는 사업에 대한 계획확정결정 및 일반공중의 참여가 법정되어 있는 계획인·허가처분에 대하여, 행정법원법의 규정에 따른 권리구제를 받을 수 있다. 그러나 여기에서 언급된 행정행위가 행정소송에 따른 법원의 판결에 근거하여 발령된 경우에는 그러한 권리구제를 받을 수 없다.

제61조 제 5 항에서는 주정부가 제60조 제 2 항에 따라서 단체의 참가권을 법정하고 있는 경우에는 주법차원에서도 단체의 권리구제를 허용할 수 있도록 하고 있다. 이 규정에 근거하여 가령 노르트라인-베스트팔렌주의 자연보호법[83]

78) OVG Weimar, ZUR 2004, 240, 242.
79) BVerwGE 87, 62, 68ff., 76.
80) Hoppe/Beckmann/Kauch, Umweltrecht, §11 Rn. 86; Schmidt, Umweltrecht, §6 Rn. 50; Sellner, Immissionsschutzrecht, Rn. 355.
81) BVerwGE 54, 211, 219ff.; OVG Berlin, ZUR 1999, 50.
82) OVG Weimer, ZUR 2004, 240.
83) GV. NRW. S. 568.

제12조의 b 제1항에서는 "행정행위가 연방자연보호법, 노르트라인-베스트팔렌 주의 자연보호법상의 규정, 이러한 법률에 기하여 제정되었고 계속해서 적용되고 있는 법규명령 혹은 자연보호와 경관보전에도 기여하는 유럽연합의 규정을 포함하여 기타의 법규정에 위반한 경우에는, 연방자연보호법의 규정에 의하여 인정된 단체는, 자신의 권리의 침해를 주장할 필요 없이, 행정법원법의 규정에 따라 행정행위에 대하여 권리구제를 청구할 수 있다"고 규정하고 있다.

(3) 요 건

1) 연방자연보호법상의 규정위반

제61조 제1항 제1문에서 언급된 행정처분이 동법의 규정들, 동법에 근거하여 혹은 동법의 범주에서 발령되었거나 계속적으로 적용되는 법규정들 또는 행정행위의 발령시에 고려해야 하고 최소한 자연보호와 경관보전에도 기여하는 기타의 법률규정들에 위반하였어야 한다(제61조 제2항 제1호). 다만 주자연보호법상 인정된 단체소송은 연방관청에 의한 자연보호법상의 규정위반에 대하여는 적용되지 아니한다.[84)]

2) 자연 또는 경관의 침해

공작물건설 등으로 인하여 정관에서 정한 단체의 활동목적이 침해를 받았어야 한다(제61조 제2항 제2호). 즉 환경단체는, 단체 자신의 주관적 공권의 침해가 없더라도, 단체에게 절차참가 기회가 인정되는 일정한 시설물 건설계획 등으로 인하여 자연 또는 경관에 침해가 발생한 경우에는,[85)] 일반 공중의 이익을 보호하기 위하여 환경소송을 제기할 수 있다.

3) 절차참가권의 행사 또는 절차참가기회 박탈

단체가 제58조 제1항 제2호와 제3호 혹은 제60조 제2항 제5호와 제6호의 범위에서 주법에 따라 절차참가권이 있었고, 단체가 그 절차에 참가하여 의견을 제출하였거나 혹은 제58조 제1항 혹은 제60조 제2항의 범위에서 제정된 주법상의 규정들에 반하여 그에게 의견을 제출할 기회가 주어지지 않았어야 한다(제61조 제2항 제3호).

(4) 항변권, 소구의 배제

단체가 행정절차에서 의견을 제출할 기회가 있었던 경우에는, 그 단체가 절

84) VerwGE 92, 263, 264f.; VGH Kassel, NuR 1985, 154; Handbuch des Umweltrechts/Pohl, B. 7 Rn. 67; Schmidt, Umweltrecht, §6 Rn. 50.

85) VerwGE 78, 347, 350; OVG Lüneburg, ZUR 1999, 280.

차진행과정에서 권리행사를 하지는 않았으나, 그에게 위임되었거나 그에게 열람이 허용되었던 서류에 기초하여 그의 의견제출의 대상으로 삼을 수 있었던 모든 항변을 포함하여 권리구제절차에서 배제된다(제61조 제3항).

(5) 이의신청기간과 제소기간

행정처분이 단체에 통지되지 않았던 경우에는, 그 단체가 행정처분에 대하여 알았거나 혹은 알 수 있었던 시점에서 1년 내에 이의신청과 제소를 해야만 한다(제61조 제4항).

Ⅵ. 우리 법에의 시사점

1. 주관적 쟁송제도를 취하는 법제하에서는 개인의 주관적 권리가 침해되지 아니하는 한 사법상 구제는 불가능하다. 독일에서는 민법상 방어청구권을 가리켜 흔히 환경사법이라고 일컫지만, 이 청구권을 통하여 보호받는 것은 환경이 아니라 소유권, 구체적으로는 토지소유권이다. 따라서 이 청구권이 인정되는 것은 방해자의 환경파괴행위에 의하여 피방해자의 토지소유권의 행사가 방해를 받았거나 혹은 방해를 받을 개연성이 있는 경우로 한정된다. 그 결과 소유권침해의 우려가 없는 한, 공익적 차원에서 멸종 위기의 동식물 기타 생태계의 유지보호를 위하여 사법상 방해예방청구권을 행사할 수는 없다. 그러고 보면 사법에서 환경은 소유권보호의 결과로서 단지 '간접적'으로만 보호될 따름이다.

2. 독일의 학설·판례는 공사중지청구의 근거로 환경권이나 인격권을 원용하는 것에 대하여는 소극적이지만, 소유권이 가지는 인격적 요소를 널리 인정함으로써 결국에는 환경적 이익이나 인격적 이익까지도 보호하고 있음에 주목할 필요가 있다. 우리 법의 체계하에서도 소유권의 인격권적인 요소를 강조함으로써—굳이 법적용의 범위에 문제가 있는 환경권이나 인격권을 원용하지 않더라도—소유자가 가지는 환경이익, 조망이익, 경관이익 등을 보호할 수 있을 것으로 본다. 그리고 이러한 이익의 침해에 대한 수인한도를 판단함에 있어서는 생활방해의 위법성 판단기준을 유추적용할 수 있을 것이다.

3. 현재 우리 나라에서 공사가 착공된 이후 시민단체의 반발로 사업이 지연

되는 국책사업은 천성산터널, 사패산터널, 경인운하, 서울외곽순환고속도로 건설사업 등으로 공사지연으로 인한 손실액만 수조 원에 이른다고 한다. 이러한 시민단체와 사업자간의 마찰은 두 집단간의 대립의 문제를 떠나 국가 전체의 문제로 비화되고 있다고 해도 과언이 아니다. 사실 환경보전과 산업개발은 다 같이 중요한 사회적 가치이고, 산업개발을 어느 정도 진행시키고 환경오염을 어느 정도 억제시킬 것인가는 정책적 판단에 속하는 문제이므로, 경제와 환경 중 어느 것을 우선시킬 것인지의 여부는 법원의 판단에 맡길 것이 아니라 정치적으로 해결하는 것이 바람직하다고 하겠다. 가령 계획수립 및 검토단계에서 시민단체의 참가권을 강화하여 다양한 의견을 수렴하고, 일단 계획이 확정되고 사업이 진행되고 있는 경우에는— 임미시온보호법 제14조와 연방행정절차법 제75조를 참조하여— 사법상 방어청구권의 행사를 배제하는 방안도 고려해 볼 수 있을 것이다.

4. 소유권침해를 수반하지 아니하는 순수한 환경침해 내지 생태침해의 경우에는 사법상 방어청구권을 행사할 수 없다. 따라서 이러한 영역에서 환경을 보호하기 위하여서는 독일연방자연보호 · 경관보전법상 단체소송과 같은 '객관적' 쟁송제도를 도입하여 환경단체가 자신의 이익의 침해가 없는 경우에도 단체 자신의 이름으로 환경소송을 제기할 수 있는 길을 열어둘 필요가 있다. 다만 이러한 소송이 인정되는 범위, 청구권자, 청구요건 등에 대하여는 보다 신중한 검토가 필요할 것이다.

契約主義의 시각에서 본 法院*

— 環境團體의 民事訴訟上 原告適格을 글감으로 하여 —

趙 弘 植**

序

이 글의 연구대상은 국민 모두의 관심을 모은 천성산 도롱뇽 사건의 판결이다. 이 사건의 신청인인 '도롱뇽의 친구들'은 "천성산을 비롯한 모든 자연환경과 생태계 보존운동을 통해 더 이상의 자연파괴를 막는 한편, 생명을 중시하는 생각을 폭넓게 전파하여 환경운동·생명운동에 이바지함을 목적"으로 설립된 法人 아닌 社團으로, 2004. 2. 20. 현재 그 회원이 약 23만 명에 이르고 있는 환경단체이다. 도롱뇽의 친구들은 도롱뇽 등 귀중한 생태자원을 간직한 천성산에 시도되고 있는 터널공사를 봉쇄하기 위해 '環境權'과 '自然防衛權'을 權原으로 하여 이 사건 공사금지청구를 하게 되었다. 많은 사람들의 관심을 모은 만큼, 이 사건이 제기하는 논점은 다기하다. 그 중 대표적인 것을 추려보면, 일반적인 환경적 이익이 아니라 멸종위기의 동식물 기타 생태계의 유지보호(이 사건의 경우 자연보호법에 의한 보호대상)를 위한다고 하는 환경적 이익을 위한 소송의 허용과 기존 대법원판례인 수인한도론이 이러한 경우 어떻게 적용되어야 하는가라는 實體的인 爭點과 함께, 환경적 이익침해를 이유로 하는 공사금지청구를 할 수 있는 적격자의 범위, 특히 環境保護를 위하여 設立한 法人 또는 社團의 請求適格 등 節次的 爭點 등, 크게 나누어 두 가지이다. 이 글에서는 후자, 즉 환경권에 기하여 천성산 터널공사의 금지를 청구한 환경단체 '도롱뇽의 친구들'의 원고적격에 대해서 논하기로 한다.

---

* 이 글은 필자가 2005년 7월 19일 대법원에서 열린 비교법실무연구회 발표회에서 발표한 것이다. 발표회를 주관해 주신 양승태 대법관님과 발표회에 참여해 필자의 소견에 대해 아낌없는 질정을 보내주신 분들 모두에게 깊이 감사드린다. 이 글은 또한 환경, 국가, 법에 관해 나와 함께 공부하는 여러 분들의 도움으로 완성되었다. 김남훈 법무관과 설정은 시보는 각각 제 V 장과 제 Ⅲ 장에 관련된 자료를 수집·요약해 주었고, 안재범 조교는 발표 원고의 교정·교열에 노고를 아끼지 않았다. 이들의 學運이 長久하기를 기원해 마지 않는다.

** 서울대학교 법과대학 부교수.

Ⅰ. 法的 論點의 提起

1. '도롱뇽의 친구들'의 원고적격을 논함에 있어 여러 가지의 접근법을 생각해볼 수 있다. 일반인이라면 신청인의 명칭에 착목할 듯하다. 직접적인 피해를 보고 있다는 도롱뇽에게 원고적격은 고사하고 당사자능력 자체가 없으므로, 그러한 도롱뇽의 '친구들'인 '도롱뇽의 친구들'은 더욱 원고적격을 인정할 수 없다고 생각하는 방식이다.

2. 이 방안을 非法的 내지는 非法律家的이라고 생각하는 법률가라면 아마도 먼저 민사소송법 교과서를 참조하고, 거기에 설명된 개념 및 法條(Rechtsdogmatik)에 의존하여 이 문제를 해결하려고 할 것이다. 표준적인 민사소송법 교과서에 기술된 내용에 따르면, 당사자적격이라 함은, "특정의 소송사건에 있어서 정당한 당사자로서 소송을 수행하고 본안판결을 받기에 적합한 자격"을 말하고, 민사소송법상 "당사자능력과 소송능력이 민법상의 권리능력과 행위능력에 대응하는 개념이라면, 당사자적격(소송수행권)은 민법상의 管理處分權에 대응하는 개념"이라고 한다.[1] 이어 당사자적격을 갖는 자, 즉 정당한 당사자는 一般的으로는 "소송물인 權利關係의 存否의 確定에 대하여 법률상 이해관계를 가진 자," 즉 "소송의 승패에 이해관계를 가진 자"를 말한다고 전제한 후, 個別的으로 履行의 訴에서는 "自己의 履行(給付)請求權을 주장하는 자"가 원고적격을 가진다고 한다.[2] 그리고 이행의 소에서는 "主張 自體에 의하여 당사자적격이 판가름되기 때문에, 당사자적격을 갖기 위해서는 실제로 이행청구권자나 의무자일 것을 요하지 않는다"라고 하고, 따라서 "원고가 실제 이행청구권자[인가]는 본안심사에서 가릴 문제로서, 본안심리 끝에 실제 이행청구권자[가] 아님이 판명되면 청구기각의 판결을 할 것이고, 당사자적격의 흠결이라 하여 소를 각하해서는 안된다"고 한다.[3] 요컨대 "이행의 소에 있어서는 주장 자체에 의해 자기의 이행청구권을 주장하는 자가 정당한 당사자가 된다"(이하 이 법명제를 '해당 법조'라 약칭함)고 하겠다.

이렇게 본다면, 적어도 이행의 소에 있어서는 당사자적격의 개념은 그리 큰 의미를 갖지 않는 것으로 보인다. 왜냐하면 소를 제기하는 당사자가 최소한 '당

1) 이시윤, 民事訴訟法(1994), 145면.
2) Id., 146면.
3) Id.

사자능력'만 갖추고 있다면, 그 당사자가 어떤 청구권원을 근거로 해서 청구를 하는지, 그 당사자가 법인인지 자연인인지, 법인이라면 법인실재설에 따르는지 아니면 법인의제설에 따르는지, 그 법인이 향유할 수 있는 권리의 범위에 관하여 권리기준설에 따르는지 아니면 법인기준설에 따르는지 여부에 관계 없이, 법원은 그 당사자를 원고적격이 없다는 이유로 소를 각하할 수는 없기 때문이다. 앞서 본 바와 같이 이행의 소에 있어서는 當事者 槪念의 形式性으로 말미암아 소를 제기하는 당사자가 해당 소송물에 관하여 관리처분권을 가지고 있다고 '주장'만 하면 언제나 당사자적격을 가지는 것이고, 實體法의 해석을 통하여 과연 그 당사자가 그 주장과 같은 관리처분권을 실제로 가지는지 여부는 오직 본안 판단의 문제가 되는 것이다.

천성산 터널 사건인 부산고등법원 2004라41, 42(병합) 및 울산지방법원 2003카합982 각 결정문에서도 '도롱뇽의 친구들'의 당사자적격에 관한 당사자들의 주장에 대한 판단에 있어서, 신청인인 '도롱뇽의 친구들'이 제기한 위 소송이 "자신의 권리나 이익이 침해되었음을 내세우는 취지가 아닐 뿐더러, 신청인 단체가 그 피보전권리로 삼은 이른바 '자연방위권'이라는 것은 우리 법제상 인정되지 않으므로 신청인 단체가 당사자적격이 없다"는 취지의 피신청인의 주장에 대하여, 재판부는 "피신청인이 지적하는 그러한 사정들을 본안에서 피보전권리의 유무로 판단되어야 할 사항이므로, 피신청인의 그 주장은 더 나아가 살필 필요 없이 이유 없다"라고 간단히 배척한 바 있다.

3. 이상을 정리하면, 기존의 法條(Rechtsdogmatik)에 따른 당사자적격의 판단은, 적어도 민사소송 중 이행의 소에 있어서는, "당사자능력을 가진 당사자가 자신이 해당 소송물에 관해 관리처분권을 가진다고 '주장'만 하면—주장의 당부에 관계 없이—당연히 당사자적격을 인정받게 되는 것"으로 귀결된다고 하겠다. 이와 같이 당사자적격 유무를 판정하는 데 사용되는 해당 법조는 매우 判明해 보인다.

이렇듯 판명해 보이는 해당 법조이지만 이를 실제로 구체적 사안에 적용해 보면, 해당 법조가 판명한 만큼 간단명료하게 당사자적격 유무가 결정되지 않는 사건들이 적지 않다. 그것은 해당 법조에 여전히 불투명한 부분이 남아 있기 때문이다. 기본적으로 당사자적격 개념은 앞서 본 대로 당사자 '주장에 의해서만' 판명되는 形式的 槪念이지만 여전히 그 주장의 내용이 '해당 소송물에 관한 관리처분권'이라는 實體的 槪念要素를 가지고 있는 까닭에, 너무나 얼토당토 하지 않은 주장을 하게 되는 경우에도 당사자적격은 형식적 개념이라는 이유만으로 그 적격을 인정하여야 하는가 하는 의문이 생기는 것이다. 하지만 이러한 실체적 개념요소가 바로 본안에서 권리 유무로 판단되어야 할 사항과 불가분 연결되어 있는 것이기 때문에, 다른 한편에서는 본안에서 청구기각을 하면 족하지 않는가 하는 의구심도 고개를 쳐드는 것이다. 이러한 딜레마 상황이 나타나는 예로서, 다음과 같은 세 가지를 들 수 있겠다.

첫째, 해당 법조에 따르면 당사자적격을 인정받기 위해서는 자기의 관리처분권(이행청구권)을 주장해야 하는데, 무엇을 어떻게 주장하는 것이 여기서 말하는 '자기의 관리처분권(이행청구권) 주장'에 해당하는가가 분명하지만은 않다. 대표적으로 원고 甲이 제3자인 乙이 피해를 입었다고 주장하면서 乙에게 피해를 입힌 丙을 상대로 乙의 피해를 배상하라고 청구하는 경우와 같이, 당사자 본인(乙)은 가만히 있는데, 제3자(甲)가 나서서 잠자코 있는 당사자 본인(乙)의 권리를 주장하는 경우(이하 '[예1]'이라 약칭함)는 '자기의 이행청구권 주장'에 해당하지 않을 것이다. 민사소송법은 권리 또는 법률관계의 실질적인 귀속주체가 아님에도 제3자가 정당한 당사자로서 소송실시권을 가지게 되는 경우, 즉 강학상 제3자 소송담당이라고 하는 것을 인정하고 있는데,[4] 개인이 자신의 권리가 아닌 제3자의 권리를 주장하면서 소송을 제기하는 경우, 이러한 제3자 소송담당에 해당하지 아니하는 이상 원고적격은 부정되는 것이다. 그리하여 제3자의 권리주장자가 원고적격을 결하고 있다는 명제는 해당 법조의 下位 法條(Sub-Rechtsdogmatik)로 인정받고 있는 것으로 보인다.

하지만 위의 예에서 원고 甲이 丙에 대하여, 자신은 乙이 피해를 입었을 때 乙에게 손해배상을 하라고 요구할 권리가 있다고 주장하면서 소송을 제기한 경우(이하 '[예2]'이라 약칭함)는 어떻게 되는가? 이 경우에도 민사소송법이 인정한 제3자 소송담당에 해당하지 않는다고 원고적격을 부인하여야 하는가 아니면, 원고 甲의 주장은 제3자 소송담당을 주장한 것이 아니라 乙의 피해에 대해 乙에게 손해배상할 것을 청구할 권리가 자기에게 있음을 전제로 그 권리의 이행을 청구한 것으로, 요컨대 제3자의 권리를 주장한 것이 아니라 '자기의 관리처분권 주장'으로 보아야 하는가?

'자기의 관리처분권 주장이 아닌 경우'와 구별하여야 할 개념이 '원고의 주장 자체로 이유 없는 경우'이다. 후자, 즉 관리처분권의 유무에 관한 원고의 주

4) 이러한 제3자 소송담당은 채권자대위권 등의 법정소송담당과 선정당사자 등의 임의적 소송담당으로 대별된다. 송상현, 民事訴訟法(신정2판), 112-117면.

장이 '주장 자체로 이유가 없는 경우'도 결국에는 당해 소송의 본안 판단의 문제가 되는 것이므로, "주장 자체로 이유가 없다"고 해서 원고의 청구가 당사자적격이 없다는 이유로 각하되지는 않을 것이다. 하지만 [예 2]에서 볼 수 있듯이 '주장 자체로 이유가 없는 경우'와 '자기의 관리처분권 주장에 해당하지 않는 경우'가 매 사건마다 분명하게 구별되는 것은 아니다.

두 번째의 문제는, 개인이 아닌 團體의 당사자적격 문제이다. 앞서의 문제는 自然人이 권리를 주장할 때를 상정하고 제기된 문제인바, 비법인사단 또는 법인과 같은 단체가 이행소송을 제기하는 경우에는 어떤 주장을 하여야 '자신의 관리처분권 주장'에 해당하는가가 문제인 것이다.

이 사건의 청구인인 '도롱뇽의 친구들'은 非法人社團이다. 민사소송법 제52조가 대표자가 있는 경우에 한해 비법인사단의 당사자능력을 인정하고 있으므로, 대표자가 있는 '도롱뇽의 친구들'도 당사자능력이 있다고 할 수 있다. 또한 단체(법인 및 비법인사단)도 법이 인정한 권리주체이므로 권리보호의 수단으로서 소송을 하는 것이 허용되어야 한다. 따라서 단체가 소송을 제기한 경우에도 '자기의 관리처분권 주장'인 이상, 원고적격이 인정되어야 한다. 문제는, '자신의 관리처분권 주장'인지 여부가 단체의 경우는 자연인의 경우보다 더욱 분명하지 않다는 것이다.

단체가 소송을 함에 있어 원고적격이 인정되려면 법률에 규정된 제3자 소송담당이 아닌 이상 원칙적으로 단체 자체의 권리나 이익이 침해되어야 할 것이다. 단체의 권리나 이익침해가 아닌 단체구성원의 권리나 이익이 침해된 경우에는 단체구성원이 구성원 스스로의 이름으로 소송을 제기할 수밖에 없다.[5] 따라서 이 사건에서 '도롱뇽의 친구들'에게 원고적격이 인정되려면 원칙적으로 '도롱뇽의 친구들'이라는 비법인사단의 권리나 법률상 이익이 침해되어야 하는데, 자연인이 아닌 단체가 이 사건에서와 같이 단체와 친하지 아니한 環境的 利益을 침해당하였다고 주장하는 경우에는, 그 주장이 '자기의 관리처분권 주장'에 해당하는지 여부가 간단치 않다. 단체의 경우는 그 활동이 자연인에 의해 이루어지는 까닭에 권리를 향유하는 것도, 권리를 침해당하는 것도 결국 구성원을 통해서 할 수밖에 없다는 점을 상기하면 이 문제는 매우 난해한 문제가 된다.

세 번째 문제는, 보다 근본적인 문제로서, 해당 법조가 당사자적격의 制度的

5) 다만 새로운 입법을 통하여 제3자 소송담당의 일종으로서 단체가 그 구성원을 대표(대리)하여 소송을 제기하는 것을 허용할 수도 있다. 미국의 경우 권리침해를 당하여 각자 소송을 할 수 있는 구성원이 모인 단체의 경우에는, 단체가 그 구성원을 대표하여 소송을 제기할 수 있도록 하고 있다. 이에 관해서는 宋相現, 民事訴訟法(1996), 135-136면.

趣旨·規範的 意義에 봉사하지 않는다는 의구심을 떨쳐버릴 수 없다는 것이다. 해당 법조는 '자기의 관리처분권 주장' 여부에 의해 당사자적격 유무를 판단하는데, 이와 같이 느슨한 기준이라면 당사자적격 단계에서 걸러지는 소송이 얼마나 있을까 하는 의문이 제기되고, 과연 이런 결과가 당사자적격의 제도적 취지—그것이 무엇이건 간에 관계 없이—에 부합하는가 하는 근본적인 고민이 고개를 들게 되는 것이다. 바꾸어 말해서 당사자적격에 관한 해당 법조가 그 제도적 취지에 반하는 소송을 걸러낼 수 있는 機能을 전혀 수행하지 못하고 있다는 의심을 가지게 되는 것이다. 가령 '자기의 관리처분권 주장'에 해당하는 경우라고 하더라도(예컨대 제 3 자의 권리주장에 해당하지 않아서 일응 사건을 각하할 수 없는 경우라고 하더라도), 주장내용이 너무나 터무니없어 법원이 본안에 관해 심사할 필요가 없거나 심사해서는 안 되는 경우에도 해당 법조에 따라 본안 심사 후 청구기각의 판결을 하여야만 하는가의 문제이다. 요컨대 본안 심사에 이르기까지 司法資源을 사용할 필요가 없거나 그 본안에 관해 판단은 사법기능에 해당하지 않는 것으로 보이는 주장의 경우, 자기의 관리처분권 주장에 해당한다는 이유만으로 이를 각하하지 말아야 하는가의 문제이다.

예컨대 "나는 神으로부터 자연을 보호할 권리를 부여받았기 때문에 천성산에 터널을 뚫으려고 하는 것을 제지할 수 있다"고 주장하는 경우, 이 주장의 당부에 관해 본안에서 심사하여야 하는가 아니면 각하 판결을 하여야 하는가? 또는 "나는 國民의 한 사람이므로 천성산 터널을 제지할 수 있다"고 주장하는 경우, 또는 좀더 구체적으로 "나는 稅金을 성실하게 납부하고 있는 납세자이므로 이러한 불법적인 행위를 제지할 권리가 있다"고 주장하는 경우에도 '자기의 관리처분권 주장'에 해당하므로 각하 판결을 할 수 없는가? 또는 미국 법원에서 널리 받아들이는 공공신탁이론에 기초해 "나는 일반 대중의 한사람이고 따라서 이 사건 천성산에 형성된 공공신탁의 수익자 중 한 사람이므로 공공신탁재산인 천성산에 시도되고 있는 터널공사를 막을 권리가 있다"고 주장하는 경우는 어떠한가?

만약 이러한 경우 해당 법조가 기각 판결을 명령한다면, 어째서 제 3 자의 권리에 기초해 소제기를 하는 경우에는 각하판결을 한단 말인가? 앞서 본 바와 같이, 민사소송법은 개인이 자신의 권리가 아닌 제 3 자의 권리를 주장하면서 소송을 제기하는 경우, 법이 인정한 제 3 자 소송담당에 해당하지 아니하는 이상 원고적격은 부정된다. 제 3 자의 권리를 주장하면서 소송을 제기하는 경우와 신으로부터 권리를 부여받았다고 주장하면서 소송을 제기하는 경우가 무슨 차이가 있는가? 요컨대 현재와 같이 거의 모든 주장이 본안에서 걸러질 사항으로 판단된다면 도대체 당사자적격이라는 개념이 왜 필요한가 하는 근원적인 문제의식이 생기는 것이다.

4. 이상의 논의를 받아들일 수 있다면, 민사소송에 있어서의 당사자적격이 가지는 제도적 취지가 무엇인지를 심각하게 고민하고, 이에 터잡아 해당 법조에 대하여 이 제도적 취지를 준거점으로 하여 이 제도적 취지에 봉사하고 있는지 여부를 검증하여야 한다고 본다. 앞으로의 작업은, 당사자적격에 관한 제 문제의 출발점이라 할 수 있는 그 제도적 취지에 대해 고민하고 그 고민 끝에 얻어진 나름의 통찰에 기해 해당 법조가 그 제도적 취지에 반하는 소송을 걸러낼 수 있는 기능을 수행하고 있는지 여부 및 정도를 검증해 봄으로써 해당 법조를 평가할 수 있는 기반을 만들고 이에 기해 새로운 법조를 모색해 보는 것이어야 할 것이다.

물론 앞서 의존한 표준적 교과서는 당사자적격의 취지에 대해 설명하고 있다. 예컨대 승소판결을 받고도 "그것이 별 가치가 없고 불필요한 것이라면 소송은 무의미한 것"인바, 당사자적격은 "이러한 무의미한 소송을 배제하기 위한 제도"이며, 나아가 "타인의 권리에 대하여 아무나 나서 소송하는 이른바 민중소송을 막는 장치"도 된다고 설명하고 있는 것이다.[6] 하지만 이런 概說的 說明만으로는 당사자적격의 의미 · 역할 · 기능에 대해 파악할 수 없고, 이는 다시 개별구체적인 문제에 있어서도 당자자적격의 제도적 취지를 고려한 해법을 찾는 데 지장을 초래한다.

이하에서는 이와 같은 문제의식을 갖고 당사자적격의 제도적 취지를 파악해 보고자 한다. 바꾸어 말해서, 당사자적격에 관한 법조가 이러이러하니 이 사건 원고의 적격성은 이렇게 판단된다는 방식을 피하고, 당사자적격은 이러이러한 목적을 위해 만들어진 법개념이므로 이러한 제도적 취지를 고려하면 이러한 법조가 정립되어야 하고 따라서 이 사건 원고의 적격은 이렇게 판단되어야 한다는 방식을 취하고자 하는 것이다. 요컨대 지엽말단적 법조에 의존해 문제를 해결하는 대신, 기존 법조의 저변을 흐르는 기본 원리를 파악한 후 이 원리에 기해 문제를 해결하자는 것이다.

이를 위해 나는 다음과 같은 순서에 의해 논의를 전개하고자 한다. 제Ⅱ장에서는 당사자적격이 봉사하는 가치가 무엇인지를 살펴본다. 당사자적격은 여러

6) 이시윤(註 1), 145면.

가지 기능을 담당하고 있지만, 그 중에서도 특히 핵심적인 것으로는 법원이 심사할 수 있는 사건의 범위를 한정함으로써 결국 사법권을 제한하는 권력분립의 균형추로서의 역할을 (하고, 나아가 정치과정의 순환현상이 법원에서도 발생하는 것을 방지하는 기능을 함으로써 민주주의가 순기능을 발휘하도록 조력하는 역할을) 하고 있음을 밝힌다. 그리하여 당사자적격의 이러한 정치적 기능, 즉 당사자적격이 법원을 일정한 역할에 한정하는 기능을 수행하고 있음을 밝힘으로써 당사자적격의 규범적 의미를 조명한다.

제Ⅱ장은 이후의 논의를 전개하기 위해 디딤돌로서 기능하는데, 왜냐하면 이후의 논의는 제Ⅱ장이 도출한 명제, 즉 당사자적격 개념의 廣狹이 사법부의 권력의 범위를 결정한다는 명제에 터잡아, 역으로 사법권이 어떠해야 하는가를 탐색하고 이에 기초해 당사자적격의 개념을 再定義하려 하기 때문이다. 다시 말해, 국법체계에서 사법부의 역할은 무엇인가, 국가라는 정치체에서 법원에 기대되는 역할은 무엇인가, 사법부는 정치과정과 어떤 연관을 맺어야 하는가 등의 근본적인 문제를 되짚어 봄으로써, 사법부의 권력의 범위를 확정하고, 이에 터잡아 사법권력이 그 본연의 임무에 머물게 하기 위해서는 당사자적격의 개념이 어떻게 정의되어야 하는가를 살펴보겠다는 것이다.

규범적으로 사법권이 어디까지 미쳐야 하는지를 논하기 위해서는 나는 이제까지와는 조금 다른 접근방법을 택하고자 한다. 주지하듯이, 이러한 문제에 관해 이제까지 사용되어 온 가장 대표적인 방법은 比較法的 考察이었다. 즉 이러한 문제에 관해 접근할 때는, 통상 우리의 국가구조와 운영기제를 규정하고 있는 헌법을 들여다보게 되는데 관련 헌법규정은 그 규정만으로는 예컨대 사법권의 본질이라든지 범위와 같은 근본적인 문제에 답할 수 없는, 말하자면 필요한 실마리를 가지고 있지 않다. 또한 우리나라는 선진법제를 계수한 까닭에 憲法史라고 할 만한 것도 없다. 사정이 이러하다보니 찾아보는 것이 선진국의 문헌이고, 법체제나 법규정이 비교적 유사한 나라가 이러이러하니 우리도 이래야 하지 아니한가라는 식의 논변을 구사하는 것이 통례이다.

나는 이러한 비교법적 고찰방법도 하나의 훌륭한 방법이 될 수 있음을 부정하지 않는다. 다만 당사자적격과 같이 국가구조 내지 국가운영의 기본틀에 관계된 주제에 관해서는 보다 근원적인 고찰이 필요하다고 보는 것이다. 다시 말해 당사자적격은 사법부의 자리매김과 직결되어 있고 사법부의 올바른 자리매김을 위해서는 정부 내 삼부 사이의 역학관계뿐만 아니라 보다 근본적으로 국가공동체의 기원, 국가와 국민의 관계, 국가구성 및 운영의 기제로서의 정치와 법, 양자 사이의 경계설정 등보다 근원적인 문제에 대한 고민이 필연적이고, 이와 같은 근원적인 문제에 대해서는 비교법적 방법보다는 국가나 사회의 기원에 관한 보다 근원적인 탐색이 필요하다는 것이다. 이것이 바로 민사소송법에 대한 전문가가 아니더라도 국가와 사회, 정부와 시장, 권력과 권리에 대해 관심을 가진 사람이라면 이 주제에 관심을 가질 수 있는 까닭이라고 본다.

따라서 나는 이제까지의 비교법적 방법을 벗어나 내 사고의 준거틀이라고 할 수 있는 契約主義에 터잡아 국가의 구성과 운영에 관해 근원적인 탐색을 하고자 한다. 제Ⅲ장에서는 먼저 계약주의적 사고방식을 살펴보고 이어 계약주의의 관점에서 가질 수 있는 법원에 대한 역할기대, 요컨대 계약주의의 法院觀을 살펴본 후, 추상적 차원에서 논의된 계약주의를 보다 구체화하기 위해 대표적인 사회계약론자인 John Locke의 사상과 그 역사적 구현이라 할 수 있는 미국의 국법체계를 살펴봄으로써 계약주의의 법원관을 뒷받침한다. 그리고 이러한 계약주의의 법원관이 현대행정국가의 시대에 들어와 어떤 변용을 거치게 되는지를 살펴본다. 제Ⅳ장과 제Ⅴ장에서는 계약주의적 법원관 및 변용된 법원관에 입각해 각각의 당사자적격의 개념을 구성해보고 이를 기초로 대상판결을 평가한다. 법원의 역할기대에 대한 제Ⅲ장까지의 논의를 토대로, 당사자적격이 원고 청구의 어떤 점에 착목하여야, 환언하면 당사자적격이 어떤 개념요소로 구성되어야, 법원을 그 역할기대에 충실하게 할 수 있는지를 살펴보고, 이에 기초해 대상판결을 평가하기로 한다.

Ⅱ. 당사자적격의 政治的 機能과 規範的 意味

당사자적격, 소익, 처분성 등의 소송요건은 司法府의 權力을 制約하는 기능을 한다. 제기된 사건이 당사자적격을 결한 것으로 판명되면 법원은 더 이상 나아가 당해 사건을 심리할 수 없다. 이렇듯 소송요건은 법원이 재판할 수 있는 문제의 종류와 범위를 결정함으로써 司法權力을 制限하는 것이다. 소송요건의 이러한 정치적 기능은 여러 가지 價値에 奉事하는데, 이러한 가치들은 크게 두 가지 측면에서 관찰할 수 있겠다. 그 하나는 시야를 법원 안으로 좁혀 法院의 司法機能을 合理化시키는 측면이고, 다른 하나는 국가구조 전체의 관점에서 국가의 민주적 운영기제(democratic steering mechanism)를 정상화시키는 것, 환언하면 국가구성원의 의견수렴과정, 즉 民主的 意思決定過程을 正常化시키는 측면이다. 소송요건은 후자의 측면에서 보다 큰 의미가 있다고 본다. 왜냐하면 소송요건에 의해 법원이 심사할 수 있는 사건을 걸러내지 않는다면, 후술하는 바와 같이 국가의 의사결정과정에서 불합리한 상황들이 발생할 수 있는데, 소송요건의 이와 같은 기능은 후자의 측면에서 파악할 수 있기 때문이다. 또한 전자는 사법부 내에서의 문제인 반면, 후자는 국가 전체의 구성운영과 직결되는 문제이다.

1. 司法機能의 合理化

(1) 소송요건은, 심사를 받을 가치가 있는 사건만을 심사하도록 함으로써, 司法資源의 效率的 使用에 寄與한다. 여기서 사법자원이라 함은, 시간과 돈만을 의미하는 것이 아니다. 보다 더 중요한 자원은 아마도 '정치적 자원'(political capital)일 것이다. 일찍이 John Hamilton이 근 1800년만의 공화국을 설계하면서 갈파한 바와 같이 법원은 3부 중에서 가장 적은 자원을 가지고 있다. Hamilton이 강조하지 않았지만 정치적 자원은 관점에 따라서는 다른 물적 자원보다 더욱 중요한지도 모를 일이다. 이런 까닭에 법원은 다른 부가 자발적으로 자신의 명령을 따라줄 것, 즉 他府의 默從에 의존할 수밖에 없는데, 이러한 묵종은 다시 법원의 信賴可能性(credibility) 내지는 법원판결의 完全性(integrity)에 의존한다고 하겠다. 이것은 새로울 것이 전혀 없는 진부한 언명으로 실제로 많은 학자들이 이를 지적하고 있지만, 그것이 진부한 만큼 거기에는 주의를 기울일 만한 교훈이 담겨 있다.[7] '受動의 美德'(Passive Virtue)[8]을 주장해 온 A. Bickel은 소송요건이 입법과 재판 사이에 적당한 시간차를 만들어내고, 그럼으로써 자신이 만들어낸 법원리에 대한 수용을 확보하려는 법원의 입지를 강화한다고 주장하고 있다.[9] 이렇듯 법개념이 정치적 실재에서 보여주는 기능에 착목하면 적지 않은 통찰을 얻을 수 있게 된다.

(2) 소송요건은 법적 결정에 적합한 구체적 분쟁만을 추리기 때문에 결과적으로 法院에 의한 意思決定을 向上시키는 역할을 한다. 미대법원은, Flast v. Cohen 사건에서 '사건·분쟁'의 요건은 "연방법원의 업무를 대립한 당사자 사이

7) John Ely, Democracy and Distrust(1980); Jessy Choper, Judicial Review and the National Political Process 55-59(1980); Alexander Bickel, The Least Democratic Branch (1962).

8) Alexander Bickel, "The Supreme Court, 1960 Term: Forword, The Passive Virtues," 75 Harv. L. Rev. 40(1961).

9) Alexander Bickel(註 7), 116.

에서 제기되고 사법과정을 통한 해결이 가능한 것으로 인식되어 온 형태로 제기된 문제에 한정하도록 한다"라고 판시한 바 있다.[10] 수사기관이 아닌 법원으로서는 한정된 예산의 범위 내에서 사안의 진상을 파악할 수밖에 없기 때문에, 부득이 당사자 사이의 경쟁을 이용할 수밖에 없다. 대립한 당사자라야만 관련정보를 가장 잘 수집할 수 있다고 보는 것이다.

(3) 소송요건은, 특히 소송당사자가 아닌 제3자에 대하여 公正性을 보장하는 기능을 한다.[11] 소송요건은 분쟁의 대립당사자가 아닌 사람들의 권리를 재단하는 것을 방지한다. 자기 앞에 펼쳐지는 상황에 만족하는 제3자를 대신하여 소를 제기하는 것은 그 제3자에게 불공정한 것이다. 또한 법원의 판결은 소송당사자 이외의 사람들에게 직·간접적으로 영향을 미치는데, 법원의 심사가 진정으로 필요한 경우를 위해 판단을 유보해 두는 것이 공정한 것이기도 하다. 이런 고려가 기판력이란 개념의 배후에 있음은 물론이다.

2. 民主的 意思決定過程의 正常化

소송요건이 이러한 가치들에 대해서도 봉사하지만, 가장 중요한 가치는 다음의 두 가지이다. 즉 소송요건은, ① 사법부의 권력을 제한함으로써 삼부 사이에 성립된 權力配分의 均衡을 유지하고, ② 법원에서 정책과 관련된 주장을 할 수 없도록 만듦으로써 정치적 의사결정과정에서 볼 수 있는 순환현상의 고리를 끊어내고 국가의 政治的 意思決定機制를 正常化하는 기능을 한다. 차례로 살펴보기로 한다.

(1) 司法府 權力의 制限

1) 소송요건은 제기된 문제에 대해 심사하고 결정할 수 있는 사법권을 제한한다. 제기된 문제는 의회·행정부의 행위와 관련된 것일 수도 있고 혹은 개인의 행위와 관련된 것일 수도 있다.

현대행정국가에 들어와서는 개인들 사이의 교환·거래가 양과 빈도수에서 크게 증대했고, 또한 행정에 대한 국민의 의존이 과거에는 상상할 수 없을 정도로 커졌다. 이에 따라 일반 국민이 자신의 권익보호를 위해 법원을 찾는 일도 빈번해지게 되었는데, 당사자적격은 이런 상황에서 고충거리를 가진 사람들이

10) 392 U.S. 83, 95(1968).

11) 이 점을 부각시킨 학자로는, Brilmayer, "The Jurisprudence of Article Ⅲ: Perspectives on the 'Cases or Controversy' Requirement," 93 Harv. L. Rev. 297, 306-310(1979).

법원으로 가는 관문에서 '守門將'(gatekeeper) 역할을 함으로써,[12] 일반 국민의 권익주장에 대한 무리한 司法的 保護를 사전에 차단하고 政治過程에서 그 해결을 모색하도록 하게 하는 기능을 담당한다.

현대행정국가는 국민으로부터 많은 세금을 거둬들이고 이 재원을 바탕으로 국민을 위해 여러 활동을 하고 있다. 뒤집어 생각해보면 이것은, 국민의 삶이 그 만큼 정부의 행정작용으로 인해 큰 영향을 받고 있다는 것을 의미한다. 이런 상황 속에서 국민은 정부로부터 가능하면 많은 도움을 받기를 원하게 되는데, 이와 같이 국가의 자원을 자신을 위해 사용하도록 하기 위해서는 먼저 다수의 의사를 결집하고 이를 표출해 정치적 지지를 획득하여야 한다. 이런 정치적 지지가 확보되지 않으면 자신의 요구를 뒷받침할 법규도, 유리한 행정재량의 행사도 이끌어낼 수 없다. 이와 같이 정치과정에서 다수의 지지를 얻는 데 실패한 사람, 말하자면 政治的 少數者는 자연스럽게 또 다른 場(forum)을 찾아 나서게 되는데 그것이 바로 법원이다. 법원은 사건이 제기될 때에 한하여 권력을 행사할 수 있는바, 당사자적격과 같은 소송요건은 법원이 심사할 수 있는 사건의 범위를 결정함으로써 결국 법원이 권력을 행사할 기회를 제한하는 기능을 한다. 다시 말해서 소송요건은 법원이 재판할 수 있는 사건의 범위를 정해줌으로써 司法權의 범위를 확인하고, 결과적으로 국민의 裁判請求權 행사의 범위를 획정하는 역할을 한다고 하겠다.[13] 미연방대법관 Antonin Scalia가 간파한 바와 같이, 당사자적격은, "民主的인, [즉 多數가 支配하는] 社會에서 법원의 역할을 적절하게 유지하도록 함으로써 헌법상 천명된 三權分立의 原理를 實踐"하고[14] 그렇게 함으로써 政治와 法의 境界를 設定하는 기능을 하는 것이다.[15]

12) 拙稿, "分散利益訴訟에서의 當事者適格," 判例實務硏究(Ⅳ)(2000), 439면.

13) 본안에 관한 법원의 裁判權을 制限하는 方案으로 Evan Tsen Lee는 다음과 같은 네 가지를 상정하고 있다. ① 법원 스스로 신중한 입장에서 특정한 부류의 사건에 관하여 판단을 自制하는 방법, ② 의회가 立法으로 법원의 구체적 재판권을 제한하는 방법, ③ 법원이 재판권을 부여한 법률을 좁게 解釋하는 방법, ④ 법원이 憲法에 기하여 특정한 사건에 대한 재판권이 제한되는 것으로 해석하는 방법 등이 그것이다. Evan Tsen Lee, "Deconstitutionalizing Justiciability: The Example of Mootness," 105 Harv. L. Rev. 603, 615-622(1992). 이상과 같은 방안 중 어느 것을 선택할 것인가는 그 판단기준에 따라 달라질 것이다. 생각할 수 있는 기준으로는 國家機能의 效率性(governmental efficacy), 私的 自治의 最大保障(maximization of individual efficacy) 등이 제시될 수 있을 것이고, 그 기준에 따라 행정부·의회·법원 사이에 형성된 권력균형에 영향을 미쳐 국가기능의 수행을 좌우하거나 국민의 권익보장의 정도에 적지 않은 영향을 미칠 것으로 보인다. 이상의 방안 중에 미국 연방대법원은 소익 개념을 聯邦憲法에서 바로 導出하고 있다. 자세한 것은 拙稿, "행정소송에서의 소익과 헌법," 법학 41권 4호(2001), 389면, 400면 이하 참조.

14) 拙稿(註 12).

15) 미국의 연방대법원은 원고적격을 제약해 온 일련의 사건에서 반복적으로 당사자적격은 "[多數가 支配하는] 民主的인 社會에서 법원의 적절한—적절히 제한된 역할에 대한 고민에 기반"하고 있다고 판시하고 있다. Warth v. Seldin, 422 U.S. 490, 498(1975). 또 다른 사건에서

따라서 소송법상의 원고적격에 관한 기준의 선정은, "訴訟의 目的 機能을 어떻게 이해하며 國民의 權益伸張을 위하여 어느 범위에서 裁判請求權의 行使를 허용할 것인가의 문제와 [不可分的으로] 關聯된 것"[16]이며, 이것이 바로, 원고적격에 관한 규정의 해석이나 그 개정을 위해서는 헌법상 사법부의 권력, 국민의 재판청구권 등과 같은 國家共同體를 運營하는 기본틀에 관한 이해가 선행되어야 하는 까닭이다.

2) 권력분립 내지 사법권 제한의 논거는 국민이 공권력의 주체에 의하여 영향을 받을 때, 즉 공법소송에서 등장하는 것이지, 개인과 개인 사이의 분쟁에는 등장할 수 없는 것이 아닌가 하는 의문이 있을 수 있다. 물론 권력분립의 논거는 공법소송(특히 행정소송)의 소송요건을 논할 때 더욱 설득력이 있다. 공법소송(행정소송)은 행정부의 行政作用을 주된 대상으로 하여 제기되는데, 이러한 행정작용의 適·不法 또는 當·不當에 대해 법원이 판단하는 것은 행정부의 영역에 법원이 침범하는 것으로 보이고, 그런 만큼 정치의 영역과 법의 영역이 어느 선에서 경계 지워져야 하는가 하는 소송요건의 본질적 문제가 적나라하게 드러난다. (행정부가 펼치는 행정작용은,—법의 집행이기도 하지만—유리한 행정의 혜택을 입으려는 피규제자들 사이에 전개되는 힘겨루기, 즉 정치적 쟁투의 결과라는 것을 기억하라) 따라서 권력분립의 논거는 행정소송 상황에서 그만큼 부각된다고 하겠다.

하지만 민사소송에서도 정도의 차이가 있을 뿐 유사한 문제상황이 그대로 나타난다. 실제 사건의 전개과정을 생각해 보면 개인과 개인 사이의 분쟁도 政治的 爭鬪의 延長線上에 있을 수 있음을 쉽게 알아차릴 수 있다. 먼저 개인과 개인의 관계는 민법 등 사법에 의해 규율된다. 하지만 오늘날 정부규제가 국민생활의 구석구석에 미치고 있는 상황에서는 私法上 權利, 예컨대 財産權이라 하여도 이와 같은 각종 규제로부터 자유롭지 않다. 다시 말해서 재산권의 外延은 정부시책에 따라 때때로 제정되는 각종 특별법에 의하여 규정되고 있는바, 그렇다면 (개인과 개인의 관계를 결정하는) 재산권의 구체적 내용은 이제 特別法으로 體化된 多數의 意思에 의해 결정된다고 할 수 있다.[17] 이는 개인과 개인의 관계

마찬가지로 미연방대법원은, "헌법 제3편의 원고적격은 오직 하나의 기본 관념—삼권분립의 관념에 기초하고 있다"라고 판시하고 있다. Allen v. Wright, 468 U.S. 737, 752(1984). 이에 대해서는 여러 반론이 가능하다. 위헌적이고 불법적인 행위를 제어하고 그로 인한 피해에 대해 구제책을 마련해 주는 것이야말로 법원의 역할이고, 그렇다면 법원이 이러한 고충을 듣고 이에 대해 결정하는 것이 오히려 삼권분립의 원칙에 충실한 것이 아니겠는가라는 반론이다. 중요한 것은, 이러한 반대의 시각에 서더라도 당사자적격은 여전히 권력분립의 원칙과 직접적으로 관련되어 있다는 사실이다.

16) 대법원 1995. 10. 7. 선고 94누14148 전원합의체 판결의 소수의견.

17) 기본권에 대한 법률유보를 규정한 헌법규정 등을 상기해 보라!

도 결국은 정치과정을 통해 나온 다수의 의사에 따라 좌우될 수 있다는 것을 의미하며, 이는 다시 개인과 개인의 관계를 정하는 기본적인 규칙을 정하는 것은 바로 입법의 영역에 속한다는 것을 의미한다. 정치과정에서 게임의 규칙을 자신에게 유리하게 개정하는 데 실패한 사람이 직접 상대방을 상대로 하여 민사소송을 제기하는 것은, 이상의 관점에서 보면, 민주주의적 정치과정 끝에 나온 다수의 의사를 정면으로 부인하는 것이고, 법원이 이러한 청구를 듣는 것 자체가 어떤 의미에서는 입법부의 입법권을 침해하는 것이다.

이 사건 천성산 사건의 경우를 예로 상정해 보자. 이 사건 공사중지가처분을 신청한 신청인들이 가장 원한 것은, 천성산과 같이 귀중한 환경자원에 터널공사와 같은 일이 아예 시도되지 못하도록 하는 강력한 환경보호입법이었을 것이다. 이러한 입법은 말할 것도 없이 공사 주위에 토지를 소유한 사람의 재산권을 제한하는 것이다(이 제한이 私法상 效力을 갖도록 입법할 수 있음은 물론이다). 주지하듯이 이 같은 법률의 제정은 매우 큰 정치적 지지가 뒷받침되어야 하기 때문에 쉽게 달성할 수 있는 일이 아니다. 다음으로 이들은 기존의 환경보호법률에 터잡아 허가권을 가진 관계당국으로 하여금 공사불허결정을 내리도록 하려고 애를 쓸 것이다. 하지만 이마저도 다른 공익적 요소에 대한 고려로 인해 받아들여지지 않았을 것이다. 이들이 바라던 입법도 하지 못하고 자신들에게 유리한 행정재량의 행사도 이끌어내지 못했다는 것은, 이들이 정치과정에서 자신들의 가치나 이데올로기를 성취하기 위해 필요한 정치적 지지를 얻어내지 못했다는 것을 의미한다. 이런 마당에 가처분을 신청한다는 것은 대립당사자만이 참여할 수 있는 민사소송을 통해 상황을 반전시키려는 것인데, 법원이 이러한 청구를 심사한다는 것은 필요한 정치과정을 우회함으로써 자신의 정치적 가치나 이데올로기를 달성하려는 정치적 소수자와 결탁하는 것으로 보여질 우려가 있다. 주지하듯이, 민주주의에 의한 정치과정에서 패배한 정치적 소수자가 사법의 보호를 받기 위해서는 권리가 있어야 한다. 그런데 (개인과 개인 간의 권리관계에 영향을 미칠) 새로운 규칙의 제정에 필요한 다수의 지지를 획득하지 못한 사람이 법원을 찾는다는 것은, (새로운 규칙에 의해 새로운 권리를 갖지 못한 상태에서) 자신의 정치적 이데올로기나 가치를 법원의 판결을 통해 이룩하려는 시도이고, 따라서 법원이 이러한 주장을 판단하는 것은 민주적 정당성을 부여받지 못한 법원이 정치의 영역에 개입하는 것이 되는 것이다. 이렇게 본다면 이와 같이 민사소송에서도 소송요건은 법과 정치의 경계에서 수문장 역할을 함으로써 법원을 본연의 역할에 머물게 하는 기능을 한다고 하겠다.

(2) 政治的 意思決定機制의 正常化

앞서 본 권력분립의 논거는 논쟁을 불러올 만한 하나의 전제에 기초해 있다. 그 전제는 법원은 정치적 의사결정에 참여해서는 안 된다는 것이다. 정치에 대해 널리 받아들여지고 있는 David Easton의 定義, 즉 '社會的 價値의 權威 있는 配分'[18]에 입각해 본다면, 법원은 사회적 가치를 배분할 권위를 가지고 있지 못하다. 환언하면 임명된 법원의 판사들은 선거를 통한 정치적 책임추궁에서 자유롭기 때문에, 사회의 가치자원을 배분할 만한 민주적 정당성을 구비하고 있지 않다. 따라서 정치적 의사결정으로부터 절연되어야 한다.

당사자적격과 관련하여 법원이 정치적 의사결정에 관여하지 않아야 할 또 하나의 이유가 있다. 그것은 민주주의의 불완전성과 관련된 난해한 개념이어서 약간의 설명이 필요하다.

민주주의가 정당성을 갖고 지지되는 까닭은, 민주주의 과정을 통해 도출된 결론이 그 사회의 각 구성원들의 선호를 합리적으로, 그리고 정합적으로 집약한 결과라는 점, 환언하면 민주주의 그 자체가 제대로 기능할 수 있는 사회선호함수라는 점이 보장되어야 한다. 실제로, 다수결원리를 전제로 하는 민주주의 원리를 신봉하는 사람들은 대표적으로는 낙관적 정치다원주의자들은 민주주의가 비록 완벽한 제도는 아니지만, 그것을 통해 사회의 구성원들의 個別的인 選好들을 이른바 공익이라는 이름의 社會全體의 選好體系로 변환시키는 것에는 아무런 문제가 없다고 생각하고, 이를 성공적인 제도라고 평가하고 있다.[19]

그러나 민주주의에 대한 實證的 評價는 그리 긍정적이지 않다. 먼저 單純多數決의 원리에 의해서는 사회구성원들의 개별적 선호를 제대로 반영한 사회의 선호를 도출해 낼 수 없다는 점이 이미 일찍부터 밝혀진 바 있다. 사회의 어느 한 구성원이 단수정상선호가 아닌 複數頂上選好(multi-peaked preference)를 가지는 경우에는 단순다수결에 의한 투표의 결과가 循環(cycling) 현상[20]으로 인하

18) David Easton, The Political System 126-130(1953).

19) 정치다원론자들은 이익집단의 정치에 대한 영향에 대해서 긍정적인 평가를 피력한다. 다원주의자들은, 서로 경쟁하고 상충하는 이익집단들 사이의 이익의 타협과 조화 그리고 균형이 정치이고, 그 최적균형이 곧 입법이라고 보고, 공익이란 따로 존재하는 것이 아니라, 본래가 이들 상호대립하는 제 이익집단들의 이익주장의 타협이 공익이고, 또한 그들간의 적정한 균형이 공익이라고 본다. 다원주의적 정치관에 관해서는 대표적으로 Theodore J. Lowi, The End of Liberalism: The Second Repubic of the United States(2nd ed., 1979) 참조.

20) 투표결과의 순환현상은 기본적으로 공익의 내용을 확정하는 투표과정 자체가 가지고 있는 문제점을 지적하기 위해 지적된 것이다. 이를 간단히 설명해보자. 예컨대 공립학교에 대한 정부지원의 폭에 대한 주민들의 선호가 다음과 같다고 하자. 주민 甲은 자녀들의 교육에 대하여 보통의 관심을 가지고 있다. 따라서 중간 수준의 지출규모(M)를 가장 선호하고, 그 다음은 큰

여 다수의 의견이나 선호를 반영하는 것이 아니라 案件上程順序를 결정하는 사람(agenda-setter)의 뜻을 반영하는 것으로 끝나거나,[21] 아니면 투표자들의 戰略的 行爲[22]로 인하여 투표의 결과가 투표자의 진정한 의견이나 가치를 반영하지 못하고 전혀 예측할 수 없게 되어 버린다. 요컨대 공익의 내용이 민주과정에 의하여 왜곡될 수 있는 위험성이 있다는 것이 밝혀진 것이다. 이를 混沌의 定理(Chaos Theorem) 또는 콩도세 逆說(Condorcet Paradox)이라고 한다.[23]

이와 같이 콩도세의 역설이 발생하는 상황에서는 결국 순환현상이 발생하지 않도록 투표를 제한할 수밖에 없다. 그렇지 않으면 순환현상이 발생해서 집단의사를 결정할 수 없기 때문이다. 물론 이러한 경우 어떤 방식으로 의사결정을 하

규모(L), 그리고 작은 규모(S)의 지출수준을 가장 적게 선호한다. 주민 乙은 자녀들의 교육을 대단히 중요하게 여기는 부모다. 그래서 공립학교가 상당히 높은 수준의 교육서비스를 제공하기를 원하는데, 만약 그렇지 못하다면 그는 자녀들을 다른 마을의 사립학교에 보낼 작정이다. 즉 그는 큰 규모의 지출수준을 가장 선호하고(L), 그 다음은 작은 규모(S), 마지막으로 중간 규모(M)를 선호한다. 반대로 주민 丙은 자녀들의 교육에 극히 무관심하다. 따라서 작은 규모(S), 중간 규모(M), 그리고 큰 규모(L)의 순으로 지출수준을 선호한다. 이 주민들의 선호를 요약한 것이 아래 표이다.

	甲	乙	丙
선호순위 1	M	L	S
선호순위 2	L	S	M
선호순위 3	S	M	L

이제 투표를 시작해 보자. 먼저 M과 S를 투표에 부치면 甲은 M에다 표를 던지고, 乙과 丙은 S에 투표한다. 따라서 다수결에 의하여 S가 승리한다. 다음, S와 L을 투표에 부치면 이번에는 甲과 乙의 찬성을 얻는 L이 2:1로 승리한다. 그러면 마지막으로 L과 M을 투표에 부쳐 보자. 이번에는 M이 甲과 丙의 찬성표를 얻고 2:1로 승리한다. 즉 S는 M을 이기고, L은 S를 이기고, 다시 M은 L을 이기므로, 즉 M<S<L<M 어느 것도 확실한 승자가 될 수 없다. 이러한 현상을 투표의 역설 혹은 다수결투표제도의 순환현상이라고 부른다.

순환현상이 발생하면 다수결투표제도의 균형은 존재하지 않는다. 왜냐하면 다수결에 의해서 다른 모든 안을 이길 수 있는 안, 즉 Condorcet winner가 존재하지 않기 때문이다. 이와 같은 순환현상을 일으키는 원인은, 투표자 중에 여러 개의 봉우리를 갖는 선호, 즉 복수정상선호(multiple-peaked preference)를 가진 사람이 있기 때문이다. 이상은 노영규 · 원윤희, 재정학(2004), 86-87면에 크게 의존하였다.

21) 이러한 순환현상으로 인해, 투표결과는 안건상정의 순서, 즉 경로(path)를 결정하는 사람, 즉 안건상정순서를 결정하는 사람(agenda setter)의 뜻에 따라 얼마든지 달라질 수 있다. 예컨대 L을 최종승자로 만들고 싶다면, 상정순서를 M과 S를 붙이고, 여기의 승자인 S와 L을 붙이면 된다. 반대로 M을 최종승자로 만들고 싶으면 S와 L을 먼저 붙이고, 여기의 승자인 L과 M을 붙이면 된다. 이와 같이 투표결과 다수의 의견에 따라 결정되는 것이 아니라 안건상정순서를 결정하는 사람의 뜻에 따라 결정되는 것을 '경로의존성'(path-dependency)이라고 한다. 박세일, 법경제학(2000), 726-733면 참조.

22) 이러한 순환현상이 있게 되면 투표자들은 자연히 '전략적 행위'(strategic behavior)를 하게 된다. 안건의 상정순서를 보고 자신이 보다 선호하는 안의 통과를 위해 자신의 진정한 선호를 숨기고 거짓 선호를 드러내는 전략적 행위를 하게 되는 것이다. 예컨대 위의 예에서 안건의 상정순서가 S와 M을 투표한 다음, 그 결과와 L을 투표하는 것으로 확정되었다고 하자. 이러한 순서에 의할 때 L이 최종안이 될 것을 우려한 사람은 최초의 투표에서 자신의 진정한 선호인 S를 지지하지 않고 그 반대로 M을 지지함으로써 M을 통과시키고, 그 결과와 L을 경쟁시켜 결국 자신이 피하고 싶은 L의 최종안 확정을 봉쇄하게 된다. Id.

23) 박세일(註 21), 726-733면 참조.

는지에 따라서 그 결론이 달라지고, 따라서 이에 따라 결정된 집단의 의사는 임의적이고 비합리적(arbitrary and irrational)이라는 평가를 받을 수 있다. 따라서 가능한 한 意思決定方式은 事前에 확고한 原則으로 정하여, 그 임의성과 비합리성을 최소화해야 한다.

순환현상을 방지하기 위한 대표적인 의사결정방식은, 국회법 제92조에 규정된 一事不再議의 原則에서 볼 수 있는 바와 같이, 한번 否決된 案件의 再上程을 금지하는 것이다. 일사부재의의 원칙에 의해서 의회 내에서의 의사결정은 순환현상을 면할 수 있다. 하지만 그렇다고 정치적 의사결정과정에 부수하는 순환의 문제가 완전히 해결되는 것은 아니다. 왜냐하면 의회에서 패배한 사람들이 또 다른 場(forum), 즉 행정부와 법원에서 그 부활을 노릴 것이기 때문이다.

한편 先例拘束의 原則도 법원 내에서 서로 다른 선호를 가진 판사들 사이에 야기될 수 있는 순환현상을 방지하는 기능을 한다. 즉 선례구속의 원칙은, 순환현상이 드러나게끔 정식의 투표를 반복하는 것을 방지하고, 선례의 가치를 높여 법적 안정성을 가져오는 것이다.[24] 선례구속의 원칙과 함께, 소송법상 소송요건은 의회에서 부결된 정치적 주장을 법원으로 끌고 오는 것을 사전 봉쇄함으로써, 법원에서 순환현상에 노출될 수 있는 정치적 의사결정과정을 정상화시키는 것이다(후술하는 바와 같이 법원의 사법적 결정도 그 본질은 法形成이다). 당사자적격 등의 소송요건은, 소송당사자가 법정에 들어설 수 있는 요건에 대한 정보를 제공하는 기본 규칙이고, 이것은 바꾸어 말하면 법원이 법형성을 하기 위해 필요한 요건을 정한 기본 규칙이기도 하다. 소송요건은, 소송당사자의 통제밖에 있는 사실관계에서 발생하는 권리나 손해를 요구함으로써, 정치적 소수자가 자신의 선호를 司法을 통해 입법하는 것을 방지하는 기능을 하는 것이다.

3. 小結: 當事者適格의 規範的 意味

이제까지 본 소송요건이 봉사하는 가치는 결과적으로 모두 법원의 자제를 강조하고 있다. 특히 소송요건의 정치적 기능, 즉 법원이 심사할 수 있는 사건을 제한함으로써 사법권을 제한하고 순환현상에 빠질 수 있는 민주적 정치과정을

24) 선례구속의 원칙이 이와 같이 순환현상을 방지하지만, 다른 한편, 실체법의 발전을 경로에 의존하도록 만드는 결과를 초래하기도 한다. 즉 동일한 사례군이 다른 경로를 거쳐 제기된다면 다른 법적 결과가 도출될 수도 있는 것이다. 당사자적격은, 소제기할 수 있는 사람을 일정한 요건에 따라 제한함으로써, 이와 같은 경로의존성을 완화하는 역할을 한다. 자세한 것은, Maxwell L. Stearns, "Standing Back from Forest: Justiciability and Social Choice," 83 Cal. L. Rev. 1309-1413(1995).

정상화시키는 기능은, 국가의 의사결정이 가능한 한 정치과정에서 이루어져야 함을 전제로 한 것이었다.

Erwin Chemerinsky는 이와 같이 自制를 강조하는 정책적 고려에 대해 법원역할의 또 다른 측면을 강조함으로써 균형감각을 지킬 것을 강조하고 있다. Chemerinsky은 헌법을 수호하고 적법성을 보장하는 것이 법원의 본질적 기능이라고 주장하면서,[25] 앞서 본 司法의 自制를 촉구하는 政策要素와 司法의 行動을 주장하는 政策要素를 衡量하여야 한다고 주장하고 있다. Chemerinsky의 주장은, 특히 대륙의 법치국가 관념에 큰 영향을 받고 있는 우리 나라에서, 결코 가벼이 여길 수 없다. 따라서 종국적인 문제는, 사법의 자제와 행동 사이에서 적절한 균형을 잡을 수 있기 위해 소송요건은 어떤 내용의 규칙을 담고 있어야 하는가라는 문제가 되고, 이는 결국 "바람직한 법원의 역할이 무엇이어야 하는가" 하는 規範的 問題로 귀착하게 된다.

현재 소송요건에 대한 미국 대법원의 판결 경향은 Lujan v. Defenders of Wildlife 사건 이래 법원의 역할을 제약하는 방향에 서 있다고 할 수 있다. 이에 대해서는 미국이라는 공동체를 운영하는 기본틀이 원칙적으로 民主主義인바, 미 대법원의 판결은 이러한 민주적 사회에서의 법원의 역할을 適切히 규정하고 있다는 견해와, 너무 狹小하게 보고 있다는 견해가 대립하고 있다.[26]

미국에서 논의되는 또 다른 쟁점은 方法論에 관한 것인데, 소송요건에 관한 규칙을 柔然한 것으로 하여 법원으로 하여금 재판할 사건의 선택에 있어 裁量을 부여하여야 한다는 견해가 있는 반면,[27] 다른 한편에서는 소송요건 규칙이 分明하고 豫測可能해야 한다고 주장한다. 후자에 속하는 사람들은, 소송요건을 빙자한 본안에 관한 판단의 유기는 결코 바람직하지 못하다고 주장하면서,[28] 보다 분명한 미대법원의 태도를 요구하고 있다. 양자의 대립은 결국 미대법원이 소송요건을 정의하면서 분명하고 일관성 있는 태도를 보였는지에 관한 논쟁으로 비화하였는데, 이에 대한 대답은 법원이 어떤 역할을 하여야 하는가에 대한 견해

25) Erwin Chemerinsky, Federal Jurisdiction 45-46(1994).

26) Bandes, "The Idea of a Case," 42 Stan. L. Rev. 227(1990); Fletcher, "The Structure of Standing," 98 Yale L. J. 221(1988).

27) Martin Shapiro, "Jurisdiction and Discretion," 60 N.Y.U. L. Rev. 543, 545(1985). Alexander Bickel은 앞서 본 수동의 미덕에 대해 이야기하면서, 소송요건과 같은 재량적 원칙을 사용하는 것의 바람직함을 역설하고 있다. Alexander Bickel(註 8); Alexander Bickel(註 7), 127.

28) Nichol, "Rethinking Standing," 72 Cal. L. Rev. 68(1984); Gunther, "The Subtle Vices of the 'Passive Virtue': A Comment on Principle and Expediency in Judicial Review," 64 Colum. L. Rev. 1(1964).

에 의존한다고 할 수 있다. 이와 같이 방법론에 관한 문제가 다시 규범론의 문제로 귀착되었다는 것은, 소송요건에 관련된 문제는 결국 법원의 바람직한 역할을 어떻게 보아야 하는가라는 규범적 문제에 대한 태도에 달려 있다는 것을 보여준다고 하겠다. 법원이 국가구조에서 어떤 역할을 담당하여야 하는 규범적 문제는 章을 바꾸어 설명하기로 한다.

Ⅲ. 契約主義의 見地에서 본 法院의 役割期待

1. 契約主義와 그 法院觀

(1) 契約主義 導入의 意義

사건의 승패판정이 당사자적격과 같이 다분히 形式的·節次的·技術的인 法槪念에 의존해 있는 경우, 불리한 위치에 있는 사람은 애써 이러한 법개념을 사건의 본질과 관계 없는 것으로 치부하고, 사건의 실체적 측면에 관심을 모으려고 시도한다. 그러니까 사건의 실체가 이러한데, 그까짓 껍데기에 불과한 개념 때문에 문제의 본질을 외면하려고 하느냐고 주장하는 것이다. 다른 한편, 패배가 보이는 사람이라면 그러한 법개념의 중요성을 강조해 아예 실체에 관한 심리를 事前封鎖하려고 할 것이다.

이렇듯 사건의 실체가 어떠하든 관계 없이, 형식적·절차적·기술적 법개념이 종종 사건의 승패를 결정한다. 그런데 형식적·절차적·기술적 법개념은 실체에 관해 정하는 것이 아니라 실체가 어떤 내용이든 관계 없이 그 문제를 처리하는 방식 내지는 과정을 정한다. 따라서 형식적·절차적·기술적 법개념에 관한 논의는, 어찌 보면 직접적 관련성이 없어 보이는 巨大 主題, 예컨대 '바람직한 國家의 構造' 내지는 '바람직한 國家의 運營'에 관한 논쟁을 촉발하게 되는 것이다. 왜냐하면 그런 거대 주제에 관한 논의가 결국은 문제를 처리하는 방식이나 과정에 결정적인 영향을 미치게 되기 때문이다.

당사자적격도 마찬가지이다. 주지하듯이 많은 환경소송이—특히 행정소송의 경우에—본안에 관한 심리를 제대로 받아보지도 못한 채 각하를 당하는 운명에 처하게 되는데, 이런 결과를 불러오는 것은 다분히 기술적인 개념이라 할 수 있는 당사자적격이다. 법원의 재판을 거부당한 사람은 자신의 고충을 해결하기 위해 결국 政治的 機關인 立法府나 行政府로 갈 수밖에 없는데, 이 사람은,

이런 체험을 할수록, 어째서 자신의 사건이 재판을 받을 수 없는지, 어째서 법원이 자신의 사건에 대해 재판할 수 없는지를 고민하게 된다. 이 사람이 政治的 少數者라면, 자신은 어째서 법원의, 보다 근원적으로 법의 보호를 받을 수 없는지를 탄식하게 될 것이다. 그런 고민 끝에 사람들은, 당사자적격이란 개념이 결국 법원의 재판권한을 제어하는 도구개념이 된다는 것을 깨닫게 되고, 결국 자신의 고충을 법원이 듣도록 하기 위해서는 法院의 役割이 새롭게 규정될 필요가 있음을 깨닫게 되는 것이다. 그리하여 매우 작은 기술적 개념으로 보이는 당사자적격에 대한 탐구는 결국 직접적 관련이 없어 보이던 법원의 적절한 역할, 정부의 바람직한 운영기제, 나아가 국가의 구조나 구성의 원리에 대한 탐구로 이어지는 것이다.

이와 같이 당사자적격은 작게는 법원이 본안에 관해 심리하기 위해 갖추어야 할 소송요건의 한 요소에 불과하지만, 크게는, 法院의 役割을 정의함으로써 三權分立의 원리를 지탱할 뿐만 아니라 政治過程의 惡循環을 교정하여 民主主義에 의한 政治를 가능하게 하는 國家構造의 要諦 概念이다. 요컨대 당사자적격 개념은 법원의 적절한 역할을 설정함으로써 三府 사이에 분할된 權力의 相互牽制를 가능케 하고, 民主主義에 의한 政治를 社會統合의 主된 機制로 자리매김함으로써 民主共和國을 가능하게 하는 것이다.

이것이 바로 당사자적격을 논하면서 John Locke의 社會契約論을 상기하고, 契約主義 法學을 소개하는 까닭이다. 계약주의는 국가를 바르게 이해하게 하는 유력한 방식이라고 생각한다. 따라서 국가의 구성요소로서의 정부, 다시 정부의 구성요소로서의 법원의 올바른 역할을 이해하는 데에도 계약주의는 유용한 통찰을 제공할 것으로 본다.

(2) 契約主義(Contractarianism) 概觀

계약주의는 국가와 사회를 연구하는 여러 가지 規範的 立場 중 하나이다. 계약주의는, (그 기원이나 목적에 대해 논의가 분분한) 국가 또는 공동체에서 논의를 시작하는 대신, 自由롭고 平等한 個人을 논의의 출발점으로 상정하고 이와 같이 자유롭고 평등한 個人들의 同意에 기초해 共同體나 政治體가 構成된다고 이론을 구성한다. 이와 같은 이론구성을 취할 때 얻게 되는 이론적 장처는, 人權, 즉 生命·自由·財產(life, liberty, property)을 국가의 구성 및 운영구조 속에 보다 수월하게 자리매김할 수 있다는 것이다. 또한 계약주의는 자유롭고 평등한 개인이라는, 모두가 수용할 수 있는 기본 전제 하에 논의를 전개하기 때문에, 우리 나라와 같이 역사발전의 체험을 결여한 채 외국의 법제를 계수하여 근대를 맞이한 나라에게 특히 유용하다고 하겠다.

계약주의는 사회를 구성함에 있어 문제되는 일련의 쟁점, 예컨대 사회와 구성원의 관계라든지 구성원 상호간의 관계에 대한 일종의 규범적 입장이다. 계론적 입장이란 올바른 사회질서, 사회규범 또는 사회규칙이 무엇인가의 문제를 결정함에 있어 계약론적으로 사고하는 입장을 말한다. 계약주의(contractarianism)는, "바람직하고 올바른 사회의 규칙이란, 그 사회에 참여할 것인가의 여부를 선택하려고 하는 사람이 그러한 내용의 조건이라면 참여할 것을 결정할 수 있는, 적어도 그러한 내용이 되어야 한다는 사고방식"을 말한다. 올바른 사회의 모습은 결코 事前에, 外在的으로 결정되어 있지 않고 그 사회의 참여자에 의하여 결정되어야 한다. 또한 價値에 있어서도 결코 外在的으로 혹은 先驗的으로 혹은 非個人的으로 존재하지 않고 오로지 '參與構成員들의 合意'에 의해 결정될 뿐이다. 그런데 현실을 살고 있는 사람들은 실제로 사회질서에 관한 선택의 기회를 부여받지 못한 채로 태어났고 앞으로도 그런 기회를 가질 가능성은 없다고 보는 것이 현실적인 판단이다. 이런 상황에서 계약주의는, 만약 사람들이 사회와 구성원의 관계, 사회구성원 상호간의 관계에 관한 규칙(이를 '사회질서 규칙'(the rules of social order)이라고 한다)의 내용을 선택할 기회를 부여받는다면 어떤 선택을 할 것인가를 탐구함으로써, 바람직한 사회의 질서규칙을 상정하려고 하는 것이다.

계약론적 입장에 서 있는 철학자 중 가장 널리 알려진 John Rawls가 그의 저서 A Theory of Justice에서 밝힌 주장은 대체로 다음과 같이 요약할 수 있을 것이다. 정의로운 사회의 원리—적어도 그것이 도덕적으로 지지될 수 있으려면—는, 우리가 소위 '無知의 베일'(veil of ignorance)에 가려 있을 때, 환언하면 우리가 우리 자신의 인생이 어떻게 시작되고 흘러갈지 알 수 없을 때 우리 모두가 갖고자 하는 원리이다. Rawls는 기본적으로 인간의 이기심에 착안하여 사람들이 무지의 베일에 가려 있다면 自由(liberty)와 機會의 平等(equal opportunity)이 보장되는 체계를 가지려고 할 것이라고 주장한 바 있다.

인류의 역사를 돌이켜 보면 인간사회는 결코 계약론적으로 구성된 바 없다. 인류의 역사는 오히려 征服의 歷史로 점철되었다. 따라서 契約論的 構成은 그 자체가 역사적 사실이라는 의미라기보다는 '隱喩를 통한 正當化'를 위해 사용되었다는 점을 기억할 필요가 있다.

계약론적 입장을 견지하게 된 까닭은, 계약주의를 취할 때 인류의 보편적 가치에 기하여 모든 법적 쟁점에 대하여 수미일관한 대답을 할 수 있다고 생각했기 때문이다. 계약주의는 인간의 私的 自律(private autonomy)과 公的 自治(self-governance)를 그 각 출발점과 종착점으로 삼아 이론을 전개하고 있다. 예컨대 규칙을 어떻게 설정하여야 하는가의 문제를 다룸에 있어, 계약주의는 이 규칙이 수범자인 사회구성원들의 가치·의사·이익과 무관하게 외재적으로 존재하는 것이 아니라 바로 사회구성원 전체가 스스로 선택·결정하여야 할 대상이라고 전제하고 있고, 그럼으로써 自律的 個人을 논의의 출발점으로 삼으며, 이렇게 구성된 사회도 이와 같은 개인이 주축이 되어 스스로의 명운을 결정한다고 하는 自治를 논의의 귀착점으로 삼고 있는 것이다. 계약주의의 관점에서 보면 "규칙은 주어진 것이 아니라 사회구성원들이 선택할 대상 중 하나"일 뿐이다. 이하에서는 James M. Buchanan의 논의에 터잡아 계약론의 의미와 내용을 좀 더 살펴보기로 한다.

(3) 契約主義와 立憲主義(constitutionalism)

입헌주의는 인류가 모두 받아들이고 있는 근대의 상징이다. 그런데 입헌주의가 반드시 계약주의에 기초할 필요는 없다. Geoffrey Brennan과 James M. Buchanan은, 계약주의를 취하지 않지만 입헌주의를 취하는 입장을 크게 다음의 세 범주로 나누어 설명하고 있다.[29] 이들과 계약주의는, 후자가 헌법을 '선택할 수 있는 사회의 규칙의 일종'이라고 보는 데 대해 전자들은 정도의 차이는 있지만 헌법을 '영속하여야 하는 무엇'으로 본다는 것이다.

極端的 保守主義者들—단지 규범(계약주의자가 규칙으로 부르는 것이 비계약론자에게는 규범이 된다)이 존재하고 있으며 존재하여 왔다는 이유만으로 존재하는 규범에 가치를 두는—도 입헌주의를 지지할 수 있는데, 왜냐하면 사실상 입헌주의는 일군의 절대불변의 통제규범을 이상으로 삼고 있기 때문이다.

극단적 보수주의자들과 같은 차원은 아니지만, 여전히 '사회질서 규칙'이 변경될 수 있는 인공적 창조물은 아니라는 관념을 가지고 있는 進化論者도 비계약론적이지만 여전히 입헌주의를 주창할 수 있다.[30] 진화론자들은 규칙들은 사회가 진화함에 따라 서서히 변화하고, 또한 그래야 한다고 생각한다. 기본구조에 변화가 일어난다고 할지라도 이는 단지 有機的인 進化過程에 따른 것일 뿐이다. 따라서 기본규칙의 개혁은 내재적으로 모순된다. 진화론자에 따르면 사회규칙의

29) 계약주의에 관한 이하의 설명은 Geoffrey Brennan & James M. Buchanan, The Reason of Rules: Constitutional Political Economy(1985)에 전적으로 의존하였음을 밝힌다.

30) 대표적으로는, Frederick August von Hayek, Law, Legislation, and Liberty(1973-1979).

秩序化機能(ordering function of social rules)은 그 규칙들이 어떠한 지향점을 향하여, 바꾸어 말하면 의도적으로, 변경될 수 없기 때문에 가능한 것이다.

自然法論者들은 법을 이중구조로 파악하고, 상위의 법은 사람들이 인간으로서 마땅히 누려야 할 일련의 자연권을 보호한다고 본다. 憲法은 이러한 自然權의 保護와 관련된 제도 또는 규범구조이며, 다른 모든 행위들은 일반 政治에 맡겨져 있다. 자연법론자들은 현존하는 헌법은 자연법론자들이 원하는 자연권의 보호와 더 조화를 이루는 방향으로건 그러한 이상적 보호로부터 더 멀어지는 방향으로건 개정될 수 있지만, 일련의 권리들의 기존의 定義에는 변화가 있을 수 없다고 본다.

계약론자는 극단적 보수주의와 진화론자의 입장을 거부한다. 만약 社會經濟-政治的 게임의 規則들이 그 자체로 構成的 變更이 가능한 人工物이 아니라면, Brennan과 Buchanan이 설파한 대로 '남는 것은 역사의 힘과 쟁투일 뿐'이다. 극단적 보수주의자들과 비구성적 진화론자들은 인간의 완벽성에 희망을 걸고 있지만, 현실은 사회질서의 제도들도 개혁될 수 있고 변경될 수 있다는 희망을 필요로 한다. 사회철학은 이러한 현실의 희망을 살아 있게 할 도덕적 의무가 있다.

자연권론자들과 계약론자들은 또 다른 이유에서 구별된다. 계약주의자는 모든 價値를 공동체의 개개 構成員으로부터 이끌어내며, 자연권과 같이 외부적으로 규정된 가치의 원천을 거부한다.

(4) 價値의 源泉으로서의 個人

계약주의적 설계의 기초가 되는 중대한 규범적 가정은 "個個 人間만이 唯一하게 價値를 生産·配分할 수 있다"는 것이다. 개인은 모든 가치평가의 시발점이 되는 유일한 의식의 기초단위이다. '고립된 개인'의 가치구조가 '수많은 사회관계의 일원으로서의 사람'의 가치구조와 같을 수 없다. 이런 의미에서 개인은 확실히 사회로부터 영향을 받고 있다. 하지만 사회 또는 공동체의 영향력이란 각 개인들에 의해 내재적으로 표현되는 가치의 변형에 의해 드러나는 것이지 외재하면서 개인과 독립하여 작용하는 것은 아니다. 계약주의는 자율적 개인을 상정한다.

가치의 원천으로서의 개인은 공동체의 특정한 사람이나 그룹이 아니다. 가치의 원천으로서의 개인은, 여타의 개인들과 도덕적으로 동등한 동등체로서, 각각 평등하게 관련 선택들 간의 우열을 표현할 수 있는 것으로 다루어져야 한다.

계약주의는 바로 이러한 가정하에서 집단의 질서에 대한 계약론적 설명을 도출해 낸다. 각 개인은 선택가능한 관점들을 스스로 평가함으로써 만장일치에 의해 특정한 기능… 예컨대 야경국가의 기능을 담당할 집합체(collectivity) 또는 정체(polity)를 창설하게 되는 것이다.[31)]

역사상의 국가들이 대부분 강자에 의한 약자의 정복으로부터 연원한다는 史實에 비추어 보면 계약주의는 현실성이 없는 空虛에 그치거나 혁명가의 牽強附會로 여겨질 수도 있을 것이다. 하지만 계약주의는, 현실의 광범위한 제약조건 속에서도 마치 契約에 의해 發生한 것처럼 國家를 正當化함으로써 바람직한 국가를 향한 構成的 憲法改革을 摸索하고자 하는 것이다. 비록 역사적 사실은 아니지만, 계약론적으로 국가를 바라봄으로써 보다 나은 국가의 모습을 설계할 수 있다는 데 계약주의의 참뜻이 있다.

계약론자들은 국가의 기원에 관한 개념적 연역과정에서 모든 가치의 원천은 개인이고 그 이외의 어떠한 외부적 가치의 원천에 의존하지 않았는데, 이로부터 여러 가지의 논리적 연장이 가능하다. 첫째, 國家는 自然權을 보호하기 위해 발생한 것이 아니다. 국가는 어떤 우주적 힘 내지 神의 戒名[32)]을 반영하거나 대변하는 것도 아니다. 더욱 중요한 것은 국가가 그 정체 내의 개인들과 무관한 有機的 一體[33)]로서 존재하는 것이 아니라는 점이다. 따라서 국가는 국가 자신의 목적이나 목표를 추구할 수 없다. 國利民福 내지 사회후생은 독립적으로 정의될 수 없고, 오로지 국가구성의 출발점이 되는 개인을 떠나 그 자체만으로 존재할 수 없는 것이다.

(5) 交換으로서의 政治

계약주의에 대한 여러 의문 중 가장 어려운 것은, 계약론자의 기본적 가정을 받아들인다고 하더라도 도대체 각 개인이 정치적 질서로부터 얻고자 하는 바가 무엇인가라는 문제이다. 자신의 행위를 규율하는 규칙들과 그런 규칙들을 강

31) 이에 관해서는 James M. Buchanan, The Limits of Liberty: Between Anarchy and Leviathan(1975).

32) 법을 신의 계명이라고 보는 관점을 戒名論이라고 부르기로 한다. 이 계명론을 따르면, 다음과 같은 함의가 있다. 법은 신의 계명이기 때문에, ① 신의 계명을 파지할 수 있는 성직자 내지는 제사장이 필요하고 그 역할을 전문가인 법률가가 맡는다. ② 법이 신으로부터 나오고, 또한 전문가만이 알 수 있기 때문에 일반 대중을 법과 전문가로부터 소외시킨다. ③ 신은 완벽하고 전지전능하기 때문에 그의 명령은 완벽한 체계를 이루는, 이율배반이란 있을 수 없는, 정답이다. 따라서 사제나 전문가는 그와 같은 정답을 찾아야 하고, 그럼으로써 소명을 다할 수 있다. 정답이기 때문에 변화도 있을 수 없다.

33) 국가를 유기체(organism)로 비유하면, 다음과 같은 공동체주의적 혹은 전체주의적 함의가 도출된다. 즉 부분만을 보면 전체가 죽고, 전체가 죽으면 부분도 없다. 따라서 전체에 대한 부분의 희생을 요구하기 싫고, 부분적 질서와 구별되는 전체의 질서가 있으며, 개인 이익의 총합과 구별되는 전체의 이익으로서의 공익이 존재한다는 것이다.

제하는 국가권력행사에 제한을 가하는 규칙들에 대한 상호간의 합의를 도출하고자 할 때 각 개인은 무엇을 추구하는가? 집단을 조직한 것은 개인이 추구하는 무엇—그것이 진이든 선이든 혹은 미든 관계 없이—을 발견하기 위한 수단으로 보아야 하는가? 다시 말해 개인은 왜 (오늘날 각국에서 볼 수 있는) 정치사회—시민적 통치의 다른 말이다—를 조직하여 입법부가 제정하는 법에 스스로 복종하게 된 것일까?

Jean J. Rousseau는 不朽의 古典인 社會契約論에서 다음과 같은 要旨의 주장을 한 바 있다.

> 진정한 政府의 기초는 協約—각 개인으로 하여금 공동체를 위하여 자신의 모든 自然的 權利를 抛棄하게 하고, 共同體는 그 대신 個人의 生命과 財產을 保障하게 하는 협약에 있다. 이렇게 함으로써 平等이 保存되는데, 왜냐하면 조건은 만인에게 동등한 것이기 때문이다. 自由도 또한 保障되는데, 왜냐하면 각 개인은 만인에게 소속됨으로써 그 누구에게도 소속되지 않기 때문이다. 이처럼 社會契約으로 人間은 自然的 身分에서 市民의 身分으로 옮아간다.

요컨대 계약주의에 따르면 개인은 相互間의 自由의 交換을 통해 眞正한 自由를 얻는바, 이를 위해 정치적 질서 속으로 자신을 투신하고, 나아가 자신이 몸담고 있는 사회경제적-정치적 게임의 근본적인 규칙들을 변화시키기 위해 계약적 합의에 참여하게 된다.

이를 설명하기 위해서 계약과 교환이 자연스럽게 이루어지는 市場을 생각해 보자. 사과와 배를 생산하는 甲·乙 두 사람으로 구성된 시장에서 甲·乙 양자가 서로 교환에 합의하였다고 가정하자. 이러한 교환이 성립하기 위해서는 첫째, 양자는 서로가 가진 사과와 배를 서로가 보장하여야 하고(初期分配의 相互保障), 둘째, 협상과정 중 일어날 수 있는 詐欺 · 強迫을 禁止하여야 한다(自由로운 去來의 保障). 이러한 규칙하에서 양 당사자는 교환을 하게 되는데, 이는 새로운 분배, 즉 양자 사이의 두 재화의 새로운 귀속을 의미한다. 이런 교환과정을 통해 얻어진 것은 무엇인가? 양자 모두가 얻은 것은 바로 價値의 極大化이다. 앞서 계약주의의 전제에서 보았듯이 계약주의하에서는 거래과정 외부에는 어떠한 가치척도도 존재하지 않고 거래당사자의 선호만이 가치의 원천이 된다고 하고 있으므로, 서로 합의해서 생긴 교환은 항상 양자에게 극대화된 가치를 남기게 된다.

시장에서의 교환과 마찬가지로 政治에 있어서 교환도 역시 自由의 極大化를 낳는다. Hobbes의 '만인의 만인에 대한 투쟁'이 펼쳐지는 자연상태를 甲·乙 두 사람으로 구성된 상태로 단순화하자. 여기서 양자는 각각 무한대의 自由를 누리고 있지만, 다른 한편 무한대의 危險에 노출되어 있기도 하다. 갑·을 양자가 이제 자연상태를 끝내고 하나의 집합체 내지 정체를 창설한다는 합의에 이른다고 할 때, 양자는 自由의 極大化상태에 들어가게 된다. 시장에서의 재화의 교환과 마찬가지로 자연상태에 있는 개인 사이의 자유의 교환은 무한대의 자유를 포기함으로써 무한대의 위험에서 벗어나고 결과적으로 자유의 伸張을 이루게 한다.

이와 같이 정치에 대한 계약주의적 파악은 '교환의 패러다임'이다.[34] 오직 개인만이 가치의 원천이며, 사람들 사이에 차등이 없다면, 政治라는 企劃은 數人間의 복잡한 交換 내지 契約의 體系로 볼 수 있다. 각 개인은 상호간에 유익한 것으로 판명될 集合的 團體 또는 단체에 이르지는 못하더라도 集合的 調整機制를 창설하기 위해 탐구하고 종국적으로 동의에 이르는 것을 목적으로 함께 협력하는 것으로 이해되어야 한다.

이와 같이 정치에서 이루어지는 거래의 결과는, 合意에 基礎한 一連의 規則들이 될 것이다. Brennan과 Buchanan에 따르면, Hobbes式의 무정부상태로부터의 첫번째 도약이라 할 수 있는 가장 간단하며 가장 기초적인 단계에서 각 개인들은 他人의 財産과 身體를 尊重하기로 합의할 것이다. 그런 거래에서 각 참가자는 秩序라는 이익을 確保하며, 그럼으로써 스스로를 방어하기 위해 자신의 자원을 사용해야 할 필요가 줄어든다. 다른 한편, 이러한 교환에서 각 당사자는 계약상 합의에서 정한 바에 따라 타인의 재산과 신체를 침해할 수 있는 행동의 자유를 포기한다.[35]

이와 같이 교환으로서 정치를 바라보게 되면, 정치적·법적 담론에서 계속 발생하는 혼란을 명확히 해 주는 몇몇의 다른 원리들을 지득하게 된다. "정부가 개인의 권리를 결정하는 것이 아니라, 개인들이 정부를 만든다"… 계약에서 합의된 권리들을 보장하고 보호할 목적으로. 요컨대 개인의 권리에 대한 정의를 포함하여 정치적 질서 규칙들은 정체의 구성원인 개인들의 합의로부터만 합법적으로 연원할 수 있다. 政府, 行政官僚 또는 判事가 독자적으로 각 개인이 보유하고 있는 권리를 수정하거나 변경하는 것은 필연적으로 사회계약에 반하는 것이

34) Brennan & Buchanan(註 29).

35) Brennan과 Buchanan은 이상을 피력한 후 규칙에 대한 계약적 합의가 사유재의 정상적 거래에 선행해야 함을 알 수 있다고 주장한다. 요컨대 정치적 맥락보다는 경제적 맥락에서 교환 패러다임을 논하는 것이 더 자연스러움에도 불구하고, 정치적 질서가 경제적 질서에 선행한다는 것이다. 한편 Milton Friedman이 Brennan과 Buchanan의 주장과 달리 경제적 자유가 정치적 자유를 가능하게 한다고 주장한 바 있다. Milton Friedman, Capitalism and Freedom (1982).

된다. 물론 정체를 설립함에 있어 내·외부의 공격자에 의한 권리의 불법적 침해와 남용을 막기 위해 정부에게 강제권을 부여하게 되는데, 일단 통치권을 확보하게 된 정부는 원래 위임받은 권위의 한계 내에 머무르려 하지 않는다. 이러한 정부에 의한 권한유월은 정당하지 않은데, 정부, 행정관료 또는 판사가 스스로 개인의 권리를 再定義하려고 하는 것은 契約이라는 國家의 正當性의 起源에 명백히 반하기 때문이다.

정치질서에 대한 규칙은 대개 정치단위가 활동할 수 있는 한계를 설정하고 있으며, 사실상 헌법개정에 대한 가장 두드러진 논의들은 개인의 권력이 아닌 정치적 권력의 한계를 정하는 문제에 관해서이다. 거의 모든 일상적 행동이 잘 규정된 법적 규칙의 구조 속에서 행해지는 것과 마찬가지로 정치에서도 집단이나 정부도 역시 잘 규정된 규칙의 제약 내에서 행동하여야 한다. 헌법은 '政治權力의 限界를 정하는 것'이다.

(6) 規則制定者가 아닌 審判者로서의 法院

이상을 정리하면 계약주의의 요체는 개인들은 論議의 과정을 통해 合意에 도달하고 이와 같은 논의 및 합의의 과정은 개인들에게 權利를 부여하며 이러한 권리들을 보호하고 집행하는 權威가 부여된 기관을 형성한다는 것이다. 계약주의의 관점에서 보면, 사회를 구성하는 것도, 사회를 운영하는 것도 자유롭고 평등한 개인들의 논의와 합의에 의해서이다. 따라서 정치사회를 조직하고 운영하는 계약주의의 기본 틀은 政治이고, 규칙[규범]은 주어진 것이 아니라 사회구성원들이 정치과정을 통해 선택한 것이다. 계약주의에서 법은 구성원의 합의에 기초한 규칙인 것이다.

계약주의에 따르면 개개인의 합의에 의해 국가가 기원하고, 국가의 기원에 관한 개념적 연역과정에서 모든 가치의 원천은 개인이며, 그 이외의 어떠한 외부적 가치의 원천도 존재하지 않는다. 그리하여 국가는 자연권을 보호하기 위해 탄생한 것이 아니고, 개인들과 무관한 유기적 일체로서 존재하는 것도 아니며, 국리민복이나 공익 등은 국가구성의 출발점인 개인을 떠나 그 자체만으로 존재할 수 없다. 또한 정부가 개인의 권리를 결정하는 것이 아니라 개인들이 사회계약에서 합의된 권리들을 보장하고 보호할 목적으로 정부를 만든 것이다. 요컨대 개인의 권리 및 정치적 질서규칙들은 개인들의 합의에 의해서만 연원하고, 따라서 정부, 행정관료, 판사가 독자적으로 각 개인이 보유하고 있는 권리를 수정·변경하는 것은 필연적으로 사회계약에 반하는 것이 된다. 또한 정치질서에 대한 규칙은 대개 '정치단위가 활동할 수 있는 한계를 설정'하고 있는바, 이로부터 법원의 역할기능에 관한 다음과 같은 논리적 연장이 가능하다.

규범이 누군가에 의하여—그것이 자연이 되었던, 사물의 본성이 되었건 혹은 우주 이성이 되었건, 아니면 신이 되었건 간에 관계 없이—주어진 것이라면, 그것이 무엇인가를 찾는 것이 필요하게 된다. 또한 사회의 구성원들은 각각이 개성을 가지고 태어난 존엄체이기 때문에 나름의 특장을 부여받고 있고, 그 논리적 연장으로, 앞서 본 '주어진 규범'의 이런 탐구작업에 뛰어난 구성원도 있을 수 있으며, 사회가 이를 위해 그런 작업에 종사할 사람을 키울 수도 있을 것이다. 그 결과 그러한 탐색작업을 하도록 권위를 부여받은 사람은, 그런 탐색의 결과 밝혀낸 규범이 사회구성원의 지위에 영향을 끼치게 되기 때문에, 적지 않은 권력을 누리게 된다. 그리하여 때로는 이들이 規範探索者인지 아니면 規範制定者인지 여부조차도 헷갈리는 경우가 있게 된다.

이와 달리 계약주의는 규칙을, '사회구성원들의 선택과 합의의 대상'일 뿐이라고 보기 때문에, 규칙의 발견자가 필요하지 않다. 필요한 것은 사회경제적-정치적 게임에 참가한 競技者(player) 사이에 紛爭이 생겼을 때 이들에 의해 합의된 규칙을 그대로 적용할 게임의 審判이다. 심판은 심판(umpire)일 뿐이기 때문에, 사회경제적-정치적 게임의 경기자(player)가 될 수도 없고, 따라서 경기자여야만 참여할 수 있는 사회경제적-정치적 게임의 규칙제정(즉 정치)에 참여할 수 없다. 따라서 심판은 게임의 규칙을 스스로 제정할 수 없고(이것은 게임의 규칙이 너무나 터무니없어도 마찬가지이다), 사회경제적-정치적 게임에 참가한 경기자들 사이에 분쟁이 생기지 않는 한 이들 경기자의 놀이에 개입할 수도 없다. 요컨대 법원은 사회경제적-정치적 게임에 참가한 경기자 사이에 분쟁이 생길 때, 민주주의적 정치과정을 통해 만들어진 규칙을 적용하여 분쟁을 해결해야 할 심판일 뿐이다. 이것이 계약주의에서 바라본 법원의 자리매김이다.

2. John Locke의 社會契約論과 法院觀

(1) John Locke 思想探究의 意義

이상에서 본 계약주의의 입장을 뒷받침하기 위해서 계약론적 입장에서 바람직한 사회와 정부를 설계한 John Locke의 사회계약론을 살펴보기로 한다. 주지하듯이 John Locke의 사상은 근대의 입헌공화국의 초석을 놓았다고 평가되며, 특히 미국 '건국의 아버지들'(Founding Fathers)은 Locke의 사상에 기초해 미국이라는 거대공화국을 설계했다고 평가되고 있다. 이러한 평가를 받는 Locke의 사상을 처음(자연상태에서의 개인)부터 끝(정부의 구성)까지 살펴보는 것은, 계약주의가 단지 새로운 아이디어의 제공이라는 차원을 넘어 국가와 사회, 정부와 시장 사이에서 벌어지는 현대적 문제를 해결하는 이론적 기초로서 기능할 수 있음을 보여준다고 하겠다.

Locke의 정치사상은, '시민통치의 참된 기원과 범위 및 목적에 관한 소론'(An Essay Concerning the True Original, Extent, and End of Civil Government)이란 논제로 발표된 제2통치론(The Second Treatise of Government)에 집대성되어 있는데, 이 논문은 인간은 어찌하여 정치사회를 조직하여 입법부가 제정하는 법에 스스로를 속박하게 된 것인가의 문제를 논하고 있다. Locke의 이 논문을 통해 명예혁명 후의 영국의 정치체제의 전체상을 짐작할 수 있다.

(2) 제2통치론의 內容 ①: 政治社會의 構成

Locke는 이 논문의 서론에서, 이 땅 위의 현재의 지배자들은 그 권력의 근원을 아담의 지배권이나 부권으로부터 얻은 것이 아니며, 위정자가 그 신민에 대해 갖는 권력은 아버지가 그 자식에 대하여, 고용주가 그 하인에 대하여, 노예소유주가 그 노예에 대하여 갖는 권력과는 판이하다고 주장한다. 정치권력에 대해 Locke로부터 직접 들어본다.36)

> 정치권력이라는 것은 재산의 조정과 보존을 위하여 사형과 그 이하의 온갖 형벌을 가하는 법률을 만들 수 있는 권리이며, 또한 그것은 그러한 법률을 시행하기 위하여, 그리고 外敵의 침해로부터 나라를 방위하기 위하여 공동사회의 힘을 사용할 수 있는 권리이며, 또한 이 모든 것을 오로지 공공의 복지만을 위하여 행사하게 되는 권리이다.

이와 같은 정치권력은 대체 어떻게 해서 발생된 것일까? Locke는 정치권력의 기원을 밝히기 위해서 먼저 자연상태를 설명한다. Locke의 자연상태는 近代自由國家의 基本權과 관련하여 매우 중요한 의미를 가지므로 유념할 필요가 있겠다.

Locke에 따르면 정치권력은 자연상태로부터 '모든 個人의 同意에 의해서' 성립된다고 한다. Locke의 자연상태는 Thomas Hobbes의 자연상태, 즉 '만인의

36) John Locks, Two Treatises of Government, Chap. I, §3(1966, Cambridge University Press).

만인에 대한 투쟁상태'와는 달리 자유롭고 평등한 상태이고 결코 방종의 상태(a state of licence)가 아니다. 인간의 생명은 신의 뜻에 따라 주어진 것이고, 따라서 자연상태에서는 각자에게 生命(life)의 권리가 부여되어 있으며 자신의 육체를 자신의 뜻에 따라 움직일 수 있는 自由(liberty)의 권리가 부여되어 있다. 인간은 또한 자연상태에서 신께서 사람들에게 共有物로서 부여한 대지와 그 위의 일체의 것에 勞動을 투여함으로써 그 중 일부를 私的 所有物(property)로 가지게 된다. 또한 자연상태는 각자가 자연법의 범위 안에서 자기의 행동을 규율하고, 스스로 적당하다고 생각하는 대로 그 소유물과 신체를 처리할 수 있는 완전한 자유의 상태이며, 그 곳에서는 누구나 똑같은 평등한 권리를 가지고 있다. 그리고 그러한 자연상태에서는 각자가 자연법에 따라서 생활하므로 평화적이며 목가적인 상태이다.

Locke에 따르면 자연법은 이성의 법칙이다. 이성은 신에 의해서 인간에 부여된 것으로 이러한 이성은 인류에게 "각 사람은 모두 평등하고 독립인이며, 그리고 서로 다른 사람의 생명과 자유와 재산을 침범해서는 안 된다"고 가르친다. 이러한 자연법은 인류상호간의 안전을 위하여 인간의 행동을 규정한 준칙이며, 따라서 인류에게는 영원한 법칙이 된다.

Locke의 자연상태에 있어서는 인구의 수가 적고 토지는 광대무비하며, 자연의 산물도 풍성하였으므로 평화로운 상태였다. 그러나 사람들 사이에는 근면의 정도에 차이가 있으므로 사람들의 소유물에는 차이가 생기게 되었고, 화폐의 발명은——화폐는 썩지 않고 축적이 가능하므로——이러한 정도의 차이를 확대시키는 계기가 되었다. 이러한 소유물의 차이는 종종 다른 사람의 소유권을 침해하는 사람도 생기게 하는데, 자연상태에서는 그것을 처벌할 수 있는 공통의 권력이 없다. Locke의 자연상태는 평화상태이지만 이와 같은 계기로 말미암아 투쟁상태에 빠지게 될 위험성이 내재해 있는 것이기도 하다.

Locke는 자연상태에는 그것을 투쟁상태로 빠지게 할 다음과 같은 세 가지의 결함이 있다고 한다. 첫째, 자연상태에서는 옳고 그른 것의 표준으로서, 사람들 사이의 분쟁을 판결할 공통의 척도로서 일반의 동의에 의해서 승인되고 확정된 法(law)이 없다. 둘째, 자연상태에서는 확립된 법에 따라 온갖 분쟁을 해결해야 할 권위를 가진 공평한 裁判官(judge)이 없다. 셋째, 자연상태에서는 정당한 판결을 집행할 權力(power)이 없다. 자연상태에서는 이와 같이 법·재판관·권력을 결하고 있기 때문에 사람들은 그 속에서 자유와 평등을 향수하려고 해도 그것은 매우 불확실하며 끊임 없이 타인으로부터 침해받을 위험에 노출되어 있다.

정치사회는 바로 이러한 위험 내지 불확실성으로부터 벗어나 보다 안전한 생활을 누리기 위해 설립되는 것인데, Locke는, Hobbes와 같이 단순히 自己保存에서 정치사회의 필요성을 찾은 것이 아니라 자기보존을 위하여 필요한 財產(property)의 보다 안전한 향유와 결부시켜 정치사회의 필요성을 논증하였다.[37] 다시 말하면 Locke는 '생명·자유·자산'(life, liberty, and estate)이라는 자기보존을 위해 필요한 自然權의 보다 안전한 향유를 위하여, 그리고 그들 상호간에 일어나는 분쟁을 판결하고 범죄를 처벌할 수 있는 권위를 가진 공통의 확립된 법과 법원에 호소할 수 있기 위해, 각자가 가지고 있는 개인적 자력구제권을 포기하고 그것을 정부에 일임한다고 주장하였다. Locke의 사회계약론은, 자연상태의 각 개인이 생명·자유·자산을 안팎의 침해자로부터 보호하고, 평화롭고 안전한 생활을 영위하기 위해 하나의 공동체(community)를 결성할 것에 합의한다는 것으로 요약할 수 있다.

(3) 제 2 통치론의 內容 ②: 政治社會의 運營

이상을 정리하면 Locke의 사회계약론의 요체는, 정치사회는 구성원 각자의 자발적 동의에 의해 구성되고, 그 목적은 모든 사람들의 자유와 소유를 보다 더 잘 보호받기 위해서라는 것이다. Locke의 구상은 결국 정치권력의 기초는 국가의 모든 구성원에 있다고 보는 國民主權論의 原型이라 할 수 있다. 따라서 구성원이 자유와 재산을 보호하기 위해 자발적으로 구성한 Locke의 정치사회는 국민에 의하여 운영되어야 한다고 하겠다. Locke는 국민에 의한 구체적 운영원리로 다수결을 들고 있고, 그 결과 Locke의 정치사회는 결국 自由와 財產을 보호하는, 多數者(majority)의 意思에 의해 움직여지는 民主社會(democratic society)라고 하겠다.

Locke의 민주주의적 정치기구론을 살펴보면, Locke는 먼저 정치사회의 주요한 통치권력으로서 입법권·행정권·연합권(일종의 외교에 관한 권한을 Locke는 연합권(confederative power)라고 하였다)을 제시하고, 그 중 행정권과 연합권은 군주에게 귀속시키고 입법권을 의회에 귀속시켰다. 입법권은 국가에 있어서 최고의 권력으로, 행정권과 연합권은 입법권에 대해 종속적·보조적인 것에 지나지 않는데, 왜냐하면 입법권은 사람들이 자신의 생명·자유·자산의 안전을 의존하고 있는 법을 제정하는 권력이기 때문이다. 이와 같이 Locke는 입법권과

37) 이에 관한 유용한 통찰을 제공하는 문헌으로는 James M. Buchanan, Property as a Guarantor of Liberty(1993) 참조.

행정권을 의회와 국왕에게로 분담시키고 立法府의 行政府에 대한 優位를 주장함으로써 근대정치이론에의 길, 즉 권력분립론과 의원내각제에의 길을 열어놓고 있다. Locke의 입법권에 대한 신념을 직접 들어 보자.[38]

> 사람들이 사회(즉, 정치적 사회)에 가입하려는 커다란 목적은 그들의 재산을 아무런 침해도 받지 않고 안전하게 향유하려는 데 있다. 그런데 그것을 위한 중요한 수단과 방법은 그 사회에서 확립된 법률이다. 따라서 모든 국가의 첫째가는 기본적인 실정법은 입법권을 확립하는 것이다. 그리고 이것과 마찬가지로 입법권 그 자체까지도 지배해야 할 첫째가는 기본적인 자연법은 사회와 그리고 (공공의 복지와 서로 양립할 수 있는 한에 있어서) 그 사회의 각 개인을 보전하는 것을 임무로 한다. 이러한 입법권은 단지 국가의 최고의 권력일 뿐만 아니라 또한 공동사회에 의해서 임명된 사람들의 수중에서는 신성한 것이며 결코 변경시킬 수는 없는 것이다. 그리고 그 이외의 다른 사람의 어떠한 명령도—그것이 비록 어떠한 형식으로 표명되거나 어떠한 권력에 의해서 뒷받침되더라도—대중이 선임한 입법부에 의해서 시인되지 않는 한, 법률로서의 효력도 구속력도 갖지 못한다. 왜냐하면 이와 같이 시인을 받지 못한다면 법률은 하나의 법률로서 성립되는 데 절대로 필요한 것, 즉 사회의 동의를 얻을 수가 없기 때문이다. 어느 누구도 그들 자신의 동의나 그들로부터 수여된 권위에 의거하지 않고서는 사회를 위해서 법률을 만들 수 있는 권력을 가질 수 없다.

Locke는 이러한 언명에 대한 註의 형태로 Richard Hooker가 교회정치론(The Laws of Ecclesiastical Polity, 5 vols., 1594-1597)에서 밝힌 다음과 같은 통찰을 인용한다.[39]

> “정치적 사회 전체를 지배할 법률을 만들 수 있는 정당한 권력은 당연히 그 사회 전체에 속해야 할 것이다. 따라서 이 땅 위의 어떤 종류의 군주나 권력자이건 간에 그 권력을, 신으로부터 직접적으로 그리고 개인적으로 수여받았다는 명확한 위임도 없이, 또한 그들이 법률을 부과하려는 상대방 사람들의 동의로부터 유래되는 권위에도 의거하지 아니하고, 자의적으로 행사하고자 한다면 그것은 전적으로 專制와 다를 바가 없다. 따라서 공적으로 승인을 받지 못한 것은 법률이 아니다. 그러므로 이러한 점에 관해서 우리들은 다음과 같은 사실에 유의할 필요가 있다. 즉 사람들은 원래 모든 정치적인 집합체를 지배할 수 있는, 전적으로 완전한 권력을 갖고 있지 못하므로 우리들의 동의가 전혀 없다면 우리들은 어느 누구의 명령하에서 생활하는 일은 없게 된다. 그리고 만일 우리들도 그 일원으로 되어

---

38) Locke(註 36), Chap. 11, §134.
39) Id., Chap. 11, §134, 註.

있는 사회가 이전에 어떤 시기에 동의를 표명했을 경우에는—그 후에 전반적인 합의로써 그러한 동의를 취소라도 하지 않는다면—우리들은 그 지배를 받는 것에 동의를 한 것으로 된다. 따라서 인간의 법률은 어떤 것을 막론하고 오직 동의에 의해서만 비로소 유효한 것으로 되는 것이다."

"입법권이란, 공동사회와 그 성원을 보전해 가기 위하여 국가의 힘이 어떻게 행사되어져야 할 것인지를 지시할 수 있는 권리를 가진 권력이다.… 그러므로 훌륭하게 질서가 잡힌 국가, 즉 전체의 복지가 정당하게 고려되고 있는 국가에 있어서는, 입법권은 각양각색의 사람들의 수중에 위임된다. 이들은 정당한 절차에 따라서 회합하여 그들만으로써 또는 다른 사람들과 공동으로 법률을 만들 수 있는 권력을 가지게 된다. 그리고 그들은 일단 법률을 만들고 나면 또다시 해산하여 그들 자신도 자기네들이 만든 법률에 복종하게 된다. 그런데 이렇게 하는 것은 그들에게는 하나의 새롭고도 절실한 속박으로도 되어, 그들로 하여금 법률을 공공의 복지를 위하여 만들도록 배려케 하는 것이다."[40]

(4) 제 2 통치론의 內容 ③: 法院觀

Locke는 제 2 통치론에서 법원에 대하여 특별한 언급을 하고 있지 않다. 그는 권력도 입법권 · 행정권 · 연합권만을 이야기하고 있고, 사법권에 대하여 이야기하고 있지 않다. 권력의 분립에 관해서, Montesquieu는 立法權과 司法權이 하나의 권력주체에게 부여되는 것이야말로 독재권력을 낳는 첩경이라고 경고한 바 있다. 왜냐하면 그렇게 되면 입법권을 겸비한 판사는 법을 만듦과 동시에 그 법을 바로 집행할 수 있기 때문이다.[41] 반면 Locke는 정치사회에서 전제가 행해지지 않도록 하기 위해 입법권과 행정권을 분리시키고 입법권에 최고의 권력을 부여하였을 뿐, 사법권을 제 3 의 기관에 맡겨야 된다는 주장을 하고 있지도 않다.

Locke가 법원에 마땅한 주의를 기울이지 아니한 것은, 저항권에 관련된 주

40) Locke(註 36), Chap. 12, § 143.

41) The Federalist No. 47에서 James Madison은 Montesquieu, The Spirit of the Laws을 인용하면서 다음과 같이 말한 바 있다. 즉 "Were the power of judging joined with the legislative, the life and liberty of the subject would be exposed to arbitrary control, for the judge would then be the legislator." 한편 이러한 비극적인 결론을 회피하기 위해서, Montesquieu는 제도적으로 입법권력과 사법권력이 다른 기관에게 부여되도록 함으로써 기관간의 견제와 균형이 유지될 수 있는 제도를 설계하는 것이 필요하다고 주장하였다. 그런데 입법권과 사법권이 분리되어서 다른 기관에게 부여되는 경우, 각각의 권한 남용으로 인해 예상되는 피해는 입법권력의 남용으로 인한 것이 사법권력의 남용으로 인한 것보다 더 심각한 것으로 Montesquieu는 생각하였다. 왜냐하면 사법권은 본질적으로 어느 정도는 수동적인 성격을 가질 수밖에 없으므로 권한남용의 측면에서는 약한 속성을 가질 수밖에 없기 때문이다. Montesquieu는 사법부의 권력을 '零의 權力'(null power)이라고 보았던 것이다. John Ferejohn, "Judicializing Politics, Politicizing Law," 65 Law & Contemp. Probs. 41(2002).

장에서도 발견된다. Locke에 따르면 권력은 전제적으로 흐르는 경향이 있는데, 이러한 부당한 전제적 권력에 대한 국민의 저항권과 혁명권을 인정하였다.[42] Locke에 따르면 이러한 민중의 권리는 통치가 해체될 때에 비로소 발동하는데, 군주가 그의 자의적인 의사에 의해서 기존의 법에 의한 지배를 하지 않고 시민적 통치의 목적을 전면적으로 파괴하는 경우는 통치의 해체의 대표적인 경우라고 한다. 이와 같이 정치사회설립의 목적을 파괴하는 것과 같은 행위는 국민의 의사를 위탁받아 그것을 대표하는 입법부에 의해서도 행해질 위험성이 있는바, 이런 경우에도 국민은 그것에 반항하여 새로운 입법부를 만들어도 좋다고 Locke는 말하고 있다. 이와 같은 생각은 통치형태의 최종적인 결정권은 국민에 있다는 국민주권주의의 원형을 이루는 것이라 할 수 있고, 이러한 그의 사상이 오늘날 의회와 내각의 의견이 상이하여 조정되지 아니할 때, 해산에 의하여 주권자인 국민의 의사를 물어 새로운 입법부나 행정부를 선출시키게 하는 내각책임제의 기틀이 되었다고 할 수 있다. 하지만 이러한 그의 정치원리를 바라보면서 Locke의 뇌리에는 입법부의 월권·자의·남용에 대한 대책으로서의 사법부가 전혀 자리하고 있지 않음을 알 수 있게 된다.

또한 Locke는 명시적으로 정치권력은 재산의 보존을 위해 법률을 만들 수 있는 권리인데, 그 권력의 주된 담지자로 입법부를 상정하고 있다. 그리하여 입법부 이외의 다른 사람의 어떠한 명령도 대중이 선임한 입법부에 의해서 승인되지 않는 한 법률로서의 효력을 갖지 못한다고 보았고, 나아가 어느 누구도 국민의 동의나 국민이 수여한 권위에 의거하지 않고서는 법률을 만들 수 있는 권력을 가질 수 없다고 주장하고 있다. 또한 자연권을 보호하기 위한 국가의 기관으로 사법부 대신 입법부를 상정하고 있다. 요컨대 Locke는 국가의 힘이 어떻게 행사되어져야 할 것인지를 지시할 수 있는 권리를 입법부에 부여함으로써, 국민주권과 그 구체화로서 민주주의—다수의 지배를 의미한다—를 국가운영의 주된 원리로 삼고 있는 것이다. Locke의 정치사상에는 사법부에 의한 법형성은 아예 고려되고 있지 않다.

42) "이러한 해악을 예방하는 가장 적절한 방법은 그러한 반역행위에 빠질 위험이 가장 큰 사람들(즉 권력의 자리에 올라앉아 있는 사람들)에게 그러한 행위에 따르는 위험과 부정을 명백히 보여주는 일이다." Locke(註 36), Chap. 19, §226.

3. 社會契約 思想의 具現으로서의 美合衆國 國法體系 및 그 안에서의 法院의 役割

(1) 미국 憲法의 思想史的 意義

계약주의를 논하면서 왜 미국을 모델 삼아 이야기하는지 의아해 할 것이다. 미국은 가장 계약주의적 국가이다. 미합중국 건국 당시에 아메리카대륙에 살고 있던 모든 인민들은 유럽의 舊體制에서 벗어나 자유롭게 살기 위해 신대륙을 찾아 나선 사람들이다. 아메리카대륙에는 구각이랄만한 법제도도 없었고 기득권을 누리는 사람도 없었다. 따라서 이들은 문자 그대로 자연상태와 비슷하게 자유롭고 평등한 상태에서 자신들이 원하는 사회를 구상할 수 있었고 결국 새로운 공화국을 창설하는 데 합의했다고 볼 수 있다. 바로 이러한 점이 미국을 계약주의적 사고방식을 가장 먼저, 가장 확실히 구현한 나라라고 보는 까닭이다.

1776년 탄생한 미국은 로마 공화정 이후 인류사에 나타난 最初의 共和國이다. 카이사르의 뒤를 이은 로마 최초의 황제인 아우구스투스가 사망한 것이 기원 후 14년이니까 거의 1800년만에 거대 공화국이 탄생한 것이다. 그것도 구체제로부터 탈출한 자유시민들이 당시만 해도 생소하기 짝이 없는 민주주의나 기본권과 같은 이념을 구현하기 위해서 말이다. 당시에 검증되지 아니한 이념을 국가구조에 구체화하면서 아메리카 대륙의 정착민들이 느낀 의심과 우려는 매우 컸다.

놀라운 사실은, 이런 과정을 거쳐 탄생한 미국 연방헌법이 팍스 아메리카나의 초석이 된 점보다도 그 내용이 현재까지 거의 원형 그대로라는 것이다. 미국이 인류 역사상 가장 위대한 국가 중에 하나라면 미국 연방헌법은 이를 가능케 한 초석이다.

헌법을, 공동체를 구성·운영하면서 생길 수 있는 기본적 사항을 정한 법, 즉 共同體의 基本法이라고 한다면, 미국에는 현재의 미국 연방헌법이 채택된 1789년 이전에 이미 그 맹아가 싹트고 있었다고 할 수 있다. 본격적인 미국 역사는 1620년 플리머스에 도착한 필그림(pilgrim)으로부터 시작되었다고 하는데, 이들 102명의 청교도들은 항해중인 메이플라워호 안에서 서약을 하였다. 이 유명한 '메이플라워 誓約'은, 이제 신대륙에 도착하여 배에서 내리게 되면 모두 각자의 생활을 시작하게 되는데 이 때 모두의 안녕과 질서를 유지하기 위해 모두의 동의 아래 법률과 공직을 정하여 이에 복종하자는 내용을 담고 있었다. 메이플라워 서약은 無知의 베일 뒤에서 앞으로 맞이할 공동체의 모습에 관하여 전원이 동의하여 맺은 社會契約의 典型일 뿐 아니라 비록 초보적이긴 하지만 최초의 아메리카 헌법이 되는 셈이다. 또한 1637년에 뉴 헤이븐에 온 사람들, 1638년에 로드 아일랜드에 도착한 사람들, 1639년 코네티컷에 정착한 사람들, 1640년에 프라비던스를 세운 사람들은 모두 유사한 형태로 사회계약을 만들어 공동체 생활을 하기 시작했는데, Alex de Tocqueville은 1639년 코네티컷에 정착한 사람들이 공동체 생활을 하기 위해 체결한 '코네티컷주(州) 기본법'(the Fundamental Orders of Connecticut)을 근대 민주주의의 최초의 성문헌법으로 평가하고 있다.[43)]

(2) Locke 思想의 구현으로서의 미합중국의 建國

John Locke는, 그의 연보가 증명하고 있듯이, 영국 역사에 있어서도 가장 파란이 많은 시기에 그 일생을 보냈다. 그는 청교도혁명과 명예혁명이라는 두 차례의 혁명을 경험했다. 이와 같은 격변 속에서 영국의 정치는 절대왕정으로부터 공화정으로, 그리고 공화정의 과속에 대한 반동으로 인해 다시 국왕주권으로 복귀하였지만, 결국에 가서는 명예혁명을 통해 국민주권·제한군주제의 확립을 보게 되었다. 또한 이 시기는 주로 상공업자로 구성된 중산계층이 성장하여 이들이 수구세력을 물리치고 새로운 사회질서를 형성해 가는 시기였다. Locke의 제2통치론은 바로 이러한 긴박한 정세의 변화 속에서 구상되고, 명예혁명이 성공한지 2년 후인 1690년에 출판되었다.

제2통치론에 나타난 Locke의 사상은 단지 명예혁명의 이론적 뒷받침으로서만 의미가 있는 것이 아니다. 그것은 나아가 미합중국의 독립혁명과 프랑스혁명에도 커다란 영향을 미쳤다. 특히 미합중국의 독립과 건국은 Locke의 사상을 역사에 구현한 것으로 평가할 수 있는데, 미합중국 독립선언을 기초한 Thomas Jefferson의 일절이 이를 웅변하고 있다.

> 우리들은 다음과 같은 사실을 자명한 진리로 생각한다. 모든 사람들은 평등하게 창조되었으며, 그들에게는 창조주로부터 불가양의 권리가 부여되어 있다.
>
> 이들 가운데에는, 생명·자유 및 행복을 추구할 수 있는 권리가 있다. 정부는 이러한 권리를 보전하기 위하여 민중들 사이에 세워지는 것이므로, 그 정당한 권력은 피치자의 同意에서 유래하는 것이다. 정부가 어떤 모양으로라도 이러한 목적들을 파괴하기에 이르면, 민중은 언제라도 그러한 정부를 변경시킬 수 있는 권리를 가지게 되며, 또한 민중의 안전과 행복을 가장 효과적이라고 생각되는 원칙에 기초를 둔, 그리고 그와 같이 권력의 행태가 조직되어 있는 새로운 정부를 수립할 수 있는 권리를 가지게 되는 것이다 ….

43) Alex de Tocqueville 지음, 임효선·박지동 옮김, 미국의 민주주의 I·II(한길사, 1997).

이렇듯 미국이라는 민주공화국은 Locke의 정치사상이 초석이 되어 구축된 것이다.

(3) 미합중국 헌법체계에서의 法院觀

미국의 '건국의 아버지들'(Founding Fathers)은 독립전쟁을 통해 느낀 주 사이의 파당적인 경쟁과 대륙회의의 약체성, 전쟁을 효과 있게 뒷받침해 줄 국민의 일체감 결여를 심각하게 생각하면서, 오로지 강력한 중앙정부 수립만이 이런 문제를 해결할 수 있다고 생각하였다. 그런데 미국 헌법이 채택되기 전 미 대륙을 규율했던 연맹규약은 이러한 중앙정부의 수립을 가로막고 있었다. 즉 연맹규약이 존재하고 있었음에도 불구하고 주들은 아직도 독립국가로서 주권을 가지고 있었고, 반면 중앙정부는 행정부나 사법부를 별도로 가지고 있지 않았을 뿐만 아니라 관세를 정하고 상업을 규제하며 세금을 징수하는 권한도 없었던 것이다. 그리하여 당시 미국의 지배층은 연맹규약하에서 겪게 된 여러 문제들을 해결할 수 있는 유일한 방법은 강력한 중앙정부의 수립을 가능하게 할 새로운 헌법의 제정이라고 생각했다.

하지만 당시 미국인들은 이러한 巨大한 共和國을 설계하면서 마음 한쪽에서 두려움이 싹텄는데, 그것은 거대 공화국이 국민의 생명·자유·재산(life, liberty, property)을 앗아갈 수 있다는 것이었다. 따라서 거대한 공화국에 대한 牽制策을 구상하게 되었는데, 국민의 自由와 財産을 지키기 위해 정부의 개입을 제한하는 헌법 시스템을 만들어내기에 이른다. 미국 헌법에 규정된 ① 열거된 연방정부의 권한, ② 견제와 균형의 三權分立, ③ 州의 자치를 인정하는 연방주의, ④ 국민의 권리를 지켜 줄 法院의 司法審査, ⑤ 개인의 消極的·防禦的 基本權이 바로 그것이다.[44]

이상은, 미국 헌법의 기초자인 Alexander Hamilton에 의해서도 뒷받침되고 있는데, Hamilton은 미국 헌법에 대한 국민의 지지를 얻기 위해 쓴 The Federalist(제78호부터 제84호)에서 사법부에 대해 다음과 같이 피력하고 있다.

> 정부의 여러 부서의 권한은 서로서로 분리되어야 한다는 것에 대해 주의깊게 생각해 본 사람이라면 누구나 사법부는 그 성질상 헌법의 정치적 권리에 가장 위험하지 않다고 생각할 것이다. 왜냐하면 사법부는 헌법의 정치적 권리를 괴롭히거나 손상시킬 능력이 가장 적기 때문이다. 행정부는 명예를 필요로 할 뿐만 아니라 사회라는 칼, 즉 수단을 갖고 있다. 입법부는 경비를 주관할 뿐만 아니라 모든 시민을 규제하는 의무와 책임을 규정하는 법을 만든다. 반면에 사법부는 칼도 돈도

44) 이하는 Cass Sunstein, Free Market and Social Justice(1997)의 간결한 설명에 의존하였다.

갖고 있지 않으며, 사회의 힘이나 부에도 영향을 미치지 못하고, 어떤 것도 실질적으로 결정하지 못한다. 사법부는 힘도 의지도 없으며, 단지 판단만을 내린다고 하는 것이 사실일 것이다.[45)]

Hamilton은 입법행위를 무효로 하는 법원의 권한을 인정하였으나, 이것이 바로 입법부에 대한 사법부의 우위를 함축하는 것은 아니었다. Hamilton에 따르면 위임받은 권한으로 인한 모든 행위가 그 위탁받은 임무에 어긋날 경우는 무효화되어야 한다는 것보다 더 명백한 원칙은 있을 수 없다. 그러므로 헌법에 어긋나는 모든 입법행위도 정당화될 수 없다. 이런 원칙을 부정한다면 대리인이 당사자보다 중요한 인물이 되며, 하인이 주인보다 우위에 있고, 시민의 대표자가 시민 자신보다 우위에 있게 되며, 권한을 위임받은 사람은 위임받은 임무만이 아니라 금지된 일도 하게 된다는 원칙을 확인하는 것과 같다.

입법부가 헌법에 맞지 않는 결정으로 다른 부서에 영향을 준다면, 이는 시민의 대표자들이 자신들의 의지로 선거인의 의지를 대체하는 것을 의미한다. 이때 사법부가 개입하는 것은 법원의 고유한 권한인 법의 해석을 통하여 시민과 입법부를 중재하고 입법부의 권한을 제한하기 위해서이다. 이는 시민의 대표자보다는 시민의 의사에 따라 법원이 판단해야 함을 의미하고, 법관은 시민의 의사에 의해 만들어진 최고권위의 법인 헌법에 구속됨을 뜻한다.

하지만, Hamilton에 따르면 이와 같은 결론은 조금도 사법부가 입법부의 우위에 있다는 것을 의미하는 것이 아니라고 한다. 단지 시민의 권한이 사법부나 입법부의 권한보다 우위에 있다는 것과 법령을 통한 입법부의 의지가 시민의 의지에 반하는 것일 경우, 헌법에 명시된 대로 법관은 입법부보다는 시민의 의지에 따라야 한다는 사실을 말할 뿐이다.

그러나 이 원칙에서 법관이 입법부의 헌법위반 행위보다 많은 사람들에 의해 선동된 위법행위를 관대하게 보아야 한다는 것이 도출되는 것은 아니다. 적법한 절차를 통한 권위 있는 입법행위를 거쳐 사람들이 기존의 법을 폐지하거나 수정할 때까지 그 법은 개인적으로뿐만 아니라 집단적으로 구속력을 가진다. 마찬가지로, 法院이 입법부의 合憲的인 意圖를 자신의 意志로 대체시켜서도 안 된다는 것이 Hamilton의 생각이다. 법원은 법이 가진 의미를 선언해야 하고, 만약 '판결' 대신 '의지'를 적용한다면, 그 결과는 입법의 의지를 자신들의 의지로 대체하는 것이 되기 때문이다.

---

45) 이하는 알렉산더 해밀턴 · 제임스 매디슨 · 존제이 지음, 김동영 옮김, 페더랄리스트 페이퍼, 458-462면(1995).

한편 20세기 초(적확히 1930년대 일어난 대공황 전까지) 미국을 운영하던 법은 보통법이었다고 할 수 있다. 미국에서 보통법—우리의 私法에 해당한다—은 19C 후반까지만 해도 中立的, 前政治的(prepolitical)인 것으로, 말하자면 私的 妥協으로 받아들여졌다. 이러한 보통법 원칙들은 자연스럽게 自由放任的 構造를 형성하였고, 결국 미국민들에게 사회운영에 있어 國家不在(statelessness)의 관념을 심어주게 된다. 요컨대 New Deal 이전까지는 보통법이 사회운영의 기능을 맡았으나, 사람들은 보통법을 중립적이고 前法的(prelegal)인 것으로 인식하였고, 판사들은 특히 보통법 원리들을 사회운영시스템으로 전혀 인식하지 못했으며, 대신에 그것을 規制가 아닌 自然狀態를 확인한 것으로 보게 되었던 것이다(그 반사적 결과, 규제는 공동체의 바람직한 모습을 만들어가는 人爲的 手段으로 인식되게 되었다). 이러한 시스템의 결과, 정부의 사회에 대한 규제의 기능은 普通法 法院이 맡게 되었다고 할 수 있겠다.

그리고 판사들은 이러한 보통법 원칙, 즉 일반적으로 받아들여지는 사회관습을 단지 설명해 주는 역할("mere expositors of generally accepted social practices")[46]을 하는 것으로 인식되었다. 판사에 대한 이러한 관념이 판사 또는 법원을 정치과정으로부터 완전히 절연된 주체로 인식하게 하는 계기가 되었음은 물론이다. 그 논리적 연장으로, 법원은 정치과정에서 내려진 결정, 즉 다수의 의사에 의해 개인의 생명·자유·재산이 침해당할 때 이와 같은 정치적 결정에 대하여 이를 극복하는 역할을 하는 것으로 인식되었고 이러한 인식은 미국의 연방대법원의 판시에도 반복적으로 등장하고 있다. 즉 미국의 연방대법원은 법원을 "多數의 횡포로부터 個人과 少數를 保護하는 전통적인 非民主主義的인 役割"(undemocratic role of protecting individuals and minorities against impositions of the majority)에 머물러야 하고, "多數의 利益에 供하기 위하여 立法府와 行政府가 어떻게 機能하여야 하는지에 대한 處方을 내리는 더욱 非民主主義的 役割"(even more undemocratic role of prescribing how the other two branches should function in order to serve the interest of the majority itself)을 자임해서는 안 된다는 것을 천명하고 있는 것이다.[47] 요컨대 후자는 정치과정에서 다루어져야 하

46) Antonin Scalia, A Matter of Interpretation 4(1997).

47) Antonin Scalia, "The Doctrine of Standing as an Essential Element of the Separation of Powers," 17 Suffolk U. L. Rev. 881, 894(1983).

[T]he law of standing roughly restricts courts to their traditional undemocratic role of protecting individuals and minorities against impositions of the majority, and excludes them from the even more undemocratic role of prescribing how the other two branches should function in order to serve the interest of the majority itself.

며, 따라서 법원은 오로지 전자의 역할만을 하여야 한다는 것이다.

미국 건국 초에 확립된 이와 같은 법원의 역할기대는 사회계약론자들의 구상에 그대로 부합한다고 할 수 있을 것이다. 즉 정부를 구성하기 위하여 자연적 신분을 버리고 시민이 되기로 작정한 인간은 사회계약에 의하여 형성될 정부에 대하여 막연한 불안에 휩싸인다. 그 불안을 해소하기 위하여 인간은 政府構造를 設計하면서 자신을 보호해 줄 수 있는 기제를 고안하려고 머리를 맞댄다. 그 결과 두 가지의 기제가 창안되는데, 그 하나는 政治的 次元에서 '多數決의 原則'이고, 다른 하나는 法的 次元에서 '司法審査'이다. 전자는 정치과정에서 다수결의 원칙에 의하여 정책이 집행되므로 一人의 專橫에서 벗어날 수 있다는 것을 의미하고, 후자는 그와 같은 다수결의 원칙에 의하여 결정된 정책의 집행으로 인해 자신이 피해를 볼 때 정치과정과 절연된 제3자적 기관, 즉 法院에서의 救濟를 가능하게 함으로써 다수의 지배로부터 보호받을 수 있음을 의미하는 것이다.

4. 契約主義의 관점에서 본 法院의 役割期待

이상을 정리하면 계약주의의 견지에서 바라본 법원에 대한 역할기대는 다음과 같이 정리될 수 있겠다.

① 사회계약을 통해 탄생한 국가에 있어 모든 권력은 국민으로부터 나온다. 국가의 의사는 국민의 의사를 수렴한 결과여야 하고, 국민의 의사는 민주적인 정치과정을 통해 수렴된다. 국가의 의사를 결정하는 주된 방식은 민주적 정치과정이다. 국민의 의사를 수렴하여 법률을 만드는 권한은 국민에 의해 선출된 대표로 구성된 입법부에 속한다.

② 입법권과 사법권이 하나의 권력주체에게 부여될 수 없다. 따라서 법원은 정치과정에서 절연되어야 하며 一般抽象的 效力을 가지는 法을 形成할 權限을 가지고 있지 않다.

③ 법원은 오직 생명·자유·재산과 같은 권리가 정치적 다수에 의해 침해되는 경우이거나, 이들 권리에 대한 개인 사이의 분쟁이 있는 경우에 한해 사법권을 행사할 수 있다. 그 이외의 경우 사법부가 개입하는 것은 사법권의 범위를 일탈하는 것이다.

이상을 종합하면 법원은 개개인의 생명권·자유권(신체의 자유와 인격권)·재산권,—즉 근대자유국가의 기본권을 보장하고 이들 권리의 거래·교섭을 뒷받침하며, 이들 권리가 침해되었을 때 이를 보호한다. 또한 이들 권리가 정치적 다수에 의해 영향을 받을 때 이에 대해 법적 보호를 준다. 부연하면 법원은, 권리가 설정된 영역, 즉 생명·신체·재산의 영역(아래 그림에서 작은 상자)에서 이들 권리 사이의 질서를 유지하고, 권리가 설정되지 아니한 영역(아래 그림에서 큰 상자에서 작은 상자를 뺀 부분)에서 민주적 정치과정을 통해 형성된 다수의 의사가 권리의 영역을 침해하려 할 때 법적 보호를 제공하는 역할을 한다고 하겠다. 계약주의는 바로 이것이 근대 민주공화국을 설계하면서 사법부에 기대하는 역할임을 밝혀주고 있다.

〈그림 1〉 정치와 법의 영역

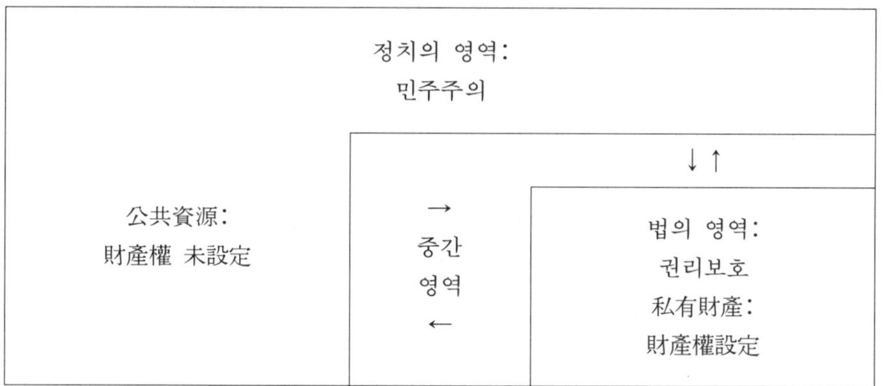

5. 계약주의적 법원관의 現代的 變容

(1) 現代福祉國家의 등장 및 '새로운 權利'(New Property)의 탄생

앞서 본 계약주의의 법원관은 말하자면 근대자유국가를 상정하여 만들어진 것이라 할 수 있다. 따라서 현대와 같이 거대한 규제국가가 탄생한 상황에서 이러한 법원관을 그대로 받아들일 수는 없다. 어떤 방식이 될지는 모르지만 이를 현대적으로 변용할 필요가 있는 것이다. 이를 위해 근대자유국가가 어떻게 변해 현재와 같은 거대한 행정국가가 탄생하게 되었는지를 살펴볼 필요가 있다. 다시 계약주의적인 건국사를 가진 미국을 살펴보도록 한다.

보통법은 20세기 전까지만 해도 미국이란 나라의 규제시스템으로 기능하였지만, 20세기에 들어서면서 커져만 가는 미국을 다스리기에는 부족한 기제임을 여실히 보여주게 된다. 1930년 공황이 그 정점을 이루는데, 이 위기에 부닥친 뉴딜개혁가는 드디어 보통법을 사회운영시스템으로 적합하지 않다고 생각하기 시작한다. 그들은, 시장의 원리를 확인하는 것으로 평가한 보통법이 시장실패를 막지 못하고 오히려 부추기는 결과를 초래하여, 저임금 · 실업을 불러오고 급기야 전례 없는 大恐慌을 결과하였다고 생각한 것이다. Lochner 사건[48]을 대표로 하는 일련의 사건에서, 법원은, 경제적 곤란을 극복하려는 정부의 노력을 사적 자치에 반하는 위헌의 조치라고 판단함으로써, 뉴딜개혁가로 하여금 보통법을 정부의 선택이라고 인정할 수 없게 만들었다. Lochner主義(Lochnerism)로 명명된 일련의 판결들은 실제에 있어서도 경제적으로 막심한 혼란을 야기했고, 재산권의 횡포를 민주주의적 통제로부터 절연시킴으로써 사회적 약자들을 보호하지 못하였으며, 정부를 무력화시켜 결과적으로 경제를 재생시키고 안정화시키는 데 결정적 장애로 작용하였던 것이다. 이러한 사회분위기로 인하여 미국은 자유주의에 대한 심각한 회의에 빠지게 되고, 당시 전세계를 휩쓸고 있던 集産主義(collectivism)와 케인즈 경제학을 수용하게 되었다. 거대한 現代行政國家가 탄생하는 순간이었다.

Franklin D. Roosevelt 정부는 경제회생을 위해 광범위한 정부 간섭의 필요성을 절감하고, 나아가 中央化 · 統一化된 權力體制가 州와 法院의 기선을 제압하고 강력한 정부규제를 허용하는 데 필수적이라고 인식하였다. 이로 인해 국민의 삶의 구석구석을 파고드는 광범위한 행정규제가 생겨나게 되는데, 이는 정부예산의 증가를 보면 확연히 드러나게 된다. 규제의 필요성으로 인해 새로운 정부기관들(agencies)이 탄생하게 되었는데, 이들은 立法的 機能뿐만 아니라 司法 및 執行의 權力까지 손에 쥠으로써 폭넓은 정책입안 권한을 행사할 수 있었다.

이러한 정부의 적극적 활동은 대통령과 의회의 작품으로, 소위 權利革命, 즉 少數者를 위한 積極的 · 要求的 權利를 탄생시켰다. Roosevelt는 거주, 복지, 고용, 교육, 음식 등에 관한 권리를 보장하는 '제 2 의 權利章典'("second Bill of Rights")을 발표하여 그 시발점을 장식하였고, 이어 1960년, 1970년대의 법적으로 보호받는 수많은 권리, 즉 차별금지, 환경, 노동자, 빈자, 소비자보호, 표현의 자유가 입법되었고, 급기야는 Lyndon Johnson의 '偉大한 社會'("the Great Society")라는 수사가 탄생하기에 이른다. 요컨대 이 시대의 미국은 경제적 생산성 증진과 소수자 보호를 위해, 사회운영시스템으로 보통법을 버리고 거대행정국가를 채택하게 된 것이다.

이상을 정리하면, 현대에 들어서면서 법률에 의해 생명 · 자유 · 재산 이외의 새로운 권리가 창출되었다. 이러한 권리는 원래 재산권이 설정되지 않은 공공자

48) Lochner v. New York, 198 U.S. 45, 25 S. Ct. 539, 49 L. Ed. 937(1905).

원(〈그림 1〉에서 큰 상자에서 작은 상자를 뺀 부분)을 특정한 범주의 사람들에게 배분함으로써 형성된 것이다. 이러한 권리의 창출배분은 정치과정에서 국민 다수의 의사가 결집되어 이루어진 것인바, 따라서 이러한 권리의 내용뿐만 아니라 권리의 행사방식도 국민 다수의 의사에 의해 결정된다.

〈표 1〉 새로운 권리의 내용

권리 … 기대권 … 자격 … 반사적 이익 … 분산이익(공익)

〈표 1〉이 보여주듯이 먼저 새로운 권리의 내용은 다양하게 정할 수 있다. 정부는 각종 프로그램을 통해 특정한 자격요건을 갖춘 사람에게 일정한 지원을 받을 수 있는 資格 내지 權利—사회보장혜택을 받을 자격, 성차별을 받지 않을 권리—를 줄 수도 있고, 不特定多數에게 分散된 형태의 이익—깨끗한 공기의 제공, 공정한 경쟁기회의 보장 등 각종 規制利益—을 제공할 수도 있다. 피규제자도 특정한 업종 하나가 될 수도 있고, 국민 전체가 될 수도 있다. 또한 규제 프로그램의 집행자를 정부만으로 할 수도 있고, 市民訴訟 내지는 團體訴訟을 도입할 수도 있다. 보호방식에는 재판을 통한 보호도 포함될 수 있고, 이러한 경우에는 법원이 재판할 수 있다.

〈표 2〉 規制受益者保護를 위한 執行體系

		民事訴訟(공법의 사법상 효력에 기한)	
行政訴訟 (의무이행소송)		사용不可	사 용 可
	사용不可	① 배타적 公的 집행	③ 보충적 私的 집행
	사 용 可	② 司法的 監視	④ 최대 집행

〈표 2〉는 행정당국에 의해 제공된 규제 프로그램이 상정할 수 있는 프로그램 執行手段, 즉 公的 強制와 私的 強制의 가능한 組合을 나타낸 것이다.[49] 排他的 公的 執行체제는 당해 행정규제 프로그램의 규제수익자 내지는 수혜자들이 그 프로그램의 운용에 대하여 일체 개입하지 못하도록 하는 것을 의미한다. 오로지 당해 정부부처만이 규제를 집행할지 여부를 결정한다. 반대로 最大 執行체제는 규제수익자들이 부작위위법확인소송과 의무이행심판뿐만 아니라 손해배상

49) Richard B. Stewart & Cass R. Sunstein, "Public Programs and Private Rights," 95 Harv. L. Rev. 1193(1982).

소송, 심지어는 유지청구소송과 같은 민사소송도 제기할 수 있는 경우이다. 시민소송이나 단체소송을 도입하는 경우도 최대집행체제에 해당한다. 국회와 정부는 규제 프로그램을 설계할 때 당해 정부 프로그램의 내용과 성격에 따라 위 네 가지 대안 중 기능적으로 볼 때 프로그램의 목적을 가장 잘 수행할 수 있는 것을 선택하게 될 것이다.

또한 위 선택시에는 정부자원(governmental resourses)의 상태도 고려의 요소가 될 것이다. 정부자원이 충분하면 예측가능성이 떨어지는 ③ 사적 집행과, ④ 최대집행을 피하게 되고, ② 사법적 감시를 채택할 가능성이 크다. 정부자원이 부족하면 국민으로부터 보조금(subsidy)를 받기 위해 ④ 최대집행을 선택할 가능성이 크다. 오늘날의 추세는 배타적 공적집행 단계에서 최대집행 쪽으로 進化하는 것으로 판단된다. 이것은 참여민주주의가 실현되고 있다는 법적 징표이기도 하다.

이상을 정리하면, 현대복지국가에 들어서면서 그 이전 근대자유국가에서 인정되던 권리, 즉 생명·자유·재산권 외에 새로운 권리가 탄생하게 되었는데, 이들 새로운 권리는 모두 정치과정에서 다수의 의사에 의해 창출된 것이다. 그런 만큼 새로운 권리는 입법 당시의 정책적 고려에 의해 다양한 내용을 가지며, 그 보호형식 또한 다양하다. 그리하여 이들 새로운 권리 중에는 법원판결에 의한 보호가 예정된 것도, 예정되지 아니한 것도 있을 수 있다. 따라서 새로운 권리가 창출된 현대복지국가의 법원은, 사회계약에 의해 창설된 정치사회의 법원의 역할, 즉 생명·자유·재산권을 보호하는 역할을 넘어, 이러한 새로운 권리를 보호하는 역할도 담지하게 되는 것이다.

(2) 現代規制國家의 등장: 立法과 司法의 現代的 峻別

자유방임적 기조가 쇠하고 정부의 역할이 증대된 현대국가는 국민에게 복지적 혜택만을 준 것이 아니다. 현대국가는, 복지국가일 뿐만 아니라 규제국가로서, 이제 정부는 국민생활의 거의 모든 영역을 '규제'하게 되었다. 근대자유국가는 일정한 경우—예컨대 경찰행정의 영역—에 한해서 개인의 삶에 간섭했지만, 현대규제국가는 국민의 삶 거의 모든 면을 규제하고 있다. 근대자유국가에서 개개인의 삶은 私法(또는 보통법)에 의해 충분히 규율된 반면, 현대규제국가에서 국민의 삶은 사법(또는 보통법) 위에 그때그때 정책적 필요에 의해 제정되는 규제법규에 의해 중첩적으로 규율되고 있고, 그런 만큼 규제법규의 의미가 커져가고 있다. 복지(급부)행정의 경우는 국민에게 요구할 수 있는 권리를 줌으로써 국민의 삶에 積極的으로 영향을 끼치지만, 규제행정의 경우는 국민의 자유로운 활동(즉 기존의 권리)을 제한함으로써 국민의 삶에 消極的으로 영향을 끼친다. 규제법규는 법률의 형식으로 제정되어야 하겠지만, 현대규제국가의 막중한 과제에 비추어볼 때 법률만으로는 부족하고, 따라서 각종 행정법규가 탄생하게 된다. 이런 각종 규제법규의 규정은 불확정적인 경우가 많고, 또한 규제법규와 기존의 사법(또는 보통법) 사이의 관계가 애매해 이를 확정하기 위해 법원을 찾게 되는 경우가 잦아진다.

辭典的 意味에서 본다면 立法은 법을 만드는 것이고, 司法은 법을 적용하는 것이지만, 오늘날 司法에 의한 法形成(lawmaking)에 대해 의심할 수는 없다. 헌법은 본질적으로 사법에 의하여 형성된 실정법이라는 명제도 있거니와, 기실, 현대규제국가에서는 입법부는 법률, 행정부는 법규명령, 그리고 사법부는 (法解釋을 담은) 判決의 형태로 社會經濟-政治的 게임의 規則들을 탄생시키고 있다. 요컨대 근대헌법의 제정 당시, 의회권력에 전속된다고 생각되던 입법권이, 현대규제국가에 와서는, 의회에 의해서만 행사되는 것이 아니라 각 행정부처와 법원에 의해서도 끊임 없이 행사되고 있는 것이다.[50]

2차 세계대전 이후 세계 각국에서는 종래 정치의 장에서 해결되던 굵직굵직한 문제들이 사법부의 영역으로 넘어와 사법적 판단에 의해 해결되는 현상이 발생하고 있다.[51] 이처럼 오늘날의 정치권력의 행사는 Montesquieu가 권력분립을 외치던 근대국가의 성립기와는 사뭇 다른 방식으로 이루어지고 있다. 이 과정에서 정치권력과 사법권력은 서로가 서로에게 끊임 없이 영향을 미치게 되고, 그 와중에서 양 권력 사이의 상호작용을 인식하게 된 각 권력주체들은 자신들의 정치적 혹은 사법적 결정이 사법적 판단 혹은 정치적 반응에 의해 어떻게 영향

50) 자세한 것은 Ferejohn(註 41). 오늘날 대부분의 입법은, 행정부의 발의에 따라 의회에서의 형식적인 심사를 거쳐서 입법화되는 경우가 많아졌고, 법원도 복잡다단한 사건에서의 재판권의 행사를 통해서 사실상 입법권을 행사하는 경우가 많아졌다고 할 수 있다. Ferejohn에 따르면 법원에 의한 입법활동은 크게 두 가지 방식으로 이루어지는데, 그 하나는 의회의 법률을 헌법상의 가치에 반한다는 이유로 위헌판단을 하는 것과 같은 소극적인 방식의 입법활동이고, 다른 하나는, 입법의 공백을 새로운 법리에 의해 보충하는 적극적인 방식의 입법활동이다. 또한 주어진 법률규정의 문언에 여러 가지 해석의 여지가 있는 경우에, 그 중의 하나를 선택해서 법률해석을 하는 것은 그것 자체가 사실상 입법과정의 일부라고 볼 수 있다. 왜냐하면 법원에 의해 당해 법률문언에 대한 해석이 있기 전까지는 실질적인 규범력을 가진 법률문언은 아직 완성되지 않았다고 볼 수 있기 때문이다.

51) 이에 관해서는 허성욱, "정치와 법: 법원의 법률해석 기능에 대한 실증적 고찰에 관하여," 법학 46권 2호(통권 135호)(2005), 344면 이하. 허성욱은 대표적인 예로, 전후 이탈리아와 프랑스에서 사법부에 의해 내각의 구성이나 대통령의 운명이 결정되는 사건이 발생했고, 2000년 미국 대통령 선거에서는 최종적으로 대법원에 의해 새로운 대통령이 사실상 결정되었으며, 우리 나라 또한 예외가 아니어서 현 정부하에서 대통령의 탄핵 여부 및 신행정수도를 위해 마련된 특별법의 합헌 여부가 결정된 것을 들고 있다. 위 같은 면.

을 받고 변화될 것인가에 관해 지대한 관심을 가지게 되었다. 그리하여 정치권력과 사법권력은 이제 서로가 상대방의 의사결정에 대해 자신들의 선호를 반영하려는 혹은 상대방의 의사결정을 자신들의 선호에 부합하는 내용으로 이끌어내려는 유인을 가지는 상황에까지 이르게 되었다.[52] 이러한 정치와 사법의 역학관계를, 권력분립의 원칙이나 사법부독립의 원칙의 뿌리를 흔드는 위험한 상황이라고 단정할 수 있지만, 또 다른 관점(정치와 사법의 본질이나 역사적 경험)에서 보면 이러한 역학관계는 매우 자연스러운 현상으로 볼 수도 있을 것이다.[53]

이와 같이 정치권력과 사법권력 사이에 형성된 긴장관계는 어디까지가 법형성이고 어디까지가 법해석인가 하는 근본적인 문제를 제기한다. 立法에 의한 規則은 일반적이고 장래에 향하여 적용되는 것('一般抽象性')임에 반하여 司法에 의한 規則은 소급적으로 법원 앞에 서 있는 당사자에게만 적용되는 것('個別具體性')이라고 볼 수도 있으나, 오늘날 광범위한 가구제가 동반되는 확인판결의 일반화는 판결이 실제에 있어 장래효를 가질 수 있음을 보여주고 있다. 또한 법률이 판결보다 더 많은 사람들에게 영향을 미친다는 점에서 그 차이를 찾으려 할 수도 있으나, 集團訴訟이 제도화될 때 영향을 받게 될 當事者의 數와 대법원판례를 연방법보다 더 존중하는 미국의 경향을 생각해 보면 이 차이 또한 본질적인 것은 아닐 것이다.

따라서 사법부도 현실적인 측면에서 보면 입법부와 마찬가지로 불특정 다수에게 장래에 적용될 법의 형성권한을 가지고 있다고 못 볼 바 아니다. 하지만 그렇다고 해도 사법을 입법과 동일시할 수는 없다. 왜냐하면 입법부와 달리, 법원이 우리 국가구조하에서 법형성을 할 수 있는 것은 '개별 사안에 대하여 필요한 경우에'(ad hoc and as needed) 한하기 때문이다.[54] 다시 말해 법원이 현실적인 법형성 권한을 가지는 것은 원고에 의해 법원에 제기된 사건에 대해 그 '事件'의 해결을 위해 필요한 범위에서이고, 그 이외의 경우에 있어서는 법형성권한을 자제할 것이 요청되는 것이다. 반면 의회는 공유자원 내지 공적 가치의 생산과 분배에 관하여 자유롭게 입법할 수 있고, 심지어는 개인의 생명·자유·재산

52) 본문에서 본 바와 같이 법원은 법해석 기능을 통해 분명 정치적 영역에 속하는 사안에 대한 정책적인 결정을 하게 된다. 법원에 의한 정치적인 사안에 대한 정책적인 결정이 이루어지게 되면,—이를 Ferejohn은 '정치의 사법화'(Judicialization of Politics)라고 한다—그 결정은 곧바로 정치영역의 반향을 불러와서—이를 Ferejohn은 '사법의 정치화'(Politicization of Legal Area)이라 한다—정치인들은 그 판결과 법원의 구성에 대해 많은 관심을 가지게 되는 것이다. Ferejohn(註 41) 참조.

53) 허성욱(註 51), 346면.

54) Stearns(註 24), 1320.

권 등 기본권에 대해서도 공동체를 위해서라면 그 본질적 내용을 침해하지 않는 범위에서라면 자유롭게 입법할 수 있다. 이렇게 본다면 현대규제국가의 당사자적격은 결국 입법부와 사법부 사이의 법형성권한을 배분하는 기제, 그 이상도 이하도 아닌 것이 된다.

문제는 무엇이 '개별 사안에 대하여 필요한 경우', 즉 (입법의 대상인 정책사항이 아니라) '사건'에 해당하는가, 그리고 무엇을 징표로 사법심사에 적합한 사건을 걸러내느냐이다. 이 사건의 신청인과 같이 소송을 통해 자신의 가치 · 이상·이데올로기를 달성하려는 사람들을 '이데올로기적 당사자'(ideological party)라고 하는데,[55] 이들도 표면적으로는 어떤 정책을 입안해 달라고 소송을 제기하지는 않는다. 이 사건에서와 같이 특정한 사건을 선택해 권리가 침해당하였다고 하면서 구체적 결정을 해 달라고 주장한다. 이러한 이데올로기적 당사자의 소제기가 '개별 사안에 대하여 필요한 경우', 즉 '사건'에 해당하는가? 아니라면 이데올로기적 당사자의 청구를 걸러낼 수 있는 개념적 징표는 무엇인가? 章을 바꿔 살피기로 한다.

Ⅳ. (변용된) 契約主義的 法院觀에 입각한 當事者適格의 概念構成

1. 각 法院觀에 대응한 當事者適格 개념

제Ⅲ장에서는 여러 가지의 법원관, 즉 계약주의의 법원관과 그 현대적 변용을 살펴보았다. 위에서 주장한 바와 같이 법원에 대한 역할기대에 따라 당사자적격의 내용은 변하게 되어 있다. 법원이 많은 일을 하도록 기대되는 경우, 당사자적격은 느슨한 모습을 띠게 될 것이고, 법원이 한정된 일을 하여야 한다고 기대된다면, 당사자적격은 그에 따라 엄격한 요건을 갖추게 될 것이다.

55) 원고적격을 인정받지 못하는 사건 중에 대표적인 범주에 속하는 것이 제3자의 권리를 주장하는 소송이다. 제3자의 권리를 주장하면서 제기하는 소송에 대해 당사자적격이 인정되지 않는 것은, 어떤 의미에서는 이와 같은 이데올로기적 당사자를 걸러내는 의미가 있다. 제3자의 권리를 주장하는 소송을 각하하는 것은, 소송을 제기하기 위해서는 적어도 스스로 그 권리의 보유자라고 자처하여야 한다는 것인데, 이는 스스로 권리자라고 자처할 수 없는 사람이 제기하는 소송은 결국 자신이 귀중하다고 생각하는 가치나 이데올로기를 달성하기 위한 것으로밖에는 볼 수 없기 때문이다. 이런 사람들은 소송을 이용할 것이 아니라 정치과정에서 자신의 가치나 이데올로기를 달성하여야 하고, 그러기 위해서는 다수의 의사를 결집하는 노력이 필요하다. 거기에 실패한 사람을 법원에서 뒷받침해 줄 까닭이 없는 것이다.

(1) 먼저 契約主義의 관점에서 본 近代自由國家의 法院觀에 대응한 당사자적격을 살펴본다. 제Ⅲ장에서 자유롭고 평등한 개개인이 합의에 의해 사회를 구성할 때, 이러한 사회계약에 참여하는 사람이라면 모두 동의할 수 있는 법원의 역할을 살펴보았다. 계약주의가 제시하는 법원의 역할은—자유와 평등의 주체인 개인을 상정한 만큼—John Locke가 구상한 근대자유국가에서의 법원의 그것과 유사함을 알 수 있다. 사회계약에 의해 창설되는 정치사회는 민주적 정치과정을 사회의 기본적인 운영틀로 삼고 있기 때문에, 계약주의가 상정하는 법원은, 권리가 형성되어 있는 영역에서만 사법권을 행사할 수 있을 뿐이고, 그 이외의 영역에서 벌어지는 것은 정치과정의 몫으로 남긴다. 다시 말해 생명·자유·재산의 권리(자유권적 기본권에 해당한다)에 관한 분쟁이 있을 때 한해 이에 대해 재판권을 행사할 수 있는 것이다. 따라서 계약주의의 법원관에 대응한 당사자적격은 매우 협소한 것이 될 수도 있고(왜냐하면 최소한 생명·자유·재산에 대한 권리가 걸려있다는 주장을 해야만 법원의 심사를 받을 수 있는 권리가 생기기 때문에), 반대로 매우 넓은 것이 될 수도 있다(왜냐하면 권리주장만 하면 그것이 무슨 권리인지 살펴보지도 아니한 채 당사자적격을 인정하려 할 것이기 때문에).

이렇듯 계약주의의 당사자적격은 實體法上의 權利와 直接的으로 關聯되어 있다. 상기한 바와 같이 계약주의가 구상하는 정치사회는 근대자유국가와 유사한데, 생명·자유·재산권은 근대자유국가에 있어서 具體的 效力이 있는 基本權에 속한다. 따라서 근대자유국가의 헌법체계 아래에서 이러한 권리의 침해에 대해 재판을 청구할 수 없다면, 이는 헌법상 보장된 裁判請求權을 侵害하는 것이 된다. 하지만 근대자유국가의 구성원이 이러한 권리에 근거하지 않고 재판을 청구하게 되면 그 재판은 근대자유국가가 상정한 법원의 역할에 해당하지 않는 것이기 때문에, 법원은 그 청구에 대해 재판을 거부하여야 할 것이다.

(2) 계약주의의 법원관 및 그에 따른 당사자적격 개념은 현대에서는 이를 그대로 수용할 수는 없다. 상술한 바와 같이 現代福祉國家는 생명·자유·재산권 이외에 국가공동체에 대하여 무엇인가를 요구할 수 있는 여러 가지의 새로운 권리를 창출하였기 때문이다. 현대복지국가에 맞게 변용된 법원관은, 생명·자유·재산권이 침해될 경우에만 사법권을 행사할 수 있는 것이 아니라, 이러한 새로운 권리가 침해될 경우에도 그러한 새로운 권리를 창출한 법률이 법원에 의한 보호를 제공한다면 이에 대해 사법권을 행사할 수 있는 것이 된다.

〈표 3〉 기본권과 재판청구권의 관계

基本權의 種類	效 力	裁判請求權의 保障 與否
근대자유국가의 기본권: 平等權, 自由權的 基本權 (생명 · 신체의 자유, 재산권), 政治的 基本權	구체적 효력	헌법상의 재판청구권 보장 →사법권의 최소범위
현대복지국가의 기본권: 社會的 基本權 (또는 New Property)	추상적 효력	재판청구권 보장 여부는 입법재량 →사법권의 범위획정

〈표 3〉에서 볼 수 있듯이 근대자유국가에서 인정되던 권리(생명 · 자유 · 재산)가 침해될 경우에는 그 보호를 구하는 재판청구권이 헌법상 보장되지만, 현대복지국가에서 인정되기 시작한 새로운 권리는 그 보호수단이 전적으로 입법부의 결정에 맡겨져 있다. 따라서 새로운 권리에 대해 재판청구권을 수여할지, 수여한다면 행정재판청구권을 인정할 것인지 아니면 민사재판청구권까지도 인정할 것인지 여부도 입법재량의 영역에 속한다고 할 수 있다. 새로운 권리는 헌법상(구체적 효력이 있는) 기본권이 아니므로 헌법상 재판청구권의 문제는 아예 생기지 않고(이것은 재판청구권이 기본권 보장을 위한 기본권인 까닭에 당연하다), 경우에 따라 司法權의 헌법상 限界 문제가 제기될 수 있을 뿐이다.[56] 부연하면 새로운 권리는 헌법상 구체적 효력이 있는 기본권을 확인하는 것이 아니라 현대복지국가의 의회가 입법으로 새로운 권리를 국민 전체 또는 일부에게 수여하는 것이 된다.[57] 따라서 이렇게 부여된 새로운 권리에 대해 재판청구권을 부여할지 여부는—새로운 권리를 수여할지 여부 및 그 내용을 결정하는 것이 의회의 입법재량에 속하는 것과 마찬가지로—의회의 입법재량에 속하는 것이다. 다만 광범위한 재판청구권의 부여가 입법의 영역에 대한 사법권의 침해로 비추어질 수 있는

56) 미국의 경우, 개별 실체법률에서 일반 시민이면 누구나 소송을 제기할 수 있는 시민소송 조항이 헌법상 사법권의 범위를 무한정 확장하여 위헌이라는 견해가 강력히 제기되고 있음을 상기하라. 대표적 문헌으로는 Antonin Scalia(註 47).

57) 현대복지국가가 만들어낸 법률상 이익이 가져올 법체계에 대한 영향에 대한 문헌으로 Charles A. Reich, "The New Property," 73 Yale L. J. 733(1964); Richard B. Stewart & Cass R. Sunstein(註 49); R. Shep Melnick, Between the Lines: Interpreting Welfare Rights(1994). 이러한 행정법규에 의해 창출된 새로운 유형의 이익과 원고적격의 관계에 관한 문헌으로는 Cass R. Sunstein, "Standing and the Privatization of Public Law," 88 Colum. L. Rev. 1432(1988); Kevin A. Coyle, "Standing of Third Parties to Challenge Administrative Agency Actions," 76 Cal. L. Rev. 1061(1988).

경우에 한해 사법권의 헌법상 한계문제가 제기될 수 있다. 따라서 근대자유국가에서 인정되던 권리는 이를 주장하기만 하면 본안에 관한 심사를 받을 수 있는 반면, 현대복지국가에서 새롭게 인정되기 시작한 권리는 이를 주장한다고 해도 본안에 관한 심사를 보장받을 수 없게 된다.

이상을 뒤집어 보면, 새로운 권리가 인정된 현대복지국가의 법원관은 근대자유국가와 다른 당사자적격의 개념을 필요로 하게 되는데, 새로운 당사자적격 개념은 새로운 권리 중 법원의 사법심사를 누릴 수 있는 것과 그렇지 않은 것을 구분할 수 있는 것이어야 한다. 따라서 현대복지국가의 법원관에 대응한 당사자적격 개념도—근대자유국가의 당사자적격 개념과 마찬가지로—實體法과 直接的인 關聯을 맺고 있어야 한다. 왜냐하면 문제의 새로운 권리가 법원의 재판을 받을 수 있는지 여부는 실체법의 규정을 보고 알 수 있기 때문이다.

(3) 계약주의의 법원관 및 그에 따른 당사자적격 개념은 정부를 구성하고 있는 삼부의 기능이 혼재하고 있는 현대에서는 이를 그대로 수용할 수는 없다. 상술한 바와 같이 오늘날 각종 행정기관이 입법·행정·사법의 기능 모두를 수행하고 있고, 법원도 법해석을 통해 새로운 사회경제-정치적 게임의 규칙을 형성하고 있다. 이와 같이 전통적인 권력의 분립이 와해된 마당에, 계약주의가 상정한 법원관, 즉 권리가 침해된 경우나 권리와 권리 사이의 우열을 판정함에 있어 정해진 법을 적용만 하면 되는 법원관은 더 이상 타당할 수 없다. 계약주의의 법원관은 이와 같이 정부시책에 따른 각종 규제가 국민의 삶의 구석구석을 파고들고 있는 상황에서는 변용될 수밖에 없는 것이다.

現代規制國家에 맞게 변용된 법원관은 국민의 권리에 영향을 끼치는 각종 규제를 심사할 수 있어야 한다. 하지만 규제에 대한 사법심사는 현실적으로 법형성작용이기 때문에, 현대규제국가의 당사자적격은, 결국 법원의 法形成權限을 적절히 制限할 수 있는 도구개념이 되어야 한다. 문제는 당사자적격 개념을 어떻게 구성하여야 그 목적을 달성할 수 있는가이다.

앞서 본 바와 같이 입법과 사법을 구분하는 본질적인 속성은,—논란이 있기는 하지만,—입법은 일반적인 정책결정을 한다는 데 대하여 사법은 대립당사자 사이에 벌어진 개별 사건의 해결을 하는 것이다. 다시 말해 비록 입법과 사법이 결과적으로 법형성 권한을 공유하는 상황이지만, 양자는 각기 다른 상황에서 법형성 권한을 발휘하도록 되어 있다는 것이다. 사법은 대립당사자 사이에 벌어진 개별 사건을 통해 사회경제-정치적 규칙을 말할 뿐이다. 따라서 당사자적격 개념은 제기된 문제의 '事件性'을 담보하는 것이 되어야 할 것이다.

2. 各 當事者適格 槪念에 대한 評價

(1) 이상에서 근대자유국가의 법원관, 현대복지국가의 법원관, 현대규제국가의 법원관 및 그 각각에 상응한 당사자적격 개념을 살펴보았다. 먼저 근대자유국가의 법원관 및 당사자적격 개념은 받아들일 수 없을 것이다. 왜냐하면 근대자유국가의 법원관은 작금의 현실을 전혀 반영하지 못하고, 따라서 그 당사자적격 개념에 따를 경우 법원의 사법심사 범위는 너무나 협소해질 염려가 있기 때문이다. 이 당사자적격 개념에 의할 때에는, 민법상 권리로 인정된 이익에 대한 침해를 주장하지 않는 한 당사자적격을 인정받을 수 없을 것이다. 이 사건에서도 신청인인 '도롱뇽의 친구들'이 민법상의 권리가 아닌 환경권과 자연방위권을 청구권원으로 내세우고 있기 때문에 당사자적격이 부정될 것이다.

(2) 다음으로 현대복지국가의 당사자적격 개념을 본다. 이 개념은 국가의 수익적 행정작용이 빈번해지고 있는 현실을 잘 반영하고 있고, 당사자적격의 유무를 각 실체법의 구체적 규정내용에 따라 결정하도록 함으로써, 당사자적격 유무에 관한 판단을 수월하게 하는 장점이 있다. 하지만 당사자적격이란 개념은 소송법상의 개념인데 그 유무 판정을 개별 실체법에 달리게 하는 것이 적절한지 의문이 생기고, 또한 이 개념에 의할 때 본안에 관한 판단사항을 당사자적격 유무를 판정할 때 앞당겨서 하는 것이 아닌가 하는 의문이 있다.

당사자적격의 유무를 각 실체법의 규정과 관련짓는 것에 관해 보면, 이런 관련성은 전혀 새로운 것이 아니다. 〈그림 2〉와 〈그림 3〉에서 볼 수 있듯이, 行政訴訟法도 당사자적격의 유무를 개별 실체법에 의존하고 있다. 즉 행정소송은 두 개의 '法院으로 가는 關門'을 가지고 있는데, 그 하나는 행정소송법이고, 다른 하나는 개별 행정실체법이다. 전자는 행정소송을 제기할 수 있는 요건으로 소제기자가 행정소송을 제기할 '法律上 利益'이 있을 것을 요구하고 있는바, 따라서 당사자적격 유무는 문제가 된 행정처분과 관련된 개별 행정실체법이 소제기자의 이익을 개별·구체적으로 보호하고 있는지 여부에 따라 결정된다. 다시 말해 행정소송에서 당사자적격은 원고가 피해를 입었다고 주장하는 이익이 당해 행정실체법이 개별·구체적으로 보호하는 이익인지 여부에 따라 당사자적격 유무를 판단하고 있는 것이다. 이 판단에는 원고가 실제로 그러한 이익을 가지고 있었는지, 그러한 이익이 실제로 침해되었는지, 침해행위가 위법했는지 등의 사실관계는 일체 탐색하지 않는다. 오로지 원고가 주장하는 실체법의 해석을 통해 판단하는 것이다. 이 판단은 원고의 주장 자체가 이유가 있는지 없는지를 판단하는 것도 아니다. 당사자적격 유무의 판단은 원고의 주장에 나와 있는 이익이 법률상 이익인지 여부만을 살피는 것이다.

〈그림 2〉 행정소송요건 결정과정

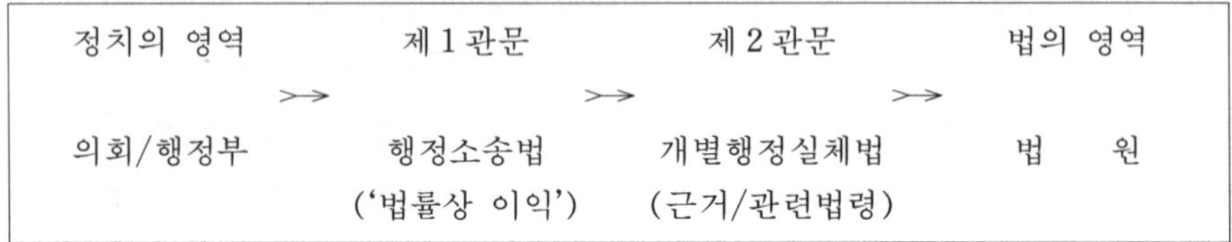

〈그림 3〉 행정소송요건 결정모델

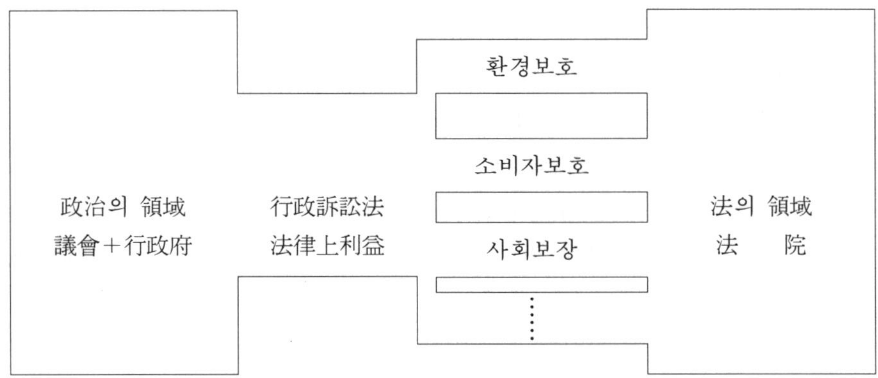

이렇게 본다면 앞서 본 이 당사자적격 개념에 대한 우려는 기우에 불과할 것이다. 민사소송에 있어서도, 특히 정부시책에 따라 특별한 목적을 띤 규제법이 계속 나오는 상황에서, 그 규제법의 사법상 효력 유무, 다시 말해 민사상 소송을 제기할 수 있는 권리를 규정하고 있는지 여부를 소송요건 심사단계에서 따져보는 것은 의미가 있다고 아니할 수 없다.[58)]

또한 이 당사자적격 개념은, 소제기가 가능한지 여부를 국민의 대표인 입법부가 결정한다는 측면에서 볼 때, 自治의 이념에도 부합하는 것이기도 하다.

(3) 앞서 본 바대로 현대규제국가의 당사자적격 개념은, 법원에 의한 법형성을 적절히 제한할 수 있어야 하기 때문에, 사건성을 담보할 수 있는 청구만을 걸러낼 수 있도록 개념구성되어야 한다. 미국 대법원은 이와 같은 '사건성'을 담보하는 개념으로 '사실상 손해'(injury in fact)를 제안하면서, 이러한 요건을 요구하는 것이 사법권이 헌법상 제한을 넘지 못하도록 하기 위해 필요한 헌법상

58) 이런 입장으로는 William Fletcher(註 26)("[A true standing question] should be seen as a question of substantive law, answerable by reference to the statutory or constitutional provision whose protection is invoked"); Cass R. Sunstein(註 57).

요청이라고 판시하고 있다.

사실상 손해라는 개념은 원고 자신이 입고 있는 피해가 '단순한 사회계약의 위반이 아닌 구체적인 손해'(concrete injury-an injury apart from the mere breach of the social contract)임을 담보하기 위해 안출된 개념인데, 그래야만 원고 자신을 사회계약으로부터 혜택을 받고 있는 사회의 나머지 구성원들로부터 구별할 수 있고, 또한 사회계약과 관련된 문제를 해결하는 통상적인 방식인 민주적 방식과 다른 특별한 보호를 원고에게 줄 수 있기 때문이다.[59)]

이 당사자적격 개념도 이런 저런 문제점을 가지고 있다. 사실상 손해의 주장에 해당하기 위해서는, 개별·구체적인 손해여야 하고, 또한 현실로 일어나고 있거나 급박한 손해를 주장하여야 한다. 그래서 예컨대 환경적 이익의 침해를 주장하는 경우에는 실제 그 풍광을 보러 갔다든지, 그 멸종위기에 처한 동물을 관찰한다든지 하는 구체적 사실을 적시할 필요가 있다. 하지만 다른 한편에서 생각해 보면, 예컨대 왜 꼭 그 공원을 사용하고 있었어야 사실상 피해를 입는 것인가 하는 의문이 생긴다. 다시 말해 예컨대 그림책에서 Grizzly Bear를 보고 이것이 위기종이라는 사실을 알고 있었던 사람이라면 왜 사실상 피해를 입는 것으로 볼 수 없는가 하는 의문이 생기는 것이다.[60)]

하지만 당사자적격을 법형성에 관한 권한을 입법부와 사법부에 분배하는 정치적 기능을 담당한다는 것으로 생각한다면 사건성 내지 사실상 손해보다 더 나은 공식을 찾기 어렵다고 느껴진다. 환언하면 사건성과 이를 담보하기 위한 도구개념으로서의 사실상 손해는, 법원의 결정에 친한 대립당사자 사이의 구체적 분쟁을 찾아내기에 적절한 개념구성이라고 보는 것이다.

Ⅴ. 새로운 當事者適格 개념에 입각한 對象判決의 檢證

1. 현재의 '該當 法條'에 대한 評價

현재 사용되고 있는 이행소송의 당사자적격 유무를 판정하는 기준이 되는

59) Antonin Scalia(註 47) 895. Scalia가 사회계약위반이 아무런 문제가 없다고 이야기하는 것은 아니다. 단지 그것은 사회전체, 결국 다수자들의 이익에 관한 것이므로 이는 민주적인 정치과정에서 해결하는 것이 바람직한 것이고, 그것을 비민주적인 조직인 법원이 해결하도록 하는 것은 바람직하지 않다는 것뿐이다.

60) David Currie, Federal Courts:Cases and Materials 42(4th ed., 1990).

법조는, "이행의 소에 있어서는 자기의 이행청구권을 주장하기만 하면 정당한 당사자"가 되는 것이다. 이러한 당사자적격 개념은 앞서 본 바와 같이, 너무나 많은 소송에 대해 법원으로 가는 관문을 개방하는 효과가 있다. 요컨대 이행을 청구하는 소송 중 아무것도 걸러내는 것이 없다. 민사소송을 제기하는 사람들 중에도 '이데올로기적 당사자'가 있을 수 있다는 사실을 인정한다면, 이들이 정치과정에서 필요한 지지를 얻지 못해 관성력을 얻은 현재의 입법을 개폐하려는 의도로 법원을 이용할 수 있다는 가능성을 인정한다면, 그리고 법원의 법해석과 적용이 실제 법형성적 기능을 담당하고 있고 당해 사건에 관해서는 무엇이 법인지를 결정할 최종적인 권한을 법원이 가지고 있다는 사실을 부인할 수 없다면, 이와 같은 당사자적격 개념은 폐기되어야 마땅하다.

근대자유국가에서는 권리로서 인정되면 이에 대한 재판청구권이 바로 보장된다는 것은 앞서 본 바와 같다. '해당 법조'를 만들어낸 당사자적격 개념은 기실 '권리＝재판청구권'의 공식이 성립하는 근대자유국가에서 통용되던 당사자적격 개념이 '새로운 권리'가 탄생하고 각종 '규제'가 난무하는 현대에 합당한 변용을 거치지 아니한 채 그대로 전승된 것이 아닌가 하는 생각이 든다. 말하자면 해당 법조는 근대자유국가의 당사자적격 개념에 기초한 것이라 볼 수 있고, 따라서 그런 만큼 해당 법조는 현대국가에 와서는 더 이상 적절한 기능을 수행하지 못하고 있다는 생각을 떨쳐버릴 수 없다.

2. 現代福祉國家의 당사자적격 개념에 의한 事案의 解決

(1) 현대복지국가의 이행소송에 있어서의 당사자적격 개념은, 당해 청구의 근거가 된 실체법이 당해 청구에 대해 재판상 구제를 인정하고 있는지 여부에 따라 당사자적격 유무를 결정한다는 것으로 요약할 수 있다. 요컨대 현대복지국가의 당사자적격 개념은 실체법의 규정내용에 따라 그 유무가 결정된다고 하겠다.

현대복지국가의 당사자적격 개념에 따르면 당사자적격 유무의 판정이 대체로 다음과 같이 진행될 것으로 보인다. 즉 원고의 주장 자체만으로도 원고 청구의 내용이 밝혀지는데, 원고가 주장하는 청구의 근거가 되는 실체법을 살펴보면, (사실관계를 따질 필요 없이 그 실체법의 관련규정의 해석만으로도) 그 규정이 원고의 청구에 대해 재판상 구제를 제공하고 있는지 여부를 판단할 수 있다. 요컨대 원고의 주장 자체에 따라 청구권원으로 제시된 관련 실체법 규정을 살펴보면 원고가 재판을 청구할 수 있는 권리가 보장되어 있는 것인지 여부를 결정할 수 있는 것이다.

당사자적격은 "어느 특정한 권리나 법률관계에 관하여 누가 원고나 피고로서 소송을 수행하여 본안판결을 받을 자격이 있느냐에 관한 문제"이므로,[61] 당사자적격이 인정되기 위해서는 먼저 그 특정한 권리나 법률관계에 재판상 구제가 주어지고 있는지, 다시 말해 그 특정한 권리를 청구권원으로 하여 민사상 청구를 할 수 있는지 여부를 따져 보아야 할 것이다. 앞서 본 '해당 법조'는 당사자적격 인정 여부를 주장 자체에 의하여 자기의 이행청구권을 '주장하는지 여부'에 의존하였는데, 새로운 당사자적격 개념은 원고가 주장한 이행청구권을 민사재판에서 행사할 수 있는지 여부, 즉 그 '이행청구권이 私法上 效力이 있는지 여부'에 의해 당사자적격 유무가 결정될 것이다.

오늘날 특정한 정부정책을 달성하기 위해 제정된 각종 특별법을 보면 그 규정 중에는 私法上 效力이 있는지 여부가 불확실한 규정이 있다. 예컨대 환경정책기본법의 무과실책임 규정은 한동안 그 사법상 효력이 인정되지 않았던 것 같다. 왜냐하면 대법원이 환경손해에 대한 손해배상청구를 심사함에 있어 이 규정에 의해 해결하지 않고 환경문제에 있어 특히 발전된 불법행위의 법리, 예컨대 인과관계의 증명에 있어 간접반증이론에 기해 해결한다든지 과실의 개념을 넓게 본다든지 하는 방식으로 해결해왔기 때문이다. 이러한 특별법에 기해 민사상 청구를 하는 경우, 이 특별법을 만든 입법자들이 어떤 입법의도를 가지고 있었는지를 살펴본 결과 입법자들이 이 특별법에서 제공한 이익을 민사소송으로 구제받을 수 있도록 입법한 것을 인정할 수 있다면, 이 특별법에 기해 청구하는 사람의 당사자적격을 인정하여야 한다는 것이 현대복지국가의 당사자적격 개념의 내용이다. 환경정책기본법의 무과실책임 규정은 이후 새로운 대법원의 판결이 나와 이제는 그 사법상 효력을 인정받게 되었는데, 이 판결은 입법자들이 무과실책임 규정을 만들면서 이 규정이 제공한 이익(규제로 생긴 새로운 이익)을 민사소송으로도 보호받을 수 있도록 입법하였다는 입법의도를 확인한 것으로 볼 수 있는 것이다.

(2) 이제 이 새로운 현대복지국가의 당사자적격 개념을 이 사건 사실관계에 적용해 보자. 이제 이 사건에서 '도롱뇽의 친구들'이 원고적격을 갖는지 여부는 다음과 같은 논점에 대한 대답에 따라 결정된다고 하겠다.

1) 첫째, '도롱뇽의 친구들'이 우려하는 천성산의 생태계 보호문제에 대하여 관련 법률은 '도롱뇽의 친구들'에 수여하고 있는 규제이익을 살펴보고 이 규제이

61) 송상현(註 5), 128면.

익을 민사소송을 통해 보호받을 수 있도록 규정하고 있는지 여부, 다시 말해 이 규제이익이 私法上으로도 效力을 가지고 있는지를 살펴보아야 하고 이에 따라 원고적격 인정 여부를 결정하여야 한다. 구체적으로 이 문제는 다시 '도롱뇽의 친구들'이 권원으로 주장하는 '환경권'과 '자연방위권'이 사법상 효력을 가지고 있는지 여부에 의해 결정되게 될 것이다.

통상의 경우에는 사안을 法的 問題化(legal issue spotting)하면 그 문제에 대한 법조가 존재하기 때문에 이를 적용함으로써 문제를 해결하고 만다. 하지만 천성산 사건의 경우에는 그렇게 간단히 문제가 해결되지 않는다. 먼저 '자연방위권'에 관해 살펴보면, 이러한 권리가 존재하는지 여부 자체가 문제이고, 이러한 권리의 존재를 인정한다손 치더라도 이 권리가 사법상 효력이 있다고 볼 수는 없을 것이다. 따라서 이 부분은 당사자적격을 결한다.

다음으로 '환경권'에 관해 살펴보면, 우선 환경권이 존재하지 않는다고 할 수는 없을 것이다. 왜냐하면 헌법 제37조 제1항은, 모든 국민이 환경권을 누린다고 천명하고 있기 때문이다. 하지만 대법원은 이 환경권이 구체적 효력을 결하고 있다고, 즉 사인이 사인에 대해 법적 청구를 하는 구체적 사건에서 이를 사용할 수 없다고 판시한 바 있기 때문에,[62] 이 부분 또한 당사자적격을 인정받을 수 없다.

2) 이와 같은 문제해결방식은 자연인에 대해서는 물론 비법인사단 또는 법인과 같은 단체의 당사자적격 문제에 대해서도 그대로 적용된다.

이 사건의 청구인인 '도롱뇽의 친구들'은 非法人社團이다. 민사소송법 제52조가 대표자가 있는 경우에 한해 비법인사단의 당사자능력을 인정하고 있으므로, 대표자가 있는 '도롱뇽의 친구들'도 당사자능력이 있다고 할 수 있다. 또한 단체(법인 및 비법인사단)도 법이 인정한 권리주체이므로 권리보호의 수단으로서 소송을 하는 것이 허용되어야 한다. 따라서 단체가 소송을 제기한 경우에도 일

62) 대법원은 1995. 5. 23.자 94마2218 결정을 포함한 일련의 환경권 사건에 헌법상 환경권을 추상적 권리라고 판시하였다. 한편 하급심판결 중 명시적인 법규가 없음에도 관련법규 및 조리에 근거하여 사법상 권리로서의 환경권을 인정한 사례가 있어 이를 소개한다. 청주지방법원 1998. 2. 26. 선고 97카합613 판결은, "개개 국민에게 구체적인 사법상 권리로서의 환경권을 인정한 명시적인 법률규정이 없다 하더라도, 식수에 관한 환경이익에 대하여는 헌법 제35조 제1항의 정신에 따른 환경정책기본법 및 먹는물관리법의 각 규정취지에 비추어, 또한 식수오염의 피해가 인간생존에 대한 근원적인 위협을 의미한다는 조리에 비추어도, 오염되지 않은 식수를 음용할 구체적인 사법상 권리로서의 환경권이 예외적으로 인정된다고 보아야 할 것이고, 그 권리의 내용으로서도 부당침해에 대한 손해배상청구는 물론, 사후적 금전배상으로는 회복, 전보할 수 없는 생존에 직결된 환경이익을 침해받는 이상, 그 침해의 위험을 사전에 방지하기 위한 유지청구권도 부여된다고 보지 않을 수 없으므로 식수오염의 가능성 있는 공사를 진행하고자 하는 사업자로서는 그 공사로 인하여 식수오염의 위험이 전혀 없음을 스스로 소명하지 못하는 한 그 공사중지청구를 거부할 수 없다"고 판시한 바 있다.

정한 경우 원고적격이 인정되어야 한다. 문제는 단체의 원고적격을 어느 범위에서 인정하여야 하는가이다.

단체가 소송을 함에 있어 원고적격이 인정되려면 법률에 규정된 제3자 소송담당이 아닌 이상 원칙적으로 단체 자체의 권리나 이익이 침해되어야 할 것이다. 단체의 권리나 이익침해가 아닌 단체구성원의 권리나 이익이 침해된 경우에는 단체구성원이 구성원 스스로의 이름으로 소송을 제기할 수밖에 없다. 따라서 이 사건에서 '도롱뇽의 친구들'에게 원고적격이 인정되려면 원칙적으로 '도롱뇽의 친구들'이라는 비법인사단의 권리나 법률상 이익이 침해되었다는 주장이 있어야 할 것이다.

따라서 단체의 원고적격 인정 여부의 문제도 일응 앞서의 문제에서와 같이 단체가 침해되었다고 주장하는 이익이 민사상 재판에 의한 구제를 향유할 수 있도록 규정되어 있는지 여부에 따라 당사자적격 여부가 판정될 것이다. 그리하여 단체가 침해를 주장하는 그 이익이 사법상 효력이 없다면 원고적격은 부정되고 만다. 하지만 그 이익이 사법상 효력이 있다고 인정되더라도 또 하나의 문제가 남는데, 그것은 바로 그 이익을 단체도 향유할 수 있는가의 문제이다. 團體의 權利主體性 여부가 본안에서 판결해야 할 문제인지 아니면 본안 전에 당사자적격 유무의 문제로 판단해야 할 문제인지 여부는 난해한 문제이다. 단체의 권리주체성 여부가 本案前에 판단할 사항이라면, 단체의 당사자적격 여부는 예컨대 단체가 환경권—구체적 효력이 있다는 전제하에—의 주체가 될 수 있는가라는 實體法의 問題로 還元할 수 있을 것이다.[63] 그리하여 민법적 차원에서 '도롱뇽의

63) 단체가 향유할 수 있는 권리의 유형과 범위에 관해서 두 가지의 사고방식이 있을 수 있다. 그 하나는 권리의 성질을 기준으로 하여 그것이 단체에게도 적용될 성질의 것인지 여부를 결정하고 이에 따라 단체에게 인정되는 권리의 범위를 결정하는 견해(權利基準說)이고, 다른 하나는 단체의 특성, 즉 目的·機能·活動類型에 따라 구체적으로 문제되는 권리의 적용 여부를 결정하려는 견해(法人基準說)이다. 우리 민법은 법인의 권리능력에 관하여 "법인은 법률의 규정에 좇아 정관으로 정한 목적의 범위 내에서 권리와 의무의 주체가 된다"라고 규정하고 있어, 법인기준설의 입장에 서 있다고 할 수 있다. 하지만, 단체의 권리 향유는 이와 같은 법률의 규정 및 목적에 의한 제한 외에 단체의 성질상의 제한을 받게 된다는 유력한 학설도 있다. 이에 따르면 단체는 그 속성상 자연인이 누리는 권리 중 일정한 권리, 예컨대 생명권이나 가족법상의 친권·혼인권 등을 누릴 수 없다고 한다. 곽윤직, 민법총칙(제7판), 139면.

비법인사단의 경우, 민법은 재산귀속관계를 총유로 한다는 규정만을 두고 있을 뿐, 다른 아무런 규정을 두고 있지 않다. 그러나 법인격을 전제로 하는 것을 제외하고는 모두 법인의 권리능력에 관한 것을 유추적용하여야 한다는 것이 학설·판례의 태도이므로(Id., 126면), 비법인사단도 법인과 동일하게 위와 같은 성질상의 권리능력의 제한을 받는다고 할 수 있을 것이다. 이 사건에서 이는 중요한 의미를 갖는데, 이 사건이 재산권에 관한 분쟁이 아니라 환경문제에 관한 분쟁이기 때문이다. 요컨대 환경이익을 단체 자체가 누릴 수 있는가, 보다 구체적으로는 '도롱뇽의 친구들'이 향유할 수 있는가가 논점이 된다.

이 논점에 관해서는 두 가지의 접근법을 상정해 볼 수 있다. 첫번째 방식은, 이 문제를, 단체의 목적에 따라 문제된 권리, 즉 환경권의 인정 여부를 결정하는 방식으로 해결할 수 있다고

친구들'이 環境權을 향유하는 데 제한은 없는지 여부에 대해 답하는 것으로 이 문제를 해결할 수 있을 것이다.

3. 現代規制國家의 당사자적격 개념에 의한 事案의 解決

(1) 현대규제국가의 이행소송에 있어서의 당사자적격 개념은, 당해 청구가 "법원의 판결을 받을 만큼 구체적 사건인가 여부"에 따라 당사자적격 유무를 결정한다는 것으로 요약할 수 있다. 사건성을 담보하기 위해 상정할 수 있는 개념요소는 여러 가지 있을 수 있겠다. 여기에서 이에 대해 상론하는 것은 글의 주제에 비추어 볼 때 부적절하다고 판단되기 때문에, 여기서는 미국 대법원이 발전시킨 '사실상 손해' 개념에 입각해 본 사안의 해결을 모색하기로 한다.

미국 당사자적격 유무를 판정하는 기준은 Lujan v. Defenders of Wildlife 판결에서 Scalia 대법관에 의하여 분명히 정리되었다. 그 기준은 美헌법 제3조 소정의 사건과 분쟁이란 문구에 터잡은 이른바 '事件性'(case or controversy re-

보는 입장(법인기준설)이다. '도롱뇽의 친구들'은 앞서 본 바와 같이 자연환경 및 생태계 보존운동을 하고 생명중시사상을 전파하기 위해 설립된 단체이다. 따라서 이러한 단체의 목적에 비추어 보면 '도롱뇽의 친구들'은 환경이익 및 환경권을 향유할 자격이 있다고 할 수 있다. 두 번째 방식은, 이 문제를, 문제된 권리, 즉 환경권의 성질에 따라 해결할 수 있다는 입장(권리기준설)이다. 이 방식에 따르면, 일반적으로 환경권은 단체 자체가 누리는 권리라기보다는 自然人인 단체의 구성원 개개인이 누리는 권리라고 보아야 하기 때문에, '도롱뇽의 친구들'은 환경권을 향유할 자격이 없다고 할 수 있겠다. 법인의 환경권 주체성에 관한 부정적 견해로는 권영성, 新版 憲法學原論(1998), 605면.

이 문제는 법인의 實在性에 대한 입장(法人擬制說 v. 法人實在說)에 따라, 그리고 법인의 실재성을 인정하는 경우에도 어느 정도 인정하느냐에 따라 결정되는 것이라고 본다. 법인의 활동 모두를 자연인의 활동으로 환원한다는 것은 오늘날 단체가 수행하는 역할과 활동에 비추어 볼 때 생각하기 어려운 것이다. 또한 법인의 활동은 궁극적으로 자연인의 이익이나 권리의 실현을 목적으로 하는 것이고, 그 효과도 결국 자연인에 귀속되는 것이다. 이렇게 본다면 '도롱뇽의 친구들'이 환경권의 주체라고 보지 못할 바 아니다. 헌법재판소도 비록 헌법상 기본권에 관한 결정례이지만, 비교적 넓게 법인의 기본권 주체성을 인정하고 있다. 그 예로 들 수 있는 것은, '사죄광고의 위헌 여부에 관한 헌법소원 사건'에서 법인에 대하여 인격권이 인정되는 것으로 판시하였고(헌재 1991. 4. 1. 선고 92헌마160 결정(헌판집 3권, 149면)), '영화법 제12조 등에 대한 헌법소원 사건'에서 단체 자체의 기본권주체성을 인정하고 있으며(헌재 1991. 6. 3. 선고 90헌마56 결정(헌판집 3권, 289면)), 나아가 법형식상으로는 법인격 없는 단체에 불과한 정당의 선거에서의 기회균등권을 인정하고 있다(헌재 1991. 3. 11. 선고 92헌마21 결정(헌판집 3권, 91면)).

또한 법인기준설과 권리기준설의 대립을 극복하고 양자의 조화를 모색하는 해석도 가능하다고 본다. 단체의 권리주체성을 아무리 넓게 인정한다고 하여도 자연인의 육체적 특성에서 유래하는 권리(예컨대 신체의 자유)나 심리적 정신적 특성에서 유래하는 권리(예컨대 신앙의 자유나 양심의 자유)는 이를 단체에게 인정할 수 없다. 권리기준설은 바로 이 점에 착목한 학설이다. 반면, 특정한 목적을 달성하기 위해 특정한 활동에 종사하는 단체가 그 목적·활동기능과 관련이 없는 권리의 주체가 되어야 할 필요성은 없다. 법인기준설은 바로 이 점에 착안한 것이다. 이렇게 본다면 양설은 각기 다른 각도에서 문제를 파악하고 있을 뿐 양립할 수 없는 주장을 각각 하고 있다고는 할 수 없을 것이다. 이상은 법인의 기본권 주체성에 관해 논한 권영성, 新版 憲法學原論, 294-295면에 示唆받아 想定한 것임을 밝힌다.

quirement)을 중심개념으로 하여 전개되는데 사건성을 충족시키기 위해서는 다음과 같은 세 가지의 기본적 요건이 모두 충족되어야 한다.64)

> 원고는 첫째, ① 事實上의 損害(injury in fact)를 입었음을 입증하여야 하는데 이 때 사실상의 손해는 個別·具體的(concrete and particularized)이고, 실제 일어나고 있거나 일어날 것이 확실한 것(actual or imminent)이어야 하고, 둘째 ② 그 이익침해와 문제가 된 행정부의 행위 사이에 因果關係(causation)가 인정되어야 하고, 셋째 ③ 승소판결로 침해된 이익이 救濟될 可能性(redressability)이 인정되어야 한다.

미국 판례를 검토해 보면 이 중에서도 '事實上의 損害'를 당사자적격 유무를 판정하는 결정적인 기준으로 부각시키고 있다고 보인다. 또한 미대법원은 사실상의 손해를 판정함에 있어 문자 그대로 '사실상'의 피해를 입고 있는지, 다시 말하면 발생한 사실관계를 있는 그대로 살펴 피해가 있는지 없는지를 판단한다. 따라서 그 피해가 개별·구체적이고 실제 일어나고 있거나 일어날 것이 확실한 이상 經濟的 利益뿐만 아니라 環境的 利益, 餘暇的 利益(recreational interest), 美的 價値(aesthetic value)에 대한 피해도 사실상의 손해로 인정해 주고 있다.

하지만 다른 사람보다 원고가 더욱 예컨대 환경적 가치를 소중히 여기고 있다는, 말하자면 '그 문제에 관한 특별한 관심'(a mere interest in a problem)은 사실상의 손해를 구성하지 않는다.65) 원고적격을 인정받기 위해서는 예컨대 "언제부터 어디를 즐겨찾아 왔고 당면 공사가 진행되면 그 곳에 다시 가서 그 아름다운 풍광을 볼 수 없다"는 식으로 자신의 피해를 적확히 설시하여야 한다. 또한 누구나 느끼는 고충—즉 국민의 한사람으로서 또는 세금납부자로서 느끼는 불만은 사실상 손해를 구성하지 않는다. 미대법원은, 만약 이런 '일반적인 고충'(generalized grievance)은 누구나 공유하는 공익에 대한 것으로 구체적이고 개별적인 사실상 손해에 해당하지 않는다고 판시하였다. 미대법원은 심지어 사건성이 담보되지 않는 사람들에게 소송을 제기할 수 있도록 하는 법률규정(대개 시민소송 조항)을 위헌이라 선언한 바 있다.66)

美대법원이 이와 같은 방법론을 채택한 것은, 당사자적격이 분립된 三府 사이에 생긴 권력배분의 균형을 유지하기 위한 것인 만큼, 당사자적격의 주된 기

64) 美대법원의 당사자적격의 판정기준에 관한 판례를 잘 정리한 문헌으로는, Note, "Recent Decisions of the United States Court of Appeals for the District of Columbia," 66 Geo. Wash. L. Rev. 748(1998) 참조.
65) Sierra Club v. Morton, 405 U.S. 727(1872).
66) Lujan v. Defenders of Wildlife, 504 U.S. 555(1992).

능이 사건성을 판별하는 데 있다고 보았기 때문이다. 앞서 살폈거니와 당사자적격은 법원을 정치과정과 절연시킴으로써 政治過程과 法過程 사이의 境界를 지키는 문지기 역할을 하고 있다. 美대법원은 바로 이 역할을 충실히 하기 위해서는 원고 주장의 사건성 여부를 판단하는 것이 요체라고 보고 있는 것이다.

(2) 사실상 손해라는 기준에 의해 이 사건 신청인의 적격성을 판단하기 위해서는 또 하나의 장애물을 넘어야 한다. 자연인이 아니고 단체의 경우 무엇이 사실상 손해에 해당할 수 있는가 하는 질문이 제기되기 때문이다. 이에 대해 미대법원은, Hunt v. Washington State Apple Advertising Commission 사건에서 다음과 같은 세 가지 요건이 충족된다면 그 단체도 사실상 손해를 입고 있다고 인정해 주고 있다.[67] 즉 ① 그 단체의 회원 중 누구라도 원고적격을 가질 수 있어야 하고(이는 어느 회원이라도 사실상 손해를 입고 있어야 한다는 것이다), ② 그 단체가 보호하려고 하는 이익이 그 단체의 목적에 부합하여야 하며, ③ 단체가 주장한 청구가 회원의 참여를 필요로 하는 경우이다. 마지막 요건은 의회의 법률에 의해 제거될 수 있다는 것이 또 다른 사건에서의 대법원판결이다.[68]

이와 같은 미대법원의 기준에 터잡아 이 사건 신청인인 '도롱뇽의 친구들'의 원고적격 여부를 살펴보면, 부정적으로 답하여야 할 것 같다. 왜냐하면 신청인이 제출한 소장과 답변서에도 단체의 사실상 손해요건을 충족할 만한 주장이 보이지 않는 것으로 보이기 때문이다.

結

미술관에서 미술작품을 감상한 사람이라면 누구나 느끼는 경험 하나로 결론에 갈음하고자 한다. 크기가 큰 작품일수록 느끼는 것이지만, 우리가 보는 작품이 멀리서 보면 하나의 이미지이지만, 가까이에서 보면 다양한 색을 가진 미세한 점의 집합체임을 경험해 보았을 것이다.

이와 같은 경험은 여러 가지 맥락에서 유용한 통찰을 제공해 준다. 나는 법적 문제에 있어서도 같은 경험을 할 수 있다고 본다. 내용상 다양하고 때로는 일관적이지 아니한 것으로 보이는 구성요소를 가지고 있는 법도 크게 보면 하나의 목표로 정향되어 훌륭한 이미지를 연출한다고 보는 것이다. 여러 법 분야에

67) 432 U.S. 333(1977).

68) United Food & Commercial Workers Union v. Brown Group, Inc., 517 U.S. 544 (1996).

서 보는 개별 쟁점에 대한 해결책은 점이지만 법에 대한 전체적인 이미지는 이런 점에 착목하면 잘 볼 수 없고 뒤로 물러나야 파악할 수 있다. 보다 적확하게 말하면 법규범을 공유하는 국가공동체 전체의 관점에서 보면 그 점에 해당하는 개별 법해석, 판결, 법이론 모두가 하나의 이미지, 국가공동체의 구성원을 통합하는 데 정향되어 있음을 알 수 있다.

이와 같은 경험은 당사자적격에 관해서도 유용한 통찰을 제공한다. 민사소송에서의 당사자적격이 문제되는 사건은, 가령 그 적격을 인정받아 소송요건이란 관문을 통과한다고 하더라도 대부분의 경우 긍정적인 본안판결을 받기 어렵다. 따라서 소송요건은 사건의 명운과는 큰 관계가 없어 보이고 그런 만큼 합당한 관심을 끌지 못한다. 하지만 민사소송에서의 당사자적격은—사뭇 긴 논리적 추론 끝에 얻어지는 결론이지만, 결국은,—정치적 의사결정을 정상화하고, 삼부 사이의 권력, 특히 입법부와 사법부 사이의 법형성 권한을 배분하며, 국가와 사회에 형성된 균형을 유지하는 역할을 한다. 따라서 당사자적격의 개념을 어떻게 구성하는가는 매우 중요한 의미가 있다고 하겠다.

나는 본문에서 계약주의에 기해 법원의 바람직한 역할을 규정하고, 이에 기해 당사자적격 유무를 판정함에 있어 사용되는 현재의 법명제를 평가하였다. 그 결과, 원고적격 유무를 '자기의 관리처분권 주장' 여부에 따라 결정하도록 하는 법명제는, 위에서 본 당사자적격의 세 가지 기능을 제대로 수행하지 못하고 있음을 밝혔다. 그리고 현재의 법명제에 대한 대안으로 當該 實體法과의 關聯性 및 事實上 損害을 제시하였다.

당사자적격 등 소송요건을 둘러싼 문제의 핵심은 당해 문제에 관한 법형성 권한을 누가 가져야 하는가의 문제이다. 다시 말해 소송요건의 문제는, 원고의 청구에 관한 규칙의 제정을 법원이 해야 하는가 아니면 의회가 해야 하는가를 결정하는 문제라고 할 수 있다. 이는 보다 근본적으로는 법의 영역과 정치의 영역을 갈라주는 적절한 경계선은 무엇인가의 문제이다.

정치과정에 의할 것인가 아니면 사법과정에 의할 것인가를 결정함에 있어 준거점이 되어야 하는 것은 自治(self-governance)의 이념이라고 본다. 많은 사람의 이해관계가 걸린 문제라면 그 사람들이 스스로 결정할 수 있도록 기회를 주는 것이 자치의 이념에 더욱 부합하는 처사일 것이다. 자신의 이념이나 가치, 그리고 이데올로기를 실현하기 위해 법원을 찾는 것, 다시 말해 그에 관한 결정이 많은 사람들의 삶에 영향을 끼치기 때문에 이들이 참여한 공론의 장에서 이들의 중지를 모아 결정하여야 함에도 불구하고, 이러한 어려운 과정을 우회해 자신의 主義를 권리라는 이름으로 포장한 채 법원으로 달려가는 것은 자치의 이념에 부합하지 않는다. 말하자면 사회경제-정치적 게임에서 승리할 수 없다고 판단한 경기자가 심판을 설득해 게임의 자연스런 진행을 막고 인위적으로 자신이 원하는 방향으로 몰고 가려는 것과 같다. 이것이 이데올로기적 당사자의 청구를 법원에서 심사하지 않는 까닭이다.

위에서 살핀 바와 같이 근대자유국가의 당사자적격 개념은 현대행정국가의 기능과 역할을 담아내기에는 부적절한 측면을 다수 가지고 있다. 반면, 현대복지국가의 당사자적격 개념은 당사자적격 유무를 실체법 규정의 내용과 연계함으로써 법원으로 가는 문호의 개폐를 의회의 권한으로 돌린다는 점에서, 自治의 이념에 봉사하는 훌륭한 개념 구성이라고 아니할 수 없다. 물론 현대복지국가의 당사자적격 개념은 그 유무를 판단하기 위해 관련 실체법 규정을 들여다보아야 하지만, 이에 관한 판단은 구체적 사실관계와는 관계 없이 오로지 원고가 주장하는 이익이 당해 실체법이 보호하는 이익인지 여부에 관한 것인 이상, 본안 판단을 앞당겨서 한다는 우려는 기우에 불과하다고 본다.

현대규제국가의 당사자적격 개념은, 당사자적격 유무의 판정을 원고가 개별·구체적인 청구를 하는지 여부, 다시 말해 일반인이면 누구나 겪는 고충거리가 아니라 特定化된 苦衷(particularized grievance)을 말하고 있는지 여부에 의존하게 함으로써, 현대복지국가의 당사자적격 개념을 보완하고 입법과 사법의 경계선을 합리적으로 획정하고 있는 것으로 판단된다. 예컨대 미대법원이 당사자적격 유무를 판정함에 있어 채택하고 있는 개념요소인 事實上의 損害라는 것은, 관련 법률의 규정내용을 심사하지 않고 오로지 원고 주장만으로 원고의 주장이 사법판단에 적절한지 여부를 성공적으로 판정하고 있는 것으로 보이고, 더불어 개별·구체적인 분쟁만을 법원의 심사대상으로 삼게 함으로써 의회와 법원에게 법형성권한을 합당하게 배분하는 것으로 판단된다.

현대복지국가의 당사자적격 개념에 의할 때 이 사건 신청인 '도롱뇽의 친구들'은 청구적격을 결하고 있다고 판단된다. 왜냐하면 '도롱뇽의 친구들'이 권원으로 주장하는 환경권과 자연방위권이 私法上 效力을 가지고 있다고 볼 수 없기 때문이다. 또한 현대규제국가의 당사자적격 개념에 의할 때에도, 이 사건 신청인 '도롱뇽의 친구들'은 청구적격을 결하고 있다고 판단된다. 왜냐하면 '도롱뇽의 친구들'은 그 구성원 중 누가 어떤 피해를 입고 있는지를 구체적으로 특정하지 않고, 그런 만큼 법원의 판단에 적절한 피해주장을 하고 있지 않다고 판단되기 때문이다. '도롱뇽의 친구들'이 이런 요건을 갖추지 않고 소송을 제기하여 유리한 판결을 기대한다는 것은, 정치과정에서 필요한 만큼의 지지를 얻지 못한 가치나 이데올로기를 법원의 판결을 통해 실현하려는 것에 다르지 않다. 왜냐하면 '도롱뇽의 친구들'이 원하는 것은 특정한 사람의 피해를 구제받기 위한 것이 아니라 자신들이 판단하기에 수많은 사람들을 위해 이롭다고 생각하는 것을 달성하려고 하기 때문이다. 사법과정은 정치과정과 달리 이런 종류의 노력에 길들여질 수 없도록 자리매김된 것이다.

대법원 2006. 6. 2.자 2004마1148, 1149(병합) 결정
[공사착공금지가처분]

[판시사항]

사업시행구간 토지소유자가 환경영향평가 이후 사정변경을 이유로 공사의 금지를 구하기 위한 요건

[판시사항]

[**1**] 국가는 각종 개발·건설계획을 수립하고 시행함에 있어 소중한 자연환경을 보호하여 그 자연환경 속에서 살아가는 국민들이 건강하고 쾌적한 삶을 영위할 수 있도록 보장하고 나아가 우리의 후손에게 이를 물려줄 수 있도록 적극적인 조치를 취하여야 할 책무를 부담하고, 피신청인(한국철도시설공단)은 법률상 국가로부터 독립된 지위를 갖지만 내부기관의 구성, 재정의 유지 등의 실질에서 볼 때 그 설립목적 행위로서 대규모 국책사업인 고속철도건설사업을 시행함에 있어서는 국가기관과 마찬가지의 기능을 수행하므로, 위의 책무에 기초하여 환경권의 이념과 목적을 적절하게 수행하기 위하여 다양한 정책도구들을 이용하여야 한다.

[**2**] 피신청인이 국가의 전 지역에서 장기간 이루어지는 고속철도사업을 시행함에 있어서는 환경·교통·재해 등에 관한 영향평가법에 의한 환경영향평가절차를 충실히 이행할 뿐 아니라, 환경영향평가절차를 이행한 후 환경영향평가시에 고려되지 아니하였던 새로운 사정이 발견되어 그 사업으로 인하여 사업시행구간 관련 토지소유자들의 환경이익을 침해할 수 있다는 개연성이 나타나고 종전의 환경영향평가만으로는 그와 같은 개연성에 관한 우려를 해소하기에 충분하지 못한 경우에는 새로이 환경영향평가를 실시하거나 그 환경이익의 침해를 예방할 수 있는 적절한 조치를 먼저 취한 후에 사업을 시행하도록 함이 상당하고, 터널공사구간의 토지소유자들은 이를 사법상의 권리로 청구할 수 있다고 보여진다. 그러나 위와 같은 환경영향평가를 통한 권리의 보장은 실체적인 환경이익의 침해를 보호하기 위한 것이므로, 비록 위와 같이 다시 환경영향평가를 함이 상당한 새로운 사정들이 발생되었다고 하더라도, 그 새로운 사정들과 소유자들의 환경이익 사이에 구체적인 피해가능성 내지는 연관성을 인정하기 어려운

사정이 소명되는 경우 또는 새로운 환경영향평가절차 내지는 이에 준하는 조사가 이루어지고 환경이익의 침해를 예방할 수 있는 적절한 방법이 보완되는 등 소유자들의 환경이익을 침해할 수 있다는 개연성이 부정될 만한 사정이 소명되는 경우에는 더 이상 사업시행의 중지를 구할 수는 없다(피신청인이 환경영향평가 이후의 사정변경 등을 종합적으로 고려하여 사단법인 대한지질공학회 등에 의뢰하여 자연변화 정밀조사를 실시하였고, 그 조사결과 및 환경부의 의뢰에 의해 이루어진 한국환경정책평가연구원 등의 검토의견에 의하면 터널공사가 천성산의 환경에 별다른 영향을 미치지 않는 것으로 조사되었으며, 또한 피신청인이 대안설계 단계에 이르러서 신청인측이 문제제기한 단층대 등의 지질적 특성을 파악하여 이를 설계 및 공법에 반영하였으므로 환경이익이 침해될 수 있는 개연성에 관한 소명이 부족하다고 판단한 사례).

[전　　문]

[재항고인]　1. 내원사(內院寺)
2. 미타암(彌陀庵)
3. 도롱뇽
4. 도롱뇽의 친구들
재항고인들 소송대리인 법무법인 청률

[상 대 방]　한국고속철도건설공단의 소송수계인 한국철도시설공단
소송대리인 법무법인 로고스

[원심결정]　부산고등법원 2004. 11. 29.자 2004라41, 42(병합) 결정

[주　　문]　재항고를 모두 기각한다. 재항고비용은 신청인 내원사, 미타암, 도롱뇽의 친구들이 부담한다.

[이　　유]　재항고이유를 판단한다.

1. 신청인 도롱뇽의 당사자능력에 관하여

원심결정 이유를 기록에 비추어 살펴보면, 원심이, 도롱뇽은 천성산 일원에 서식하고 있는 도롱뇽목 도롱뇽과에 속하는 양서류로서 자연물인 도롱뇽 또는 그를 포함한 자연 그 자체로서는 이 사건을 수행할 당사자능력을 인정할 수 없다고 판단한 것은 정당하고, 위 신청인의 당사자능력에 관한 법리오해 등의 위법이 없다.

2. 나머지 신청인들의 피보전권리로서의 환경권 및 자연방위권에 관하여

신청인 내원사, 미타암, 도롱뇽의 친구들이 환경권에 관한 헌법 제35조

제1항이나 자연방위권 등 헌법상의 권리에 의하여 직접 피신청인에 대하여 고속철도 중 일부 구간의 공사금지를 청구할 수는 없고 환경정책기본법 등 관계법령의 규정 역시 그와 같이 구체적인 청구권원을 발생시키는 것으로 해석할 수는 없으므로(대법원 1995. 5. 23.자 94마2218 결정 등 참조), 원심이 같은 취지에서 신청인 내원사, 미타암의 신청 중 환경권이나 자연방위권을 피보전권리로 하는 부분 및 신청인 도롱뇽의 친구들의 신청(위 신청인은 천성산을 비롯한 자연환경과 생태계의 보존운동 등을 목적으로 설립된 법인 아닌 사단으로서 헌법상 환경권 또는 자연방위권만을 이 사건 신청의 피보전권리로서 주장하고 있다)에 대하여는 피보전권리를 인정할 수 없다는 취지로 판단한 것은 정당하고, 환경권 및 그에 기초한 자연방위권의 권리성, 신청인 도롱뇽의 친구들의 당사자적격이나 위 신청인이 보유하는 법률상 보호되어야 할 가치 등에 관한 법리오해 등의 위법이 없다.

3. 신청인 내원사, 미타암의 나머지 재항고이유에 관하여

가. 신청인 내원사, 미타암은 천성산에 소재하는 전통사찰로서 천성산을 관통하는 길이 13.5km의 원효터널(아래에서는 이 사건 터널이라 한다)이 통과하는 인근에 위치하고 있으며 터널공사구간 중 일부 토지의 소유권을 보유하는바, 위 신청인들은 이에 근거하여 그들의 환경적 이익에 대한 침해의 배제 또는 예방으로서 이 사건 터널의 착공금지를 구한다.

나. 헌법 제35조 제1항은 “모든 국민은 건강하고 쾌적한 환경에서 생활할 권리를 가지며, 국가와 국민은 환경보전을 위하여 노력하여야 한다”고 규정하여 환경권을 헌법상의 기본권으로 명시함과 동시에 국가와 국민에게 환경보전을 위하여 노력할 의무를 부과하므로, 국가는 각종 개발·건설계획을 수립하고 시행함에 있어 소중한 자연환경을 보호하여 그 자연환경 속에서 살아가는 국민들이 건강하고 쾌적한 삶을 영위할 수 있도록 보장하고 나아가 우리의 후손에게 이를 물려줄 수 있도록 적극적인 조치를 취하여야 할 책무를 부담한다.

위 헌법정신을 구체화한 환경정책기본법은, 환경보전이 국민의 건강한 생활의 향유뿐 아니라 국토의 보전과 항구적인 국가발전에 필수불가결한 요소로서 국가 및 환경관련 사업의 시행자가 환경을 보다 양호한 상태로 유지·조성하도록 노력하고, 환경을 이용하는 모든 행위를 할 때에는 환경보전을 우선적으로 고려함으로써 현재의 국민으로 하여금 그 혜택을 널리 향유할 수 있게 함과 동시에 미래의 세대에게 계승될 수 있도록 함을 기본이념으로 천명하고(제2조), 국가가 환경보전을 위하여 적절한 환경보전계획을 수립·시행할 책무(제4조

제1항) 및 개발사업에 따른 국토 및 자연환경의 훼손을 예방하기 위하여 당해 행정계획 또는 개발사업으로 인하여 환경에 미치는 해로운 영향을 최소화하도록 노력할 책무(제7조의2 제3항)를 부과하였다. 또한 자연환경보전법은 국가가 자연환경을 인위적 훼손으로부터 보호하고 다양한 자연생태계를 보전하기 위하여 강구·시행하여야 할 조치를 구체적으로 규정하면서 그 중 개발사업으로 인한 과도한 자연환경의 훼손방지 및 자연의 지속가능한 이용을 위한 자연환경보전대책의 수립·시행을 첫번째 책무로 부과하고 있다(제1조, 제4조 제1항). 나아가 철도산업발전기본법은 국가가 철도건설을 비롯한 철도산업시책을 수립·시행함에 있어 환경친화성이 높은 철도건설을 위한 시책을 마련할 책무를(제4조 제2항), 습지보전법은 국가가 습지를 보전할 책무를(제3조 제1항) 규정하고 있다.

그런데 피신청인은 한국철도시설공단법에 의하여 설립된 특수법인으로서 법률상 국가로부터 독립된 지위를 갖지만, 국가의 기간산업인 고속철도의 건설과 관리를 목적으로 설립되어(제1조), 고속철도 건설사업을 행하고(제7조), 이사장을 비롯한 상임 임원의 임면을 건설교통부장관이 관장하고(제9조), 업무에 관하여 건설교통부장관의 지도·감독을 받고(제35조), 공단의 임원은 뇌물죄 등 벌칙적용에서 공무원으로 간주되고(제38조), 그 운영자금은 주로 정부의 출연에 의하며(제17조), 피신청인이 건설한 고속철도 및 관련시설 기타 일체의 자산은 국가에게 귀속된다(제24조 제1항). 소송피수계인인 한국고속철도건설공단을 규율한 구 한국고속철도건설공단법(2003. 7. 29. 법률 제6956호로 폐지되기 전의 것)의 관련 규정도 유사하였다(아래에서는 피신청인과 한국고속철도건설공단을 구분하지 않고 피신청인이라고만 한다).

따라서 피신청인은 법률상으로는 건설교통부장관의 고속철도 건설사업 실시계획승인처분에 기하여 고속철도사업을 시행하지만, 내부기관의 구성, 재정의 유지 등의 실질에서 볼 때 그 설립목적 행위로서 대규모 국책사업인 고속철도건설사업을 시행함에 있어서는 국가기관과 마찬가지의 기능을 수행한다고 할 수 있다.

다. 피신청인은 환경권의 이념과 목적을 적절하게 수행하기 위하여 다양한 정책도구들을 이용하여야 할 책무를 지고 있다. 그리고 환경이 파괴된 후에는 이를 회복하는 것이 현실적으로 어렵거나 상당한 시간과 비용이 소요되므로 환경을 보호하기 위하여는 사후적인 치유보다는 사전적인 예방이 보다 효율적일 것이다.

환경영향평가제도는 환경 등에 미치는 영향이 큰 사업에 대한 계획을 수립·

시행함에 있어서 그 사업이 환경 등에 미칠 영향을 미리 평가·검토하여 건전하고 지속가능한 개발이 되도록 함으로써 쾌적하고 안전한 국민생활을 도모함을 목적으로 하는바(환경·교통·재해 등에 관한 영향평가법 제1조, 아래에서는 통합영향평가법이라 한다), 피신청인이 국가의 전 지역에서 장기간 이루어지는 고속철도사업을 시행함에 있어서는 위 법에 의한 환경영향평가절차를 충실히 이행할 뿐 아니라, 환경영향평가절차를 이행한 후 환경영향평가시에 고려되지 아니하였던 새로운 사정이 발견되어 그 사업으로 인하여 사업시행구간 관련 토지소유자들의 환경이익을 침해할 수 있다는 개연성이 나타나고 종전의 환경영향평가만으로는 그와 같은 개연성에 관한 우려를 해소하기에 충분하지 못한 경우에는 새로이 환경영향평가를 실시하거나 그 환경이익의 침해를 예방할 수 있는 적절한 조처를 먼저 행한 후 사업을 시행하도록 함이 상당하고, 위 토지소유자들은 이를 사법상의 권리로 청구할 수 있을 것이다.

그러나 위와 같은 환경영향평가를 통한 권리의 보장은 실체적인 환경이익의 침해를 보호하기 위한 것이므로, 비록 위와 같이 다시 환경영향평가를 함이 상당한 새로운 사정들이 발생되었다고 하더라도, 그 새로운 사정들과 소유자들의 환경이익 사이에 구체적인 피해가능성 내지는 연관성을 인정하기 어려운 사정이 소명되는 경우 또는 새로운 환경영향평가절차 내지는 이에 준하는 조사가 이루어지고 환경이익의 침해를 예방할 수 있는 적절한 방법이 보완되는 등 소유자들의 환경이익이 침해될 수 있다는 개연성이 부정될 만한 사정이 소명되는 경우에는 더 이상 사업시행의 중지를 구할 수는 없다.

라. 먼저, 피신청인이 이 사건 터널공사를 시행함에 있어 환경영향평가 등에 관한 법령상의 절차를 위반하여 위 신청인들의 환경이익을 침해하였는지 여부를 살펴본다.

사업자는 환경영향평가서 협의내용을 통보받은 후 7년 이내에 공사에 착공하지 아니하는 경우 환경영향평가서를 재작성하여 재협의절차를 이행하여야 하고[구 환경영향평가법(1997. 12. 13. 법률 제5453호로 개정되기 전의 것) 제21조 제1항, 법시행령(1997. 12. 31. 대통령령 제15598호로 개정되기 전의 것) 제13조 제1항, 부칙 제3조, 통합 영향평가법 제23조 제1항, 법시행령 제23조 제1항, 부칙 제6조에 의하여 이 사건에 대하여는 7년의 기간이 적용된다], 환경부장관은 평가서의 협의 당시 예측하지 못한 환경영향이 당해 사업의 착공 후 발생하여 주변환경에 중대한 영향을 미치는 것으로 인정되어 사업자의 조치 등으로는 저감대책을 수립하기 곤란한 사업에 대하여는 한국환경정책평가연구원의 장에게 재평가를 요청할 수 있다(통합 영향평가법 제32조 제 1 항).

기록에 의하면, 피신청인은 1992. 4. 구 환경정책기본법(1993. 6. 11. 법률 제4567호로 개정되기 전의 것) 제26조에 의거하여 환경영향평가서를 작성하고 1993. 6. 11. 법률 제4567호로 환경영향평가법이 제정되자 1993. 9. 위 법에 따라 환경처장관에게 협의를 요청하여 1994. 11. 2. 협의내용을 통보받았으며 그로부터 7년이 경과하기 이전인 2000. 12. 환경영향평가대상사업으로서 부산역사 증축공사를 착공한 사실이 인정되므로, 피신청인이 환경영향평가서의 재작성·재협의절차를 이행하여야 할 절차적 의무를 위반하였다고 보기는 어렵다. 그리고 환경부장관이 통합 영향평가법 제32조 제 1 항에 의한 재평가요청의 권한을 행사하지 아니하였다고 하여 곧바로 그 대상사업의 시행절차가 위법해진다거나 위 신청인들의 환경이익이 침해된다고 볼 수 없다. 또한 위 신청인들이 주장하는 것처럼 이 사건 터널공사의 시행에 있어 습지보전법 제13조 제 5 항에 의한 환경부장관의 승인 기타 전통사찰보존법·자연공원법 소정의 협의절차가 필요하다고 볼 수도 없다.

마. 다음으로, 이 사건 환경영향평가서 작성 후 종전에 고려되지 아니하였던 새로운 사정이 발견되어 위 신청인들의 환경이익이 침해될 수 있다는 개연성이 나타나고 종전의 환경영향평가만으로는 그 개연성에 관한 우려를 해소하기에 충분하지 못하게 되었는지 여부를 살펴본다.

기록에 의하면, 이 사건 터널이 포함된 고속철도 기본노선은 1990. 6. 확정되었고 피신청인은 앞서 본 바와 같이 1992. 4. 환경영향평가서를 작성하여 1994. 11. 2. 협의절차를 마쳤는데, 위 환경영향평가서는 환경부 고시인 '환경영향평가서 작성 등에 관한 규정'에 의거하여 사업대상지역의 장축길이 2배 면적에 해당하는 구역을 조사하여 작성된 탓으로 그 구역 내에는 특별히 보호를 요하는 동·식물이 존재하지 않는다고 기술되었으나 그 구역을 넘어서 널리 천성산 일원에는 보호대상 동·식물이 살고 있는 사실, 환경영향평가서 작성 후 터널건설예정지 밑에 법기단층을 비롯하여 종래 알지 못하였던 단층들이 확인됨과 아울러 위 단층들이 활성단층이라는 의견이 학계에서 제기된 사실, 또한 1998. 12. 31. 이 사건 터널에서 900m 떨어진 곳에 있는 무제치늪이 구 자연환경보전법(1999. 2. 8. 법률 제5876호로 개정되기 전의 것) 제18조 제 2 항 제 2 호, 법시행령(1999. 3. 26. 대통령령 제16201호로 개정되기 전의 것) 제20조 제 4 호에 의하여 자연생태계특별보호구역으로 지정되었고(1999. 2. 8. 법률 제5866호로 제정된 습지보전법 부칙 제 2 조 제 1 항에 의하여 위 구역은 습지보전법상의 습지보호구역으로 간주된다), 2002. 2. 1. 이 사건 터널에서 2,700m 떨어진 곳에 있는 화엄늪이 습지보전법 제8조 제1항에 의하여 습지보호구역으로 지정되었고, 천성산에는 그 외에도 보호가치가 높은 습지들이 존재하는 사실 등을 인정할 수 있다.

이와 같이 피신청인이 환경영향평가서의 작성 · 협의를 거쳤으나, 이 사건 터널이 통과하는 천성산에는 위 환경영향평가서에서 기술된 보호대상 동·식물들보다 많은 종류의 동·식물들이 있고 보호가치가 높은 습지들이 다수 분포되어 있었는데 위 환경영향평가서에는 이 점이 반영되지 아니하였고, 더욱이 이 사건 터널공사구간만을 놓고 보면 환경영향평가에 관한 협의를 마친 때로부터 7년이 지나도록 공사가 착공되지 아니하여 그 동안 일부 습지는 습지보호구역으로 지정되기까지 하였으며 공사구간 내에는 종래 알지 못하였던 단층이 발견되는 등 환경요인이 변경되었으므로, 위 환경영향평가서만으로는 이 사건 터널공사로 인하여 천성산의 보호 대상 동·식물, 습지, 단층 등 환경요인에 미칠 수 있는 영향 및 피해의 정도와 이로 인하여 신청인의 환경이익이 침해될 수 있는 개연성에 관한 우려를 해소할 수 있는 자료로 삼기에 부족하다고 할 수 있다.

그러나 다른 한편, 기록에 의하면, 불교계와 환경단체 등이 위의 사정변경 및 이 사건 터널의 안전성 등을 문제삼아 이 사건 터널공사를 반대하고 나서자, 피신청인은 위 환경영향평가 이후의 사정변경 등을 종합적으로 고려하여 이 사건 터널이 환경에 미치는 영향을 다시 평가해 보기 위하여 2002. 6. 사단법인 대한지질공학회에 이 사건 터널이 통과하는 천성산 일원에 대하여 자연변화 정밀조사를 의뢰하였고 이 사건 제1심 계속중이던 2003. 12. 이 사건 터널이 천성산의 환경 및 생태계에 별다른 영향을 미치지 않는다는 내용의 조사결과가 나온 사실, 그리고 환경부는 원심 계속중인 2004. 10. 위 보고서 내용의 적정 여부에 관하여 한국환경정책평가연구원 및 국립환경연구원이 추천하는 3명의 전문가들에게 그 검토를 의뢰하였는데, 검토자들은 위 보고서가 적정한 절차와 방법을 통하여 작성되었으며 이 사건 터널공사가 천성산의 환경에 별다른 영향을 미치지 않는다는 검토의견을 밝힌 사실, 또한 피신청인과 환경단체 등의 합의하에 2003. 5. 국무총리 산하 '대안노선 및 기존노선 재검토위원회'가 구성되어 약 2개월 동안의 검토 끝에 이 사건 터널을 통과하는 기존의 노선을 유지하는 것이 타당하다는 보고서가 제출된 사실, 이 사건 터널은 무제치늪 및 화엄늪과는 상당한 수평거리 내지는 수직거리를 둔 지점을 지나게 되어 있고 위의 조사결과는 위 습지들이 모두 강수에 의하여 수량이 유지되며 습지와 하부 암반 사이에 불투수층이 존재하여 이 사건 터널건설로 인하여 습지의 수위 또는 수량에 증감을 가져올 가능성이 적다고 하는 내용을 담고 있으며, 피신청인은 이 사건 터널의 원안설계 단계를 거쳐 대안설계 단계에 이르러서 그 동안 문제가 제기되었던 새로 발견된 단층대 등의 지질적 특성을 파악하여 이를 설계 및 공법에 반영하기도 한 사실을 인정할 수 있다.

그렇다면 위 신청인들의 주장과 같이 여전히 활성단층과 관련하여 공사의 안전성 및 지하수 유출가능성, 무제치늪과 화엄늪 기타 천성산 일원의 여러 습지들 보호 등의 문제가 제기될 수는 있으나, 피신청인은 위 신청인들이 주장하는 바와 같은 환경침해에 관한 우려를 해소하기 위하여 비록 법령상의 환경영향평가절차는 아니지만 사단법인 대한지질공학회에 의뢰하여 자연변화 정밀조사를 실시하였고, 그 조사결과 및 환경부의 의뢰로 이루어진 한국환경정책평가연구원 등의 검토의견에 의하면 이 사건 터널공사가 천성산의 환경에 별다른 영향을 미치지 않는 것으로 조사된 사정 등을 모두 종합하여 보면, 현재로서는 이 사건 터널공사로 인하여 위 신청인들의 환경이익이 침해될 수 있는 개연성에 관한 소명이 부족하다고 인정된다.

바. 그러므로 위 신청인들의 이 부분 신청을 기각한 원심의 조치는 결과적으로 정당하고 통합 영향평가법 등 관련 법령들의 해석 및 환경이익의 침해에 관한 법리를 오해하여 원심결정에 영향을 미친 위법은 없다.

4. 결 론

그러므로 재항고를 모두 기각하고, 재항고비용은 신청인 내원사, 미타암, 도롱뇽의 친구들이 부담하도록 하여 관여 대법관의 일치된 의견으로 주문과 같이 결정한다.

대법관 이규홍(재판장) 박재윤 김영란(주심) 김황식

제 7 편

種類株主總會決議의 欠缺과 株主總會決議不發效確認請求

- 연구대상 사건의 개요／文英和
- 獨逸法上 株主總會決議의 瑕疵를 다투는 訴訟 — 不發效를 중심으로 —／鄭大翼
- 會社法上 株主總會決議不發效確認의 訴／宋沃烈
- 대법원 2006.1.27. 선고 2004다44575, 44582(반소) 판결
- [평석] 定款變更을 위하여 필요한 種類株主總會決議가 이루어지지 않은 瑕疵를 다투는 방법으로서 株主總會決議不發效確認請求를 인정할 것인지 여부／文英和

연구대상 사건의 개요

文 英 和*

[사실관계]

1. 피고회사의 정관 제 8 조 개정과정

피고회사는 정관에 따라 우선주에 대하여 보통주보다 액면 기준으로 1%를 더 배당하면서 의결권을 제한하는 소위 '1% 무의결권우선주'를 발행해 오다가, 1995. 12. 29. 상법개정(1996. 10. 1. 시행)시 우선주에 대하여 최저배당률을 정하는 규정이 신설되자(상법 제344조 제 2 항), 1997. 2. 28.자로 주주총회를 개최하여 우선주의 최저배당률을 9%로 하고 존속기간을 10년으로 하여 그 기간이 만료되면 보통주식으로 전환되도록 하는 내용의 정관변경(이하 '제 1 정관변경'이라 함)결의를 하였다(다만 정관개정 이전에 발행된 우선주에 대하여는 종전과 같이 보통주보다 액면기준으로 1%를 더 배상하되, 무상증자 등에 의하여 우선주를 발행하는 경우에는 개정된 정관에 의한 우선주를 배정하기로 하는 내용의 부칙규정을 두었다).

피고회사는 2002. 2. 28. 다시 주주총회를 개최하여 정관에서 정한 우선주에 관한 사항 중 존속기간과 보통주식으로의 자동전환에 관한 규정을 삭제하는 내용의 정관변경(이하 '제 2 정관변경'이라 함)결의를 하였다.

2. 원고의 지위

원고는 2002. 9. 4. 제 1 정관변경 이전에 발행된 우선주 40,000주(발행된 우선주식 총수의 0.167%)를 취득하여 보유하고 있는 주주이다.

3. 피고회사의 제 1 정관변경 이후 우선주주에 대한 취급

① 제 1 정관변경 이후 이익배당에 있어서, 기존의 우선주(구형 우선주)의 주

* 수원지방법원 부장판사.

주들에게 정관부칙에 따라 정관변경 전과 같이 보통주식의 배당보다 액면금액을 기준으로 하여 연 1%를 금전으로 더 배당하는 방식으로 배당을 실시하여 왔다.

② 제 1 정관변경 이후 개정된 정관 제 8 조 소정의 우선주(신형 우선주)는 전혀 발행하지 않았다.

4. 피고회사의 종류주주총회 소집거부

엘리어트어소시에이츠엘피(Elliot Associates, L. P.)가 2002. 6. 26. 우선주 중 31.5%를 보유하고 있는 주주라고 하면서 종류주주총회를 소집해 줄 것을 요청하였으나, 피고회사는 이를 거부하였다.

[원고의 주장 및 본소청구]

1. 원고의 주장

제 2 정관변경은 원고를 비롯한 우선주주들이 향후 무상증자, 유상증자, 주식배당시 "발행일로부터 10년이 지나면 보통주로 전환되어 의결권을 부여받게 되는 우선주"(소위 전환형 우선주=신형 우선주)를 배정 혹은 배당받을 수 있는 권리를 박탈한 것이어서 '우선주주들에게 손해를 미치게 될 때'에 해당하므로 종류주주총회의 결의가 있어야 한다.

2. 본소 청구취지(선택적 청구)

(1) 정관 제 8 조 제 5 항을 삭제하는 내용의 피고의 2002. 2. 28.자 정관변경에 관한 주주총회결의('제 1 주주총회결의'라 함)는 불발효상태임을 확인한다.

(2) 정관 제 8 조 제 5 항을 삭제하는 내용의 피고의 2002. 2. 28.자 정관변경에 관한 주주총회결의는 무효임을 확인한다.

(3) 정관 제 8 조 제 5 항을 삭제하는 내용의 피고의 2002. 2. 28.자 주주총회결의에 따른 정관변경은 무효임을 확인한다.

(4) 원고(반소피고, 이하 '원고'라고만 한다)는,

㈎ 피고가 무상증자에 의하여 우선주식을 발행하는 경우에 피고로부터 그

발행일로부터 10년의 존속기간만료와 동시에 보통주식으로 전환되는 우선주식을 배정받을 권리,

(나) 피고가 유상증자 또는 주식배당을 실시하는 경우에 피고로부터 보통주식 또는 그 발행일로부터 10년의 존속기간만료와 동시에 보통주식으로 전환되는 우선주식을 배정 또는 배당받을 권리를 각 가지고 있음을 확인한다.

3. 예비적 반소청구

원고의 본소청구가 인용된다면 제 1 정관변경도 우선주주들에게 손해가 미치게 될 경우에 해당하여 우선주주로 구성된 종류주주총회의 결의를 거쳐야 하는 것인데 현재까지 이를 거친 바 없으므로 제 1 정관변경을 내용으로 하는 1997. 2. 27.자 주주총회결의('제 2 주주총회결의'라 함)에 관하여 그 불발효 혹은 무효확인 혹은 제 1 정관변경의 무효확인을 구한다.

[원심판단의 요지]

1. 본소의 본안전항변

(1) 피고의 주장

○ 상법 제435조 제 1 항에 따라 정관변경을 위하여 필요한 종류주주총회의 결의가 흠결된 경우는 주주총회결의 취소사유에 불과하다.

○ 이 사건 본소는 제 2 주주총회결의의 날로부터 2 개월이 훨씬 지나서 비로소 제기된 것이므로 상법 제376조 제 1 항 소정의 제소기간 도과로 인하여 부적법하다.

(2) 원심판단의 요지

○ 상법 제435조 소정의 종류주주총회의 결의는 일반주주총회의 결의의 효력을 발생시키기 위한 추가적인 요건에 불과하다.

○ 종류주주총회의 결의를 요하는 경우에 일반주주총회의 결의는 그 종류주주총회의 결의가 없는 동안에는 무효도 아니고 취소할 수 있는 것도 아닌 부동적인 상태에 있다가 뒤에 종류주주총회의 결의를 얻으면 확정적으로 유효로 되

고 이를 얻지 못하면 확정적으로 무효로 된다.

○ 이 경우에는 주주총회결의취소의 소에 관한 상법상의 규정을 유추적용할 수는 없다.

○ 민사소송법상의 일반원칙에 따라 확인의 이익이 있는 한 그 제소기간의 제한 없이 확인의 소로써 그 불발효상태의 확인을 구할 수 있다.

2. 본소의 본안에 관한 원심판단의 요지

(1) 제 2 정관변경에 의한 우선주주의 지위는 다음과 같다.

① 동일한 점: 누적적이고, 참가적이고, 최저배당률이 정하여져 있는 우선주를 배당받게 된다.

② 불리한 점: 10년 후 보통주로 전환할 수 없는 우선주를 배당받게 되므로 의결권행사를 바라는 우선주주의 입장에서는 불리하다.

③ 유리한 점: 의결권에 관심이 없고 이익배당에 관심이 있는 우선주주의 입장에서는 우선배당권을 영구히 가질 수 있는 우선주식을 배당받을 수 있으므로 유리하다.

(2) 우선주주 각자의 입장에 따라 유리한 점과 불리한 점이 공존하고 있을 경우에는 우선주주들로 구성된 종류주주총회의 결의가 필요하다.

(3) 원심 변론종결일까지 우선주주들로 구성된 종류주주총회의 결의가 없었음은 당사자 사이에 다툼이 없어, 제 2 주주총회결의는 여전히 불발효상태에 있다.

3. 반소청구에 관한 원심판단의 요지

○ 주주총회결의무효 혹은 부존재확인의 소의 피고적격이 회사로 한정되는 이상, 그 당연한 귀결로 회사에게는 주주총회결의불발효확인의 소를 제기할 원고적격이 없다.

① 주주총회결의불발효확인의 소의 경우 민사소송법상 인정되는 제도이기는 하지만 일반 확인의 소와는 달리 회사관계 소송이므로 단체에 관한 법률관계를 획일적으로 확정할 필요가 있는 점, ② 위와 같은 회사관계 소송의 특성상 피고를 회사로 한정하지 않으면 법률관계를 유효·적절하게 획일적으로 확정할 방법이 없는 점, ③ 주주총회결의불발효확인의 소의 피고를 회사로 한정하는 한

회사에게 원고적격이 있다고 보면 회사가 자신을 상대로 하여 확인의 소를 제기하는 기이한 결과가 발생하는 점

○ 이 사건의 경우, 예비적 반소는 어느 것이나 원·피고 모두에게 당사자적격이 없다.

○ 제 1 주주총회결의무효 혹은 불발효를 이유로 한 제 1 정관변경무효확인의 소는 권리관계가 아닌 사실관계의 확인을 구하는 것이므로 확인의 소의 대상이 될 수도 없다(무효확인의 소의 대상은 정관변경을 결의한 하자 있는 주주총회결의 그 자체이지 그 결의에 기한 사실행위로써 이루어진 정관변경행위나 그 결과인 정관변경이 아니다).

○ 이 사건 예비적 반소 중 주주총회결의불발효확인을 구하는 것에 관하여 원고나 피고에게 당사자적격이 인정된다 하더라도, ① 피고가 원고에 대하여 1997. 2. 28.자 주주총회결의의 불발효확인을 구하여 승소한다 하더라도 궁극적으로 종류주주총회를 소집하여 그 결의를 거치지 않는 한 권리관계가 확정되는 것이 아닌 점, ② 제 1 정관변경에 관한 주주총회결의가 유효함을 전제로 제 2 정관변경에 관한 주주총회결의를 한 피고가 원고의 이 사건 본소제기로 인하여 제 2 정관변경에 관한 주주총회결의가 불발효상태로 될 위기에 처하자 피고 스스로 한 제 1 정관변경에 관한 주주총회결의를 불발효상태라고 주장하는 것은 선행행위에 모순되는 거동인 점, ③ 우선주주들로 구성된 종류주주총회를 스스로 언제든지 소집하여 궁극적인 문제해결을 할 수 있는 입장에 있는 피고가 위와 같은 문제해결 방안을 도외시한 채 이 사건 예비적 반소를 제기한 것은 소권의 남용에 해당한다고 볼 수 있는 점, 그 밖에 변론에 나타난 제반 사정에 비추어 볼 때 피고의 이 사건 예비적 반소는 확인의 이익이 없거나 신의성실의 원칙에 반하는 것이다.

[상고이유의 요지]

1. 주주총회결의불발효확인의 소의 요건, 종류주주총회결의 흠결의 하자의 법적 성격에 관한 법리오해

○ 주주총회결의불발효확인의 소는 현행 상법체계상 허용되지 않는다.

○ 종류주주총회를 결한 주주총회결의에 대하여는 현행법상 주주총회결의취

소의 소로써 다투어야 한다.

○ 민사소송법의 일반원칙에 따라 주주총회결의불발효확인의 소가 허용된다고 하더라도 대세효가 없어 종류주주총회를 개최하여야 하는지에 관한 분쟁을 종국적으로 해결할 수 없으므로 확인의 이익이 없다.

2. 상법 제435조 소정의 '어느 종류의 주주에게 손해를 미치게 된 때'에 관한 법리오해

○ 제 2 정관변경은 구형 우선주의 주요내용인 의결권, 이익배당에 관한 우선권, 잔여재산분배에 관한 권리에 영향을 미치지 않는다.

○ 제 2 정관변경에 의하여 구형 우선주주가 입게 되는 불이익은 간접적 내지 반사적인 것에 불과하다.

3. 반소의 소송요건에 관한 법리오해 및 이유모순

본소에서는 주주총회결의불발효확인의 소에 대하여 민사소송법상 확인의 소로서 적법하다고 하여 원고의 청구를 인용한 반면, 예비적 반소에 대하여는 상법상 주주총회결의무효확인의 소의 법리를 적용하여야 한다고 하여 각하하는 것은 이유모순이다.

[쟁　　점]

1. 이 사건의 쟁점

① 우선주주가 정관변경에 의하여 향후 무상증자 등에 의한 주식배당시에 발행일로부터 10년이 지나면 보통주로 전환되어 의결권을 부여받게 되는 소위 전환형 우선주를 배정받을 수 있는 권리를 잃게 되는 경우에 그 정관변경을 위하여 종류주주총회의 결의가 필요한지 여부

② 정관변경을 위하여 필요한 종류주주총회결의가 이루어지지 않은 경우, 그 정관변경을 결의한 주주총회결의가 불발효상태인지 여부

③ 정관변경을 위하여 필요한 종류주주총회결의가 이루어지지 않은 하자를

다투는 방법으로서 주주총회결의 불발효확인청구를 인정할 것인지 여부

2. 비교법실무연구회에서 연구대상으로 된 쟁점

특정종류주주에게 손해를 미치게 되는 사항에 대하여 종류주주총회의 결의 없이 주주총회에서만 정관을 변경하는 결의를 한 경우에 그 하자를 다투는 방법

獨逸法上 株主總會決議의 瑕疵를 다투는 訴訟
—不發效를 중심으로—

鄭 大 翼*

Ⅰ. 들어가는 말

본 논고의 대상은 우리 나라에서는 아직 연구자의 큰 관심을 끌지 못하고 있는 소위 주주총회결의 불발효이다.[1] 논고의 핵심내용을 이룰 주주총회결의의 불발효(유동적 무효, 부동적 무효)를 다투는 방법을 다루기 전에 우선 법률행위의 불발효가 법률행위의 무효 및 취소와 어떠한 차이가 있는가를 알아본 다음, 독일의 주주총회결의 불발효사유를 무효 및 취소사유와 대비하며 설명하고자 한다. 이것은 주주총회결의 불발효라는 하자유형의 인정 필요성에 대한 결론을 내리기 위한 중요한 선행작업으로서의 의미가 있다.

주주총회결의의 불발효를 다투는 방법에 관해서는 독일의 통설을 위주로 살펴보며, 특히 독일 주식법(Aktiengesetz)상의 무효소송(주식법 제249조)을 불발효인 주주총회결의에도 유추적용할 수 있는가 아니면 독일 민사소송법(ZPO)상의 일반적인 무효확인소송(독일 민사소송법 제256조)만이 불발효를 소송상 다툴 수 있는 방법인가를 중점적으로 논한다.

마지막으로 독일에서의 논의를 바탕으로 우리 상법상 주주총회결의 불발효라는 하자유형의 인정 필요성 여부와 그것이 인정되는 경우 불발효라는 하자를 다투는 방법이 무엇인가를 종류주주총회의 특별결의를 거치지 않은 주주총회결의라는 구체적 사례에서 찾아 보고자 한다.

---

* 경북대학교 법과대학 법학부 조교수.

1) 반면 민법 분야에서 법률행위의 유동적 무효는 널리 받아들여지고 있다. 대법원 1991. 12. 24. 선고 90다12243 판결; 이영준, 민법총칙(전정판), 박영사(1995), 640면; 김상용, 민법총칙(전정증보판), 법문사(2003), 740면; 조규창, "유동적 무효—대법원기본판결에 대한 비판적 고찰—," 고시계(1996. 11), 108면 이하; 김준호, "유동적 무효에 관한 판례이론," 사법행정(1994. 2), 37면 이하; 정옥태, "浮動的 缺效," 사법행정(1992. 7), 15면 이하 참고.

Ⅱ. 독일에서의 법률행위의 하자유형

독일에서 법률행위의 하자유형은 하자의 정도가 중한 순서대로 열거하면 무효인 법률행위(nichtiges Rechtsgeschäft), 부동적(유동적) 무효인 법률행위(schwebend unwirksames Rechtsgeschäft), 취소할 수 있는 법률행위(anfechtbares Rechtsgeschäft), 부동적 유효인 법률행위[2](schwebend wirksames Rechtsgeschäft)로 나누어 볼 수 있다.

1. 법률행위의 무효

(1) 의 의

어떤 법률행위의 내용이 공공질서(헌법질서나 사회질서)를 유지하기 위하여 필요한 법규정이나 법원칙에 반하여(Rechtsverstoß) 그 하자가 중대할 경우에는 당해 법률행위가 의도한 법적 효과의 발생이 처음부터(von Anfang an) 확정적으로(endgültig) 부인되는데 이것이 법률행위의 무효(Nichtigkeit)이다. 이러한 무효인 법률행위에서는 원칙적으로 어떤 자를 위해서도, 어떤 자에 대해서도 의도한 법률효과가 발생하지 않는다(절대적 무효, absolute Nichtigkeit).

이와는 달리 개인적 이해관계를 침해하는데 불과한 법률행위는 당해 특정 개인(보호되는 자)과의 관계에서만 무효이고 기타의 자와의 관계에서는 유효하다(상대적 무효). 상대적 무효인 법률행위를 인정하는 이유는 우선 그러한 법률행위가 유효하여야 하는데 이해관계를 가진 자(Begünstigter)를 보호하고, 다른 한편 절대적 무효라는 결과를 피함으로써 그러한 법률행위의 처분대상(객체)이 거래로부터 완전히 배제되지 않도록 하기 위해서이다.[3]

독일 민법(BGB)상 대표적인 절대적 무효사유로 행위무능력(독일 민법 제105조), 가장행위(독일 민법 제117조 제1항), 비진의의사표시(독일 민법 제118조), 형식의 하자(독일 민법 제125조 이하), 금지법규위반(독일 민법 제134조), 공서양속위반(독일 민법 제138조) 등을 들 수 있다. 상대적 무효사유로는 양도금지 규정이나 명령의 위반(독일 민법 제135조 제1항, 제136조), 도산채무자의 도산절차

2) 학자에 따라서는 불확정적 유효라고 하거나, 유동적 유효라고 하기도 한다. 전자는 이영준, 전게서, 640면, 후자는 김상용, 전게서, 740면 참고.

3) Erman/H. Palm, Bürgerliches Gesetzbuch, Handkommentar, 10. Aufl., 2000, Einl §104, Rdn. 24.

개시 후의 법률행위(독일 도산법—InsO— 제80조 이하) 등을 들 수 있다.

(2) 무효주장 및 효과

절대적 무효이든 상대적 무효이든 그 주장방법은 특별히 정해진 것이 없다. 소송 중 당사자의 진술이나 주장 중에 무효에 해당하는 사실이 있으면 법원은 당사자가 직접 무효를 주장하지 않아도 무효 여부를 심사하여야 한다.[4]

절대적 무효인 경우 법률행위의 당사자 사이에서뿐만 아니라 제 3 자와의 관계에서도 처음부터(ex tunc) 무효이다. 무효인 법률행위를 유효로 확인(Bestätigung)하는 것은 새로운 하자 없는 법률행위에 의해서만 가능하고(Neuvornahme, 독일 민법 제141조) 그 치유(Heilung)는 인정하지 않는 것이 원칙이며 예외적으로 독일 민법은 형식상의 하자로 인한 절대적 무효에 대해서만 그 치유를 인정하고 있다(예: 독일 민법 제313조).

상대적 무효인 법률행위는 그러한 행위로부터 보호되어야 되는 자와의 관계에서만 무효이고 기타의 다른 자와의 관계에서는 유효이다. 상대적 무효인 법률행위는 그러한 행위로부터 보호되어야 하는 자의 동의(Zustimmung)가 있는 경우 하자가 치유된다.

2. 법률행위의 유동적(부동적) 무효(불발효, 결효)

(1) 의　　의

어떤 법률행위가 일단 무효이나 추가로 다른 요건이 충족되면 유효하게 될 수 있는 경우를 부동적 무효인 법률행위라 한다. 예컨대 법정대리인의 동의 없는 미성년자의 법률행위(독일 민법 제108조),[5] 무권대리인의 법률행위(독일 민법 제177조), 본인의 동의 없는 자기계약 또는 쌍방대리(독일 민법 제181조), 정지조건부 법률행위 및 시기부 법률행위[6] 등이 부동적 무효인 법률행위에 속한다.

4) BHZ 107, 270.

5) 독일 민법은 우리 민법과는 달리 법정대리인의 동의 없는 미성년자의 법률행위를 무효(부동적 무효)로 규정하고 있다(독일 민법 제108조 제 2 항). 우리 민법 제 5 조 제 2 항에 의해 법정대리인의 동의 없는 미성년자의 법률행위는 취소할 수 있는 행위이므로 취소시까지는 일응 유효한 법률행위, 즉 부동적 유효인 법률행위이다.

6) 엄격히 보아 정지조건부 법률행위와 시기부 법률행위는 부동적 무효상태에 있는 법률행위가 아니고 법률행위로서 유효하기 위한 요건을 완전히 충족한, 처음부터(von Anfang an) 완전히 유효한 법률행위이나(voll gültig) 그 법률효과(Rechtswirkung)만이 조건의 실현시 또는 시기의 도래시까지 부동적 상태에 있을 뿐이다. 그러나 법률효과가 확정적으로 발생하지 않는 점에서는 부동적 무효인 법률행위와 결과적으로 동일하므로 부동적 무효인 법률행위로 보는 것이 일반적이다. 이영준, 전게서, 640면 참고.

부동적 무효인 법률행위개념을 인정하는 이유는 당해 법률행위의 효력이 특정요건에 종속적임을 분명히 하고 다른 한편 당해 법률행위가 추가적인 요건의 충족을 통해서 유효하게 될 수 있는 가능성을 열어두기 위해서이다.[7)]

(2) 주 장

부동적 무효를 주장하는 방법에는 무효와 마찬가지로 아무런 제한이 없다. 소송상, 소송 외, 그리고 누구를 상대로 하던지 또한 기간의 제한 없이 가능하다. 소송에서 당사자의 주장이나 진술에 부동적 무효사실이 있는 경우 당사자가 직접 부동적 무효를 주장하지 않아도 법원은 직권으로 이를 고려하여야 하며, 부동적 무효상태에서 이행소송은 불가능하나 확인소송은 가능하다.

(3) 효 과

부동적 무효인 법률행위는 추가적 요건(예: 추인)이 실현되기 전까지는 유효하진 않으므로 이미 급부한 것이 있으면 독일 민법 제812조의 부당이득반환청구권이 발생한다.[8)] 당사자는 비록 법률행위가 부동적 무효상태여도 이유 없이 당해법률행위의 구속으로부터 벗어날 수 없는 것이 원칙이다. 그러나 부동적 무효인 법률행위로부터 직접적인 권리와 의무가 발생하는 것은 아니다.[9)] 또한 부동적 무효상태에 있는 법률행위의 당사자는 상호간에 협조의무가 있다. 따라서 당사자는 예컨대 행정관청의 인가를 받아 법률행위의 효력을 확정적으로 유효하게 만들기 위해 노력할 의무를 진다.[10)]

부동적 무효상태는 필요한 추가적 요건이 실현되거나 더 이상 그 요건의 실현이 불가능하면 전자의 경우 처음부터(ex tunc) 확정적 유효로 되고(endgültig wirksam) 후자의 경우 처음부터 확정적 무효로 된다(endgültig unwirksam).

---

7) Erman/H. Palm, Einl. § 104, Rdn. 25.

8) BGHZ 65, 126.

9) Wendtland, in; Bamberger/Roth, Kommentar zum Bürgerlichen Gesetzbuch, § 108, Rdn. 4 참고. 예외적으로 법정대리인의 동의 없는 미성년자의 법률행위의 상대방은 법정대리인의 추인이 있을 때까지 당해법률행위를 철회할 수 있고(독일 민법 제109조 제 1 항), 무권대리인의 법률행위의 상대방 역시 본인의 추인이 있을 때까지 당해법률행위를 철회할 수 있다(독일 민법 제178조).

10) Palandt/Heinrichs, Bürgerliches Gesetzbuch, Kommentar, BGB, Überbl, Einf v § 104, Rdn. 31.

3. 법률행위의 취소

(1) 의 의

취소할 수 있는 법률행위란 비록 하자가 있으나 일응 유효하고 취소권자에 의해 취소된 경우에만 처음부터(ex tunc) 무효로 되는 법률행위이다. 이러한 하자유형을 인정하는 이유는 취소권의 부여를 통해 하자 있는 법률행위를 유효한 것으로 만들지 아니면 무효화시킬 것인지를 선택할 수 있는 가능성을 열어두기 위해서이다. 취소사유로는 착오(독일 민법 제119조), 의사표시의 부정확한 전달(독일 민법 제120조) 등이 있다.

(2) 주장 및 효과

취소는 상대방 있는 무형식의 의사표시(단독행위)로 취소권자가 특정기간 내에 취소의 상대방에게 하여야 한다. 취소의 의사표시로 법률행위는 원칙적으로 처음부터(ex tunc) 무효이나(소급효를 가지며, 독일 민법 제142조) 계속적 채권채무관계에서(예: 근로계약) 급부가 이미 이행된 경우에는 소급효가 제한되고 장래를 향해서만(ex nunc) 무효이다.

Ⅲ. 독일 주식법상 주주총회결의의 하자유형과 그에 따른 제소방법

1. 주주총회결의의 무효

(1) 무효사유

독일 주식법 제241조는 주주총회결의의 무효사유를 한정적으로 규정하고 있다. 그러나 주식법 제241조에 규정된 일반적 무효사유 외에 다수의 주주총회결의 무효사유가 주식법 규정에 산재해 있다. 예컨대 주식법 제241조가 스스로 명시하고 있듯이 주식법 제192조 제 4 항, 제212조, 제217조 제 2 항, 제228조 제 2 항, 제234조 제 3 항, 제235조 제 2 항이 그것이며 그 밖에 주식법 제250조 및 제253조가 개별적 무효사유를 규정하고 있고 주주총회의 승인을 받은 재무제표와 관련해서는 주식법 제256조가 무효사유를 규정하고 있다.

일반적 무효사유목록(Nichtigkeitskatalog)을 주식법 제241조에 두고 있는 이유는 우선 민법의 일반적인 무효사유에 비해 주주총회결의의 무효사유를 제한하여 법적 안정성을 기하기 위한 것이다. 즉 무효가 되는 경우를 명백하고 내용상 중대한 법령위반에 한정시키기 위한 것이다. 다른 한편 무효사유와 취소사유를 가능한 구별하기 위한 것인데 취소의 경우, 특히 제소기간(1개월)의 제한이 있는 점(주식법 제246조 제1항)에서 무효와 크게 차이가 나서 그렇지 않은 무효사유는 분명히 구분될 필요성이 있기 때문이다.

주식법 제241조가 규정하고 있는 무효사유를 세분하면 다음과 같다.

1) 절차상의 하자[11]

㈎ **주주총회 소집절차상의 하자**(주식법 제241조 제1호)

주주총회소집절차상의 하자 중 소집권자(이사회)가 아닌 자에 의한 소집(주식법 제121조 제2항), 소집공고를 하지 않은 경우(주식법 제121조 제3항), 소집공고시 필수사항을 공고하지 않은 경우(주식법 제121조 제3항), 회사에 그 이름이 알려진 주주에게(보통 기명주주) 등기우편에 의한 소집통지를 하지 않은 경우(주식법 제121조 제4항)에는 주주총회결의는 무효이다. 그 밖의 주식법 제241조에서 언급되지 않은 총회소집절차상의 하자는 취소사유에 불과하다.[12]

㈏ **결의내용의 기록의 하자**(주식법 제241조 제2호)

결의내용을 주식법 제130조 제1항·제2항·제4항이 정한대로 기록하지 않은 경우

2) 내용상의 하자

㈎ 주식회사의 본질에 반하거나, 결의내용이 전적으로 또는 주로 회사 채권자보호를 위한 규정을 위반하거나 공공의 이익을 위한 규정을 위반한 경우

㈏ 결의내용이 공서양속에 반하는 경우

3) 기 타

㈎ 취소소송에서 확정판결로 결의가 무효로 선고된 경우

㈏ 비송사건절차법 제144조 제2항에 따라 확정결정으로 결의가 무효로 되어 등기된 결의가 상업등기부에서 말소된 경우

---

11) 우리 상법 제380조의 무효사유와는 달리 독일 주식법 제241조의 무효사유에는 절차적인 하자도 포함되며, 우리 상법 제376조의 취소사유와는 달리 독일 주식법 제243조의 취소사유에는 결의내용이 법령에 위반되는 내용상의 하자도 포함되어 있다는 점에서 입법상의 큰 차이가 있다. 또한 독일 주식법이 무효사유를 한정적으로 열거하고 있는데(주식법 제241조와 기타의 주식법 규정) 반해 우리 상법은 포괄적인 방법으로('결의내용이 법령에 위반한 것을 이유로') 무효사유를 규정하고 있는 점도 차이가 있다.

12) 구체적 내용은 아래의 취소사유 참고.

4) 무효의 치유(Heilung der nichtiger Beschlüsse, 주식법 제242조)

무효사유는 누구든지 기간과 방법의 제한 없이 주장할 수 있으므로 법적 안정성을 해할 소지가 높아 일정한 요건하에 무효인 결의의 치유를 인정하고 있다.[13]

우선 주주총회 결의의 기록상의 하자로 무효가 된 경우에는(주식법 제130조 제1항·제2항·제4항) 그 결의가 상업등기부에 등기되면 그 등기시점에 무효가 치유된다(주식법 제242조 제1항).

또한 소집절차상의 하자나 내용상의 하자로 무효가 된 경우에 상업등기부에 결의가 등기 후 3년이 경과하면 그 시점에 무효가 치유된다(주식법 제242조 제2항 제1문). 주식법 제249조의 무효소송 또는 제246조의 취소소송이 계속되면[14] 확정판결이 있을 때까지 또는 다른 방법으로 다툼이 종료될 때까지 그 기간이 연장된다(주식법 제242조 제2항 제2문). 독일 민사소송법 제256조의 일반적인 무효확인소송이 제기된 경우에는 그 기간이 연장되지 않는다.[15] 기간의 기산시점은 등기일이며 등기사항의 공고일이 아니다. 무효소송이나 취소소송에 의해 기간의 진행이 중단되거나 중지되는 것은 아니고, 다만 그 기간이 연장될 뿐이다.

소집통지를 받지 못한 주주가 주주총회결의를 추인한 경우에도 무효인 결의는 치유된다(주식법 제242조 제2항 제4문).

(2) 무효를 다투는 방법

주주총회결의의 무효는 누구나 그 방법과 시기에 제한 없이 주장할 수 있고, 소의 이익(확인의 이익)이 있는 한 누구나 기간의 제한 없이 독일 민사소송법 제256조에 의해 판결이 상대적 효력밖에 없는 일반적인 무효확인의 소(Feststellungsklage)를 제기할 수 있다.[16]

---

13) 민법상 무효인 법률행위에 대해서는 법에 특별규정을 두고 있는 경우를 제외하곤 그 치유가 인정되지 않는 것이 원칙이다.

14) 법문언에는 취소소송이 언급되지 않고 있으나 해석상 취소소송이 제기된 경우에도 확정판결이 있을 때까지 그 기간이 연장된다고 본다. Zöllner, in: Kölner Kommentar zum Aktiengesetz, 2. Aufl., §242, Rdn. 36; Hüffer, Aktiengesetz, 6. Aufl., §249, Rdn. 4.

15) Hüffer, Aktiengesetz, §242, Rdn. 4. 불발효에 대해서도 주식법 제242조를 유추적용하여 하자의 치유를 인정하는 것이 통설의 입장이다. 주식법 제242조를 불발효에 유추적용하는 입장을 취하면 결국 불발효인 결의가 상업등기부에 등기된 후 3년이 경과하면 하자의 치유가 있게 되고 독일 민사소송법 제256조에 의해 불발효확인소송을 제기하더라도 그 기간이 연장되지 않는다.

16) 즉 일반적으로 법률행위의 무효를 주장할 수 있는 모든 방법이 가능하다. 다만 대세적 효력이 있는 판결을 받기 위해서는 주식법 제249조의 무효소송으로만 가능하고 이러한 무효소송의 제소권자는 주주, 이사회, 이사회와 감사회의 임원으로 제한되어 있다. Semler in; Münchener Handbuch des Gesellschaftsrechts, Bd. 4, Aktiengesellschaft, 2. Aufl., §41, Rdn. 6; Zöllner, in: Kölner Kommentar, §249 Rdn. 2; Hüffer, Aktiengesetz, §242, Rdn. 2.

다만 주주, 이사회 또는 이사회나 감사회의 임원은 회사를 피고로 하여 반드시 주식법 제249조의 무효소송으로만 주주총회결의의 무효를 다툴 수 있다.[17] 주식법이 그 본질이 확정적 불발효(endgültige Unwirksamkeit)이나 무효로 규정하고 있는 경우[18]에는 주주, 이사회 또는 이사회나 감사회 임원은 반드시 주식법 제249조의 무효소송에 의해서만 그 무효를 다툴 수 있다.

(3) 주식법 제249조의 무효소송

1) 의 의

법적 안정성을 위해 주식법은 무효판결의 효력이 소송당사자를 넘어서 모든 이에게 효력이 있는, 즉 대세적 효력이 있는 무효소송을 주식법 제249조에서 인정하고 있다. 그러나 이 규정이 주주총회결의의 무효를 다투는 방법을 반드시 주식법 제249조가 정하고 있는 무효소송에 의하도록 강제하거나 제소권을 제한하고 있는 것은 아니며 단지 대세적 효력이 있는 무효소송을 제기할 수 있는 자(제기하여야 하는 자)의 인적 범위를 제한하고 있을 뿐이다.

따라서 독일 민사소송법 제256조의 일반적인 무효확인의 소를 제기하는 길이 차단되는 것은 아니며, 다만 이 경우 확인의 이익과 보호법익이 있어야 한다. 독일 민사소송법 제256조의 일반적인 무효확인의 소의 경우 무효판결은 소송당사자 사이에서 상대적 효력만을 가지고, 무효판결을 상업등기부에 등기하고 공고할 필요가 없으며(참고 주식법 제248조 제1항: 취소소송에서 무효판결의 등기와 공고에 관한 규정으로서 무효소송에 준용), 주식법 제246조 제2항(취소소송에서 회사를 대표하는 자에 관한 규정으로 무효소송에 준용)이 적용되지 않아 회사를 대표하는 자는 주식법 제78조에 의해 이사회만이 될 수 있는 점에서 주식법 제249조의 무효소송과 큰 차이가 있다.

주식법 제249조에 규정된 인적 범위 내에 속한 자(원고적격이 있는 자)가 회사를 피고로 하여 주주총회결의의 무효를 소송상 다투는 경우 대세적 효력이 있는 주식법 제249조의 무효소송에 의하여야지 독일 민사소송법 제256조의 일반적 무효확인소송으로 할 수 없다. 주주가 다른 주주를 피고로 하여 독일 민사소송

17) Zöllner, in: Kölner Kommentar, §249 Rdn. 3; Semler, in: Münchener Handbuch des Gesellschaftsrechts, Bd. 4, §41, Rdn. 6; Hüffer, Aktiengsetz, §249, Rdn. 2. 주주나 이사회 또는 이사회나 감사회 임원이 제3자를 피고로 하여, 또는 제3자가 회사나 다른 제3자를 피고로 하여 주주총회결의 무효의 확인을 구하는 소송을 제기한 경우에는 주식법 제249조의 무효소송이 아니다.

18) 주식법 제173조 제3항 제3문, 제217조 제2항 제4문, 제228조 제2항 제1문, 제234조 제3항 제1문, 제235조 제2항 제1문이 그 경우이다.

법 제256조의 무효확인을 구하는 소를 제기한 경우 대세적 효력이 있는 주식법 제249조의 무효소송의 가능성으로 인해 특별히 확인의 이익이 없는 한 허용되지 않는다(확인소송의 보충성 원칙).

무효인 주주총회결의에 대해 주식법 제249조의 무효소송, 독일 민사소송법 제256조의 무효확인소송 이외에 그 밖의 자유로운 방법으로, 예컨대 항변, 부인 등의 방법으로 언제든지 무효주장이 가능하다. 반드시 소송의 방법으로 무효를 주장할 필요도 없다. 따라서 주금납입을 최고당한 신주인수권자는 증자결의가 무효라는 항변을 할 수 있고, 주주가 이익배당을 청구한 경우 회사는 배당결의가 무효라는 항변을 할 수 있으며, 회사는 배당결의가 무효라는 것을 이유로 지급한 이익배당금의 반환을 청구할 수 있다.[19]

주식법 제249조의 무효소송을 제기하기 위해서는 주식법 제241조 제1호에서 제6호의 무효사유 또는 제250조, 제253조, 제256조, 제192조, 제212조의 무효사유존재 이외에 특별히 다른 요건, 예컨대 제소기간의 준수 등은 필요하지 않다.

주식법 제249조의 무효소송은 결의부존재(Nichtbeschluß)나 표현결의(Scheinbeschluß)에 준용한다.[20]

원칙적으로 주식법 제249조의 무효소송은 反訴로는 불가능하다고 본다. 회사가 제소권자인 경우 주식법 제78조에 의해 이사회가 회사를 대표하고 주식법 제249조의 무효소송에서 회사가 피고인 경우 대표에 관해 주식법 제246조 제2항 제2문이 적용되므로(즉 이사회와 감사회가 피고인 회사를 대표)[21] 원고와 반소피고를 대표하는 자가 일치하지 않는 문제가 발생하기 때문이다. 즉 원고인 회사를 대표하여 이사회가 주주를 피고로 하여 제소를 하였는데(예: 증자결의에 기초한 주금납입의 이행소송) 주주가 주식법 제249조의 주주총회결의 무효소송을 반소로 제기한 경우 주식법 제246조 제2항 제2문에 의해 이사회와 감사회가 무효소송의 반소피고인 회사를 대표하여야 하는 문제가 발생하기 때문이다.[22] 따라서 감사회 임원이 주식법 제249조의 주주총회결의 무효소송을 반소로 제기한 경우에만 반소피고인 회사를 주식법 제246조 제2항에 의해 이사회 단독으

19) Hüffer, Aktiengesetz, § 249, Rdn. 12.

20) 이와는 달리 주식법 제249조의 무효소송을 주주총회결의 불발효에도 준용할 수 있는가는 학설의 대립이 심하므로 아래에서 상술한다.

21) 자세히는 아래의 당사자 참고.

22) 통설: 대표적으로 Zöllner, in; Kölner Kommentar, § 249, Rdn. 9. 무효소송에 준용되는 주식법 제246조 제2항은 취소소송을 위해 만들어진 규정이므로 취소소송에서도 동일한 결론이 가능하다.

로 대표할 수 있어 원고로서의 회사를 대표하는 자와 반소피고로서의 회사를 대표하는 자가 불일치하는 문제가 발생하지 않게 되나 이러한 경우는 매우 예외적이다.

2) 당 사 자

주주, 이사회, 이사회 및 감사회의 임원이 원고가 될 수 있다. 주주자격은 반드시 결의시에 존재할 필요가 없으며 제소시에 존재하면 충분하나 소송계속중에 주주의 지위를 상실한 경우에 원고적격이 있는가에 대해서는 학설의 대립이 있다. 제소시에 주주자격이 있었으면 소송진행 중에 주주의 지위를 상실하더라도 계속 주식법 제249조의 무효소송이 가능하다는 견해,[23] 주식법 제249조의 무효소송이 일반적인 무효확인소송으로 전환되어 계속 진행된다는 견해,[24] 소송당사자의 지위와 제소권을 상실하게 되어 소송판결에 의해 부적법 각하된다는 견해[25]가 대립하고 있는데 첫번째 견해가 타당하다. 반면 독일 민사소송법 제256조의 일반적 무효확인소송을 제기한 자가 소송 중에 주주자격을 취득한 경우에는 일반적 무효확인소송이 주식법 제249조의 무효소송으로 전환된다.[26] 이사회 및 감사회 임원자격을 무효소송의 계속중 상실한 경우와 독일 민사소송법 제256조의 무효확인소송 계속중에 이사회 또는 감사회 임원의 자격을 취득한 경우에 주주지위의 상실 및 취득과 동일한 결론이 가능하다.

독일 민사소송법 제256조의 무효확인소송의 경우 반드시 회사를 피고로 할 필요가 없으나, 주식법 제249조의 무효소송의 피고는 반드시 회사여야 한다. 후자의 경우 주주가 제소한 경우에는 이사회와 감사회가 피고인 회사를 대표하고, 이사회 또는 이사회 임원이 제소한 경우에는 감사회 단독으로 피고회사를 대표하며, 감사회 임원이 제소를 한 경우에는 이사회 단독으로 회사를 대표한다(주식법 제249조 제 1 항, 제246조 제 2 항).

3) 무효판결의 효력

무효판결(원고승소판결)은 소송당사자뿐만 아니라 주식법 제248조 제 1 항 제 1 문에 의해 모든 주주와 이사회 및 감사회 임원에게 효력이 미칠 뿐만 아니라 기타의 모든 자에 대해(für und gegen jedermann) 효력이 있다.[27] 반면 원고패소판결은 당사자 사이에서만 효력이 있고, 따라서 제 3 자는 새로이 무효소송

23) Zöllner, in: Kölner Kommentar, § 249, Rdn. 14.

24) BGH, AG 1999, 180, 181; Schilling, in: Großkommentar zum Aktiengesetz, 4. Aufl., § 249, Rdn. 2; Hüffer, in: Geßler/Hefermehl/Eckardt/Kropff, Aktiengesetz, 1973ff., § 249, Rdn. 14; Hüffer, Aktiengesetz, § 249, Rdn. 6.

25) BGHZ 43, 261, 266.

26) Zöllner, in: Kölner Kommentar, § 249, Rdn. 14; Hüffer, Aktiengesetz, § 249, Rdn. 6.

27) 주식법 제249조의 무효소송이 다수견해에 의하면 확인소송인데도 불구하고 그 판결은 마치 형성판결의 효력과 같이 대세적 효력이 있다.

을 제기하는 것이 가능하다.

2. 주주총회결의의 취소

(1) 취소할 수 있는 주주총회결의의 의의

주식법상 주주총회결의가 법령이나 정관에 위배될 때 주주총회는 취소할 수 있다(주식법 제243조). 취소소송의 제소기간 내(주주총회결의 후 1개월)에는 그 하자에도 불구하고 주주총회결의는 유효하며(소위 유동적 유효), 취소소송(주식법 제246조)의 제소권자가 패소한 경우에는 확정적으로 유효하게 되고, 취소소송에서 무효를 선언하는 판결에 의해 주주총회 결의는 확정적으로 무효가 된다. 주식법상 주주총회결의에 하자가 있는 경우 무효는 매우 제한적으로 인정되고(예외이고) 취소할 수 있는 것이 원칙이다.

(2) 취소사유

1) 포괄적 취소사유

주식법 제241조가 무효사유를 한정적으로 열거하고 있는 것과는 달리 주식법 제243조는 취소사유를 한정적으로 열거하고 있지 않다. 즉 주식법 제243조 제1항은 "주주총회결의가 법령이나 정관에 반할 때는 취소할 수 있다"라고 규정함으로써 일반조항의 모습을 띠고 있다. 여기서 말하는 법령은 모든 실체법을 의미하며, 성문·불문을 묻지 않으며, 형식적 의미의 법률인가 아니면 법규명령인가 공법상 법인의 정관인가를 묻지 않는다. 관습법과 법형성에 의해 만들어진 법원칙도 주식법 제243조 제1항의 법령에 속한다. 또한 법령은 주식법에 한정되는 것이 아니어서 다른 법령, 예컨대 민법도 제243조 제1항의 법령에 해당된다. 그러나 채권법적 계약위반은 법령위반이 아니며, 특히 의결권구속계약(Stimmbindungsvertrag)을 위반하여도 취소사유가 되지 않는다.[28)]

2) 절차상의 하자(Verfahrensfehler)

절차상의 하자란 주주총회의 성립과정과 결의절차, 즉 주주총회의 소집에서 결의결과의 확정까지의 절차가 법령이나 정관에 위배되는 경우를[29)] 말하는데 대표적인 절차상의 하자로는 허용되지 않는 장소에서의 주주총회개최, 소집통지·

28) Mimberg, in: Marsch-Barner/Schäfer(Hrsg.), Handbuch Börsennotierte AG, § 37, Rdn. 40; Hüffer, Aktiengesetz, § 243, Rdn. 9.

29) 우리 상법 제376조가 총회소집절차나 결의방법이 법령 또는 정관에 위반하거나 불공정한 때를 취소사유로 규정하고 있는 것과 유사하다.

공고기간을 준수하지 않은 경우, 주주총회 의안의 불충실한 공고, 총회장에의 부당한 입장거부, 부당한 발언권 제한, 질의에 대한 부당한 답변거절, 표결집계의 오류 등을 들 수 있다.

법령과 정관에 반하는 모든 절차상의 하자가 취소사유가 되는 것은 아니고 주주총회의 결의결과에 영향을 미치는 하자만 취소사유가 된다. 즉 결의결과와 인과관계에 있는 법령이나 정관의 위반(Kausalität des Fehlers)[30] 또는 결의결과와 관련된 법령 또는 정관의 위반만이(Relevanz des Fehlers)[31] 취소사유가 된다.

3) 내용상의 하자(Inhaltlicher Fehler)

내용상의 하자란 결의의 내용 자체가 법령이나 정관에 반하는 것을 말한다. 다시 말하면 하자가 주주총회 성립과정이 아니라 결의결과와 관련될 때 내용상의 하자가 있게 된다.

구체적인 예를 들면 의결권행사를 통해 회사나 다른 주주에게 손해를 끼치고 그에 대한 상당한 보상 없이 주주 자신 또는 제 3 자가 특별이익을 제공받기 위해 결의를 이용한 경우(부적법한 특별이익의 제공, 주식법 제243조 제 2 항), 예컨대 아주 유리한 조건으로 특정주주와 맺은 경영임대계약을 승인하는 결의, 유리한 조건으로 특정주주에게 영업을 양도하는 결의 등은 내용상의 하자 있는 결의로서 취소할 수 있다.

주주간의 충실의무를 위반하여 소수주주의 이해를 해치는 주주총회결의가 이루어진 경우(다수결남용), 예컨대 증자시 회사의 이익을 위해 필요하고(필요성) 회사와 주주의 이해를 형량한 비례성이 있는 신주인수권 배제결의가 아니라면 취소할 수 있다. 또한 주주평등의 원칙에 반하는 결의도 취소할 수 있으며, 주주평등의 원칙을 준수하여도 다수결남용에 해당하는 결의는 역시 취소할 수 있다.[32]

(3) 취소소송

1) 당 사 자

(가) 원 고

취소소송의 원고는 주식법 제245조에 의해 취소권(Anfechtungsbefugnis)[33]

30) BGHZ 36, 121, 139f.

31) Zöllner, in: Kölner Kommentar, § 243, Rdn. 81ff.; Hüffer, in: Geßler/Hefermehl/Eckardt/Kropff, § 243, Rdn. 23ff.; Hüffer, Aktiengesetz, § 243, Rdn. 12f.; Mimberg, in: Marsch-Barner/Schäfer(Hrsg.), Handbuch, Börsennotierte AG, § 37, Rdn. 44.

32) Hüffer, in: Geßler/Hefermehl/Eckardt/Kropff, § 243, Rdn. 58ff. 참고.

33) 취소권은 주관적 권리(subjektives Recht)로서 실체법적 권리이며, 따라서 소송법상의 제소권과는 다르다.

이 있는 자인데, 주주(주식법 제245조 제1호·제2호·제3호), 이사회(주식법 제245조 제4호), 이사회 임원이나 감사회 임원(주식법 제245조 제5호)이 원고가 될 수 있다.

주주가 취소권을 행사하려면(취소소송을 제기하려면) 주식법 제245조 제1호에 의해 주주총회에 출석하여 의사록에 이의를 한 기록이 있어야 하며,[34] 주식법 제245조 제2호에 의해 총회에 출석하지 않은 주주로서 부당하게 그 참가가 허용되지 않은 경우, 주주총회소집절차가 적법하게 이루어지지 않은 경우, 또는 주주총회의 의안이 적법하게 공고되지 않은 경우라야 한다.

주식법 제245조 제3호에 근거해, 즉 특정주주에 대한 부당한 특별이익 제공을 내용으로 하는 결의에 대한 취소소송은 모든 주주가 제기할 수 있으며, 주주총회에 참가 여부는 무방하고 총회에서 이의제기를 의사록에 기록할 필요도 없다.

주주가 제소하는 경우에는 최소한 1주 이상의 주식을 소유하여야 하고, 통설에 따를 때 합병이나 상속 등 포괄승계의 경우를 제외하고 제소시뿐만 아니라 결의시에도 주주여야 하며,[35] 제소시에 원고적격을 가지고 있었으면(즉 통설에 따를 때 결의시와 제소시에 주주였으면) 소송 중에 주주의 지위를 상실하여도 결의취소에 대한 법적 이익이 있는 한 원고의 지위를 잃지 않는다.[36] 제소권자인 주주에는 의결권 없는 주주와 특별한 이해관계로 인해 의결권이 금지된(주식법 제136조) 주주도 포함된다.[37]

(나) 피 고

취소소송은 회사를 피고로 하여서만 제소할 수 있다. 피고인 회사를 대표하는 자는 주식법 제246조 제2항에 의해 주주가 제소한 경우 이사회와 감사회가

34) 법령이나 정관위반을 알 수 없는 경우 또는 착오로 이의를 의사록에 기록하지 않은 경우에는 의사록의 이의 기록이라는 요건이 충족되지 않아도 취소가 가능하다고 해석하는 견해가 유력하다. Zöllner, in: Kölner Kommentar, § 245, Rdn. 42f, u. 57; Hüffer, Aktiengesetz, § 245, Rdn. 16.

35) Hüffer, in: Geßler/Hefermehl/Eckardt/Kropff, § 245, Rdn. 23에서 예시한 이러한 입장을 취하는 다수의 관련문헌 참고. 반대견해는 제소시에만 주주이면 충분하다거나(Zöllner, in: Kölner Kommentar, § 245, Rdn. 18ff.), 주주총회 소집공고나 통지시에만 주주이면 된다고 본다(KG, NJW 1959, 439f.).

36) Mimberg, in: Marsch-Barner/Schäfer(Hrsg.), Handbuch Börsennotierte AG, § 37, Rdn. 79; Hüffer, in: Geßler/Hefermehl/Eckardt/Kropff, § 245, Rdn. 25; Zöllner, in: Kölner Kommentar, § 245, Rdn. 23f. 반대견해는 소송 중(정확히는 사실심의 구두변론종결시까지) 계속 주주의 지위를 유지하여야 한다고 본다. 대표적으로 BGHZ 43, 261, 266f.(유한회사에 관한 판결); Schilling, in: Großkommentar, § 245, Rdn. 6; Semler, in: Münchener Handbuch des Gesellschaftsrechts, Bd. 4, § 41, Rdn. 58 참고. 반대견해에 대해서는 취소소송을 지나치게 어렵게 한다는 비판이 제기된다.

37) Zöller, in: Kölner Kommentar zum Aktiengesetz, § 245, Rdn. 8; Hüffer, Aktiengesetz, § 245, Rdn. 5; Semler, in Münchener Handbuch des Gesellschaftsrechts, Bd. 4, § 41, Rdn. 51.

공동으로 대표하고, 이사회나 이사회 임원이 제소한 경우에는 감사회가 대표를 하고, 감사회 임원이 제소한 경우에는 이사회가 대표를 한다.

2) 제소기간

결의취소의 소는 주주총회 결의일로부터 1개월 내에 제기하여야 한다. 주주총회가 수일이 소요된 경우 마지막 날까지 의사록에 이의를 기재하는 것이 가능하기 때문에 결의가 행해진 날이 아니라 주주총회 마지막 날을 기준으로 기산한다.[38] 결의나 주주총회에 대한 제소권자의 지·부지 여부는 1개월의 기간 기산과는 무관하다.

3) 취소판결의 효력

취소판결은 형성판결이다. 즉 무효의 가능성은 있었지만 일단 유효한 결의가 판결에 의해서 확정적으로 무효화됨으로써 실체법적 기초의 변경이 있게 된다. 취소판결은 대세적 효력이 있으며[39] 결의시로 소급하여 무효의 효력이 발생한다.[40] 소급효의 인적범위와 관련해서 보면 모든 주주와 이사회와 감사회 임원에 대해서는 제한 없이 소급효가 인정된다(주식법 제248조 제1항). 제3자(gesellschaftsfremde Personen)에 대한 관계에서 소급효를 전면 부인하는 견해,[41] 제3자에 대해서도 소급효를 인정하는 견해,[42] 절충적 입장에서 객관적으로 정당한 취소판결만(das sachlich richtige Urteil)이 제3자에 대해서도 소급효를 가진다는 견해[43]와 사단적 법률행위와 채권법적 법률행위를 구분하여 취소판결이 제3자에 대해서도 소급효를 가지는 것은 사단적 법률행위에 한정된다는 견해[44]의 대립이 있었다. 현재의 통설[45]에 의하면 원칙적으로 제3자에 대해서도 소급효가 인정되고, 다만 예외적으로 제3자가 주주총회결의가 유효함을 신뢰하여 한 법률행위는 보호되어야 한다고 본다. 예컨대 취소된 주주총회결의가 등기되어 있는 경우 상법(HGB) 제15조 제3항에 의해 그 부실등기를 신뢰하고 거래한 제3자는 보호된다.

38) Zöllner, in: Kölner Kommentar, § 246, Rdn. 10; Hüffer, in: Geßler/Hefermehl/Eckardt/Kropff, § 246, Rdn. 34.
39) Hüffer, in: Geßler/Hefermehl/Eckardt/Kropff, Aktiengesetz, § 248, Rdn. 5ff.; Hüffer, Aktiengesetz, § 248, Rdn. 5ff.
40) Hüffer, in: Geßler/Hefermehl/Eckardt/Kropff, Aktiengesetz, § 248, Rdn. 15.
41) Schlegelberger/Qwassowski, Aktiengesetz, 1937, § 200, Rdn. 3.
42) Zöllner, in: Kölner Kommentar, § 248, Rdn. 17ff.
43) A. Hueck, Anfechtbarkeit und Nichtigkeit von Generalversammlungsbeschlüssen, 1924, S. 197ff. u. 205; Schulte, "Rechtsnatur und Wirkungen des Anfechtungs- und Nichtigkeitsurteils nach den § 246, 248 AktG," AG 1988, 70f.
44) Schilling, in: Großkommentar, § 248, Rdn. 5f.
45) Zöllner, in: Kölner Kommentar, § 248, Rdn. 17ff.; Hüffer, Aktiengesetz, § 248, Rdn. 7; Semler, in: Münchener Handbuch des Gesellschaftsrechts, Bd. 4, § 41, Rdn. 100.

(4) 취소소송과 무효소송과의 관계

취소소송과 무효소송은 주주총회결의의 무효라는 대세적 효력이 있는 법원의 선언을 목표로 하고 있는 점에서 동일한 소송물을 가지고 있다고 보기 때문에 주식법 제249조의 무효소송이 제기된 경우에 법원은 취소사유의 존부도 심사하여야 하며, 주식법 제246조의 취소소송이 제기된 경우에는 반대로 무효사유의 존부도 심사하여야 한다.[46]

항소심에서 무효나 취소사유 중 일방의 존부만 심사한 경우 상소심에서 타방의 존부에 대한 심사가 가능하며, 사실관계의 변경이 없는 한 취소소송에서 무효소송으로 또는 그 반대로의 전환은 소의 변경에 해당하지 않는다. 동일한 사실관계에 대해 이미 무효소송이 계속되어 있으면 그러한 사실관계를 대상으로 하는 취소소송은 제기할 수 없고(중복제소에 해당), 그 반대도 동일하다.[47]

3. 주주총회결의 부존재(표현주주총회결의)

매우 중대한 절차상의 하자가 있어 주주총회결의라고 할 수 없는 정도의 하자가 있는 주주총회를 의미하며, 주주총회결의의 하자의 한 유형으로 인정하는 견해[48]와 독립된 하자유형으로 인정하지 않고 그 하자의 경·중에 따라 주주총회결의의 무효나 취소에 포함시키는 견해[49]가 있는데 후자의 견해가 통설적 지위를 갖고 있다.

4. 주주총회결의의 유동적(부동적) 무효(주주총회결의의 불발효)

(1) 의 의

유동적(부동적) 무효인 또는 불발효인 주주총회결의란 주주총회결의가 그 의도한 법률효과를 발생시키려면 주주총회결의 그 자체 외에 추가적인 요건을 충족시켜야 하는데 그렇지 못한 경우를 말한다. 예컨대 법이나 정관이 추가적으로 요구하고 있는 주주의 동의를(주식법 제180조 제1항: 주주에게 부수적 의무부과를 위한 개별 주주의 동의) 받지 못하거나 종류주주총회의 결의가(주식법 제179

46) BGHZ 134, 364, 366f.; Hüffer, Aktiengesetz, § 246, Rdn. 14.
47) Hüffer, Aktiengesetz, § 246, Rdn. 14.
48) 매우 오래된 견해인데 대표적으로 RGZ 75, 239, 244.
49) Hüffer, Aktiengesetz, § 241, Rdn. 3; Zöllner, in: Kölner Kommentar, § 241, Rdn. 49f.

조 제3항의 종류주주총회의 결의) 흠결된 상태의 주주총회결의를 말한다.[50] 주주총회결의 그 자체는 완전히 유효하게 이루어져야 하고 단지 추가적인 요건이 충족되지 않아 불완전한 상태의 결의여야 한다. 따라서 주주총회결의의 유동적 무효는 법령이나 정관위반을 이유로 하는 것이 아니고 주주총회결의가 효력을 발휘하기 위한 추가적 효력요건이 결여된 것일 뿐인 점에서(unvollständiger rechtsgeschäftlicher Tatbestand, Mangel des vollen rechtsgeschäftlichen Tatbestandes) 주주총회결의의 무효나 취소와 차이가 있다.[51]

주주총회결의의 하자로서 유동적 무효를 인정할 필요성이 있는가에 대해 독일의 통설[52]은 민법에서 법률행위의 하자유형으로서 유동적 무효를 인정하듯이[53] 주주총회결의에 관해서 유동적 무효라는 하자유형을 인정하고 있다. 소수견해[54]는 주주총회결의와 관련하여 유동적 무효라는 개념을 인정할 필요가 없고 이것은 주주총회결의의 무효개념에 포섭이 가능하며, 단지 상업등기부의 등기와 특정기간의 경과라는 하자치유사유(주식법 제242조) 이외에 제3자의 동의나 관청의 인·허가에 의해서도 하자가 치유될 수 있다는 것만 특이하다고 본다.[55] 따라서 소수견해는 유동적 무효인 주주총회결의에 대해서도 주식법 제249조의 무효소송을 제기할 수 있다고 주장한다.

독일의 통설을 따라 유동적 무효인 주주총회결의라는 하자범주를 인정할 필요가 있다.[56] 독일 주식법의 법문언에 무효(Nichtigkeit)가 아닌 유효(Wirksam-

50) 추가적인 요건으로는 제3자의 의사표시 이외에 관청의 인·허가나 등기나 등록 등이 될 수도 있다.

51) Hüffer, Aktiengesetz § 241, Rdn. 6.

52) RGZ 148, 175, 184ff.; BGHZ 15, 177, 181; von Godin-Wilhelmi, Aktiengesetz II, 4. Aufl., § 241 Rdn. 2; Heidel(Hrsg.), Anwaltskommentar Aktienrecht, § 241, Rdn. 1; Noack, "Fehlerhafte Beschlüsse in Gesellschaften und Vereinen," S. 12f.; Thöni, "Die Beschlußmängelfolge der Unwirksamkeit im Kapitalgesellschaftsrecht," GesRZ 1995, 73ff.; Hüffer, Aktiengesetz, 4. Aufl., § 241, Rdn. 6; Zöllner in Kölner Kommentar, § 241, Rdn. 7ff.

53) 독일 민법학에서 유동적 무효개념의 인정은 Flume, Allgemeiner Teil des Bürgerlichen Rechts, Zweiter Band, Das Rechtgeschäft, 3. Aufl., S. 548f.; Larenz/Wolf, Allgemeiner Teil des Bürgerlichen Rechts, 9. Aufl., § 44 IV. 참고.

54) Baums, "Der unwirksame Hauptversammlungsbeschluß," ZHR 142(1978), 582ff.

55) 이 견해는 전환권이나 신주인수권행사를 위한 조건부 증자(bedingte Kapitalerhöhung)결의에 반하는 내용의 주주총회결의, 즉 전환권자나 신주인수권자에게 전환주식이나 신주를 배정하지 않거나 제한하는 결의 또는 무상신주배정시 기존주주의 지분비율에 비례하지 않는 신주배정결의는 주식법 제192조 제4항 및 주식법 제212조 제2문에 의해 유동적 무효(불발효)인 주주총회결의이나 주식법 제242조의 하자치유의 대상이 되는 결의에 포함되어 있지 않기 때문에 주식법 제242조의 하자치유사유인 상업등기부의 등기와 등기 후 3년의 기간경과는 이 경우에 적용이 없고 제3자인 전환권자나 신주인수권자 또는 기존주주의 동의만이 하자치유사유가 된다고 본다. Baums, a.a.O., S. 588.

56) 독일의 판례와 학설은 1937년 주식법의 개정 전에 이미 널리 유동적 무효라는 개념을 사용하였고 취소와 무효와는 구별하고 있었다. 당시의 판례와 문헌의 자세한 소개는 Hüffer, in: Geßler/Hefermehl/Eckardt/Kropff, Aktiengesetz, § 241, Rdn. 18 참고.

keit)라는 용어가 사용되고 있고(주식법 제179조 제3항, 제182조 제2항, 제222조 제2항),[57] 주주총회결의로 당해주주의 동의 없이 주주권(사원권)에 대한 처분을 한 경우(예컨대 종류주주총회의 결의 없이 종류주주의 지위에 영향을 미치는 결의 또는 개별 주주의 동의 없이 출자의무 이외의 부수적 의무를 부과하는 결의) 그 결의는 처음부터 확정적으로 무효(nichtig)라는 소수견해의 주장은 독일 민법의 해석론과 모순된다.[58] 권한 없는 자가 타인의 권리(주관적 권리, subjektives Recht)를 처분한 경우 독일 민법(BGB) 제185조의 해석론에 의하면 타인의 추인(Genehmigung)을 받으면 유효하게 될 수 있는 유동적 무효(불발효, Unwirksamkeit)이지 타인의 추인에 의해서 유효하게 될 수 없는 처음부터 확정적으로 무효(Nichtigkeit)인 법률행위는 아니다.

또한 유동적 무효를 인정하지 않고 처음부터 확정적인 무효(Nichtigkeit)와 동일하게 보아 주식법 제241조(무효사유) 및 제249조(무효소송)를 유동적 무효인 결의에도 적용할 수 있다고 볼 때 얻을 수 있는 장점이 분명하지 않고, 이러한 해석론은 무효와 취소는 객관적 법질서 위반이 있는 경우에(Verletzung des objektiven Rechts, Rechtsverstoß, Verstoß gegen das Gesetz oder die Satzung) 인정되는 법률행위의 하자임에 반해 유동적 무효는 법률행위의 전체요건 중 단지 일부가 흠결된 것에 불과할 때(Defizit gegenüber dem vollen rechtsgeschäftlichen Tatbestand, Unvollständigkeit des zur Wirksamkeit erforderlichen Gesamttatbestandes, unvollständige Erfüllung des rechtsgeschäftlichen Tatbestandes) 인정되는 하자유형이라는 본질적 차이를 무시하게 된다.[59]

유동적 무효상태에 있는 주주총회결의에 대해서는 누구든지, 누구를 상대로 하든지, 특별한 방법상의 제한 없이 언제든지 그 무효를 주장할 수 있다. 이 점에서 주주총회결의의 무효와 유사하고, 짧은 제소기간과 제소권자의 제한이 있는 취소할 수 있는 주주총회결의와 차이가 있다. 또한 유동적 무효(schwebende

57) 주식법 제179조 제3항: "수종의 주식간의 관계가 어느 특정의 종류주식에 불리하게 되는 주주총회의 결의가 유효하기 위해서는(zu seiner Wirksamkeit) 불리하게 되는 종류주주총회의 특별결가 필요하다."
주식법 제182조 제2항: "수종의 의결권 있는 주식이 존재하는 경우 유상증자를 위한 주주총회결의가 유효하기 위해서는(zu seiner Wirksamkeit) 모든 의결권 있는 종류주식 주주에 의한 종류주주총회 특별결의가 필요하다."
주식법 제222조 제2항: "수종의 의결권 있는 주식이 존재하는 경우 자본감소를 위한 주주총회결의가 유효하기 위해서는(zu seiner Wirksamkeit) 모든 의결권 있는 종류주식 주주에 의한 종류주주총회 특별결의가 필요하다."

58) Hüffer, in: Geßler/Hefermehl/Eckardt/Kropff, Aktiengesetz, 9. Lieferung, § 241, Rdn. 18.

59) Hüffer, in: Geßler/Hefermehl/Eckardt/Kropff, Aktiengesetz, 9. Lieferung, § 241, Rdn. 18.

Unwirksamkeit)에는 추가적인 요건의 충족을 통한 주주총회결의의 완전한 효력 발생(무효의 치유)이라는 가능성이 항상 열려 있는 것이 원칙인 점에서 무효(Nichtigkeit)인 주주총회결의가 매우 예외적으로 그 치유의 가능성이 있는 점과(주식법 제242조) 대비된다.

(2) 효 과

주주총회결의가 유동적 무효상태인 경우에 회사의 이사 또는 이사회는 흠결된 추가적 요건이 충족되도록 노력할 의무가 있다. 즉 결여된 개별주주의 동의를 최고하고, 종류주주총회의 특별결의를 이끌어내며, 행정관청의 인·허가를 받거나 또는 상업등기부에 등기를 하는 등의 의무가 있다.[60] 유동적 무효상태는 주주총회결의가 효력을 발생하기 위한 추가적 요건이 충족될 수 없는 것이 확정되면[61] 확정적으로 무효가 되고(endgültige Unwirksamkeit, absolute Unwirksamkeit), 추가적 요건이 실현되어 완전한 요건을 갖춘 결의가 되면(vollständiger Wirksamkeitstatbestand) 확정적으로 유효한 결의가 된다(endgültige Wirksamkeit).[62] 주식법 제242조 제 2 항, 즉 무효의 치유에 관한 규정은 불발효에도 유추적용되어 불발효인 주주총회결의가 상업등기부에 등기된 후 3년의 기간이 경과하는 동안 불발효확인소송이 제기되지 않은 경우에는 하자가 치유되어 확정적으로 유효한 주주총회결의가 된다.[63] 법률효과 측면에서 무효와 불발효는 의도된 법률효과가 발생하지 않는다는 점에서 공통된 점이 있고, 그 무효를 주장함

---

60) 이것을 유동적 무효인 법률행위의 사전효(Vorwirkung des schwebend unwirksamen Geschäfts)라고 한다. Larenz/Wolf, a.a.O., §44, Rdn. 54f. 우리 대법원도 허가를 받지 않은 토지거래계약이 유동적 무효상태에 있는 경우 당사자가 추가적 요건의 실현, 즉 허가신청절차를 위해 협조할 의무가 있다고 판시하고 있다(대법원 1991. 12. 24. 선고 90다12243 판결(공 1992. 2. 15(914), 642)).

61) 예컨대 출자의무 이외의 부수적 의무를 부과하는 주주총회결의가 의무를 부담해야 하는 주주의 동의를 받지 못하거나, 종류주주총회의 특별결의가 부결되거나 행정관청의 인·허가를 받지 못하게 된 경우 등이다.

62) Larenz/Wolf, a.a.O., §44 I ff.에 의하면 하자있는 법률행위의 상위개념으로 무효(Unwirksamkeit)인 법률행위를 두고(넓은 의미의 무효인 법률행위) 그 아래에 처음부터(von Anfang an) 확정적으로 무효(Nichtigkeit, totale Unwirksamkeit)인 법률행위와 우선 유효하나(gültig, wiksam) 취소에 의해 무효화될 수 있는 취소할 수 있는 행위(anfechtbare Rechtsgeschäft), 우선 무효이나 추가적인 요건의 실현 여부에 따라 확정적으로 유·무효가 되는 유동적 무효인 법률행위(schwebend unwirksames Rechtsgeschäft) 및 우선 유효하나 철회에 의해 무효로 되는 유동적 유효인 법률행위를 위치시키고 있다. 우리 나라 학자 중에 Unwirksamkeit를 결효(缺效)로 번역하는 학자도 있다. 정옥태, "浮動的 缺效," 사법행정(1992. 7), 15면 이하 참고.

63) OLG Schleswig, NZG 2000, 895, 896; Hüffer, in: Geßler/Hefermehl/Eckardt/Kropff, Aktiengesetz, 9. Lieferung, §242, Rdn. 17; Hüffer, Aktiengesetz, §242, Rdn. 10; Zöllner, in: Kölner Kommentar, §242, Rdn. 28; Thöni, GesRZ, 1995, 78f.

에 있어서 주체와 방법 및 시기의 제한이 없다는 점에서 또한 공통점이 있으며, 불발효인 결의가 상업등기부에 등기된 경우에 하자의 치유를 통한 법적 안정에 대한 필요성이 무효인 결의가 등기된 경우보다 결코 적다고 할 수 없다.[64] 불발효인 결의에 이해관계를 가진 자에게는 등기 후 3년이라는 기간은 부적법하게 이루어진 등기에 대해 이의를 제기할 수 있는 충분한 기간이라고 볼 수 있고, 주식법 제242조 제2항은 채권자의 권리나 공공의 이해관계를 침해하는 무효인 결의에 대해서도 그 하자의 치유를 허용함에 비추어 당해 주주(예: 종류주주)의 권리를 침해함에 불과한 결의불발효에 대해 하자의 치유를 인정하지 않는 것은 모순되기 때문이다.[65]

(3) 불발효를 다투는 방법

불발효인 주주총회결의에 대해서는 누구나, 누구를 상대로, 임의의 방법으로 언제든지 그 불발효를 주장할 수 있다. 즉 불발효를 주장할 수 있는 자와 그 상대방 및 불발효를 다투는 시기와 방법에 제한이 없다. 이것은 유동적 불발효 상태에서 확정적 불발효상태가 된 경우에도 마찬가지이다.[66] 다만 불발효에 대해 아무런 이의를 제기하지 않아 유효한 결의가 있는 것으로 오인할 만한 상태를 유책하게 야기한 자는 신의칙상(독일 민법 제242조) 불발효를 주장할 수 없다.[67] 또한 일반주주총회결의 후 상당한 기한 내에 유효한 주주총회결의가 되도록 결여된 추가적 요건의 충족을 위한 절차를(개별주주의 동의 여부의 최고, 특별결의를 위한 총회소집, 인·허가의 신청, 등기의 신청 등) 밟아야 한다.[68]

불발효를 소송상 다투는 방법으로는 확인의 이익이 있는 한 독일 민사소송법(ZPO) 제256조의 일반적인 무효확인의 소가 가능하며 이 경우 무효판결의 효력은 상대적 효력밖에 없다.

64) Hüffer, in: Geßler/Hefermehl/Eckardt/Kropff, Aktiengesetz, 9. Lieferung, § 242, Rdn. 17.
65) Zöllner, in: Kölner Kommentar, § 242, Rdn. 28.
66) Hüffer, in: Geßler/Hefermehl/Eckardt/Kropff, Aktiengesetz, 9. Lieferung, § 241, Rdn. 21.
67) K. Schmidt, in: Scholz, GmbHG, 8. Aufl., § 45, Rdn. 59.
68) 반대견해: Zöllner, in; Kölner Kommentar, § 179, Rdn. 64는 상당한 기간 내에 주주총회결의의 완전한 효력발생을 위한 특별결의가 없는 경우에 그 법적 효과를 어떻게 할지 불분명하므로 특별결의를 반드시 상당기간 내에 할 필요가 없다고 보고, 따라서 장시간 지체된 후 이루어진 정관변경을 위한 특별결의도 유효하며 이 경우 등기법관은 정관변경의 등기신청이 있으면 이를 받아들여야 한다고 본다.

(4) 불발효시 주식법 제249조의 무효소송의 (유추)적용가능성[69)]

주주총회결의의 무효소송에 관한 주식법 제249조를 불발효에도 (유추)적용할 수 있는가에 대해서는 학설의 대립이 있다. 통설[70)]은 그 (유추)적용가능성을 부인한다. 그 이유로 우선 유동적 무효와 처음부터 확정적 무효인 주주총회결의의 사이에는 유추를 가능하게 하기 위한 유사성이 없다고 본다. 또한 주식법 제249조 무효소송을 유동적 무효인 주주총회결의에 유추적용할 때 판결의 대세적 효력으로 인하여 불합리한 결과를 초래할 수 있다. 즉 개별주주의 특수한 권리(복수의결권, 기관선임 및 이사선임 추천권 등)에 대한 침해를 내용으로 하는 일반주주총회결의에 대해 개별주주 중 일부는 반대의사를 표시하고 일부 주주는 아직 반대의사를 표시하지 않고 있는 경우에 주식법 제249조의 무효소송이 허용되어 일반주주총회결의가 무효판결을 받으면 주식법 제248조에 의한 대세적 효력으로 인해 반대의사를 아직 표시하지 않은 주주에게도 그 효력이 미치는 부당한 결과가 발생한다.[71)] 통설은 다만 주식법이 비록 그 본질은 확정적 불발효(결효)(endgültige Unwirksamkeit)이나 무효(Nichtigkeit)로 규정하고 있는 주식법 제173조 제3항 제3문, 주식법 제217조 제2항 제4문, 제228조 제2항 제1문, 제234조 제3항 제1문, 제235조 제2항 제1문의 경우에는 주식법 제249조의 무효소송이 가능하다고 본다. 이러한 해석이 법문언(nichtig)에 상응하고, 이러한 경우들에 있어서는 주식법 제249조의 무효소송이 가지는 대세적 효력을 인정하여 법적 확실성을 기할 필요가 있음을 그 이유로 든다.[72)] 즉 결론적으로 통설은 주주총회결의가 처음부터 확정적으로 무효이거나(nichtig) 확정적 불발효(결효)이나 법률이 무효(nichtig)로 규정하고 있는 경우에만 주식법 제249조의 무효소송이 가능하다고 본다.

69) 독일의 현재 논의 중 주주총회결의 불발효를 다투는 방법으로 주식법 제246조의 취소소송을 주장하는 견해는 없다. 현재 독일의 학설을 보면 원칙적으로 독일 민사소송법 제256조의 일반적인 무효확인의 소에 의하고 주식법 제249조의 무효소송을 특별한 경우에 제한적으로 적용하자는 견해와(이 견해 안에서도 스펙트럼의 차이가 있다), 주식법 제249조의 무효소송을 주주총회결의의 불발효에 전면적으로 유추적용하자는 견해로 대분된다.

70) Hüffer, in: Geßler/Hefermehl/Eckardt/Kropff, Aktiengesetz, 9. Lieferung, § 249, Rdn. 3 u. 29; Hüffer, Aktiengesetz, 6. Aufl., 2004, § 249, Rdn. 3 u. Rdn. 21; Semler, in: Münchener Handbuch des Gesellschaftsrechts, Bd. 4, § 41, Rdn. 95; Mimberg, in: Handbuch Börsennotierte AG, 2005, § 37, Rdn. 137.

71) Hüffer, in: Geßler/Hefermehl/Eckardt/Kropff, Aktiengesetz, 9. Lieferung, § 249, Rdn. 3 u. 29.

72) Hüffer, in: Geßler/Hefermehl/Eckardt/Kropff, Aktiengesetz, 9. Lieferung, § 249, Rdn. 29; Hüffer, Aktiengesetz, § 249, Rdn. 3. 통설은 이 경우를 주식법 제249조의 유추적용(analoge Anwendung)이 아닌 적용(Anwendung)으로 본다.

이에 반해 소수견해[73]는 불발효(결효)상태에서 결의가 완전히 효력을 발생하기 위해 필요한 추가적인 요건의 실현이 불가능하게 되어 확정적으로 불발효가 된 경우에는 확정적 불발효를 주식법이 무효(Nichtigkeit)로 규정하고 있는 경우 외에도 주식법 제249조의 무효소송이 가능하다고 본다. 이 견해는 불발효(결효)와 무효의 구별이 명확하지 않기 때문에 무효소송이라는 통일적 수단이 확정적 불발효를 다툴 때 허용될 필요가 있다고 본다. 즉 이 견해는 확정적 불발효(endgültige Unwirksamkeit)와 무효(Nichtigkeit)를 동일하게 취급하고 있다. 그러나 이 견해도 유동적 불발효(결효)(schwebende Unwirksamkeit)상태인 경우에는 주식법 제249조의 무효소송을 인정하지 않고 민사소송법 제256조의 일반적인 무효확인소송만이 가능하다고 본다.

또 다른 소수견해[74]는 한 걸음 더 나아가 불발효를 다투는 소송이 대세적 효력, 회사를 대표하는 방법 및 소송절차의 동일 법원에의 집중에 대한 필요성이 결코 무효소송이나 취소소송에 비해 적지 않기 때문에 불발효의 확인을 구하는 소송은 그것이 유동적 불발효이든 확정적 불발효이든 묻지 않고 주식법 제249조의 무효소송에 의할 수 있다고 본다. 특히 이 견해는 주식법 제249조의 무효소송이 허용되지 않아 독일 민사소송법 제256조의 일반적인 무효확인의 소에 의할 경우 판결의 상대적 효력(Wirkung inter-partes)으로 인해 동일한 사안에 대해 서로 모순된 판결이 나타날 가능성이 있다는 점과 주식법이 무효와 불발효를 엄격히 구분하고 있지 않은 점을 중요한 논거로 들고 있다.[75]

통설의 견해가 타당하다고 본다. 우선 소수설에서도 인정하고 있는 것과 같이 불발효와 무효는 그 하자의 태양(경중)에 차이가 있어 그 소송대상이 상이하다.[76] 또한 비록 주식법 제241조가 무효사유를 완전히 한정적으로 열거하고 있는 것은 아니나(주식법의 여러 개별조항에 무효사유가 산재되어 규정되고 있다) 무효사유에 불발효사유까지 포함시킬 수 없음이 원칙이고 예외적으로 본질에 있어서는 불발효이나 이것을 무효로 법이 규정하고 있는 경우에 한하여 제한적으로 주식법 제249조의 무효소송을 허용하여야 할 것이다.

---

73) K. Schmidt in: Scholz, Kommentar zum GmbH-Gesetz, 8. Aufl., §45, Rdn. 59; Thöni, GesRZ 1995, 76.

74) Zöllner, in; Kölner Kommentar zum Aktiengesetz, §249, Rdn. 51.

75) Zöllner; in: Kölner Kommentar zum Aktiengesetz, §249, Rdn. 51 u. §241, Rdn. 14은 주식법 제241조가 무효로 규정하고 있는 주식법 제217조 제2항 제4문, 제228조 제2항 제1문, 제234조 제3항 제1문, 제235조 제2항 제1문의 경우 그 본질은 불발효임을 들어 법이 엄격히 양자를 구별하고 않는다고 한다.

76) 소수설인 Zöllner, in; Kölner Kommentar zum Aktiengesetz, §249, Rdn. 51도 이것을 분명히 인정하고 있다.

확정적 불발효와 유동적 불발효를 구분하여 전자의 경우에만 주식법 제249조의 무효소송을 허용하는 소수견해는 무효와 확정적 불발효를 동일시하는 오류에 기초하고 있고 확정적 불발효와 유동적 불발효 사이에 차이를 두는 이유를 적극적으로 설명하지 못하고 있다. 유동적 불발효인가 확정적 불발효인가를 묻지 않고 모두 주식법 제249조에 의한 무효소송이 가능하다는 견해는 무효사유를 규정하고 있는 주식법 제241조의 문언 범위를 넘어서는 해석이며, 특히 유동적 불발효상태인 주주총회결의에 대해 무효소송이 허용되어 대세적 효력(Wirkung inter-omnes)이 있는 무효판결을 얻는 경우에는 불발효인 주주총회결의가 추가적인 유효요건이 실현되어 완전히(확정적으로) 유효하게 될 가능성이 봉쇄되기 때문에 유동적 불발효라는 법률행위의 하자유형을 독립적으로 인정하는 취지가 무색하게 된다.

무효사유와 취소사유 및 유동적 불발효사유가 함께 있는 주주총회결의에 대해서는 무효소송이나 취소소송이 가능하다. 무효사유가 치유되거나 취소소송의 제소기간이 지난 경우 유동적 불발효상태 자체가 치유되지 아니하였으면 위에서 말한 바와 같이 누구든지 임의의 방법으로 불발효의 주장이 가능하다.[77]

(5) 주식법 제249조의 무효소송이 가능한 유동적(부동적) 무효

주식법 제173조 제3항 제3문(결산회계감사인의 감사를 받은 결산을 변경한 후 새로운 결산서류 확정과 이익사용용도를 정하는 주주총회결의), 제217조 제2항 제4문(증자결의와 결산이익의 사용용도결의), 제228조 제2항 제1문(증자결의와 동시에 이루어지는 최저자본금 이하로의 감자결의), 제234조 제3항 제1문(결산승인결의와 함께 하는 감자결의), 제235조 제2항 제1문(감자결의와 동시에 이루어지는 증자결의)에 따른 주주총회결의가 특정기한 내(결의일 후 3개월 내)에 상업등기부에 등기되지 아니하면(제173조 제3항 제3문의 경우 결의일로부터 2주 내에 이의 없는 감사의견이 없으면) 당해 결의는 부동적 무효상태에서 확정적으로 무효(endgültige Beschlussunwirksamkeit)가 되는데[78] 이 경우, 즉 확정적으로 무효가 된 결의에 대해서만 주식법상의 무효소송(주식법 제241조, 제249조)이 허용된다.[79]

반면 유동적 무효상태인 주주총회결의에 대해서 주식법상의 무효소송은 불

77) Hüffer, in: Geßler/Hefermehl/Eckardt/Kropff, Aktiengesetz, 9. Lieferung, § 241, Rdn. 22.

78) 법조문은 이 경우 확정적 무효(endgültig unwirksam)라는 표현 대신 '무효'(nichtig)라고 하고 있다.

79) Hüffer, in: Geßler/Hefermehl/Eckardt/Kropff, Aktiengesetz, 9. Lieferung, § 241, Rdn. 21, § 249, Rdn. 3.

가능하고 민사소송법(ZPO) 제256조의 일반적인 확인소송(Feststellungsklage)을 통한 무효주장만이 가능하다.[80]

Ⅳ. 종류주주총회의 특별결의를 흠결한 주주총회결의

1. 종류주주총회의 의의

정관에 의해 수종의 주식을 발행한 경우 일반주주총회와는 별도로 특정한 종류의 주식을 가진 자들만으로 구성되는 총회를 말한다. 수종의 주식이 발행된 경우에 서로 다른 종류의 주주 사이에 이해관계가 대립될 수 있어서 수적으로 우위에 있는 종류의 주주들이 주주총회를 장악하여 다른 종류의 주주의 이해관계를 침해하는 결의가 이루어질 위험이 존재하게 된다. 이러한 위험을 방지하기 위해 주주총회의 결의사항이 특정 종류의 주주에게 손해를 주게 될 때에는 주주총회결의 외에 추가적으로 그 특정 종류의 주주들만으로 구성된 총회의 특별결의를 거치도록 하고 있는 것이 보편적인 입법례이다.[81]

2. 불리한 정관변경시 종류주주총회의 특별결의[82]

회사가 수종의 주식을 발행한 경우에 정관을 변경함으로써 어느 종류의 주주에게 손해를 미치게 될 때에는 종류주주총회의 결의가 필요하다(독일 주식법 제141조; 상법 제435조 제 1 항 참고). 그 요건을 구체적으로 살펴보면 다음과 같다.

(1) 일반주주총회의 정관변경결의

우선권을 박탈하거나 제한하는 것을 내용으로 하는 주주총회결의가 존재해야 하므로 정관변경결의가 필요하다. 우선권이 있는 주식의 발행은 정관기재사항이므로 우선권의 변경(박탈, 제한)을 위한 결의는 정관변경결의일 수밖에 없다. 정관변경결의는 그 가결을 위해 출석주주 의결권 수의 3/4 이상의 찬성이

80) 통설: Mimberg, in: Marsch-Barner/Schäfer(Hrsg.), Handbuch Börsennotierte AG, § 37, Rdn. 137; Hüffer, in: Geßler/Hefermehl/Eckardt/Kropff, Aktiengesetz, 9. Lieferung, § 249, Rdn. 28ff.

81) 독일 주식법 제141조, 한국 상법 제435조 제 1 항.

82) 독일 주식법을 기초로 하여 언제 우선주주주들로 구성되는 종류주주총회의 특별결의가 필요한가를 논하는데 우리 상법 제435조에 따른 종류주주총회의 특별결의의 필요성에 관한 해석론으로 원용할 수 있다.

필요한 특별결의 사항이다(독일 주식법 제179조 제2항).[83] 정관변경결의의 대상은 우선권과 관련된 것이어야 한다. 즉 우선주가 가지고 있는 이익배당이나 잔여재산분배에서의 우선권이 결의대상이어야 한다.[84]

(2) 직접적인 이해관계 침해

1) 직접적 침해

정관변경결의가 직접적으로 우선주주주의 이해를 침해하는 경우에만 우선주주주들로 구성된 종류주주총회의 특별결의가 필요하다.[85] 직접적으로 우선주주주의 이해관계를 침해한다고 볼 수 있는 것은 우선주에 대한 배당률을 낮추거나, 참가적 우선주를 비참가적 우선주로, 누적적 우선주를 비누적적 우선주로 변경하는 것과 같이 우선주의 권리를 제한하거나 축소하는 정관변경결의가 있는 때이다. 또한 다양한 우선권의 내용 중 일부를 해제조건부화하거나 기한부화하는 경우 또는 주주총회의 결의에 의해 우선권을 박탈할 수 있거나 우선주의 강제상환(Zwangseinziehung)이 가능하도록 하는 정관변경결의가 있으면 역시 직접적인 이해관계의 침해가 있게 된다.[86]

결산이익을 주주에게 배당하는 것을 제한하는 정관변경결의는 우선주주주의 이해를 직접적으로 침해하는 정관변경결의가 아니고, 결산이익을 배당 이외의 다른 목적으로 사용하는 것을 내용으로 하는 결의와 이익공여계약을 승인하는 결의 등은 역시 정관변경결의가 아니므로 종류주주총회의 결의가 필요 없다. 무상증자결의는 우선주주주의 이해를 침해하지 않고,[87] 감자결의는 간접적으로 우선주주주의 이해를 침해하게 되어[88] 양자 모두 종류주주총회의 결의를 필요로 하지 않는다.

2) 간접적 침해

우선주주주의 이해를 간접적으로 침해(mittelbare Beeinträchtigung)하는 경우 원칙적으로 종류주주총회의 특별결의는 필요 없고, 다만 그 침해가 의결권의

83) 한국 상법 제434조에 의하면 그 가결을 위해 출석주주 의결권 수의 2/3 이상과 발행주식 총수의 1/3 이상의 찬성이 필요한 특별결의 사항이다.

84) Zöllner, in: Kölner Kommentar, 141, Rdn. 4; Hüffer, Aktiengesetz, §141, Rdn. 3.

85) 독일의 통설: Zöllner, in: Kölner Kommentar, §141, Rdn. 4; Hüffer, Aktiengesetz, §141, Rdn. 3; Werner, "Die Beschlußfassung der Inhaber von stimmrechtslosen Vorzugsaktien," AG 1971, 69.

86) Hüffer, Aktiengesetz, §141, Rdn. 5 u. 11.

87) Zöllner, in: Kölner Kommentar, §141, Rdn. 5; Hüffer, Aktiengesetz, §141, Rdn. 7; Werner, AG 1971, 71.

88) Zöllner, in: Kölner Kommentar, §141, Rdn. 18; Hüffer, Aktiengesetz, §141, Rdn. 9; Werner, AG 1971, 69.

남용에 해당하거나 주주평등의 원칙을 위반한 경우라면 취소대상이 될 뿐이다.

다만 간접적으로 우선주주주의 이해를 침해하는 정관변경결의 중 이익배당이나 회사재산분배에서 기존의 우선주와 동일하거나 더 우위에 있는 새로운 우선주를 발행하는 정관변경결의는 예외적으로 종류주주총회의 특별결의를 필요로 한다(독일 주식법 제141조 제2항 제1문). 이 경우 우선주(우선주가 가지고 있는 우선권의 내용) 그 자체에 대한 침해는 없으나 반사적으로 우선주의 경제적 가치가 침해되기 때문에 종류주주총회의 결의를 필요로 한다.[89]

그 요건을 세분화해 보면 첫째, 새로운 우선주의 발행이 있어야 한다. 따라서 보통주의 발행은 종류주주총회의 특별결의가 불필요하다. 새로운 우선주의 우선권의 내용은 이익배당에 관한 것이든 또는 이익배당 중 누적적인 것이든, 잔여재산분배에 관한 것 또는 기타의 우선권이든 묻지 않는다. 새로운 우선주는 증자결의에 의해서 발행되거나 또는 인허자본(bedingtes Kapital)의 범위 내에서 발행될 수 있는데 후자의 경우 이사회에 대한 수권결의시 이미 종류주주총회의 동의가 필요하다. 보통주를 우선주로 전환하는 것도 새로운 우선주의 발행과 마찬가지로 기존의 우선주주주의 이해를 간접적으로 침해하므로 종류주주총회의 특별결의를 요한다.[90]

둘째, 기존 우선주주주의 우선권이 이익배당이나 회사재산분배에 있어서 동순위에 있거나 앞선 순위에 있는 새로운 우선주의 발행을 통해서 침해되어야 한다. 새로운 우선주가 이익배당이나 회사재산분배가 아닌 기타의 우선권이 있는 경우 종류주주총회의 특별결의는 불필요하다.[91] 기존의 우선주와 새로운 우선주 사이에서 이익배당과 회사재산분배에 있어서 순위가 기준이고 이익배당이나 회사재산분배에서 그 비율의 높고 낮음은 종류주주총회 특별결의의 필요 여부를 판단하는 기준이 아니다.

그러나 기존 우선주주주의 이해를 간접적으로 침해하는 위와 같은 새로운 우선주의 발행이 있어도 기존의 우선주주주에게 우선권을 부여하거나 의결권을 배제할 때 새로운 우선주의 발행이 정관에 명시적으로 유보되어 있었고 기존 우선주주주의 신주인수권이 배제되지 않고 있으면 주식법 제141조 제2항 제1문에 따른 종류주주총회의 특별결의가 불필요하다(주식법 제141조 제2항 제2문).[92]

89) Hüffer, Aktiengesetz, § 141, Rdn. 12.

90) Hüffer, Aktiengesetz, § 141, Rdn. 13.

91) Zöllner, in: Kölner Kommentar, § 141, Rdn. 14; Hüffer, Aktiengesetz, § 141, Rdn. 14; Werner, AG 1971, 71f.

92) 기존 우선주의 우선권을 직접 침해하는 경우에는 주식법 제141조 제2항 제2문은 적용되지 않는다.

(3) 정관변경결의에 대한 동의

동의는 종류주주의 개별적 동의가 아닌 종류주주총회의 적극적인(positive) 특별결의에 의한다. 종류주주총회의 특별결의는 배당이 되지 않거나 불충분하여 우선주의 의결권이 부활한 경우,[93] 즉 일반주주총회에서 의결권을 행사할 수 있는 경우에도 필요하다.[94]

그러나 우선권이 기한부 또는 조건부여서 기한의 도래나 조건의 성취로 우선권이 없어지거나 축소되는 경우에는 특별결의가 불필요하다.[95] 정관의 규정으로 종류주주총회의 특별결의 없이 우선권을 박탈하거나 제한하는 권리를 이사회나 일반주주총회에 유보하는 것은 허용되지 않는다.[96]

3. 특별결의 흠결에 따른 유동적 무효(불발효)

일반주주총회의 결의가 유효하기 위해서 종류주주총회의 특별결의를 요하는 경우에 그것을 흠결하면 일반주주총회결의[97]의 유동적 무효(불발효)상태가 발생한다. 일반주주총회의 결의안에 대해 동의하는 적극적(positive)인 특별결의가 있게 되면 주주총회결의는 확정적으로 유효하게 되고(endgültig wirksam), 일반주주총회의 결의안에 대해 반대하는 특별결의가 있게 되면 주주총회결의는 확정적 무효(확정적 불발효, endgültig unwirksam)가 된다.

V. 국내의 주주총회결의 불발효론

1. 종류주주총회 특별결의 자체의 하자를 다투는 방법

종류주주총회의 특별결의가 필요함에도 그 결의가 없거나 또는 그 결의가 무효나 취소사유를 가지는 경우에 일반주주총회결의의 유동적 무효(불발효)상태가 발생하게 된다. 이 경우 종류주주총회결의 자체의 하자를 독립적으로 다툴

93) 독일 주식법 第140조 제 2 항이 이에 대해 규정하고 있다.
94) Hüffer, Aktiengesetz, § 141, Rdn. 10.
95) Hüffer, Aktiengesetz, § 141, Rdn. 11.
96) Hüffer, Aktiengesetz, § 141, Rdn. 11.
97) 종류주주총회와 구별하기 위해 강학상 일반주주총회로 구분하여 사용한다.

수 있는가를 두고 의견이 일치하지 않는다.

다수설[98]은 종류주주총회결의 자체의 하자에 관해서 일반주주총회결의의 하자에 관한 규정이 준용된다고 보아 독립적으로 종류주주총회결의의 취소를 구하거나 그 무효 또는 부존재의 확인을 구할 수 있다고 본다.

반면 종류주주총회결의는 일반주주총회결의의 효력발생요건(Wirksamkeitserfordernis)에 지나지 않으므로 종류주주총회결의의 하자는 별개의 소로서 다툴 만한 독립적인 결의의 하자로 볼 수 없고 일반주주총회결의의 하자로 다루면 족하다는 견해가 있다.[99] 즉 일반주주총회결의의 효력을 부인하기 위해서는 종류주주총회결의의 하자를 다투는 소송에서 승소한 후 다시 이를 원인으로 하여 주주총회결의의 효력을 다투는 소송을 다시 제기하여야 하므로 독립적으로 종류주주총회의 하자를 다투는 소송을 인정할 필요와 실익이 없다고 본다.[100] 이 견해는 종류주주총회를 결하거나(종류주주총회결의 부존재) 무효 또는 취소사유 있는 종류주주총회결의가 이루어진 경우에는 일반주주총회결의가 효력을 발생하기 위한 절차적인 요건을 흠결한 경우에 해당되어 단지 일반주주총회결의의 취소사유에 불과하다고 본다.

상법 제435조 제 3 항의 법문언을 충실히 해석하면 종류주주총회결의 자체의 하자를 다투는 독립된 소송을 인정하는 다수설의 견해가 타당하다. 소수설이 우려하는 점인 종류주주총회결의 자체의 하자를 다투는 소송에서 제소권자가 승소하여도 일반주주총회를 무효화시키려면 다시 일반주주총회결의의 하자를 다투는 소송을 제기하여야 한다는 점은 종류주주총회결의의 하자로 인한 유동적 무효인 일반주주총회결의의 개념을 잘못 이해한데서 기인한다. 유동적 무효인 일반주주총회결의가 생기려면 개념논리적으로 우선 일반주주총회결의는 아무런 하자 없이 성립하여야 하므로 그 하자를 다툰다는 것은 논리적으로 불가능하다.

98) 정동윤, 회사법(제 7 판), 법문사(2001), 363면; 최기원, 신회사법론(제12대정판), 박영사(2005), 514면; 정찬형, 회사법강의(제 3 판), 박영사(2003), 506면; 손주찬, 상법(상)(제15보정판), 박영사(2004), 739면; 이기수·유진희·이동승, 회사법(상법강의 Ⅱ), 박영사(2002), 396면. 독일에서도 주주총회결의의 하자에 관한 규정을 특별결의의 하자에 준용한다는 견해가 판례와 통설의 입장. 대표적으로 RGZ 148, 175; Zöllner, in; Kölner Kommentar, §138 AktG, Rdz. 13; Semler, in: Münchener Handbuch des Gesellschaftsrechts, Bd. 4, §41, Rdn. 25.

99) 이철송, 회사법강의(제11판), 박영사(2004), 510면; 서헌제, 사례중심체계 회사법, 법문사(2000), 286면.

100) 이철송, 전게서, 510면; 서헌제, 전게서, 286면. 이 견해는 종류주주총회결의 없이 이사회결의만으로 또는 이사회결의와 하자 있는 종류주주총회결의에 근거해 신주를 발행한 경우 주주총회결의의 하자에 관한 규정을 준용하여 독립적으로 종류주주총회결의의 하자를 다툴 수는 없고 신주발행무효의 소만 가능하다고 본다. 비슷한 해석론으로 합병결의의 무효는 따로 독립적으로 주장할 수 없고 합병무효의 소로서만 주장이 가능한 것을 들 수 있다.

소수설이 주장하는 일반주주총회결의를 무효화하기 위한 이중의 제소절차라는 소송불경제는 이론상 일반주주총회결의에 하자가 있고, 또한 종류주주총회결의에도 하자가 있는 경우에나 가능하고 이 경우에 제소권자는 소송경제상 종류주주총회결의의 하자를 다투지 않고 직접 일반주주총회결의의 하자를 다툴 것이다.[101)]

2. 일반주주총회결의의 불발효를 다투는 방법

일설에 의하면 종류주주총회결의의 하자(부존재, 무효, 취소)로 인한 일반주주총회결의의 불발효를 주장하려면 일반주주총회결의는 전혀 하자가 없기 때문에 상법상 일반주주총회결의의 하자를 다투는 방법인 상법 제380조의 무효확인의 소가 아니라 민사소송법상 일반적인 무효확인의 소에 의하여야 한다.[102)]

반면 반대설에 따르면 종류주주총회결의의 하자는 일반주주총회결의의 효력을 발생시키는 추가적인 절차적 요건을 충족시키지 못한 것으로서 일반주주총회결의에 절차적 하자가 있는 것이 되어 상법상 주주총회결의 취소의 소의 대상이 된다고 본다.[103)] 특히 반대견해는 주주총회결의의 유동적(부동적) 무효(불발효)론은 독일의 학설을 수용한 것이나 독일법상 무효사유에는 우리 상법과는 달리 절차적인 하자도 포함되어 있고,[104)] 독일 주식법 제242조 제1항은 주주총회결의의 무효가 치유될 수 있음을 규정하고 있으며, 주식법 제181조 제3항에 의해 정관변경은 등기를 하여야 효력이 발생하는 점에서 우리 나라의 주주총회결의의 하자이론과 크게 달라 그대로 수용하기에는 난점이 있다고 한다.[105)]

유동적(부동적) 무효는 비록 법률에 명시적으로 규정된 하자유형은 아니나 충분히 해석론으로서 가능한 하자유형이다. 독일에서도 법률이 명문으로 유동적(부동적) 무효를 규정하고 있는 것은 아니며 해석론에 의해 법률행위의 하자 중

101) 그 밖의 문제로 다음과 같은 것을 들 수 있다. 무효소송의 경우에는 제소권자의 제한이 없으므로 일반주주총회에서 의결권을 행사하지 못하는 주주(우선주 주주)도 소의 이익이 있는 한 무효의 소를 제기할 수 있으나 취소소송의 경우 제소권자를 의결권 있는 주주만으로 보게 되면(손주찬, 전게서, 742면; 강위두, 회사법(전정판)(2000), 454면) 소수설을 따를 경우 일반주주총회결의에 참가하지 못한 종류주주총회의 의결권자인 의결권 없는 우선주 주주가 일반주주총회의결의의 취소소송을 제기할 수 있다는 결론에 이르게 되는 점도 소수설이 가지는 난점이다. 물론 이 문제는 취소소송의 제소권자에 의결권 없는 주주도 포함된다고 보면(최기원, 전게서, 530면; 정동윤, 전게서, 367면; 이철송, 전게서, 483면) 의미가 없다.

102) 정동윤, 전게서, 363면.

103) 이철송, 전게서, 511면.

104) 독일 주식법 제241조 제1호.

105) 이철송, 전게서, 511면.

무효와 취소의 가운데에 위치하는 하자유형의 하나로 인정된 것이고 충분히 독자적 존재의의를 가진 것이다. 무효인 법률행위 및 취소할 수 있는 법률행위와 비교할 때 다음과 같은 점에서 특징이 있다. 무효는 당해 법률행위가 의도한 효력이 절대적으로 부인되어 원래 의도된 법적 효력을 발생케 하려면 당사자가 새로이 법률행위를 하여야 하나 유동적(부동적) 무효인 법률행위는 일단 무효인 법률행위가 다른 추가적 요건의 충족 여부에 따라 유효 또는 무효가 확정된다는 점에서 처음부터(von Anfang an) 확정적인 무효와는 차이가 있다. 또한 취소할 수 있는 법률행위는 일단 유효한 법률행위로 인정되나 당사자의 결단(취소권의 행사)에 의해 무효로 될 수 있다는 점에서 유동적 무효와 대척적 관계에 있다. 법률행위의 운명에 관한 당사자의 다양한 이해관계를 고려해 보면 처음부터 확정적으로 무효인 법률행위, 일단 무효이나 다른 요건의 실현 여부에 따라 그 유·무효가 최종적으로 결정되는 법률행위 및 당사자가 일단 유효한 법률행위를 하자를 이유로 무효로 만들 수 있는 법률행위(취소할 수 있는 법률행위)의 유형을 구분하여 인정할 실익을 부인할 수 없다. 반대설이 말하고 있는 한국과 독일의 무효사유의 차이와 무효의 치유가능성 및 정관변경등기시 효력발생은 유동적 무효를 인정하지 않기 위한 논거로 타당하지 않다. 이러한 것들 때문에 독일에서 주주총회결의의 부동적 무효가 인정되는 것이 아니고 법률행위의 하자유형에 관한 일반론으로서 부동적 무효가 학설상 인정되므로 특수한 '법률행위의 일종'인 주주총회결의에도 당연히 하자유형의 하나로서 유동적 무효가 가능하다.

또한 종류주주총회결의 자체의 하자를 다투는 소에서 승소하더라도 일반주주총회의 결의의 하자를 다투는 소를 다시 제기하여야 하는 것은 아니다. 종류주주총회의 결의가 부존재, 무효 또는 취소의 확정판결을 받은 경우(이 세 가지 모두 대세적 효력이 있다) 일반주주총회결의는 종국적으로 무효가 되므로[106] 일반주주총회결의의 무효를 위한 또 다른 제소의 필요성이 없다.

Ⅵ. 결 론

1. 독일 주식법은 주주총회결의의 하자를 다투는 방법으로 무효소송과 취소소송의 2가지만을 제공하고 있다. 독일 주식법 제249조의 무효소송은 제소권자가 주주, 이사회, 이사회 및 감사회의 임원으로 제한되고 무효판결의 효력이 대

106) Semler, in; Münchener Handbuch des Gesellschaftsrechts, Bd. 4, §39, Rdn. 50.

세적이라는 점에서 소의 이익이 있으면 제소권자의 제한이 없고 무효확인판결이 상대적 효력밖에 없는 독일 민사소송법 제256조의 일반적인 무효확인의 소와 차이가 있다.

주식법 제246조의 취소소송은 무효를 선언하는 판결이 대세적 효력이 있다는 점에서 무효소송과 유사하나 상대적 효력만이 있는 일반적인 무효확인의 소와 차이가 나며, 제소권자가 취소권이 있는 자에(주식법 제245조) 제한이 된다는 점 및 제소기간의 제한이 있는 점에서 독일 주식법상의 무효소송 및 독일 민사소송법상의 일반적인 무효확인의 소와 차이가 난다.

2. 주주총회결의의 불발효를 다투는 방법은 원칙적으로 독일 민사소송법 제256조의 무효확인의 소이고 예외적으로 주식법이 그 본질은 (확정적) 불발효인데도 불구하고 무효로 규정하고 있는 경우에만 주식법 제249조의 무효소송이 가능하다.

3. 주식법 제249조(무효소송)의 제소권자(주주, 이사회, 이사회 및 감사회의 임원)에 포함되지 않은 자가 무효를 다투는 소를 제기하는 경우 독일 민사소송법 제256조의 무효확인의 소에 의하여야 한다.

4. 주주, 이사회, 이사회 및 감사회의 임원은 주주총회결의의 무효를 다투는 경우 특별한 이유가 없는 한(특별한 확인의 이익이 없는 한) 반드시 주식법 제249조의 무효소송에 의하여야 한다.

5. 독일 주식법상 원칙적으로 주주총회의 정관변경결의가 직접적으로 우선주주주의 이해를 침해하는 경우에만(우선권을 박탈하거나 제한하는 경우에만) 우선주주주들로 구성된 종류주주총회의 특별결의가 필요하다(주식법 제141조 제1항). 정관변경결의 중 이익배당이나 회사재산분배에서 기존의 우선주와 동일하거나 더 우위에 있는 새로운 우선주를 발행하는 정관변경결의는 예외적으로 종류주주총회의 특별결의를 필요로 한다(독일 주식법 제141조 제2항 제1문). 이러한 독일 주식법의 규정은 우리 상법상 정관변경결의시 종류주주총회의 결의가 필요한가를 판단하는 기준으로 원용할 수 있다.

6. 우리법의 해석상 특수한 종류의 '법률행위'인 일반주주총회결의가 그 종

국적 유효를 위해 필요한 종류주주총회결의를 흠결하고 있는 경우에는 독일과 마찬가지로 법률에 명시적 규정이 없더라도 법률행위의 하자유형 중 하나인 유동적 무효상태가 된다고 보아야 한다.

7. 종류주주총회결의의 흠결로 인한 일반주주총회결의의 유동적 무효(불발효)를 다투는 방법은 상법 제380조의 무효확인의 소나 상법 제376조의 취소소송에 의하는 것이 아니라 민사소송법상 일반적인 무효확인의 소에 의하여야 한다.

會社法上 株主總會決議不發效確認의 訴

宋 沃 烈*

[대상판결] 서울고등법원 2004. 7. 9. 선고 2003나55037, 2003나55044 판결

[사실관계]

피고 A회사는 정관에 따라 보통주보다 1% 더 배당을 하는 이른바 '1% 우선주' 또는 '구형 우선주'를 발행하고 있었다. 그러다가 1995년 말 상법개정으로 정관에 최저배당률을 정하도록 되었으므로, A회사는 1997년 초 정관으로 9%의 최저배당률을 정하고 나아가 자동전환규정[1]을 두었다. 그러나 이러한 '신형 우선주'는 이후 발행하지 아니하였으므로, A회사의 우선주는 사실상 모두 구형 우선주였다. 그런데 A회사는 2002. 2. 28. 정기주주총회를 개최하여 위 자동전환을 규정한 정관을 삭제하는 정관변경의 결의를 하였다. 원고 甲의 모회사인 乙은 당시 A회사의 구형 우선주를 상당량 보유하고 있었는데, 2002. 6. 26. 위 정관변경이 자신에게 불리하다는 이유로 A회사에 종류주주총회의 소집을 요구하였으나 A회사는 계속 그 소집을 하지 않고 있다. 원고 甲은 2002. 9. 4. 피고 A회사의 무의결권 우선주 4만주를 취득하고, 위 정관변경에 관한 주주총회결의는 불발효상태이거나 또는 무효임을 확인하는 확인의 소를 제기하였다.

[쟁점 및 판시사항]

대상판결의 주된 쟁점 및 그에 대한 판시사항을 정리하면 다음과 같다. ① 본안전항변으로서 피고 A회사는, "종류주주총회를 거치지 않는 흠결은 주주총회결의가 효력을 발생하기 위한 절차적 요건을 결한 경우로서 주주총회결의의 취소사유에 불과하다고 보아야 하므로, 상법 제376조 제1항 소정의 2개월의

---

* 서울대학교 법과대학 조교수.

1) A회사 정관 제8조 제5항은 다음과 같이 규정하고 있었다. "우선주식의 존속기간은 발행일로부터 10년으로 하고 이 기간만료와 동시에 보통주식으로 전환된다. 그러나 위 기간중 소정의 배당을 하지 못한 경우에는 소정의 배당을 완료할 때까지 그 기간을 연장한다. 이 경우 전환으로 인하여 발행하는 주식에 대한 이익의 배당에 관하여는 제8조의2의 규정을 준용한다." 이를 종래 일반적으로 '자동전환조항'이라고 불렀다.

제소기간 도과로 인하여 부적법하다"고 주장하였으나, 대상판결에서는 "종류주주총회는 회사의 기관도 아니고, 또 독립한 주주총회도 아니므로, 위 종류주주총회의 결의는 단지 일반주주총회의 결의의 효력을 발생시키기 위한 추가적인 요건에 불과하다고 보아야 하고, 따라서 종류주주총회의 결의를 요하는 경우에 그 종류주주총회의 결의가 없는 동안에는 그 일반주주총회의 결의는 무효도 아니고 취소할 수 있는 것도 아닌 부동적인 상태에 있다가 뒤에 종류주주총회의 결의를 얻으면 확정적으로 유효로 되고 이를 얻지 못하면 확정적으로 무효가 된다고 할 것이어서, 이 경우에는 '일반주주총회의 소집절차 또는 결의방법이 법령 또는 정관에 위반하는 때'(상법 제376조 참조)에 제기할 수 있는 주주총회결의 취소의 소에 관한 상법상의 규정을 유추적용할 수는 없고 민사소송법상의 일반원칙에 따라 확인의 이익이 있는 한 그 제소기간의 제한이 없이 확인의 소로써 그 불발효상태의 확인을 구할 수 있다"고 판시하였다. ② 본안판단으로서 위 정관변경이 실제로 구형 우선주주에게 손해를 입히는 것인지 여부가 문제되었는데, 원고 甲은 "위 정관변경으로 인하여 구형 우선주주들이 향후 무상증자, 유상증자, 주식배당 등의 경우 전환형 우선주를 배정받을 수 있는 권리가 박탈되었다"라고 주장하였고, 피고 A회사는 "우선주주들이 전환형 우선주를 배당받지 못하게 된 효과는 정관변경의 간접적·반사적인 영향에 불과할 뿐만 아니라, 우선주를 받는 것이 오히려 이익배당의 면에서는 유리하다"고 주장하였다. 이에 대하여 대상판결은 전환형 우선주 대신 그러한 전환조항이 없는 우선주를 배정받는 것은 "우선주주 각자의 입장에 따라 유리한 점과 불리한 점이 공존하고 있으므로" 종류주주총회의 결의가 필요하다고 판시하였다.

[研　　究]

Ⅰ. 問題의 提起

회사가 수종의 주식을 발행한 경우 서로 다른 수종의 주식을 보유한 주주 사이에 서로 이해관계가 대립할 수 있다. 특히 우선주가 무의결권으로 발행된 경우와 같이, 의결권이 어떤 종류의 주식을 가진 주주에게만 부여된 경우에는 다른 종류의 주식을 가진 주주의 이익을 침해하는 주주총회결의가 이루어질 가능성이 높다. 주지하는 바와 같이, 상법은 이러한 주주간의 이해관계의 대립을 조정하기 위하여 제435조와 제436조에서 종류주주총회 제도를 두고 있다. 교과서적 설명에 의하면, 종류주주총회는, ① 정관을 변경함으로써 어느 종류의 주주에게 손해를 미치게 될 때(상법 제435조 제1항), ② 회사가 수종의 주식에 대하여 주식의 인수, 주식의 병합·분할·소각 또는 합병·분할로 인한 주식의 배정에 관하여 특수한 정함을 하는 경우 그 결과가 어느 종류의 주주에게 손해를 미치게 될 때(상법 제436조), ③ 주식교환·주식이전·합병·분할·분할합병으로 인하여 어느 종류의 주주에게 손해를 미치게 될 경우(상법 제436조, 제530조의3 제5항)에 요구된다. 조문을 보면 공통적으로 "어느 종류의 주주에게 손해를 미치게 될 때"를 핵심적인 요건으로 규정하고 있는데, 여기서 종류주주에게 손해가 미친다는 것은 "어느 종류의 주주의 비례적 권리가 추상적인 권리의 관점에서 변경되는 것" 또는 "특정 종류의 주주의 권리를 제거하거나 제한하는 것 또는 어느 종류주주의 권리에 대응하는 다른 종류의 주주의 권리를 강화하거나 신설함을 통해 수종의 주주간의 포괄적인 관계를 변화시키는 것"이라고 한다.[2] 따라서 당해 종류주주의 이익을 직접적으로 제한하거나 박탈하는 정관개정이 아니라, 예를 들어 기존의 우선주보다 더 우선하는 주식을 발행하는 경우처럼 간접적으로 기존의 종류주주의 이익을 제한하는 정관개정의 경우에도 역시 종류주주총회의 결의를 거쳐야 할 것이다.[3]

이처럼 우선주주에게 손해가 미치는 정관변경의 경우 그 이해조정의 방법으로서 상법은 우선주주에게 거부권(veto right)을 부여하고 있음은 매우 흥미롭다. 이것은 이해관계자의 이익을 보호하기 위해 상법이 사용하는 일반적인 방법은 아니다. 상법은 이해관계자의 이익을 보호하는 방법으로 보통 그 이해관계자의 이익을 평가하여 보상해 주는, 다시 말해서, 손해를 입는 자에게 탈퇴권(exit right)을 주는 방법을 택하고 있다. 예를 들어, 주주총회의 결의에 반대하는 주주에게 주식매수청구권을 인정한다거나(제374조 이하 참조), 중요한 조직변경에 대하여 이의가 있는 채권자에 대해서는 그 채권자에게 변제하거나, 상당한 담보를 제공하거나, 이를 목적으로 상당한 재산을 신탁하도록 하는(상법 제232조 제3항, 제527조의5 제3항 참조) 제도들이 그러한 맥락에서 설명될 수 있다. 이러한 일

2) 이철송, 회사법강의(제12판), 박영사(2005), 508면.

3) New York Business Corporation Act §804(a)(3)("Not withstanding any provision in the certificate of incorporation, the holders of shares of a class shall be entitled to vote and to vote as a class upon the authorization of an amendment … when a proposed amendment would subordinate their rights, by authorizing shares having preferences which would be in any respect superior to their rights").

반적인 방법은 그 손해를 배상하면 그 결의내용 자체는 유효하게 진행될 수 있음에 비하여, 종류주주총회라는 보호방식은 비록 집단적인 방식이기는 하지만 종류주주들에게 거부권을 부여하고 있기 때문에, 종류주주의 동의가 없이는 그 권리를 침해할 수 없다는 차이가 있다.[4] 따라서 종류주주에 대해서는 일반적인 이해관계자의 경우보다 더 강한 보호를 한다고 볼 수도 있지만, 그 정확한 이론적 이유는 확실하지 않다.

대상판결은 이처럼 종류주주총회를 요구하는 규정의 법적 성격 내지 효력에 관하여 최초로 언급한 판결인 것으로 보인다. 그도 그럴 것이, 종래 수종의 주식으로 거의 유일하게 발행되었던 것이 우선주였는데, 발행되기 시작한 시기도 그리 오래되지 않았을 뿐만 아니라, 아직까지도 회사의 자본조달수단으로 정착하지 못하고 있는 실정이기 때문에,[5] 사실상 우선주주의 이해관계가 수면 위로 드러날 수 없었기 때문이다. 따라서 구체적으로 어느 경우에 종류주주총회를 거쳐야 하는지, 거쳐야 한다면 언제 거쳐야 하는지, 그리고 만일 종류주주총회를 거치지 않으면 일반주주총회의 효력에 어떠한 영향이 있는지 등의 문제에 대하여 거의 논의가 이루어지지 않았다. 그런 의미에서 대상판결은 대단히 희귀하면서 중요한 판결이라고 할 수 있다. 특히 종류주주총회를 거치지 않은 주주총회의 효력을 정면으로 논하고 있기 때문에 그 학술적 가치도 매우 크다고 하겠다.

대상판결은 종류주주총회결의를 거치지 않은 주주총회의 효력을 중심으로 논의하고 있지만, 구체적으로 쟁점을 나누어 보면 다음과 같이 나눌 수 있겠다. ① 종류주주총회를 거치지 않은 주주총회의 효력은 어떠한가? 상법에서 종류주주총회를 요구하고 있는 이상, 이를 거치지 않은 주주총회가 온전한 효력을 발생하는 것은 논리적으로 납득하기 어렵다. 그렇다면 그 하자를 어떻게 이해하여야 할 것인지 문제된다. ② 연결되는 문제로서, 만일 주주총회에 어떠한 하자가 인정된다면, 이러한 하자를 다투기 위한 법적 수단은 무엇인가? 하자의 성격과

---

4) 따라서 법경제학적으로 보면 일반적인 보호방식은 liability rule 방식이라고 할 수 있고, 종류주주총회를 통한 방법은 property rule 방식이라고 할 수 있다. 두 권리보호의 방법이 어떠한 경우에 사용될 수 있는지는 이미 영미에서 많은 논의가 축적되어 있는데, 상법의 위와 같은 태도가 이러한 이론적 논의와 일치하는지는 이론적인 관점에서 매우 흥미로운 연구주제라고 생각한다.

5) 통계치를 보면, 2005년 3월 말 현재 우리 나라 상장기업이 발행한 총주식 22,949,625천주 가운데 우선주는 604,404천주로서 2.63%를 차지하는 것에 그치고 있다. 박영철, "종류주식의 확대와 주주간 이해조정," 상사법연구 24권 2호(2005), 48면(각주 6) 참조. 또한 상법에서 상환주식과 전환주식은 오래 전부터 규정되어 있었음에도 불구하고 실제로 상장회사가 상환주식과 전환주식을 발행하기 시작한 것은 2000년도 하반기에 와서라고 한다. 한원규·이제원, "신종주식발행의 법적 문제," 21세기 한국상사법학의 과제와 전망(심당 송상현선생 화갑기념논문집, 2002), 247면.

관련하여 회사법상 주주총회결의 취소의 소를 제기하여야 하는지 무효확인의 소를 제기하여야 하는지 문제가 되고, 나아가 회사법에서 열거되지 않는 확인의 소를 제기할 수 있는지 여부도 문제가 된다. ③ 만일 이상의 논의의 결과 대상판결에서 말하는 주주총회결의 불발효확인의 소를 제기할 수 있다면, '주주총회가 부동적으로 무효'라는 확인의 소는 확인의 이익이 있는가? 이 문제는 본래 민사소송법학의 문제이지만, 이 글에서 함께 다루기로 한다. ④ 사실판단의 문제로서, 실제로 전환형 우선주를 배정받을 수 있는 권리가 박탈된 것이 우선주주에게 손해를 미치는 것인지 여부가 문제될 될 수 있다. 이 글에서는 이론적 문제에 논의를 한정하기 위해서, 마지막 논점은 생략하고, 위 사실관계에서 살펴본 정관개정이 우선주주에게 손해를 미친다고 가정하기로 한다.

Ⅱ. 論議의 現況

1. 判 例

이 판결은 상법 제435조, 제436조와 관련해서는 국내에서 최초로 나온 판결이 아닌가 생각한다. 따라서 위에서 언급한 쟁점에 관해서는 기존의 판례가 전혀 언급하고 있지 않을 뿐더러, 입장을 유추할 수 있는 판례도 거의 없는 실정이다. 물론 주주총회결의의 하자 일반에 관해서는 엄청난 판례가 축적되어 있으며, 또한 유동적 무효의 법리 역시 1991년 토지거래허가의 효력에 관한 전원합의체 판결[6]을 계기로 하여 이미 1990년대에 엄청난 판례의 축적이 있었다. 그러나 이러한 판례는 종류주주총회를 결한 주주총회의 효력을 직접 다루었거나 밀접하게 관련되었다고 볼 수 없으므로, 이후 논의의 전개에 있어서 참조를 하는 방식으로 필요한 부분에 한해서만 검토하기로 한다.

2. 學 說

학설의 빈곤 역시 사정은 크게 다르지 않다. 국내에는 종류주주총회의 결의가 필요함에도 불구하고 이를 결한 주주총회의 효력에 관해서는 단편적인 서술만 존재할 뿐이다. 먼저 각각의 쟁점에 대한 다수설의 입장을 보도록 하자.

6) 대법원 1991. 12. 24. 선고 90다12243 전원합의체 판결.

① 종류주주총회를 거치지 않은 주주총회의 효력은 어떠한가? 주주총회에서 종류주주에게 손해를 미치는 정관변경의 결의를 하였다면 그 정관변경의 결의가 '완전한 효력을 발생할 수 없음'은 상법 제435조 제1항의 문언에 비추어 의문의 여지가 없다. 문제는 여기서 '불완전한 효력'의 의미가 무엇인가 하는 점이다. 다수설에 따르면, 종류주주총회의 결의는 주주총회의 결의가 유효하기 위한 요건이기 때문에, 종류주주총회의 결의가 없는 한 주주총회는 아직 완전한 효력을 발생하지 못하고 부동적으로 무효인 상태 혹은 不發效상태에 있게 된다. 그러다가 종류주주총회의 결의가 있으면 확정적으로 유효해지고 종류주주총회의 결의가 없으면 확정적으로 무효가 된다고 한다.[7] 이러한 이론은 일반적으로 독일의 '浮動的 無效論'(schwebend unwirksam)을 받아들인 것이라고 하는데, 대상판결 역시 이러한 다수설의 입장을 그대로 따르고 있다. ② 이러한 하자를 다투기 위한 법적 수단은 무엇인가? 이 문제까지 본격적으로 논하는 서술은 다소 찾기 힘든데, 부동적 무효 또는 불발효라는 개념이 상법상 명문으로 인정되고 있는 것은 아니기 때문에, 상법상의 규정을 유추적용하는 데 한계가 있다는 인식은 공통되는 것으로 보인다. 그 결과, 종류주주총회의 결의가 효력이 없게 되면 일반주주총회의 결의도 확정적으로 무효가 되는데, 이 경우 일반주주총회의 무효를 주장하기 위해서는 상법 제380조에 의할 것이 아니라 민사소송법상의 일반적인 확인의 소에 의하여야 한다고 주장한다.[8] 왜냐하면, 일반주주총회의 결의 그 자체에는 상법이 규정하는 결의취소의 소(제376조), 결의무효확인의 소 또는 결의부존재확인의 소(제380조) 등의 사유가 없기 때문이다. 이처럼 다수설에서는 위 하자로 인하여 일반주주총회의 결의가 확정적으로 무효가 되는 경우에도 상법 제380조의 무효확인 또는 부존재확인의 소를 제기할 수 없다고 하는 점을 주의하라. 따라서 아직 부동적으로 무효의 상태에 있는 경우에는 더욱 그러한 소를 제기할 수 없다. 대상판결이 주주총회결의 불발효확인의 소라는 다소 생소한 형태의 소를 인정한 이유도 여기에 있다. ③ 민사소송법상의 일반적인 확인의 소가 가능하다면, '주주총회가 부동적으로 무효'라는 확인의 소는 확인의 이익이 있는가? 다수설은 확인의 이익 여부에 대해서는 특별히 논의하지 않고,

7) 예를 들어 이기수 · 류진희 · 이동승, 회사법(초판), 박영사(2002), 396면; 정동윤, 회사법(제6판), 법문사(2000), 364면; 정찬형, 회사법강의(제3판), 박영사(2003), 307면; 최기원, 신회사법론(제12대정판), 박영사(2005), 515면.

8) 정동윤, 전게서, 363면; 정찬형, 전게서, 307면. 그렇다면 종류주주총회의 결의의 하자를 독립적으로 다툴 이익이 있는 것이고, 이 때에는 주주총회의 결의의 하자에 관한 규정을 준용하여야 한다고 한다. 만일 민사소송법상의 일반적인 확인의 소에서 주장입증의 방법으로 다툴 수 있지 않고, 반드시 선결적으로 주주총회 취소 또는 무효의 소를 제기하여야 한다면, 굳이 종류주주총회의 결의를 미리 소로써 확정지어야 할 이유가 없다는 것이다.

다만 “민사소송법상의 일반원칙에 따라 불발효의 확인을 구할 확인의 이익이 있는 한” 확인의 소를 제기할 수 있다고 간단히 언급한다.

이러한 논리에 대하여, 소수설의 입장은 매우 간결하면서 직선적이다. ① 소수설 역시 종류주주총회는 주주총회의 효력을 발생시키기 위한 추가적인 요건에 불과하다는 점을 인정한다. 이러한 요건을 갖추지 못한 경우 그 ‘불완전한 효과’의 의미는 무엇인가에 대하여, 결의 자체는 유효하고, 다만 결의가 효력을 발생하기 위한 절차적 요건을 결한 것이므로 상법 제376조의 취소사유에 불과하다고 본다.[9] ② 이러한 주주총회결의의 하자를 다투는 방법에 대하여 민사소송법의 규정에 따라 주주총회결의 불발효확인의 소를 제기하는 것은 상법이 인정하고 있지 않은 하자의 유형을 설정하는 것이므로 위법하고, 따라서 상법 제376조의 제소기간 내에 주주총회결의 취소의 소를 제기하는 것이 유일한 구제수단이다.[10] ③ 그리고 확인의 소를 부정하기 때문에 확인의 이익 자체를 논할 여지도 없다.

이러한 학설의 취지를 보다 정확히 이해하기 위해서는 서로의 논리를 어떻게 비판하는지 잠깐 살펴보는 것이 도움이 된다. 다수설이 소수설의 입장, 즉 종류주주총회를 거치지 않은 하자는 상법 제376조의 결의취소사유에 불과하다는 입장을 비판하는 가장 중요한 논거는 일반주주총회의 정관변경 결의 자체에는 아무런 하자가 없다는 점이다. 일반주주총회 결의는 적법한 소집절차에 의하여 개최된 주주총회에서 적법한 결의방법에 의하여 성립하였으며, 그 내용도 법령이나 정관에 전혀 위반되지 않는다. 다시 말해서, 상법 제376조에서 말하는 ‘총회의 소집절차 또는 결의방법’ 자체는 법령과 정관에 위반되거나 현저히 불공정하지 않고, 다만 종류주주에게 불이익할 따름이라는 것이다.[11] 다수설의 입장은 의결권을 가진 주주가 의결권을 행사하는 데 장애가 되는 사유는 없었다는 점을 강조하고 있다. 물론 이러한 주장은 어디까지나 이러한 하자가 “취소사유에는 해당하지 않는다”는 것을 말하고자 하는 것이지, 일반주주총회결의의 효력에 아무런 영향을 미치지 않는다는 주장은 아니다. 왜냐하면, 이해관계자에게 불이익을 주면서 그 구제절차를 거치지 않았다는 것은 많은 경우 주주총회의결을 무효로 만들 수 있기 때문이다. 예를 들어, 합병이나 신주발행에 있어서 채권자보호

9) 이철송, 전게서, 510면. 국내 문헌의 조사결과 국내에서 취소의 사유가 될 뿐이라는 견해를 유일하게 주장하는 것으로 보인다.

10) 이철송, 전게서, 510면.

11) 정동윤, “종류주주총회의 결의를 얻지 아니한 정관변경결의의 효력,” 상법연구의 향기(정희철교수 정년 20주년 기념논문집, 2004), 52-53면.

절차를 거치지 않은 경우 채권자에게는 합병무효의 소(상법 제529조) 또는 신주발행무효의 소(상법 제429조) 등을 제기할 수 있는 권한이 인정된다. 따라서 다수설의 비판은 어디까지나 종류주주총회를 거치지 않은 하자가 주주총회 결의 '취소사유'에는 해당하지 않는다는 점을 지적한 것으로 보아야 한다.

소수설은 이에 대하여, 주주총회결의 불발효확인의 소는 현행 상법의 체계상 허용되지 않는 부적법한 소송이라는 점을 강조한다. 그러나 '상법의 체계상 허용되지 않는'이라는 의미가 무엇인지 정확한 것은 아니다. 왜냐하면, 다수설은 민사소송법에서 일반적으로 인정되는 방식으로 문제를 해결하겠다는 것이기 때문이다. 그리고 실제로 이러한 방식의 문제해결이 종래 법원에 의하여 많이 이루어져 왔으며,[12] 특별히 문제가 되어야 할 이유도 없다. 주주총회의 하자를 다룸에 있어서 상법상의 구제수단으로 부족하거나 부적절한 경우에는 당연히 해석을 통해서 일반 민사소송법의 법리를 적용할 수 있는 것이다. 이러한 관점에서, 소수설 역시 민사소송법에 의한 문제의 해결이 부적법하다는 의미라기보다는, "종류주주총회를 거치지 않은 것은 상법상 법정된 취소사유에 불과하므로" 결의 취소의 소 이외의 방식으로는 구제받을 수 없다는 의미라고 이해할 것이다. 취소사유는 주주총회결의 취소의 소에 의하여 해결하도록 법정되어 있고 다른 방식의 소송은 금지된다는 점에 소수설의 핵심이 있다. 이렇게 다수설과 소수설을 비교해 보면, 결국 논의의 핵심은 종류주주총회를 거치지 않은 하자의 법적 성격이 무엇인가에 귀착된다고 하겠다.

Ⅲ. 比較法的 考察

어떤 종류의 주식에 대하여 불이익한 정관변경이 있을 경우 그 불이익을 받

12) 예를 들어, 1984년 상법개정 전에는 주주총회결의 부존재확인의 소에 관한 규정이 없었음에도 불구하고 판례는 "민사소송법상의 일반적인 확인의 소의 하나로서" 결의부존재확인의 소를 인정하고 있었으며, 이 경우 무효확인의 소에 관한 상법의 규정을 유추적용할 수 있다고 판시하고 있었다(대법원 1982. 9. 15. 선고 80다2425 전원합의체 판결 참조). 1984년 상법개정으로 제380조가 현재와 같이 주주총회결의 부존재확인의 소까지 규정하게 되어, 회사법상의 소로 인정되었다. 최근에도 판례는 상법 제380조가 규정하는 주주총회결의 부존재와 구별하여, 회사가 무관한 자가 의사록을 위조하거나 전혀 주주총회로 볼 수 없는 회의를 개최하고서 의사록을 작성한 경우 등과 같은 경우에는 상법 제380조의 적용을 배제하고 있으며(대법원 1992. 8. 18. 선고 91다39924 판결 등 참조), 그 결과 이러한 경우에는 민사소송법상의 일반적인 확인의 소로 다툴 수 있게 된다. 다만 아예 의사록도 없는 등 결의의 외관 자체가 존재하지 않는 경우에는 일반적인 확인의 소를 제기할 확인의 이익도 없다고 한다(대법원 1993. 3. 26. 선고 92다32876 판결). 자세한 것은 이철송, 전게서, 489-496면 참조.

는 종류의 주식을 보유한 주주의 종류주주총회의 결의를 정관변경결의의 효력발생요건으로 하는 것은 대부분 국가의 회사법에서 발견되는 전형적인 조문이다.[13] 그러나 보통 이러한 절차를 거치지 않았을 때의 효과에 대해서는 아무런 언급이 없는 경우가 많기 때문에, 결국 개별 국가의 전체 회사법의 구조를 보고 그 효과를 판단할 수밖에 없을 것이다. 여기에서는 우리 나라와 사법제도가 비슷한 일본과 독일의 예를 간단히 살펴보고, 전혀 다른 사법제도를 가진 미국에서 어떻게 처리하는지 살펴보기로 한다.

1. 獨 逸

독일 주식법 제179조 제 3 항은 어느 종류의 주주에게 불이익하게 정관변경의 결의가 있는 경우에는 그 불이익을 받는 주주의 종류주주총회를 거쳐야 한다고 규정하고 있으며, 학설은 이 경우 종류주주총회의 결의를 거치지 않은 정관변경 결의는 부동적 무효(schwebend unwirksam)라고 한다. 그러나 이러한 부동적 무효론을 그대로 우리 나라 법에 적용하기에는 무리라는 견해가 있다.[14] 그 이유는 독일 주식법이 주주총회의 취소 또는 무효사유에 대하여 우리 나라와는 전혀 다른 태도를 취하고 있기 때문이라고 한다. 다시 말해서, 독일 주식법은 결의 내용이 강행법규에 위반하거나 주식의 본질에 반하는 경우뿐만 아니라(독일 주식법 제241조 제 3 호 · 제 4 호), 단순히 소집절차에 위반하여 주주총회가 소집되거나 의사록이 서면으로 작성되지 않는 경우 등, 우리 나라에서는 취소사유로 다루고 있는 경우에도 무효사유로 인정하고 있다는 것이다(독일 주식법 제241조 제 1 호 · 제 2 호). 대상판결에서 논의의 핵심이 종류주주총회를 거치지 않은 하자의 성격에 있다는 점을 고려하면, 독일에서 말하는 부동적 무효론을 받아들인다고 하더라도 그 자체로는 우리 나라의 경우 주주총회의 취소사유에 해당할 수도 있기 때문에, 결국 부동적 무효론을 가지고 문제를 해결하기는 어렵다고 할 수 있다.

2. 日 本

종래 일본상법 제345조, 제346조는 우리 나라 상법 제435조, 제436조와 동

13) 예를 들어, 미국 RMBCA 제10.04조, 영국 1985년 회사법 제125조 이하, 프랑스 회사법 제156조, 제158조, 제166조, 독일 주식법 제138조, 제179조 제 3 항, 일본 회사법 제322조(종전의 상법 제345조, 제346조).

14) 이철송, 전게서, 510면.

일한 규정을 두고 있었기 때문에, 그 해석론을 참조할 수 있을 것으로 생각되지만, 실제로 대상판결과 같은 쟁점에 대해서는 특별한 논의를 찾기 힘들다. 일본의 경우에도 종류주주총회의 결의가 있는 것은 그 종류의 주주에 대하여 불이익한 정관변경의 효력발생요건으로 보는 것이 통설이므로, 필요한 종류주주총회가 개최되지 않았거나 또는 그 결의에 하자가 있어 취소 또는 무효가 된 경우에는 정관변경의 주주총회결의의 효력이 발생하지 않는다.[15] 그러나 구체적으로 그 '효력이 발생하지 않는 것'이 무효를 의미하는지 부동적 무효인지, 아니면 취소할 수 있다는 의미인지는 확실하지 않으며, 이에 관한 판례가 확립되어 있지 않은 것으로 보인다.

3. 美 國

(1) 會社法의 관점에서

미국에서는 우선주가 많이 활용되고 있기 때문에 보통주주와 우선주주의 갈등이 많았고, 이 과정에서 우선주주의 계약상의 권리를 어떻게 보호할 것인지의 문제가 많이 논의되었다. 대부분의 주법에서는 우리 나라 상법과 비슷하게 우선주주에게 집단적인 거부권을 주는 방식을 채택하고 있다. 예를 들어, 개정모범회사법에서는 종류주주의 이익을 침해하는 여러 행위유형을 열거하면서, 이러한 유형의 정관개정에 대해서는 종류주주의 동의(vote as a separate voting group)를 얻도록 하고 있다.[16] 물론 정관에서 종류주식을 무의결권으로 규정하고 있더라도, 이 경우에는 의결권을 가진다.[17] 많은 경우에 정관에서 이러한 종류주주의 권한을 금지시키는 것은 불가능하다고 해석된다.[18] 따라서 이러한 종류주주총회를 거치지 않으면 당연히 주주총회의 의결이 본래의 효력을 발생하지 않는다. 다만 미국의 경우에도 단순히 종류주주총회를 거치도록 하는 규정만 있을 뿐이고, 언제까지 거쳐야 하는지에 관해서 구체적으로 규정을 두는 경우는 찾기 힘들다.

이처럼 종류주주총회에 관해서는 거의 유사한 법제를 가지고 있지만, 주주총회결의의 하자에 관해서는 매우 다른 제도에 기반하고 있기 때문에 미국의 법

15) 上柳克朗・鴻 常夫・竹內昭夫, 신판 주석회사법(12), 有斐閣(1990), 39면.
16) RMBCA §10.04(a), (b).
17) RMBCA §10.04(d).
18) New York Business Corporation Act §804(a)("notwithstanding any provision in the certificate of incorporation").

제를 살펴보는 것은 위 문제를 해결하는 데 큰 도움이 되지 않는다. 우선 미국 회사법에서 직접 주주총회의 하자에 대한 규정을 두는 경우가 거의 없다. 물론 주주총회의 절차 및 내용에 대해서는 우리 나라 상법과 거의 비슷한 규정을 두고 있지만, 그러한 절차를 따르지 않거나 내용이 불공정한 경우에 주주 또는 기타 이해관계자가 어떠한 구제수단을 가지는지에 대해서는 따로 규정하고 있지 않다. 회사법에서 아무런 규정을 두고 있지 않을 뿐만 아니라, 나아가 주 민사소송법에서 따로 회사소송에 관하여 별도의 조항을 마련하는 경우도 찾기 힘들다. 따라서 회사법학에 있어서도 주주총회결의의 하자를 다투는 소송은 전혀 독립적인 쟁점이 되지 않는데, 이처럼 주주총회결의의 하자에 대한 특별한 언급이 없다는 의미는 물론 주주총회의 하자를 다툴 수 없다는 의미가 아니라 일반적인 민사소송절차에 따르면 된다는 의미이다.

예를 들어, 주주에 대한 통지절차에 하자가 있는 경우, 우리 나라에서는 이를 결의취소의 사유로 보지만, 미국에서는 따로 취소에 관한 규정이 없는 결과 단순히 결의의 무효(void)로 된다.[19] 종류주주총회를 거치지 않은 경우에도 마찬가지로 그 일반주주총회는 효력을 발생하지 못하고, 이는 결국 결의가 무효라고 이해할 수밖에 없다. 그러나 특별히 결의무효의 소를 따로 정하고 있지는 않기 때문에, 일반적으로 금지명령(injunction)이나 금전손해배상을 구하면서 그 선결문제로서 주주총회결의의 효력을 다투게 될 것이다. 물론 이렇게 되면 소송당사자 사이에서만 주주총회 결의의 효력이 무효가 되고 우리 나라와 같은 대세효가 인정되지 않는다는 문제가 있을 것처럼 생각되는데, 이러한 문제가 실제로 미국에서는 중요하게 다루어지지 않는 것으로 보인다.

(2) 民事訴訟法의 관점에서

주주총회결의에 하자가 있더라도 이를 취소 또는 무효로 하기 위한 이른바 형성의 소를 미국 민사소송법은 인정하고 있지 않은 것으로 보인다. 따라서 모든 하자는 다른 소송의 선결문제로서 무효임을 다툴 수 있을 뿐이다.

이러한 하자로 인하여 주주총회결의가 무효라는 확인을 구하는 소는 가능한가? 미국 민사소송법에서 우리 나라의 확인판결과 비슷한 기능을 하는 제도를 찾는다면 "declaratory judgement"라는 것이 있다. 이 제도는 본래 보통법이나 형평법에 있던 것은 아니고, 20세기 이후에 미국 법원이 도입하기 시작한 제도로서, 도입 초기에는 주로 유언이나 기타 증서의 유효성 등을 확인하는 정도로

19) Goldfield Corp. v. General Host Corp., 29 N.Y. 2d 264(1971).

만 활용되었다고 한다.[20] 최초로 1919년에 플로리다, 미시간, 위스콘신 주에서 이러한 형태의 판결을 인정하는 법률이 제정된 이후, 1922년 "Uniform Declaratory Judgment Act"가 제정되었고 이후 40여개의 주에서 이 통일법이 채택되었다. 나아가 연방 민사소송에 있어서도 확인판결의 필요성이 대두되면서, 1932년 "Federal Declaratory Judgment Act"[21]가 제정되었다. 이러한 입법에 근거하여 미국에서도 현재 연방법원 및 대부분의 주법원에서 declaratory judgment 형태의 판결이 많이 선고되고 있다. 최근 미국의 사법제도는 전통적인 보통법과 형평법이 점차 융합되는 경향을 보이고 있고, 따로 법원을 구별하여 설치하지 않는데, 이 declaratory judgment 제도는 이미 20세기 초반에 보통법과 형평법 모두에 적용되는 것으로 인정되고 있었다.[22]

미국에서의 확인판결 역시 다른 판결과 마찬가지로 기판력을 가진다.[23] 우리 나라 확인판결과 마찬가지로 기각판결의 경우 그 효력은 단지 재소를 금지시키는 것에 그치고, 그 내용을 부정하는 효력은 없다.[24] 미국에서 이러한 확인판결은 주로 유언이나 계약의 해석,[25] 지적재산권 분쟁[26] 등에서 자주 활용되며, 이는 통일법에서도 예정하고 있다.[27] 물론 소의 대상이 이러한 것에 한정되는 것은 아니므로,[28] 주주총회 결의의 무효확인의 소와 같은 형태도 배제할 수는

---

20) 미국에서의 확인판결에 관한 일반적인 설명은 Robert N. Leavell, Jean C. Love, Grant S. Nelson & Candace S. Kovacic-Fleischer, Equitable Remedies, Restitution, and Damages: Cases and Materials(6th, West Group, 2000), 470면 이하; Russell L. Weaver, David F. Partlett, Donald E. Lively & Michael B. Kelly, Remedies: Cases, Practical Problems, and Exercises(Thomson West, 2004), 408면 이하에 크게 의존하였다.

21) 28. U.S.C.A. §§ 2201-2202.

22) Kann v. Kann, 690 A. 2d 509, 514(1997).

23) Uniform Declaratory Judgment Act § 1("The declaration may be either affirmative or negative in form and effect; and such declaration shall have the force and effect of a final judgment or decree").

24) Weaver, Partlett, Lively & Kelly, 전게서, 456면.

25) 예를 들어, Federal Kemper Insurance Company v. Rauscher, 807 F. 2d 345(3rd Cir. 1986). 자동차 사고에 대하여 피보험자가 보험사를 상대로 손해보험금을 청구하는 분쟁이 생기자, 보험사가 보험계약이 위 자동차사고를 부보하지 않는다는 것을 확인해 달라는 declaratory judgment를 제기하였다.

26) Treemond Co., v. Schering Corporation, 122 F. 2d 702(3rd Cir. 1941). 원고는 현재 특허권자의 특허가 무효이고, 따라서 자신의 물품제조가 특허를 침해하지 않음을 선언해 달라는 내용의 제소를 하였다.

27) Uniform Declaratory Judgment Act § 2("Any person interested under a deed, will, written contract or other writings constituting a contract, or whose rights, status or other legal relations are affected by a statute, municipal ordinance, contract or franchise, may have determined any question of construction or validity arising under the instrument, statute, ordinance, contract, or franchise and obtain a declaration of rights, status or other legal relations thereunder").

28) Uniform Declaratory Judgment Act § 5.

없다. 그러나 앞서 언급한 바와 같이 주로 금지명령이나 손해배상의 선결문제로 다루어지는 것이 보통이고, 그 과정에서 미리 확인판결을 받는 경우는 많지 않은 것으로 보인다. 그리고 우리 나라에서의 확인의 이익과 같은 개념도 존재하기 때문에,[29] 예를 들어, 헌법적 해석에 관한 것도 물론 확인판결의 대상의 될 수 있으나, 대부분 소제기의 내용이 "remote or speculative"하다는 이유에서 각하되곤 한다.[30] 나아가 확인의 대상이 되는 분쟁에 대하여 이후 "necessary or proper"한 구제수단이 있다면 법원이 단순히 확인만 하는 것에 그치지 않고 이러한 구제수단을 판결할 권한도 있다.[31]

Ⅳ. 爭點의 分析

이상에서 살펴본 바와 같이, 우리 나라의 학설은 대부분 독일법의 설명을 그대로 가져오고 있어 회사소송의 구조에 차이가 있는 우리 상법에서 그대로 받아들이기에는 다소 주저되는 면이 있다. 그러나 다른 국가의 사례를 살펴보더라도 특별한 시사점을 찾기는 어렵다. 결국 우리 나라 상법과 민사소송법의 전체적인 구조를 고려하여 나름대로의 논리적 추론을 하는 것이 바람직하다고 할 것이다. 이하 각 쟁점에 관하여 이러한 관점에서 생각해 본다.

1. 種類株主總會를 缺한 株主總會의 效力

학설이 일치하고 있는 바와 같이 종류주주총회를 결한 주주총회 결의에 온전한 효력을 인정하는 것은 불가능하다. 그런데 그 효력을 부동적인 것으로 할 수밖에 없는 이유는—결의를 취소할 수 있다고 하는 것도 결의의 효력이 부동적인 점에 있어서는 동일하다—종류주주총회가 주주총회 결의 이후에도 충분히 거칠 수 있기 때문이다. 상법은 종류주주총회를 언제 개최하여야 하는지는 아무런 제한을 두고 있지 않고 있기 때문에, 오랜 기간이 경과한 다음에 종류주주총회의 결의를 얻어 정관변경의 등기를 신청하더라도 등기공무원은 이를 거부

29) Uniform Declaratory Judgment Act §6("The court may refuse to render or enter a declaratory judgment or decree where such judgment or decree, if rendered or entered, would not terminate the uncertainty or controversy giving rise to the proceeding").

30) Eccles v. Peoples Bank of Lakewood Village, 333 U.S. 426, 432(1948).

31) Uniform Declaratory Judgment Act §8.

할 수 없다. 심지어 일반주주총회와 종류주주총회의 개최시기 사이에 주주가 바뀌어도 상관이 없는 것으로 풀이하는 견해도 있다. 왜냐하면, 그 정관변경은 종류주주의 이익을 침해하고 있고, 따라서 설사 주주가 바뀌어도 여전히 종류주주총회의 의결의 필요성은 인정되기 때문이다.[32] 이처럼 사후적으로 효력이 완전해질 수 있는 가능성이 있기 때문에, 이것을 확정적으로 무효가 된다고 하지 못하고, 취소할 수 있다고 하거나 부동적으로 무효라고 하는 것이다.

그럼에도 불구하고 이처럼 주주총회 결의의 효력을 부동적으로 인정하는 것은 회사법 관계의 불안정을 초래하여 바람직하지 않다는 것이 일반적인 회사법학의 시각이라고 할 수 있다. 다른 단체와 회사를 왜 굳이 구별하여 회사법에서만 단체적 법리를 강조하는지는 향후 비판적 연구가 있어야 할 것이지만,[33] 일단 현재의 주류적 견해를 받아들인다면, 회사법은 단체적 법률관계의 안정을 추구하기 위해서 각종의 소에 대하여 특별한 효력을 인정하고 있다. 따라서 주주총회 결의의 효력을 부동적으로 인정하는 것은 이러한 회사법의 이상과 조화되지 않는다. 효력을 부동적으로 인정하는 한 가지 유형인 결의취소의 소에서 제소기간을 2개월로 한정하고 있는 이유도 회사법 관계가 부동적으로 존재하는 상황을 최대한 피하고자 하는 것이다. 부동적 무효의 법리 역시 이러한 비판에서 자유롭지 못하다. 피고 제출의 상고이유서에서도 옳게 지적하는 바와 같이, "일반적으로 종류주주총회의 결의를 요하는지 여부가 불확실하거나 이에 대하여 다툼이 있을 수 있는바, 회사가 종류주주총회의 결의가 필요 없다고 보고 이를 소집하지 아니하고 주주총회 결의만으로 정관을 변경하였는데, 그로부터 한참이 지난 뒤에 법원이 다시 살펴보니 종류주주총회의 결의를 요하는 성질의 것이었다는 이유로 그와 같은 일이 언제 있었는지를 따지지 않고 무효로 삼는다는 것은 회사법 관계의 안정성을 심히 해친다고 할 수 있다"는 것이다.[34]

법리적으로 보더라도 단지 종류주주총회가 개최되지 않고 있는 상태가 아니라 회사가 종류주주총회의 개최를 거부한 경우에는 이를 계속 부동적 무효 또는

32) 정동윤, 전게논문, 51면.

33) 왜 회사법에서만 대세효를 가지는 특별한 소송이 인정되는가? 과연 '단체적 법률관계'이기 때문인가? 예를 들어, 대법원 2000. 1. 28. 선고 98다26187 판결에서는, "민법상 법인의 이사회의 결의에 하자가 있는 경우에 관하여 법률에 별도의 규정이 없으므로 그 결의에 무효사유가 있는 경우에는 이해관계인은 언제든지 또 어떤 방법에 의하든지 그 무효를 주장할 수 있다고 할 것이지만, 이와 같은 무효주장의 방법으로서 이사회결의 무효확인소송이 제기되어 승소 확정판결이 난 경우 그 판결의 효력은 위 소송의 당사자 사이에서만 발생하는 것이지 대세적 효력이 있다고 볼 수는 없다"라고 판시하여 회사와 다른 법인을 구별하고 있다. 민사소송법의 관점에서 회사와 기타 법인의 어떠한 차이가 이러한 구별을 정당화할 수 있는지 의문이다.

34) 피고 제출 상고이유서, 30면.

불발효라고 보아야 할 이유가 없다. 예를 들어, 유동적 무효의 법리가 확립되어 있는 토지거래허가제 판례를 검토해 보자. 최초로 유동적 무효의 법리를 확립한 대법원 1991. 12. 24. 선고 90다12243 전원합의체 판결을 보면, 토지거래허가를 받지 않은 매매계약이 언제나 유동적 무효라고 말하고 있지 않으며, "허가를 받기 전의 거래계약이 처음부터 허가를 배제하거나 잠탈하는 내용의 계약일 경우에는 확정적으로 무효로서 유효화될 여지가 없으나"라고 설시하면서, "이와 달리 허가받을 것을 전제로 한 거래계약(허가를 배제하거나 잠탈하는 내용의 계약이 아닌 계약은 여기에 해당하는 것으로 본다)일 경우에는… 유동적 무효의 상태에 있다고 보는 것이 타당하다"고 판시하고 있다. 이처럼 당사자들의 의사에 의하여 처음부터 확정적으로 무효가 될 수 있다는 것은 "유동적 무효가 언제 확정적 무효가 되는가"의 문제에 관한 그 이후의 판시에서도 일관된 논리를 가지고 나타난다. 이에 관한 판례는 다양하지만, 그 일관된 논리는 관할관청의 토지거래허가 처분이 불가능해졌거나 "당사자 쌍방이 허가신청 협력의무의 이행거절의사를 명백히 표시한 경우"에는 매매거래가 확정적으로 무효가 된다는 것이다.[35]

이러한 토지거래허가의 유동적 무효의 법리를 참고하면, 회사가 종류주주의 사실상의 청구에도 불구하고 이를 거부한 경우에는 그 거부한 시점에서 확정적으로 무효가 되는 것으로 해석하는 것도 한 가지 유력한 해석방법이 될 수 있다. 이러한 해석에 따르면, 대부분 분쟁이 생기는 것은 먼저 종류주주가 사실상 종류주주총회의 소집을 요구하는 것이 보통일 것이므로, 결국 필요하다면 단순히 무효의 확인을 구하는 확인의 소를 제기하면 된다.

여기서 종류주주총회를 거치지 않은 주주총회 결의의 효력을 상법 제376조의 취소사유가 아니라 제380조의 무효사유로 보는 이유는, 결의의 효력을 부동적으로 인정하는 것을 피하려는 목적 이외에도, 다수설에서도 주장하는 바와 같이 일반주주총회의 '소집절차 또는 의결방법'에는 아무런 하자가 없기 때문이다. 상법 제376조의 결의취소의 소는—후단의 '결의의 내용이 정관에 위반한 때'를 논외로 한다면 원칙적으로—결의권의 행사를 방해받은 경우를 예정하고 있을 뿐이며, 결의의 내용이 다른 이해관계자의 이익을 침해하는 경우를 예정하고 있지는 않다. 취소소송의 제소권자를 주주, 이사, 감사로 한정하고 있는 것도 이러한 해석을 뒷받침한다. 이에 반하여, 상법 제380조에서는 "총회의 결의의 내용이 법령에 위반한 것을 이유로 하여" 결의무효확인의 소를 제기할 수 있다고 하

35) 대법원 1999. 7. 27. 선고 91다33766 판결; 대법원 1995. 4. 28. 선고 93다26397 판결; 대법원 1995. 12. 26. 선고 93다59526 판결; 대법원 1998. 3. 27. 선고 97다36996 판결 등 다수.

고 있으므로, 종류주주총회를 거치지 않은 하자를 종류주주에게 손해를 입힌다고 하는 점에 주목하여 '결의의 내용의 하자'로 구성할 수 있을 것이다. 특히 판례도 명확히 하고 있는 바와 같이, 결의무효확인의 소의 제소권자는 널리 그 결의로 인하여 손해를 입은 자까지 확대되고 있으며,[36] 이는 합병이나 신주발행에 있어서 채권자보호절차를 거치지 않은 경우 채권자에게는 합병무효의 소(상법 제529조) 또는 신주발행무효의 소(상법 제429조) 등을 제기할 수 있는 권한을 인정하는 취지와 동일하게 볼 수 있다. 이처럼 종류주주총회를 요구하는 상법의 취지가 이해관계자의 보호에 있다는 점을 고려하여, 종류주주는 결의무효확인의 소를 제기할 수 있다고 보는 것이 타당하다.

이상의 논리는 결국 회사가 종류주주총회의 소집을 거부한 것이 명백해진 시점에서 부동적 무효가 확정적 무효로 된다는 것이고 따라서 다음에서 살펴보는 바와 같이 종류주주는 상법 제380조의 무효확인의 소를 제기할 수 있다는 것이지만, 이러한 논리는 다음과 같은 몇 가지 문제에 직면하게 된다.

① 우선 회사가 종류주주총회의 소집을 거부하였다가, 후에 다시 결정을 돌이켜 종류주주총회를 개최하면 원래 있었던 일반주주총회의 효력은 어떻게 되는가 하는 점이다. 이 문제는 무효설의 논리가 직면하는 가장 큰 문제라고 할 수 있다. 다수설에서도 굳이 부동적 무효라는 법리를 받아들일 수밖에 없는 이유를 다음과 같이 설명하고 있다. "무효설은 부당하다. 왜냐하면 위 일반주주총회의 결의는 후에 종류주주총회의 결의를 얻으면 유효로 될 수 있으므로 처음부터 끝까지 무효인 것은 아니기 때문이다."[37] 그러나 무효설의 논리에 의하면, 회사가 종류주주총회의 소집을 거부한 이상 일반주주총회가 이후 유효로 될 수 있는 방법은 없는 것이고, 이후 다시 종류주주총회를 개최하더라도 다시 전과 동일한 내용의 일반주주총회의 의결이 없는 한 과거의 의결이 다시 유효하게 될 수는 없다고 할 것이다. 결국 무효설은 불필요하게 다시 주주총회를 열어야 한다는 문제점에 직면하지만, 이는 종류주주에게 '대세효를 가진' 상법 제380조의 구제수단을 인정하기 위해서 어쩔 수 없는 결론이라고 본다.

② 다음으로 종류주주가 종류주주총회의 소집에 대해서 전혀 아무런 요구도 하지 않고 있는 상황이라면 여전히 부동적 무효상태가 계속되고 있는 것이므로, 결국 앞서 지적한 법률관계의 불안정이 계속되는 것이 아닌가 하는 문제이다.

36) 예를 들어, 대법원 1992. 8. 14. 선고 91다45141 판결에서는 "주식회사의 채권자는 그 주주총회의 결의가 그 채권자의 권리 또는 법적 지위를 구체적으로 침해하고, 또 직접적으로 이에 영향을 미치는 경우에 한하여 주주총회결의의 부존재확인을 구할 이익이 있다"고 판시하고 있다.

37) 정동윤, 전게논문, 53면.

그러나 이러한 문제는 주주총회결의의 무효사유 또는 부존재사유가 존재하고 있음에도 불구하고 제소권자가 아무런 행동을 취하고 있지 않은 경우에도 역시 동일하게 발생할 수 있는 문제이다. 결국 이 문제는 판결의 소급효를 제한할 것인지에 관한 정책적 판단으로 해결할 문제이고, 이러한 문제로 인하여 주주총회결의의 하자의 성격을 달리 판단한 필요는 없다. 다만 법률관계의 불안정을 해소하기 위해서, 일반주주총회결의 이후 상당한 기간 내에 종류주주총회를 거치지 않으면 확정적으로 무효가 된다는 법리를 생각해 볼 수 있으나, 그 근거가 불명확할 뿐만 아니라, 종류주주가 아무런 요구도 하고 있지 않은 상황에서는 별다른 차이가 없으며, 나아가 주주총회 결의로부터 한참 후에 종류주주총회의 소집여부에 대하여 분쟁이 발생한 경우에는 무엇이 '상당한 기간'인지 여부를 불필요하게 판단하여야 하기 때문에, 그렇게 바람직한 해법으로 생각할 수 없다.

③ 마지막으로, 회사의 종류주주총회의 소집거부를 가지고 부동적 무효가 확정적으로 무효가 된다는 것은, 사실상—주주총회결의가 있었던 시점으로 소급하여—처음부터 무효라고 보는 것과 아무런 차이가 없는 것이 아닌가 하는 의문이 있다. 회사가 종류주주총회의 소집을 거부하는 것을 전제로 하면, 주주총회결의가 있었던 시점부터 회사의 종류주주총회 소집거부의 시점 사이에 결의의 효력을 유동적 무효라고 볼 실익은 없다. 소급하여 결의가 무효로 되고, 이후 그 무효의 확인을 구하는 소를 제기하는 것으로 구성을 하더라도 아무런 차이가 없기 때문이다. 그러나 종류주주총회의 소집이 있는 경우 및 회사의 종류주주총회 소집거부와 같은 명시적인 거부의사가 없이 분쟁이 발생한 경우 등에서 다소 설명의 어려움이 있을 것으로 생각된다. 따라서 굳이 처음부터 소급하여 무효가 된다고 할 필요는 없다.

2. 種類株主의 救濟手段

종류주주총회를 소집하지 않겠다고 거부하면 일반주주총회결의는 확정적으로 무효가 되므로, 종류주주는 무효의 확인을 구하는 소를 제기하면 된다. 이러한 무효확인의 소에 대해서 상법 제380조가 유추적용될 것인지의 문제가 있으나, 앞서 부동적 무효가 아니라 확정적으로 무효라는 이론을 택한 것이 법률관계의 안정을 중시한 것임을 고려할 때, 대세효가 인정되도록 하기 위해서 제380조의 무효확인의 소로 보아야 할 것이다. 실제로 판례는 상법상 명시적으로 인정되지 않는 형태의 소송에 있어서도 판결에 대세효를 발생시키기 위해서 상법

조문을 유추적용하는 경우가 많다.[38]

이론적으로만 본다면 아직 유효도 가능하고 무효도 가능하여 효력이 부동적인 것을 확정적으로 무효로 만드는 방법은 상법 제376조의 취소의 소를 제기하는 방법도 가능하다. 소수설에서 주장하는 바와 같이, 종류주주총회의 결의를 거치지 않은 것은 일반적인 어의의 용법상 '절차'의 하자로 보는 것이 상식이다. 그러나 상법상 결의취소의 소는 '결의일'로부터 2월 이내에 제소하지 않으면 확정적으로 유효가 되어 결국 구제할 수 있는 방법이 없다는 문제가 있다. 종류주주총회를 언제까지 열어야 한다는 규정이 없는 상황에서, 문언을 그대로 해석한다면 회사가 2월 동안만 종류주주총회를 개최하지 않고 있으면 주주총회의 결의의 효력을 다툴 수 있는 방법이 없게 되는 것이다. 따라서 종류주주로서는 설사 종류주주총회를 거쳐야 한다는 사실을 알지 못한 경우에도 구제받을 수 없다. 이 문제를 해소하기 위해서, 예를 들어, 제소기간의 기산일을 '종류주주총회를 거치지 않기로 확정된 날' 등으로 해석하는 편법을 생각해 볼 수 있으나, 이는 상법의 문언에 명백히 반하기 때문에 채택할 수 없다. 결국 이러한 실제적인 문제점으로 인하여 취소의 소는 적절한 구제수단이라고 할 수 없다.

3. 株主總會決議不發效確認의 訴에 있어서 確認의 利益

대상판결은 결의불발효확인의 소라는 민사소송법상의 확인의 소를 인정하고 있다. 부동적 무효라는 것을 확인하는 소는 매우 이례적이므로 단순한 무효확인의 소와 달리, 과연 부동적 무효라는 것을 확인할 확인의 이익이 있는지 여부가 문제될 수 있다. 물론 확인의 이익은 구체적인 소송요건으로서 당해 사건의 사실관계를 고려하여 정해질 것이고, 이러한 점을 고려하여 대상판결에서도 '확인의 이익이 있으면'이라고 넘어갔으나, 이 글에서 논의하는 것은 도대체 '일반적으로' 부동적 무효에 관한 확인의 이익을 생각할 수 있겠는가 하는 점이다. 이러한 의문은 토지거래허가를 중심으로 한 판례를 보면 더욱 확실해진다. 토지거래허가를 받지 않아 매매계약이 유동적으로 무효인 경우 우리 나라의 확립된 판례는 당사자 사이에 허가를 얻는 데 노력할 협력의무가 있고, 이 협력의무의 이행

38) 예를 들어, 대법원 1982. 9. 14. 선고 80다2425 전원합의체 판결(민사소송법상의 확인의 소의 하나인 결의부존재 확인의 소에 대하여 상법 제380조의 규정을 유추적용할 수 있다); 대법원 2004. 6. 25. 선고 2000다37326 판결; 대법원 2004. 8. 16. 선고 2003다9636 판결(전환사채발행무효의 소에 대해서 상법에 아무런 규정이 없음에도 불구하고 상법 제429조의 유추적용을 인정).

을 청구하는 이행소송(예를 들어, 토지거래허가 신청절차 이행의 소)이 인정되므로[39] 유동적으로 무효임을 확인할 이익은 없다는 것이다.

이처럼 법적 불안을 제거하기 위하여 다른 유효한 구제수단이 존재한다면 확인의 이익은 부정된다. 그렇다면 상법상 종류주주는 종류주주총회의 소집을 청구하는 이행소송을 제기할 수 있는가? 상법은 주주총회의 소집청구에 대해서는 제366조에서 소수주주권에 관한 규정을 두고 있으나, 종류주주총회의 소집에 대해서는 따로 규정을 두고 있지 않다. 그러나 제435조 제3항에서 주주총회에 관한 규정을 일반적으로 준용하도록 하고 있으므로, 확실하지는 않으나 제366조를 준용하여 종류주식의 3% 이상을 보유한 소수주주는 이사회에 종류주주총회의 소집을 청구할 수 있고, 이사회가 이를 거절하면 법원에 그 소집의 허가를 신청할 수 있다고 볼 것이다. 이처럼 소수종류주주의 경우에는 종류주주총회의 소집을 청구할 수 있는 구제수단이 있기 때문에, 위 토지거래허가의 판례와 매우 흡사한 구조로 이해할 수 있다. 따라서 이 경우 이러한 소집청구를 하지 않고 단지 부동적 무효의 확인을 구할 확인의 이익이 있는지는 의문이라 하겠다. 그런데 상법에서는 종류주식의 3% 이상을 보유한 소수종류주주에게만 소집청구권을 인정하고 있기 때문에, 보유지분이 그에 미달하는 종류주주의 경우에는 종류주주총회를 소집할 것을 청구할 수 없다. 따라서 오직 이 경우에 한하여 확인의 이익을 생각해 볼 수 있을 것이다.

나아가 확인의 이익이 인정되기 위해서는 사실상의 불안이 아니라 '법적 불안'이 존재하여야 하고, 확인의 소를 통해서 그 불안이 제거될 수 있어야 한다. 그런데 부동적 무효확인의 소에서 확인하고자 하는 것은 무효가 될지 유효가 될지 모르는 불확실성이 있다는 것이므로 그것을 확인하는 것이 어떠한 법적 불안을 제거할 수 있는지 확실하지 않다.

V. 結　　語

이상에서 종류주주총회를 결한 주주총회의 효력과 관련된 소송법적 쟁점을 살펴보았다. 부동적 무효의 확인을 구한다는 것은 전통적인 법리에서 볼 때 매우 이례적인 것이고, 따라서 그러한 형태의 소송이 우리 나라의 법체계와 부합

39) 대법원 1991. 12. 24. 선고 90다12243 전원합의체 판결. 이후 협력의무의 불이행과 상당인과관계가 있는 손해는 배상하여야 한다고 판시한 판결로는 대법원 1995. 4. 28. 선고 93다26397 판결; 대법원 1995. 12. 26. 선고 93다59526 판결 참조.

하는지 보다 정밀한 논증이 필요하다. 단순히 "확인의 이익이 있는 한 확인의 소를 제기할 수 있다"는 방식으로 피해나갈 성질의 것은 아니다. 이 글에서 주장하는 입장은, 종래의 토지거래허가와 관련하여 우리 판례가 형성해 놓은 유동적 무효의 법리를 가지고 문제를 해결하자는 것이다. 회사가 종류주주총회의 소집을 사실상 거부하면 그 자체로 확정적 무효로 보아 무효확인의 소를 제기할 수 있도록 하는 것이 한 가지 방법이다. 다른 방법은 상법상 종류주식 지분비율 3% 이상의 소수종류주주의 경우에는 종류주주총회의 소집을 법원에 청구할 수 있으므로, 이 범위에서는 무효확인의 소 역시 허용되지 않는다고 보는 것이다. 이러한 논리를 가지고 문제를 충분히 해결할 수 있다면, 굳이 부동적 무효의 확인을 구하는 소를 인정하는 것이 어떤 실익이 있는지 물을 수밖에 없을 것이다.

대법원 2006. 1. 27. 선고 2004다44575, 44582(반소) 판결

[주주총회결의불발효확인등] [공2006. 3. 1.(245), 321]

[판시사항]

[1] '정관을 변경함으로써 어느 종류의 주주에게 손해를 미치게 될 때'에는 주주총회의 결의 외에 종류주주총회의 결의를 거치도록 한 상법 제435조 제1항의 규정 취지 및 여기서 '어느 종류의 주주에게 손해를 미치게 될 때'의 의미

[2] 종류주주총회의 결의의 법적 성격 및 종류주주총회의 결의가 이루어지지 않은 경우, 정관변경을 결의한 주주총회결의 자체의 효력에 하자가 있게 되는지 여부(소극)

[3] 주주총회에서의 정관의 변경결의의 내용이 '어느 종류의 주주에게 손해를 미치게 될 때'에 해당하는지 여부에 관하여 다툼이 있는 관계로 회사가 종류주주총회의 개최를 명시적으로 거부하고 있는 경우, 그 정관변경의 효력을 다투는 방법

[판결요지]

[1] 상법 제435조 제1항은 "회사가 수종의 주식을 발행한 경우에 정관을 변경함으로써 어느 종류의 주주에게 손해를 미치게 될 때에는 주주총회의 결의 외에 그 종류의 주주의 총회의 결의가 있어야 한다"고 규정하고 있는바, 위 규정의 취지는 주식회사가 보통주 이외의 수종의 주식을 발행하고 있는 경우에 보통주를 가진 다수의 주주들이 일방적으로 어느 종류의 주식을 가진 소수주주들에게 손해를 미치는 내용으로 정관을 변경할 수 있게 할 경우에 그 종류의 주식을 가진 소수주주들이 부당한 불이익을 받게 되는 결과를 방지하기 위한 것이므로, 여기서의 '어느 종류의 주주에게 손해를 미치게 될 때'라 함에는, 어느 종류의 주주에게 직접적으로 불이익을 가져오는 경우는 물론이고, 외견상 형식적으로는 평등한 것이라고 하더라도 실질적으로는 불이익한 결과를 가져오는 경우도 포함되며, 나아가 어느 종류의 주주의 지위가 정관의 변경에 따라 유리한 면이 있으면서 불이익한 면을 수반하는 경우도 이에 해당된다.

[2] 어느 종류주주에게 손해를 미치는 내용으로 정관을 변경함에 있어서 그 정관변경에 관한 주주총회의 결의 외에 추가로 요구되는 종류주주총회의 결

의는 정관변경이라는 법률효과가 발생하기 위한 하나의 특별요건이라고 할 것이므로, 그와 같은 내용의 정관변경에 관하여 종류주주총회의 결의가 아직 이루어지지 않았다면 그러한 정관변경의 효력이 아직 발생하지 않는 데에 그칠 뿐이고, 그러한 정관변경을 결의한 주주총회결의 자체의 효력에는 아무런 하자가 없다.

[**3**] 정관의 변경결의의 내용이 어느 종류의 주주에게 손해를 미치게 될 때에 해당하는지 여부에 관하여 다툼이 있는 관계로 회사가 종류주주총회의 개최를 명시적으로 거부하고 있는 경우에, 그 종류의 주주가 회사를 상대로 일반 민사소송상의 확인의 소를 제기함에 있어서는, 정관변경에 필요한 특별요건이 구비되지 않았음을 이유로 하여 정면으로 그 정관변경이 무효라는 확인을 구하면 족한 것이지, 그 정관변경을 내용으로 하는 주주총회결의 자체가 아직 효력을 발생하지 않고 있는 상태(이른바 불발효상태)라는 관념을 애써 만들어서 그 주주총회결의가 그러한 '불발효상태'에 있다는 것의 확인을 구할 필요는 없다.

[참조조문]

[**1**] 상법 제435조 제 1 항

[**2**] 상법 제376조, 제380조, 제435조 제 1 항

[**3**] 상법 제380조, 제435조 제 1 항, 민사소송법 제250조

[전　　문]

[원고(반소피고), 피상고인]　맨체스터 시큐리티즈 코오포레이션(소송대리인 법무법인 우일아이비씨 담당변호사 정상학 외 3 인)

[피고(반소원고), 상고인]　삼성전자 주식회사(소송대리인 변호사 이임수 외 4 인)

[원심판결]　서울고법 2004. 7. 9. 선고 2003나55037, 55044 판결

[주　　문]　상고를 기각한다. 상고비용은 피고(반소원고)가 부담한다.

[이　　유]

1. 원심 판시 제 2 정관변경에 관한 종류주주총회결의의 필요 여부

상법 제435조 제 1 항은 "회사가 수종의 주식을 발행한 경우에 정관을 변경함으로써 어느 종류의 주주에게 손해를 미치게 될 때에는 주주총회의 결의 외에 그 종류의 주주의 총회의 결의가 있어야 한다"고 규정하고 있는바, 위 규정의 취지는 주식회사가 보통주 이외의 수종의 주식을 발행하고 있는 경우에 보통주를 가진 다수의 주주들이 일방적으로 어느 종류의 주식을 가진 소수주주들에게 손해를 미치는 내용으로 정관을 변경할 수 있게 할 경우에 그 종류의 주식을 가

진 소수주주들이 부당한 불이익을 받게 되는 결과를 방지하기 위한 것이므로, 여기서의 '어느 종류의 주주에게 손해를 미치게 될 때'라 함에는, 어느 종류의 주주에게 직접적으로 불이익을 가져오는 경우는 물론이고, 외견상 형식적으로는 평등한 것이라고 하더라도 실질적으로는 불이익한 결과를 가져오는 경우도 포함되며, 나아가 어느 종류의 주주의 지위가 정관의 변경에 따라 유리한 면이 있으면서 불이익한 면을 수반하는 경우도 이에 해당된다고 할 것이다.

원심은, 이와 같은 취지에서, 이 사건 정관의 두 차례에 걸친 변경 내용을 비교하여 보면, 원심 판시 제 2 정관변경으로 인하여, 기존의 우선주주들이 무상증자 등에 의하여 향후 새로 배정받게 될 우선주의 내용에만 차이가 생기는 것일 뿐이고 그 외에는 아무런 차이가 없는데, 차이가 생기는 부분인 향후 배정받게 될 우선주의 내용은 구 우선주와 달리 10년 후에도 보통주로 전환할 수 없는 것이므로, 보통주로의 전환에 의한 의결권의 취득을 바라고 있던 우선주주의 지위에서는 제 2 정관변경이 불리한 반면, 의결권의 취득에는 관심이 적고 그보다는 이익배당에 더 관심이 있던 우선주주의 지위에서는 특정 비율 이상의 우선배당권이 10년의 제한을 받지 아니하고 언제까지나 보장되는 것이어서 유리하다고 한 다음, 정관을 변경함으로써 우선주주 각자의 입장에 따라 유리한 점과 불리한 점이 공존하고 있을 경우에는 우선주주들로 구성된 종류주주총회의 결의가 필요하다고 판단하였는바, 원심의 이러한 판단은 정당한 것으로 수긍할 수 있고, 거기에 상고이유 제 2 점에서 주장하는 상법 제435조 소정의 '어느 종류의 주주에게 손해를 미치게 될 때'에 관한 법리를 오해한 위법이 없다.

2. 종류주주총회의 결의가 이루어지지 않은 경우 확인청구의 대상인 법률관계

가. 앞에서 본 상법 제435조 제 1 항의 문언에 비추어 보면, 어느 종류 주주에게 손해를 미치는 내용으로 정관을 변경함에 있어서 그 정관변경에 관한 주주총회의 결의 외에 추가로 요구되는 종류주주총회의 결의는 정관변경이라는 법률효과가 발생하기 위한 하나의 특별요건이라고 할 것이므로, 그와 같은 내용의 정관변경에 관하여 종류주주총회의 결의가 아직 이루어지지 않았다면 그러한 정관변경의 효력이 아직 발생하지 않는 데에 그칠 뿐이고, 그러한 정관변경을 결의한 주주총회결의 자체의 효력에는 아무런 하자가 없다고 할 것이다.

따라서 원심이, 피고(반소원고. 이하 반소에 관한 당사자 호칭은 생략한다)의 본안전항변에 관한 주장, 즉 종류주주총회의 결의가 이루어지지 않은 경우에는 그 정관변경을 결의한 주주총회결의 자체에 절차상의 위법이 있는 때에 해당하는 만큼 상법에 규정된 주주총회결의 취소의 소에 의하여 그 하자를 다투어야 하는데 그 결의취소의 소의 법정 제기기간이 이미 도과되었으므로 원고의 청구가 부적법하다는 주장을 배척하고 본안판단에 나아간 것은 옳다.

나. 그러나 정관의 변경결의의 내용이 어느 종류의 주주에게 손해를 미치게 될 때에 해당하는지 여부에 관하여 다툼이 있는 관계로 회사가 종류주주총회의 개최를 명시적으로 거부하고 있는 경우에, 그 종류의 주주가 회사를 상대로 일반 민사소송상의 확인의 소를 제기함에 있어서는, 정관변경에 필요한 특별요건이 구비되지 않았음을 이유로 하여 정면으로 그 정관변경이 무효라는 확인을 구하면 족한 것이지, 그 정관변경을 내용으로 하는 주주총회결의 자체가 아직 효력을 발생하지 않고 있는 상태(이른바 불발효상태)라는 관념을 애써 만들어서 그 주주총회결의가 그러한 '불발효상태'에 있다는 것의 확인을 구할 필요는 없다. 특정 외국의 학설이나 판례가 그 나라의 법체계와 법규정에 근거하여 설정하거나 발전시켜온 이론을, 그와 다른 법체계 하에 있는 우리 나라의 소송사건에 원용하거나 응용하는 것은, 꼭 그렇게 하여야 할 이유가 있는 경우에 한하여 필요한 범위 안에서 신중하게 하여야 할 것이다.

원심이, 이와 달리 종류주주총회의 결의는 주주총회결의 자체의 효력을 발생시키기 위한 추가적인 요건이라는 전제 하에, 주주총회의 결의 외에 종류주주총회의 결의를 요하는 경우에 그 종류주주총회의 결의가 없는 동안에는 주주총회결의 자체가 불발효상태에 있다고 판단한 것은, 일단 종류주주총회결의의 효력에 관한 법리를 오해한 위법에 해당한다고 아니할 수 없다.

다만 이 사건의 경우, 원고는, 원심판시 제2정관변경의 효력이 아직 발생하지 않았다는 의미에서 제2정관변경이 무효라는 확인을 구함과 아울러, 제2정관변경을 내용으로 하는 주주총회결의의 효력이 불발효상태라는 확인도 그 순위를 정하지 아니한 채 선택적으로 병합하여 구하고 있는바, 주주총회결의의 효력이 발생하지 아니하면 그 결의가 내용으로 하고 있는 제2정관변경도 효력을 발생하지 않게 될 것이므로 이른바 주주총회결의 불발효확인 청구란 정관변경 무효확인 청구와 그 실질적인 내용에 있어서는 차이가 없거나 도리어 그보다 약한 효력을 내용으로 하는 청구라고 볼 수 있고, 이 사건의 실질적인 쟁점은 원심판시 제2정관변경이 종류주주총회의 결의를 요하는 것인지 여부라고 할 것인데, 원심이 제2정관변경은 종류주주총회의 결의를 요한다고 판단하여 전자의 주주총회결의 불발효확인 청구를 인용하였고 이에 대하여 원고는 불복하지 아니하고 피고만이 불복, 상고하고 있는 이상 앞서 본 바와 같은 법리오해를 이유로 삼아 피고의 상고를 받아들일 수는 없는 것이다. 따라서 원심의 앞서 본 잘못은 판결의 결과에 영향을 미치지 않는 것이라고 볼 수 있어 결국 상고이유 제1점의 주장은 이유 없음으로 돌아간다.

3. 원심 판시 제1정관변경의 무효 여부

원심이 확정한 사실에 의하면, 원심 판시 제1정관변경 역시 제2정관변경과 마찬가지로 기존의 우선주주들이 무상증자 등에 의하여 향후 배정받게 될 우선주의 내용에 있어서 유리한 점과 불리한 점(제2정관변경과는 정반대로 의결권의 취득을 바라는 우선주주의 지위에서는 유리한 반면, 의결권에는 관심이 없고 이익배당에 관심이 있던 우선주주의 지위에서는 불리하다)이 동시에 존재하고 있는 경우에 해당되므로 원심 판시 제1정관변경의 효력이 발생하기 위하여는 우선주주들로 구성된 종류주주총회의 결의가 필요하다고 할 것이다.

한편, 피고는 원심 판시 제1정관변경이 유효함을 전제로, 제1정관변경에 의하여 변경된 정관 제8조 중 그 일부인 제5항을 삭제하는 내용으로 원심 판시 제2정관변경을 함으로써 우선주주들로 하여금 제1정관변경이 유효하다는 신뢰를 갖게 하였을 뿐만 아니라, 제1정관변경에 관하여도 종류주주총회의 결의가 있어야 한다고 본다면 스스로 우선주주들로 구성된 종류주주총회를 소집하여 제1정관변경의 효력을 확정지음으로써 그에 관한 법적 지위의 불안이나 위험을 해소할 수 있는 지위에 있다고 할 것인데, 이러한 지위에 있는 피고가 종류주주총회의 결의가 없었음을 내세워 뒤늦게 원심 판시 제1정관변경의 무효확인을 구하는 것은, 회사의 법률관계에서 요구되는 신의성실의 원칙에 반하는 것일 뿐만 아니라, 제1정관변경과 관련된 피고의 법률적 지위에 현존하는 위험과 불안을 제거하는 방법으로서 유효하고 적절한 수단이라고 할 수도 없으므로 확인의 이익이 없다고 하여야 한다.

이 사건 예비적 반소 중 제1정관변경 무효확인청구 및 제1주주총회결의 불발효 확인청구에 대한 원심의 설시는 다소 부적절한 점이 있지만, 위 각 확인의 소를 각하한 결론에 있어서는 정당하고 거기에 상고이유 제3점에서 주장하는 이유모순 등의 위법이 없다.

4. 결 론

그러므로 상고를 기각하고, 상고비용은 패소자가 부담하게 하여 주문과 같이 판결한다.

김황식(재판장) 이규홍 박재윤(주심) 김영란

[평 석]

定款變更을 위하여 필요한 種類株主總會 決議가 이루어지지 않은 瑕疵를 다투는 방법으로서 株主總會決議不發效確認 請求를 인정할 것인지 여부

文 英 和*

Ⅰ. 종류주주총회의 결의가 필요한 경우

1. 상법 제435조의 취지[1)]

주식회사가 보통주 이외에 우선주나 후배주 등 수종의 주식을 발행하고 있는 경우에 보통주식을 가진 다수주주들이 일방적으로 특정 종류의 주식을 가진 소수주주들에게 손해를 미치는 내용의 정관변경을 할 수 있게 한다면 특정 종류의 주식을 보유한 주주들은 부당한 불이익을 받게 되므로, 상법 제435조는 이와 같은 결과를 방지하기 위하여 주식회사가 특정 종류의 주식을 가진 주주에게 손해를 미치는 내용의 정관변경을 하고자 하는 때에는 전체 주주총회의 결의 이외에 따로 당해 종류의 주식을 가진 주주들만의 특별결의를 요하도록 규정하고 있다.

상법 제435조는 특정 종류의 주식소유자들의 고유한 이익이 부당한 정관변경에 의하여 침해되지 않도록 보호하는 동시에, 회사의 사단적 의사결정을 원활히 할 수 있도록 하는 데에 취지가 있으므로 그 종류주주들의 다수결의로 개별적 동의를 갈음케 함으로써 단체의사의 합리적 조정과 탄력적 운영을 기할 수 있도록 한다.

* 수원지방법원 부장판사.

1) 제3판 주석 상법(Ⅳ)[회사(3)], 한국사법행정학회(1999), 185면.

2. '어느 종류의 주주에게 손해를 미치게 될 때'의 의미

(1) 국내의 학설[2)]

다수의 보통주주가 우선주의 배당률 인하, 배당기간의 감축, 참가적·누적적 우선권을 박탈하는 등의 정관변경결의를 하는 것이 전형적인 예로 거론된다.

'손해'는 직접적으로 특정 종류의 주식을 가진 주주에게 불이익을 가져오는 내용변경뿐만 아니라, 외견상 형식적으로 평등한 변경이라고 하더라도 실질적으로 어느 종류의 주주에게 불이익한 결과를 가져오는 경우도 포함된다. 예를 들어 우선주주의 권리내용은 그대로 두면서 발행예정주식총수를 증가하여 이사회가 종전의 우선주보다 더 우선하는 주식을 발행하여 간접적으로 손해를 미치게 하는 경우가 이에 해당된다.

(2) 일본의 해석론[3)]

일본 상법 제345조[4)]는 우리 상법 제435조와 동일하다.

종류주주에게 손해를 미치게 되는 때란, 일반적으로 정관변경에 의하여 어떤 종류주주의 비율적 권리를 추상적인 권리로서 볼 때 변경 전보다도 불이익하게 되는 경우를 말하고, 어떤 구체적 실손해가 발생하는 것까지는 필요 없다. 권리의 내용면에서 배당이나 잔여재산의 분배에 관한 권리와 의결권 등 공익권의 양면 어느 쪽이든지 불이익이 미치는 경우는 종류주주총회가 필요하다.

종류주주의 권리에 직접적인 불이익변경이 있는 경우, 예를 들어 우선배당률 또는 배당액을 삭감하는 경우, 누적조항이나 참가조항을 삭제하는 경우가 해당된다. 일면으로는 유리하지만, 불이익한 면을 수반하는 정관변경에 관하여도 종류주주총회의 결의가 필요하다(예를 들어 우선배당률을 낮추는 대신 비누적적이던 것을 누적적으로 변경하는 경우). 각 종류주주를 형식적으로 평등하게 취급하더라도 각 종류 상호관계에 있어서 실질적으로 변경 전보다도 불이익한 결과가 생기는 경우에도 각 종류주주총회의 결의를 필요로 한다.

---

2) 제3판 주석 상법(Ⅳ)[회사(3)], 한국사법행정학회(1999), 186-187면.

3) 新版 注釋 會社法(12), 32면 이하.

4) 第345條(ある種類の株主の總會) ① 會社が數種の株式を發行したる場合に於て定款の變更が或種類の株主に損害を及ぼすべきときは株主總會の決議(第二百二十一條(單元株制度)第二項の規定に依り定款を變更する場合には同項の決議)の外其の種類の株主の總會の決議あることを要す.

② 前項の總會の決議は其の種類の總株主の議決權の過半數を有する株主出席し其の議決權の三分の二以上に當る多數を以て之を爲す.

③ 株主總會に關する規定は第一項の總會に之を準用す.

정관의 변경에 의하여 종류주주의 권리가 직접적으로 변경되는 것은 아니지만, 정관변경에 의하여 어떤 불이익이 종류주주에 미치는 경우에는 종류주주총회결의가 필요하다고 한다. 예를 들어 배당우선주가 발행된 경우에 그 우선주보다도 이익배당에 관하여 우선하는 우선권을 발행하는 것을 이사회에 수권을 하는 경우에는 이미 발행된 우선주주의 우선권을 실질적으로 해할 가능성이 있기 때문에 종류주주총회의 결의가 필요하고, 이미 발행된 우선주와 같은 순위의 우선권을 가진 우선주가 발행되는 경우에도 마찬가지이다.

(3) 독 일[5)]

독일 주식법 제141조 제1항은 의결권이 없는 우선주의 우선권을 취소하거나 제한하는 결의를 하는 경우에는 우선주주들의 동의가 필요하다고 규정하고 있다.

학설은 주주총회에서의 결의가 직접적으로 우선주주의 이해를 침해하는 경우에만 우선주주들로 구성된 종류주주총회의 특별결의가 필요하다고 한다(독일의 통설). 직접적으로 우선주주의 이해관계를 침해한다고 볼 수 있는 것은 우선주에 대한 배당률을 낮추거나, 참가적 우선주를 비참가적 우선주로, 누적적 우선주를 비누적적 우선주로 변경하는 것과 같이 우선주의 권리를 제한하거나 축소하는 정관변경결의가 있는 때를 말한다. 또한 다양한 우선권의 내용 중 일부를 해제조건으로 하거나, 기한부로 하는 경우 또는 주주총회의 결의에 의해 우선권을 박탈할 수 있거나 우선주의 강제상환(Zwangeinziehung)이 가능하도록 정관변경을 하는 경우에도 직접적인 이해관계의 침해가 있게 된다.

우선주주의 이해를 간접적으로 침해(mittelbare Beeinträchtigung)하는 경우, 원칙적으로 종류주주총회의 특별결의는 필요 없고, 다만 그 침해가 의결권의 남용에 해당하거나 주주평등의 원칙을 위반한 경우라면 취소의 대상이 될 뿐이다.

간접적으로 우선주주의 이해를 침해하는 정관변경결의 중 이익배당이나 회사재산분배에서 기존의 우선주와 동일하거나 더 우위에 있는 새로운 우선주를 발행하는 정관변경결의는 예외적으로 종류주주총회의 특별결의를 필요로 한다(주식법 제141조 제2항 제1문). 이 경우 우선주가 가지고 있는 우선권의 내용 그 자체에 대한 침해는 없으나 반사적으로 우선주의 경제적 가치가 침해되기 때문에 종류주주총회의 결의를 필요로 한다. 기존 우선주주의 이해를 간접적으로

5) 이하는 제53회 비교법실무연구회(2005. 11. 15. 개최)에서 정대익 교수(경북대)가 발표한 "독일법상 주주총회결의의 하자를 다투는 소송－불발효를 중심으로－"의 23-25면의 내용을 참고한 것임.

침해하는 새로운 우선주의 발행이 있어도 기존의 우선주주에게 우선권을 부여하거나 의결권을 배제할 때에 이미 새로운 우선주의 발행이 정관에 명시적으로 유보되어 있었고 기존 우선주주의 신주인수권이 배제되지 않고 있으면 주식법 제141조 제 2 항 제 1 문에 따른 종류주주총회의 특별결의는 필요하지 않다(주식법 제141조 제 2 항 제 2 문).

3. 종류주주총회의 결의방법 및 결의의 하자

(1) 결의방법[6)]

종류주주총회의 결의에는 일반주주총회에 관한 규정이 준용된다. 의결권이 없는 주주들의 경우에도 종류주주총회에서는 각자의 의결권을 가지고 결의에 참여하게 된다.

종류주주총회는 반드시 일반 주주총회와 다른 일시 장소에서 할 필요는 없으나, 종류주주총회를 개최한다는 취지가 담긴 별도의 통보와 소집절차가 필요하다.

상법 제366조는 발행주식총수의 3/100 이상에 해당하는 주식을 가지는 주주에 대하여 임시총회소집권을 인정하고 있으므로 특정 종류의 주식을 소유한 자가 종류주주총회의 소집을 요구하기 위하여는 해당 종류주식총수의 3/100 이상에 해당되는 주식을 소유하고 있어야 할 것이다.

(2) 종류주주총회결의의 하자를 별개의 소로써 주장할 수 있는지 여부

긍정설[7)]은 종류주주총회에 대하여는 주주총회에 관한 규정이 준용되므로 종류주주총회결의의 하자는 주주총회결의의 하자와 마찬가지로 다툴 수 있다고 보는 반면, 부정설[8)]은 종류주주총회의 결의는 주주총회결의의 효력발생을 위한 절차적 요건에 지나지 않으므로 독립하여 다툴 실익이 없고, 주주총회결의의 효력을 다투는 소를 제기하여야 한다고 한다.

4. 이 사건에서 종류주주총회결의의 필요 여부

(1) 이 사건 정관변경에 의한 우선주주의 지위의 변동

원심은 이 사건 제 2 정관변경에 의하여 우선주주의 지위가 다음과 같이 변

6) 제 3 판 주석 상법(Ⅳ)[회사(3)], 한국사법행정학회(1999), 187면.
7) 최기원, 신회사법론(제12대정판), 박영사(2005), 514면.
8) 이철송, 회사법강의, 박영사(2001), 508면.

동된다고 하였다.

① 동일한 점: 누적적이고, 참가적이고, 최저배당률이 정하여져 있는 우선주를 배당받게 된다.

② 불리한 점: 10년 후 보통주로 전환할 수 없는 우선주를 배당받게 되므로 의결권 행사를 바라는 우선주주의 입장에서는 불리하다.

③ 유리한 점: 의결권에 관심이 없고 이익배당에 관심이 있는 우선주주의 입장에서는 우선배당권을 영구히 가질 수 있는 우선주식을 배당받을 수 있으므로 유리하다.

(2) 종류주주총회결의의 필요 여부

우선주주의 우선권을 취소하거나 제한하는 결의에 대하여 우선주주의 동의가 필요하다고 규정하고 있는 독일 주식법 제141조 제1항과 달리, 우리 상법 제435조는 '어느 종류의 주주에게 손해를 미치게 될 때'에 종류주주총회결의가 있어야 한다고 규정하고 있다. 우리 상법 제435조에 따르면, 우선권의 침해 여부와 상관 없이 우선주주에게 손해를 미치게 된 때에 종류주주총회결의가 필요하므로 독일 주식법 제141조의 해석론에 따라 직접적 침해와 간접적 침해로 유형을 나누어 종류주주총회결의의 요부를 논하는 것은 문제가 있다.

상법 제435조는 보통주 이외의 수종의 주식을 발행하고 있는 주식회사에서 보통주를 가진 다수의 주주들이 일방적으로 어느 종류의 주식을 가진 소수주주들에게 손해를 미치는 내용으로 정관을 변경할 수 있게 할 경우에 그 종류의 주식을 가진 소수주주들이 부당한 불이익을 받게 되는 결과를 방지하기 위하여 규정된 것으로서, '어느 종류의 주주에게 손해를 미치게 될 때'라 함에는 어느 종류의 주주에게 직접적으로 불이익을 가져오는 경우는 물론이고, 외견상 형식적으로는 평등한 것이라고 하더라도 실질적으로는 불이익한 결과를 가져오는 경우도 포함되며, 나아가 어느 종류의 주주의 지위가 정관의 변경에 따라 유리한 면이 있으면서 불이익한 면을 수반하는 경우도 이에 해당된다고 하여야 한다.

이 사건 제1정관변경 및 제2정관변경에는 원심이 인정한 바와 같이 우선주주의 지위를 불리하게 하는 사항을 포함하고 있으므로 종류주주총회의 결의가 필요하다.

Ⅱ. 종류주주총회결의의 효과

1. 국내 학설

(1) 주주총회결의 효력요건설[9)]

상법 제435조의 종류주주총회결의는 주주총회결의가 유효하기 위한 요건이기 때문에, 종류주주총회의 결의가 없는 한 주주총회결의는 아직 완전한 효력을 발생하지 못하고 부동적으로 무효인 상태 혹은 不發效상태에 있게 되고, 종류주주총회의 결의가 있으면 비로소 확정적으로 유효하게 되나 종류주주총회에서 부결되면 확정적으로 무효가 된다는 견해이다.

(2) 주주총회결의 효력발생을 위한 절차요건설[10)]

종류주주총회결의는 주주총회결의의 효력을 발생하기 위한 절차적 요건이므로 종류주주총회의 결의가 없는 경우는 상법 제376조 소정의 주주총회결의 취소사유에 해당된다는 견해이다.

(3) 정관변경 효력요건설[11)]

정관변경에 관한 종류주주총회의 결의는 정관변경의 효력발생요건이기 때문에, 정관변경에 관한 종류주주총회가 흠결된 때에는 (정관변경에 관한 주주총회결의가 어떤 영향을 받는지에 상관 없이 곧바로) 정관변경이 효력을 발생하지 않는다는 견해이다.

2. 일 본

일본의 통설은 종류주주총회결의는 그 종류주주에게 불이익한 정관변경의 효력발생요건이라고 한다. 필요한 종류주주총회가 개최되지 않거나, 결의에 하자가 있는 경우, 결의가 취소된 경우, 무효 또는 부존재의 경우에는 정관변경의 효력이 발생하지 않게 된다.[12)]

9) 유기수 · 류진희 · 이동승, 회사법(초판), 박영사(2002), 396면; 정동윤, 회사법(제 6 판), 법문사(2000), 364면; 정찬형, 회사법강의(제 3 판), 박영사(2003), 307면; 최기원, 신회사법론(제12대정판), 박영사(2005), 515면; 손주찬, 상법(상) 제15증보판, 박영사(2004), 737면.

10) 이철송, 앞의 책, 510면.

11) 제 3 판 주석 상법(Ⅳ)[회사(3)], 한국사법행정학회(1999), 187면.

12) 新版 注釋 會社法(12), 39면.

3. 독　　일

독일 주식법 제141조의 법문상으로 종류주주총회결의는 주주총회결의의 효력요건이라고 할 수 있다. 독일의 통설은 주주총회결의가 유효하기 위하여 종류주주총회결의가 필요한 경우에 종류주주총회를 거치지 않은 때에는 주주총회결의의 유동적 무효(불발효)상태가 발생하고, 사후적으로 주주총회의 결의에 대해 동의하는 종류주주총회의 적극적(positive)인 결의가 있게 되면 주주총회결의는 확정적으로 유효하게 되나(endgültig wirksam), 주주총회의 결의에 대해 반대하는 결의가 있게 되면 주주총회결의는 확정적 무효(확정적 불발효, endgültig unwirksam)가 된다고 한다.[13]

Ⅲ. 종류주주총회결의가 흠결된 경우에 정관변경의 효력을 다투는 방법

1. 제 학설의 논거 및 이에 대한 비판

(1) 주주총회결의취소의 소

㈎ 논　　거[14]

① 종류주주총회결의는 주주총회결의가 효력을 발생하기 위한 절차적 요건에 불과하므로 종류주주총회의 결의가 흠결된 경우에도 주주총회결의취소의 소로 다투어야 한다.

② 정관변경에 관한 종류주주총회의 흠결을 장기간 다툴 수 있게 한다면 그 다툼의 동기는 사후적으로 결정될 것이고, 이러한 결과는 그 종류주주에게는 불합리한 이익을 주는 반면, 다른 종류주주들에게는 손실이 전가되므로 정관변경에 관한 일반주주총회결의와 종류주주총회는 동일한 시점 또는 적어도 근접한 시점에 이루어져야 한다.

㈏ 문 제 점

① 종류주주총회의 결의가 없는 상태에서도 주주총회의 결의가 일단 유효하고 취소의 대상이 될 뿐이라고 하는 것은 종류주주들의 권익보호를 위한 상법

13) 정대익, 앞의 글, 26면.

14) 이철송, 회사법강의(제 9 판), 박영사(2001), 478면; 서헌제, 상법강의(상), 법문사(2001), 715면.

제435조의 취지를 몰각하는 것이 된다.

② 종류주주는 일반주주총회결의의 하자를 다툴 수 있는 당사자적격이 없다.

(2) 주주총회결의 불발효확인의 소

㈎ 논 거[15)]

① 정관변경에는 주주총회의 결의가 필요하므로 상법 제435조에서 정관변경의 효력이 없다는 것은 주주총회의 결의가 완전한 효력을 발생하지 못한다는 의미이고, 따라서 종류주주총회의 결의는 주주총회결의의 효력발생요건이 된다.

② 종류주주총회의 결의가 없는 상태에서는 주주총회결의의 효력은 부동적 상태에 있다가 뒤에 종류주주총회의 결의를 얻으면 확정적으로 유효로 되고, 이를 얻지 못하면 무효로 된다.

③ 종류주주총회의 결의가 없는 경우는 상법이 규정하는 주주총회결의취소, 결의무효확인, 결의부존재확인의 소의 요건에 해당되지 않기 때문에, 민사소송법상 확인의 소로써 주주총회결의의 불발효(부동적 무효)확인을 구할 수밖에 없다.

㈏ 문 제 점

① 주주총회결의의 불발효는 우리 상법이 주주총회결의 하자의 유형으로 인정하고 있는 개념이 아니다.

② 정관변경에 필요한 종류주주총회의 결의가 흠결되었다고 하여 일반주주총회결의의 효력에 영향이 있다고 할 수는 없다.

③ 정관변경의 내용이 어느 종류의 주주에게 손해를 미치게 될 때에 해당하는지에 관하여 다툼이 있는 경우에 정관변경의 효력 자체를 다투는 것이 실질적인 분쟁해결의 수단이 될 수 있으므로 굳이 주주총회결의의 불발효상태를 인정하여 이에 대한 확인을 구할 필요도 없다.

(3) 주주총회결의무효확인의 소

㈎ 논 거[16)]

① 단순히 종류주주총회가 개최되지 아니한 상태가 아니라, 회사가 일단 종류주주총회의 개최를 거부한 경우에는 일반주주총회의 결의를 부동적 무효 또는 불발효라고 할 이유는 없으므로 확정적 무효로 보아야 한다.

---

15) 정찬형, 상법강의(상), 박영사(1998), 725면; 채이식, 상법강의(상), 박영사, 486면; 정대익, 앞의 글, 26-28면.

16) 이하는 제53회 비교법실무연구회(2005. 11. 15. 개최)에서 송옥렬 교수(서울대)가 발표한 "회사법상 주주총회결의 불발효확인의 소"의 14-17면의 내용임.

② 종류주주총회의 결의가 필요한 사항에 대하여 종류주주총회의 결의를 거치지 않은 것은 일반주주총회의 결의내용이 법령에 위반한 것이라고 할 수 있다.

③ 주주총회결의무효확인의 소에는 제소권자의 제한이 없으므로 종류주주가 이를 제기하는 데에는 문제가 없다.

(나) 문 제 점

① 상법 제435조에서 주주총회의 결의 전에 종류주주총회의 결의를 거칠 것을 요구하고 있는 것은 아니기 때문에 주주총회결의 자체에는 무효사유가 존재하지 않음에도 회사가 사후적으로 종류주주총회의 개최를 거부하였다는 사정만으로 주주총회의 결의가 법령에 위반한 것으로 된다고 할 수는 없다.

② 회사가 종류주주총회의 개최를 거부한 것이 일반주주총회의 무효사유가 된다면, 정관변경의 내용이 어느 종류의 주주에게 손해를 미치게 될 때에 해당하는지에 관하여 다툼이 있어서 일단 종류주주총회의 개최를 거부한 회사로서는 정관변경을 위하여 종류주주총회를 추가로 개최하여야 하는 것 이외에 동일한 사항에 대하여 또다시 일반주주총회를 개최하여야 한다.

2. 정관변경무효확인의 소

(1) 논 거[17)]

① 상법 제435조의 문언에 따르면, 어느 종류의 주주에게 손해를 미치는 내용으로 정관을 변경할 경우 그 정관변경에 관한 주주총회의 결의 이외에 추가로 요구되는 종류주주총회의 결의는 정관변경이라는 법률효과가 발생하기 위한 하나의 특별요건이라고 보아야 하고, 그와 같은 내용의 정관변경에 관하여 종류주주총회의 결의가 이루어지지 않았다면 그러한 정관변경의 효력이 발생하지 않는 데에 그칠 뿐이고 그러한 정관변경을 결의한 주주총회결의 자체의 효력에는 아무런 하자가 없다.

② 정관변경의 내용이 어느 종류의 주주에게 손해를 미치게 될 때에 해당하는지 여부에 관하여 다툼이 있는 관계로 회사가 종류주주총회의 개최를 명시적으로 거부하고 있는 경우에, 그 종류의 주주가 회사를 상대로 일반 민사소송상의 확인의 소를 제기하고자 할 때에는, 정관변경에 필요한 특별요건이 구비되지 않았음을 이유로 하여 정면으로 그 정관변경이 무효라는 확인을 구하면 족하다.

---

17) 이 판결에서 제시하고 있는 논거임.

(2) 문 제 점

정관변경무효확인의 소는 민사소송법상의 확인의 소에 해당하여 출소기간의 제한이 없고 그 판결은 대세적 효력이 없기 때문에 단체적 법률관계를 획일적으로 해결하지 못하는 한계가 있다.

Ⅳ. 이 판결의 의미

이 판결은 국내의 다수설과는 달리, 상법 제435조에서 규정하고 있는 종류주주총회의 결의를 주주총회결의의 효력발생요건이 아니라 정관변경의 효력발생요건으로 해석함으로써, 정관변경의 내용이 어느 종류의 주주에게 손해를 미치게 될 때에 해당하는지 여부에 관하여 다툼이 있어서 회사가 종류주주총회의 개최를 명시적으로 거부하고 있는 경우에는 주주총회결의 효력에 대하여 다툴 것이 아니라, 정관변경에 필요한 특별요건이 구비되지 않았음을 이유로 하여 정관변경이 무효라는 확인을 구하는 소를 제기하여야 함을 명확히 하였다는 점에서 의미가 있다.

제 8 편

性轉換者의 戶籍訂正을 許容할 것인지 與否 및 그 基準

- 연구대상 사건의 개요／閔裕淑
- 性轉換症에 관한 醫學的 개관／李武相
- Die Änderung der Geschlechtszugehörigkeit in Europa, insbesondere in Deutschland／Rainer Frank
- [번역] 유럽, 특히 독일에서 性別의 變更／金載亨 譯
- 대법원 2006. 6. 22. 선고 2004스42 전원합의체 결정

연구대상 사건의 개요

閔　裕　淑*

[사실관계]

1. 신청인은 1951. 7. 12. 태어나 호적상 여성으로 등재되어 있지만 어려서부터 남성적 기질을 강하게 보여 일상생활에서 자신의 여성으로서의 성에 따른 역할과 정체성에서 혼란을 겪어 왔으며 17세 이후 남성으로서 생활하여 왔다.

2. 신청인은 1992년경 ○○대학교 부속병원에서 성전환수술(유방·자궁 및 질제거 후 음낭성형 및 인공고환 삽입술)을 받아 남성 성기 및 음낭을 갖게 되었고 그 후 계속 남성호르몬을 투여받았다. 기록에 제출된 사진상 현재 신청인의 외모는 중년 남성이다.

3. 신청인은 현재 ○○○이라는 여성과 부부로 살고 있으며, 신청인에 대한 진찰결과 신청인의 지능은 정상이고 현실검증력에 장애가 없으며 자신에 대한 남성적 정체감이 공고화된 상태로서 남성으로 역할하고 인정을 받고 사는 것이 그의 정신적 안정에 도움이 된다는 진단서가 제출되어 있다.[1)]

[소송의 경과]

1. 신청취지 및 경과

신청인은 호적정정(여→남) 및 개명신청을 하였으나 1심 및 원심에서 기각되었다.

---

* 대법원 재판연구관 부장판사.

1) 신청인이 호적정정신청을 한 이유는 명확하지 않지만 신청인은 음식점 배달원 등 주로 육체노동에 관련한 직업을 갖고 있는데 직장에서 주민등록등본을 요구하는 경우가 많아 여성의 주민등록번호가 문제된다는 취지로 주장하고 있다.

2. 원심의 판단

(1) 사람의 성별은 수정시 성염색체에 의하여 결정되면 그 후 변할 수 없다는 사실이 생물학적으로 명백하고 여성으로 출생한 사람이 성전환수술을 받아 신체외관상 남성으로서의 성징을 구비하는 것처럼 전환되었다고 하여 성별이 바뀌는 것은 아니므로 신청인이 남성으로 사회생활을 하여 왔다거나 성전환수술을 받아 여성으로서의 외형상 특징을 잃게 되었다고 하여 여성으로 호적기재를 정정할 것은 아니다.

(2) 우리의 법체계는 병역법, 민법, 형법 등 여러 법률에서 국민의 성별을 기준으로 하여 규율을 달리하고 있으므로 성전환을 허용하는 특별법이 없는 이상 허용할 수 없다.

3. 재항고이유

사람의 성별은 여성, 남성의 성염색체만 존재하는 것이 아니라 그 중간영역의 성염색체도 존재하며 나아가 인간의 성은 생물학적으로 뿐 아니라, 사회적 심리적인 측면 등 다른 요인도 고려하여 결정되어야 한다는 취지이다.

[쟁 점]

1. 논의의 현황과 전망

(1) 현황과 변화의 움직임

1) 우리 나라는 전통적으로 생물학적인 남성과 여성에 대하여 사회적으로 엄격히 구분된 역할을 부여하고 이를 사회화하여 왔다.

2) 2002. 11. 비로소 성전환자의 호적정정에 관한 입법의 움직임이 일어나 의원입법으로 '성전환자 성별변경 등에 관한 특례법'이 발의되었으나 회기만료에 따라 폐기되었고 그 후 입법화 움직임은 보이지 않는다.

3) 그러나 다른 한편 2005. 3. 31.자 민법개정으로[2] 종래 생래적으로 주어지

2) 민법 제781조 ⑥ 자의 복리를 위하여 자의 성과 본을 변경할 필요가 있을 때에는 부·모 또는 자의 청구에 의하여 법원의 허가를 받아 이를 변경할 수 있다. 다만 자가 미성년자이고 법정대리인이 청구할 수 없는 경우에는 제777조의 규정에 따른 친족 또는 검사가 청구할 수 있다.

는 불변의 것이라고 인식되었던 '姓'의 변경이 가능해지는 등 다른 법영역에서 변화의 움직임을 감지할 수 있다.

(2) 대법원판결례

1) 이 쟁점에 관하여 직접 판시한 대법원판결(결정)은 아직 없다.

2) 대법원 1996. 6. 11. 선고 96도791 판결은 남성에서 여성으로 성전환수술을 받은 자에 대하여 강간죄가 성립하는가 여부가 문제된 사안에서 강간죄의 성립을 부정하면서 다음과 같이 판시하였다.

남자·여자라는 성(性)의 분화는 정자와 난자가 수정된 후 태아의 형성 초기에 성염색체의 구성(정상적인 경우 남성은 xy, 여성은 xx)에 의하여 이루어지고, 발생과정이 진행됨에 따라 각 성염색체의 구성에 맞추어 내부생식기인 고환 또는 난소 등의 해당 성선(性腺)이 형성되고, 이어서 호르몬의 분비와 함께 음경 또는 질, 음순 등의 외부성기가 발달하며, 출생 후에는 타고난 성선과 외부성기 및 교육 등에 의하여 심리적·정신적인 성이 형성되는 것이다. 그러므로 강간죄의 대상인 부녀, 즉 여자에 해당하는지의 여부도 위 발생학적인 성인 성염색체의 구성을 기본적인 요소로 하여 성선, 외부성기를 비롯한 신체의 외관은 물론이고 심리적·정신적인 성, 그리고 사회생활에서 수행하는 주관적, 개인적인 성역할(성전환의 경우에는 그 전후를 포함하여) 및 이에 대한 일반인의 평가나 태도 등 모든 요소를 종합적으로 고려하여 사회통념에 따라 결정하여야 할 것이다.

피해자가 비록 어릴 때부터 정신적으로 여성에의 성귀속감을 느껴 왔고 위의 성전환수술로 인하여 남성으로서의 내·외부성기의 특징을 더 이상 보이지 않게 되었으며 남성으로서의 성격도 대부분 상실하여 외견상 여성으로서의 체형을 갖추고 성격도 여성화되어 개인적으로 여성으로서의 생활을 영위해 가고 있다 할지라도,[3] 기본적인 요소인 성염색체의 구성이나 본래의 내·외부성기의 구조, 정상적인 남자로서 생활한 기간, 성전환수술을 한 경위, 시기 및 수술 후에도 여성으로서의 생식능력은 없는 점, 그리고 이에 대한 사회 일반인의 평가와 태도 등 여러 요소를 종합적으로 고려하여 보면 피해자를 사회통념상 여자로 볼 수는

3) 피해자는 남성으로서의 성기구조를 갖춘 남자로 태어나 남자 중학교까지 졸업하였으나 어릴 때부터 여자옷을 즐겨 입거나 고무줄 놀이와 같이 여자가 주로 하는 놀이를 즐겨하는 등 여성으로서의 생활을 동경하고 여성으로서의 성에 귀속감을 느낀 나머지 일본의 병원에서 자신의 음경과 고환을 제거하고 그 곳에 질(膣)을 만들어 넣는 방법으로 여성으로의 성전환수술을 받음으로써 여성으로서의 질 구조를 갖추고 있고 유방이 발달하는 등 외관상으로는 여성적인 신체구조를 갖추게 되어 보통의 여자와 같이 성생활을 할 수 있되 임신 및 출산은 불가능한 상태이다.

없다 할 것이다.

3) 위 판결이 성전환자에 대한 성변경을 부정하는 취지까지 포함된 것인지 여부에 관하여는 해석론이 대립되어 있다.[4)]

(3) 호적정정신청 사건의 처리실무

2002. 7. 부산지방법원 가정지원에서 성전환자에 대하여 호적정정을 허가한 이후 2003. 7.까지 1년 동안 전국적으로 상당수의 호적정정신청이 허가된 바 있다.[5)]

2. 이 발표회의 의의

오늘의 발표문에서 알 수 있는 것처럼 제외국의 입법과 판례가 널리 성전환자의 성변경을 인정하고 있으며 이미 많은 성전환자들이 외과적 수술을 통하여 호적과 다른 性을 가지고 삶을 영위하고 있다는 현실은 우리에게 법률적인 측면에서 진지하고도 적극적으로 고찰할 것을 요구하고 있다.

동일한 쟁점 사건들이 대법원과 각급 법원에 다수 계속되어 있는 시점에서 시의적절하게 이루어진 오늘의 연구회발표와 논의는 앞으로 실무의 운영기준을 제시할 뿐 아니라 사회 전체에 큰 영향을 미칠 것으로 기대된다.

---

4) 즉 위 사건의 피해자는 본래 남자의 내·외부성기를 가지고 있었으며 염색체상 남자(XY)이고 남자중학교를 졸업하였고 32세 때 일본에서 성전환수술을 받았다는 점이 밝혀졌을 뿐이므로 사실관계상 완전한 성전환자라고 인정되지 않는다고 보는 해석론과 위 사건의 피해자가 어릴 때부터 여성으로서의 성정체감을 가지고 있다가 결국 성전환수술까지 받기에 이르렀으며 실질적으로 남성으로서 생활한 기간은 존재하지 않는다고 분석하는 해석론이 있다.

5) 다만 각급 법원에 제기된 성전환자의 호적정정신청과 결정내용에 관한 정확한 통계는 공간되지 않은 상태이다.

性轉換症에 관한 醫學的 개관

李 武 相*

성전환증(transsexualism)은 신화시대에도 있었다는 동성애(homosexuality)와 구분되지 않는 용어이였으나, 1953년 12월에 미국의 정신치료학회의 학술대회에서 처음 사용하면서 정착한 용어이다. 우리 사회에서도 예로부터 여성적 소년(sissy) 또는 선머슴 같은 남성적 소녀(tomboy)에 관한 이야기는 항상 있었고, 동성애에 관한 소문도 있어 왔었다. 그러나 동성애 자체가 사회의 금기이었기에 알려진 바도 없었고 알려고도 하지 않았으며, 근대화 이후에 흥미 위주의 보도는 간혹 있었으나 어느 누구도 제대로 된 조사나 연구는 없었고 이런 상황은 지금도 비슷하다.

1980년대 말까지는 의과대학 교육과 전공의 수련교육과정에서도 정신과학에서 성자아 장애(혹은 성 정체성 장애, gender identity disorder: GID)라는 것이 나오지만 종류와 용어 소개 정도이었고 깊이 다루지 않았다. 사회이건 학문에서건 이를 다루는 것은 비윤리적이라서 논의 자체가 금기이었다. 그래서 한국의 모든 의사, 의학자들은 동성애자이건 성전환증 같은 다양한 GID 환자에 대한 지식이 매우 적었고, 국내 의료윤리학 전공의 학자나 종교인들도 이 문제에 관한한 사회적 금기이었기에 전연 다루고 있지 않았다. 다만 사회복지 단체의 일부 카운슬러들(예: YWCA 등)에게는 GID 환자들이 사회적·법적으로 여러 가지 고통을 받으며 찾아오는 경우가 있어서 접촉 경험이 있었으나, 당시에는 사회적 용납과 공감이 없어서 공개 논의는 못하고 이들의 프라이버시를 보호하면서도 어려움을 해결하여 주기 위한 노력을 경주하고는 있었다고 한다. 그나마 이러한 상황이 알려진 것도 필자의 문제 제기가 있었던 1990년 이후이다. 그 과정은 다음과 같다.

필자는 국내 암시장에서 남자에서 여성으로의 불완전한 성기전환 수술을 받고 모친과 함께 내원한 환자를 접하고, 문진을 통한 암시장의 성전환 수술 실상에 놀랐다. 그래도 처음에는 외과적인 호기심만으로 이 환자[1)]의 희망대로 성전

---

* 연세대학교 의과대학 교수.

1) 당시의 문진에 의하면, 5명의 남성 성전환증 환자가 1인당 150만원에 단체로 부천의 어느

환으로서의 완전한 수술(새로운 질 성형)을 준비하는 과정 중에 원로 교수로부터 기독교 병원에서의 수술로는 적절치 않고 법적 문제의 야기를 우려하는 지적이 있었다. 그래서 교목, 원목 및 병원의 고문 변호사와 신과대학 교수 등에게 자문하였으나 전문적 의견이 없었다. 다만 병원의 고문 변호사가 "수술을 하여 주면 당신은 병역법 위반 가능성이 있다"고 지적하여 주었다. 또한 정신과 교수와 의료윤리학 관련의 학자 및 종교인을 접촉하고 그들의 저서도 검토하였으나 성전환증 언급이 전연 없어서 도움이 안 되었다. 그래서 외국 교과서와 논문의 지침대로 정신과학 및 내분비학적 진단과정을 밟는 2주 동안에 교내의 의료윤리학 교수에게 검토를 의뢰하였다. 의료윤리학 교수는 당시로서는 성전환증 관리에 관한 국내 기준이 없지만, 이 환자는 원상태로의 복원이 불가능하고 완성된 불완전한 수술을 보완하는 수술이므로 문제가 없다는 의견과 함께 병원 허가를 받고, 잔존한 내부 음경의 제거와 S-결장을 이용한 질 성형을 시행하였다. 한편, 필자는 성전환 수술에 대한 국내 실태를(암시장 및 해외 원정 수술) 대한 비뇨기과학회 학술위원회에 구두 보고하고, 또한 학회와 의논하여서 성전환 수술에 대한 국내 적응기준을 정하고 전체 의학계에 정식 보고하였다. 이 때에 연세의대 정신과의 제의에 의하여 대한정신과학회에서도 GID에 관한 최초 토론이 생겼다. 이런 과정이 매스컴에 보도되면서 국내 실상이 일부 알려졌으며, 사회-복지계에서도 본격 논의가 있게 되었다. 현재는 의학계(정신과학, 비뇨기과학, 성형외과학, 산부인과학 등)와 심리학계에서도 GID를 공개리에 다룬다.

성전환 희망자의 호칭도 의학계는 성전환증 환자라고 부르지만,[2] 그들 자신은 질환이 아니라고 인식하고, 또한 그렇게 주장한다. 그들은 남성과 여성이라는 현재까지의 생물학 지식에 근거한 이분법적인 법적 분류에 맞지 않는 다른 성 혹은 제 3 의 성으로서, 성-소수자일 뿐이라고 인식한다. 그들의 국제 조직에서도 같은 의견이다. 그러나 전 세계 의학계는 성전환증 원인은 모르지만 이를 질환으로 보지 않으면 개인의 기호문제가 되고 사정이 더욱 복잡해지고 어렵게 된다는 점을 간과하고 있다고 그들에게 말한다. 그러면 성전환증을 이해하기 위한 기초로서 인간의 성 결정에 관한 생물-의학적 과정을 먼저 검토해 보기로 한다.

자취방에서 비의료인(속칭 돌팔이)에 의하여 국소마취하에 음경에 대한 부분 절제술(신체 외부에 노출된 음경—pendulous penis—만 절제된 상태), 양측 고환 절제술을 동시에 받았다고 한다. 새로운 질은 없었고, 음낭 피부를 이용한 대음순 형태만이 있었다. 이 같은 수술은 수면제 및 진정제 투여와 부분 또는 국소마취하에 기술적으로는 가능한 일이다. 이 비의료인은 지방을 돌며 단체로 수술하여 주고 일시 잠적하기도 하며, 일본에 환자들과 함께 가서 수술을 하여 주기도 한다고 하였다.

2) 이 글에서는 의학적 의미에서 성전환증을 환자로 보고 기술한다.

Ⅰ. 생물학적 성의 결정과정

성전환증 환자는 성기성형 수술에서 무사히 회복되면 크게 기뻐한다. 필자는 이런 기회를 접하면 외과의로서의 보람, 현재까지의 생물학적 지식에 의문 등과 함께 하나님에 대한 두려움 등 갖가지 복잡하고 묘한 생각과 감정에 들게 되는 경험을 가졌었다. 성전환증 환자도 생물학적 성 결정과정은 정상인과 동일하나, 그들의 현실적 모습은 인간의 심리적-정신적-사회적 성장에 관한 현재까지의 지식과는 상당한 괴리가 있기 때문이다. 이와 같이 성전환증은 현재까지의 의학적 의미에서의 성의 결정과정과는 맞지 않는다.

여기서 '의학적 의미'를 규정할 필요가 있다. 의학은 생물이라는 단순개념을 뛰어 넘는 인간의 건강을 다루는 학문이라는 점과, 이 인간의 건강을 WHO (1948년)는 "질병이나 쇄약함이 없음은 물론이고, 육체적 · 정신적 · 사회적으로 완전한 안녕(well-being) 상태"라고 정의하였다는 점을 유념할 필요가 있다.

또한 성에 관한 의학용어인 'sex'와 'gender'에 대한 이해가 필요하다. 해부생리학적인 측면에서의 염색체 성, 유전자 성, 배아단계의 성, 해부학적인 생식기 성, 내분비학적인 호르몬 성, 분자생물학적 성과 사회적이고 법적인 성 등에서는 전자를 사용한다. 그러나 심리적 성, 정신적 성을 말할 때에는 전자를 사용하기도 하지만, 성적인 자아(identity)나 역할(role)을 말할 때는 후자가 사용된다. 본 절에서는 인간의 성(sex와 gender) 결정과정에 대하여 간단히 검토한다.

1. 생물학적 성의 구분과 형성

인간의 세포 핵 내에는 모양이 같은 2개의 체-염색체(상동 염색체, homologous chromosome)가 쌍을 이루어서 22쌍인 44개 체-염색체와 한 쌍의 성-염색체(sex chromosome)가 있어서 총 46개로 두-배수체(diploid)를 구성한다. 그래서 남성은 '46, XY'로, 여자는 '46, XX'로 표현한다. 이 염색체 모양의 구분을 핵형(karyotype)이라고 한다. 각 염색체는 염색약의 종류에 따라서 일정한 띠(band; G-band, Q-band, C-band)를 나타내므로 구분이 가능하여서 상동 염색체를 찾을 수 있고, 국제 규약으로 염색체의 크기에 따라서 각 염색체에 번호를 부여한다. 가장 많이 사용하는 방법은 G-band를 이용한 염색체 검사이다.

(1) 성의 결정

인체의 모든 세포는 분열하며 증식하는데 이 때에 계속하여 두 배수체의 세포가 형성된다. 그러나 예외가 있어서, 정자와 난자를 형성하기 위한 세포분열이 고환과 난소의 생식모세포(gonia)에서 각각 일어날 때에는 46개의 염색체 수에서 감수분열이 일어나서 홑-배수체(haploid, 단배체)인 세포가 형성되어서 결과적으로 남자에서는 '23, X'와 '23, Y'의 두 종류의 정자 세포가 되고, 여자에서는 '23, X'라는 한 종류의 난자 세포가 만들어진다. 정자와 난자가 만나서 수정되면 '46, XY' 혹은 '46, XX'로 다시 두 배수체가 되고, 이 성 염색체에 의한 생물-해부학적인 성이 결정된다. 이 과정 중에 염색체간에 치환, 전위, 결손, 변이가 생길 수 있고, 유전자 양 보상(gene dosage compensation)에 의하여 유전자의 표현 여부를 결정한다.

1개의 염색체를 다시 세분하면 모든 염색체는 중간에 중심절(centromere)을 두고 양측에 장완(long arm; q로 표기)·단완(short arm; p로 표기)으로 구성된다. Y-성 염색체의 단완에는 성을 결정하는 부위(SRY: sex-determining region Y=Testis-Determining factor)가 있다. 고환과 난소에서 감수분열에 의한 홑-배수체 형성과정과 수정에 의한 두-배수체를 형성하는 과정에서 염색체간에 치환, 전위, 결손, 변이가 발생할 수 있다. 이러한 과정이 이해되면서 생식선 발생장애를 갖는 '46, XX Male'과 '46, XY Female'에 대한 이해도 가능하게 되었다. 즉 염색체의 외형에 의존하는 염색체 성(chromosomal sex)보다는 분자생물학적인 분석에 의한 SRY 유전자의 유무가 성별 구분에 더 의미를 두게 되었다(Domenice S, 2001).

따라서 남·여의 염색체 핵형 중에서 G-band에 의한 'XY'와 'XX'라는 성 염색체 핵형(sex chromosome karyotype)이 통상적인 임상 진료에서는 염색체 성의 성별 판정에 가장 중요한 기준으로 사용되고는 있지만, 이것만으로 발생-유전학적인 성을 설명함에는 충분하다고는 할 수 없다.

(2) 정소의 분화

수정 후 6주(12mm기)의 배아 정소(gonad, 생식 샘)는 남·여를 구분할 수가 없고, 고환·난소 양측 모두로 발전할 가능성(bi-potential gonad)을 갖는다. 수정 후 43-50일 사이에 SRY와 다른 유전자의 영향으로 미분화 배아 정소는 비로소 고환으로 분화되기 시작한다. 남성 호르몬을 만드는 Leydig 세포는 수정

후 60일에 이 태생기 고환(fetal testis)에 나타나게 되고, 이 태생기 남성 호르몬(fetal testosterone)에 의하여 65-77일에 남성 외성기의 분화가 일어나게 된다.

한편, 난소로의 발전이 결정된 정소에서는 상기의 분화가 일어나지 않고, 77-84일(남자 태아의 경우에 이 시기는 이미 고환의 분화가 일어난 시기이다)에 미분화 정소에서 난소로 발전하기 위하여 두-배수체의 난조세포(oogonia)가 감수분열 초기를 거쳐서 난모세포(oocyte)로 전환되고 90일 이후에는 난포 원기(primordial follicle)가 분명해지지만, 6개월이 지나야 난포방 형성전 난포(preantral follicle)가 나타나고 출생시기가 되면 좀더 성숙한 난모세포가 나타난다.

태아의 고환과 난소의 차이에서 특기할 상황은 태아 고환은 호르몬을 생산하지만 태아 난소가 호르몬 생산을 한다는 증거는 아직은 미약하다는 점이다.

(3) 성기관의 분화

수정 후 7주의 태아는 남·여 모두로 발전할 수 있는 성기관련 기관의 원기를 갖추고 있다. 즉 뮬러씨관(müllerian ducts)과 월피안관(wolffian ducts), 모두를 갖고 있다. 전자는 후에 자궁, 난관, 질의 상부로 발전하고, 후자는 부고환, 정관, 정낭, 사정관으로 발전한다. 남자로 발전하기 위하여서는 뮬러씨관은 남아로 결정된 태아의 양측 고환의 지지세포(Sertoli cell)에서 분비되는 호르몬(AMH: antimüllerian hormone, 태아 때도 분비되지만 8-10세까지도 분비된다)에 의하여 퇴축이 일어나는데, 동일한 측(ipsilaterally, 우측은 우측에만, 좌측은 좌측에만)에만 작용하는 특성이 있다. 이러한 AMH의 발생학적 특성은 진성 간성(true intersex, hermaphrodite, 성 염색체 구성과는 상관 없이 고환과 난소를 동시에 함께 갖는 간성) 환자의 외성기 및 내부 성기에 그대로 표현되기 때문에 진성 간성 진단에 임상 의료에서 매우 유용하다. 한편 월피안관은 태생기 고환에서 분비되는 태생기 남성호르몬에 의하여 분화가 계속되어서 상기한 기관으로 발전한다.

(4) 외성기의 분화

태아 8주까지는 외성기 모양이 남·여가 동일하고, 각각의 외성기로 발전할 능력(예: 남성의 음낭은 여성의 대음순이다)을 갖는다. 그런데 난소나 원시 정소가 있거나, 아예 정소가 없으면 여성 외성기로 분화하게 된다. 그러나 태아 고환의 레이디그 세포(Leydig cell)에서 분비되는 태생기 남성호르몬(특히 dihydrotestosterone), 인체 융모 성선자극호르몬(human choriogonadotropin: hCG), 태생기 뇌하수체 호르몬에 의하여 남성 성기로의 분화와 남성화가 촉진된다. 이 과정에서 가장 중요한 시기가 임신 12주 때이다.

2. 정신적 성의 구분과 형성

정상 남성은 남성다움(masculinity)을 주로 갖고 있으나 여성다움(femininity)도 일부 갖게 되어 있으며, 반대의 경우도 마찬가지라고 한다. 이러한 정신적 성을 의학에서는 크게 4가지로 구분하여 표현한다.

1) 성 자아(gender identity)

자기 자신이 해부학적인 구조와는 상관없이 남성에 속하느냐 여성에 속하느냐에 대한 자아.

2) 성 역할(gender role)

현 시점의 문화에서 남·여 역할의 행동 차이에 대한 자신의 견해와 선택.

3) 성 지향(gender orientation)

성 상대(sex partner)에 대한 선택과 인식.

4) 인지적 분별(cognitive differences)

자기의 성에 대한 확고한 신념적 인지와 분별 등으로 나눈다.

정신적 성의 발달과정에 대하여 과거 40년 동안에 가장 유력한 가설은 인간은 정신적 성 차원에서 중성으로 태어나지만, 성장하면서 자신과 타인과의 언어, 태도, 신체적 차이에 대한 인식이 각인되어서 남·여라는 성 자아가 생기게 되는데, 이 과정 중에 가장 중요한 시기가 생후 18개월에서 30개월이라는 것이다. 이러한 이론은 영아의 진성-간성환자는 염색체 성이 어떠하든 간에 남·여 모두의 성기를 불완전하게 갖추고 있으므로 환자의 성을 결정하여 줄 때에는 내·외부의 성기 구조의 특성을 가장 큰 근거로 하여 가족과 의료진이 의논하여 결정한 성으로 교정 수술을 하여 주면, 영아는 그 성으로 성자아가 무리 없이 형성되는 경우가 많다는 것으로 흔히 증명되고 있다고 하겠다.

그러나 Diamond와 Sigmundson(1997) 및 Reiner(1997)가 성기 이상을 갖는 간성 및 성기 손상이 있는 영아 환자를 통한 임상경험 보고를 통하여 태아가 모친의 배속에서 경험한, 즉 출생 전 남성호르몬의 영향과 Y염색체의 유전자의 영향에 의하여 성 자아가 형성될 수 있다는 가설을 제기하면서 성 자아의 형성과정과 형성시기에 대한 논쟁(이 논쟁을 일반적으로 Nature v/s Nurture Theory 또는 John-Joan Controversy라고 부른다)이 새롭게 생기고 있다. 그런데 필자도 이들과 동일하거나 유사한 경험을 한 바가 있어서 성 자아의 형성과정에는 이들

의 가설이 일부 수긍되는 면이 있다고 본다.[3)]

그러나 성전환증 환자의 경우는 기존의 가설이나 새로운 가설로도 충분히 설명되지 않는 것이 특징이다. 이상이 간단히 살펴본 인간의 의학적 성 결정과정이다.

Ⅱ. 성전환증의 의학적 검토

1. 정　의

의학에서는 성전환증을 성자아 장애(Gender Identity Disorder: GID)에 속하는 질환으로 분류한다. GID에 속하는 질환 중에 가장 뚜렷하고 극심한 형태가 성전환증이라고 본다. 성전환증은 과거의 질환 분류에서도 있었지만, 현재 사용되는 WHO에 의하여 마련된 제10차 국제질환분류(ICD-10 Code F64.0; International Classification of Diseases-10, WHO, 1994)[4)]와 미국 정신과 학회가 마련한 제44차 정신질환 분류(DMS-Ⅳ Code 302.6～in children/DMS-Ⅳ Code 302.85～in adolescents or adults; Diagnostic and Statistical Manual of Mental Disorder-Ⅳ, 1994)에서도 질환으로 이해된다.[5)] GID에 속하는 질환은 종류도 많고 상호간에 정확한 분류가 어려운 경우가 많지만, 가장 대표적 질환이 성전환증과 의상도착증(Transvestic Fetishism; DMS-Ⅳ code 302.3: 일명 cross-dresser)이다. 이들 용어는 일반사회에서는 구분되지 않고 동성애자라고 하지만, 진성-성전환증(true transsexualism. 후에 설명한다) 환자들은 다양한 종류의 GID들 속에서도 자신과

3) 이 논쟁에 관한 필자의 경험을 소개한다. 남아 300명 중 1명은 태어나는 음경 기형인 요도구-하열을 갖는 남아가 산골에서 출생시에 조산자와 가족으로부터 여자로 판단되어 여자고등학교 때까지 여자로 성장한다. 약간의 성기 이상과 생리와 여성형 유방이 없을 뿐, 신체가 좀 큰 선머슴 같은 여자로 자신은 물론이고 가족과 주위도 여자로 인식하여 왔다. 20세에 성기 이상과 유방 문제로 처음 병원을 방문하였고, 요도구 이상만 있는 정상 남자라는 필자의 진단에 본인과 가족은 성형(성전환이 아님)을 원하였다. 수술 후에 환자의 성자아, 성역할, 성지향 및 인식은 그 때까지의 여성에서 남성으로 쉽게 변하였다. 수술 후에 호적의 성별은 수정되었고, 대졸 후 사회적응에 성공하고, 현재는 결혼 후 자신의 자녀를 낳아 양육하고 있다. 현재로서는 전연 이상을 발견할 수가 없다. 이런 예는 진성 간성의 소아 및 청소년 여자의 부신피질비대증에서도 간혹 경험할 수 있다.

4) ICD-10에서는 성자아 장애 중 중요 질환인 성전환증과 의상도착증 및 소년·소녀의 성자아 장애 등 주요한 5가지 질환에 대하여서는 진단기준을 설정하였다.

5) 성전환증은 DSM-Ⅲ(1980)에는 특별 분류인 gender dysphoria syndrome으로 불리는 분류에 들어 있었으나, DSM-Ⅳ(1994)에서는 gender dysphoria syndrome이라는 용어가 없어지고 sexual identity disorders라는 용어로 분류되는 분류에 속하는 질환으로 받아들여졌다.

같은 처지의 성전환증을 정확히 구분할 수 있을 정도로 독특한 면이 있다고 한다.[6)]

그래서 WHO의 ICD-10에서는 진성 성전환증(code F64.0)을 "첫째로 자신과 반대의 성에 속하는 일원으로 끝까지 인정받고 살기를 원하며 항상 자신의 신체형태가 수술과 호르몬 치료에 의하여 자신이 선호하는 반대의 성에 어울리도록 만들기를 원하여야 한다. 둘째로 성자아 장애가 2년 이상 지속적으로 나타나고 있어야 한다. 셋째로 정신분열증과 같은 정신질환이 일체 없으며 염색체의 이상이 없어야 한다"로 정의하고 있다. 한편, 의상도착증(ICD-10에서는 이를 Dual-Role Transvestism이라고 칭하고, code F64.1로 분류한다)의 조건으로는 "첫째는 일시적으로 반대의 성에 속하는 일원으로서의 경험을 하기 위하여 반대의 성에 속하는 의상을 입고 있다. 둘째로 이러한 의상 도착에는 성적인 동기는 없다. 셋째로 반대의 성으로의 영원한 변화하려는 욕구는 없다"로 정의하고 있다.

2. 원 인 론

성전환증 연구는 많지만 표면적인 상황과 관리에 관한 연구가 대부분이고, 그 기전에 관하여는 유전학적·내분비학적·정신사회적·사회학습과정적·정신분석학적 가설 등 갖가지 가설이 제시되어 왔으나 인정받는 정설은 없다. 더구나 현재까지 알려진 어떠한 통상적인 임상검사(분자생물학, 내분비학, 유전학, 형태학 등)에서도 이 질환은 정상으로 나타난다. 그러함에도 불구하고 질환으로 인정된다. 또한 성전환증은 어느 나라에서건 옛날부터 있어 왔기에 치료로 사용된 방법으로 설득, 괴롭힘, 망신, 조롱, 약물, 정신분석, 전기 충격 등등의 갖가지 심리학적 및 정신과학적 방법이 동원되어 왔으나, 제대로 성공한 예가 없었다. 그래서 분명하고 심한 증세의 질환이지만 수술 이외에는 어쩌지 못하는 질환으로 이해되고 있을 뿐이다. 그래도 성전환증에 관한 원인을 지금까지 제시된 견해로 굳이 정리하자면 '생물학적인 견해', '심리학적인 견해' 및 '사회학적인 견해'로 구분된다고 할 수 있다.

6) 진성 성전환증과 유사한 GID의 다양한 종류: 고환절제술이나 음경절제술을 원하지만 유방은 원하지 않는 경우, 호르몬치료와 유방절제술을 원하지만 성기 성형술은 원하지 않는 경우, 선천적인 간성인 경우, 일시적 스트레스로 반대 성의 의상을 취하는 경우, 양성으로 오가기를 원하는 경우, 남성에만 혹은 여성에게만 흥미를 갖거나, 양성 모두에 흥미를 갖거나, 양성 모두에 흥미를 갖지 않는 경우 등 여러 가지가 있다고 한다.

(1) 생물학적인 견해

1) 성자아 장애는 태아기에 비정상적인 호르몬의 영향으로 발생한다는 견해이다. 예를 들어서 태아에서 발생한 부신피질 증식증에 의한 남성 호르몬의 영향이나, 임신 중 외부 호르몬(예로서 diethylstillbesterol)의 투여로 태아기부터 발생하고, 출생 후에는 성자아나 성지향 인식에 장애가 발생한다는 보고가 있으나, 부정적 보고도 있다.

2) 태생기의 성분화과정 중 중추신경계 형성과정은 신경 호르몬의 영향을 받게 되고 이 때에 황체 호르몬(LH: Luteinizing Hormone)이 뇌의 성 분화(sexual brain differentiation)에 중요 역할을 하는데, 이 때에 이상이 발생하면 성전환증이 생긴다는 견해이다. 이 견해는 쥐에서 뇌 형성 시기에 남성 호르몬의 과다·과소상태를 유발시키면 출생 후에 반대의 성 행동을 실제로 보인다는 것에 근거하고 있다. 그러나 이를 부정하는 이론으로는 태생기의 황체 호르몬과 여성호르몬(estrogen)과의 관계는 성인에서와 같이 고정된 관계가 아니고, 또한 실제 환자의 예를 들어서 설명하는 경우도 있어서 이 견해도 널리 받아들여지고 있지는 않다.

3) 최근의 견해이다. 이는 신경 내분비 및 해부학적 견해이다. 즉 성전환증 환자는 뇌의 크기와 모양에서 독특한 형태학적인 성적 특성(sexual morphological differences)이 있고, 특히 시상하부에서 차이를 보인다는 견해이다. 즉 인간 뇌의 전-시각전구-시상하부(anterior preoptic hypothalamus)에는 남·여간에 차이를 보이는 핵(sexually dimorphic nucleus: SDN)이 있는데 이것이 남성이 여성보다 크고, 전-시상하부의 간질성 핵(the interstitial nucleus of the anterior hypothalamus: INAH)에서도 같은 현상이 있다는 것은 알려져 왔었다. 또한 뇌의 전-교련(anterior commissure)의 폭은 여성이 남성보다 크다는 것도 알려져 왔었다. 이와 같이 남·여의 성적 특성을 보이는 뇌의 부분이 다르다는 것은 알려져 왔었다. 그런데 Zou J-N 등(1995)이 이러한 차이를 남성 성전환증(남성에서 여성으로의 성전환증, Masculine Transsexual; Male to Female Transsexualism; 성 염색체 핵형 XY; 이하 MF로 표기) 환자를 대상으로 조사하였더니 여성 형을 보였다는 것이다. 특히 그의 업적으로 인정받는 여성적 성 행동에 중요한 역할을 하는 뇌의 특정 부위인 종말선조침상핵(bed nucleus of the stria terminalis: BSTc)의 크기와 형태가 MF에서는 정상 여성에 가깝고, 이러한 특징이 MF만의 특징인가를 알기 위하여 특정 질환의 치료목적을 위한 여성호르몬의 장기간 투

여를 받은 성인 남성에게서는 발견하지 못하였다는 것이다. 그래서 이를 MF의 특징이며 원인일 수도 있다는 가설을 세계적인 과학 잡지인 Nature에 보고하였다.

그럴듯한 가설이다. 정상인에게 자신의 해부학적인 성과 반대되는 성의 성 호르몬이 미량이라도 투여되거나, 반대로 자신의 성과 같은 성 호르몬이 과다 투여되면 육체적 또는 심리적인 여러 부작용을 즉시 호소한다. 그러나 성전환증 환자는 그렇지 않은 경우가 흔하다. 필자는 이 같은 현상에 대하여 반대 성의 성 호르몬에 의한 작용이 성전환증 환자 자신의 오랜 희망과 욕구라는 점을 감안하더라도 분명히 이상하다고 항상 느껴 왔다. 그래서 필자는 성전환증에는 아마도 우리가 모르는 생물학적인 다른 무엇이 있지 않을까 하는 의문을 항상 가져 왔기에 이 견해에 아주 큰 매력을 느낀다.

(2) 심리학적 및 사회학적 견해

성전환증의 원인으로 심리학적 및 사회적인 다양한 측면이 중요한 역할을 하고 있다는 견해들이다. 이 견해들은 크게 두 가지의 분명한 가설로 분류된다.

1) 비-갈등 가설

MF의 경우에 모자간에 심신의 모든 측면에서 너무나 근접되고 행복한 긴 공생관계가 성전환증의 발생에 영향을 미친다는 설이다. 즉 영·유아기의 아들이 모친의 성 자아를 그대로 자신의 성 자아로 받아들이는 것을 모친이 대단히 즐거워하고 칭찬하면, 그 아들에게는 여성으로서의 성 자아가 형성될 수 있는 싹이 생긴다는 가설이다. 그래서 이 가설은 일반적 도착이라는 개념과는 차이가 있다.

2) 갈등 가설

여러 이론이 있다. 동성애에 대한 방어기전이란 주장, 도착증의 한 가지 형태라는 주장, 자기-도취애적 장애라는 주장, 성장과정 중에 있게 마련인 분리개별화기(separation-individuation phase)의 혼란으로 발생한다는 주장 등이 제기되고 있다. 그러나 이런 갖가지 이론들 모두는 결국은 '병리적 타협의 형성물'(pathological compromise formation)이란 것으로 집약된다고 할 수 있다.

이같이 여러 이론과 가설이 있으나, 심리학계와 정신과학계에서는 성전환증은 '경계 례에 속하는 인격장애의 한 형태'라는 데에는 대체로 동의를 한다. 그래서 성전환증 환자들은 경계 례에 속하는 만성 불안증, 확산성-부유성 불안증, 우울증, 격리 불안증, 스트레스에 대한 약한 내성 등의 증세를 보인다는 것이다. 즉 이러한 증세는 성장과정 중에 남성다움(masculinity)이나 여성다움(femininity)

이 불충분하게 구조화되어서 나타나는 결과라는 것이다. 실제로 성전환증의 진단과정 중에 실시하는 각종 심리검사에서는 상기한 증세를 흔히 나타내고 있다.

여기서 필자의 임상경험을 바탕으로 한 느낌을 의견으로서 감히 말한다면 위에서 열거한 지금까지의 생물학적인 가설, 특히 신경내분비학 및 신경해부학적인 가설에 의한 요인에 심리학적 및 사회학적인 가설과 견해가 촉발 동기가 되어서 성전환증이 현실적으로 발생하지 않나하고 추정하여 본다.

3. 남·여 성전환증의 비교

(1) 기질 비교

성전환증에는 남성 성전환증(MF)과 여성 성전환증(Feminie Transsexual; Female to Male Transsexualism; 성 염색체 핵형 XX; 이하 FM으로 표기)이 있다. 이 2가지의 성전환증 사이에는 몇 가지 정신심리학적인 측면에서 역학적 차이가 있다고 한다. 이러한 조사는 심리학과 정신과학에서 사용하는 MMPI(Minnesota Multiphasic Personality Inventory), Sex Typed Motor Behavior, Projective Techniques, BSRI(Bem Sex Role Inventory) 등으로 조사된 많은 보고가 있다.

성전환 수술(Sex Reassignment Surgery. 이하 SRS)을 요구하는 시기에서도 FM은 'tomboy'의 기질을 보이므로 MF보다 수술을 일찍 요구한다고 한다. 그러나 실제의 전환 수술은 'sissy'기질을 보이는 MF가 더 어린 나이에 먼저 받는다고 한다. 이유는 어느 사회나 어느 문화도 'tomboy'형 여성은 애교로 보는 경우가 많으나, 'sissy'형 남성은 쉽게 조롱과 비난의 대상이 되고 수술의 난이도와 비용에서도 차이가 나기 때문에 MF가 FM보다는 먼저 수술을 받게 된다고 한다.

또한 일반적으로 MF는 정상 여성보다 더 여성답고, FM은 정상 남성보다 더 남성다운 것으로 알려지고 있다. 그러나 FM과 MF만을 상호비교하면 FM은 MF보다 현실적이고, SRS에 긍정적이며, 전환된 성의 행동양식에 더 잘 적응하고, 학력도 더 높으며, 더 안정된 직업에 종사하고 있으며, 진단 시점에 배우자가 없는 독신인 경우가 더 많으며, 자살충동 같은 정신병리학적인 측면이 더 적게 나타나고, 동성애적인 성 활동에 더 잘 적응을 한다고 조사되고 있다(Michel A 등, 2001). 그리고 또한 MF는 FM보다 더 히스테릭하고 유아적이며 SRS 효과도 부정적인 경우가 더 많다고 한다(Herman-Jeglińka 등, 2002). 이상의 설명은 아래 표와 같다(〈표 1〉).

〈표 1〉 남·여 성전환증의 일반적 특성에 관한 상대적 비교

	FM	MF
SRS 요구 최초 시기	늦 다	이르다
실제 SRS 시기	이르다	늦 다
SRS 적응	긍정적	부정적
반대 성의 행동에 대한 적응력	잘 적응	못하다
교육 정도	높 다	낮 다
직업적응력	높 다	낮 다
독신생활 경력(진단시점 기준)	독신인 경우가 많다	동거인 경우가 많다
정신병리학적 증세(자살충돌 등)	적 다	많 다
동성애적 성 활동	활발하다	적 다

그러나 언뜻 생각하기에는 MF와 FM은 거울의 영상처럼 꼭 반대의 모양(mirror image)을 보일 것 같으나, Herman-Jegli ka 등(2002)의 연구에 의하면 MF과 FM은 성역할에 있어서 상호간에 단순한 반대 모양을 보이지도 않고, 또한 정상적인 남성과 여성과도 다른 기질을 보인다고 한다.

(2) 역학적 비교

성전환증의 유병률은 일률적으로 말하기 어렵다. 각국의 사회적·문화적·의료-환경적 배경에 따라서 달라지고, 한 국가에서도 시대에 따라서 달리 나타나지만 증가하고 있다는 견해에는 대체적으로 동의하고 있다. 그래서 Michel 등(2001)은 각국의 유병률 보고를 종합하고(〈표 2〉), 남·여의 비율에 관한 조사도 종합하였다(〈표 3〉).

한편, HBIGDA(The Harry Benjamin International Gender Dysphoria Association), 6th Version(2001)[7]에서는 MF는 1:37,000, FM은 1:107,000으로 보고하고 있으나, DSM-Ⅳ(1994)와 대체적으로 유사하다고 하겠다.

7) The Harry Benjamin International Gender Dysphoria Association: 1978년에 구성되었다. 이 단체는 2년에 한번씩 학술대회를 갖고 있다. 가장 최근의 학술대회는 제19회 학술대회로서 2005년 4월에 이태리, 볼고나에서 개최되었다. 그리고 이 단체에서는 1979년에 시작하여 1980년, 1981년, 1990년, 1998년, 2001년(6th Version)에 'Standard of Care'를 발표하였다.

〈표 2〉 성전환증의 국가별 유병률 보고

	COUNTRY	MF	FM	TOTAL
Walinder 1968	Sweden	1: 37,000	1:103,000	1:54,000
Pauly 1968	USA	1:100,000	1:400,000	
Hoenig 1974	England	1: 34,000	1:108,000	1:53,000
Ross 1981	Australia	1: 24,000	1:150,000	1:42,000
O'Gorman 1982	Ireland	1: 35,000	1:100,000	1:52,000
Eklund 1988	Netheland	1: 18,000	1: 54,000	
Tsoi 1988	Singapore	1: 29,000	1: 83,000	
Bakker 1993	Netherland	1: 11,900	1: 30,400	
Weitze 196	Germany	1: 42,000	1:104,000	1:48,000

DSM-Ⅳ(1994)는 이러한 국가간 차이를 종합하여 MF는 1:30,000, FM은 1:100,000이라고 보고하였다.

〈표 3〉 성전환증의 남·여 성비 보고

STUDY	COUNTRY	M:F SEX RATIO
Walinder, 1968	Sweden	2.8:1
Benjamin, 1966	USA	8 :1
Pauly, 1968	USA	4 :1
Hoenig & Kenna, 1974	England	3.2:1
Ross et al, 1981	Australia	6.1:1
O'Gorman, 1982	Ireland	3 :1
Brzek & Spiova, 1983	**Poland**	1 :5
Tsoi, 1988	Singapore	2.9:1
Godlewski, 1988	**Poland**	1 :5.5
Burns et al, 1990	England	3 :1
Bakker et al, 1993	Netherlands	2.5:1
van Kesteren et al, 1996	Netherlands	3 :1
Weitze & Osburg, 1996	Germany	2.3:1

〈표 3〉에서 보듯이 남·여의 성전환증 유병률의 성비 차이(MF:FM)에 있어서 Poland를 제외하고는 최소 2.5:1에서 최대 8:1로 모든 국가가 단연 MF가 많고, 평균적으로는 3:1 정도가 된다. Poland는 다른 국가와는 달리 FM이 단연 많은 이유는 밝혀지지 않았다. Poland에서는 2002년에 다시 조사한 보고(Herman-Jeglińka 등, 2002)에서는 남여의 비율이 1:3.4로 보고하고 있으나 역시 다른 나라와는 다른 양상을 나타내고 있다. Herman-Jeglińka 등은 그들의 조사를 통하여 유럽에서 일반적으로 과거에 공산국가이었던 나라에서는 FM이 MF보다 많고, 자유국가에서는 MF가 FM보다 많았다고 보고하면서 이러한 차이를 사회적 차이에 따른 것으로 분석하였다.

4. 의학적 관리과정

(1) 관리기준

성전환증은 앞에서 검토한 바와 같이 이해가 어렵다. 따라서 관리도 역시 어렵다. 성전환증에 관한 학술적인 특히 생물의학적인 정설과 이론이 확립되어 있지 않기 때문이다. 그래서 진단과 치료라는 관리 측면에 있어서도 여러 사람의 경험에 근거하고 합의한 HBIGDA의 '표준 치료기준'(Standard of Care. 이하 SOC)을 이용하게 된다. 현재의 기준은 HBIGDA의 6th Version(2001)으로서, GID의 극심한 형태인 성전환증은 수명의 정신과 의사와 임상심리-검사사, 내분비 전공 의사, 그리고 수 명의 외과 계열의 의사(비뇨기과, 성형외과, 일반외과, 산부인과)가 한 팀을 이루어서 다루는 것이 바람직하다고 권한다. 또한 HBIGDA-SOC는 GID의 종류와 각각의 진단기준과 정신과·내과·외과적 치료기준, 추적관리 기준을 제시함과 동시에, 이를 다루는 '각종 전문가의 자격과 기준' 및 '의학적 및 법적으로 갖추어야만 할 문서' 등을 제시하고 있다. 이러한 문서기준은 특히 외과계열 의사에게는 매우 유용하다. HBIGDA-SOC(6th version)는 성전환증 환자에 대한 임상적 관리를 5단계의 순서로 할 것을 추천하고 있다;

① 진단적 평가단계(순수한 의학적 진단과정과 임상검사를 말한다. 과거 및 현재의 병력, 가족력, 염색체 및 내분비 검사, 정신과 및 심리학적 검사, 내·외부 성기 및 장기 검사 등등): 많은 경험자들은 성전환증이라는 확증을 잡기 위한 과거력, 현재력, 가족력, 성 생활력, 습관성 약물 및 호르몬 등의 약물 복용력 등등과 관련지어지는 정신과학적 검사 및 심리학적인 검사는 절대로 서둘지 말고 진단기간을 최소한 6개월 이상으로 잡아야 한다고 권하고 있다. 기타의 화학적·물리학

적 검사는 항상 정상으로 나타나기 때문에 가장 중요한 검사는 정신과학적·심리학적 검사와 병력 채취라는 의미이다.

② 정신요법 단계

③ 반대 성으로의 실생활 경험단계(real-life experience)

④ 호르몬 치료단계

⑤ 외과적 수술단계가 그것이다.

예전보다는 단계가 늘었다. 이유는 전술한 바와 같이 1950년대에 'transsexual'이란 용어가 생겼으나, GID에 대한 지식이 증가하고 성전환증과 유사한 성 정체성 장애가 증가하면서 1960년대와 1970년대에는 'true transsexual'(진성 성전환증)[8)]이란 용어를 사용하기도 하면서 진단과정이 더 세밀하게 되었다('secondary transsexual'이란 용어도 있다).[9)] 그래서 성전환증이 속하였던 DSM-Ⅲ(1980)에서의 Gender Dysphoria Syndrome이란 복합적인 의미의 용어도 DSM-Ⅳ(1994)에서는 Gender Identity Disorder로 변화하고, 이 분류에 성전환증이 속하게 된 것이다. 하여간 성전환증은 정신과학적인 검토와 진단과정이 최우선이고 가장 중요하다는 의미이다. 정신과학적 검토와 관리사항은 다음과 같다.

성전환을 요구하는 환자에게는 정신과 의사로부터 일차 진단과정(주로 문진과 병력 채취)을 거치고, 자격증이 있는 임상심리검사 전문가에게 보내어 다양한 심리검사도구(MMPI, Sex Typed Motor Behavior, Projective Techniques, BSRI 등등)를 이용하여 심리검사를 받게 한다. 이 과정 중에 중요한 과정은 사항은 다음과 같다.

① 정신병리학적 감별진단: 일반적으로 정신분열증의 15-25%에서는 여러 가지 형태의 성 정체성 장애를 보인다고 한다. 반대로 성전환 요구자에서 정신분열증을 보이는 경우는 연구자에 따라서 적게는 2.8%에서 많게는 16%라고 보고하고 있으므로 정확한 진단이 요구된다.

의상도착증 및 동성애증과의 명확한 구분은 물론이고, 우울증, 성기 형태에 대한 이상 혐오증(genital dysmorphophobia), 음위증과 같은 성전환증으로 인한 정신과적인 위기(transsexual crisis), 도착된 매춘에 몰입하는 변태, 피학대음란

8) True Transexual에 관한 한때의 정의는 다음과 같았다. 첫째 소아기, 청소년기, 성인기를 통하여 일관되게 양성적인 성자아(cross-gender identification)를 보여야 하고, 둘째로 반대 성의 의상을 입어도 성적인 흥분이 전연 없거나 최소이어야 하며, 셋째로 자신의 해부학적인 성과 관련하여서는 일체의 흥미를 보이지 않는 경우라고 정의 하였었다.

9) Secondary Transsexual이란 용어는 1997년에 Doorn이 처음 사용하였으며, 주로 MF 성전환증 환자로서 대부분의 경우에 결혼을 하고 아이도 출산하고 양육한 경험을 갖고 있다. 성전환 수술을 한 경우에 예후가 나쁘다고 한다.

증(masochism)과 같은 경우에도 성전환을 요구하는 경우가 있으므로 정확한 감별이 필요하다고 한다. 이러한 환자들은 성전환 수술(SRS)이 그들의 문제를 한번에 모두 해결할 수 있다는 생각을 갖는 경우가 많기 때문에, 수술 후에 후회를 하는 경우가 많고 돌이킬 수 없는 상황이 초래되는 것을 사전에 막기 위함이다.

② 성 정체성 장애의 강도 측정: 도착된 의상의 착용이 가장 먼저 나타나는 증세이지만, 도착 의상 착용 경력(옷의 성별적 형태—중성적 의상은 해당 되지 않음—착용기간, 연속성 등등)을 세밀히 검토할 필요가 있다. 의상의 도착으로 인한 성적인 즐거움의 유무를 정확하게 판단하여야 한다는 의미이다. 진성 성전환증은 의상의 도착으로 성적인 즐거움이 없는 것이 특징이기 때문이다. 또한 성 정체성 장애의 강도를 측정함에 있어서 자위행위(masturbation), 성교 자세에 관하여서도 검토할 필요가 있다고 한다. 진성 성전환증 환자는 그들의 태생적인 해부학적인 성기에 대하여 심한 불쾌감과 적대감을 갖고 있어서 가능한 자위를 하지 않고, 성교시에도 자신의 성기가 보이지 않는 자세를 취하는 것으로 알려지고 있기 때문이다.

③ 성전환 정보제공을 통한 진단: 진단과정 중에 성전환의 과정에 대한 정보(해부학 및 내분비학적 지식, 수술 정보, 수술 후의 관리, 결혼 및 육아 문제, 사회생활 정보, 법적인 정보, 기타 등등)의 제공은 진성 성전환증을 감별하는 데에 매우 유용하다. 많은 임상 경험자들은 정확한 진단을 위하여서는 이 과정이 최소한 3개월 이상이 필요하며, 길게는 2년이 걸리기도 한다고 한다(Peterson 등, 1995).

④ 실생활 검사(real-life test): 반대 성으로의 실생활 경험(real-life experience)은 환자의 개인 책임하에 진단과정 전에 이뤄지지만, 실생활 검사(real-life test)는 진단과정 중에 행하여지는 검사이다. 하여간 HBIGDA-SOC는 반대 성으로의 실생활 경험을 매우 중요시한다. 실생활 검사는 성전환 전에 성전환 후의 생활을 사전에 경험하여 보도록 하는 과정이다. 성전환 후에 경험하게 될 새 이름, 새로운 의상, 새로운 직업, 새로운 경제적 상황, 새로운 사회적 상황과 법적인 상황, 새로운 친구, 옛 동창과의 관계, 친족과의 관계를 사전에 경험하여 보도록 하는 검사이다. 보통 12개월에서 18개월을 요구한다. 이에 많은 성전환증 환자는 이미 실생활 경험(real-life experience)을 하였다고 하면서 이 검사를 거부하는 경우가 많은데, 이런 경우에는 반드시 이를 증명할 수 있어야 한다는 것이 중론이다.

성전환 수술 전 실생활 경험이건 검사이건 간에 MF의 경우에 가장 어려운 경험이 턱수염을 포함한 각종 모발의 제거 문제이다. 충분한 모발의 제거는 대부분의 경우에 약 2년이 필요하기 때문이다. 그래서 HBIGDA-SOC는 MF의 경우에는 transsexual crisis를 우려하여 호르몬 치료 실생활 경험단계 혹은 FM의 경우에는 호르몬 치료 유방절제 실생활 경험단계의 순서도 고려하여 볼 수가 있다고 하였다. 하여간 성기 성형은 가장 마지막단계로 순서를 정하고 있다.

(2) 외과 수술의 종류와 기준

성전환증에 대한 성기 수술은 1952년에 덴마크 의사 Foch Anderson이 Christine Hamburger라는 환자에게 시행한 것이 최초라고 한다. 그 후에 성기 수술에 여러 기법이 개발되었고, 다양한 비-성기 수술도 성전환증 환자에 이용되고 있다.

1) 성전환 수술의 종류

성전환증 환자에게 시행되는 수술은 성기 수술과 비-성기 수술 및 체형 수술 등이 있다(〈표 4〉). 이 중에 가장 중요하고 중심이 되는 수술이 성기 수술이다.

〈표 4〉 성전환 수술의 종류

	성 기 수 술	비-성기수술	
		안면 · 성대성형수술	체형성형수술
MF	유방성형, 고환절제, 질성형, 음순성형, 음핵성형	탈모, 피부, 입술, 코, 턱, 눈 광대뼈, 갑상선 및 성대	둔부확장 및 교정
FM	유방절제, 난소-자궁-질절제, 음경성형, 음낭성형		둔부지방흡입

2) 성기 수술의 기준

성기 수술에 관한 외과학의 현재까지의 기본 입장은 외과 의사가 환자 요구에 반드시 응해야 하는 환자의 당연한 권리는 아니라는 것이 주류적 견해이다. 그래서 HBIGDA-SOC는 성기 수술은 원상태로의 복원이 불가능하므로 최후에 할 것을 권하고 있으며, 성기 수술 기준을 다음과 같이 정하고 있다.

① 환자의 국적 국가의 법적인 성인 연령에 달해야 한다.

② 호르몬 치료를 최소 12개월 이상을 부작용이 없이 지속적으로 받았어야 한다.

③ 12개월 이상을 지속적으로 '반대 성으로의 실생활 경험'을 성공적으로 마쳤어야 하고, 그 기간중에 원래의 성 또는 양성적인 행태가 전연 없었어야 한다.

④ 정신요법 전문가가 원하면 '반대 성으로의 실생활 경험' 중에도 규칙적 면담을 해야 한다. 정신요법 실패 그 자체만으로는 외과적 적응증이 아니라는 의미이다.

⑤ 외과적 비용, 입원기간, 수술의 부작용, 수술 후 외과적 재활에 관하여 충분한 설명과 환자의 이해가 있어야 한다.

⑥ 숙련된 다른 외과 의사가 이런 수술에 대하여 잘 알고 있어야 한다.

이외에도 환자의 성자아를 종합판단하는 과정이 분명하고 정당성이 있어야 하고, 성기 수술이 인간관계 측면, 사회병리적 측면, 약물중독 측면, 정신병적 측면, 자살충동 측면에서 분명한 이익이 있다는 확신이 가족과 정신건강 관리자들로부터 있을 때에 외과 의사는 수술에 응하라고 권하고 있다.

5. 생물의학적 감별과 관리

(1) 유전학적 진단

모든 성전환증 환자에게는 모든 의사들이 진단과정 중에 항상 염색체 검사(G-banded karyotype)를 하여 염색체 성(Chromosomal Sex)을 확인하는데 항상

〈표 5〉 남·여 성전환증에서의 성 염색체 구성과 염색체 이상

	30 Male-to Female	31 Female-to-Male
Karyotype	All normal 46, XY except one 46, XY, t (6; 17)	All normal 46, XX
Androgen Receptor Gene(FISH)	All normal(one signal on the X chromosome)	All normal(two signals, each on one of the two X chromosome)
Sex-Determining Region on Y(FISH)	All normal(one signal on the X chromosome)	All normal(no signal detected)
Y-Chromosome Micro-Deletion(PCR)	29 normal; 1 deletion carrier	All normal(no positive PCR result for the AZF region)

정상의 핵형을 보인다. 그러나 최근에 Turan 등(2000)은 한 MF에서 47, XYY (일명 super-male), FM에서 47, XXX를 발견하였음을 보고하였다.

그래서 Hengstschlager 등(2003)은 30명의 MF환자와 31명의 FM환자를 성 염색체 핵형과 인간의 성 결정과 관련된 장기들의 발전과정에 필요한 남성 호르몬 수용체 유전자(androgen receptor gene locus on Xq12)와 SRY(sex-determining region on Yp11.3) 유전자, 그리고 남성 불임환자의 7%에서 발견되는 정자형성에 필요한 것으로 알려진 다양한 Y염색체의 유전자 중에서 대표인 AZF (Azoospermia Factor)의 이상 유무를 조사하였으나 특이 사항을 발견하지 못하였다고 한다(〈표 5〉). 이 같이 성전환증 환자는 염색체 핵형과 유전자 검사에서 이상을 발견할 수 없다.

(2) 해부학적 진단

간성과의 임상의학적 감별진단은 쉽다. 간성은 염색체 핵형에 이상이 있을 수도 있고, 내외의 성 장기(sex organ)에도 이상이 있을 수 있으나, 성전환증을 포함한 성자아 장애에는 이러한 이상이 전연 없기 때문이다.

(3) 내분비학적 관리

1) 내분비검사의 필요성

내분비 검사는 성전환증의 진단과정 중에 간성과의 감별진단, 본래의 성에 해당하는 내분비학적 충실성을 알기 위하여 필요하다. 이미 오랫동안 외부로부터 반대 성의 호르몬을 투여 받아서 본인의 해부학적인 구조가 변화 또는 위축된 경우라도 내분비 검사는 필요하다. 성전환 수술 전에 호르몬 투여를 받을 때에[10] 호르몬 투여로 인한 합병증의 사전 예방을 위하여서도 필요하고, 술 후에도 합병증의 예방 및 호르몬 투여에 의한 생리학적이고 정신과학적인 평형상태의 유지를 위하여서라도 술 전 내분비학적인 상태는 상세하게 반드시 파악하고 있어야 한다.

2) 호르몬 투여의 기준과 약물

우리 나라에서는 의약분업 전에는 각종 호르몬 약품의 구입이 용이하여 많은 사람들이 임의로 사용하여 이로 인한 부작용을 임상에서 흔히 경험하였다. 성자아 장애환자의 경우도 마찬가지이었다. 성 호르몬은 인간의 육체는 물론이

10) 성전환 수술이나 실생활 경험을 원하지 않는 성자아 장애환자 경우에 진단과 치료목적의 일환으로 반대 성의 호르몬을 투여할 경우가 있다.

고, 정신적으로도 대단히 많고 강력한 변화를 초래하기 때문에 성전환증 환자는 물론이고, 성전환 요구 및 희망 환자는 반대 성의 호르몬이 투여되기를 희망하고 있다. 그래서 HIBGDA는 3가지 기준을 제시하고 있다;

① 18세 이상이어야 한다.

② 반대 성의 호르몬이 의학적으로는 물론이고 그들의 사회적 이익과 위험에 작용할 것이라는 것을 알고 있어야 한다.

③ 반대 성의 호르몬 투여 전에 최소한 3개월의 반대 성에 의한 실생활 경험이 있어야 하고, 정신요법 전문가에 의한 정신요법이 최소 3개월 이상 동안 있어야 한다. 한편 투여 호르몬은 반대 성의 성 호르몬 또는 내분비학적인 기전을 이용한 호르몬 등 여러 가지가 있으나 경우에 따라서 사용하게 된다.

3) 호르몬 치료 금기 조건

GID에서 호르몬제를 투여하지 않아야 하는 경우는 아래와 같다(〈표 6〉).

〈표 6〉 남·여 성전환증 환자에서의 호르몬 치료에 대한 금기증 비교

	MF(XY)	FM(XX)
절대적 금기조건	심한 당뇨병, 심한 고혈압, 혈전 색전 질환, 뇌혈관 질환, 심한 간기능 부전증	
상대적 금기조건	심한 흡연, 유방암 가족력, 고프로락틴혈증, 고도 비만	당뇨, 심한 고지혈증, 고도 비만

4) 호르몬 투여로 나타나는 현상과 합병증

반대 성의 성 호르몬 효과를 위한 호르몬 치료를 하게 되면 환자와 의사가 원하는 부작용으로서의 효과와 더불어서 원하지 않는 부작용이 나타나게 되어 있다(〈표 7〉).

(4) 외과적 관리

성전환증에 대한 외과적 수술, 특히 성기 수술은 호르몬 치료(연속적으로 최소 12개월)와 실생활 경험(연속적으로 최소 1개월 이상; 바람직하기로는 1-1.5년 이상)을 충분히 마치고 최종적으로 시행되어야 한다.

(5) 성전환증 환자의 의학적 의미

의학계에서는 성전환증에서 정확한 진단과정과 정신요법 및 호르몬 치료와

실생활 경험을 마치고 반대의 성으로 수술을 받은 환자가 다른 질환으로 내원하였을 때에는 원래의 염색체 성 및 해부학적인 성과는 상관 없이 반대의 성에 해당 하는 환자로 보고 관리한다. 즉 성전환증 환자를 남·여의 중간에 속하는 성 또는 제 3 의 성으로 보지 않고 관리한다고 하겠다. 의학과 의료에서는 남과 여, 두 가지 성만이 있기 때문이다.

그래서 입원 치료가 필요한 경우에도 MF는 여성 병실에, FM은 남성 병실에 입원시켜 관리한다. 이 때에 병원에서 문제가 되는 것이 주민등록번호와 법적인 성에 관한 원내에서의 혼란과 문제가 있지만 환자의 비밀을 지킨다는 차원에서 주치의 주의와 주위의 타 의료진의 협조로 대체적으로 큰 문제가 없이 지나게 된다.

〈표 7〉 남·여 성전환증 환자에서 호르몬 치료에 의한 부작용 비교

	MF(XY)	FM(XX)
희망한 부작용 (효과)	· 정신적 변화: 체형 변화로 인한 이차적 정신만족 · 생물학적 변화: 혈중 남성 호르몬의 감소, 혈중 여성 호르몬의 증가 · 해부학적 변화: 유방증대, 발기력 감소, 안면 모발 감소, 목소리 변화, 여성형 지방 분포	· 정신적 변화: 성적 충동 증가, 주체적 참삶 인식 증가 · 생물학적 변화: 혈중 남성 호르몬의 증가, 혈중 여성 호르몬의 감소 · 해부학적 변화: 무월경, 유방퇴축, 안면 모발 증가, 대머리 현상, 목소리 변화, 근육의 힘 증가, 남성형 지방 분포
원하지 않는 부작용 (합병증)	· 정신적 변화: 우울증, 비정상적 성욕감퇴 · 생물학적 변화: 빌리루빈 및 프로락틴 증가, FSH와 LH의 감소, 성장호르몬에 대한 반응 증가 · 해부학적 변화: 혈전 색전 질환, 유방암 및 전립선암	· 정신적 변화: 병적인 공격성, 정신병 증후군, 비정상적인 성적 충동 · 생물학적 변화: 혈중 적혈구 증가, 빌리루빈 증가, 전립선 암 지표 증가. HDL 콜레스테롤 감소, FSH와 LH 감소 · 해부학적 변화: 출혈성 간낭종, 여드름

이러한 경우는 다음의 경우에도 마찬가지이다. 성전환증으로 확진되고 모든 조치(성기 수술 등)가 끝났고 지속적으로 호르몬 치료를 받아온 환자는 해부학적으로 MF의 경우에는 퇴화된 상태이기는 하지만 잔존된 남성의 성적 장기(전립선, 정낭 등)가 남아 있고, 외형적인 체형 및 성기 구조는 여성화되어 있어도 여성만의 독특한 체내 구조(자궁, 자궁 경부, 나팔관, 난소)는 없다. 따라서 남성과의 성교는 할 수가 있어도 정상 여성 특유의 생리와 임신은 없다. 그래도 MF는 육아를 원하는 경우가 많다. 따라서 호적의 성별이 법적으로 수정되었고, 정식으로 결혼 신고가 끝난 MF가 육아를 위한 입양을 위한 추천서를 병원에 원할 경우에는 불임으로 진단하여 입양 추천서를 발행하여 주기도 한다. 그러나 외국에서는 MF의 남편은 정상 남성인 경우가 많고 정자 생산이 가능하기 때문에 아내인 MF의 동의를 얻어서 대리모의 난자와 남편의 정자를 이용한 보조생식 기법(Artificial Reproductive Technic: ART, 시험관 아기 기법 등)으로 남편의 유전 형질을 받은 아이를 대리모가 출산하도록 하고 MF부부가 이를 받아서 육아를 하도록 하기도 한다고 한다.

반대의 경우인 FM의 경우에도 마찬가지이다. 다만 FM의 배우자는 정상적인 여성인 경우가 많으므로 임신 능력을 갖고 있으며, 또한 임신 경험을 갖기를 원하는 경우가 많다. 그러나 FM은 정자를 생산하지 못하므로 부부간에 합의를 하면 비-배우자간 인공수정(AID: Artificial Insemination from Donor)을 권하기도 한다.

즉 의학에서는 성전환증의 진단과 초기 관리과정에서는 여러 가지 갈등을 나타낸다고 하겠지만, 반대의 성으로 이미 정신 및 외형적인 육체로 전환된 환자는 반대의 성에 해당하는 인간으로 보고 의학적 관리가 되고 있다고 하겠다.

Ⅲ. 성전환 수술의 영향

성전환증의 관리 및 치료방법에 대한 역사적 고찰을 보면, 이 질환이 알려지고 문제가 된 지 얼마 되지 않았던 1950년대에는 정신과학적 치료가 강조되었고, 1960년대에는 외과적 치료가 강조되었으며, 1970년대와 1980년대에는 종합적인 치료를 강조하여 최소한 1년 이상의 정신과학적 치료 후에 외과적인 치료방법을 선택할 것을 권하고 있다. 1990년대 이후부터 현재까지도 종합적인 관리와 치료방법을 강조하지만 예전보다는 좀더 섬세한 접근이 강조되고 있으며,

특히 최근에는 수술 후에도 정신과적인 관리가 필요하다는 점이 강조되고 있다고 하겠다.

이같이 성전환증의 관리와 치료방침에 계속적인 변화가 있었고, 또한 감추고 싶은 개인의 비밀이라는 측면에서 성전환증 환자를 장기간에 걸쳐서 추적하고 조사한 연구는 적은 편이다. 이유는 이미 수술을 받은 환자를 만나기도 어렵고 대부분의 경우에 다시는 재평가받기를 원하지 않기 때문이다. 따라서 대규모로 조사된 연구는 찾기 어렵기 때문에 여러 문헌에서 보고된 예를 종합한 보고가 많다.

1. 성전환 수술 후의 변화

(1) 육체적 변화

성전환 후 육체적 변화에 대한 조사는 여성으로 살아가야만 하는 MF에서 주로 많이 조사되어서 보고된다. Krege 등(2001)은 성전환 수술을 마친 66명의 MF를 조사하여 성전환 수술 자체를 후회하는 사람은 없었고, 가장 많은 외과적인 합병증으로는 요도구 협착(5%)이었다고 보고하고 있다. 그러나 그는 문헌조사에서 수술을 마친 MF의 장기간 추적에서 '기능성 질'을 갖는 성전환증 환자는 수술환자의 1/3 정도이고, 극치감은 1/2에서만 있었고, 1/3은 수술을 후회하였고, 특히 30대 이후 수술을 받은 경우는 후회가 많다는 한 보고도 있으나, 대부분의 보고는 성전환 수술을 받은 환자 중에 외과적 불만 중 가장 많은 불만은 MF에서는 새롭게 성형된 질의 길이가 짧은 것이고, FM의 경우에는 새롭게 성형된 음경의 기능과 모양에 대한 불만이었다고 한다. MF에 관한 필자의 경험은 질의 단소에 대한 불만이 많았다.

(2) 심리적 변화

성전환증은 아직까지는 정신질환으로 분류되기 때문에 성전환 후의 조사도 심리적 변화에 대한 보고가 가장 많다(Mate-Kole C 등, 1990). 그는 여러 가지 방법으로 조사하여 성전환 수술이 심리적으로 긍정적인 영향을 준다고 주장한다. 특히 우울증의 감소, 유동적 불안증, 강박적 행동, 신체적 불안증과 병적 흥분(hysteria)이 줄었다고 한다. 이러한 양상은 진단과정의 단계로 비교하면, 초기 진단과정보다는 실생활 경험단계에서, 실생활 경험단계에서보다는 외과적 수술 후 단계에서 더욱 줄어든다는 자료를 내어놓고 외과적 수술은 분명히 심리적으로 긍정적으로 작용한다고 보고하고 있다. 또한 그는 성전환증으로 진단된 일단의 환자들을 두 군으로 나누고, 한 군은 진단 후 수개월 후에 수술을 하여 주고, 다른 군은 임의로 아주 늦게 수술을 하여 주어서, 두개의 군을 2년 후에 동시에 비교하였더니 전자가 후자보다 신경증(neurosis)의 분명한 감소를 보였다고 한다. 다른 많은 연구도 수술 전이더라도 성전환증 환자가 반대성의 실생활 경험에 돌입하면 상기한 증세의 호전을 보인다고 보고하고 있다. 이상의 두 가지 설명을 감안하면서 성전환 수술의 당위성을 설명하는 경우가 많다.

수술 후 나타나는 심리적 변화의 성과와 정신병리학적인 호전에 있어서 FM이 MF보다 좋다는 데에는 누구나 동의하고 있다. 이유는 MF는 성전환 수술을 하였더라도 목소리, 손과 발의 크기 등에서 남성으로서의 특징이 남는 경우가 많아서 조롱과 비웃음을 받지만, FM은 외형적으로 정상 남성으로서 부족한 점이 남아 있어도 일상생활과 사회생활에 큰 지장 없기 때문이라고 한다.

그 외에도 성전환 수술 후에 5년 정도가 지나면 성전환증 환자의 인격과 심리적 기능에서 뚜렷한 변화가 있다는 보고는 많이 있다. 그리고 심리적 변화도 성전환 수술의 외형적인 성과에 따라서 결정되는 경우가 많다고 한다.

(3) 성생활의 변화

성전환 수술 후에 뚜렷한 성교를 포함한 갖가지 성 활동의 변화가 있었다는 보고는 많다. 즉 성 상대자의 발견이 더 용이해지고, 좀더 안정적이고 자신 있는 관계가 성립된다고 한다. 그러나 FM은 수술 후에도 수술 전의 성 상대자를 그대로 유지하는 경우가 많지만, MF는 수술 후에는 새로운 성 상대자를 찾는 경우가 많은 것이 일반적이라고 한다. 필자의 환자들도 같은 상황이다.

성적 극치감의 빈도는 수술 후에 FM이 MF보다 더 자주 경험하게 된다는 보고도 있으나 성전환과는 상관이 없다는 보고도 있어서 일정하다고 보기 어렵다.

(4) 사회생활의 변화

대부분의 경우에 성전환증 환자는 성전환 후에 재정적으로 풍부해지고 사회적 관계가 호전된다고 한다. 사회활동에 있어서 좀더 수용적이고 능동적이 되었으며(팀 또는 개인 운동의 기회가 증가, 식당 또는 무도장 출입의 증가 등), 가족관계도 호전된다고 한다. 특히 어두운 사회(약물 및 알콜 중독, 범죄, 폭력 등)로부터의 탈출 보고가 많다. 그래서 사회적 격리로부터의 탈출이라는 의미를 강조한다.

그러나 성전환증 환자는 성전환 후에도 정상인에 비하면 육체적 능력에서 매우 부족한 상태이다. 그래서 성전환된 일부 환자, 특히 MF의 경우에 성상대자의 결핍, 사회적 접촉의 감소, 가족관계의 변화 등의 고통을 호소하는데, 이런 경우는 성전환 전의 육체적 특성이 많이 남아 있을수록 심하다고 한다.

(5) 직업의 변화

성전환 후에 원래의 직업을 유지하거나 같은 직종의 직업을 얻는 것이 어렵다는 보고도 있으나, 평균적으로 다음 표와 같다고 한다(〈표 8〉).

〈표 8〉 성전환 후의 직업상태(%)

	MF	FM
성전환 후의 직업 보유율	71	83
성전환 전보다 호전된 경우	42	48
성전환 전보다 악화된 경우	13	12
성전환 후에도 안정적인 경우	40	37

일반적으로는 성전환 후에 직업의 사회-경제적인 측면에서 FM에게는 긍정적으로 작용하지만, MF에게는 부정적으로 작용한다고 한다. 그래서 수술 전 실생활 경험은 대단히 중요하다고 한다. 물론 특별한 직업의 경우는 예외이다.

2. 자살 빈도에 관한 조사

〈표 9〉와 〈표 10〉에서 보면 자살률에 있어서 FM은 0.3% 정도이나, MF는 1.4%로 높다. 자살충동(우울감정, 자살생각, 자살위협, 자살기도, 실제적인 자살을 포함하여)은 성전환 수술 전에는 최소 20% 이상인 것으로 보고되고 있다. MF가 FM보다 자살실행이 높아서 〈표 9〉에서 보면 1.4%로 나타나지만, MF의 자살에 관한 조사가 명확한 Pauly와 Lundström의 결과만을 종합하면 2%까지 증가한다는 것에 주의를 할 필요가 있다. 그러나 다른 연구자들은 이러한 자살실행이 성전환에 대한 후회라기보다는 약물의 오남용, 성전환 수술과는 상관이 없는 의학적인 합병증, 직업의 상실, 감정적 어려움으로 인한 경우가 더 많았다는 보고도 있다.

3. 전체적 만족도 조사

만족도는 성전환 수술 후 지난 시간에 따라서 결과가 달라진다. Michel 등(2002)이 여러 보고를 종합한 보고를 필자가 다시 정리하면 〈표 9〉와 〈표 10〉과 같아진다. 〈표 8〉과 〈표 9〉에 의하면 성전환에 관한 불만을 보면 일시적이건 장기적이건 FM에서는 3%에서 9.7%까지 보고가 되며, MF에서는 8.1%에서 13%까지 보고가 되어서 전체적으로는 MF가 불만족도가 높다. 이를 만족도로 보면 MF은 85% 정도이고, FM은 91% 정도로 FM이 만족도가 높게 나타난다. 일반적으로는 성전환 수술을 받은 환자의 약 10%가 성전환 후에 불만을 나타내는 것으로 인정되고 있다.

〈표 9〉 여성 성전환증(FM)에서의 성전환증에 대한 만족도 조사

보 고 자	대상수(명)	만족(%)	불만족(%)	불확실(%)	자살/후회(%)
Benjamin, 1966	15	14(93.3)	1(6.7)		
Pauly, 1974	40	38(95)		2(5)	
Pauly, 1981	83	67(80.7)	6(6.0)	11(13.3)	0
Lundström, 1984	124	111(89.5)	12(9.7)		1(0.8)
Green, 1990	130	126(97)	4(3)		
종 합	392	356(90.8)	22(5.6)	13(3.3)	1(0.3)

〈표 10〉 남성 성전환증(MF)에서의 성전환증에 대한 만족도 조사

보 고 자	대상수(명)	만족(%)	불만족(%)	불확실(%)	자살/후회(%)
Benjamin, 1967	15	14(93.3)	1(6.7)		
Pauly, 1974	40	38(95)		2(5)	
Pauly, 1981	283	202(71.4)	23(8.1)	52(18.7)	6(2.1)
Lundström, 1984	368	323(87.8)	38(10.3)		7(1.9)
Green, 1990	200	191(87)	28(13)	1(0.5)	
종 합	906	768(84.8)	90(9.9)	55(6.1)	13(1.4)

전환에 대한 만족도는 성전환 중 또는 수술 직후에 성전환 치료 센터와 접촉이 용이하거나 체재하고 있고, 본인이 원하는 성역할을 현재 하고 있으며, 현재 호르몬 치료를 받고 있고, 심리학적 및 정신과적 추적관리로부터 이익을 얻고 있는 경우에 만족도는 크게 높아진다고 한다.

불만의 원인 중 수술에 대한 후회에는 일시적인 것과 장기적인 것이 있다. 일시적 후회는 대개가 수술 후의 통증, 외과적 합병증, 파트너와의 결별, 직업 상실, 가족과의 갈등 등을 원인으로 보고 있다. 그러나 수술 후의 통증과 외과적 합병증으로 인한 일시적 불만과 후회는 시간이 지나면 자연히 소실된다고 한다. 장기간에 걸친 후회는 극히 적지만, FM에서는 0.5-1% 미만으로 조사되고 있고, MF에서는 1-1.5%로 보고되고 있다. 원인으로는 오진인 경우(정신병을 성전환증으로 오진), 실생활 경험이 없었던 경우, 적절하지 못한 외과 술기의 적용과 그 결과를 들고 있다. 또한 수술에 대한 후회를 많이 하는 성전환증 환자는 대개는 수술전-성상대자가 이성이었거나 양성이었던 경우가 많고, 수술전-성상대자가 항상 동성이었던 경우에는 수술 만족도가 대단히 높고 예후가 좋은 것으로 조사되고 있다. 그래서 수술전-성상대자가 이성인 경우에는 좀더 섬세한 진단과정이 필요하다고 하겠다.

4. 예후로 본 수술 금기 대상

성전환 수술 후에 나타나는 예후를 기준으로 보아서, 성전환 수술을 시행함에 있어서 주의나 고려를 요하는 성전환증의 경우를 Michel 등(2002)은 많은 문헌을 조사하여 다음과 같이 정리하고 있다:

① 나이가 많은 경우: 특히 30세 이후의 연령
② 생물학적인 성별의 특징이 외형적으로 너무 뚜렷한 경우
③ 이성의 성 상대자를 갖는 경우
④ 사회적으로 지지를 받지 못하는 경우
⑤ 정신적으로 불안정한 경우
⑥ 감정적으로 너무 취약한 경우
⑦ 범죄기록이 있는 경우
⑧ 군복무를 마친 경우
⑨ 전문적인 직업활동이 요구하는 성에 너무 맞지 않는 경우
⑩ 수술에 대한 종합적인 이해가 부족한 경우

⑪ 자해경험이 많은 경우

⑫ 알콜중독자

⑬ 수술에 대하여 유동적 감정(ambivalence)을 갖는 경우

특히 30세 이전에 동성의 성 상대자를 갖고 가족의 지지가 있는 경우는 조기에 수술을 하여 주어도 예후가 매우 좋았다고 한다.

Ⅳ. 성전환증에 대한 각국의 인식과 현황

1. 국제적 견해

성전환증에 대한 인식과 대책 및 법적 지위는 그 나라의 사회, 경제, 문화, 종교 등의 상황에 따라서 많은 차이가 있게 마련이다. 가장 중요한 문제가 법률적 성별에 관한 판단이라고 한다. Harish 등(2003)의 보고와 Rainer Frank 교수의[11] 발표자료에 의하면 스웨덴(1972. 4. 21)이 최초의 국가이고, 독일(1980. 9. 10. 의결, 1981. 1. 1. 시행), 핀란드(2002), 체코, 그리스, 이태리(1982), 화란(1985), 스위스, 스페인과 터키(1988, 2002), 미국, 영국(Gender Recognition Act, 2004년 의결, 2005. 4. 4. 시행) 등의 일부 국가들은 법률적 규정을 갖고 있다고 한다. 그리고 이 같은 변화는 2002년 7월 11일의 유럽인권재판소의 만장일치에 의한 의결에 의하여 탄력을 받고 있다고 한다. 그래서 EU에 속하는 국가들 중에서 아일랜드와 포르투갈이 현재로서는 예외이지만 곧 판례를 변경할 것이라고 한다. 그러나 일부의 나라들은 막연한 상태를 유지하고 있어서, 법원이 각각의 성전환증 경우에 장점 유무에 따라서 결정하고 있다고 한다.

최초의 법원판정은 1955년 스위스에서 있었으며, 당시 법원은 성전환 수술(SRS)을 받은 MF에게 환자의 심리적 · 도덕적 평형을 통합하여 고려할 때에, 법원은 사회에서의 이 환자의 상태(여성으로서의)와 참삶은 충분히 인정할 만하다고 하여 출생증명서의 성별 수정을 허락하였다고 한다. 그 후에도 각국마다 법원의 개별적인 판단에 의존하여 오다가 최초의 법률 제정은 1972년 스웨덴에서 있었고, 1982년에는 이태리, 스페인, 영국에서 있었으며, 1984년에는 화란에서 있었다고 한다. 이제는 유럽 공동체에서도 성전환증에 관한 법률적 견해를

11) personal communication; 대법원 비교법실무연구회 제52회 세미나(2005. 9. 13)에서 발표된 Rainer Frank 교수의 자료.

인권 차원에서 각국에 법제화할 것을 권하고 있다고 한다. 그러나 많은 나라들은 아직까지도 "성전환 수술과 치료를 받아서 반대성의 중요한 모양은 갖추었다고 하더라도 진정한 형태를 갖추었다고 할 수가 없다"라는 이유로 오직 생물학적인 성별만을 인정하고, 정신적-사회적 참삶(psychosocial well-being)에 대한 고려는 인정하지 않는다고 한다(Harich 등, 2003).

2. 우리의 현황

(1) 수술 기준

서두에서 밝힌 바와 같이 1990년까지는 우리 나라의 성전환증에 관한 언급과 의학적・의료적 관리는 사회적 금기이었다. 대한비뇨기과학회에서 문헌 조사를 거쳐서 제안한 우리 나라에서의 '성전환증 수술 적응증'은 1990년 7월에 학회의 학술위원회는 승인되었다. 이것이 한국 최초의 성전환증 환자의 수술 적응기준이다. 당시의 이 기준은 HBIGDA의 1980년 기준과 여러 문헌을 참고하여 작성되었으나 외국 기준보다는 좀더 조심스럽고 엄격한 면이 있다고 하겠다. 간추리면 다음과 같다.

① 성전환증은 현재까지는 근본적으로 정신과 질환으로 인정하며, 정신과에서 우선적으로 정확한 진단이 있어야 한다.

② 정신과적 진료가 상당기간[12] 지속하여 왔으나, 성과가 없음이 입증되어야 한다.

③ 수술 전에 희망하는 성에 대한 정신-사회적인 적응이 이루어져 있어야 한다.

④ 육체적 다른 질환이나, 정신과적 우울증 및 정신과적 다른 질환이 없어야 한다.

⑤ 수술 전에 희망하는 성에 대한 호르몬 치료를 상당기간[13] 동안 이미 지속하여 왔고, 이에 대한 심각한 부작용이 없어야 한다.

⑥ 나이가 21세 이상으로 사춘기가 확실히 지났어야 한다.

12) 당시에는 외국에서와 같이 2년 이상의 지속적인 정신과 치료를 논의하였으나, 이 질환은 근본적으로 정신과 질환이므로 대한정신과학학회의 의견이 정립되기까지 기다려야 한다는 의미로 상당기간이란 표현을 쓰기로 하였다.

13) 당시에는 내분비 치료기간에 대한 학술적 근거가 문헌마다 다양하여 외국의 정신과 치료처럼 2년으로 하자는 의견도 있었으나, 우선은 상당기간으로 표현하자고 정하였다. 그리고 정신과 치료의 실패 후에 다시 내분비 치료기간을 적용하는 것을 원칙으로 하였다. 따라서 외국의 기준보다 성전환 수술이 실시되는 시기를 상당히 늦추기로 하였다.

⑦ 신체 외형이 희망하는 성에 어울려야 한다.

⑧ 환자와 친권적 가족 및 보호자로부터 수술에 대한 동의가 있어야 한다.

⑨ 불임에 대한 환자, 친권적 가족, 보호자로부터 동의가 있어야 한다.

⑩ 습관성 약물이나 알콜에 대한 습관성이 없어야 한다.

⑪ 환자에게 범법기록이 없고, 범죄이용 가능성이 적다는 판단이 정신과 진료 등에서 입증되어야 한다.

⑫ 환자에 대한 추적 관리가 적절히 이루어질 수 있는 상황이어야 한다.

⑬ 이상의 조건과 정신과 의사 2명으로부터 성전환 수술 추천서[14]가 있어야 한다.

필자는 이 기준을 적용하여 수술을 희망하는 환자와 친권자 및 보호자의 동의서(배우자가 현실적으로 있는 경우도 있으나 이들은 법적인 배우자라고 할 수가 없으므로 해당되지 않는다)는 물론이고, 환자의 호적등본(초본이 아님)과 주민등록등본(초본이 아님) 그리고 신원조회서(범죄와의 연관 가능성을 방지하기 위함이었음. 예전에는 경찰서에서 발행하여 주는 제도가 있었으나 현재에는 없다고 하여서 요구하지 않음)까지 갖추어서 수술 전에 병원에 제출하여 줄 것을 요구하여 왔다. 그리고 이러한 갖가지 서류들을 의무기록과 함께 보관하여 왔다.

(2) 한국의 문제점과 의견

한국의 상황은 제대로 조사된 바가 없다. 환자 규모도 추정일 뿐 자세한 상황은 알 수가 없다. 동성애자 사회에서는 국내에는 성전환증 환자가 3만 또는 약 5,000명이 있을 거라는 견해가 있지만, 우리 사회의 전통과 문화 및 경제수준 그리고 국제적인 인구대비 유병률로 보았을 때에 이는 분명히 과장된 숫자로 보이고, 서구 국가보다 많기는 어렵다고 본다. 그러나 증가 추세인 것만은 분명한 것 같다. 그리고 우리 나라의 성전환증 환자 관리에는 두 가지 문제가 있다고 생각한다.

첫째는 성전환증 환자의 관리와 수술장소 문제이다. 국내의 임상경험에서 보면 국내 수술보다는 여러 가지 이유(숨기고 싶은 이유; 절차와 과정 및 환경, 경비 문제 등)로 동남아 국가(태국, 홍콩, 싱가포르, 말레이시아) 및 일본 등 해외에서 많은 MF환자가 수술을 받는 것으로 추정되며, 국내에서 진행되는 경우에도 몇몇 대학병원에서는 FM이 주로 수술을 받고, 개인 병의원에서는 MF가 주로 수술을 받고 있는 것으로 추정된다. 연세대학교 세브란스 병원의 의무기록실 통

14) 정신과 전문의 2명은 서로 다른 병원에 근무하는 의사로 규정하였다.

계에 의하면 1990년 이후 성전환증으로 입원 치료한 환자는 총 22명(MF가 7명, FM이 14명)이었고, FM이 단연 많았다. 이렇게 외국에서 일반적으로 알려진 성비와는 반대되는 통계가 나타나는 이유는 MF를 위한 성전환 수술(주로 성기성형)은 FM에 비하여 비교적 간단하고 저렴하며 기술적으로 상대적으로 매우 용이하기 때문에, MF환자들은 비밀 유지가 쉽고 비용이 저렴한 개인 병의원을 이용하고, 반대의 경우인 FM의 경우는 성전환에서의 성기 성형 수술이 매우 장시간을 요하고 기술적으로 미세 혈관 수술 기법이 많이 사용되고 어렵기 때문에 대학병원을 이용하는 것으로 추정된다.[15] 그리고 또한 이런 현상이 일어나는 이유로는 성전환증과 관련된 모든 수술은 국내의 공공보험인 건강보험의 혜택을 받을 수 없다는 것도 한 이유로 추정된다. 해외 혹은 개인 병의원에서의 성전환 수술의 문제점을 외과적 기술수준 측면에서만 보면 국내 대학 병원과 큰 차이가 있다고 단정키는 어렵다. 이 정도의 외과 기술수준은 경험의 과다에 의한 차이가 있을 수 있을 뿐, 기본은 거의 같기 때문이다. 그러나 해외 혹은 개인 병의원에서의 성전환 수술에서 가장 큰 문제점은 이런 종류의 수술은 복원이 불가능하므로 정확한 정신과 진단과 전술한 바와 같은 HBIGDA의 SOC 절차에 의한 제반 과정(실생활 경험, 호르몬 치료 등등)이 있어야 하는데 이러한 과정이 생략될 개연성이 높고, 확인하기도 어렵다는 점이다.

또 한 가지 문제는 절차의 문제이다. 성전환에서 성기 수술은 원상 복귀가 불가능한 수술이다. 그러함에도 불구하고 현재는 대부분의 성전환증 환자들은 성전환용 성기 수술을 미리 받아놓고 법률적 성별의 교정을 법원에 요청하고 있다. 더구나 이러한 현재의 과정은 오직 의사들의 사전 판단에 의존하고 있다. 이러한 과정은 매우 우려되는 부분이 많다. GID에 속하는 다양한 종류(8면의 각주 6)나 정신병이 성전환증으로 오진될 수도 있고, 이런 오진하에 외과계 의료진이 여러 이유로 성기 수술을 성급히 행할 수도 있으며, 또한 성전환증 환자에 대한 법원의 판단에도 이해부족으로 인한 오류도 있을 수 있기 때문이다. 따라서 이러한 문제점을 줄이기 위한 방안의 모색이 필요하지 않을까 한다. 그래서 다음의 경험을 소개한다.

현실적으로 환자가 정신과로부터 성전환증이라는 진단과 함께 성기 전환 성형수술 추천서를 받아온 경우라고 하더라도, 외과의사 입장에서는 의학적으로는

15) FM의 수술은 보통은 단계적으로 진행한다. 1단계에서는 보통 유방 절제술과 자궁 절제술, 난소 절제술, 질 절제술을 먼저 시행하고, 2단계에서는 남성의 음경을 만들어 주는 수술을 하게 된다. 1단계는 일상적인 수술이지만, 2단계는 능숙한 외과의도 보통은 약 6-14시간 정도가 필요하다.

동의를 하고, 또한 법적으로 문제가 될 수 없다고 판단되어도 이 수술을 하여 준다는 것은 심리적으로 항상 큰 부담이다. 그래서 전술한 바와 같이 성전환 수술은 외과의사로서의 의무는 아니기 때문에 필자도 수술을 아예 기피하거나 호르몬 치료기간을 오래 끌거나 한 경우가 많이 있다. 특히 심리적으로 환자에게 동정심이 발동되지 않으면 수술을 기피하여 왔다. 그러던 차에 2002년 7월에 국가인권위원회에서 성전환증 환자 관리에 대한 자문을 요청받았을 때에 필자는 다음과 같은 내용과 순서를 회신한 적이 있다:

① 내국인으로서 성전환증이라는 심리학적-정신과학적 진단이 장소를 달리하는 2곳 이상의 국내 정신과 의사로부터 있어야 한다.[16)]

② 법원은 성전환증이라는 복수의 정신과 의사로부터 발행된 진단서(1차)를 근거로 가칭 '성별교정 예비판정서'를 발행하여, 상당기간의 HBIGDA-SOC의 성기 수술 전 절차(실생활 경험검사, 호르몬 치료 등등)를 밟도록 한다; 이 과정이 법적으로 가능한지는 검토되어야 하겠으나, 성전환증과 유사한 다양한 성자아 장애에 대하여 부작용이 심각한 호르몬 치료와 무분별한 성기 수술에 대한 사전 예방 효과가 있을 것으로 생각된다.

③ 상기의 HBIGDA-SOC의 성기 수술 전 절차에 의한 과정 중에도 정신과학적 평가와 진료는 계속되어야 한다(이 과정까지는 건강보험의 혜택이 없도록 한다).

④ 법원의 예비판정서와 다시 평가되어 발행된 복수의 정신과-진단서(2차)에 근거하여 환자가 희망하는 국내 병원에서 성전환 수술의 성기 수술을 받도록 한다(이 과정부터는 건강보험의 혜택이 있도록 한다).

⑤ 법원은 복수의 정신과 전문의로부터 발행된 1차와 2차진단서 및 법원의 예비 허가서, 그리고 성전환증 관리의사(주로 외과계열 및 내분비 전문 의사)로부터 발행된 진료과정서 및 수술진단서를 근거로 법률적 성별의 교정을 검토하자는 것이다; 이 과정은 법률에 의한 성별의 자동교정이 아니라, 법관의 검토와 판단에 일정한 법적 근거를 제공하자는 의미이다.

이 때에 사용되는 진단기간과 관리절차는 국제적으로 이용되는 HBIGDA의 SOC 기준을 참고하여 우리에게 맞게 재조정되어야 할 것으로 생각된다고 하였다.

---

16) 해외에서의 성기수술은 언어와 정서문제로 정신과 감정에 난점이 있는 경우가 많아서 정확한 정신과 감정이 있었다고 보기 어렵다. 따라서 해외에서 이미 수술을 받은 환자의 경우는 더 세밀한 정신과 감정과 별도의 절차에 의한 신체감정과 법원의 절차가 있어야 할 것으로 생각된다.

Die Änderung der Geschlechtszugehörigkeit in Europa, insbesondere in Deutschland

Rainer Frank

I. Überblick über die Rechtslage in Europa

Schweden war das erste europäische Land, das am 21. 4. 1972 ein „Gesetz über die Feststellung der Geschlechtszugehörigkeit" verabschiedete.[1] § 1 dieses Gesetzes lautet:

> „Wer von Jugend auf empfindet, dass er einem anderen Geschlecht als dem angehört, unter welchem er im Kirchenbuch registriert ist, und seit geraumer Zeit dementsprechend auftritt und von dem angenommen werden kann, dass er auch in Zukunft in dieser Geschlechtsrolle leben wird, kann auf eigenen Antrag feststellen lassen, dass er dem anderen Geschlecht angehört."

Das deutsche Transsexuellengesetz folgte im Jahre 1980. Inzwischen haben Italien(1982),[2] die Niederlande(1985),[3] die Türkei(1988 und 2002),[4]

1) Gesetz über die Feststellung der Geschlechtszugehörigkeit in bestimmten Fällen v. 21. 4. 1972(SFS 1972 Nr. 119); Näheres bei Scherpe, in: Transsexualität, Staatsangehörigkeit und internationales Privatrecht, herausgegeben von J. Basedow/J. Scherpe, Max-Planck-Institut für ausländisches und internationales Privatrecht, Band 134, Verlag Mohr Siebeck 2004, S. 61ff.

2) Norme in materia di rettificazione di attribuzione di sesso, Legge 14 aprile 1982, n. 164, Gazzetta Ufficiale n. 106, del 19 aprile 1982, p. 2879. — Zur Entstehungsgeschichte des Gesetzes vgl. Salvatore Patti/Michael R. Will, La "Rettificazione d'attribuzione di sesso: Prime considerazioni," Rivista di diritto civile 1982, II, 729ff.

3) „Wet houdende nadere regelen ten behoeve van transseksuelen omtrent het wijzigen van de vermelding van de kunne in de akte van geboorte" v. 14. 4. 1985. Deutsche Übersetzung bei Bremhaar, Das niederländische Transsexuellengesetz, StAZ 2006, 204.

4) Ausführliche Darstellung des türkischen Transsexuellenrechts bei Atamer, in: Transsexualität, Staatsangehörigkeit und internationales Privatrecht(wie Fn. 1), S. 74ff.

Finnland(2002)[5] und das Vereinigte Königreich von Großbritannien(2005)[6] Transsexuellengesetze verabschiedet. Die meisten europäischen Länder haben indessen bis heute darauf verzichtet, Probleme des Transsexualismus spezialgesetzlich zu regeln. Richterrecht und Verwaltungspraxis erlauben aber die Geschlechtsumwandlung heute in fast allen europäischen Ländern. Eine Ausnahme bilden Irland und Portugal. Nachdem sich jedoch der Europäische Gerichtshof für Menschenrechte in der Entscheidung Goodwin v. United Kingdom vom 11. 7. 2002[7] einstimmig für eine Anerkennung von Geschlechtsänderungen ausgesprochen hat, steht zu erwarten, dass auch Irland und Portugal in Kürze ihre Rechtsprechung ändern werden.

Der Entscheidung des Europäischen Gerichtshofs für Menschenrechte lag im Fall Goodwin folgender Sachverhalt zu Grunde:

> A war zunächst als Mann mit einer Frau verheiratet. Aus der Ehe gingen vier Kinder hervor; später wurde die Ehe geschieden. Im Alter von etwa 30 Jahren wurde A als transsexuell diagnostiziert, begann eine Therapie und lebte fortan als Frau. Die Kosten der fünf Jahre später erfolgten Geschlechtsumwandlung durch Operation trug der staatliche britische Gesundheitsdienst. A beantragt, in jeder Hinsicht rechtlich als Frau behandelt zu werden, insbesondere auch die Ehe mit einem Mann schließen zu dürfen.

Der Europäische Gerichtshof für Menschenrechte gab dem Antrag statt und entschied:

> (1) Ein Staat(hier: Großbritannien) verletzt das Recht auf Achtung des Privatlebens(Art. 8 der Europäischen Menschenrechtskonvention), wenn er einen Transsexuellen auch nach einer geschlechtsverändernden Operation an

---

5) Gesetz Nr. 563/2002 über die Feststellung der Geschlechtszugehörigkeit transsexueller Personen v. 28. 2. 2002. —Deutsche Übersetzung bei Pimenoff/Will, StAZ 2003, 90f.; zur Vorgeschichte des Gesetzes Pimenoff/Will, Zum neuen finnischen Transsexuellengesetz, StAZ 2003, 71ff.

6) Gender Recognition Act 2004, in Kraft getreten am 4. 4. 2005, abgedruckt unter: http://www.uk-legislation.hmso.gov.uk. — Näheres zur Vorgeschichte bei Ellger, in: Transsexualität, Staatsangehörigkeit und internationales Privatrecht(wie Fn. 1), S. 80ff.

7) European Court of Human Rights, Reports of Judgements and Decisions, 2002 — VI, 1ff. Deutsche Übersetzung NJW — RR 2004, 289ff.=FamRZ 2004, 173(nur Leitsätze) mit Anmerkung Henrichs.

seiner ursprünglichen Geschlechtszugehörigkeit festhält.

(2) Ein Staat verletzt außerdem das Recht auf Freiheit der Eheschließung(Art. 12 der Europäischen Menschenrechtskonvention), wenn er einem Transsexuellen nach einer geschlechtsverändernden Operation die Erlaubnis verweigert, einen Angehörigen des nunmehr anderen Geschlechts zu heiraten.

Inzwischen hat Großbritannien auf die Verurteilung durch den Europäischen Gerichtshof für Menschenrechte reagiert und durch den Gender Recognition Act von 2004 die Anerkennung von Geschlechtsumwandlungen entsprechend den Vorgaben des Europäischen Gerichtshofs für Menschenrechte ermöglicht. Die Entscheidung des Europäischen Gerichtshofs für Menschenrechte stellt eine Änderung der bisherigen Rechtsprechung[8] dar, obwohl sich bereits in der Entscheidung Case of B. v. France vom 25. 3. 1992[9] eine Änderung angedeutet hatte.

II. Die Rechtsentwicklung in Deutschland bis zum Transsexuellengesetz von 1980

Die Rechtslage in Deutschland war vor der Verabschiedung des Transsexuellengesetzes von 1980 die gleiche wie heute in Korea. Es fehlte an jeder gesetzlichen Regelung. Bei dieser Ausgangslage hatte der Bundesgerichtshof am 21. 9. 1971[10] über folgenden Fall zu entscheiden:

A war als Mann elf Jahre lang mit einer Frau verheiratet. Als A 32 Jahre alt war, wurde die Ehe geschieden. Noch vor der Ehescheidung benutzte A einen weiblichen Vornamen, veränderte sein Aussehen und unterzog sich einem geschlechtsverändernden chirurgischen Eingriff. A beantragte, im Geburtsregister als dem weiblichen Geschlecht angehörend eingetragen zu werden.

8) Vgl. Urteil v. 17.410. 1986(Fall Rees), Serie A, Band 106; Urteil v. 27. 9. 1990(Fall Cossey), Serie A, Band 184.

9) Urteil v. 25. 3. 1992, Serie A, Band 232 — C.

10) BGHZ 57, 63=NJW 1972, 330.

Der BGH lehnte den Antrag in letzter Instanz ab und meinte, es sei Aufgabe des Gesetzgebers, über das Anliegen des Antragstellers zu entscheiden. Wörtlich führte der BGH aus:

„Nicht der Richter, sondern allein der Gesetzgeber hat einerseits die umfassenden Informationsmöglichkeiten, die erforderlich sind, um den genauen Erkenntnisstand der medizinischen Wissenschaft über die zu Grunde liegenden Sachprobleme, etwa durch Anhörung von Fachvertretern verschiedener Richtungen, festzustellen. Dem Gesetzgeber allein ist es andererseits möglich, durch eine sachgerechte Normierung diejenigen Abgrenzungs- und Entscheidungskriterien zu bestimmen, nach denen die Geschlechtseinordnung Transsexueller zu erfolgen hat, und die Auswirkungen einer rechtlich anerkannten Geschlechtumwandlung zu ordnen. Ohne eine solche gesetzliche Regelung kann der Richter nach der derzeitigen Rechtslage nicht tätig werden.“[11)]

Gegen diese Entscheidung legte A Verfassungsbeschwerde ein, der das Bundesverfassungsgericht durch Beschluss vom 11. 10. 1978[12)] stattgab. Das Bundesverfassungsgericht begründete seine Entscheidung folgendermaßen:

„Die Menschenwürde(Art. 1 Abs. 1 GG) und das Grundrecht auf freie Entfaltung der Persönlichkeit(Art. 2 Abs. 1 GG) gebieten es, die Angabe des männlichen Geschlechts eines Transsexuellen im Geburtenbuch jedenfalls dann zu ändern, wenn es sich nach den medizinischen Erkenntnissen um einen irreversiblen Fall von Transsexualismus handelt und eine geschlechtsanpassende Operation durchgeführt worden ist. Das Sittengesetz ist bei einer solchen Berichtigung nicht verletzt, wenn die Operation medizinisch indiziert war. Solange eine spezielle gesetzliche Regelung fehlt, sind die Gerichte von Verfassungs wegen verpflichtet, die Änderung der Geschlechtsangabe im Geburtenbuch anzuordnen.“

Folge dieser Entscheidung war, dass sich der Gesetzgeber der Problematik des Transsexualismus annahm. In der amtlichen Begründung des Entwurfs eines Transsexuellengesetzes heißt es:[13)]

11) 11 BGHZ 57, 63=NJW 1972, 330, 333.
12) BVerfGE 49, 286=NJW 1979, 595.
13) Bundestagsdrucksache 8/2947 S. 8 und 9.

„Das geltende Recht ist bisher von der Unwandelbarkeit des Geschlechts eines Menschen ausgegangen. Dieser Beurteilung und Einordnung liegt die Auffassung zu Grunde, dass es weder geschlechtslose noch beide Geschlechter in sich vereinigende Menschen gibt, sondern dass jeder Mensch entweder männlichen oder weiblichen Geschlechts ist und dass das Geschlecht des einzelnen aufgrund körperlicher Geschlechtsmerkmale bestimmbar und unwandelbar ist. … Nach den neueren Erkenntnissen der Medizin sind jedoch für die Geschlechtszugehörigkeit eines Menschen nicht allein die äußerlichen körperlichen Merkmale im Zeitpunkt der Geburt maß gebend. Die Geschlechtszugehörigkeit wird vielmehr entscheidend durch andere zu diesem Zeitpunkt nicht oder noch nicht erkennbare Faktoren bestimmt oder mitbestimmt. … Bei Transsexuellen zeigt sich mit fortschreitender Lebensentwicklung in zunehmendem Maße eine von dem Ausgangsgeschlecht sich entfernende und sich dem Gegengeschlecht zuzurechnende seelische Verfassung. Diese Entwicklung ist vom Willen des Betroffenen unabhängig, in ihrer Tendenz nicht umkehrbar und kann auch nicht aufgehalten oder beseitigt werden.“

Das Transsexuellengesetz wurde am 10. 9. 1980 verabschiedet und ist am 1. 1. 1981 in Kraft getreten.

Ⅲ. Das Transsexuellengesetz(TSG) von 1980

1. Einführung

Das Transsexuellengesetz sieht — anders als die meisten europäischen Rechtsordnungen — zwei Lösungsmöglichkeiten vor. Die erste Möglichkeit, die allgemein als „kleine Lösung“ bezeichnet wird, betrifft lediglich die Änderung des Vornamens eines Transsexuellen. Da in Deutschland Vornamen in aller Regel das Geschlecht des Namensträgers erkennen lassen, bedeutet eine Vornamensänderung, dass ein Transsexueller auf diese Weise die Möglichkeit erhält, im gesellschaftlichen Leben als dem anderen Geschlecht zugehörend aufzutreten. Die „kleine Lösung“ setzt nicht voraus, dass der

Antragsteller nicht mehr fortpflanzungsfähig ist. Sie setzt auch nicht voraus, dass der Antragsteller sich einer Operation unterzogen hat, durch die seine äußeren Geschlechtsmerkmale verändert worden sind. Wohl aber setzt die Vornamensänderung voraus, dass sich der Antragsteller als dem anderen Geschlecht zugehörig empfindet und dass er „seit mindestens drei Jahren unter dem Zwang steht, seinen Vorstellungen entsprechend zu leben" (§ 1 Abs. 1 TSG). Ob dies der Fall ist, muss ein Gericht auf Grundlage von zwei Sachverständigengutachten entscheiden(§ 4 Abs. 3 TSG). Die „große Lösung" stellt demgegenüber rechtlich eine Änderung der Geschlechtszugehörigkeit des Transsexuellen dar. Der Betroffene wird mit Rechtskraft der gerichtlichen Anordnung als Angehöriger des Gegengeschlechts angesehen. Anders als bei der „kleinen Lösung" verlangt das Gesetz zusätzlich, dass der Betroffene nicht mehr fortpflanzungsfähig ist und dass er sich außerdem „einem die äußeren Geschlechtsmerkmale verändernden operativen Eingriff unterzogen hat, durch den eine deutliche Annäherung an das Erscheinungsbild des anderen Geschlechts erreicht worden ist"(§ 8 Abs. 1 TSG). Ist der Antragsteller verheiratet, so wird die Ehe mit der Rechtskraft der Entscheidung über die neue Geschlechtszugehörigkeit aufgelöst(§ 10 Abs. 2 TSG). Nach Änderung der Geschlechtszugehörigkeit hat der Transsexuelle die „Rechte und Pflichten nach dem neuen Geschlecht"(§ 10 Abs. 1 TSG). Er kann also nunmehr auch mit einem Partner des anderen Geschlechts die Ehe eingehen.

2. Die „kleine Lösung"(Vornamensänderung)

a. Voraussetzungen

Das Gesetz verlangt in § 1 Abs. 1 TSG, dass sich der Antragsteller aufgrund einer transsexuellen Prägung nicht mehr dem in seinem Geburtseintrag angegebenen, sondern dem anderen Geschlecht als zugehörig empfindet. Mit dieser Formulierung hat der Gesetzgeber die medizinische Definition des Transsexualismus umschrieben. Der Antragsteller muss also aus medizinischer Sicht zum Kreis der Transsexuellen zu rechnen sein. Bei der Feststellung dieses Tatbestandsmerkmals ist der Jurist in aller Regel wegen fehlenden medizinischen Sachverstandes überfordert. Er muss sich also eines entsprechenden Sachverständigen bedienen. Das Gesetz ordnet deshalb in § 4 Abs. 3 TSG die Einholung von zwei entsprechenden Gutachten von Sexualmedizinern an.

Der Antragsteller muss neben seiner transsexuellen Veranlagung seit mindestens drei Jahren unter dem Zwang stehen, entsprechend seinen Vorstellungen leben zu wollen(§ 1 Abs. 1 TSG). Es wird also verlangt, dass der Betroffene es für notwendig ansieht, wegen seiner inneren Störung der Geschlechtsidentität einen äußerlichen Wechsel seiner Geschlechtsrolle anzustreben. Dieses Tatbestandsmerkmal wurde in das Gesetz aufgenommen, um Personen, die nur an einem kurzzeitigen transsexuellen Phänomen leiden, auszuschließen. Nach den Gesetzesmaterialien wurde die Frist auf drei Jahre „entsprechend der allgemein in der medizinischen Wissenschaft vertretenen Auffassung“ festgesetzt.

Das Gesetz verlangt als weitere Voraussetzung für eine Vornamensänderung die hohe Wahrscheinlichkeit der Annahme, dass sich das Zugehörigkeitsempfinden des Antragstellers zum anderen Geschlecht nicht mehr ändern wird(§ 1 Abs. 1 Nr. 2 TSG). Auch dieses Tatbestandsmerkmal soll sicherstellen, dass nur Personen mit einer gefestigten transsexuellen Veranlagung, bei denen nicht mit einer Umkehr zu rechnen ist, von den gesetzlichen Möglichkeiten Gebrauch machen.

Das Transsexuellengesetz hatte ursprünglich eine Mindestaltersgrenze von 25 Jahren vorgesehen(§ 1 Abs. 1 Nr. 3 TSG a.F.). Das Bundesverfassungsgericht hat diese Altersgrenze jedoch durch Beschluss vom 26. 1. 1993[14] für verfassungswidrig erklärt. Die im Gesetzgebungsverfahren geäußerte Vermutung, ein Mindestalter sei erforderlich, um jüngere Menschen vor einem übereilten Rollenwechsel zu schützen, ist nach Ansicht des Bundesverfassungsgerichts medizinisch nicht begründbar. Durch die Festlegung eines Mindestalters würden im Gegenteil junge Menschen nur unzureichend geschützt.

14) BVerfGE 88, 87=NJW 1993, 1517.

Schließlich wird bei einer angestrebten Vornamensänderung von dem Transsexuellen nicht Ehelosigkeit verlangt. Auf eine bestehende Ehe und die sich daraus ergebenden Pflichten hat die richterliche Entscheidung keinen Einfluss. Rechtlich existiert weiterhin eine eheliche Lebensgemeinschaft zwischen einem Mann und einer Frau. Wenn allerdings der transsexuelle Ehegatte mit geändertem Vornamen auch äußerlich in der neuen Geschlechterrolle auftritt, kann für Dritte der Eindruck einer Ehe zwischen gleichgeschlechtlichen Partnern entstehen. Dies war einer der Gründe, weshalb die „kleine Lösung" im Parlament von der Opposition abgelehnt worden war.[15)]

b. **Wirkungen**

Die „kleine Lösung" führt lediglich zu einer Änderung des Vornamens des Transsexuellen. Sie ändert nichts an dessen Geschlechtszugehörigkeit. Eine Änderung des Vornamens wäre allerdings ohne Sinn, wenn ein Mann-zu-Frau-Transsexueller zwar einen weiblichen Vornamen tragen, aber in der Gesellschaft weiterhin mit „Herr" angeredet oder angeschrieben würde. Das Bundesverfassungsgericht hat deshalb in einem Beschluss vom 15. 8. 1996[16)] klargestellt, dass ein Transsexueller im Falle der Vornamensänderung einen Anspruch darauf hat, entsprechend seinem neuen Rollenverständnis angesprochen und angeschrieben zu werden.

Die „kleine Lösung" bereitet in der Praxis Schwierigkeiten. So muss heute nach einer Änderung des Passgesetzes das Geschlecht des durch den Pass Ausgewiesenen zwingend im Pass angegeben werden. Führt aber ein Transsexueller einen weiblichen Vornamen und gleicht sein äußeres Erscheinungsbild auch dem einer Frau, obwohl im Pass eine andere Geschlechtszugehörigkeit steht, so muss der Passinhaber vor allem bei Auslandsreisen Kontrollen, z. B. wegen Terrorismusverdachts, befürchten.[17)] Nach der derzeitigen Rechtslage besteht allerdings die Möglichkeit, im Pass

15) Vgl. das Minderheitsvotum im Bericht des Innenausschusses des Bundestages vom 20. 5. 1980, Bundestagsdrucksache 8/4120, S. 15.

16) NJW 1997, 1632=StAZ 1997, 270 mit Anmerkung Geisler.

17) Sieß, Die Änderung der Geschlechtszugehörigkeit, Konstanz 1996, S. 254f.

zu vermerken, dass eine Person die Angabe ihres Geschlechts nicht wünscht. Aber gerade ein solcher Vermerk führt naheliegender Weise zu Nachfragen und Unannehmlichkeiten.

Weitere Schwierigkeiten ergeben sich in der Praxis bei der Ableistung des Wehrdienstes, bei der Aufnahme auf Frauen-oder Männerstationen in Krankenhäusern sowie allgemein bei der Benutzung von Bädern oder Toiletten. In Haftanstalten und im Strafvollzug werden Transsexuelle auch nach einer Vornamensänderung entsprechend ihrem nicht veränderten Geschlecht behandelt.[18] Probleme bestehen in derartigen Fällen zwar auch dann, wenn der Vorname des Betroffenen nicht geändert wurde. Aber eine gerichtliche Änderung des Vornamens kann dann, wenn sie nicht durch eine Geschlechtsänderung im Sinne der „großen Lösung“ ergänzt wird, vorhandene Probleme durchaus verstärken anstatt sie zu lösen.

Bei Dokumenten, wie Schulzeugnissen, Universitätsdiplomen, Arbeitszeugnissen muss nach der Vornamensänderung selbstverständlich für die Zukunft der neue Name benutzt werden. Was die Vergangenheit anbelangt, so kann an sich keine Korrektur verlangt werden, weil die Dokumente den früheren Namen korrekt wiedergeben. Die Rechtsprechung hat jedoch mehrfach Arbeitgeber verpflichtet, alte Arbeitszeugnisse auf den neuen Namen umzuschreiben.[19] Als Begründung wurde auf die „nachvertragliche Fürsorgepflicht“ des Arbeitgebers verwiesen, die sich aus dem allgemeinen Gebot von „Treu und Glauben“(§ 242 BGB) ergebe. Was für das Arbeitszeugnis gilt, sollte richtigerweise auch für Schulzeugnisse und Universitätsdiplome gelten. Insoweit fehlt es allerdings an veröffentlichter Rechtsprechung.

Im Gesetzgebungsverfahren vor nunmehr 25 Jahren war die Vornamensänderung als Vorstufe für die regelmäßig später durchzuführende Entscheidung über die Änderung der Geschlechtszugehörigkeit des Transsexuellen angesehen worden.[20] Obwohl die „kleine Lösung“ als eigenständiges gerichtliches Verfahren nicht unproblematisch ist, beweist die Statistik

18) Vgl. KG Berlin v. 19. 7. 2002, NStZ 2003, 50.
19) Vgl. LAG Hamm v. 17. 12. 1998, NJW 1999, 3435=DB 1999, 1610.
20) Sieß(wie Fn. 18), S. 114.

doch, dass etwa die Hälfte aller Anträge auf eine bloße Änderung des Vornamens gerichtet sind, während die andere Hälfte auf eine Geschlechtsänderung(„große Lösung") abzielt.[21] Jährlich sind an deutschen Gerichten insgesamt etwa 500 Anträge entweder auf Geschlechts- oder auf Vornamensänderung anhängig.[22]

3. Die „große Lösung"(Geschlechtsänderung)

a. Voraussetzungen

(1) Eine Geschlechtsänderung ist nur zulässig, wenn alle Voraussetzungen, die das Gesetz für die bloße Vornamensänderung nennt, erfüllt sind: Der Antragsteller muss also transsexuell geprägt sein und sich in einer mindestens dreijährigen Zwangssituation befinden. Außerdem muss mit hoher Wahrscheinlichkeit anzunehmen sein, dass die transsexuelle Veranlagung fortbestehen wird(§8 Abs. 1 Nr. 1 TSG).

(2) Anders als bei der bloßen Vornamensänderung verlangt das Gesetz (§8 Abs. 1 Nr. 2 TSG) für eine Geschlechtsänderung, dass der Antragsteller nicht verheiratet ist. Ist er verheiratet, so muss die Ehe vor der Geschlechtsänderung geschieden werden. Ob der Antragsteller eheliche oder nichteheliche Kinder hat, spielt hingegen keine Rolle. Der Gesetzgeber ging von der Überlegung aus, dass Transsexualismus medizinisch irreversibel ist, so dass ohnehin nicht verhindert werden kann, dass der Transsexuelle sein äußeres Erscheinungsbild dem des anderen Geschlechts anpasst und sich einem operativen Eingriff unterzieht. Allerdings stellt das Gesetz klar, dass eine Geschlechtsänderung das Rechtsverhältnis des Transsexuellen gegenüber seinen Kindern unberührt lässt(§11 TSG).

(3) Weiter verlangt das Gesetz, dass der Antragsteller „dauernd fortpflanzungsunfähig" ist(§8 Abs. 1 Nr. 3 TSG). Im Gesetzgebungsverfahren wurde am Beispiel eines Mann-zu-Frau-Transsexuellen darauf hingewiesen, dass es nicht zugelassen werden könne, dass der Transsexuelle die Ehe mit

21) Bundestagsdrucksache 14/9837 S. 4.
22) Bundestagsdrucksache 14/9837 S. 4.

einer Person männlichen Geschlechts eingehe, solange er selbst sich noch geschlechtlich als Mann betätigen könne.[23] Auch dürfe es umgekehrt bei einem Frau-zu-Mann-Transsexuellen nicht möglich sein, dass dieser in seiner neuen Rolle als Mann noch ein Kind gebären könne.

(4) Die wohl wichtigste Voraussetzung einer Geschlechtsänderung ist die Notwendigkeit eines die „äußeren Geschlechtsmerkmale verändernden operativen Eingriffs, durch den eine deutliche Annäherung an das Erscheinungsbild des anderen Geschlechts erreicht worden ist"(§ 8 Abs. 1 Nr. 4 TSG).

Interessanterweise enthält das Transsexuellengesetz keine Vorschriften bezüglich der Frage, wann ein chirurgischer Eingriff vorgenommen werden darf. Über diese Frage entscheiden ausschließlich die behandelnden Ärzte. Würde das Gesetz Voraussetzungen für den operativen Eingriff aufstellen, könnte dennoch nicht verhindert werden, dass Transsexuelle einen solchen Eingriff im Ausland vornehmen lassen, was wiederum die schwierige Frage aufwerfen würde, ob eine Geschlechtsänderung durch Gerichtsentscheid nur deshalb versagt werden kann, weil bei der Vornahme des chirurgischen Eingriffs gesetzliche Vorschriften missachtet wurden. Das TSG begnügt sich also mit dem Faktum, dass ein operativer Eingriff tatsächlich stattgefunden hat.[24]

Wie der chirurgische Eingriff im einzelnen auszusehen hat, lässt das Gesetz offen. Die Frage, unter welchen Voraussetzungen „eine deutliche Annäherung an das Erscheinungsbild des anderen Geschlechts" erreicht ist, hängt vom Umfang und Erfolg des durchgeführten operativen medizinischen Eingriffs ab. Hier sind die chirurgischen Möglichkeiten, also das jeweils medizinisch — insbesondere auf dem Gebiet der plastischen Chirurgie — Machbare, zu berücksichtigen. Eine Richterbefragung hat ergeben, dass bei Mann-zu-Frau-Transsexuellen allgemein Penisamputation und Kastration,

23) Begründung des Gesetzesentwurfs durch die Bundesregierung, Bundestagsdrucksache 8/2947 S. 12; ebenso Antwort der Bundesregierung auf die Kleine Anfrage der Abgeordneten Christina Schenk und der Fraktion der PDS v. 31. 7. 2002, Bundestagsdrucksache 14/9837 S. 7 unter Nr. 16.

24) Begründung des Gesetzesentwurfs durch die Bundesregierung, Bundestagsdrucksache 8/2947 S. 12.

bei Frau-zu-Mann-Transsexuellen die Entfernung der Gebärmutter und der Eierstöcke gefordert werden.[25]

(5) Ein Transsexueller, der die gesetzlichen Voraussetzungen erfüllt, kann einen Antrag auf Geschlechtsänderung mit Erreichung des Volljährigkeitsalters von 18 Jahren stellen. Das TSG hatte ursprünglich noch ein Mindestalter von 25 Jahren gefordert(§ 8 Abs. 1 Nr. 1 TSG). Das Bundesverfassungsgericht hat jedoch diese Regelung durch Beschluss vom 16. 3. 1982[26] für verfassungswidrig erklärt: Es bestehe kein Grund, einem noch nicht 25 Jahre alten, aber operierten Transsexuellen die Geschlechtsänderung zu versagen. Die Menschenwürde und das Recht auf freie Entfaltung der Persönlichkeit gebieten es, den Personenstand eines Menschen dem Geschlecht zuzuordnen, dem er sich nach seiner psychischen und physischen Konstitution zugehörig fühlt.

b. Wirkungen

Der betroffene Transsexuelle wird mit Rechtskraft der gerichtlichen Anordnung als Angehöriger des Gegengeschlechts angesehen. Seine Rechte und Pflichten richten sich nunmehr nach dem neuen Geschlecht, dem er aufgrund der gerichtlichen Entscheidung angehört(§ 10 TSG). Der Betroffene kann nunmehr insbesondere einen Partner des anderen Geschlechts heiraten.

Im Geburtenbuch des Transsexuellen wird ein sogenannter Randvermerk, aus dem sich die Änderung des Geschlechts ergibt, eingetragen(§ 30 Abs. 1 Personenstandsgesetz). Auf Antrag erhält der Transsexuelle eine Geburtsurkunde, die ihn als Angehörigen des neuen Geschlechts ausweist. Einen Hinweis auf das frühere Geschlecht enthält die Geburtsurkunde nicht.

Dritten gegenüber gilt das sogenannte Offenbarungsverbot(§ 10 Abs. 2 iVm. § 5 TSG). Weder über die Vornamensänderung(„kleine Lösung“) noch über die Geschlechtsänderung(„große Lösung“) darf Dritten Auskunft erteilt

25) Vgl. Osburg/Weitze, Richterumfrage zum Transsexuellengesetz, RuP 1996, 192.
26) NJW 1982, 2061.

werden. Das Offenbarungsverbot trifft insbesondere die an dem Verfahren beteiligten Behörden sowie den für die Führung des Geburtenbuches zuständigen Standesbeamten. Dritte haben außerdem kein Recht, das Geburtenbuch einzusehen. Nur dem Betroffenen selbst sowie Behörden(aus Gründen des öffentlichen Interesses) ist die Einsichtnahme gestattet(§ 61 Abs. 3 Personenstandsgesetz).

IV. Schlussbemerkungen

Das deutsche Transsexuellengesetz von 1980 hat sich bewährt. Zwar werden immer wieder punktuell Änderungen gefordert.[27] An eine grundlegende Reform des Transsexuellengesetzes denkt aber niemand.

Deutschland war nach Schweden erst das zweite Land in Europa, das 1980 ein Transsexuellengesetz verabschiedet hat. Aus Sorge, Transsexuelle aus anderen Ländern könnten in Deutschland Geschlechtsänderungen erwirken, wurde in § 1 Abs. 1 Nr. 1 TSG die Bestimmung aufgenommen, dass das Gesetz nur auf deutsche Staatsangehörige Anwendung finden soll. Das bedeutet, dass bei ausländischen Staatsangehörigen deren Heimatrecht darüber entscheidet, ob eine Geschlechtsänderung möglich ist. Inzwischen hat sich die Rechtslage in Europa und in den USA geändert. Geschlechtsänderungen sind in fast allen Staaten ohne Rücksicht auf die Staatsangehörigkeit des Betroffenen möglich. „Transsexuellentourismus" ist deshalb nicht mehr zu befürchten. In Deutschland ist in Kürze mit einer Entscheidung des Bundesverfassungsgerichts zu rechnen, die klären wird, ob die Beschränkung der Anwendbarkeit des Transsexuellengesetzes auf deutsche Staatsangehörige mit dem Grundgesetz vereinbar ist.[28] Bereits vorliegende Gutachten[29] lassen erwarten, dass die Beschränkung des Transsexuellengesetzes auf deutsche Staatsangehörige für verfassungswidrig erklärt werden wird,

27) Vgl. etwa Bundestagsdrucksache 15/3569 v. 6. 7. 2004; 15/3401 v. 16. 6. 2004; 15/854 v. 30. 4. 2003; 15/854 v. 9. 4. 2003; 14/9837 v. 31. 7. 2002.
28) Vorlagebeschluss BayObLG v. 8. 12. 2003, BayObLGZ 2003, 346=FamRZ 2004, 1289.
29) Vgl. J. Basedow/J. Scherpe(wie Fn. 1), S. 165f.

so dass in Zukunft Ausländer, die in Deutschland leben, die gerichtliche Anerkennung ihres geänderten Geschlechts werden durchsetzen können.

Was die beiden Fälle anbelangt, über die der Koreanische Supreme Court in Kürze entscheiden wird, bleibt festzuhalten, dass der Europäische Gerichtshof für Menschenrechte ebenso wie das deutsche Bundesverfassungsgericht und die Gerichte in fast allen europäischen Staaten zugunsten der Antragsteller entscheiden würden. Gleiches gilt im Ü brigen für US-amerikanische[30] und australische[31] Gerichte.

Erlauben Sie mir ein letztes Wort: Was für Europa richtig ist oder, besser gesagt: Was in Europa als richtig empfunden wird, muss nicht auch für andere Kulturkreise gelten. Ich stelle immer wieder fest, dass in Korea heute über familienrechtliche Fragen ähnlich gedacht wird wie in Deutschland vor 20 bis 30 Jahren. Ich darf in diesem Zusammenhang daran erinnern, dass Dänemark im Jahre 1989 das erste europäische Land war, dass die Ehe zwischen Gleichgeschlechtlichen ermöglicht hat.[32] Heute werden gleichgeschlechtliche Verbindungen in fast allen westeuropäischen Staaten anerkannt. Ähnlich erbittert wurde in den 80er Jahren über die rechtliche Anerkennung des Transsexualismus diskutiert. Ich selbst habe meine Meinung in vielen familienrechtlichen Fragen im Laufe der letzten 20 bis 30 Jahre geändert. Die westliche Welt wird heute thematisch vom Problem des Minderheitenschutzes beherrscht. Manche meinen, es seien gerade die Minderheiten, welche die Stabilität unserer Gesellschaft und unserer Rechtsordnung gefährden.

Was den Transsexualismus anbelangt, so haben in der westlichen Welt zwei zentrale Überlegungen die Entwicklung bestimmt: (1) Transsexualität ist angeboren und medizinisch nicht reversibel. (2) Der Transsexuelle leidet. Sein Leiden kann durch eine gerichtlich anerkannte Geschlechtsänderung gemildert werden, ohne dass anderen dadurch Schaden zugefügt wird.

---

30) Witt, in: Transsexualität, Staatsangehörigkeit und internationales Privatrecht(wie Fn. 1), S. 92ff.

31) Ellger, in: Transsexualität, Staatsangehörigkeit und internationales Privatrecht(wie Fn. 1), S. 1ff.

32) Gesetz vom 7. 6. 1989.

[번　역]

유럽, 특히 독일에서 性別의 變更

Rainer Frank *

金　載　亨 譯**

I. 유럽의 법상황에 관한 개관

1972년 4월 21일 '성별의 확정에 관한 법률'을 의결한 최초의 유럽국가는 스웨덴이었다.[1] 이 법률 제1조는 다음과 같이 규정하고 있다.

> "유년기부터 그가 교회명부(Kirchenbuch)에 등록되어 있는 性과는 다른 성에 속한다고 느끼고, 오래 전부터 그에 따라 행동하고, 장래에도 이러한 성역할로 살 것이라고 인정될 수 있는 사람은, 그 사람의 신청에 따라 다른 성에 속한다고 정하게 할 수 있다."

독일의 性轉換法(Transsexuellengesetz)은 1980년에 제정되었다. 그 사이에 이탈리아(1982년),[2] 네덜란드(1985년),[3] 터키(1988년과 2002년),[4] 핀란드(2002년)[5]

* 독일 Freiburg 대학교 법과대학 명예교수, 2005년 서울대 법대 외국인교수(Foreign Visiting Professor).

** 서울대학교 법과대학 부교수.

1) 1972년 4월 21일 특정 사건에서 성별확정에 관한 법률(Gesetz über die Feststellung der Geschlechtszugehörigkeit in bestimmten Fällen v. 21. 4. 1972)(SFS 1972 Nr. 119); 좀더 상세한 것은 Scherpe, in: Transsexualität, Staatsangehörigkeit und internationales Privatrecht, herausgegeben von J. Basedow/J. Scherpe, Max-Planck-Institut für ausländisches und internationales Privatrecht, Band 134, Verlag Mohr Siebeck 2004, S. 61ff.

2) Norme in materia di rettificazione di attribuzione di sesso, Legge 14 aprile 1982, n. 164, Gazzetta Ufficiale n. 106, del 19 aprile 1982, p. 2879. 법률의 성립사에 대해서는 Salvatore Patti/Michael R. Will, La "Rettificazione d'attribuzione di sesso: Prime considerazioni," Rivista di diritto civile, 1982, II, 729ff. 참조.

3) "Wet houdende nadere regelen ten behoeve van transseksuelen omtrent het wijzigen van de vermelding van de kunne in de akte van geboorte" v. 14. 4. 1985. 독일어 번역은 Bremhaar, "Das niederländische Transsexuellengesetz," StAZ 2006, 204.

4) 터어키의 성전환법의 상세한 서술은 Atamer, in: Transsexualität, Staatsangehörigkeit und internationales Privatrecht(주 1), S. 74ff.

5) Gesetz Nr. 563/2002 über die Feststellung der Geschlechtszugehörigkeit transsexueller Personen v. 28. 2. 2002. 독일어 번역은 Pimenoff/Will, StAZ 2003, 90f.; 법률성립 전의 역사에 대해서는 Pimenoff/Will, "Zum neuen finnischen Transsexuellengesetz," StAZ 2003, 71ff.

와 영국(2005년)[6]이 성전환법을 의결하였다. 이에 반하여 대부분의 유럽 국가는 오늘날까지도 성전환증(Transsexualismus)의 문제를 특별법으로 규율하는 것을 포기하였다. 그러나 오늘날 거의 모든 유럽 국가에서 법관법(Richterrecht)과 행정실무는 性別(Geschlechtszugehörigkeit) 변경을 허용하고 있다. 아일랜드와 포르투갈만이 예외이다. 그렇지만 유럽인권재판소가 2002년 7월 11일 Goodwin v. United Kingdom 판결[7]에서 만장일치로 성별 변경을 인정한 이후 아일랜드와 포르투갈도 머지않아 판례를 변경할 것으로 기대되고 있다.

Goodwin 사건에서 유럽인권재판소 판결의 기초가 되는 사실관계는 다음과 같다.

> A는 처음에 남자로서 한 여자와 결혼하였다. 혼인 중에 4명의 아이들을 낳았고, 그 후 이혼을 하였다. 약 30세의 나이에 A는 성전환증이라는 진단을 받았고, 치료를 시작했으며, 그 후 여자로 살았다. 5년 후에 수술로 성전환을 하였는데, 그 비용을 영국 국립 건강관리소가 부담하였다. A는 모든 관계에서 법적으로 여자로 취급받는 것, 특히 남자와 혼인해도 된다는 것을 신청하였다.

유럽인권재판소는 그 신청을 허용했고, 다음과 같이 판단하였다.

> (1) 국가(여기에서는 영국)가 성전환수술 후에도 성전환자에게 원래의 성별(Geschlechtszugehörigkeit)을 고수하도록 한다면, 국가는 사생활의 존중에 관한 권리(유럽인권협약 제8조)를 침해한다.
>
> (2) 나아가 국가가 성전환자에게 성전환수술 후에 다른 성별을 가진 사람과의 혼인허가를 거부한다면, 국가는 혼인의 자유에 대한 권리(유럽인권협약 제12조)를 침해한다.

그 사이에 영국은 유럽인권재판소의 판결에 반응하였고, 2004년 젠더승인법(Gender Recognition Act)에 의하여 유럽인권재판소의 판결내용에 따라 성별 변경을 인정할 수 있도록 하였다. 유럽인권재판소의 판결은 종전의 판례[8]를 변경한 것인데, 이미 1992년 3월 25일의 B. v. France 사건 판결[9]에서 변경이 암시되었던 것이다.

---

6) 2004년의 젠더승인법(Gender Recognition Act 2004), 2005년 4월 4일 시행, http://www.uk-legislation,hmso.gov.uk.에 게시 — 성립 전의 역사에 대하여 상세한 것은 Ellger, in: Transsexualität, Staatsangehörigkeit und internationales Privatrecht(주 1), S. 80ff.

7) European Court of Human Rights, Reports of Judgements and Decisions, 2002 Ⅳ, 1ff. 독일어 번역은 NJW-RR 2004, 289ff.=FamRZ 2004, 173(nur Leitsätze) mit Anmerkung Henrichs.

8) Urteil v. 17. 10. 1986(Fall Rees), Serie A, Band 106; Urteil v. 27. 9. 1990(Fall Cossey), Serie A, Band 184 참조.

9) Urteil v. 25. 3. 1992, Serie A, Band 232-C.

Ⅱ. 1980년 性轉換法 제정 전까지의 獨逸法의 발전

1980년 성전환법이 제정되기 전까지 독일의 법상황은 오늘날 한국에서와 동일했다. 아무런 법률규정이 없었다. 이러한 출발상태에서 독일연방대법원이 1971년 9월 21일[10] 다음 사건에 관하여 판단하여야 했다.

> A는 남자로서 여자와 결혼하여 11년 동안 지냈다. A가 32세였을 때 이혼을 하였다. 그런데 A는 이혼하기 전부터 여자 이름을 사용했고, 그의 외모를 바꾸었으며 성전환 외과수술을 받았다. A는 출생등록부에 여성으로 등재해 달라고 신청하였다.

독일연방대법원은 최종심에서 그 신청을 기각하였고, 신청자의 요청에 관하여 판단하는 것은 입법자의 임무라고 생각하였다. 독일연방대법원은 다음과 같이 표현하고 있다.

> "법관이 아니라 입법자만이 가령 다양한 방면의 전문가 청문을 통하여, 기초가 되는 사실문제에 관하여 의학적으로 정확한 인식상황을 확인하는 데 필요한 포괄적인 정보수단을 갖고 있다. 다른 한편 입법자만이 적절한 규범화(Normierung)를 통하여 성전환자의 성별을 정하는 구분기준 및 판단기준을 결정하고, 법적으로 인정된 성별 변경의 효과를 정할 수 있다. 현재의 법상황에 따르면 그러한 법규정이 없는 상태에서 법관은 아무런 조치를 취할 수 없다."[11]

이 판결에 대하여 A는 헌법소원을 제기했고, 연방헌법재판소는 1978년 10월 11일 결정[12]에서 이를 인용했다. 연방헌법재판소는 다음과 같이 판단근거를 제시하였다.

> "인간의 존엄(독일 기본법 제1조 제1항)과 인격의 자유로운 발현에 대한 기본권(독일 기본법 제2조 제1항)에 비추어보면, 의학적으로 회복불가능한 성전환증에 해당하고 성에 맞는 수술이 행해진 경우에는 출생부에 성전환자를 남성으로 기재한 것을 변경하여야 한다. 수술이 의학적으로 적합했다면, 그와 같이 정정하였다고 하여 양속규범을 침해하는 것이 아니다. 특별한 법규정이 없다면, 법원은 출생부의 성별기재를 변경할 헌법상 의무가 있다."

10) BGHZ 57, 63=NJW 1972, 330.
11) BGHZ 57, 63=NJW 1972, 330, 333.
12) BVerfGE 49, 286=NJW 1979, 595.

이 판결로 말미암아 입법자가 성전환증의 문제점을 인정하게 되었다. 독일 성전환법 초안의 공식적인 이유에 다음과 같이 기재되어 있다.[13]

> "현행법은 지금까지 인간 성별의 불가변성에서 출발하였다. 이러한 평가와 입장의 근거가 된 것은, 성별이 없는 사람도 없고, 양성을 한 몸에 갖고 있는 사람도 없고, 모든 사람은 남성이거나 여성이며, 개인의 성별은 신체적인 성적 징표에 기하여 확정가능하고 변경불가능하다는 견해였다. … 그렇지만 최근의 의학적 인식에 의하면, 인간의 성별에 대하여 결정적인 것은 출생시의 외부적인 신체적 특성만이 아니다. 성별은 오히려 출생시에는 없거나 그 당시에는 인식할 수 없는 다른 요소에 의하여 결정되거나 이러한 요소도 함께 고려하여 결정된다. … 성전환자의 경우에 계속적으로 성장하면서 점점 최초의 성에서 벗어나 반대의 성으로 귀속하는 정신적인 상태가 나타난다. 이러한 발달은 당사자의 의사와 무관하고, 그 경향을 뒤집을 수도 없으며, 억누르거나 제거될 수도 없다."

독일 성전환법은 1980년 9월 10일 의결되었고, 1981년 1월 1일 시행되었다.

Ⅲ. 1980년의 독일 性轉換法(Das Transsexuellengesetz: TSG)

1. 도 입

독일 성전환법(Das Transsexuellengesetz)은 대부분의 유럽법질서와는 달리 두 개의 해결방안을 규정하고 있다. 첫번째 방안은 일반적으로 '小解決方案'(kleine Lösung)이라고 하는데, 단지 성전환자의 이름(Vorname)을 변경하는 것에 불과하다. 왜냐하면 독일에서 통상 이름을 통하여 그 사람의 성별을 인식하기 때문에, 이름을 변경함으로써 성전환자는 이러한 방법으로 사회생활에서 원래의 성별과 다른 성별에 속하는 것으로 보일 수 있게 된다. '소해결방안'은 신청자가 더 이상 생식능력이 없다는 것을 전제로 하지 않는다. 또한 신청자가 외부적인 성적 징표를 변경하는 수술을 받았다는 것을 전제로 하지도 않는다. 그러나 이름 변경은 신청자가 다른 성에 속한다고 느낀다는 것과 "최소한 3년 전부터 그의 想像(Vorstellungen)에 따라서 산다는 압박을 받고 있다"(독일 성전환법 제1조 제1항)는 것을 요건으로 한다. 사안이 이에 해당하는지 여부는 법원이 두 전문가의 감정의견을 토대로 판단해야 한다(성전환법 제4조 제3항). 이에

13) Bundestagsdrucksache 8/2947 S. 8 und 9.

반하여 '大解決方案'(große Lösung)은 법적으로 성전환자의 성별을 변경하는 것이다. 당사자는 법원 결정의 기판력에 따라 반대 성별에 속하는 사람으로 간주된다. 소해결방안의 경우와는 달리 법률은 부가적으로 당사자가 더 이상 생식능력이 없고, 나아가 "외부적인 성적 징표를 변경하는 수술을 받아서 다른 성과 명백하게 비슷한 외모를 갖게 되었다"(성전환법 제 8 조 제 1 항)는 것을 요구한다. 신청자가 결혼한 경우라면, 새로운 성별에 관한 판결의 기판력에 의하여 혼인이 해소된다(성전환법 제10조 제 2 항). 성별의 변경 후에 성전환자는 '새로운 성별에 따른 권리와 의무'를 갖는다(성전환법 제10조 제 1 항). 그에 따라 성전환자는 다른 성별을 가진 파트너와 혼인할 수도 있다.

2. '小解決方案'(이름 변경)

a. 要 件

법률은 성전환법 제 1 조 제 1 항에서 신청자가 스스로 성전환적 기질에 기하여 더 이상 출생등록에 기재된 성별이 아니라 다른 성별에 속한다고 느낄 것을 요구한다. 입법자는 성전환증의 의학적 정의를 이와 같이 표현하였다. 따라서 신청자는 의학적 관점에서 성전환자의 범위에 속해 있어야 한다. 이 요건에 속하는지 여부를 확정할 때 법률가는 일반적으로 의학적인 전문지식이 없기 때문에 부담이 따른다. 따라서 그는 적합한 전문감정인의 도움을 받아야 한다. 그리하여 법률은 성전환법 제 4 조 제 3 항에서 성의학자 2 명의 감정의견을 받아야 한다고 규정하고 있다.

신청자는 성전환적 기질 이외에 최소한 3 년 전부터 그의 상상에 따라서 살고자 하는 압박을 받고 있어야 한다(성전환법 제 1 조 제 1 항). 따라서 당사자가 성정체성(Geschlechtsidentität)에 관한 내적인 장애로 인하여 그의 성역할을 외부적으로 변경하려고 노력할 필요가 있다고 생각하여야 한다. 법률에서 이 요건을 채택한 것은, 단지 단기간의 성전환적 현상을 겪는 사람을 배제하기 위한 것이다. 입법자료에 의하면 '의학에서 일반적으로 주장되는 견해에 따라' 이 기간을 3 년으로 정했다고 한다.

법률은 이름 변경을 위한 그 밖의 요건으로, 신청자의 다른 성별에 대한 소속감이 더 이상 변경되지 않을 것이라고 인정할 만한 높은 개연성이 있어야 한다고 규정하고 있다(성전환법 제 1 조 제 1 항 제 2 호). 이러한 요건도 복귀를 고려하지 않을 만큼 강한 성전환적 기질을 가진 사람만이 이러한 법률적 수단을 이용하도록 하기 위한 것이다.

성전환법은 원래 최소한 25세는 되어야 한다는 제한(최소연령제한)을 규정하였다(구 성전환법 제1조 제1항 제3호). 그렇지만 독일연방헌법재판소는 1993년 1월 26일 결정[14]에서 이 나이 제한을 위헌이라고 선언하였다. 입법과정에서 성급한 역할변경으로부터 젊은 사람을 보호하기 위하여 최소연령이 필요하다는 사고가 표명되었는데, 연방헌법재판소의 견해에 따르면 이러한 사고는 의학적으로 근거가 없다는 것이다. 이와 반대로 최소연령을 정함으로써 젊은 사람들을 충분히 보호할 수 없게 될 뿐이라고 한다.

끝으로 성전환자가 이름을 변경하려고 하는 경우에 혼인하고 있지 않을 것을 요구하지는 않는다. 법관의 판결이 이미 존재하는 혼인과 그로부터 발생하는 의무에는 아무런 영향도 미치지 않는다. 법적으로는 계속 남성과 여성 사이의 혼인관계가 존속한다. 그러나 변경된 이름을 가진 성전환 남편이 외부적으로도 새로운 성역할로 나타나는 경우에, 제3자에 대하여 동성 파트너 사이의 혼인이라는 인상을 줄 수 있다. 이것이 '소해결방안'이 의회에서 반대파에 의하여 거부되었던 이유들 중의 하나였다.[15]

b. 效 果

'소해결방안'은 성전환자의 이름 변경만을 초래한다. 그의 성별에 아무런 변경이 없다. 그러나 남성에서 여성으로 성전환을 한 사람이 비록 여성 이름을 갖더라도 사회에서 계속 '미스터'(Herr)라고 불리거나 쓰이게 되는 경우에는 이름의 변경은 의미가 없을 것이다. 따라서 연방헌법재판소는 1996년 8월 15일 결정[16]에서 성전환자는 이름 변경의 경우에 새로운 역할이해(Rollenverständnis)에 따라 부르고 써달라는 청구권을 갖는다고 명백히 하였다.

'소해결방안'은 실무에서 어려움을 야기하고 있다. 오늘날 旅券法(Passgesetz)이 개정된 후 여권에는 그에 의하여 증명되는 사람의 성별을 반드시 기재하여야 한다. 그러나 성전환자가 여성이름을 갖고 그의 겉모습도 여성과 같으면, 여권에 다른 성별이 써 있더라도, 여권소지자는 무엇보다도 외국여행의 경우에 통제, 가령 테러 우려를 이유로 한 통제를 염려해야 한다.[17] 현재의 법상황에 따

14) BVerfGE 88, 87=NJW 1993, 1517.

15) Das Minderheitsvotum im Bericht des Innenausschusses des Bundestages vom 20. 5. 1980, Bundestagsdrucksache 8/4120, S. 15 참조.

16) NJW 1997, 1632=StAZ 1997, 270 mit Anmerkung Geisler.

17) Sieß, Die Änderung der Geschlechtszugehörigkeit, Konstanz 1996, S. 254f.

르더라도 여권에 성별의 기재를 희망하지 않는다고 기재하는 방법은 있다. 그러나 그와 같이 기재할 경우 질문과 불쾌한 일이 야기될 것이 명백하다.

실제에서 그 밖의 어려움은 병역의무를 수행하는 경우, 병원에서 여성실 또는 남성실에 입원하는 경우, 목욕탕이나 화장실을 이용하는 경우에 생긴다. 구치소와 형집행에서 성전환자는 이름 변경 후에도 변경되지 않은 성별에 따라 대우받는다.[18] 그러한 경우에는 당사자의 이름이 변경되지 않았던 때에도 문제가 있다. 그러나 법원에 의한 이름 변경이 '대해결방안'의 의미에서의 성별 변경에 의하여 보충되지 않는 경우에는 현재의 문제점들을 해결하는 대신 한층 강화할 수 있다. 성적표, 대학학위증서, 고용증명서와 같은 서류의 경우에, 이름 변경 후 장래에는 새로운 이름이 이용되어야 한다는 것은 자명하다. 과거와 관련하여 서류가 종전의 이름을 정확하게 기재하고 있기 때문에 그 자체로서는 정정을 청구할 수 없다. 그렇지만 판례는 여러 차례에 걸쳐 고용주는 구 고용증명서를 새로운 이름으로 발급할 의무가 있다고 하였다.[19] 그 이유로 사용자의 '계약 이후의 배려의무'를 들었는데, 이것은 일반적인 '신의성실' 원칙(독일민법 제242조)에서 나온 것이다. 고용증명서에 관한 것은 학력증명서와 대학학위증명서에도 곧바로 적용되어야 할 것이다. 그러나 이에 관해서는 공간된 판례가 없다.

지금으로부터 25년 전의 입법과정에서 이름 변경은, 통상 나중에 행하게 되는 성전환자의 성별 변경에 관한 판결을 위한 전단계로 간주되었다.[20] 비록 '소해결방안'은 독자적인 법원의 절차로서 문제점이 없는 것은 아닐지라도, 통계에 의하면 대략 모든 신청의 절반이 단순한 이름 변경을 위한 것인 반면에, 절반은 성별 변경('대해결방안')을 목적으로 하고 있다는 것을 알 수 있다.[21] 매년 성별이나 이름 변경에 관하여 약 500건의 신청이 독일 법원에 계류되어 있다.[22]

3. 大解決方案(性別 變更)

a. 要 件

(1) 성별 변경은 법률에서 단순한 이름 변경을 위하여 정하고 있는 모든 요건을 충족한 경우에만 허용된다. 따라서 신청자가 성전환적 특질이 있어야 하고

18) KG Berlin v. 19. 7. 2002, NStZ 2003, 50 참조.
19) LAG Hamm v. 17. 12. 1998, NJW 1999, 3435=DB 1999, 1610 참조.
20) Sieß(주 17), S. 114.
21) Bundestagsdrucksache 14/9837 S. 4.
22) Bundestagsdrucksache 14/9837 S. 4.

최소한 3년의 압박상황(Zwangssituation)에 있어야 한다. 나아가 성전환적 소질이 존속할 것이라고 인정할 개연성이 높아야 한다(성전환법 제8조 제1항 제1호).

(2) 단순한 이름 변경의 경우와는 달리, 법률(성전환법 제8조 제1항 제2호)은 성별 변경을 위해서 신청자가 혼인하지 않은 상태(nicht verheiratet)일 것을 요구한다. 신청자가 혼인하였으면 성별 변경 전에 이혼을 하여야 한다. 이에 반하여 신청자가 혼인중의 자녀 또는 혼인 외의 자녀를 갖고 있는지 여부는 중요하지 않다. 입법자는 성전환증이 의학적으로 돌이킬 수 없는 상태여서 성전환자가 그의 외모를 다른 성별을 가진 사람의 외모에 맞추고 수술을 받는 것을 어차피 막을 수 없다는 사고에서 출발하였다. 물론 법률은 성별 변경이 성전환자의 자녀에 대한 법률관계를 변경하지 않는다는 것을 명시하고 있다(성전환법 제11조).

(3) 나아가 법률은 신청자가 '평생 생식능력이 없을' 것을 요구한다(성전환법 제8조 제1항 제3호). 입법과정에서 남성이 여성으로 성전환한 사람의 예에서, 성전환자가 아직 성적으로 남성으로 활동할 수 있는 한 그가 남성과 혼인하는 것을 허용할 수 없을 것이라는 점이 언급되었다.[23] 또한 이와 반대로 여성이 남성으로 성전환한 사람의 경우에 그가 남성으로서의 새로운 역할에서 여전히 아이를 출산할 수 있는 것이 가능해서는 안 될 것이다.

(4) 성별 변경의 가장 중요한 요건은 '다른 성별의 모습에 명백히 비슷해지도록 외부적인 성별징표를 변경하는 수술'의 필요성이다(성전환법 제8조 제1항 제4호).

흥미롭게도 성전환법은 언제 외과 수술을 할 수 있는지 라는 문제에 관해서는 아무런 규정이 없다. 이 문제에 관해서는 오로지 담당의사들이 판단한다. 법률이 수술을 위한 요건을 정하였다고 하더라도 성전환자가 그러한 수술을 외국에서 하는 것을 막을 수는 없었을 것이다. 이는 다시 외과 수술을 시행한 경우에 법률 규정을 위반하였다는 이유만으로 법원의 판단에 따른 성별 변경이 거부될 수 있는지 라는 어려운 문제를 불러일으켰을 것이다. 따라서 성전환법은 외과수술이 사실상 행해졌다는 사실로 만족한다.[24]

외과 수술이 개별적으로 어떻게 행해져야 하는지에 관하여는 법률이 유보하

23) Begründung des Gesetzesentwurfs durch die Bundesregierung, Bundestagsdrucksache 8/2947 S. 12; ebenso Antwort der Bundesregierung auf die Kleine Anfrage der Abgeordneten Christina Schenk und der Fraktion der PDS v. 31. 7. 2002, Bundestagsdrucksache 14/9837 S. 7 unter Nr. 16.

24) Begründung des Gesetzesentwurfs durch die Bundesregierung, Bundestagsdrucksache 8/2947 S. 12.

고 있다. 어떠한 요건하에서 '다른 성별의 외관과 명백한 유사성'이 달성되는지에 관한 문제는 수행된 의료 수술의 범위와 결과에 달려 있다. 여기에서 외과적 가능성, 즉 그때그때 의학적으로—특히 성형외과의 분야에서—만들 수 있는 것을 고려하여야 한다. 법관 설문에 의하면, 남성에서 여성으로 성전환하는 사람의 경우에는 일반적으로 음경절단과 거세, 여성에서 남성으로 성전환하는 사람의 경우에는 자궁과 난소의 제거가 요구된다고 한다.[25)]

(5) 법률상 요건을 충족한 성전환자는 18세로 성년이 됨과 동시에 성별 변경을 신청할 수 있다(성전환법 제 8 조 제 1 항 제 1 호). 성전환법은 원래 25세의 최소연령을 요구했었다(구 성전환법 제 8 조 제 1 항 제 1 호). 그렇지만 독일 연방헌법재판소는 1982년 3월 16일 결정[26)]으로 이 규정을 위헌이라고 선언하였다. 즉 아직 25세가 되지 않았지만 수술한 성전환자에게 성별 변경을 거부할 근거가 없다고 한다. 인간의 존엄과 인격의 자유로운 전개에 대한 권리는 인간이 스스로 심리적 · 신체적 상태에 따라 속한다고 느끼는 성별에 그의 신분을 귀속시킬 것을 요청한다.

b. 效 果

당해 성전환자는 법원 결정의 기판력에 따라 반대 성별을 가진 사람으로 간주된다. 그의 권리와 의무는 법원의 판단에 의하여 속하게 된 새로운 성별에 따른다(성전환법 제10조). 특히 당사자는 이제 다른 성별의 파트너와 혼인할 수 있다.

성전환자의 출생부에 성별 변경이 생기는 이른바 欄外記載(Randvermerk)가 등록된다(독일신분법 제30조 제 1 항). 성전환자는 신청에 의하여 그가 새로운 성별을 가진 자라는 것을 증명하는 출생증명서를 받는다. 출생증명서에는 종전의 성별에 대한 기재가 없다.

제 3 자에 대하여 이른바 공개금지(Offenbarungsverbot)가 적용된다(성전환법 제10조 제 2 항, 제 5 조). 이름 변경(소해결방안)에 관해서도 성별 변경(대해결방안)에 관해서도 제 3 자에게 알려져서는 안 된다. 공개금지는 특히 절차에 관여한 관청 및 출생부의 관리를 담당하고 있는 신분공무원에 대하여 적용된다. 그 밖에 제 3 자는 출생부를 열람할 권리가 없다. 단지 당사자 자신 및 관공서(공익을 이유로)에게만 열람이 허용된다(독일신분법 제61조 제 3 항).

25) Osburg/Weitze, "Richterumfrage zum Transsexuellengesetz," RuP 1996, 192 참조.
26) NJW 1982, 2061.

Ⅳ. 結　論

1980년의 독일 성전환법이 아직 유지되고 있다. 비록 계속적으로 세부적인 점에 대한 변경이 요청되었지만,[27)] 아무도 근본적인 성전환법의 개혁을 생각하고 있지는 않다.

독일은 유럽에서 스웨덴에 이어 1980년에 성전환법을 의결한 두 번째 국가였다. 다른 나라에서 온 성전환자가 독일에서 성별 변경을 할 수 있다는 우려에서, 성전환법 제 1 조 제 1 항 제 1 호에서 이 법률이 단지 독일 국적을 가진 사람에게만 적용된다는 규정이 받아들여졌다. 이것은 외국 국적을 가진 사람의 경우에 성별 변경이 가능한지에 관하여 그의 본국법에서 결정한다는 것을 의미한다. 그 사이에 유럽과 미국의 법상황이 변화하였다. 성별 변경은 거의 모든 국가에서 당사자의 국적을 고려하지 않고 가능하다. 따라서 '성전환여행'(Transsexuellentourismus)은 더 이상 우려할 필요가 없다. 독일에서는 조만간 독일 국적을 가진 사람에게만 성전환법을 적용하도록 제한한 점이 독일 기본법과 합치될 수 있는지에 관하여 명백히 할 독일연방헌법재판소의 판결이 예상된다.[28)] 이미 존재하는 감정의견[29)]을 보면, 성전환법을 독일 국적을 가진 사람에게 제한한 것이 위헌이라고 선언됨으로써 장래 독일에 사는 외국인이 법원에서 그의 변경된 성별을 인정받을 수 있게 될 것이 기대된다.

한국 대법원이 조만간 판단할 두 사건에 관하여 보면, 유럽인권재판소 및 독일 연방헌법재판소와 거의 모든 유럽국가의 법원이 신청자에게 유리하게 판단할 것이라는 것을 염두에 두어야 한다. 그 밖에 미국[30)]과 호주[31)]의 법원에서도 마찬가지이다.

결론을 말하고자 한다. 즉 유럽에 대하여 옳은 것 혹은 더 낫게 말하자면 유럽에 대해서 옳다고 느끼는 것이 또한 다른 문화영역에 대해서도 적용되어야 하는 것은 아니다. 나는 한국에서 오늘날 가족법적인 문제에 관하여 20년 내지 30년 전 독일에서와 유사하게 생각하고 있다는 것을 거듭 확인한다. 나는 이와

27) 가령 Bundestagsdrucksache 15/3569 v. 6. 7. 2004; 15/3401 v. 16. 6. 2004; 15/854 v. 30. 4. 2003; 15/854 v. 9. 4. 2003; 14/9837 v. 31. 7. 2002 참조.

28) Vorlagebeschluss BayObLG v. 8. 12. 2003, BayObLGZ 2003, 346=FamRZ 2004, 1289.

29) J. Basedow/J. Scherpe(주 1), S. 165f. 참조.

30) Witt, in: Transsexualität, Staatsangehörigkeit und internationales Privatrecht(주 1), S. 92ff.

31) Ellger, in: Transsexualität, Staatsangehörigkeit und internationales Privatrecht(주 1), S. 1ff.

관련하여 덴마크가 1989년에 동성간의 혼인을 가능하게 했던 최초의 유럽 국가였다는 것[32]을 상기한다. 오늘날 동성간의 결합은 거의 모든 서구유럽 국가에서 인정된다. 이와 비슷하게 80년대에 성전환의 법적 승인에 관하여 격론이 벌어졌다. 나 스스로 많은 가족법적인 문제에서 지난 20년 내지 30년 동안 나의 견해를 변경하여 왔다. 서구세계는 오늘날 주제로 보면 소수자보호문제에 의하여 지배되고 있다. 많은 사람은 우리 사회와 법질서의 안정성을 위태롭게 하는 것이 바로 소수자라고 생각한다.

성전환증에 관한 한 서구 세계에서 두 개의 중심적인 사고가 발전을 결정했다. 즉 (1) 성전환증은 태생적인 것이고 의학적으로 바꿀 수 없는 것이다. (2) 성전환자는 고통을 받는다. 법원이 성별 변경을 인정함으로써 다른 사람에게 손해를 주지 않고 성전환자의 고통을 줄일 수 있다.

32) 1989년 6월 7일 법률.

대법원 2006. 6. 22. 선고 2004스42 전원합의체 결정
[개명, 호적정정]

[전 문]

[재항고인] 이○○

[원심결정] 청주지방법원 2004. 7. 8.자 2003라57 결정

[주 문] 원심결정을 파기하고, 사건을 청주지방법원 본원 합의부에 환송한다.

[이 유] 재항고이유를 판단한다.

1. 성(性)의 결정과 성전환자의 성

가. 호적법을 포함하여 현행법체계는 모든 사람이 남성 또는 여성 중의 하나에 포함되는 것을 전제로 하면서도 남성과 여성의 구분, 즉 성의 결정 기준에 관하여 별도의 규정을 두지 않고 있다.

일반적으로 모체에서 정자와 난자가 수정되어 태아는 남성과 여성별로 각기 다른 성염색체를 갖고, 각 성염색체의 구성에 맞추어 내부 생식기와 이어서 외부 성기가 형성·발달하여 출생하며 출생 후 성장 과정에서 심리적·정신적인 성이 출생시 확인될 수 있는 성염색체 및 내부 생식기·외부 성기와 일치하여 남성 또는 여성 중의 하나를 나타내므로, 이 경우 개인의 성염색체를 기준으로 성을 결정하더라도 아무런 문제가 발생하지 않고 실제로도 종래에는 사람의 성을 성염색체와 이에 따른 생식기·성기 등 생물학적인 요소에 따라 결정하여 왔다. 그러나 근래에 와서는 생물학적인 요소뿐 아니라 개인이 스스로 인식하는 남성 또는 여성으로의 귀속감 및 개인이 남성 또는 여성으로서 적합하다고 사회적으로 승인된 행동·태도·성격적 특징 등의 성 역할을 수행하는 측면, 즉 정신적·사회적 요소들 역시 사람의 성을 결정하는 요소 중의 하나로 인정받게 되었다.

대법원은 이미 '사람의 성은 성염색체의 구성을 기본적인 요소로 하여 내부 생식기와 외부 성기를 비롯한 신체의 외관은 물론이고 심리적·정신적인 성과 이에 대한 일반인의 평가나 태도 등 모든 요소를 종합적으로 고려하여 사회통념에 따라 결정하여야 한다'고 판시함으로써(대법원 1996. 6. 11. 선고 96도791 판결 참조) 성의 결정에 있어 생물학적 요소와 정신적·사회적 요소를 종합적으로 고

려하여야 한다는 점을 명백히 하였다.

나. 위와 같이 사람의 성을 결정하는 데에 여러 가지 요소가 존재한다는 것은 위 각 요소들이 일치하지 않는 경우가 발생할 수 있다는 의미이고, 특히 생물학적 측면의 성은 출생시 곧바로 확인될 수 있지만 정신적·사회적 측면에서의 성이 생물학적 측면의 성과 일치하는지 여부는 출생 당시에는 쉽사리 알 수 없다가 출생 후 성장하면서 비로소 개인이 인식하는 성귀속감과 수행하는 성역할이 생물학적인 성과는 전혀 다른 것으로 확인되기도 한다.

성전환증(Transsexualism)은 1950년대 이후 비로소 의학계에서 학문적인 관심을 받게 되어 국제보건기구(WHO)는 제10차 국제질환분류(ICD-10, 1994년)에서 성전환증을 성정체성(성적 동일성) 장애(Gender Identity Disorder)의 하나로 분류하여 자신의 해부학적 성에 대한 불편함이나 부적절감을 가지고 있으면서, 자신과 반대되는 성으로 살고 인정받고 싶은 욕망, 그리고 자신의 신체를 선호하는 성의 신체에 가능한 일치되도록 호르몬 치료와 수술을 받고자 하는 욕구라고 정의하면서 성전환증으로 진단되려면 전환된 성으로서의 정체성이 최소한 26년 이상 지속되어야 하고, 다른 정신장애증상 또는 성염색체 이상이 존재하지 아니하여야 한다고 하였다. 한편 미국 정신과 학회가 마련한 정신장애의 진단 및 통계 편람 제 3 판(DSM-Ⅲ, 1980년)에서는 성전환증을 사춘기 이상의 환자가 자신의 선천적 성에 대하여 지속적으로 불편함과 부적절함을 느끼며 일차 및 이차적 성징을 제거하고 반대 성징을 획득하려는 집착에 2년 이상 사로잡혀 있는 상태라고 정의하였고 위 편람 제 4 판(DSM-Ⅳ, 1994년)에서는 성전환증이라는 용어를 별도로 사용하지 아니하고 성정체성 장애에 포함시켜 분류하였으나, 현재 많은 임상가들은 성전환증이라는 진단용어를 사용하고 있다.

성전환증의 원인이 유전적인 영향 등 선천적인 것인지, 아니면 사회적인 학습 등 후천적인 것인지 아직 규명되지 아니하였으나, 의학계에서는 대체로 성전환증의 진단을 받고 치료를 계속하여도 위 증세가 치유되지 않는 사람은 궁극적으로 성전환 수술로서 자신이 귀속되고자 원하는 성에 일치하는 외부 성기와 외관을 형성시켜 줄 수밖에 없되, 성기 수술은 복원이 불가능하므로 정신과 진단 및 호르몬 치료를 받고 반대의 성으로 정신적·사회적 적응이 이루어진 사람에 한하여 엄격한 진단 아래 최후의 방법으로 시술하여야 한다는 연구·임상결과가 집적되어 있다.

다. 성전환증을 가진 사람의 경우에도, 남성 또는 여성 중 어느 한쪽의 성염색체를 보유하고 있고 그 염색체와 일치하는 생식기와 성기가 형성·발달되어 출생하지만 출생 당시에는 아직 그 사람의 정신적·사회적인 의미에서의 성을 인지할 수 없으므로, 사회통념상 그 출생 당시에는 생물학적인 신체적 성징에 따라 법률적인 성이 평가될 것이다. 그러나 출생 후의 성장에 따라 일관되게 출생 당시의 생물학적인 성에 대한 불일치감 및 위화감·혐오감을 갖고 반대의 성에 귀속감을 느끼면서 반대의 성으로서의 역할을 수행하며 성기를 포함한 신체 외관 역시 반대의 성으로서 형성하기를 강력히 원하여, 정신과적으로 성전환증의 진단을 받고 상당기간 정신과적 치료나 호르몬 치료 등을 실시하여도 여전히 위 증세가 치유되지 않고 반대의 성에 대한 정신적·사회적 적응이 이루어짐에 따라 일반적인 의학적 기준에 의하여 성전환수술을 받고 반대 성으로서의 외부 성기를 비롯한 신체를 갖추고, 나아가 전환된 신체에 따른 성을 가진 사람으로서 만족감을 느끼고 공고한 성정체성의 인식 아래 그 성에 맞춘 의복, 두발 등의 외관을 하고 성관계 등 개인적인 영역 및 직업 등 사회적인 영역에서 모두 전환된 성으로서의 역할을 수행함으로써 주위사람들로부터도 그 성으로서 인식되고 있으며, 전환된 성을 그 사람의 성이라고 보더라도 다른 사람들과의 신분관계에 중대한 변동을 초래하거나 사회에 부정적인 영향을 주지 아니하여 사회적으로 허용된다고 볼 수 있다면, 이러한 여러 사정을 종합적으로 고려하여 앞서 본 사람의 성에 대한 평가 기준에 비추어 사회통념상 신체적으로 전환된 성을 갖추고 있다고 인정될 수 있는 경우가 있다 할 것이며, 이와 같은 성전환자(아래에서 말하는 성전환자는 이러한 성전환자를 뜻한다)는 출생시와는 달리 전환된 성이 법률적으로도 그 성전환자의 성이라고 평가받을 수 있을 것이다.

2. 성전환자에 대한 호적상 성별 기재의 정정

가. 호적제도는 우리나라 국민 개인의 신분관계를 법이 정한 절차에 따라 호적에 등록하여 이를 공시하는 제도이다. 호적이 그 사명을 제대로 수행하기 위해서는 국민의 신분관계가 빠짐없이 호적에 기재되어야 하고, 그 기재된 사항이 진정한 신분관계에 부합하여야 한다. 따라서, 어떠한 신분관계가 호적에 기재되어 있다고 하더라도, 그 기재 사항이 진실에 부합하지 않는다고 인정할만한 명백한 증거가 있는 경우에는, 그 기재 사항을 진정한 신분관계에 맞추어 수정함으로써, 호적이 진정한 신분관계를 공시하도록 하여야 한다.

이러한 필요에 따라 호적법은 호적 기재사항의 수정을 위하여 호적 정정과 경정 절차를 규정하고 있다. 호적법 제22조는 호적의 기재가 법률상 무효인 것이거나 그 기재에 착오나 유루(遺漏) 있음을 안 때에 시·읍·면의 장이 일정한 절차에 따라 호적을 직권으로 정정할 수 있도록 하는 한편, 이에 대응하여 호적법 제120조는 호적의 기재가 법률상 허용될 수 없는 것 또는 그 기재에 착오나 유루가 있다고 인정한 때에는 이해관계인이 법원의 허가를 얻어 호적의 정정을 신청할 수 있도록 하고 있다. 한편 호적법 제23조는 호적기재 후 행정구역이나 토지의 명칭, 지번이 변경된 경우에 호적기재를 경정하도록 규정하고 있으나, 호적법상으로 본적 이외의 호적기재 경정이 허용되는 범위에 관한 규정이나 당사자가 그 변경에 따른 경정을 신청할 수 있는 절차 규정을 두고 있지 않다.

나. 호적법 제15조 제 4 호는 호적에 기재할 사항으로 성별을 규정하고, 제49조 제 2 항 제 1 호는 출생신고서에 자(子)의 성별을 기재하여야 한다고 규정하고 있어, 출생시의 개인의 성별이 호적에 기재되도록 하고 있다. 성전환자의 경우에는 출생시의 성과 현재 법률적으로 평가되는 성이 달라, 성에 관한 호적의 기재가 현재의 진정한 신분관계를 공시하지 못하게 되므로, 현재 법률적으로 평가되는 성이 호적에 반영되어야 한다.

현행 호적법에는 출생시 호적에 기재된 성별란의 기재를 위와 같이 전환된 성에 따라 수정하기 위한 절차 규정이 따로 마련되어 있지 않다. 그러나 진정한 신분관계가 호적에 기재되어야 한다는 호적의 기본원칙과 아울러 아래에서 보는 여러 사정을 종합하여 보면, 위와 같이 성전환자에 해당함이 명백한 사람에 대하여는 호적정정에 관한 호적법 제120조의 절차에 따라 호적의 성별란 기재의 성을 전환된 성에 부합하도록 수정할 수 있도록 허용함이 상당하다.

(1) 성전환자도 인간으로서의 존엄과 가치를 향유하며 행복을 추구할 권리와 인간다운 생활을 할 권리가 있고 이러한 권리들은 질서유지나 공공복리에 반하지 아니하는 한 마땅히 보호받아야 한다(헌법 제10조, 제34조 제 1 항, 제37조 제 2 항). 지속적인 성적 귀속감의 형성, 의학적 치료와 나아가 수술을 통하여 전환된 성에 부합하는 성기와 신체 및 외관을 갖추고 사회적인 역할도 그와 동일하게 수행하고 있어 사회통념상 전환된 성을 가진 자로 인식되어 법률적으로 전환된 성으로 평가될 수 있는 성전환자임이 명백함에도 불구하고, 막상 호적의 성별란 기재는 물론 이에 따라 부여된 주민등록번호가 여전히 종전의 성을 따라야 한다면 사회적으로 비정상적인 사람으로 취급되고 취업이 제한됨으로써 결국 이들의 헌법상 기본권이 침해될 우려가 있다고 할 것이다. 한편 성전환자의 호적이 정정됨으로써 그 개인이 주변의 멸시 및 신분상의 불이익에서 벗어나서 정상적인 사회구성원으로 받아들여지고 전환된 성에 따라 법률적인 지위를 인정받고 사회적인 활동을 할 수 있는 등 장래에 향유하게 될 이익은 사회적 혼란의

방지 등 호적정정을 불허함으로써 얻어지는 공공의 이익에 비하여 현저히 크다고 할 것이다. 그런데도 법령상 절차규정의 미비를 이유로 성전환자임이 명백한 사람에 대한 호적의 정정을 허용하지 않는다면 위 헌법정신을 온전히 구현할 수 없게 된다고 할 것이다.

(2) 호적법은 1960. 1. 1. 법률 제535호로 제정된 후 실체법규나 관장기관의 변동에 수반한 절차규정의 개정 외에는 근본적인 변화 없이 현재에 이르렀으며, 특히 성별의 기재와 호적정정 사유에 관한 기본적 내용은 전혀 변경되지 아니하였음에 비하여 그 동안 성의 결정 기준이나 성전환증에 관한 의학적 연구 성과의 집적으로 성염색체를 출발점으로 하는 성의 이분법과 불가변성의 기본 전제가 수정의 필요성을 맞게 되었다는 점에 비추어 볼 때, 호적법이 성전환자의 호적상 성별란 기재를 수정하는 절차규정을 두지 않은 이유는 입법자가 이를 허용하지 않기 때문이 아니라 입법 당시에는 미처 그 가능성과 필요성을 상정하지 못하였기 때문이라고 할 것이다.

(3) 호적법 제120조에 의한 호적정정사유 중 호적의 기재가 법률상 허용될 수 없는 경우는 호적의 기재사항이 아닌 내용에 관한 기재 및 호적기재 자체로 보아 당연 무효의 기재 등을 말하고(대법원 1978. 3. 7.자 77스12 결정 등 참조), 호적기재의 착오·유루 역시 신고나 기재의 착오 또는 누락으로 호적에 기재된 내용이 진실과 다르게 된 경우를 말한다고 하여, 일반적으로 호적법 제120조에 의한 호적정정 절차는 경정 절차와는 달리 호적 기재 당시부터 존재하는 잘못을 시정하기 위한 절차로 이해되고 있다. 그렇지만 위 호적정정사유 중 호적의 기재가 법률상 허용될 수 없는 경우를 해석함에 있어서 호적 기재 후의 법령의 변경 등 사정의 변경에 의하여 법률상 허용될 수 없음이 명백하게 된 경우를 반드시 배제하여야 할 필요가 있다고 보기 어려울 뿐 아니라, 호적법 제120조에 의한 호적정정 절차를 둔 근본적인 취지가 호적의 기재가 부적법하거나 진실에 반하는 것이 명백한 경우에 그 기재내용을 판결에 의하지 아니하고 간이한 절차에 의하여 사실에 부합하도록 수정할 수 있도록 함에 있다는 점을 함께 참작하여 보면, 구체적인 사안을 심리한 결과 성전환자에 해당함이 명백하다고 증명되는 경우에는 호적법 제120조의 절차에 따라 그 전환된 성과 호적의 성별란 기재를 일치시킴으로써 호적기재가 진정한 신분관계를 반영할 수 있도록 하는 것이 호적법 제120조의 입법 취지에 합치되는 합리적인 해석이라 할 것이다.

다. 성전환자에 해당함이 명백한 사람에 대하여 호적법 제120조에서 정한 절차에 따라 성별을 정정하는 호적정정이 허가되고 그에 따라 전환된 성이 호적에 기재되는 경우에, 위 호적정정 허가는 성전환에 따라 법률적으로 새로이 평가받게 된 현재의 진정한 성별을 확인하는 취지의 결정이므로 호적정정허가 결정이나 이에 기초한 호적상 성별란 정정의 효과는 기존의 신분관계 및 권리의무에 영향을 미치지 않는다고 해석함이 상당하다.

한편 사회통념상 이름이 성별 구분의 기초가 되는 경우가 많으므로, 이 사건 성전환자가 호적정정과 더불어 개명 허가 신청을 하여 법원이 호적정정을 허가하는 경우에는 그의 이름이 정정된 성에 부합하도록 하는 개명 역시 허가할 수 있다.

3. 이 사건의 검토

원심결정 이유와 기록에 의하면, 신청인은 19○○. ○. ○○. 출생하여 호적상 여성으로 등재되어 있는데, 신청인은 성장기부터 남성적 기질과 외관을 뚜렷이 보이고 남자 옷을 입어야 마음이 편해지는 등 일상생활에서 여성에 대한 불일치감과 남성으로의 귀속감으로 혼란을 겪어 왔으며 20대에 이르러 타지로 나가 공사인부 등 주로 육체노동에 종사하는 등 남성으로서 생활하면서 계속적으로 성전환수술을 받기를 원하였으나 경제사정이 여의치 못하여 실현하지 못하다가 ○○세 때인 19○○년 ○월 ○○대학교 ○○병원에서 성전환증의 진단 하에 유방·자궁 및 질제거술과 이어서 음낭성형 및 인공고환 삽입술을 받아 남성성기 및 음낭을 갖게 되었고 그 후 계속 남성호르몬을 투여받음으로써 남성의 신체와 외관을 갖추게 되었을 뿐 아니라 정신과적 검사 결과 남성으로서의 성적 정체감이 확고한 사실, 신청인은 법률상 혼인한 경력이 없고 여성으로서 자녀를 출산한 경험도 없으며 성전환수술 후 비로소 그의 처지를 이해하는 여성을 만나 현재까지 동거하고 있지만 남성으로서의 생식기능은 존재하지 않고, 나아가 신청인이 성별란의 정정 및 개명으로 범죄 또는 탈법행위를 할 개연성 또한 엿보이지 아니하는 사실을 알 수 있다.[1)]

위와 같은 사정을 종합하여 보면, 신청인은 미혼으로 자녀가 없으며 성장기부터 여성에 대한 불일치감과 남성으로의 귀속감을 나타내면서 성인이 된 후에는 오랜 기간 동안 남성으로서 살다가 의사의 진단 아래 성전환수술을 받아 남성의 외부 성기와 신체 외관을 갖추었고, 현재 남성으로서의 성정체성이 확고하여 여성으로 재전환할 가능성이 현저히 낮고 개인생활이나 사회생활에서도 남성으로서 인식되어, 결국 사회통념상 남성으로 평가될 수 있는 성전환자에 해당함

1) 이 부분은 원문의 취지에 어긋나지 않은 범위에서 일부를 삭제하였음(편집자 주).

이 명백하다고 볼 수 있으므로 신청인에 대한 이 사건 호적정정 및 개명을 허가할 여지가 충분히 있다. 그런데도 원심은 성전환자에 대한 호적정정을 허용할 근거가 없다는 등의 이유로 이 사건 신청을 배척하였는바, 이러한 원심결정에는 헌법과 호적법의 관계규정을 위반하여 재판에 영향을 미친 위법이 있다고 할 것이다.

4. 결 론

그러므로 원심결정을 파기하고, 사건을 다시 심리·판단하도록 하게 하기 위하여 원심법원에 환송하기로 하여 주문과 같이 결정한다. 이 결정에 대하여는 호적정정 부분에 관하여 대법관 손지열, 대법관 박재윤의 반대의견이 있는 외에는 관여 법관들의 의견이 일치되었다.

5. 대법관 손지열, 대법관 박재윤의 반대의견은 다음과 같다.

가. 다수의견이 정의하고 있는 이른바 성전환자가 헌법상 보장된 인간으로서의 존엄과 가치를 가지고 행복을 추구할 권리와 인간다운 생활을 할 권리를 향유할 수 있도록 하기 위하여, 전환된 성으로 활동할 수 있는 법적·제도적 장치를 보완하는 등의 배려가 필요하다는 점에 관하여는 다수의견과 견해를 같이 한다.

그러나 성의 변경에 관한 입법적 조치가 이루어지지 아니하더라도 호정정정에 관한 호적법 제120조에 따라서 성전환자에 대하여 변경된 성으로의 호적 정정을 허가함으로써 실질적으로 새로운 성으로의 변경을 허용한다는 취지의 다수의견의 결론에는 찬성할 수 없다.

나. 대법원은 그 동안 발생학적인 성(性)인 성염색체의 구성을 기본적인 요소로 하여 성선, 외부성기를 비롯한 신체의 외관은 물론이고 심리적, 정신적인 성, 그리고 사회생활에서 수행하는 주관적, 개인적인 성역할(성전환의 경우에는 그 전후를 포함하여) 및 이에 대한 일반인의 평가나 태도 등 모든 요소를 종합적으로 고려하여 사회통념에 따라 결정하여야 한다고 판단하여 왔는데(대법원 1996. 6. 11. 선고 96도791 판결 참조), 그 취지에 따를 때, 출생신고에 의하여 남자 또는 여자로 호적에 기재되었다고 하더라도, 출생 후 성장하는 과정에서 그와 반대되는 성의 특징이 드러났고 위와 같은 판단 기준에 근거하여 사회통념에 따라 판단한 결과 그 반대의 성이었음이 확인된다면, 출생신고 당시에 성을 잘못 신고한 것이고 따라서 그 호적 기재는 진실에 반하는 것으로서 그 최초의 기재 당시부터 진실에 부합하지 아니한 경우이므로 호적법 제120조에 의한 호적

정정의 대상이 될 수 있을 것이다(예컨대, 진성반음양자, 가성반음양자 등에 관한 사례).

다. 그러나 이 사건에서 문제로 되는 것은 성염색체와 내부 생식기·외부 성기가 일치하여 생물학적으로나 전통적인 사회통념에 의하면 출생신고 당시 완전한 남자 또는 여자였으나, 그 성장과정에서 선천적인 성에 위화감과 불일치감을 느끼고 오히려 반대의 성에 귀속감을 느낌으로써 반대의 성으로서 삶을 영위하고 또 타인에게 인식되기를 원하며 나아가 자신의 신체 역시 이에 부합하게 형성하기를 원하는 증세, 즉 '성전환증'에 관한 것이다.

다수의견은 호적법이 성전환자의 호적상 성별란 기재 변경에 관한 절차규정을 두지 않은 이유는 입법자가 이를 허용하지 않기 때문이 아니라 입법 당시에는 미처 그 가능성과 필요성을 상정하지 못하였기 때문임을 전제로, 비록 호적법 제120조에 따른 호적정정제도가 일반적으로는 호적 기재 당시부터 존재하는 잘못을 시정하기 위한 절차이기는 하지만, 그 근본취지는 호적의 기재가 부적법하거나 진실에 반하는 것이 명백한 경우에 그 기재내용을 판결에 의하지 아니하고 간이한 절차에 의하여 사실에 부합하도록 수정할 수 있도록 하는 것이므로, 구체적인 사안을 심리한 결과 성전환자에 해당함이 명백하다고 증명되는 경우에는 호적법 제120조의 절차에 따라 성전환자에 대한 호적의 정정을 허용하여야 한다고 설명하고 있다.

그런데 성전환자의 경우는 선천적으로 불완전한 성적 특징을 가진 자에 대하여 착오나 출생신고 당시 오인으로 인하여 호적에 잘못된 성별로 기재한 경우와 달리, ① 출생신고 당시 성별의 판정이 잘못된 것이 아니고 따라서 최초의 호적 기재도 착오라고 할 수 없고, ② 성의 판별이 생물학적으로 명백하게 결정되는 것이 아니고 다수 의사의 진단과 상당한 기간 동안(다수의견에서 인용한 국제보건기구의 견해 등에 의하면 최소한 2년 이상)의 선행 치료과정이 있어야 하며, 그 밖에도 신분관계 및 사회생활에 중대한 변동이나 부정적 영향을 야기하지 아니하는 등의 일정한 요건에 대한 복잡하고 정교한 판단절차를 필요로 하며, ③ 성의 변경이 허용되더라도 종전까지의 법률적 성결정 나아가 호적기재가 정당한 것으로 인정되고 오로지 장래를 향하여 그 변경의 효력이 발생하게 되는(이 점은 다수의견도 인정하고 있다) 등의 점에서, 처음부터 잘못 기재된 호적을 출생시에 소급하여 정정하기 위한 호적법 제120조가 그대로 적용될 수 없는 사안인 것이다.

라. 호적법 제120조는 '호적의 기재가 법률상 허용될 수 없는 것 또는 그

기재에 착오나 유루가 있다고 인정한 때에는 이해관계인은 그 호적이 있는 지(地)를 관할하는 가정법원의 허가를 얻어 호적의 정정(訂正)을 신청할 수 있다'라고 규정하고 있고, 다수의견도 인정하고 있는 것처럼 위 법조에 의한 호적정정은 신고 그 자체가 진실에 반하거나 또는 신고는 정당하지만 호적 기재 과정에서 잘못이 있어 호적에 기재된 내용이 그 최초 기재 당시부터 진실에 부합하지 아니한 경우를 전제로 하여 이를 시정하는 것으로 이해되어 왔다. 호적법 제120조에 규정된 '착오', '호적의 정정'이라는 문구 등은 그 객관적 의미와 내용이 명확하여 해석상 의문의 여지가 없고, 호적법을 제정할 당시의 입법취지도 그 내용이 처음 호적에 기재된 시점부터 존재하는 착오나 유루를 정정하고자 하는 것으로서 만일 호적기재가 기재 당시의 진정한 신분관계에 부합되게 적법하게 이루어졌다면 정정의 대상이 될 수 없는 것이었음이 명백하므로, 이러한 해석이 확고하게 정착된 것은 법리적으로 당연한 것이다.

마. 다수의견은 호적 기재 당시를 기준으로 하면 그 기재내용이 진실에 부합하더라도 사후에 다른 사정에 의하여 기재사항이 변경되었다면 그 변경된 내용에 따라 호적기재를 정정하여야 한다면서, 성전환자의 경우에 호적법 제120조의 직접 적용에 의하여 호적정정이 가능한 것으로 설명하고 있으나, 우리의 견해로는 이러한 경우에 호적법 제120조가 직접 적용될 수 없음이 명백하다고 보므로, 다수의견은 결국 성전환자의 경우에 호적법 제120조를 유추해석하여 호적에 기재된 사항의 '변경'을 허용하자는 취지로 이해할 수밖에 없다. 그런데 이러한 다수의견의 견해는 호적법 제120조에 대한 문리해석이나 입법취지 등과는 관계없이, 객관적으로 명백한 호적법 제120조의 규정내용에 일부 내용을 추가 제거 또는 변경하는 것과 동일한 효과를 가져 오는 것으로서 정당한 유추해석의 한계를 벗어나는 것이므로, 이러한 다수의견의 해석에 찬성할 수 없는 것이다.

(1) 법률 규정의 해석에 있어서는 법률에 정하여진 문구의 문리적 의미가 해석의 출발점이며 법문의 가능한 의미를 벗어나 그 의미를 창출하는 것은 유추해석으로서 원칙적으로 허용되지 않는다. 형벌법규나 조세법규에서는 유추해석이 금지되고 있고, 그 밖의 사법적 영역에 속하는 법규의 해석에 있어서 실정법 조항의 문리해석 또는 논리해석만으로는 사회적 정의관념에 현저히 반하게 되는 결과가 초래되는 경우에 실정법의 입법정신을 살려 유추해석이나 확장해석을 할 여지가 있지만 이는 입법취지의 범위 내에서 예외적으로 이루어져야 한다.

사법적극주의의 입장에서 입법 목적에 충실한 결과를 이룰 수 있도록 목적론적인 해석을 하여야 할 경우도 있지만, 유추해석 등에는 입법에 의하여 설정된 한계를 넘어설 수 없다는 기본적인 한계가 있으며, 만약 이와 같은 한계를 넘는다면 이는 법해석이 아니라 새로운 법률의 형성으로서 헌법상의 입법권 침해 문제를 야기하게 된다. 뿐만 아니라, 일정한 법적인 문제를 해결하기 위하여 목적론적인 해석이 필요한 경우에도 그 해석이 문제의 해결을 위하여 유효적절하고 법체계상 아무런 문제점이 없어서 만일 입법자가 그와 같은 문제를 인식하였다면 그와 같은 해석과 궤를 같이 하는 입법을 하였으리라고 상정할 수 있는 경우에 한하여 유추해석 등을 하게 되는 것이고, 그 해석이 문제해결에 유효적절한 수단이 되지 못하고 오히려 다른 문제점을 낳을 우려마저 있다면, 위와 같은 유추해석 등은 허용되지 아니한다.

(2) 헌법 제36조는 '혼인과 가족생활은 개인의 존엄과 양성의 평등을 기초로 성립되고 유지되어야 하며, 국가는 이를 보장한다(제1항). 국가는 모성의 보호를 위하여 노력하여야 한다(제2항)'라고 규정하고 있는바, 이는 양성의 구별을 전제로 구분되는 양성 간의 평등을 기초로 하는 혼인과 가족제도가 인간사회의 가장 기본적인 단위로서 모든 영역에서 공동생활의 근간이 됨을 보여주는 것이고, 헌법은 그 밖에도 남자와 여자를 나누어 여자에 대하여 일정한 범위 내에서 특별히 보호하도록 하는 규정을 두고 있으며(헌법 제32조 제4항, 제34조 제3항), 민법을 비롯한 각종 법률에 있어서도 남자·여자라는 성에 따라 헌법에서 정한 양성평등이 보장되는 범위 내에서 법률적인 지위를 달리 정하고 있는 경우가 많은 등, 남자·여자의 구분은 사회생활에 있어서뿐만 아니라 각종 법률관계에 있어서도 핵심적인 기초가 되고 있다. 그리고 우리 헌법이나 관련 법률의 규정들이 전통적인 생물학 지식과 사회통념에 따라 출생에 의하여 남녀의 성이 결정되는 것을 전제로 하고 있음은 구태여 논증할 필요조차 없을 것이다.

그런데 다수의견에서 정의한 '성전환자'에 대한 성의 인정 및 이에 따른 법률상 성의 변경은, 우리 헌법이나 관련 법률에서 전제로 하고 있던 남녀의 성 결정과는 전혀 다른 기준과 방법을 따르는 것으로서 실질적으로는 남자로부터 여자, 여자로부터 남자로의 성 변경을 의미하는 것이다.

이와 같은 성전환자에 대한 성 변경의 문제는 우리 헌법이나 관련 법률의 제정 당시에 전혀 예상하거나 고려하지 아니한 새로운 문제로서 우리 법체계가 이에 대하여 아무런 제도적 장치를 마련하지 않은 것은 어쩌면 당연하다고 할 수 있다. 따라서 호적법 제120조의 호적정정제도가 이러한 문제 또는 이와 유사한 문제에 대처하기 위하여 마련된 것이 아님은 분명하다. 성전환자와 같이 의학과 생물학의 발전 및 이를 토대로 한 사회학적 연구 등을 배경으로 하여 비로

소 발생한 새로운 문제에 대해서는 이를 적절하게 규율하고자 하는 입법목적을 가지고 제정된 새로운 입법을 통하여 새로운 방식에 따라서 대처해야 할 것이다. 더욱이 남녀 간 성의 결정은 개인적 삶의 기본요소가 될 뿐만 아니라, 정치·경제·사회·문화의 모든 영역에서의 공동생활의 근간이 되는 핵심적 요소이며, 윤리적, 철학적, 종교적 사고와도 밀접한 관련을 가지는 것이기 때문에, 이러한 본질적인 문제를 어떻게 해결할 것인가는 일반 국민의 의견수렴, 신중한 토론과 심사숙고의 과정을 거쳐 국민의 대의기관인 국회가 입법적 결단을 통하여 결정해야 한다. 이는 애당초 명백한 호적기재의 오류를 정정하기 위하여 마련된 제도인 호적정정절차에 대한 새로운 해석 내지 유추해석을 통하여 해결할 수 있는 단순한 문제가 아닌 것이다.

(3) 우리 법제상 신분관계의 창설·변경은 호적법이 아닌 민법 등 다른 법률에 의하여 이루어지며, 호적법에 의한 호적은 그와 같이 창설·변경된 신분관계를 공시하는 제도에 불과하다. 다수의견과 같이 남녀 간의 성 변경을 호적정정 절차에 의하여 허용하는 것은 호적의 단순공시적, 기술적 성격에 걸맞지 않는 것이다.

위에서 본 바와 같이 남자·여자로서의 성의 구분은 개인적·가족적·사회적·국가적인 측면에서 중요한 의미를 가지는바, 사람이 출생 신고당시에 어떠한 성을 가지고 있었는지 여부를 확인하는 호적정정과는 달리, 출생 신고 이후의 사정변경을 이유로 하여 다른 성으로의 실질적 변경을 허용하는 문제는 새로운 신분관계의 창설 내지 변경과 이에 따른 법률관계의 변동을 수반한다. 따라서 성의 변경이 허용되는지 여부 및 그 요건과 절차는 호적법이 아닌 다른 법률에서 합목적적인 고려에 따라 상세하게 정하여야 하고, 그 요건과 절차 등에 따라 성 변경의 효력이 발생된 경우에 비로소 이를 대외적으로 확인하고 공시하는 취지에서 신고절차를 거쳐 호적에 기재되어야 한다. 이와 달리, 성의 변경의 요건이나 절차 등에 관한 근거법률이 전혀 없는 상태에서 단순히 호적정정절차를 통하여 성의 변경을 허용한다는 것은 신분관계를 공시하는 기능만이 부여된 호적제도 본래의 목적과 기능을 크게 벗어나는 것이다.

(4) 호적법은 제120조에서 가정법원의 허가에 의한 호적기재의 정정신청에 관하여 규정하는 한편, 제123조에서는 확정판결에 의한 호적정정의 신청에 관하여 규정하고 있는바, 법원의 허가에 의한 호적기재의 정정은 그 절차의 간이성에 비추어 정정할 사항이 경미한 경우에 한하여 허용되는 것이고, 친족법상 또는 상속법상 중대한 영향을 미칠 수 있는 사항에 대하여는 호적법 제123조에

따라 확정판결에 의하여만 호적정정의 신청을 할 수 있다(대법원 1981. 10. 10.자 81스15 전원합의체 결정 등 참조). 그리고 친족법상 또는 상속법상 중대한 영향을 미칠 수 있는 사항인지 여부는, 정정하려고 하는 호적기재사항과 관련된 신분관계의 존부에 관하여 직접적인 쟁송방법이 가사소송법 제 2 조에 규정되어 있는지의 여부를 기준으로 하여 결정되며, 위 법조에서 가사소송사건으로 판결을 받게 되어 있는 사항은 친족법상 또는 상속법상 중대한 영향을 미치는 것으로 보아 호적법 제123조에 따라 확정판결에 의하여서만 호적정정의 신청을 할 수 있고, 가사소송법 제 2 조에 의하여 판결을 받을 수 없는 사항에 관한 호적기재의 정정은 호적법 제120조에 따라 법원의 허가를 얻어 정정을 신청할 수 있다(대법원 1993. 5. 22.자 93스14, 15, 16 전원합의체 결정 참조).

위에서 본 바와 같이 어느 사람이 남자인가 여자인가를 결정하거나 남자·여자의 성을 실질적으로 변경하는 문제는 단순히 개인적인 문제가 아니라 가족·친족관계 등에 직접적 영향을 미치는 것이고, 나아가 사회적·국가적으로 상당한 영향을 미칠 수 있는 본질적 문제이다. 따라서 성의 변경문제는 가사소송법 제 2 조에 규정된 재판 대상 사항과 비교하여 볼 때에 그 중요성이 결코 뒤떨어진다고 할 수 없다. 한편 호적법 제120조에 근거하여 신청인이 그 호적기재 정정을 위하여 법원의 허가를 얻는 절차는 상대방이 존재하지 않는 비송사건으로서 법원은 신청인을 비롯한 사건관계인을 심문하지 아니하고 허가결정을 할 수 있고, 실제로 실무상 신청인이 제출한 각종 서면자료만을 토대로 하여 허부결정을 하는 경우가 대부분이다. 호적법 제120조가 속한 호적비송절차의 특성으로 인하여, 설령 그 호적정정에 관하여 신청인 이외에 다른 이해관계인이 존재한다고 하더라도 그 이해관계인에게 해당 절차에 참여할 수 있는 기회는 사실상 제공되지 아니하고, 나아가 일단 법원이 호적정정을 허가하는 경우 호적법상 불복절차가 없기 때문에 바로 확정되며, 이해관계인들이나 공익의 대표자인 검사로서도 이에 대하여 불복할 수 있는 방법이 없는 등 호적법 제123조의 경우와 비교하여 상대적으로 그 절차적 신중성 등이 취약하다.

위에서 언급한 대법원 전원합의체 결정들은 호적법 제120조 소정 호적기재 정정절차의 상대적 간이성 등에 비추어 그 법조에 의한 호적정정은 친족법상 또는 상속법상 중대한 영향을 미칠 수 있는 사항이 아닌 경미한 경우에 한하여 허용된다고 판시한 것인데, 다수의견은 호적법 제123조도 아닌 호적법 제120조의 매우 간이한 절차를 통하여 성전환자에 대하여 실질적으로 남녀 간의 성 변경을 허용한다는 것으로서, 성의 변경이 가지는 국가적·사회적인 중요성과 가족·친족관계에 미치는 직접적 영향 등을 고려할 때 이와 같은 간이한 절차에 의하여 남녀 간의 성 변경을 허용한다는 견해에는 도저히 찬동할 수 없다.

(5) 따라서 호적상 성별란의 단순한 기재 착오를 시정하기 위한 호적정정 제도를 성전환자에 대한 실질적인 성변경의 경우에 확대 적용하는 방법은 법문의 가능한 의미에서 현저히 벗어나고 그 입법취지에도 반하는 유추해석으로서 허용될 수 없음이 명백하다.

바. 한편 다수의견과 같이 해석을 하는 것이 과연 새로운 사회현상으로 대두된 성전환증에 관한 문제의 해결이나 그와 같은 문제로 고통받는 당사자들의 구제를 위하여 적절한 것이고 또한 효과적인 것인가? 아니라고 본다.

(1) 위에서 본 바와 같이 남자·여자로서의 성의 구분은 개인적·가족적·사회적·국가적으로 중요한 의미를 가지며, 출생 당시와는 다른 성으로의 변경을 허용하는 것은 실질적으로 새로운 신분관계로의 변경을 의미하므로, 성의 변경을 허용할 것인지 여부에 대하여 신중한 접근을 요하는 것이지만, 성의 변경을 허용하는 경우에도 그 요건과 절차 및 효과 등이 명확하게 규정되어야 한다. 특히 위와 같은 성변경을 구하는 호적정정신청을 하기 위해서는 당사자가 먼저 외과적인 성전환수술을 받아야 한다는 점을 고려한다면, 그 요건과 절차 등이 불명확한 경우에 당사자에게 발생할 수 있는 문제나 사회적 부작용은 대단히 심각한 것이 될 수 있다.

(2) 다수의견은 이 사건에서 실질적인 성변경이 허용되는 성전환자의 기준 내지 요건 등에 관하여 나름대로 설시하고 있다. 그러나 위와 같은 설시가 실질적인 성의 변경에 관한 기준 내지 요건을 충분하게 제시하고 있는지 의문이고, 나아가 이러한 기준 등이 실무적으로 제대로 반영될 수 있을지도 의문이다.

먼저 사실상 성전환수술을 받은 사람에 대한 성변경의 허용요건 등은 당사자 본인의 행복추구권과 인간으로서의 존엄성뿐 아니라 우리의 전통적 혼인과 가족관계 및 이에 대한 국민들의 의식 등 사회전반적인 문제를 종합적으로 고려하여 입법자의 정책적 판단에 따라서 설정되어야 한다는 점은 위에서 살펴본 바와 같다. 그리고 국회가 그와 같은 법률을 제정함에 있어서는 구체적 요건으로서 출생 당시와 다른 성의 역할을 수행한 최소 기간, 성의 재전환 가능성 여부에 관한 검증 및 정신과 의사의 진단이나 신분법상 영향을 받게 되는 가족들의 의사 확인 등에 관하여 상세하게 규정하여야 할 것이고, 아울러 성전환자가 가족 등을 포함한 타인의 의사가 아니라 바로 자기 자신의 자발적 의사에 의하여 성전환수술의 실시 내지는 성의 변경을 결정하는 것을 보장하기 위한 제도적 장치(예컨대 당사자에게 이를 결정할 수 있는 충분한 의사능력과 책임능력을 요구하거나, 같은 맥락에서 신청인의 연령을 일정한 연령 이상으로 제한하는 방법 등)가 반드시 규정되어야 할 것인데, 다수의견의 경우 이러한 중요 요소 등에 관하여 충분한 설시를 하였다고 보기는 어렵고, 실제로 법원의 재판에 의한 해석으로써 이와 같은 요건과 기준을 충분하고도 명확하게 정한다는 것은 사실상 불가능한 일이다.

또한 다수의견에서는 '성전환자'를 정의함에 있어서 성전환이 다른 사람들의 신분관계에 중대한 변동을 초래하거나 사회에 부정적인 영향을 미치는 등의 경우에는 성변경이 허용되는 '성전환자'의 개념에 애당초 포함되지 않는 것으로 설시하고 있다. 이러한 다수의견의 견해는 상당한 합리성을 가진 것으로서 수긍할 수 있지만, 문제는 다수의견을 자세히 살펴보아도 어떠한 경우가 성의 변경이 애당초 허용되지 않는 '신분관계에 중대한 변동' 내지 '사회에 부정적 영향'에 해당하는지에 관한 기준이 명확하지 않다는 것이다. 예컨대, 혼인을 하였거나 자녀를 출생한 당사자나 성전환을 악용할 우려가 있는 당사자가 호적정정신청을 하는 경우, 법원은 '신분관계에 중대한 변동' 내지 '사회에 부정적 영향'을 초래한다는 이유로 그 신청을 기각하여야 할 것으로 보이는데, 그 요건의 불명확성으로 인하여 당사자가 이러한 결과를 예견하지 못한 채 성전환수술을 먼저 받은 경우라면 그 당사자로서는 신체적 · 정신적으로 엄청난 타격을 감수할 수밖에 없다는 점은 굳이 상세하게 설명할 필요가 없을 것이다(이 점은 적극적 요건에 관련해서도 마찬가지이며, 이러한 측면에서 입법론으로는 성전환수술을 실시하기 전에 법원에서 일정한 절차에 따라서 예비심사를 하는 방안 등도 적극적으로 검토할 필요가 있다).

위와 같이 성전환수술을 받은 사람들에 대한 성의 변경을 결정함에 있어서 구비해야 하는 적극적, 소극적 요건 및 기준 등에 관한 구체적 입법조치가 없는 상태에서 법원이 호적법 제120조에 근거하여 개별사건에서 그 성 변경 여부를 결정하는 것은 관련 당사자들과 일선 법원에 대하여 객관적 · 일률적인 기준을 제시할 수 없고, 오히려 법적 · 사회적 혼란을 초래하게 될 뿐이라는 점을 지적하지 않을 수 없는 것이다.

(3) 한편 성전환자에 대한 성변경이 가지는 법적 의미의 중대성에 비추어 호적법 제120조의 호적정정절차는 성변경 허가절차로서 미흡하기 이를 데 없다. 위에서 본 바와 같이 호적법 제120조는 호적정정절차 중에서도 비교적 경미한 사항의 정정에 관한 것으로서, 가정법원의 허가를 받는다는 것 이외에는 그 중

명의 방법과 절차, 이해관계인들의 참가, 의견청취 및 불복방법, 관계기관에 대한 사실조회 등에 관하여 아무런 규정이 없고, 실무적으로 대부분의 호적정정사건의 경우 신청인이 제출한 신청서 및 증거서류 등을 검토하고 심문절차 없이 허부 결정을 하고 있는 실정이다. 그런데 다수의견도 그 판시와 같은 적극적·소극적 요건(비록 불명확하기는 하지만)의 충족 여부를 심사하기 위하여 엄정한 사실조사 이외에도 정신과 및 외과 의사들, 가족이나 친족 등을 비롯한 가까운 주위 사람들의 의견 내지 의사를 청취하고, 관계기관에 필요한 사항을 조회하는 절차 등이 반드시 필요함을 시사하고 있다. 그리고 사안의 중요성에 비추어 이해관계인의 절차참가와 불복방법 등도 보장되어야 하며, 이러한 절차는 통일적이고 강제성을 가져야 할 것이다. 그런데 개별사건의 재판을 통한 법률해석만으로 이러한 구체적인 절차를 일일이 규정할 수 없음은 자명하다. 따라서 다수의견을 따르는 경우, 우선 법원에서 어떠한 절차에 따라서 성전환자의 요건을 심리하고 판정하여야 할 것인지 혼란스러울 뿐만 아니라, 법원마다 각기 다른 절차에 따라서 심리가 진행되는 경우 당사자들에게 상당한 곤란을 야기함은 물론이고 더 나아가서 법원 내지 재판의 신뢰와 권위를 실추시키는 결과까지 초래하게 될 것이다.

(4) 뿐만 아니라 성전환자에 대한 성 변경을 허용하는 경우, 그 효력이 발생하는 시기 및 효과, 공시방법 등에 관하여도 법률에 명확히 규정하여야 한다. 다수의견에 의하더라도 성전환자에 대한 호적정정의 효과가 기존의 신분관계에는 영향을 미치지 않는다고 하는데, 이는 본래 호적정정절차가 예정하는 법적 효과의 범위를 벗어나는 것이어서 이와 같은 장래적 효력을 호적에 공시할 방법이 없다. 따라서 호적의 기재만으로는 호적법 제120조에 근거한 성별 기재의 정정이 그 출생신고 시점까지 소급적 효력을 가지는 통상적인 호적정정인지 이 사건과 같이 장래적 효력만을 가지는 호적정정인지를 확인할 방법이 없다. 이렇게 되어서는 호적상 기재를 신뢰하는 제 3 자에게 상당한 오해를 일으키는 것은 물론이고, 당사자 본인도 어느 시점부터 남자(혹은 여자)였는지를 제 3 자에게 증명하기 위해서 호적등본을 제시하는 외에 재판의 내용과 그 확정사실까지 함께 제시해야 하는 불편을 감수해야 한다.

(5) 한편 성전환자에 대하여 호적상 성별의 기재를 고쳐주고 주민등록번호를 고쳐주는 것만으로 성변경에 따른 법적 배려가 충분하다고 할 수 없다. 다수의견의 취지가 분명하지는 않지만, 호적상의 성별기재의 정정만으로 성별에 따른 법률상의 지위 내지 권리의무가 한꺼번에 변경되는 것을 전제로 하는 것으로

이해되는데, 호적정정에 그와 같은 일반효(一般效)를 부여하는 법적인 근거 자체가 불분명하다. 그리고 성변경의 효력이 소급하지 않는다고 보는 경우, 과거의 가족관계를 비롯한 기존 법률관계의 정리에 관한 특별한 법률규정 없이 이에 대하여 어떻게 적절하게 법적 규율을 할 수 있을지도 의문이다. 나아가 성의 변경에 따라 국가기관 등을 비롯한 공공기관들이 관리하고 있는 각종 공부(公簿)나 서류 등의 경정의무 및 그 절차, 새로운 성으로 시작하는 사회생활에 대한 국가적, 사회적 배려의무 등에 관하여도 일정한 법적 조치가 반드시 필요하다고 생각한다.

(6) 이와 같이 성 변경에 관한 사회적 의견수렴과정을 거치지도 아니하고 의학적·법률적 요건이나 절차 및 효과 등을 구체적으로 규정하는 입법조치도 선행되지 아니한 상태에서 법원이 개별사건에서 호적법 제120조를 적용하여 성전환수술을 받은 사람의 호적정정허가신청을 선별적으로 인용한다면, 성변경 허가재판의 적법성, 타당성에 관한 보장이 미흡하고 법원마다 재판결과가 구구해질 가능성이 있을 뿐만 아니라, 신청인에게 충분하고 적절한 배려가 되는 것인지 여부도 의문이며, 당사자 본인이나 이해관계인들의 법률관계에 미치는 영향도 불분명하여 법적 안정성을 크게 해치게 된다. 또한 개별사건에 관한 법원의 재판만으로 객관적이고 일률적인 요건과 절차를 제시할 수 없는 결과, 이 사건 신청인과 유사한 처지에 있는 다른 성전환자들이 구체적으로 성변경 허가를 받을 수 있을 것인지, 성변경 허가를 받으려면 어떠한 절차를 밟아야 하는지에 관하여 예측가능성이 없어서 법적 지위의 불안을 겪게 된다.

다른 한편으로 성전환자의 성 변경 문제와 같은 중요하고 민감한 문제를 근본적이고 합리적인 대처방법인 입법이 아니라 미봉책에 불과한 호적법 제120조의 적용 내지 유추적용 방식을 활용하는 경우, 자칫하면 추가적인 입법조치의 필요성에 대한 사회적 관심을 약화시킴으로써 오히려 유사한 처지에 있는 당사자들의 문제를 근본적으로 해결할 수 없도록 하는 부작용을 야기할 수도 있다. 따라서 현 단계에서 법원으로서는 이 사건과 같은 사안에서 당사자의 성을 적절한 기준에 따라서 변경할 수 있는 법적·제도적인 보완이 절실하다는 점을 충분히 지적하면서, 현행 호적법 제120조의 호적정정의 방법으로는 이 문제를 해결할 수 없다는 점을 선언하고, 국민의 대의기관인 국회가 사회적 여론을 수렴하여 구체적인 요건과 절차, 효과 등을 담은 입법조치를 하기를 강력히 촉구함으로써 당사자들에게 근본적이고 효과적인 구제가 가능한 여건을 조성하는 데에 일조하는 것이 더욱 중요하다(이러한 입법과정에서는 성전환자의 성변경에 관한 부정적 견해까지도 함께 논의됨으로써 진정한 의미에서 사회적 통합을 모색할 수 있으리라고 생각한다).

이러한 방법을 따르는 경우 이 사건 신청인이나 다른 성전환자의 입장에서 바로 호적상의 성에 관한 기재를 바꾸지 못한다는 점이 아쉽게 느껴질 수도 있을 것이다. 그러나 신속할 수는 있으나 당사자에게 법적·제도적으로 매우 미흡한 구제방법만 제공하면서 법적 안정성을 크게 해치는 미봉책을 취하는 것보다는, 다소 시간이 걸리더라도 이와 같이 중요하고 본질적인 문제를 우리 헌정질서에 부합하는 방식에 따라서 근본적으로 해결하는 것이 타당하고, 이러한 근본적인 해결만이 이 사건 신청인을 비롯한 성전환자들을 진심으로 배려하는 결과를 가져올 수 있다고 생각한다.

사. 결론적으로 성전환자에 대하여 호적법 제120조의 호적정정절차에 따라 호적상 성별란을 정정하는 것은 허용될 수 없고, 같은 취지에서 이 사건 신청을 기각한 제 1 심결정을 유지한 원심의 결론은 정당하여 신청인의 재항고를 기각하여야 할 것인바, 이와 다른 다수의견의 견해에는 찬성할 수 없어 위와 같이 반대의견을 표시한다.

6. 대법관 김지형의 다수의견에 대한 보충의견은 다음과 같다.

가. 구체적 사건의 재판에서 법령을 해석·적용하는 것은 법원에 주어진 권한이자 사명에 속하므로, 법원이 재판규범으로서 그 법률규정을 해석·적용함에 있어서는 마땅히 헌법합치적인 해석에 따라야 한다.

이러한 헌법합치적 법률해석은 국가의 최고규범인 헌법을 법률해석의 기준으로 삼아 법질서의 통일을 기하여야 한다는 법원리에 그 기초를 두고 있는 것으로서, 어느 법률규정에 대하여 합헌적 법률해석이라는 이름 아래 그 법률규정의 문언이 갖는 일반적인 의미를 뛰어 넘어서거나 그 법률규정의 입법목적에 비추어 입법자가 금지하고 있는 방향으로까지 무리하게 해석하거나 헌법의 의미를 지나치게 확대함으로써 입법자의 입법형성권의 범주에 속하는 사항 등에 이르기까지 함부로 간섭해서는 아니되겠지만, 이러한 한계를 벗어나지 않는 이상, 합헌적 법률해석은 민주적 정당성을 가진 입법자가 제정한 법률을 헌법에 합치되도록 해석함으로써 법률의 효력을 유지하려는 것이므로 입법권을 최대한 존중하는 것이고 국민주권의 원리에도 부합한다. 따라서 만약 어떤 법률규정에 대해 합헌적 법률해석의 가능성이 열려 있음에도 불구하고 법원이 그러한 해석을 단념하여 버린다면 합헌적 법률이 제정될 때까지는 위헌적인 법률 공백 상태가 계속되는 것을 그대로 방치하는 셈이 되고, 이는 법원에게 주어진 사법권 행사의 권한과 사명을 동시에 저버리는 결과를 낳게 된다.

그러므로 합헌적 법률해석을 무조건 유추해석 또는 확장해석이라는 이름으로 경계할 것은 아니고 법규의 문언적 의미가 갖는 내포와 외연을 모두 고려하여 헌법질서의 테두리 안에서 이루어질 수 있는 합리적인 해석방법이라면 이를 받아들이는 것이 온당하다.

나. 호적법 제120조의 '정정'의 의미와 범위에 관하여 반대의견과 같이 해석할 여지도 없지 아니하나, 앞서 본 합헌적 법률해석이라는 법리에 비추어 볼 때 성전환자에게 출생 당시 확인되어 신고된 성이 출생 후 그 개인의 성적 귀속감의 발현에 따른 일련의 과정을 거쳐 최종적으로 사회통념상 확인된 성과 부합하지 않는다고 인정할 수 있다면 그와 같이 확인된 성에 맞추어 성별을 바꾸는 것은 호적법 제120조가 말하는 '정정'의 개념에 포함된다고 풀이하는 것이 옳다고 본다.

이러한 해석방법이 호적 기재가 진정한 신분관계를 반영할 수 있도록 하기 위하여 마련된 호적정정제도의 취지와 어긋난다고 볼 아무런 이유가 없을 뿐더러 앞서 다수의견에서 자세히 지적한 것처럼 호적법 제120조의 입법목적에 비추어 보더라도 입법자가 이러한 해석을 처음부터 금지하였던 것은 아니라고 보이고, 나아가 호적법 제120조가 규정하는 '정정'이라는 문언의 의미에 성전환자의 성별 전환을 포함시키지 않는 해석을 한다면 성전환자에게 헌법상 보장되는 기본권의 침해상태가 초래되는 위헌의 소지를 남기게 된다는 점까지 고려할 때 성전환자의 성별 전환을 호적정정의 개념에 포함시키는 것이 입법자의 입법형성권의 범주에 속하는 사항에 함부로 개입하는 경우에도 해당하지 않는 것임을 여기서 다시 한 번 강조하고 싶다.

다. 반대의견은 성전환자에 대한 성별 정정을 특정한 성에서 반대 성으로의 '변경'이라고 단정짓고 다수의견이 이러한 의미의 성변경을 허용하고 있다는 전제 아래 논의를 시작함으로써 혼란을 야기하고 있다. 즉, 반대의견의 주요 논거는 성전환자는 종전의 성에서 반대의 성으로 성을 변경한 자이고 따라서 성전환자의 호적상 성별은 기재 당시를 기준으로 하면 진실에 부합하였으나 사후에 다른 사정에 의하여 변경되었으니 이는 호적기재의 변경에 해당하여 호적정정의 범위를 벗어난다는 것으로 이해된다.

그러나 대법원 1996. 6. 11. 선고 96도791 판결은 이미 성 결정에 있어서 생물학적인 요소와 정신적·사회적 요소를 모두 고려하여 최종적으로는 사회통념에 따라야 한다고 판시하였는데, 성전환자는 그 개념상 출생 당시에는 위의 두 가지 요소 중 생물학적인 요소만이 확인되었다가 그 개인의 성장과정을 거치면서 성적 귀속감이나 성 역할의 수행 등 정신적·사회적 요소가 생물학적인 요소와 달리 발현되어 일정 시점에 이르러서는 출생신고된 성과 반대의 성을 가지는 것으로 사회통념상 인정되는 사람이다. 따라서 성전환자에 대하여 출생 당시에는 달리 정신적·사회적 성 결정 요소를 확인할 수 없어 생물학적 요소 만에 의하여 출생시 신고된 성이 그의 성인 것으로 알고 있었으나, 성장한 후 일정 시점에서 사회통념상 인정되는 성은 출생시 신고된 성과 반대의 성인 것으로 사후에 비로소 확인될 수밖에 없다는 점에 성전환자에게 특유한 문제가 존재하고 이를 해결하기 위하여 호적정정의 필요성이 제기되는 것이다. 성전환자의 성 결정에 관한 위의 역동적 과정을 사상한 채 단지 성전환자가 성기수술을 통하여 성을 변경한 사람이라고 해석하는 방법은 문제의 핵심을 지나치게 단순화한 데에서 나온 것으로 옳지 않다.

라. 성의 구분은 사회생활과 법률관계의 기초로서 어느 사람이 남자인가 여자인가를 결정하는 문제는 가족·친족관계와 나아가 사회적·국가적으로 상당한 영향을 미칠 수 있다는 반대의견의 지적에는 전적으로 동의하나, 성별 기재가 중요한 사항이므로 호적법 제120조에 의한 호적정정절차에 따라 호적을 정정할 수 없다는 부분에는 동의할 수 없다.

대법원이 '친족법상 또는 상속법상 중대한 영향을 미칠 수 있는 사항에 대하여는 호적법 제123조에 따라 확정판결에 의하여만 호적정정의 신청을 할 수 있다'는 원칙을 거듭 판시하였지만 그 구체적인 사안에 들어가 살펴볼 때 반대의견이 적시한 대법원 1993. 5. 22.자 93스14, 15, 16 전원합의체 결정은 '사망일시에 관하여 직접적인 쟁송방법이 가사소송법은 물론 다른 법률이나 대법원규칙에도 정하여진 바가 없으므로 이에 관한 호적기재의 정정은 호적법 제120조에 따라서 처리되어야 한다'고 판시하였고, 대법원 1981. 10. 10.자 81스15 전원합의체 결정은 '이중호적을 단일화하기 위한 호적정정은 신분관계에 어떠한 영향을 미치지 않는 한 가능하다'고 판시함으로써 모두 호적법 제120조에 의한 호적정정을 허용하였다.

이 사건으로 돌아와 보면, 성전환자의 성을 결정하는 재판이 가사소송법 제 2 조에서 열거한 가사소송사건 중에 포함되어 있지 않을 뿐만 아니라 앞서 다수의견에서 밝힌 바와 같이 소급효가 배제되어 기존의 법률관계에 영향을 미치지 않으므로 호적법 제120조에 의한 호적정정의 대상으로 삼는 데에 호적정정의 범위에 관한 기존의 대법원판례와 모순될 여지가 없다.

마. 나아가 호적정정허가의 재판이 호적비송사건으로 처리되므로 성전환자의 성별란 기재 변경을 호정정정의 형태로 허용할 수 없다는 반대의견의 지적에도 동의하기 어렵다.

성전환자에 대한 호적상 성별란의 기재를 고치는 것은 그 성질상 대립당사자에 의한 대심구조를 취하는 소송절차보다는 비대심구조를 취하는 비송절차에 적합하다. 뒤에서 보는 바와 같이 성전환자에 대한 성별 변경에 관한 입법을 두고 있는 나라 중의 하나인 일본의 경우 '성 동일성 장해자의 성별 취급의 특례에 관한 법률' 제 5 조는 성전환자에 대한 성별 변경의 재판을 일본 가사심판법상 갑류 사건으로 취급하는바, 이에 상응하는 우리 가사소송법 제 2 조의 분류는 라류 가사비송사건으로서 위 유형의 사건에 대하여는 원칙적으로 비송사건절차법이 준용되고 이해관계인의 참가와 심문에 관한 특칙을 두고 있을 뿐이다(가사소송법 제34조, 제37조, 제38조). 한편 호적정정사건에 준용되는 비송사건절차법은 직권탐지주의를 채택하여 법원은 직권으로 사실의 탐지와 필요하다고 인정되는 증거조사를 하여야 할 뿐 아니라 민사소송법에 따른 증인신문·감정을 실시할 수도 있다(호적법시행규칙 제97조 제 1 항 제 3 호, 비송사건절차법 제10조, 제11조). 반대의견이 지적하는 것처럼 그 동안 법원이 호적정정사건에서 신청인이 제출한 자료만을 토대로 허부결정을 하였다면 오히려 이러한 실무 관행을 개선하여야 하지 이를 이유로 호적정정에 의한 구제를 막을 수는 없는 것이다.

바. 반대의견은, 성전환자에 대한 성별 정정을 허용할 수 있는 기준과 요건 등을 명확하게 규정한 입법적 조치가 없는 현상태에서 법원이 호적법 제120조에 근거하여 개별사건에서 성별 정정 여부를 결정하는 것은 관련 당사자 등에게 객관적·일률적 기준을 제시할 수 없고 오히려 법적·사회적 혼란을 초래하게 될 뿐이라고 하면서, 그 한 가지 사례로 종전의 성에 따른 혼인을 하였거나 자녀를 두었던 성전환자에 대하여는 다수의견에 의하더라도 그 성별 정정이 허용되지 않아야 할 것인데도 그 요건이 불명확하여 당사자가 그러한 결과를 예측하지 못한 채 성전환수술을 먼저 받은 경우라면 그 당사자로서는 신체적·정신적으로 엄청난 타격을 받을 수밖에 없는 부작용 등이 예상되고, 따라서 현재로서는 성전환자에 대해서는 어떠한 경우에도 성별에 관한 호적정정을 허가해서는 안 된다는 견해를 제시하고 있으나, 이 역시 선뜻 납득하기 어렵다.

우선, 반대의견이 들고 있는 구체적 사례만을 놓고 본다면, 종전의 성에 따른 혼인 여부나 자녀 유무는 그 성전환자가 사회통념상 전환된 성을 가진 자로서 인식될 수 있는지 여부를 결정하는 여러 가지 요소들의 일부로 포섭하여 법원은 다른 사정들까지 모두 고려한 후 호적정정의 허가 여부를 결정하여야 할 것으로 본다. 뒤에서 보는 것처럼 성전환자의 성별 정정에 관하여 입법적 해결을 꾀하고 있는 나라의 입법례를 보더라도, 예컨대 독일의 '성전환법' 제8조 제1항 제2호는 성별변경 신청 당시 신청자가 혼인하지 않은 상태일 것을 요구할 뿐 신청자가 종전의 성에 따른 자녀를 갖고 있는지 여부를 문제삼지 않는 데에 비하여, 일본의 '성 동일성 장해자의 성별 취급의 특례에 관한 법률' 제3조 제1항은 신청 당시 혼인관계 및 자녀가 존재하지 않을 것을 요구하고 있음을 알 수 있어 혼인 여부나 자녀 유무에 따라 성전환자의 성별 정정을 허용할 것인지 여부는 입법재량의 범위 안에 있는 것이다.

따라서 이에 관한 명확한 입법이 없는 현재로서는 혼인을 하였다거나 자녀를 두었다는 사정이 반대의견이 지적하는 것처럼 성전환자의 호적정정을 허용할 수 없는 사유가 된다고 일률적으로 단정할 수는 없고, 그러한 경우에도 다른 여러 사정들과 종합하여 볼 때 진정한 의미의 성전환자라고 볼 수 있는 경우에는 호적정정이 허가될 수도 있고 반대로 그렇지 않은 경우에는 호적정정이 허가되지 않을 수도 있다(혹시 반대의견의 위와 같은 견해가, 다수의견이 '성전환자가 사회통념상 이미 성전환수술을 받은 후의 성으로 인식되고 있을 뿐만 아니라 전환된 성을 그 사람의 성으로 보더라도 다른 사람들과의 신분관계에 변동을 초래하거나 사회에 부정적인 영향을 주지 않는다고 볼 수 있다면 그 전환된 성으로의 성별 정정을 허용할 수 있다'고 판시한 부분을 성전환자에 대한 호적정정을 허가함에 있어서는 '그 성전환자가 다른 사람들과의 신분관계에 변동을 초래하거나 사회에 부정적인 영향을 미치지 않을 것'을 소극적 요건으로 설정한 것으로 이해한 데에서 나온 것이라면, 그 취지가 잘못 전달된 것이다. 다수의견의 견해는 이를 소극적 요건으로 설정하려는 것이 아니라 진정한 의미에서의 성전환자로 확인되고 더 나아가 그에 따라 호적정정을 하더라도 그 효력이 소급하여 기존의 신분관계 등에 중대한 영향을 주지 않아 제한적인 범위 안에서만 그 효력이 미친다고 볼 수 있다면 호적정정을 허용할 수 있다는 의미로 이해되어야 할 것이다).

나아가 누구나 성전환수술을 받기만 하면 아무런 제한 없이 호적정정을 허용하여야 한다는 것은 더더구나 아니므로, 중요한 것은 성전환수술을 받은 사람이 진정한 의미에서 성전환자라고 볼 수 있는지 여부일 것이고, 따라서 만약 어떠한 사람이 자신이 성전환증을 갖고 있지 않음에도 갖고 있는 것으로 잘못 판단하여 성전환수술까지 받았으나 법원에 의하여 진정한 의미에서의 성전환자가 아니라고 판단되어 호적정정을 허가받지 못하는 경우가 생긴다면, 이것은 오히려 법원이 내린 정당한 법적 판단의 결과라고 볼 것이지 그러한 결과가 성전환수술을 받은 자에게 타격이 될 수 있다는 이유로 진정한 의미의 성전환자로 판단되는 사람에 대한 호적정정조차 아예 거부하여야 할 합리적인 사유가 된다고는 생각하지 않는다.

사. 일반적으로 성전환자의 호적상 성별 기재를 정정하려면 성전환증이 지속된 기간이나 성전환수술의 적정성, 향후 종전의 성으로 재전환할 개연성 유무 등 의학적 기준과 함께 종전의 성에 의한 법률상 혼인관계 및 자녀가 존재하는지 여부, 신청가능 나이 등 법률적 기준을 명확히 정하여 적용할 필요가 있고, 따라서 성전환자의 성별 정정의 의학적 · 법률적 요건, 절차 · 효과 등에 관한 모든 사항은 궁극적으로는 법률의 제·개정을 통하여 입법적으로 해결하는 것이 가장 바람직하며, 이러한 입법적인 조치가 없는 상태에서 법원이 개별 사건을 통하여 성전환자에 대한 성별 정정의 허부를 결정하는 것이 성전환자에 대한 보호를 위해 충분하지 않다는 점 자체에 있어서는 다수의견도 반대의견과 그 뜻을 달리하지 않음은 물론이다.

외국의 사례를 보더라도, 유럽의 경우 초기에는 성전환자의 성 변경을 인정하지 않았으나 현재 유럽의 거의 모든 국가에서는 입법이나 판례를 통하여 이를 허용하고 있고, 특히 독일은 1978년에 선고된 연방헌법재판소의 판례가 나온 후 1981년에 성전환자의 성 변경을 인정하는 입법이 마련되었으며, 유럽인권재판소가 2002년 만장일치로 성별 변경을 인정하는 판례를 남긴 것은 특히 주목할 일이다. 미국의 경우에도 상당수의 주에서 이를 허용하는 입법을 두고 있으며, 일본의 경우에도 종래 하급심에서 서로 엇갈리는 판결을 하다가 현재는 입법(2003년 제정되어 2004. 7. 16.부터 시행 중인 '성 동일성 장해자의 성별 취급의 특례에 관한 법률')을 통하여 허용하고 있는 실정이다.

결국 성전환자의 법률적 성을 출생시와 다르게 고치는 것을 허용하는 것이 세계적인 대세이고 법리적으로도 설득력을 얻고 있음을 충분히 확인할 수 있다.

이제 우리의 경우에도 성적 소수자인 성전환자에 대한 권리구제가 법적 안정성의 틀 안에서 이루어질 수 있도록 하루속히 입법적인 조치가 이어졌으면 하는 것은 비단 이 결정에 덧붙이는 우리 법원만의 기대와 바람은 아니라고 확신한다.

그러나 그렇다고 하여 반대의견이 지적하는 것처럼 지금과 같이 호적상 성별란의 정정을 위한 절차규정이 없는 상태에서 성전환자에 대한 호적정정을 허용하는 결정을 하는 것이 성전환자의 구제에 적절하지 아니하고 오히려 부작용을 야기할 우려가 있으므로 법원은 호적의 기재로 인하여 고통받는 성전환자를 보호하기 위하여 어떠한 구제수단도 모색하지 말고 입법적인 조치가 있을 때까지 기다려야만 할 것이라는 취지의 견해에는 커다란 의문을 제기하지 않을 수 없다.

성전환자의 성별 정정에 관한 절차적 규정을 입법적으로 신설하는 것이 이상적임은 두말할 필요도 없지만, 아직까지 어떠한 형태로든 그에 관한 가시적인 입법조치를 예상하기 힘든 현재의 시점에서 본다면 완전한 입법 공백에 따른 위헌적인 상황이 계속되는 것보다는 법원이 구체적·개별적 사안의 심리를 거쳐 성전환자로 확인된 사람에 대해서는 호적법상 정정의 의미에 대한 헌법합치적 법률해석을 통하여 성별 정정을 허용하는 사법적 구제수단의 길을 터놓는 것이 미흡하나마 성전환자의 고통을 덜어 줄 수 있는 최선의 선택일 것이라고 믿어 의심치 않기 때문이다.

아. 결론적으로 성전환자로서 사회통념상 남성이라고 보아야 할 신청인의 이 사건 호적정정신청은 허가되어야 할 것이므로, 이상과 같이 다수의견에 대한 보충의견을 밝힌다.

대법원장 이용훈(재판장) **대법관** 강신욱 이강국 손지열
박재윤 고현철 김영란 양승태 박시환 김지형(주심)

비교법실무연구회 회칙

1996. 3.27. 제정 · 시행
1996. 11.21. 개정 · 시행

제1조(명칭) 본 회는 비교법실무연구회라 한다. 〈1996.11.21. 개정〉

제2조(목적) 본 회는 독일, 불란서, 영국, 미국 등 외국의 판례와 학설을 연구함으로써 재판실무와 법률문화의 향상에 기여함을 목적으로 한다. 〈1996.11.21. 개정〉

제3조(회원) ① 본 회는 대법원 내부의 연구회로서, 대법원에 근무하는 법관 중 희망하는 자를 회원으로 한다. 다만, 본 회의 목적에 기여할 수 있는 대학교수 중 운영위원회의 추천에 의하여 회장이 승인한 자는 회원이 될 수 있다.

② 회원인 법관이 퇴직하거나 대법원 이외의 기관으로 전보되면 회원자격을 상실한다.

③ 회원이 이 회칙상의 의무를 위반하는 등 적절하지 않다고 판단되는 경우, 회장은 운영위원회의 심의를 거쳐 회원자격을 박탈할 수 있다.

제4조(임원) ① 본 회에 대법관인 회장 1인과 재판연구관인 5인 이하의 간사를 두고, 3인 이하의 부회장을 둘 수 있다.

② 회장과 부회장은 총회에서 선출하고, 간사는 회장이 지명한다.

③ 회장은 본 회를 대표하고 회무를 집행하며, 부회장은 회장을 보좌하고 유고시에 회장의 권한을 대행한다. 간사는 회장의 지시에 따라 본 회의 실무를 담당한다.

④ 회장과 부회장의 임기는 2년으로 하되 연임할 수 있다.

⑤ 회장을 자문하기 위하여 고문을 둘 수 있다. 고문은 총회에서 선출하나, 회원 중 회장 이외의 대법관은 당연직 고문으로 한다.

제5조(운영위원회) ① 본 회에 운영위원회를 둔다.

② 운영위원회는 회장, 부회장, 간사 및 회장이 지명하는 15인 이하의 회원으로 구성되고, 운영위원의 임기는 2년으로 한다. 〈1996.11.21. 개정〉

③ 운영위원회는 회장 또는 회장이 지명하는 자가 주재하며 본 회의 운영에 관한 일반적인 사항을 심의한다.

제 6 조(총회) ① 본 회의 정기총회는 2년에 1회 개최한다.

② 본 회의 임시총회는 회장 또는 회원 3분의 1의 요구가 있을 때 개최한다.

③ 총회의 개최정족수는 재적회원 과반수로 하고, 의결정족수는 출석회원 과반수로 한다.

제 7 조(활동) ① 본 회는 1년에 6회 연구발표회를 개최함을 원칙으로 한다.

② 본 회는 외국법의 연구를 위하여 독일법, 불란서법 등의 외국법강독회를 둘 수 있다.

③ 회원이 아닌 자는 제 9 조의 비밀유지의무 부담을 조건으로 회장의 승인을 얻어 연구발표회와 외국법강독회에 참석할 수 있다.

제 8 조(회비) ① 회원은 회비를 납부할 의무가 있다.

② 회비의 액수는 운영위원회의 심의를 거쳐 회장이 결정한다.

제 9 조(비밀유지의무) 회원 또는 회장의 승인을 받아 연구발표회에 참석한 자는 연구발표회에서 다루어진 사건과 관련된 사항을 외부에 공개하여서는 아니 된다.

제10조(회칙의 개정) 본 회칙은 회원 과반수의 출석과 출석회원 3분의 2 이상의 찬성으로 개정할 수 있다.

부 칙 본 회칙은 1996. 3. 27.부터 시행한다.

부 칙〈1996. 11. 21.〉 본 회칙은 1996. 11. 21.부터 시행한다.

비교법실무연구회 임원 및 회원 현황

2006년 6월 30일 현재

[임　　원]

회　　장 : 양 승 태　대법관

부 회 장 : 김 용 덕　수석재판연구관
　　　　　유 남 석　선임재판연구관

간　　사 : 민 유 숙　대법원 재판연구관
　　　　　전 원 열　대법원 재판연구관
　　　　　장 상 균　대법원 재판연구관
　　　　　김 대 원　대법원 재판연구관(대표간사)
　　　　　최 동 렬　대법원 재판연구관
　　　　　서 민 석　대법원 재판연구관(실무간사)

운영위원 : 회　　장, 부 회 장, 간　　사
　　　　　김 재 형　서울대학교 법과대학 교수
　　　　　박 균 성　경희대학교 법과대학 교수

[회원명단]

1. 법　　원

(1) 대 법 원

김 용 덕(수석재판연구관), 유 남 석(선임재판연구관)
강 석 훈, 김 대 원, 김 소 영, 김 시 철, 김 우 진, 김 인 겸,
김 형 두, 민 유 숙, 송 평 근, 이 규 진, 이 동 신, 이 상 민,
이 진 만, 임 영 호, 장 상 균, 전 원 열, 최 동 렬, 한 규 현,
한 주 한, 홍 승 면, 강 윤 구, 권 순 익, 김 경 호, 김 동 윤,
김 문 관, 김 수 일, 김 용 관, 김 용 재, 김 재 승, 김 재 환,
김 하 늘, 김 학 준, 김 현 룡, 노 경 필, 박 강 회, 박 규 환,

박 길 성, 박 성 수, 박 이 규, 박 정 희, 박 평 균, 배 호 근, 서 민 석, 손 봉 기, 김 우 용, 엄 상 필, 연 운 희, 예 지 희, 오 영 준, 오 준 근, 위 현 석, 이 규 철, 이 동 철, 이 범 균, 이 상 원, 이 승 택, 이 우 룡, 이 주 원, 이 황, 이 회 기, 장 준 현, 전 현 정, 정 성 태, 정 진 수, 정 창 호, 조 규 현, 조 용 현, 조 일 영, 지 영 난, 천 대 엽, 최 영 헌, 최 은 배, 최 철 환, 하 명 호, 황 현 찬(이상 재판연구관)

(2) 법원행정처

박 병 대(기획조정실장), 이 광 범(사법정책실장),
임 종 헌(등기호적국장)

김 용 상, 김 현 석, 변 현 철, 이 경 춘, 이 승 련, 송 우 철, 신 광 열, 임 성 근, 조 현 일, 한 승, 홍 기 태, 권 영 준, 김 도 형, 김성수(金性洙), 김성수(金成守), 마 용 주, 박 형 준, 반 정 우, 백 강 진, 양 영 희, 유 승 룡, 윤 강 열, 윤 승 은, 이 숙 연, 이 용 구, 이 재 권, 이 정 석, 최 창 영, 홍 준 호, 황 진 구(이상 심의관·담당관)

(3) 법원도서관

이 현 종, 조 의 연, 홍 동 기(이상 심의관)

2. 학 계

김 건 식(서울대), 김 성 태(연세대), 김 재 형(서울대),
남 효 순(서울대), 박 균 성(경희대), 송 덕 수(이화여대),
안 법 영(고려대), 양 창 수(서울대), 윤 진 수(서울대),
정 상 조(서울대), 최 병 조(서울대), 호 문 혁(서울대)

判例實務研究 [Ⅷ]

2006年　6月　30日　　初版印刷
2006年　7月　10日　　初版發行

編　者　比較法實務研究會
發行人　安　鍾　萬
發行處　博　英　社
서울特別市 鍾路區 平洞 13-31番地
電話　(733)6771　FAX (736)4818
登錄　1952. 11. 18. 제1-171호(倫)

www.pakyoungsa.co.kr　e-mail: pys@pakyoungsa.co.kr

定　價　40,000원

ISBN 89-10-51391-8
ISBN 89-10-50469-2(세트)